History Imprint

江苏历史文化名镇的特色和价值

周岚　朱光亚　张鑑　陈薇　等编著

东南大学出版社
·南京·

编写组成员

江苏省住房和城乡建设厅编撰人员

周岚　张鑑　施嘉泓　苏红　方芳　黄毅翎

东南大学主要编撰人员

朱光亚　陈薇　束有春　王海卉　吴晓
王承慧　汤晔峥　姚迪　诸葛净　胡石
李新建　白颖

东南大学协助编撰人员（按拼音字母排序）

高文娟　郭超　华琳　姜若磐　蒋瑾涵　李晓晖
梁静　梁欣婷　廖瑜　宁昱西　强欢欢　苏奕宇
田梦晓　王凌瑾　王倩　王璇　姚舒然　翟炼
张丹蕾　张玉晟　赵姝雅　郑蒨

序

  镇，初为"一方山之首"，后又衍生为具有集市、居民点含义的"集镇"。集镇的变迁，见证了千百年来中华文明的发展历程，承载了无数人的乡愁记忆。古代江南，是我国集镇出现较早且分布较为密集的地区。自宋以降，江苏精耕细作的农业发展模式推动了产业分工和商业交换，推动了鱼米之乡的形成。同时，贯通南北的大运河水系，海盐生产形成的行盐水网，造就了江苏独特的商业贸易和文化交流通道，这些人工通道的交会点也成了市镇的发育之地。

  在快速城镇化进程中，江苏高度重视保护集镇聚落遗产，留存了诸多具有地域多样性、历史传承性和文化乡土性的历史文化名镇。如"山近灵岩地最幽，香溪名胜足千秋"的木渎镇，"川泽环绕，烟波窈窕"的甪直镇，"桃花十里开，水乡半垂钓"的黎里镇，"花时香雪三十里"的光福镇，"苏东古盐都，运河入海口"的栟茶镇，"家有王氏之书，人传安丰之学"的安丰镇。此外，还有作为太湖商帮根据地的东山镇、西山镇，湖浜水荡之地的沙家浜镇、周庄镇、溱潼镇，与运河荣衰与共的商旅聚落窑湾镇、码头镇、邵伯镇等等。这些类型丰富、特色鲜明的古镇，不仅是江苏丰富乡土文化的根基和源泉，更是传承和发展江苏地域特色的重要载体。

  为系统研究名镇的历史演变、社会文化和遗存特征，更好地保护、传承地域文化特色，我们委托东南大学开展了"江苏历史文化名镇的特色与价值"课题研究。本书将研究成果结集成册，记录了江苏省内33个历史文化名镇的发展历程、文化遗存、空间形态，提炼了各名镇的特色与价值，为科学制定历史文化名镇保护规划、提高保护工作水平奠定了坚实基础；对于留存江苏集镇文化的历史记忆、面对新时代走出江苏具有地域特色的新型城镇化道路，具有重要意义。

  习近平总书记强调，要像爱惜自己的生命一样保护好历史文化遗产。党的十九大报告指出："文化是一个国家、一个民族的灵魂。文化兴国运兴，文化强民族强。"认真贯彻落实习近平总书记重要指示精神和中央要求，保护历史文化遗产、传承中华文明是我们义不容辞的责任。期盼本书能够吸引更多的人关心江苏的历史文化保护传承工作。我们也呼吁社会各界，共同努力，积极传承历史文脉、彰显地域文化特色，为推进江苏高质量发展做出更多贡献。

目录
CONTENTS

第一章　江苏集镇聚落的历史演变 ……………………………………… 001
　　一、古代江苏集镇聚落体系的形成与演变 ………………………… 003
　　二、近现代江苏集镇聚落体系的发展与转型 ……………………… 011

第二章　江苏历史文化名镇的状况与特色 ……………………………… 017
　　一、江苏历史文化名镇的分布与类型 ……………………………… 018
　　二、江苏历史文化名镇的空间结构 ………………………………… 021
　　三、江苏历史文化名镇的总体特色 ………………………………… 042

第三章　繁华都市郊野的次级聚落中心 ………………………………… 055
　　一、综述 ……………………………………………………………… 057
　　二、水拥山抱木渎镇 ………………………………………………… 059
　　三、五湖六泽甪直镇 ………………………………………………… 078
　　四、泽中岛屿同里镇 ………………………………………………… 091
　　五、廊棚三里黎里镇 ………………………………………………… 104
　　六、铁琴铜剑古里镇 ………………………………………………… 118

第四章　太湖商帮的根据地 ……………………………………………… 133
　　一、综述 ……………………………………………………………… 135
　　二、太湖半岛东山镇 ………………………………………………… 137
　　三、世外仙岛西山镇 ………………………………………………… 152
　　四、湖山交会光福镇 ………………………………………………… 164

第五章　湖滨水荡里的基层经济空间单元 ……………………………… 183
　　一、综述 ……………………………………………………………… 185
　　二、芦荡双镇沙家浜 ………………………………………………… 188
　　三、义庄善里荡口镇 ………………………………………………… 199
　　四、里下河畔溱潼镇 ………………………………………………… 214
　　五、双厅双桥周庄镇 ………………………………………………… 227
　　六、横塘纵溇周铁镇 ………………………………………………… 250

第六章　江南水上贸易网络上的枢纽群 … 265
一、综述 … 266
二、太湖底定震泽镇 … 268
三、王形水系锦溪镇 … 277
四、千灯浦畔千灯镇 … 287
五、夹河为市长泾镇 … 297

第七章　与运河荣衰与共的商旅聚落遗存 … 311
一、综述 … 313
二、"奇门遁甲"窑湾镇 … 316
三、高堤结屋码头镇 … 331
四、运河要冲邵伯镇 … 345
五、四水三街孟河镇 … 359

第八章　运盐河上的商贸聚落遗脉 … 379
一、综述 … 380
二、江海凤城余东镇 … 382
三、盐场环绕栟茶镇 … 397
四、四水一街富安镇 … 406
五、宜市宜居白蒲镇 … 416
六、兴东福地安丰镇 … 426

第九章　古代水利设施惠泽的遗珠 … 437
一、综述 … 438
二、一河三湖淳溪镇 … 440
三、双水环绕宝堰镇 … 460

第十章　水陆通衢之地的集市 … 477
一、综述 … 478
二、三水两街黄桥镇 … 481
三、三江口边大桥镇 … 499
四、生态渔岛沙沟镇 … 514
五、橄榄形岛沙溪镇 … 530
六、一塘四街凤凰镇 … 549

结语　江苏历史文化名镇的价值 … 571
一、是中国古代和近代社会经济发展变革历程的见证 … 571
二、是感动江苏人民和游子们回馈乡梓的美好的乡愁记忆 … 572
三、是激励后人努力奋斗、开拓进取的历史样本 … 572
四、是新世纪延续传统、开拓未来、发展新型经济的文化资源 … 573

后记 … 574
参考文献 … 575

古代江苏集镇聚落体系的形成与演变

近现代江苏集镇聚落体系的发展与转型

第一章

江苏集镇聚落的历史演变

神州大地,西高东低,一江春水向东流,江苏是中国平均海拔最低的省份,中国的两条大河——长江、淮河都奔流到江苏入海,就连黄河在宋代夺淮后也有八七百年从江苏入海。

江苏三代(夏、商、周)以前还是蛮荒之地,苏北的东半部那时还在大海里,江苏的土地就是由这几条河的泥沙冲积而成。因为地势低,古代江苏遍布沼泽,因为地势低且江河湖海水位多变,江苏水患频仍,同时水运也成为主要运输方式。到近代江苏交通发达,产业也逐渐发达,如今更成了中国第一大经济区的重要组成部分。从荒蛮之地到第一大经济区,江苏走过了两千多年的路程,伴随两千多年路程的,是江苏地区的集镇和城市聚落的发展。截至2018年12月,住建部公布的6批252个中国历史文化名镇中,江苏就有27个,占10.7%,名列各省第一位。江苏的这批名镇,今日都是繁荣而优美的城镇,且文化积淀丰富而深厚,品位高而环境美,就如同那首代表江苏的民歌《茉莉花》一样,不娇艳却沁人心脾。江苏的土地面积在各省中排倒数第三,只比海南和浙江略大些,那么是什么样的力量、机遇和条件催生了江苏今日的文明成果?这实在是一个值得人们深思的问题。本书以名镇为例,以城市和乡村之间的集镇聚落的形成与发展研究参与这一讨论。

马克思在《资本论》里指出:"一切发达的、以商品交换为媒介的分工的基础,都是城乡的分离。可以说,社会的全部经济史,都概括为这种对立的运动。"[1]这句话可以从另一个向度解读,即城乡的分离是同引发商品交换的社会分工相联系的。中华文明是建立在高度发展的农业文明的基础上的,农业和畜牧业的分工、农业和手工业的分工早在原始社会就造就了以物易物的条件,中国南北各地的新石器时代遗址就已经出现了手工业区集中布置的痕迹,浙江良渚遗址更显示了中心聚落和周边村落的巨大差异[2]。到奴隶社会的商代就已经出现代替贝壳币的青铜货币,商代的名称则留下了这个朝代因商而兴的痕迹[3],另一个术语"市井"则烙有施行井田制的周代的早期集市印记[4]。江苏的集镇聚落的形成与发展轨迹就是发生在这一以商品交换为媒介的城乡分离的进程中的。

集镇聚落的形成与演变,和人、地、天密切相关。不同的人群与传统、不同的地理与条件、不同的天时与社会的相互作用,构成了丰富的集镇类型与聚落体系。

江苏省集镇聚落体系,大致的纵向历史演变,可以分为古代的农业社会阶段和近现代向工业社会的转型两大阶段。

一、古代江苏集镇聚落体系的形成与演变

古代江苏集镇聚落体系的形成与演变,是长期的过程,也是人文和传统、地理和交通、社会和经济相互交织促进而成,而在不同时期,某种因素会表现出特别的作用和动力,所以古代江苏集镇聚落的形成与发展,也是不断继承和动态演变的过程。

(一)六朝及其以前的人文和商市传统与集市

远古时期,地处江南[5]的江苏地区遍布沼泽,气候炎热,虽然物产丰富、土地肥沃,新石器时期的文化也有着深厚的积淀,但相对于三代(夏、商、周)以来北方农业文明的急速发展来说,仍然相对落后,民众断发文身以避虫蛇。周代,从北方政治经济中心来到江南草莽之地的泰伯奔吴事件促进了当时先进的北方文化再次南传,促进了生活在这个地区的人民进一步改造这里优越的自然条件,无锡的伯渎河传说就是泰伯奔吴后的产物,这一次的文化交流带来了社会、经济发展的突变。春秋战国,江南吴、越和楚国都进入了争霸的行列,越国的范蠡在辅助越王勾践复国之后,泛舟五湖,改行经商,被司马迁作为《史记·货殖列传》

---

[1] 见《马克思恩格斯全集》第23卷,人民出版社,2006,第390页。
[2] 见赵辉:《良渚的国家形态》,《中国文化遗产》2017年第3期。
[3] 见《国语·周语下》:"玄王勤商,十有四世而兴。"
[4] 见《管子·小匡》:"是故圣王之处士必于闲燕,处农必就田野,处工必就官府,处商必就市井。"及《前汉书》卷九十一《货殖传》中的颜师古注:"凡言市井者,市,交易之处,井,共汲之所,故总而言之也。"
[5] "江南"指称的地域,历代不断变化。秦汉时期,江南主要指今长江中游以南的地区,还有江汉以南、江淮以南的含义。六朝时,苏南一带以江东著称。江南的概念大于江东。参见周振鹤:《释江南》,《中华文史论丛》第49辑,上海古籍出版社,1992。

的第一位人物记载下来并被民间奉为商业之神"陶朱公"①。秦汉时期，这里的经济仍然是落后于中原的，但是其迅速滋长繁荣，其中原因之一，便是与长江相关的城市聚落发展，以及江左②的人文与经商传统。

其时，长江北岸的重要城市是江都（扬州）。春秋时期长江入海口在江都（扬州）和京口（镇江）附近，其时江面较宽，江北是一条黄土冈，称作蜀冈。吴王夫差十年（前486）秋，"吴城邗，沟通江淮"③，于蜀冈高地上建起一座邗城，即今扬州城的前身。再看运河和长江的关系，三国时，魏文帝曹丕于黄初六年（225）"如广陵故城，临江观兵"，见"波涛汹涌"仍望而生叹④，说明当时的江面仍十分宽广，而且城与大江相距并不遥远。到东晋、南朝时，附近"土甚平旷"⑤，这时广陵附近江岸南移，长江北岸边滩大幅度淤长，蜀冈下已形成"土甚平旷"的长江冲积平原。长江岸线向南延伸，著名的瓜洲在晋时也已出水成陆。东晋穆帝永和（345—356）中发生了"江都水断"，广陵太守陈敏改建了邗沟的南端，就由其西南的欧阳埭引水。欧阳埭在现在江苏仪征市（宋代称为真州，明代和清前期称为真县），引水口距广陵城六十里⑥，这就是后来真扬运河的前身，也是今天的仪征到扬州的仪征运河，它后来利用了瓜洲与长江北岸的夹江。仪征集镇的雏形源于此。

当时长江南岸的重要城市是金陵（南京）。不过，其正式称为"南京"，是明朝时候的事情。在历史上，南京曾有金陵、秣陵、建业、建康、江宁、集庆路等名称。金陵是南京最早的名字，秦始皇统一中国后，金陵被改名为秣陵县。公元229年，孙权在秣陵称帝，更名为建业，六朝时为建康。《金陵图经》上说："昔楚威王见此有王气，埋金以镇之，故曰金陵。"又传说秦始皇南巡时，忧心忡忡的事，就是金陵的王气，因此开秦淮河以泻，不过南京还有更大的水作为天然屏障以生王气，这就是长江。孙权称帝前，于建安十七年（212），即移治秣陵的次年，在金陵邑基础上修著名的石头城，就建在江边，"石头巉岩如虎踞，凌波欲过沧江去"⑦。石头城倚山为城，以江为池，控江临淮，形势险要。后来唐代的石头驿盖出于此。

晋室南渡是北方文化第二次南传并结出了文化交融的丰硕成果。六朝都城建康选址东移，位于覆舟山、鸡笼山之南，"东环平冈以为安，西城石头以为重，后带玄武以为险，前拥秦淮以为阻"⑧。出城正南门，

---

① 见《史记·货殖列传》。
② 江左即江东。
③《左传·哀公九年》。
④《资治通鉴》卷七十《魏纪二》。
⑤《南齐书》卷十四《州郡志上》。
⑥ 刘文淇《扬州水道记》："其水上承欧阳，引江入埭，六十里至广陵。"
⑦ [唐]李白：《金陵歌送别范宣》。
⑧ [明]陈沂：《金陵古今图考》，南京出版社，2006。

有一条长5里的御道直达秦淮河边。建康作为六朝的政治和文化中心，城市规模和经济内涵发生了较大变化。建康城中的商市有大市和小市等多种类型，秦淮河北则为"草市"，是在城外进行的临时交易，没有固定形态，所以称为"草市"。"淮水北有大市百余，小市十余所。"[①] 但是依《景定建康志》卷十六云，已有专业集市："又有小市、牛马市、谷市、蚬市、纱市等十一所，皆边淮列肆卑贩焉。内纱市在城西北耆音寺前。又有苑市在广莫门内路东，盐市在朱雀门西。"还有"秣陵斗场市，隆安中发乐营人交易，因成市也"[②]。

六朝集市发展的另一个原因，是这里的江东父老宗族大姓为多，从而贵族、官僚和寺院地主经商成风，出售农副产品，长途贩运，开设店邸，经营高利贷，而民间小贩队伍增加，建康和京口等发达地区农民经商较一般地区为多，"浮船长江，作贾上下"[③]。如此在城市和农村之间形成由市而集的聚落。

南朝时水路交通方便，除了粮、布（麻布）、绢、鱼、盐、铁器外，纸张、瓷器以及席、蜡、蜜、漆、竹等已成交易大宗，尤其是茶叶已在纸、瓷之后作为一种新兴商品登市。其时，又在军事要地设立军镇，尽管是军事防卫性质的聚落设置，但人口聚集同样引发对消费和商品的需求，军镇与其他地区也需要一定的产品交换，以获取利润。军镇也渐渐具有了商业经营的性质，有"军市"之设。南北朝诸镇官员设置中有"市长"一员。

概括而言，这段时期形成一些集市，以长江周围都会如江都和建康为中心，以人文发达和供给城市为需要，以不同阶层交易为手段，以沿长江、秦淮河及其道路节点分布的集市为突出现象。

（二）隋唐时期的运河和交通开发与集镇

20世纪30年代冀朝鼎先生在他对中国历史研究的过程中曾说："中国历史上的每一个时期，有一些地区总是比其他地区受到更多的重视，这种受到特殊重视的地区，是在牺牲其他地区利益的条件下发展起来的，这种地区就是统治阶级想要建立和维护的所谓'基本经济区'。"[④] 其中，受到特殊重视的一个方面，乃水利建设和交通路线的发展。

首先，在春秋到六朝开凿邗沟的基础上，隋唐时期开运河，重要跨

① 《隋书》卷二十四《食货志》。
② 《丹阳记》。
③ 《三国志》卷四十八《孙休传》。
④ 冀朝鼎：《中国历史上的基本经济区与水利事业的发展》，中国社会科学出版社，1981，第8页。

越在江苏段，长江以南形成江南运河，以北主要在"淮南道"兴修水利。由润州（镇江）渡江，经过扬州、楚州、泗州，循运河至汴州，再到达洛阳和长安。当时"淮南道"新修了大量的水利工程，使农业生产能够达到稳产高产，"淮南道"的手工业享誉全国，品种远多于"江南道"（这时江南专指浙东、浙西和宣歙），铜器、纺织、造船、制盐等冠亚诸道。如在织布中，"淮南道"可以织麻布，等级高于"江南道"的普通布。尤其扬州是全国位居首位的工商业大城市，而被称为"扬一益二"，是全国盐、茶的集散地和珠宝、药材、香料的中心。江淮荆湖岭南物产由于漕运所经，于此集散，当时到达扬州或从东边海上漂洋而来，或从北边运河而来，或从南边长江而来，而其时扬州东向到海、北向接淮河、南向抵长江，均需内河连接，于是在转接口形成一些重要集镇，如湾头、瓜洲、邵伯。

和长江联系的是扬州城南部的瓜洲，原为水下沙碛，逐年积涨，晋代露出水面，形如瓜，故称瓜洲。《瓜洲名胜志》云："瓜洲渡昔为瓜洲村，扬子江之沙碛也，或称瓜埠洲，亦称瓜洲步，沙渐长，连接扬州郡城。自开元后遂为南北噤喉之处。"从春秋以来，由于长江南岸的南移，运河入江口也逐步南移，瓜洲作为扬州运河继续南下的入江口，地理位置相当重要，唐开元以后成为南北噤喉要地，取代了扬州的一些转运功能而成枢纽之集。

和淮河联系的是高邮境内的邗沟，因东绕射阳湖，历史上称之为"东道"，东汉顺帝永和年间（136—141），为使来往船只避射阳湖风涛之险，邗沟改道，北出樊良湖后入津湖，然后直北由末口入淮，称为"西道"。隋代大开运河，开皇七年（587），开山阳渎，自扬州湾头东绕宜陵，北经樊汊，由高邮东部地区北入博芝湖，而此道为故邗沟东道。大业元年（605），复开邗沟，循东汉所开西道经邮城西部直通淮河，当时此道"渠广四十步，旁植树木"。至此东西两条运河并通。西道线路较直，航船多取道于此，但其所连湖泊众多，有风浪之险。而东道虽绕路入淮，但较平安。东道即后来的三阳河，不及西道繁荣，但沿河也产生了一方市镇"三垛"。

唐安史之乱之时，北方经济倒退，自扬州到汴州在战争时期渠道被控制，但唐安史之乱之后运河依然畅通，同时政府改变重农轻商的政策，鼓励商业经济，为了"赋取所资，漕挽所出，军国大计，仰于江淮"，却获得实质性的经济发展。"万艘龙舸绿丝间，载到扬州尽不还。应是天教开汴水，一千余里地无山。"①

其次，与河道同时，驿路建设出现热潮，交通基础设施大兴，均为集镇聚落形成奠定了基础。开元十三年（725）中央政府"并即驰驿发遣"②，中原通向南方的驿道十分通畅。驿是一种非常快捷的交通体系，"凡三十里一驿。天下凡一千六百三十有九所：二百六十所水驿，一千二百九十所陆驿，八十六所水陆相兼。若地势险阻及须依水草，不必三十里"③，"殊俗入朝者，……乘驿者六驿"④。驿道主要功能为传递各级公文、军情报告、官员赴任、出使地方、押送犯人、贡品运输等。主要驿道如润州至常州、润州到金陵，大道上设驿，支线上设馆。如润州有通吴驿、京口驿、云阳驿，华阳馆、延陵馆等；上元县附近有白下驿、石头驿、汤泉馆、竹里馆等。在设置时，有的就近市，方便建设，也渐成集市。如"竹里驿，在句容县北六十里仓头市"⑤。

① 《全唐诗》卷六百一十五《汴河怀古二首·其一》。
② 《册府元龟》卷八十五《帝王部·赦宥第四》。
③ 《唐六典》卷五《尚书兵部》。
④ 《新唐书》卷四十六《百官志一》。
⑤ 《景定建康志》卷十六。

驿和馆是官设的，又因为交通便捷，私设客舍随之诞生，有旅舍、店铺、候馆，包括来往人群需求的寺庙，如此对于商品经济和州县之间经济交流起到了催化作用。

再次，唐代初期，政府在州县设市，遵照政府法令，县市专门为商人们提供经营贸易的场所。通常一县一市，也有一县两市的情况，常州义兴县（现宜兴，唐代称义兴，宋代避皇帝讳改为宜兴）有两市，"长桥新晴好天气，两市儿郎棹船戏"①，便是证明。刘长卿、杜牧还在常州义兴县购置别墅，可以想见当时县市比较繁华。这些县市和州市一样，一般设立在河道旁和桥梁边的交通便利处。常州无锡县县东大市建在隋大业八年（612）建的桥边，无锡县南有南市桥，唐武德（618—626）中建，横跨运河，两市均建在水陆交通桥附近，方便交通。这些县市也担当起农村基层商品集散中心的功能，一般白天为市，以早市为主，如润州丹阳县"早市归人语，昏亭醉客眠。……夜出津头火，晴昏巷里烟"。不过，这些县市和州城之间的商品关系尚未形成网络关系，只是集镇的雏形。

总体来说，这段时期的集镇形成聚落，以运河"淮南道"为中心，以水系和水利开发为地利，以沿河道发展为突出表征；驿路和道桥的交通基础建设，也为在枢纽和要道地段形成市场而发展集镇聚落创造了条件。

（三）宋元时期的社会和经济发展与集镇聚落

当建康和京口在六朝快速发展，以扬州为中心的"淮南道"在隋唐成为"仰于江淮"的国家商业中心时，太湖流域主要经营的是农业。如六朝时，江东种植麦子主要在太湖流域的润州和苏州等地，以满足建康南来北往的不同人群的需求，之后继承传统，在南唐金陵城可见"就取小麦淘洗，以银釜炒之"②。当然太湖流域经营最多的是种植水稻，其在唐五代成为水稻生产基地之一。唐宋还种植经济作物，如桑、麻、茶叶、甘蔗、蔬菜、果树等，并发展水产和养殖。这个时期，太湖流域主要发展的是塘浦圩田。

唐后期到宋代，大量北人南迁，是为历史上第三次的衣冠南渡，在现江苏境内主要迁入常州、润州、苏州，迁入者众。北方南迁的士大夫们居住在城市中，使得奢侈性消费和文化性消费大增，推动了城市经济的发展；而居住在农村的移民，促使了农村财产的不断转移，或建有别墅；同时南迁也带来可观的劳动力，将北方比较先进的生产工具和生产技术输入。

再则，北宋重视经济管理，强化税收制度。高承在《事物纪原》卷七"州郡方域部"指出："地要不成州，而当津防者，则为军，以县兼军使；民聚不成县，而有税课者，则为镇，或以官监之。"突出了"镇"的行政特点在于"有税课"和税监，是封建国家财政系统的基层单元。从建制而言，从六朝到唐代尚无"镇"的设置（唐代有州、县、乡），宋代"镇"的出现，开辟了中国地方行政制度的新纪元。一方面使城市以外的商业发展不断扩大，草市、墟市大量增加，行业组织作用加强，"行"制代替了"市"制，如草市和墟市就有牙人（即为买卖双方说合交易的牙行中的中介经纪人）征收商税；另一方面镇设官员管理，为国家实施和管理税收制度，从而构成一个网络型的市场结构：各行业的首

---

① 《全唐诗》卷五百九十《阳羡春歌》。
② 马令：《南唐书》卷二十四。

领"行老""行头"由官府批准，可以组织自上而下的商品流通，还有权掌握买卖的价格、检查商品的质量和校检度量衡器具等。而州（府）、县、镇、乡间的沟通和连接保证了网络结构的形成。这时期的集镇实际上是一个稳定的聚落。

以宋代粮食产地太湖流域的平江（苏州）的粮食贸易为例。到五代吴越时期，塘浦圩田发展最好，有完整系统[1]，横塘纵浦260余条，分布在腹部水田和沿海旱田地区的约各占半数，勾画出五里七里一纵浦、七里十里一横塘，在塘浦纵横交加之间构成棋盘式圩田系统，如此水利建设形成了粮食丰产的基础；而由于平江的士大夫的聚集和他们的奢侈生活以及繁华的商业活动，便出现了大量的贸易需求；加上隋炀帝开运河带来的江南运河全线开通提供了畅通的运输条件：这时平江下设的嘉定县、昆山县、常熟县和周边镇的建立，便成为粮食行业可以足天下的重要平台和网络。此时今苏南地域范围内就已经涌现木渎镇、胥口镇、光福镇、望亭驿（镇）、浒墅关镇、松陵镇、同里镇、虞山镇等。

同样的，两淮地区由于土壤肥沃、气候温暖、水网密布，五谷杂粮均可种植，加上唐中期后经济中心南移，以及宋代赋税需求，淮东发展盐业，淮西盛产茶叶，以及运河开凿创造了天然的地理优势，形成市镇繁荣。沿江、沿河形成集镇聚落体系：瓜洲、邵伯、板桥、宜陵、大仪、扬子、湾头、挞扒店等。沿淮有：洪泽、龟山、高秋堡、渎头镇等。宋室南渡后，两淮为边防要地，战略位置十分重要，此时两淮整体经济是衰退的，但部分地区商业仍处兴盛状态，这主要和两淮军事地位特殊、驻扎大量军队有关，军需物资的需求及军人调往，均赖于此，真州六合县竹岗镇、泰州如皋县石庄镇，首见记载均在南宋。

元代行业组织的性质、作用，仍沿袭两宋未变，而范围较前广泛。但在县镇发展上，侧重在服务于海上漕运的区划调整。早在13世纪的南宋，官府为整顿昆山地区的税收秩序和治安秩序，减轻昆山的财政、治安负担，就曾通过和地方乡豪势力的博弈做出了较强硬的区划调整决策——设置嘉定县。而元代的政区调整则包括：华亭升府、上海立县、昆山移治太仓，从东南沿海到东北沿海，从上海镇到刘家港，整个区划格局的变动，直接服务于海上漕运的布局。与此同时，宋末公田重税转为元初巨额漕粮，宋末豪民转为元初漕户。这些改变均因元代大运河的建设和海运的构架而产生。

元朝时，大都作为全国的政治中心，"去江南极远，而百司庶府之繁，卫士编民之众，无不仰给于江南"[2][3]。元朝岁入税粮的54%来自江南三省。至元十六年（1279）起，先后开凿了今山东济宁至安山的济州河、安山至临清的会通河，以及通州至北京的通惠河，对扬州这段运河元代有几次疏通[4]，加上江南运河，它们彼此连通，至此，南北大运河全线开通，把黄河、淮河、长江、钱塘江四大流域连接起来，它以最短的距离，纵贯当时最富庶的东部沿海地区，实现了国家政治中心和经济重心的结合。这条大运河较隋代大运河由"弧"形变为"弦"形，路程大为缩短。但元朝从江南运粮到大都，中间道路遥远，各地漕渠时常败坏，或因水灾淤塞，或因水源不足，难保畅通无阻，也开通了海陆联运。至元十九年（1282），丞相伯颜提出海运粮食的建议，最初航路（1282—1291年），自刘家港（今太仓市浏河）入海，经海门县开洋万里长滩，抵淮安路盐城县，再北历东海县、密州、胶州界，放灵山洋，投东北，抵成

[1] 范成大：《吴郡志》卷十九。
[2] 危素：《元海运志》。
[3]《元史·食货志》。
[4]《元史》卷十三《本纪第十三·世祖十》："（至元二十一年）二月辛巳，……浚扬州漕河"；《元史》卷二十六《本纪第二十六·仁宗三》："（延祐四年）十一月己卯，复浚扬州运河。"

山，然后通过渤海南部向西进入界河口（海河口）抵直沽，再经直沽转白河达通州，又陆运至大都。不过此行也十分不便，后来在 1292 年和 1293 年均有新航道开设，但起点均为刘家港。

刘家港及太仓便是随着海运业发展起来的。此地"旧本墟落，居民鲜少，海道朱氏劏荆榛，立第宅，招徕番舶，屯聚粮艘，不数年间，凑集成市，藩汉间处，闽广混居，各循土风，风俗不一"①。"市民漕户云集雾涾，烟火数里，久而外夷珍货棋置，户满万室。"②刘家港到明代仍是扬子江口的重要海港和重要管理部门设置所在，明末才淤塞衰落。

宋元时期集镇聚落的形成，整体来说离不开既可以用来生产生活又可以漕运交通交流的水体。早期形成的市镇在宋元的经济管理制度催化下兴盛起来，成为正式的行政建制，构成经济网络，也带动了更多的乡村墟市和集市的发展。

（四）明清时期江苏集镇的基本特征和集镇聚落体系

明初定都南京，运河曾一度淤塞，明成祖定都北京后，又不惜用 15 年时间把 1800 余千米的大运河全线打通，修成一条既宽且深、河道工程和航运设施相当完善的内河航道，真正成为南北水上运输的大动脉。永乐十三年（1415）开清江浦，建四闸，解决了黄河夺淮后河床升高而造成的过船困难，改善了漕运条件。这样沿运河又出现了一些新镇。如淮阴在明代以前还称不上是村落，清江闸建成后，这里成为黄河、淮河、运河的交汇处，南来北往的船只在此停泊，等待过闸。管理河道、闸坝、堤防、漕运的机构在这里驻守，还修建了大批粮仓，形成人烟稠密的居民点，"舳舻华集，居民数万户，为水陆之孔道"③，成了著名的繁华集镇清江浦。

明太祖重农抑商，提倡棉桑的种植，明清江南遂形成了三大商品生产区，即以湖州、嘉兴、杭州为中心的蚕桑业和丝织业的蚕桑丝织作业区；以苏州、嘉兴为中心的棉丝混合区；以松江府为中心的棉植和棉织区。这三个专业商品生产区的发展，对缔造区域的商品市场和推进市镇经济的发展关系都是极其密切的。以苏州为例，周围的集镇聚落在空间分布上密度增加，才能协调和完善乡村生产供给与城市自身日益增长的及其大量转运外地的需求间的关系。市镇数量增加的同时，市镇居民数量也大大增加。至明代万历中，数百上千户居民的市镇已不罕见，后来也发展得比较稳定。

这些稳定的集镇，形态和发展具有以下基本特征：

（1）集镇间距离缩小，形成密集的横向网络。这和宋代由上而下的纵向形成的管理网络不同，多元的集镇真正地形成相互横向联系密切的集镇聚落系统。

（2）专业化市镇增多。基于专业性商品化农业区域的形成，以及手工业化聚落群的日趋繁盛，各种生产性或商业性的专业市镇层出不穷。

（3）选址临近漕运线，可以有效将货物疏散、汇集、运输、交易。

（4）集镇内部功能比较完善。经商方面，临街设店，有行（会馆）、仓、旅店等；有管理机构，批验、纳税、巡检盘诘私货等；生产场所，有场、作坊、厂等；生活性建筑，有住宅、园林、庙宇等。

（5）道路形制自由。路网和水系密切相关，镇中街、巷、坊交错复杂，河道沿线，码头、桥梁林立。

---

① 《昆山郡志》卷一《风俗》。
② 《太仓州志》卷十下《新建苏州府太仓州治碑》。
③ 顾炎武：《天下郡国利病书》，上海涵芬楼影印，昆山图书馆藏稿本。

（6）集镇生长渐进式。通常为保卫市镇安全，常于市周围设栅栏，但市扩大后原栅栏所在地区也经营商品，且以商品称呼街名，如剪刀巷、饺肉巷、灯草巷、皮市街、芝麻巷、打铜巷等。

（7）盛衰不由人力。依赖地理条件甚多，而其衰败，也多由自然条件改变所致。如瓜洲，乾隆《江都县志》记载："瓜洲虽弹丸，然瞰京口，接建康，际沧海，襟大江，实七省咽喉，全扬之保障也。且每岁漕艘数百万，浮江而至，百货贸易迁涉之人，往还络绎，必停泊于是，其为南北之利，讵可忽哉？"可见作为扬州南面的屏障，瓜洲的发展同样受益于运河，并由运河把其和扬州、隔岸的镇江等城市连为一个运输系统，唐末渐有城垒，宋代筑城，明清经济繁荣，康乾时期城市建设、园林建设可谓"极盛一时"，均因地理优势之故。

而从根本而言，集镇聚落系统的形成，本质上是商品经济的发达与社会分工的进一步加强，推进了集镇群体的发展，形成了多层次的大小市场网络。明嘉靖建立"一条鞭法"，确立赋税及徭役制度，规定把各州县的田赋、徭役以及其他杂征总为一条，合并征收银两，按亩折算缴纳，简化了税制，方便征收税款，承唐代的税法，下启清代的"摊丁入亩"，是中国历史上具有深远历史影响的一次社会变革，也是明代发展到一定时期社会矛盾激化的被动之举和中国封建商品经济发展到一定程度的主动选择。明万历九年（1581）大力推行以后，农业经济中商品经济成分日益增大，一些适宜发展经济作物的地方，常有改稻田而种植经济作物的情形，这样农业商品经济的发展，才有可能为手工业提供原料和市场。明清时期的棉织业、丝织业、果品加工业、蔗糖业等，无不建立在种植业发展的基础上。明清时期的手工业发展特征，是实行技术分工，扩大生产规模，出现了雇佣劳动制的工场和作坊，并逐渐形成专业生产区，有了资本主义的萌芽。万历以后商品生产的发展，社会商品流通量扩大，推动了集镇的发展。

以吴江县为例，集镇建设迅猛：震泽"明成化中至三四百家，嘉隆间倍之，而有过焉"；平望镇"自弘治迄今居民日增，货物备焉"；双杨市"明初居民止数十家，以村名，嘉靖间始称为市，民至三百余家，自成市井"；严墓市"明初以村名，明已有邸肆，而居民止百余家，嘉靖间倍之，货物颇多，乃称为市"；檀邱市"明成化中，居民四五十家，多以铁冶为业，至嘉靖，数倍于昔"；盛泽镇"明初以村名，居民止五六十家，嘉靖间倍之，以绫绸为业，始称为市"。① 可知，农民离开土地去从事工商业的现象十分普遍。

明中叶以后大量新建的集镇，主要有三类：①手工业市镇，如盛泽、震泽都因丝织业发达而成为专业集镇，盛泽在嘉靖间成市，"镇上居民稠广，……俱以蚕桑为业。男女勤织，络纬机杼之声通宵彻夜。那市上两岸绸丝牙行，约有千家百余家。远近村坊织成绸匹，俱到上市。四方商贾来收买的，蜂攒蚁集，挨挤不开，路途无伫足之隙"②。②商业市镇，如吴江的平望、八斥、严墓，以旅店、酒馆等服务业发展而成为商业市镇。③交通市镇，如浒墅关、瓜洲、江浦（浦口），"地当南北孔道，水陆要冲，街市喧阗，商贾辐辏"③，便是对江浦的描述。这三类集镇都环绕在苏州周围，以苏州为集中点通过运河北运京畿等地区。商贸带来的财富推动了苏州和以苏州为中心向环太湖流域集镇体系辐射的经济文化的繁荣，产生了明代及此后的精致生活的样本，明中叶以后，人心

---

① （乾隆）《吴江县志》。
② 冯梦龙：《醒世恒言》卷十八。
③ （光绪）《江浦埤乘》卷一《疆域》。

向富，不仅吴县甚至全国工商业都以发达的苏州为榜样，一切向苏州生活方式、风俗习惯、器用装饰等方面看齐，"夫吴者四方之所观赴也，吴有服而华，四方慕而服之，非是则以为弗文也；吴有器而美，而四方恭而御之，非是则以为弗珍也"①。这一趋势直到晚清上海出现新的引领性的西洋风尚才发生改变。

江苏古代集镇聚落体系的形成与演变，是一个漫长的发展过程。首先与大城市的布局和人的需求有关，其次与地理条件和交通组织有关，再次与社会制度和经济结构有关。如此，人、地和天的相互作用，形成了有节奏、有广度、有深度、有密度的集镇体系。这个节奏反映在六朝虎踞龙盘的都城建康、隋唐烟花三月的都会扬州、宋元"下有天堂"的水城平江等大城市辐射下的集市、集镇，集镇聚落的消长与渐成，也是由点到面、由广度到深度的商品经济成熟的过程。更值得指出的是，富裕的经济形态和畅通的物品交流，也开启了封建社会晚期江苏集镇社会平稳祥和、人文发达昌盛、生活品质优越的局面，其独步超前，也奠定了其在近代和现代社会改革中始终走在全国前列的基础。

二、近现代江苏集镇聚落体系的发展与转型

古代江苏集镇在近现代发生了巨大的变化，其特征是进入了社会发展和经济发展转型期——由农业社会向工业社会转变的历史时期，这种变化直接影响到江苏集镇聚落体系的空间形态和居民的生存方式，大致分为四个时期。

（一）1840—1940年代：江苏集镇社会转型初始期

早在五口通商以前，江苏乡村以精耕细作为代表的农业发展模式已经走到了尽头，人均耕地不断减少，农产品产量的增加赶不上人口的增加，一旦遇到灾荒，底层贫苦农民只有借高利贷和出卖土地，土地的集中日趋严重。在苏北，黄河这条河床不断滚动的河流不仅自身泛滥且还引发了与之相交的大运河的壅塞。清朝为了保障中央政权的京畿地区粮食和其他商品的供给，每年投入大量财政支出用于加固、加高黄河南岸和运河东岸的河堤。1854年，河床淤高了的黄河洪水从北岸决口，黄河夺取了大清河的河床从山东入海。大运河能够通航运粮的只剩下山东济宁以南的河段。即使如此，由于几百年前已经被黄河侵占了的淮河河道也已淤积，运河河床两岸的大堤也已经比苏北里下河流域高出10米，而沿海的潮汐作用也使串场河较西部平原为高，苏北里下河地区成为四周高中间低的"锅底洼"，因而一旦淮河或长江流域汛期来到，依靠运河入江再入海的淮河和运河决口不断，里下河流域大部地区的安全难以保障，经济长期凋敝，例如"1931年夏秋之际，整个长江流域发生特大洪水，江淮并涨，运河河堤溃决，整个里下河平原汪洋一片，300多万民众流离失所，77 000多人死亡，140万人逃荒外流（特别是流入上海），淹没耕地1330万亩，倒塌房屋213万间"②。这种状况迫使这一低洼地区大量聚落采用了沿着堤坝建造的条形布局的聚落形态。不少聚落在附近挖地堆土成为土墩，用作逃避洪水的避难所。里下河北部房屋大量就地取材，建造标准较低，和江南灾害较少地区聚落的聚敛型的形态形成鲜明的对比。

① 章潢：《图书编》卷三十六《三吴风俗》。
② 见"百度百科"的"里下河"条目。

帝国主义用枪炮打开了中国国门并逼迫中国政府签订不平等条约，中国先是被迫后又主动策划和参与开放若干口岸城市通商，从此欧洲生产的日用品涌进中国市场，例如棉布、纸烟、煤油等。工业化的制品价廉而质优，很快中国传统手工业的类似产品在这场竞争中失败，也迫使中国有识之士寻找应对这千年未有大变局的新路径。

除了以孙中山、黄兴等革命党人力图改变中国积贫积弱之外，朝野还有大批知识精英尝试以其他方法应对危局，以夷制夷是政界的革命派和维新派以及工商界的爱国人士共同的策略取向。实业救国在江苏有着良好的基础：城乡大量居民有良好的文化素质，农民家庭常年注重耕读传家和农业手工业并重的经济传统；千年开发形成的江南水网运输条件加上新建的沪宁等铁路线形成的沟通原料产地和城市加工地的良好的水陆交通；特别是那些较早接触西学又了解中国乡情国情、和政界有良好联系、从市镇走出来的知识精英，例如张謇、荣德生等，他们为中国的民族资产阶级形成做出了贡献；加上大量已经无法仅靠传统农业维持生计的底层农民正涌向城镇地区寻找生计，构成了新型的生产力。"江苏省从1895年到1911年的十七年间，民族资本家创办的工矿企业，资本在五千银元以上的共计一百十五家，分布在南通、无锡、苏州、常熟、江阴、镇江、武进、常州、南京等地，以南通、无锡、苏州、常熟、江阴最为集中。"[①]

在第一次世界大战欧洲列强无暇东顾之际，江苏的民族工业获得了突飞猛进的发展，这一势头持续到抗日战争爆发，构成了国民政府实力和江苏经济节节上升的一段辉煌。苏南和上海、浙北环太湖流域和南通地区的大量市镇，如盛泽、平望、震泽、礼社、严家桥、罗店、南浔、乌镇、高港等，因为在纺织、丝绸、面粉、火柴、航运等行业的国内外贸易需求中获得新的发展而十分繁荣。这些市镇不少宅邸、桥梁、码头、仓库、会所以及学校、商铺等就是这一时期建起来的。另外，由于淮扬运河及相联系的若干运盐河还在发挥着沟通南北货物交流的作用，运河两岸的湾头、码头、大桥、邵伯、黄桥、窑湾等镇依然维持着一定程度的繁荣。在抗日战争时期，由于苏北革命根据地的需要，那些无法经由正常渠道获得的物资交换正是通过较小的，穿越敌占区、国统区和根据地的特殊水运来满足的。因而即使在战争时期，苏北这些运河市镇仍然维持着一定的规模。

（二）1949—1970年代：江苏经济产权剧烈变革而经济转型停滞的时期

抗战胜利后国内各种矛盾的爆发最后通过政治和军事行动的方式解决，1949年，中华人民共和国成立。随着"土地改革""三反五反"和"公私合营"运动的进行，中国的历史进入了社会主义阶段。翻身农民获得了自己所有的土地，摆脱了极度贫困的生存状态，生活水平获得较大的提高。在苏北，解放后一系列治理淮河和黄河以及统一防洪抗洪排涝的水利工程终于使肆虐苏北几百年的水患退去，苏北人民终于可以安居乐业。苏北各市镇的砖瓦房正是从这一时期开始多起来的。出于防止社会重新两极分化的目的和对共产主义理想的向往加上国内外政治斗争的形势，1958年后中国各地乡村前几年兴办的以自然村为基础的农业合作社被进一步合并成乡一级的政社合一的人民公社，乡村土地从解放前和

[①] 见江苏省社会科学院历史研究所、江苏人民广播电台文教组合编的《江苏史话》中段本洛写的《江苏早期民族资本工业的发展》一文。

土改后的私有制转变为集体所有制，短暂时期出现过全体人民吃食堂、供给制和乡村市场消失的现象。从 1960 年开始，因为极左政策造成农业经济的凋敝，公社又改为三级所有、生产队为基础，类似于初级合作社的形式，保留与每户农民生活直接相关的自留地，并把按劳分配确定为生产队的基本分配原则。乡镇的集市重新开放，允许农民销售自己生产的农副产品。乡村经济重新稳定，即使是"文化大革命"的冲击，也没有改变农村经济较为稳定的整体局面。

当时出于对国内外政治军事形势的考虑，国家性的基本建设重点转移到了中西部，江苏的城镇建设基本处于维持既有格局和小修小补的状态。为了备战和备荒，乡村的发展"以粮为纲"，搞单一经济，大大压缩经济作物的生产和农民的副业生产，农副产品的销售以供销社为主要渠道，小城镇失去了作为农副产品买卖的集散中心的经济基础。市镇中的商业贸易被看作是消费性而不是生产性的因素，商业和贸易因而萎缩，尤其是私营的工商业更是受到抑制。商贸的凋敝使相当多市镇的工商业者向两极流动，部分技术较好的流动到城镇中的国营企业中供职，部分就回归到乡村从事农业，这在 1960 年困难时期最为明显。市镇的商业在公私合营后要么成为国营商业网上的一环，要么成为合作性质的供销合作社。这使得原来市镇上的大量小店铺关门，按照国营机构的等级制，在那些设了乡或镇政府的市镇，开设较大的国营或合营的供销社，而在没有设行政中心的市镇，商业可能只是个代销点，这种商业布局基本改变了过去以乡脚为依据的商业布点规律，也造成了今日我们能够看到的许多市镇上虽有老街却无老店的局面。这一时期最常见的公共建筑是粮库、供销社和卫生院。小城镇留不住居民，在这一时期不少非行政中心的市镇人口减少[1]。小城镇越衰落，作为其乡脚的附近农村发展商品生产的阻力越大。反过来，农村商品经济水平越低，作为其中心的小城镇的衰落则越发加剧[2]。

（三）1970—1990 年代：江苏社会和经济转型的重新起步和发展期

20 世纪 70 年代的初期和中期，当"文化大革命"在城市和工厂余波未尽之时，江苏的农村却发生了重大的变化，以此前已经稳定下来的按劳分配的农村政策为基础，一种农忙务农、农闲做工的集体所有制的企业出现了，这一现象的萌芽甚至可以追溯到 1958 年"大跃进"时代甚至更早，在大办人民公社或者更早合作社的时期，在苏南大地上一种具有探索性的经济形态出现了，那就是社办企业，即后来我们称为乡镇企业的形态，例如 1956 年无锡东亭镇办起的春雷船厂，生产大工厂不生产的但江南水乡十分需要的水泥船。这类企业不同于纳入行政管理和计划经济的国营企业，在所有制上不是国营而是属于集体经济，它的资金来自各个下属的生产队，开始的产品以农机修理、粮油加工和针织等农民熟悉的类型为主，当工厂在受到"文化大革命"的影响降低生产效率之际，大量附着在国营企业身上的乡镇企业应运而生，起到了拾遗补缺的作用。1980 年代在国家政策允许后它们又迅速向其他技术含量更高的领域拓展。除了税收上交国家之外，其收入属于集体并纳入生产队再分配的渠道。其产品类型和销售渠道多变，它们的分配和农业生产的分配常常组合起来考虑。它们解决了江南清代以来人多地少、收入日

---

[1] 费孝通：《小城镇，大问题》，载《小城镇四记》，新华出版社，1985。

[2] 参考费孝通：《小城镇大问题》，《中华民居（上旬版）》2016 年第 6 期。

渐减少和解放以来闲散劳动力无处可去的问题①。昔日市镇上各类被征用的庙宇、祠堂等就成了此时的厂房，农民通过请进来派出去、边干边学的办法获得了工业生产的初步技能。改革开放以后，随着经济起飞，乡镇企业这种离土不离乡、船小好调头的最有活力、最为灵活的集体性质发展模式获得国家在理念上和政策上的支持，并被命名为不同于"浙江温州模式"的"江苏模式"。"无农不稳，无工不富，无商不活"成了基层干部经营乡镇工作的口头禅。乡镇企业的利润直接造福于乡镇公共事业和乡镇政府工作人员的多种开支，因而也是地方政府全力支持的对象。1970年代到1980年代是乡镇企业在江苏大发展的年代，1990年与1980年比，江苏社会总产值增长4倍，而乡镇工业总产值猛增10.45倍（同是当年价），乡镇工业在全省社会总产值中所占比重从15.59%上升到32.95%，在全省工业总产值中所占比重从23.37%上升到45.29%②。这种发展直接提高了乡镇企业中的农民和其他居民的收入，为乡镇建设注入了资金，大量新的砖混结构的住宅、电影院、学校、浴室和其他公共设施正是在这一时期获得发展，今日各个市镇老镇区中最大量的建筑也是在这一阶段建成的。为了支持乡镇企业的发展，适应改革开放时期的快节奏，这一时期，城镇之间的道路得到改善，汽车交通取代了水陆交通，许多市镇的河道大量被填埋，在河道上面修筑起通行机动车的柏油路，江苏全面进入汽车交通的时代，沿河的古老敞廊或店面被拆除后兴建起新的多层砖混结构的公共建筑，某些发展快的市镇甚至拆光了老房子。某些交通不便或者由于经济实力还不足以拆光重建的市镇则或多或少保留了前代人的老房子，成为以后发展的重要资源，并为后代留下了历史文化的乡土积淀。

（四）从世纪之交到当代：江苏乡镇经济升级换代、社会新转型开始的时期

1990年代中国为加入WTO不断调整国内经济政策，中国的经济政策向进一步开放转变，外国企业有了更多进入中国市场的机会，2001年，世界贸易组织通过中国加入该组织的申请。在国外先进企业的竞争压力下，江苏的乡镇企业面对着质量、技术、品牌、管理、人

---

① 费孝通：《小城镇，大问题》，载《小城镇四记》，新华出版社，1985。
② 顾松年：《探求江苏乡镇企业的新跨越》，《农业经济问题》1993年第2期。

才、创新等一系列需要提升和升级换代的问题,在政府的支持和推动下,江苏原来粗放型的乡镇经济不得不开始新的产权转型。原来和农民农业紧密渗透、利益交织的经营模式退出舞台,产权结构重组,通过"退""卖""降",乡镇集体资本不再占据控股地位,企业从集体经济向私营或曰民营经济转化,出现家族企业和精英管理以及股份制的新模式。市场从国内转向国际,产品从低端转向高端,劳动密集型转向技术密集型,工厂厂房也从市镇之内搬到了市镇老区之外的开发区或工业园区中。大量过去的农民成为蓝领、白领或者经营者。他们不少人离开了乡村,离开了小集镇,向大市镇或者大城市靠拢。旧的社会分层被新的完全不同的社会分层代替。在聚落方面,不少老的庙宇、祠堂、宅邸再次腾空他用,或者成为旅游或其他第三产业的资源。甚至1980年代建的简易厂房也被废弃,不久前建起的新农房也空空荡荡少人住了,江苏南北各地的集镇风貌都在山清水秀的环境中走向现代化。尽管前期的工业化对环境和建筑遗产造成影响,但后期经济的发展和资金的积累仍为保护环境和文化遗产提供了可能性。

江苏的集镇型聚落在经过了一百五六十年的转型之后,终于完成了自己的蜕变。2017年江苏的城镇化率已经达到68.8%,江苏完成了从农业社会向工业社会的转变并开始迈向后工业社会。回顾这由衰而兴、由粗放到开始集约化的历史,江苏的镇村虽然也经历了剧烈的变化,但并没有发生在欧洲工业化过程中"农村濒于破产,农民失去土地""现代工业的成长是以农村崩溃为代价"的现象,总体来看,"它向人们展示出我们社会主义建设中的一种崭新的特点,中国社会基层的工业化是在农业繁荣的基础上发生、发展的,而且又促进了农业发展,走上现代化的道路"[1]。回顾这一段历史,我们很难说哪一种失误是可以避免的,能够肯定的是,江苏集镇的发展历史是和江苏古代精耕细作的农业文明分不开的,是和这种文明背后的民族忧患意识和"天行健,君子以自强不息"的实践理性精神分不开的,是和江苏大地上近代先贤们将古代文化的理想与当代国人的问题相连接,去应对命运的挑战分不开的。如今大量的市镇已经成为城市的一部分。那些有幸保存着前几个时期历史记忆和文化遗存的市镇便成为留存下来的样本和本书记述的对象。

[1] 带引号的句子皆引自费孝通:《小城镇,再探索》,载《小城镇四记》,新华出版社,1985。

江苏历史文化名镇的分布与类型
江苏历史文化名镇的空间结构
江苏历史文化名镇的总体特色

第二章

江苏历史文化名镇的状况与特色

江苏市镇聚落遗产十分丰富，早在 1995 年就开始组织开展省级名镇评选。2003 年住房和城乡建设部遴选和公布了第一批中国历史文化名镇。这是自 1982 年公布第一批国家历史文化名城以来，面对着城市化的快速进程，在国家层面开展的保护传统聚落遗产的活动，是在城、镇、村层面相接续的保护工作。保护名录和相关法律的制定为延续城镇村的历史格局和风貌、维护历史文化遗产的真实性和完整性、继承和弘扬民族优秀传统文化奠定了基础，体现了国家和地方层面对镇一级文化遗产保护的重视。

伴随着时代的发展变迁，江苏传统市镇的许多历史遗迹已经消失，从某种程度上说，江苏的名镇名录还无法将历史发展过程中具有代表性的市镇全部囊括在内，无法表征江苏历史市镇遗产的全景及发展的全过程。但是透过对江苏现有的 33[①] 个历史文化名镇及其发展历史的经济、文化、社会的全面定位认识和深入剖析，我们又确实能够对江苏市镇聚落遗产的特色和价值有所掌握，对身处的这块土地的钟灵毓秀、人杰地灵及其强烈的文化生命力有所认识。

一、 江苏历史文化名镇的分布与类型

（一）名列前茅的江苏历史文化名镇

截至 2018 年底，全国 6 个批次名镇（村）的上榜名单中，共有历史文化名镇 252 个，其中江苏有 27 个，目前位居各省第一。而在江苏省的历史文化名镇目录上，除了已纳入国家级名录的以外，还有 6 个省级历史名镇。（表 2-1，表 2-2）。

---

① 本研究开始于2015年，研究对象包含当时江苏省的 33 座历史文化名镇，其中包括 27 座中国历史文化名镇与 6 座省级历史文化名镇。2017 年 2 月，江苏省人民政府批准了第八批 6 座省级历史文化名镇。2019 年 1 月，住房和城乡建设部、国家文物局公布第七批中国历史文化名镇，4 座江苏省历史文化名镇升级为中国历史文化名镇，至此江苏省拥有 31 座中国历史文化名镇与 8 座江苏省历史文化名镇。随着文化遗产保护的不断深入，江苏历史文化名镇的数量还将持续发生变化。

表2-1 中国历史文化名镇（前六批）

批次	年份	全国名镇数量	江苏省名镇数量	江苏省榜单
第一批	2003	10	3	昆山市周庄镇，吴江市同里镇，苏州市甪直镇
第二批	2005	34	4	苏州市木渎镇，太仓市沙溪镇，姜堰市（现泰州市姜堰区）溱潼镇，泰兴市黄桥镇
第三批	2007	41	3	南京市高淳县淳溪镇，昆山市千灯镇，东台市安丰镇
第四批	2008	58	4	昆山市锦溪镇，江都市邵伯镇，海门市余东镇，常熟市沙家浜镇
第五批	2010	38	5	苏州市东山镇，无锡市荡口镇，兴化市沙沟镇，江阴市长泾镇，张家港市凤凰镇
第六批	2014	71	8	苏州市黎里镇，苏州市震泽镇，东台市富安镇，扬州市大桥镇，常州市孟河镇，宜兴市周铁镇，如东县栟茶镇，常熟市古里镇

表2-2 江苏省历史文化名镇（前八批）

批次	数量	城镇（不包括之前已纳入国家级名录的城镇）
第一批（1995）	4	——
第二批（2001）		宜兴市丁蜀镇、太仓市沙溪镇、吴江市震泽镇、吴县市西山镇（2007年更名为金庭镇）、光福镇、木渎镇
第三批（2004）	3	——
第四批（2006）	4	南京市高淳县淳溪镇、东台市安丰镇、江都市邵伯镇、常熟市沙家浜镇
第五批（2008）		
第六批（2009）	4	新沂市窑湾镇
第七批（2013）	9	镇江市宝堰镇、如皋市白蒲镇、淮安市码头镇
第八批（2017）	6	高邮市界首镇和临泽镇、苏州市吴江区平望镇、昆山市巴城镇、东台市时堰镇、苏州市吴江区桃源镇

在江苏的快速城市化的进程中，名镇的社会经济发展状况不断变化调整，但总的来说，随着与名镇相关的法规相继出台，文保单位和历史建筑等名单不断增补，各类历史保护规划相继制定，特别是社会观念和保护意识在与时俱进，对名镇的调查、研究、保护和利用进入了积极作为的时期。

（二）密集分布的江苏历史文化名镇

如果以长江为分界线，33个江苏名镇在南北的分布分别是21个和12个。考虑到江南、江北的土地面积为26%和74%的比例，则南北差距明显。省内的名镇南北分布不均，既有历史遗存保留状态悬殊的缘故，也在一定程度上体现了经济发展的地区差异，与历史上经济重心南移，特别是唐宋以后江南地区的突出发展有关。在江北地区，古镇存蓄面临三方面的不利条件：一是与黄河夺淮相关的水患灾害频仍，损毁与重建的概率高；二是清末民初的铁路和海运发展对运河运输以及沿河市镇产生冲击，其对江北的影响远大于苏南地区；三是抗日战争和解放战争期间的多次战斗发生在江北地区，杀伤力自是巨大无比。反观太湖流域古镇保存较好，很大程度上也是因为水网密集、陆路交通不便，因而避开了战乱。

江苏是个跨江滨海、水网密布的地区，诸多名镇的生长繁盛多与水有极大的关系。或簇拥在太湖流域，或沿运河伸展，或依海岸分布，无不渗透了水的灵性与脉动，在其独特的地理环境中创造了以水为中心的独特的生活方式。

除了淳溪镇以外，其他 20 个苏南地区的名镇皆聚集在太湖流域范围内。串接在京杭大运河上的城镇从北往南有窑湾、码头、邵伯、孟河四镇。而在偏东部南北向的串场河沿线，则有余东、栟茶、白蒲、安丰、富安诸镇。

（三）类型丰富的江苏历史文化名镇

从区位来看，处于城市近郊还是更偏远的地区，传统市镇的发展有着不同的逻辑。如果位于城市郊野，从商业的角度，其市场腹地易被更高级别的城市中心市场覆盖，未必具有因商贸而发展的优良区位，可谓阴影区效应。但是，如果市镇距离城市足够近，其自身可以融合为城市中心市场的一部分，从而可能有专业性市场的分布，享受到城市发展的溢出效应。如明清时期稻米贸易、酿酒业都相对集中在大中城市及其近郊。典型如同里镇，处于吴江县治东13里，商业繁荣，米市尤为发达。木渎也为苏州近郊市镇，其距苏州府城约25里，清代中叶为苏州著名商业中心。另外，在城市工业化进行到一定阶段，会出现工业企业从城市向外的迁移，对郊区市镇发展带来激励，也会促使郊区市镇产业的分工细化。如明中叶到清中叶，苏州府城经历了包括棉布加工等在内的工业由城内向城厢附郭扩展的过程。市镇的空间分布还遵循一个规律——"中心地理论"，即位于中心城市城厢附郭近郊的市镇因对城市的依附性较强，布点密度大，单个市镇规模常常较小；相反，远郊的市镇独立性较强，市场腹地更大，规模也更大。需要强调的是，这里讲的中心城市为苏州这样的府城或地区中心，一般的县治与周边市镇常常并不存在显著的梯度差异，市镇多不通过县治直接与其他地区联系。

从产业的角度，历史市镇最重要的职能是其商贸功能及附属于商贸产业的手工业。按照市镇空间中的产业类型，可分为手工业城镇、农林副业贸易城镇、交通型商品集散市镇和综合型市镇；也有具体将市镇细分为丝织业、棉织业、粮食业等的；还有分为生产型、流通型、消费型的分类方法。若关注市镇物质遗存的地域文化特征和审美定位，则也可参考文化分区来分析，其分类有简繁之分，较简单的分区是将江苏分为5个文化区，分别是环太湖文化区、沿江文化区、淮扬文化区、淮海文化区和沿海文化区（图2-1），江苏名镇大量分布在环太湖文化区、沿江文化区和淮扬文化区。

本书中将名镇分别在若干特定的主题下综合解读，包括：（1）繁华都市郊野的次级聚落中心，包括木渎、甪直、同里、黎里、古里镇；（2）太湖商帮的根据地，包括东山、西山、光福镇；（3）湖滨水荡里的基层经济空间单元，包括沙家浜、荡口、溱潼、周庄、周铁镇；（4）江南水上贸易网络上的枢纽群，包括震泽、锦溪、千灯、长泾镇；（5）与运河荣衰与共的商旅聚落遗存，包括窑湾、码头、邵伯、孟河镇；（6）运盐河上的商贸聚落遗脉，包括余东、栟茶、富安镇、白蒲、安丰；（7）古代水利设施惠泽的遗珠，包括淳溪、宝堰镇；（8）水陆通衢之地的集市，包括黄桥、大桥、沙沟、沙溪、凤凰镇。上述解读并不是严格意义上的类别划分，而是把地理上相近、发展条件相似的城镇归并，便于提炼共性的内容和对最主要的影响条件进行分析。说到底，每一个名镇都是独特的个案，每一个都值得单独细细品味。

图 2-1 江苏文化区划分

二、江苏历史文化名镇的空间结构

(一) 影响江苏历史文化名镇形成的 5 种重要因素

宋元以后,市镇成为相对独立的行政层次和社会单元,镇的居民逐步从乡村户籍中分离出来,市镇不仅是商业中心,手工业也相当活跃。经过宋元的兴起,到明清市镇发展逐步进入繁盛阶段,近代以降则随国内国际形势而波折多多。在漫长的发展过程中,自然地理、交通、经济、文化、政治与社会等要素,既对市镇发展产生显著影响,也成为市镇发展的典型表征。归纳起来,影响江苏历史文化名镇形成的 5 种重要因素是江河湖海与山川丘陵的丰富自然形态、发达的江苏水运网络及其变迁、殷实的经济基础、深厚的文化积淀,以及作为基层政治基础的士绅社会。以下逐一述之。

1. 江河湖海与山川丘陵的丰富自然形态

江苏海岸线在近千年的变化较大(图 2-2)[①],大部分海岸线因淤积而生长,这个变化造成曾经煮盐为业的滨海城镇,现在只能远远感受到海风的气息。范公堤以东的地区,多在宋以后才淤积发展起来。而海运的兴起,则多在清代后期占据重要地位。

江苏长江岸线也在漫长的历史中逐步演变,包括沿岸的淤积、凸岸遭水流冲刷引发坍江,或者是江中沙洲的生长以至靠岸成陆。因为各段江岸的地质条件不同,陆地面积大小在不断变化,河道往长江的出口及

[①] 张晓祥、王伟玮、严长清等:《南宋以来江苏海岸带历史海岸线时空演变研究》,《地理科学》2014 年第 3 期。

通航条件也发生着改变，通过水运间接影响着城镇的生长。其中最具代表性的如曾位于镇江和扬州之间的江中之"瓜洲"，王安石《泊船瓜洲》中有"京口瓜洲一水间"，其在唐代靠向北岸，使原来十分宽广的镇扬江面大为缩狭。宋元之际，瓜洲继续向南扩张，江面更狭。明万历以后，上游河道变化，对下游瓜洲一带形成了强烈的冲刷，江岸迅速后退。据1995年《邗江县志》卷六《水利》记载，1895年瓜洲城已全部坍入江中。

太湖古称震泽，面积约2000余平方千米（图2-3）。其流域水系分上游和下游两部分，近千年的历史记载中，上游主要是苕溪、荆溪和江南运河3个水系入湖，"三江"则对应3条泄水出路，一般认为分别指古松江（即吴淞江）、娄江和东江。唐以前"三江"出水畅通，太湖水灾很少，有利于农业和水运。唐以后，由于海口向外扩张，潮汐倒灌，河口日趋淤浅，使"三江"趋向湮没，太湖泄水受阻，导致流域内水患频繁[1]。疏浚、建圩、置闸等治水手段往往因其改变了地方的防灾和航运能力而对市镇发展影响重大。

运河作为典型的人工建构，是对自然的改造和利用。江苏省域内的京杭大运河段分属于中运河（台儿庄到淮安）、里运河［又称淮扬运河，淮安到瓜洲（今镇江）］、江南运河（镇江到杭州）。凭借水运的优势，大运河上曾分布着众多颇具规模的城市，如淮安、扬州、镇江、苏州等。有些市镇曾借势兴起又随水运衰退而湮没，如孟河镇曾在明嘉靖年间建城，有5个城门、2个水关和5个城堡，在清朝其军事地位更为加强。名镇中的窑湾、码头、邵伯等镇，以其并不庞大的体量，承载着运河的历史痕迹，并在今天延续着运河的故事。

依托时间的积累，人工和自然的因素叠加，水网的格局发生了较大变化。原来滨江的城镇，现在可能早已坍塌，原来滨海煮盐的城镇，现在可能离海甚远。同时，因交通、灌溉和防灾的考虑，对水的治理和利用延续至今。运河上有湖漕分离，部分地区有圩田建设，更多地方局部水道的拥塞和疏浚不可胜数，虽然对大的格局发展影响有限，但对个别市镇的兴衰却常常起到决定作用。

在水的孕育下，依托平原和丘陵的地形以及酸碱适宜的土壤环境，江苏特别是苏南地区体现了良好的农耕适应性，以粮食为主的农耕文化源远流长。明代以后，随着人地关系的日益紧张，经济要素的优化配置促使了传统的农耕社会转型。（图2-4、图2-5）

---

[1] 朱明南：《太湖水系的历史变迁给当代治理的借鉴》，《江苏水利》1984年第3期。

图 2-2 近 1000 年江苏海岸线变化

图 2-3 太湖流域范围示意图

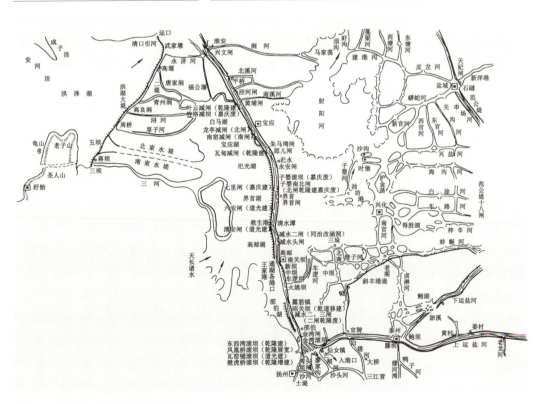

图 2-4 清乾隆、嘉庆淮扬运河示意图

图 2-5　明朝南通滨海地区运河与串场河和城镇分布图

2. 发达的江苏水运网络及其变迁

历史上,传统交通运输是以水运为主,利用天然的或人工开挖的河道,实现货物与人员往来,而陆上运输限于人力与畜力,运输成本高,处于次要地位。因此水系的演化无疑是推动众多古镇经济发展和形态变迁的原动力。大运河以及长江是贯通南北、东西的重要流通渠道,各地区通过或疏或密的河网与主干航道连接。

由于运河和长江的变迁以及战争状态下地域贸易的需要,运河过江通道除由扬州的瓜洲到镇江的谏壁通道之外,还有多条别的通道,如江南的孟河、得胜新河,江北的白塔河和北新河等,它们在不同时期为长江两岸以及里下河流域与运河及长江的沟通做出了贡献,从而形成若干不在运河主线上的市镇。

近代交通由自然力时代向机械力时代转变,自然形成的流域交往格局开始被打破。清末民初的铁路运输,由于体系不够健全,运营成本高,其普及性仍显著落后于水运,最典型的作用是促进各种近代因素向上海等大城市集中。但在多数地区,传统的船运业只在船只技术上稍做改进,大部分航线也与原有航线重合,所以交通方式的改变对传统市镇交通格局和商业圈的影响至少在 1930 年代之前是不应被高估的。

近代后期随着海上贸易与海外运输的发展,沟通中国南北的大运河——钱塘江的水上运输开始衰落,传统内河运输体系让位于沿海外(远)洋运输。市镇的发展逐步转为以上海为中心呈扇形向内地辐射的状态,苏州逐渐丧失江南区域经济中心的地位。作为内河港口,苏州逊于海运发达、腹地广大的上海。苏州的迟暮导致历史上繁盛的米粮市镇枫桥的衰败,与之相反,邻近上海的南翔等市镇,却由于通商口岸及现代交通的影响而趋于繁盛。

近现代陆上运输的发展对城镇体系影响重大。城镇发展从沿江（水）地区发展，向沿线（铁路、公路）、沿海、沿边与沿江地区共同发展转变。陆路交通占据越来越大的比重，如果没有与时俱进转换交通方式，曾高度依赖水运的城镇易走向衰落。

3. 殷实的经济基础

（1）商品经济的发展

早期镇的定义是"设官将禁防者谓之镇"，也就是说设"镇"之处，多为军事重地或军事机构驻点。例如窑湾镇作为唐宋时期的区域战略据点和军防支点所在，军事因素的影响是决定性的，这一时期窑湾的产业经济模式相对单一，除官营产业（如制陶工艺及其手工业）外仍以传统农耕经济为主，到后期商埠街市的发展才初现端倪。

大运河的开掘连通以及漕运制度的推行，带来水运条件提升和人流物资集散，使沿河一带市镇逐渐摆脱传统的农耕经济局限，而集聚起商贸服务业、家庭手工业、工场手工业、运输业甚至金融业等，实现向农商经济和手工经济的转型。随着宋代商业活跃期的到来，市镇商品经济发展迅速。明代以后，江苏特别是苏南地区农家经营出现明显的商品化倾向，蚕桑、棉作等经济作物栽培的兴起，带动了与加工经济作物有关的手工业的发展。从原先所谓的"苏湖熟，天下足"至明清的"湖广熟，天下足"，并非意味着江南的农业经济地位已让位于湖广，而主要是因为江南地区改变以往单一的粮食生产模式，逐步转向商品价值更高的多种经济作物的生产结构。这个过程既是本地区在人多地少的生存压力下的主动转向和资源优化配置，也有政府的推动。《明史·食货志》里记载，朱元璋曾下令，"凡民田五亩至十亩者，栽桑、麻、木棉各半亩，十亩以上倍之"。

（2）市场网络的构成

对商品市场的需要增加，推动原来的草市或集市、定期或不定期集市大多转化为具有更高交易效率的市镇。美国学者施坚雅认为中国的小农生活在一个自给自足的世界，这个世界是由市镇和乡脚共同构成的一个基层社会。市镇是乡脚的经济中心，承担着收拢附近乡村地区的商品以及把外来的商品售卖给村户的作用。"乡脚"传统上就是指市镇的市场腹地范围。如费孝通在1930年代研究的开弦弓村，就是作为震泽镇的"乡脚"而存在和发展的。市镇和乡脚的联系，可以通过陆上交通，江南地区则一度长期依赖水运。在震泽镇的市河里，曾经每天停靠来自周边几十个村庄的航船300余次。乡脚的范围，一般约为方圆数十里。乾隆《盛湖志》中提及盛泽镇的四乡曾"绵亘直数十圩，南逾麻溪，至浙江界，北尽绛圩，东邻王江泾，西边烂溪乡"。当然，在市镇密度大的地方，乡脚的范围就会变小，反之亦然。

如果说在宋元以前，农村市场从属于城市市场，明清以后，市镇市场已成为网络化市场体系中的重要组成部分。若干小集镇以某一个大集镇为中心，商品经过两三个层次到达城市，从而建构了由集市、镇市、城市三级贸易体系构成的江南区域市场。及至近代，就江南地区而言，城乡市场结构呈现更加有序的七个层次，从低到高，分别是农户、自然村落，一般市镇、中心乡镇、各县县城、中心都市（如苏州）、区域口岸大都市（上海）。一个可能目不识丁、足未远涉的乡间小农，经由这个层层叠压、环环相扣的市场系统，进入了浩瀚的商品海洋[1]。

如盛泽镇周边地区盛产丝绸，以盛泽为集散中心。同治《盛湖志》中有云："凡邑中所产，皆聚于盛泽镇，天下衣被多赖之，富商大贾数千里辇万金来买者，摩肩连袂，如一都会焉。"由于盛泽及其周边地区丝织业发达，不仅制成品行销广泛，原料蚕丝也需从外地补充，其产业已和更大的区域发生了密切联系。

运河及其他水运交通的日趋发育，为商品流通提供了基础条件。商品开始跨区域地流动，如南方的丝绸、茶叶、糖、竹、木、漆、陶瓷等源源不断运往北方，而北方的松木、皮货、煤炭、杂品等不断由运河南下，由此塑造了特色鲜明的运河沿线城镇。如邵伯镇曾以棉、夏、葛、标、黄草等布及米、豆、竹、木为主要货物，被称作"御长十里，客货云集，江北第一大镇"。其他水路交通便利地区，也能不同程度地促使商品交换和流通。

（3）市镇的专业化及分工

明清以后，江南地区的市镇呈现出明显的专业化分工状态（图2-6）。例如根据农作物的种类，蚕桑区、棉作区和稻作区的市镇各自产业发展指向明显。除了较为普及的大米和粮油市场，或者如东山镇因丰富的水果出产而拥有的果类经销，震泽的丝业、盛泽的绸业、周庄的棉布业均极为典型。其他诸多特色产业，如盐业（沿海地区）、榨油、笔业、冶业、窑业、渔业、编织业、竹木山货业、刺绣业、烟叶业、制车业、造船业、海运业等，也支撑着市镇的发展。

自明代起，因铜活字印刷术的发展而做大了的印刷业，是荡口镇对传统的继承和发扬。木渎镇则在清代取代横金镇，成为江南最大的酿酒业中心。较为特殊的是，因距离苏州近郊的灵岩山和天平山甚近，木渎成为游山的必经之地，巨大的人流量也成就了该镇的旅游服务产业。《姑苏繁华图》（图2-7）以长卷形式和散点透视技法，描绘了自灵岩山起，经木渎镇，一路东行入苏州城又转向山塘虎丘的市井风情。灵岩山和木渎镇约占该图三分之一的图幅，其中的木渎街市"商贾辐辏，百货骈阗"，饭店、茶馆、米行、布店尤其多见。木渎人民还以工巧闻名苏州，耍货、铜作、锡作、银作、刺绣等手工业发达，能工巧匠历代迭出。

[1] 曹幸穗：《旧中国苏南农家经济研究》，中央编译出版社，1996。

图 2-6 明中期以后苏州府市镇的产业类型及其分布图

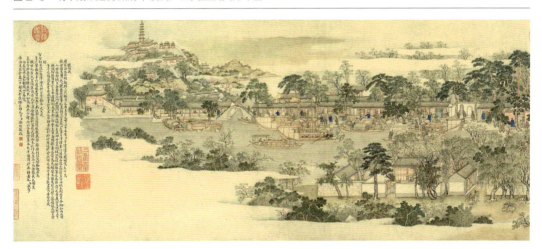

图 2-7 姑苏繁华图（节选）

（4）近代的发展变迁

近代工业兴起以及通商口岸的出现，促使传统的以州县为基础、以苏州等运河城市为中心的江南乡村市场结构，逐步变成了以上海等近代城市为中心、阶层更为简单的市场网络。新型市场结构更加强调乡村农产品与城市工业产品之间的垂直交换，形成港口城市（上海）—地方城市（南京、杭州等铁路沿线城市）—地方市场（县城，各级市镇）—依附性村落的市场系统（图 2-8）。伴随着这种体系的形成，市镇在其中的起落，则各有各的故事。

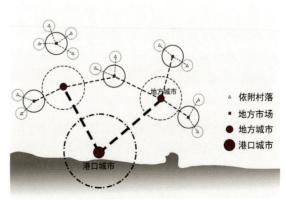

图 2-8 近代市场体系结构

市场形态持续转变，工业制成品源源不断流入农村市场，直接冲击着传统手工业和家庭生产，同时各种原料和半成品大量流出乡村，为城市中的现代大工业服务。市镇因之丧失了接近原料和商品产地的优势，其功能相应发生转变，市镇的地位转衰。一方面，传统市镇作坊式和个体性手工业生产小规模、低效率和抗风险能力弱的局限性在机器化工业生产面前暴露无遗；另一方面，传统市镇缺乏活跃的资本流通和迅捷的信息交流，在与城市贸易体系的竞争中只能越来越处于劣势。机器化工业主要在城市中建立，在乡镇也有少量分布。如1906年，沙溪镇的利泰纺织有限公司创建。1930年代，震泽镇开办了两家缫丝厂，其中一家在镇区东北栅，拥有400余座丝车、1300余名工人。规模化的工厂改变了农户分户小规模手工劳作的方式，与此同时，农业的耕作选择也发生了变化，土布业在洋纱洋布的冲击下日趋衰微，农地中大量种植棉花的不得不改回种水稻。因1930年代世界范围内的经济危机，生丝出口受到重挫，丝价惨跌，农地中一度采取的桑重稻轻的种植比例也发生显著逆转。

到了现代，市镇因为后漕运时期运河水系的功能转型和传统运河经济的衰落，或因国有企业、乡镇企业等带动而向第二产业转型和向工业园区集中，或因历史文化资源的展示利用而向外向型的文化休闲和旅游服务产业升级和转换，或结合地方优势孵育和培植新型特色产业，发展更为多样化。

4. 深厚的文化积淀

江南地区具有春秋时期吴越文化的渊源，如对木渎地区的考古调查和发掘表明，木渎古城是一座春秋晚期具有都邑性质的城址。这证明苏州地区是春秋时代的吴文化中心地带。太仓等地的娄东文化也可以理解为吴文化的分支。随着唐宋以后全国范围内经济重心的南移，江南地区文化多元发展，宗教、文学、书画等日益繁盛。总体上江南始终保持温柔秀美和务实的文化特征。比较而言，苏北地区则更接近北方文化。

江苏传统市镇有着深厚的文化底蕴，从大传统的视角来看，唐以后首推科举事业上的贡献；从小传统的视角来看，丰富多彩的民间信仰和习俗保留着江南文化的众多地方特色，值得关注。

（1）人文蔚起，科第兴盛

从古代的文人士大夫到近现代的学者是江南市镇特别丰富而宝贵的人文资源。甪直（亦称甫里）镇初先有晚唐陆龟蒙，晚近有沈柏寒、王蹈、叶圣陶；千灯镇是明代昆曲奠基人顾坚、明末清初思想家顾炎武的故里；周庄镇有张季翰，近有叶楚伧；木渎镇既有"济世良相"范仲淹，也有著名文士毕沅、沈德潜，以及提倡"西体中用"的冯桂芬。中国封建社会士大夫和文人常常在顺境时"达则兼济天下"，失意时则"穷则独善其身"，以释道的超脱和崇尚师法自然的心态，采取市隐的做派，保持人格的独立和精神的超脱。明清后繁荣起来的江南市镇无城市的喧嚣而有生活的便利，自然是归隐的适宜地点。东山镇的王鏊、严经、吴钟骏家族，木渎镇的冯桂芬、袁尊尼家族，千灯镇顾炎武家族等均为典型代表。唐朝诗人陆龟蒙的隐居造就了甪直（原名甫里，陆龟蒙曾号甫里先生）的声名。特别是明中叶以来新兴的文化世族，他们追新逐奇、吐俗纳雅的文化心态和文化行为，对文化的发展与繁荣产生了极为深远的影响。

名人留下的痕迹在建筑和园林方面尤其明显，如柳亚子的《迷楼曲》、叶楚伧的《迷楼夜醉》、陈巢南《蚬江留别》都是在周庄迷楼上借景抒怀而得。士大夫和文人的心态和诉求对园林文化影响甚重，也是一种消费文化的体现。

以商养文、以商助教氛围浓厚，江南地区一

贯崇文重教。"不管是力耕起家，还是经商致富，不管是由行医还是教馆获得声望，要跻身望族行列或者维持望族地位，科举入仕是最为重要的途径。"①因之读书、著书、藏书蔚然成风，诗礼传家，硕儒辈出。明代全国考中进士的人数，江苏仅次于浙江，列第二，清代则江苏第一。而在江浙两省中，江南地区又占了大多数。自宋代至清代，科举盛极一时，才子不断涌现，而这些才子大量来自市镇。以明清时期全国状元最密集的苏州府为例，清代状元31名，占全国总数的27%；有清一代，每4名状元就有1名出自苏州府。仅同里一镇宋代就有进士7人，举人5人；元代有进士2人，举人3人；明代有进士18人，举人46人；清代（嘉庆以前）有进士1人，举人31人。宋元明清历代在镇区建有状元坊、进士坊、步蟾坊、登科坊、毓贤坊、登云坊、侍御坊等多座功名牌坊，体现了厚重的文化积淀，成为标志性文化景观。

（2）教育发达，义学、社学、书院等遍布市镇

人才辈出也是发达的市镇传统文化教育的功绩，其中社学、私塾、义学、书院等功不可没。社学为官办机构，从制度上保障民间幼童入内学习。相对于社学的官方色彩，私塾和义学更具个人或民营气息，前者又有家塾和学馆之别，后者兼有慈善意味，大多面向贫寒子弟。官学虽然时兴时废，私学却一直维持不衰。

（3）民间信仰多元繁盛，宗教文化遗存丰富

市镇民间信仰的特色首先是泛神崇拜之众，无论是佛教、道教、儒学，还是民间俗神，一概包罗在崇敬之列。其次是信仰范围之广，对象包括神、鬼、名人、灵物等，目的包括生老病死、功名利禄、饮食起居等，手段包括拜祭、前兆、占卜等，无不囊括于拜祭之中。许多寺庙中的神灵在当地并无本源，但在声名远扬的显灵故事中被神化。研究江南民间信仰最深入的日本学者滨岛敦俊认为，总管、李王、猛将三神的信仰曾遍及江南地区。民间信仰带来的影响不仅是空间塑造，其社会凝聚力也是不可忽视的。

与民间信仰相关的节事活动类型繁杂、数不胜数，既有对防灾保平安的祈愿，也可能掺杂了商业色彩的市井气息。如盛泽镇因对丝绸业的依赖，小满后对蚕神的祭拜就是祭祀、狂欢，与贸易并行不悖、相得益彰。水神信仰曾在苏北地区非常盛行，最有代表性的莫过于对黄河河神和漕运保护神金龙四大王的祭祀和崇拜，苏北运河沿线区域的金龙四大王庙宇的数量很多。龙神信仰则带来诸多龙王庙的修建。其他如天妃信仰、以祭祀治水名人和名臣为重要内容的水利人格神信仰等也并不少见。再加上官方提倡的城隍、土地、关帝诸神，以及对东岳帝君、碧霞元君

---

① 吴仁安：《明清江南著姓望族史》，上海人民出版社，2001。

等神的崇祀，民间信仰类型繁多，多元化特征明显。各种民间信仰牵头的祭祀活动恰恰构成了基层社会管理和运作的一个重要因素。随着信仰活动的频繁化，信仰行为则自然而然地成为该地方社会聚合的标志，往往在信仰的中心地形成该地区的经济和社会活动中心，而这个中心往往就是市镇。

（4）文化兼具地域性和交互性，社会风尚日趋融合

市镇文化不但类型多、积淀深、影响广，其空间载体也数量可观、类属丰富、各具特色。首先是由商业发展延伸出来的商业文化。典型如崛起于太湖洞庭东西山的商帮文化，其经营地域主要是以老家苏州为依托，沿长江和运河展开。经营手段主要有预测行情、注重市场信息、因时而变、经营商品种类的多样化、薄利多销、加强资金周转等。还有独特的运河文化。大量会馆、河埠、码头、桥梁、船闸及漕运衙门等都是为在实际生产中使用而建。

荡口镇所在的梅里地区是古吴文化的发祥地，甪直镇为吴国离宫所在地。沙家浜作为红色经典样板戏的基地，代表了一段独特的历史，戏剧内容依旧是消费怀旧和当代传播中的经典。千灯镇是昆曲（顾坚为鼻祖）的故乡。周庄也有清末叶楚伧参与的南社活动，其与柳亚子等人在迷楼的唱和更是成为流传甚广的一段佳话。周庄镇的"万三蹄"，表明名人效应甚至渗透至饮食文化中。窑湾的船菜等，也证明了饮食文化的百花纷呈。孟河镇的医派文化（包括费、马、巢、丁四大家）推崇以儒从医、悬壶济世，因之名闻海内，还在南门一带集中保留了四大医派的故居和展示经典医籍病案、相关器具的"孟河医派陈列馆"，较好地保护和传承了孟河医派的学术思想和文化精髓。

明中叶以来，随着商品经济的发展，苏南市镇的社会生活日趋富裕，社会风尚则日趋侈靡。市镇随商贸发展兴起，重商逐利的价值观被确认。"乡居地主"向"城居地主"转化，离乡地主携带从土地积累起来的资本进入城镇，把土地资本转化为工商业资本，进一步促进了商业文化和消费文化。商人地位提高，消费风气日盛。以商养文、以商助教氛围浓厚。

苏北社会经济自宋朝以后整体上大大落后于苏南地区，在社会风俗、百姓的服饰装束等方面也比苏南粗随得多，这样的状况到明朝中后期仍然存在。交通日益便捷促使南北联系加强，特别是运河沿岸经济的发展与社会风尚的变化，使苏南苏北的运河沿岸百姓的饮食起居、服饰妆容、婚嫁丧葬等社会风俗也渐渐相融。

不局限在市镇范围内，市镇的兴起和繁荣对农村的文化教育、宗教习俗、生活方式和社会风气的影响显著，它将浓厚的商业文化和丰富的城市生活引入乡村，在一定程度上打破了农村封闭、单调的传统生活格局。

5. 作为科层政治基础的士绅社会

古代中国的国家行政机构的设置只到县级，同时有基层的乡里、保甲组织遵照地方政府政令以管辖民众、清查户籍、完纳赋役、维持治安，并把族规家法糅合于乡规民约之中。属于正式建制的，如巡检司制度，一直延续到清代，不过由于治安缘故设置的巡检司，并不一定以市镇为核心，也有设置在乡村的。另外，市镇中还可能有守备、把总、千总等武官进驻。如同里在宋代已经成镇，设巡检司一员。元代在此设税课局大使、副使各一员，以及务提领、务大使、务副使、巡检司各一员。其

至从明中后期开始，在一些较大的市镇直接设置府、县级别的官员予以管理。如设府厅级官员驻镇管理的，有同里镇、周庄镇等；委派县级官员予以管理的，如甪直镇、盛泽镇、木渎镇等①。不属于正式建制的，如在经济管理方面，可能设置税课局掌收商税，河泊所收渔税。所设税课局主要负责本镇以及周边村镇的课税。

到市镇层次，政治上更多体现了从下而上的社会特征。俗话说"国权不下县，县下唯宗族，宗族靠自治，自治靠伦理，伦理出乡绅"。马克思·韦伯也说："事实上，正式的皇权统辖只施行于都市地区和次都市地区。……出了城墙之外，统辖权威的有效性便大大减弱，乃至消失。"②明清时期是绅权逐渐壮大的时期，主要的民间基层组织有宗族和义庄、善会善堂，以及公馆公所和商会等类型。士绅往往通过建立宗族义庄和社区善堂、善会提供各种社会服务，从而获得教化族人和乡里的文化权力，他们通过对政治、经济、文化等社会资源的垄断，以及向乡里民众提供利益"保护伞"而获得支配权力，实现对市镇的管理。例如在孟河镇再现的图公所，反映了清代农村的政治模式，其通过"吃讲茶"的形式来议政和协商各种事务，处理协调各种矛盾，体现了儒家文化、宗族文化和追求民主自治的文化的相互交融。

虽然有着强大的自下而上的力量，但权力毫无疑问始终在统治者手中。以一个小故事为例，周庄镇在元代由村落发展为市镇，实与沈家父子的崛起密切相关。明初作为江南首富的沈家，因卷入"蓝玉党案"，财产被朱元璋下令籍没，政治上的扫荡和经济上的剥夺，使周庄遭受重大打击，迅速衰落。清初的"奏销案"及与之密切相关的"探花不值一文钱"典故，是清王朝假借整顿赋税、清理积欠之名，处心积虑，欲从物质上彻底摧毁汉族缙绅的反抗基础，借机整治江南地主缙绅，使之臣服清王朝。以此而言，江南奏销案实际上是清初发生在江南地区的一个重大政治事件，而非简单的抗税案件。由上可见民间资本在政治面前的脆弱，也说明基于皇权的大共同体一元化统治对作为基层民间组织的小共同体的抑制是一直存在的。中国社会的特性使得任何未得到官方许可和支持或不受官方影响的事业都难以存在③。如善会善堂的存在，体现了广泛的社会关怀，最初纯粹由民间举办，也慢慢变成官绅合办。

直至清末，伴随着皇权的削弱以及一系列武装起义的出现，由于官府缺乏人力物力，加上基层组织保甲制度的破坏，只能动员或听任士绅采取措施，重建或新建江南地方社会保障系统，这在一定程度上促进了士绅阶层宗族组织发展。

士绅对市镇空间格局的影响有以下几个方面：（1）士绅作为市镇的实际管理者，通过对地方事务的管理实现对市镇整体空间形态的影响。例如出于安全防卫考虑而修建水栅，出于水务管理考虑而兴建塘渠等，从而奠定了市镇的整体外部环境。（2）士绅是儒家文化的主要继承者，在市镇空间形态上处处体现中轴、序列等儒家"礼"的思想，往往以宗祠为中心形成市镇中心的空间序列。同时士绅阶层也通过民间信仰达到对市镇的控制和影响，伴随明清时期佛道两教的盛行，市镇空间形态也从原来的单中心演化为多中心的格局。（3）士绅是市镇经济的推动者，通过捐资修桥铺路等手段塑造出市镇的节点空间。市镇空间由此得到拓展，部分地理位置优越的桥梁甚至发展成为市镇的次中心空间。

明清以来民间活跃的非政府组织主要为基层宗族组织和商会，但随

① 张海英：《关注明清政府对江南基层社会的管理——以江南市镇为视角》，载王家范主编《明清江南史研究三十年（1978—2008）》，上海古籍出版社，2010。
② [德]马克斯·韦伯：《儒教与道教》，江苏人民出版社，1993，第110页。
③ 范金民：《江南社会经济史研究入门》，复旦大学出版社，2012，第249页。

着政治经济机制和近代社会巨变及工业化,特别是在土改、人民公社化运动以及公私合作运动后则陆续消亡。

(二) 江苏历史文化名镇的一般空间结构和历史建筑遗产构成

明清较繁盛的时期,一般市镇规模多在千户以下,但千户以上乃至两千户以上的万人大镇也并不鲜见。其中,在清代与苏州、杭州、湖州并称为"四大绸都"的盛泽镇更是曾经达到数万人的人口规模,因而能街市纵横,覆盖周边数里范围。

众多名镇各有特色,如周庄以其覆盖古镇区的明清古建筑群而"集中国水乡之美",同里则突出其"一园二堂三桥",并以"三多"(名人多、大宅院多、桥多)而著名,甪直则多用"小桥、流水、老街、深巷"来概括。从历史遗存的角度,无论是点状的建筑物、桥梁、河埠、水栅,还是线状的水系、街道,抑或由这些点线构成的名镇整体形态,无不透露着历史的沧桑和风韵,可供后人久久回味。在名镇各具风采的基础上,江苏历史文化名镇还具有以下若干一般性的空间结构和建筑遗存构成的特点:绿水青山萦绕;循河成街,利市设场;桥梁遍布;具有作为边界和节点的水栅和河埠;民居多彩纷呈;设有祠堂、庙宇和塔阁等公共建筑和设施;都有市场、店面和茶馆作为镇区的兴奋点。

1. 绿水青山萦绕

江苏地势低,江河湖泊遍布,因而名镇在多水的自然环境条件下形成了独特的农耕活动、聚落文化、商业贸易和交通运输方式,市镇因此呈现种种水乡特征。江苏名镇因区位差异则略有不同。

运河沿岸城镇聚落主要受特殊的地理环境和漕运、盐运、贸易制度和政策等影响。由于运河的开挖,沿线普遍修建粮仓、盐场、码头、船闸等,这些建筑或构筑物是聚焦人流、物流和货物贸易的重要的空间载体。如窑湾镇北面流入的老沂河和京杭大运河在该镇交汇并流入骆马湖,有说该镇名得自其三面环水。较大的水面成为市镇生长的外部环境,而较小的河道则穿插在镇区中,成为其基本的脉络。又如码头镇从位于淮、泗之交的南北水上交通要道,到黄河夺淮之后成为黄、淮、运三大河流与洪泽湖交汇之所,是明清两代综合治理黄、淮、运,保障漕运畅通的水利交通枢纽工程所在地,也是河防管理中心和商贸重镇。沿水的堤坝虽系人工地貌,却为此地的聚落提供了"低勿近水"的庇护空间。高堤结屋、依堤成街成为码头镇独具特色的聚落形态。

苏南各名镇多位于古代震泽这片巨大的沼泽地上,湖泊更多。甪直镇因南临澄湖、万千湖,西靠独墅湖、金鸡湖,北望阳澄湖,而被誉为"五湖之厅",因临吴淞江、清水江、南塘江、界浦江、东塘江、大直江而被称为"六泽之冲"。锦溪镇全镇共有湖泊16个,以淀山湖、澄湖、白莲湖、五保湖、万千湖、汪洋荡、长白荡、明镜荡等最为有名,1平方千米左右的古镇区也为锦溪河、三图河、青龙河等6条小河所分割。湖荡和河流环绕镇区是这些水乡名镇的特点。

木渎镇处于苏州城区出入太湖的水陆要冲地带;淳溪镇处于石臼湖与固城湖间,又有官溪河相傍;周庄镇内有北市河、中市河和后港;沙溪镇的戚浦塘(七浦塘)、震泽镇的颇塘河等,都能证明名镇因水成街、因水成市、因水成镇的发展历程。城镇依水而建、街河相间、纵横交织,呈现一幅幅"人家尽枕河"的画面。

水串接了市场、河街、桥梁、码头、水栅等。水道最密集、交通最方便的地方往往是建筑最密集、人口最集中的地方。码头、广场、桥、水埠等空间元素根据水运交通的需要而布置,而古镇中的道观寺庙、文塔等也跟山水发生必然的联系,常为面水或环水而建。

地形起伏的太湖周边等地的名镇除邻近水体之外还在选址和营建中呈现和山体的有机融合。如东山、光福等太湖之滨的地形起伏的名镇多依山傍水而建,它们虽处山麓,出行均赖水道,山水下泄,也经由镇区的水系通往太湖。长江南岸的凤凰镇的历史街区恬庄古街位于凤凰山麓,当年选址即"前凤后鹫",以凤山和鹫山为景观轴线,奚浦塘穿镇而过,现在凤凰山和古镇恬庄历史街区之间已串接成绿色旅游线。

在更大尺度的整体格局上,"顺应天然、因地制宜"作为古镇选址的共通要则,也有差异化的格局呈现。从码头镇的"三河六堆,洼地蓄田"到孟河镇的"两山卫一水、一水兴两城",再到邵伯镇的"扼江淮咽喉、守古运要冲、河渠绕古镇、古镇望棠湖"等,其核心强调的是聚落和山系、水网、农田、林地等自然要素及人工地形的整体关联和有机融合。

2. 循河成街，利市设场

古镇的街道多不是自成体系的，一个重要的特色是河道与街道的依存关系。如周庄镇即是以井字形的街道对应井字形的河道，主街背河，次街面河，以图用水之便，以续近水之缘。"泽浸环市，街巷逶迤"，构成了水乡城镇独特的传统风貌。

因河而市，故在河流交汇处易形成"十字港型""丁字港型""河街型"（一河一街或一河两街）的市集。水的形态塑造城镇的格局，故由单道河流易形成带形城镇；由"十"字形、"上"字形河流形成星形城镇，如甪直镇；由"井"字形河流形成方形城镇，如周庄镇；由网状或枝状河流形成团形城镇，如同里镇。

街市是历史城镇富庶和繁盛的集中体现。主要街市两侧，曾经商店毗邻、货物满目、人流穿梭。由于是步行交通主导，街市的尺度便显得狭窄而宜人，两侧的店铺常常将活动领域扩展到街道上，使整个街市热闹纷呈。非商业功能的道路，多有安静祥和之氛围。街道体系划分中，根据道路的功能和等级，同时也考虑其与水的特殊关系，一般可以分为沿河街市、其他商业街、沿河街道（以生活性为主，也称为水巷）、其他街道（一般3~6米）、巷道（一般1~3米）、弄（分为水弄、陪弄、穿堂弄等。水弄既是宅院之间通向水边的通道，也是汲水、洗衣的通道）。除此之外，还有更多样的称谓。光绪年间，盛泽镇有11条街、13条里、14条坊、65条弄[①]。嘉庆年间，黎里镇街巷密布，称为浜的有15条，称为弄的有13条，称为汇、扇的各2条，称为港、街、池的各1条[②]。沙溪镇的备弄、界弄、水弄最为典型。

河道、街道、房屋的排列形式有房—河—房、街—房—河（这两种组合成房—街—房—河—房—街—房形式）（图2-9），河—街—房（延伸出河—街—房—街—房形式），道路顺应河道，特征显著。

沿河街市空间可分为露天式、廊棚式、骑楼式、过街楼式、披檐式等（图2-10）[③]。廊棚一般宽1.5~4米，廊棚建造形式多样，有双坡、单坡、卷棚等。骑楼一般为建筑底层向内凹入1~3架，大多宽1.2~3米，形成楼下街。骑楼式为"减法"的空间生成方式，廊棚式为"加法"的空间生成方式。过街楼式是将街道两侧房屋通过二层连廊连通。披檐式则一般是在建筑的二层窗台下，加建遮雨的披檐，与廊棚式的区别是其无落地的支撑柱，以悬挑或者加斜支撑的方式实现。还有一些河街采取混合式，如一半是骑楼空间，一半是廊棚空间。

江苏名镇可圈可点的老街数量众多。沙溪镇的三里老街空间极为丰富。千灯镇的石板街是国内保留的最古老的、最长的宋代千米石板街，2000余块长条形花岗岩铺就，有"足踩青石板，头顶一线天"之称。淳溪的小巷临古镇设过街楼，亦为其独特之处。孟河镇在街头巷首因防卫需求曾设索门，当索门关闭，街道就成为封闭的系统。

广场是古代市镇各种公共空间的现代称谓，分为入口广场、街巷节点广场、庙会集市广场等。广场规模大小不一，形式极为灵活，与街道的关系有穿过式、旁侧式、尽端式、交叉式等。广场往往与寺庙、街桥相结合构成镇区的空间结构核心，也成为庙会等商业活动的空间载体。

[①] 新编《吴江县志》第二卷《集镇》，江苏科学技术出版社，1994，第81页。
[②] 嘉庆《黎里志》卷二《里巷》。
[③] 段进、季松、王海宁：《城镇空间解析——太湖流域古镇空间结构与形态》，中国建筑工业出版社，2002，第28-29页。

店
街
店
河
店
街
店
北
市
街
北
市
河
富安桥
梯云桥
店
街
店

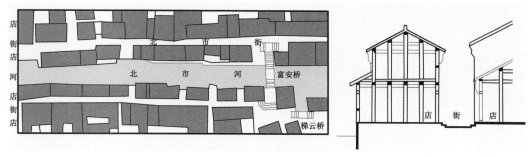

图 2-9 周庄镇北市河某段两岸街市（左：平面示意 右：剖面示意）

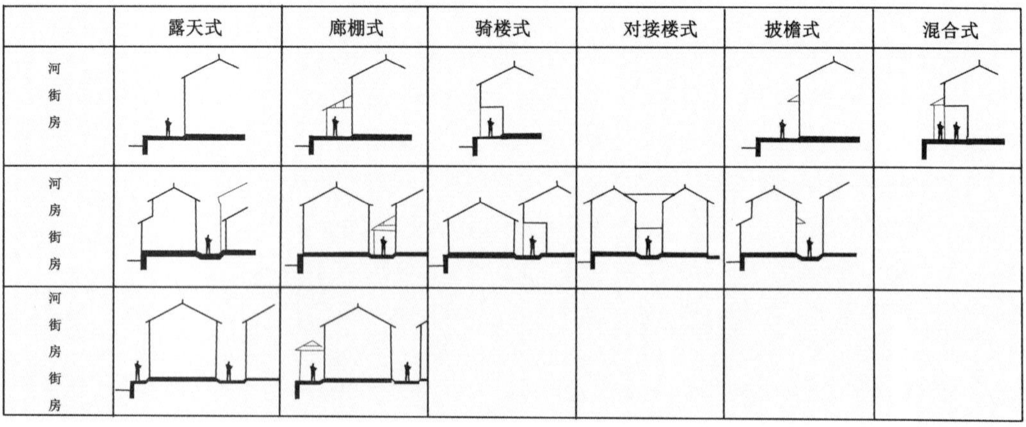

露天式
廊棚式
骑楼式
对接楼式
披檐式
混合式
河街房
河房街房
河街房街房

图 2-10 沿河街市空间的典型类型

3. 桥梁遍布

川陆之通，以利行者，名镇有水便有桥。《甫里志》言：“桥梁之兴废，民间之利病系焉。”极言古镇桥之重要。它们作为古镇的依托，常被作为道路起讫、区域划分的分界点。一般在桥头还会设立水埠，更使桥头成为水路和陆路的交会空间，进而成为货物集散交易的场所。桥是人流交汇之处，店铺、茶楼云集，往往成为古镇最热闹的地方。桥是观景、休憩的场所，是能获得沿河纵深景致的观景点。如周庄镇富安桥桥身四侧建筑叠合形成了桥楼，带来水陆间软硬界面变化的丰富景观体验。人立桥上，纵向南北市河的水景一目了然。桥梁自身往往也成为重要的景致，为保证河道通畅，桥身的起拱打破了河道平缓单调的空间，桥洞如画框，勾勒出动人的图画。

名镇中历史最久远的桥梁可追溯到宋代，如同里镇的思本桥、光福镇的永安桥等，甪直镇更被称为“古桥之乡”，桥梁旧有 72 座，现存 40 座，绝大部分建于清乾隆年前，有的可上溯至宋元时期，震泽镇在清朝则有 32 座桥梁的大名单[①]。

在类别上有梁桥、拱桥、折桥、吊桥、浮桥、平桥、廊桥、复合桥等类型，桥或曲或直，或有名或无名，千姿百态、沧桑尽显。桥的组合多样，在地形相对复杂的丁字、十字路口呈双桥、三桥等形式，形成独特的景观效果。周庄双桥建于南北市河与银子浜十字相交处，世德桥和永安桥互相连接，桥面一横一竖，桥洞一圆一方，像古时铜锁的钥匙，又叫钥匙桥。陈逸飞的油画《故乡的回忆》则把双桥的意境表现得淋漓尽致，起到极好的宣传效果（图 2-11）。凤凰镇的通济桥为单孔石板桥，造型奇特，桥上再建更楼，桥在楼下穿过，更楼居高临下，可观四方动静。

① 道光《震泽镇志》卷四《桥梁》。

图 2-11 陈逸飞的周庄双桥画作

桥与古镇的民间习俗也有紧密的联系,以致被赋予了文化的韵味。同里有走三桥的习俗,即民间嫁娶一定要依次从太平桥、吉利桥、长庆桥走过,寄托了人们追求吉祥生活的美好愿望。窑湾镇曾有三"戒"桥警醒民众,分别为戒赌桥、戒烟桥、戒嫖桥(后改名"式德桥")。

还有更多的故事与桥有关。在苏州及其周围各市镇,每当清晨,曾有大批的织工群聚在桥头待雇。苏州的花缎工聚于花桥,素缎工聚于白蚬桥,纱缎工聚于广化寺桥,锦缎工聚于金狮子桥。吴江黄溪的织工则聚于长春、泰安二桥,他们都不领织机而自织,为账房或机户雇佣的临时工人。

桥梁的建造者大多为民众,出资人则或为地方大姓,或为徽帮或洞庭帮商人等,往往由地方上的慈善机构善堂善会等组织出面承担具体事务,属于典型的义行,既可满足商业贸易和交通的日常需求,也是儒家道德的现实落地。

4. 具有作为边界和节点的水栅和河埠

市镇的方位通常以栅为指称,江南地区的市镇常常有"四栅",作为镇区市梢的边界。四栅一般都有栅门,可能在街道的末端,更可能因为交通依赖水运而在水上设立,称为"水栅"。栅门清晨开启,晚上关闭,以保安全,类似于城市中的城门或者水城门,也是市镇联系其乡脚的通道。手工作坊、店肆密布于栅内,四栅以内的为市镇居民,而之外则为四乡之民(图 2-12)。

"四栅"一般是虚指,根据实际情况水栅会有多个。以用直镇为例(图 2-13[①]),光绪《甫里志稿》中有"置水栅,所以备寇盗也。

① 参考阮仪三编:《江南古镇》,上海画报出版社,1998。

图 2-12　震泽镇区四栅示意图

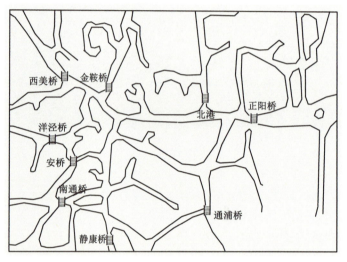

图 2-13　甪直镇水栅分布图

镇之四隅设立之，以司启闭。其于防御之法，实有裨益里中。共有九栅：一在西美桥，一在洋泾桥……"细分之，水栅还有外栅和内栅两种，外栅在距离市镇半里之外的大河与小河的紧要处，内栅则在市梢的桥洞下，互相策应，确保安全。标准的水栅是两边密钉桩木三四层，中间有水门，白天通行船舶，夜晚关闭。比较简单的水栅，在市梢桥洞下用横木与锁链阻挡船只出入。再以黎里镇为例（图2-14），在光绪《黎里志》中，提及该镇有水栅9所，在嘉庆《黎里续志》中记载又新增4所，且"新旧各栅，并列木通水，辰酉启闭，责令圩甲管守，每遇损坏，里人随时修整焉"。

"家家踏度入水，河埠捣衣声脆"，古镇的亲水性可窥见一斑。河埠是街道与河道或是宅与河道的连接节点。河埠可接建筑或街巷，供一户人家、几户人家使用或者公用。建筑临河可能为辅助用房连接辅助入口，建有码头，外观也很丰富。从具体构造上，石砌的踏阶可以直通到水里，用石板砌筑，悬挑或靠墙石砌；形式凹入河岸，或者凸出河岸，或者半凸半凹；还可以分一面入水或两面入水，垂直式、转折式或搭接式。一种特殊的形式是转船湾，一般沿河道开挖，并配合水埠和岸上的廊棚，形成独具特色的港湾空间。

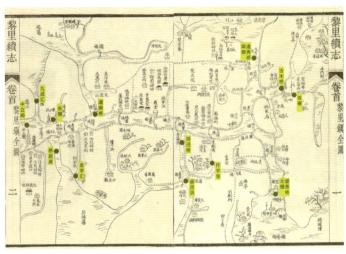

图 2-14 光绪十年后黎里镇的 13 道水栅位置分布

5. 民居多彩纷呈

传统民居是名镇的聚落遗存的基底。因气候和资源条件不同，江苏民居的建造上呈现出地区差异。总体上可以分为苏南、江淮、苏北 3 个次区域，在苏南部分，东部的太湖流域和西部的宁镇地区又有所不同，在江淮和苏北的沿海地区的名镇如余东、草堰等镇，其民居除了具有所在地区的特征外还要叠加上沿海特有的不少特征，丰富的自然地理和人文环境使得江苏各名镇的民居遗存多彩纷呈。

苏南地区夏季温热多雨，冬季寒冷有风，环境常有山有水，水网密布，经济发达，古镇民居一般背山面水、坐北朝南、临近河流。太湖流域民居院落重重，建筑整体风格清、雅、精、巧、柔，是典型的江南的小桥流水、粉墙黛瓦的温柔之乡，体现了其作为江南文化的核心部分的精致文化和雅文化特征[1]。宁镇丘陵山渐高，水渐急，古代多圩田，池塘甚多，建筑整体风格则较太湖流域显得简约，柔中寓刚，曲直相间，却六朝遗韵宛在。

以扬州为中心的江淮地区民居则又有所不同，这里多数地区平原开阔，地势低洼，大量人工河道和古代湖泊相连相通，依靠和大运河的密切程度，古代经济围绕盐业和漕运开展，中心地带的传统民居建筑做工精巧，不仅表现出北方建筑的工整，也有江南建筑的曲折幽深；里下河地区民居受洪灾等影响，多择高地或堤岸而建。清水砖墙或者生土之墙，沿运河地区南北交流的痕迹处处可见，却也沉淀着当年江东的楚风[2]。

淮河以北的苏北曾经是黄河屡次泛滥和多次战争的受害之地，无论气候、语言、风俗以至建筑本身都是属于北方体系的，但行政建制和管理长期属于江苏。由于自然灾害、战争频仍，地面上大量质量较好的传统建筑毁去甚多，苏北地区多数传统民居建筑为砖或石墙承重，屋盖和梁架为木结构。梁架有抬梁式，但多数为双梁抬架，使屋面呈现直坡屋顶。乡村农房使用秫秸秆等简陋地方材料做屋面基层，为加快屋面排水防止渗漏，屋面坡度特别陡峻。脊、脊兽和翘脊的做法较为多样，以实脊为主，少有花脊。民居窗小，出檐小，但即使残存的清代以后的遗存仍然泄露出古老的文化信息，包括插拱里蕴藏的与汉代相联系的历史信息，汉风楚韵被用来描绘它们的风度[3]。

[1] 参考龚恺等：《中国传统建筑解析与传承·江苏卷》，中国建筑工业出版社，2016。
[2] 同[1]。
[3] 同[1]。

这 3 个地区的民居在近代都发生了变化，江南和沿运河的不少名镇都出现了中西合璧的新的民居类型，不仅引进了钢材、水泥、玻璃、瓷砖和马赛克等材料，还出现了铁花栅栏、架空地面、弧形窗户、三角形山花墙、车花木栏杆等，甚至整栋的西式混合结构。

6. 设有祠堂、庙宇、塔阁等公共建筑和设施

祠堂是中国传统性祭祀建筑，一般分为宗祠和官祠两类。宗祠的修建是宗族人才兴盛的表现。祠堂建筑是供奉先祖、绵延香火的精神中心，在空间布局上也常常处于中心地位。宗族发展一直跟古镇发展息息相关，沙溪镇旧有"先有曹家坟，后有沙溪镇"之说。华氏一直是荡口镇最大的望族。古镇的空间格局体现出典型的宗族聚居的形态。一般来说，宗族建筑宗祠和义庄构成了空间节点骨架，而商铺和民居则形成了古镇的空间形态肌理。但是伴随着世俗化、商业化的趋势，祠堂的重要性相应降低，如光绪《周庄镇志》中反映"宗祠为近地所鲜，故祭礼愈略"。

市镇兴衰也常常反映于寺庙的兴盛。甪直的保圣寺为佛教寺庙，有1500多年历史，其中唐朝雕塑家杨惠之雕刻的罗汉塑像最为传神。很大程度上，甪直镇的兴旺发达得益于保圣寺，日本美术史家大村西崖的《塑壁残影》则大大扩充了其影响。总体上民间祭祀兴盛，寺庙、祠堂、塔阁在市镇的空间布局中有着象征中心的意义。在特定市镇，常常是多种宗教并存。如沙溪镇就是佛教（法华庵、直塘的普济寺等）、道教（延真道院）、天主教（张泾若瑟堂）均有，呈现多元化的状态。窑湾镇历史上有玄庙、天主教堂、慈云寺、观音庵、大仙堂、碧霞宫、奶奶庙等。邵伯镇明清时期漕运的鼎盛带来宗教的兴盛，时有"九十九座半庵观寺庙"之说，宗教庙宇种类颇丰富。不仅运河沿线居民为祈求渔船平安沿河修建庙宇以供奉水神，道教、佛教、天主、伊斯兰教等宗庙也遍及乡镇，可见南北往来对地区文化的影响。通常而言，镇庙与广场、庙桥以及周边的市成为"庙桥市"，是市镇空间结构的核心，是市镇的商业中心与宗教中心，这在周庄、甪直、朱家角、黎里等市镇中都有体现。

民间信仰带来的不仅是空间塑造，其社会凝聚力亦是不可忽视的。市镇的社会功能和宗教功能相互整合，形成了市镇的稳定生活区域。随着商业活动的日渐繁荣，集中的民间信仰开始出现了中心消解，市镇空间组织便更多按照商业的内在逻辑生长发展。

塔作为一类特殊的建筑，其地理布局也有一定规律可循。塔阁可以丰富市镇的空间构图，加强建筑群的整体感。千灯镇的秦峰塔就是古建筑群的制高点。慈云禅寺内的慈云塔则位于震泽镇宝塔街东端。宝塔街长而少弯，通视良好，居中见望，极具纵深感。塔身、拱券、墙面、屋檐、市房、石板街面，竖横交构，显现出立体透视效果甚好的图景，塔尖又是图框中的最远点和最中点，因塔名街，每每成为画家写生的点睛之笔。

江苏名镇经济的繁荣带来的公共活动增多还使得各镇出现了其他一些公共建筑和设施，如会馆和公所：盛泽有济宁、徽宁、山西、宁绍、济东会馆。会馆也起到传播文化之效用。明清时期邵伯镇有彭城、中州、西河、江西、浙绍、句容等6所会馆。窑湾镇西大街—中宁街的主轴上就有山西会馆、江西会馆、苏镇扬会馆等。公所是各镇同业之人会聚的场所，有绸业、丝业、钱业、米业公所。又如义庄和善堂：有清代荡口镇的华氏义庄、襄义庄、徐氏义庄等，为地区的经济稳定、社会昌平起到了重要作用。善堂也属慈善机构，有育婴堂、义渡、义学、义仓等。又如书院：有同里镇的同川书院；黎里镇的禊湖书院，"周一亩五分，为屋二十余间"。立学之初，禊湖书院就面向全镇子弟招生，而非某一宗族家塾，有学田105亩9分，学田出产用作书院授课者的薪金及学生的种种补贴。这种产出循环的运作机制不仅可说明黎里居民崇文尚学的风气，也可被视为活跃的市镇经济带动下的、社会机构自发性的现代化发展。由于地处水乡，江南等地的名镇还有若干水工设施，例如邵伯镇的船闸、宝堰镇等地各类堰田。作为历史事件或地域标志，不少名镇还建有牌坊和望楼，例如同里镇上有宋时所建状元坊，明时所建步蟾坊、进士坊、登科坊、毓贤坊、登云坊、侍御坊等，显示出当年科举的兴旺局面。码头镇的官巷门楼、兴盛街门楼等主要突出其"襟带河湖""接引淮泗"的突出地位。邵伯镇大码头上有标注"大马头"的牌楼，点明了乾隆下江南多次停驻的御码头的地位。最为奇特的是窑湾镇的镇区格局，由于是军事重地，有驻军，两条主要街道有7座哨楼与东、西、北城的门楼共同构筑了窑湾的城防设施。

7. 有市场、店面和茶馆作为镇区的兴奋点

商贸活动是市镇经济繁荣的推手，因而发生商贸活动的市场、店面和茶馆成为各市镇的兴奋点。传统市镇作为城乡中间层次的市场，其连通着上一级州府县城的市场和下一级农村初级市场。物品交易有两种，一种集本地之物产，再转运至较远地区，多分布在市镇外围市梢地带；也有面对本地及周边地区的零售服务，或直接商铺经营，或进行代客买卖以收取佣金，则多汇集在市镇中心地带，沿河沿街布局。宋元以后，市镇中的市场已有综合市场、专业市场、零售市场和批发市场等不同类型。

明清以来主要商业建筑大多以中心街道为轴展开，各类典当行、会馆会所以及店铺林立。

江南城镇中还常能见到廊街的形式，此类建筑主要为米行、花行、茧行等经营大宗货物的行庄所用，由于这类行业在经营中常有装运、计量、校验等程序，同时还需监管、指挥，廊街就主要为进行这些工作而设。千灯镇的余氏典当行、窑湾镇的赵信隆酱园店都是商业建筑中的典型，甪直镇万盛米行则是"前店后场"格局的代表。

市河附近常常是贸易的最佳区位。明末清初,盛泽绸市集中于市河两岸,以中段嘉善桥一带最为密集,称为"庄面",是盛泽地区经济活动的心脏。每天清晨开市,四乡俄船人和机户蜂拥而至,午后则陆续散走。除了沿河的街市,还有其他商业街,可能位于古镇入口处,或者是沿河街市转向街坊内部发展的结果。

一方面,商业建筑形式有一定的通用性,由于多工匠而少设计人员,所以店招、货架、柜台形式较为统一,一定区域内城镇间商业建筑的区别不大。另一方面,越是流通性强,各地商业和公共建筑的风格越是多元。如窑湾镇的昌记布庄,其精细雕花是江南建筑的传统做法。

茶馆也是市镇中的典型商业空间,既是信息交流荟萃的场所,也满足了社交和休闲娱乐等需求。在当地不设会馆的外地商人,往往在茶馆中进行商业活动,交换行情信息,签订买卖合同。另外,茶馆还是镇民评判是非、调解纠纷的场所。清代的黎里镇有"九当十三车"的俗语,意指镇上的9家典当13个榨油作坊。商人们喝茶一般有固定的茶馆,茶馆多以楼、阁、园、轩、台、春命名。当房的老板们集中在得凤楼,油坊主们一般聚在二友轩;万云台主要是米行老板,还有由米行派生出的糖坊业的作坊主,再加上五匠作头及一些过往客商。万云台是黎里镇上人气最旺的茶馆。1946年的吴江县各市镇茶馆营业状况调查表明,同里镇有茶馆24家,盛泽镇有45家(其中9家始建于清代),黎里镇有31家,震泽镇有34家。茶馆数的多少往往和其经济地位成正比。

8. 历史文化名镇的现代变化

江苏的历史文化名镇与江苏的其他集镇一样,在近代经历了第一章所说的社会与经济转型的曲折经历。以1970年代兴起的社办企业即后来的乡镇企业为基础,改革开放后才重启城镇化和工业化的进程,经济和建设事业步入快速发展轨道。1990年代后撤乡建镇、乡镇撤并进程加快,随着乡镇经济发展和镇域面积扩大,小城镇人口数量增加,镇区用地面积持续扩大,基础设施等不断完善,以及乡镇企业产权制度的进一步改革,乡镇在融入区域经济发展的同时,逐渐走上了以质量、效益为重的现代化发展之路,多元化的发展态势日益呈现,无论是区域性市场,还是乡村旅游业,都给乡镇发展以新的契机。2014年《国家新型城镇化规划(2014—2020)》的颁发,标志着中国的城镇化进入新的发展阶段,乡镇的经济和文化发展总体上具备了更加有利的外部环境条件。但这一剧烈的历史变迁必然会对历史名镇的面貌延续造成巨大的冲击。

早在社会转型的前期,江苏各个集镇的内部空间形态已发生了一系列的变化,例如祠堂、庙宇的祭祀功能弱化,使用性质发生转换,民国年间变为学校,1960年代后变为公社粮库。1970年代又变成了工厂等等。同时,陆路的汽车运输逐渐取代水路运输。各镇的市政工程及公共建筑业也出现了焕然一新的转变，如道路的拓宽，供销社、卫生院、电影院、礼堂等新兴公共建筑的兴建。改革开放后还有诸多产业园区在各乡镇兴起。在1990年代后的经济发展大潮和新世纪的快速城市化进程中，从定位到物质形象到传统的意识传承都发生了各种更为深刻的变化。

首先是乡镇空间不再独立。乡镇已经成为长三角地区以城市为中心的紧密联系的经济文化网络的组成部分，原来的乡脚所划定的市镇的社会经济区划已经破解，部分名镇更成为了扩张后城市的市区的重要构成，如木渎镇因为毗邻苏州新区，在2005年被规划为苏州区域级商业中心，后被纳入苏州中心城区建设，成为苏州城市西南片区的商业中心和工业集中区。木渎这一历史悠久的江南水乡大镇完全城市化，成为苏州城市的一部分。在城市化率较高的苏南，各名镇即使未和原有中心城市连成一片，也都因为第二产业取代农业成为经济支柱而已融入城市化进程中。同时适应城市化的撤村并镇的行政建制的调整也直接影响到名镇的命运。某些被合并的名镇使用了新的建制镇的名称，如沙家浜镇的历史镇区原来称为唐市，如今属于沙家浜镇；恬庄原属的港口镇合并入凤凰镇等；若干被合并入其他镇的原有集镇的行政建制降格为村的也不少，如陆巷原为镇如今被定为历史文化名村；即使那些一直保持原有名称的名镇，其内部的产业构成和业态分布，甚至是农业产品本身都发生了剧烈的变化。

其次是随着功能退化发生的历史遗存损毁继续着近代的进程。如水埠、船闸因战乱而遭到破坏，在名镇中较为普遍。淳溪镇受"大跃进"和"左"的错误影响，在1960年代因城市建设急于求成，原有6个城门全被拆毁，沿城区的护城河也开始堵塞，1961年环城路的建设使原有城池痕迹消失殆尽。孟河等镇护城河或内河部分河段因城镇机动车交通等的发展也被填埋。部分祠堂、庙宇等历史建筑收归国有后作为机关团体、卫生院、学校等单位用房使用。类似情形数不胜数，现实发展与历史保护在博弈中前行。

再次是新功能植入改变了城镇原有形态。适应当下城市结构的变化和功能上的新需求，建造形态进行了调整与替换，如邵伯镇为配合京杭大运河扩建拆除了梵行寺，而1990年代后旅游业的发展使得腾空后的不少庙宇、作坊、宅邸被用作新的文化旅游设施。若干现代旅馆、学校也在镇区出现。

随着城市化进程，大量的乡村人口流入集镇和城市，城市越大，进城农民改善自身经济状况的机会就越多，对农民自身素质的要求就越高，总的来说，城乡之间的人口流动规模不断扩大，大量的年轻一代的农民进入城镇，一部分如木渎那样的镇在城市扩张中并入城市市区；一部分中心镇经济发展，人口增加，镇区扩大，如苏南的盛泽、震泽等镇，其规模已经超出欧洲的许多小城市；一部分小的边缘化的集镇人口减少，空巢现象呈现，如余东镇、窑湾镇等。在历史的千年未有的大变局中，江苏包括历史名镇在内的传统集镇的产业和人口以及其物质形态都正在继续经历千年未有的深刻的变化。

三、江苏历史文化名镇的总体特色

江苏省国家级的历史文化名镇数量在全国领先，且在全国的名镇群中占有重要的地位，并具有以下 5 个方面的总体特色：转型的先行性；业态富集，设施先进；是聚落遗产中的精粹；与古镇的山水环境相映生辉；呈现不同时空文化的紧凑汇集。

（一）转型的先行性

在中国社会由农业社会向工业社会、由以第一产业为主向以第二、第三产业为主过渡和转型的近现代社会发展的历史进程中，江苏的集镇的转型走在整个中国的前列。历史学家虽然对中国近代化的起点有不同的见解，但他们都同意，早在明代中期以后，中国社会、经济即发生了深刻的变化。这一变化的主要表征是手工业进一步发展，并在许多地区形成规模经济，原来用来在农闲补衬农业收入的家庭副业逐渐转化为雇工经营或者脱离农业单独经营[①]。大量学者都以江南集镇为例说明这个过程是如何开始的。由于丝绸业和棉纺业发展甚至向海外出口，江南大量生产粮食的农田改种桑树和棉花，"苏湖熟，天下足"逐渐由于粮食生产量减少变成了"湖广熟，天下足"。漕粮的主要产地发生转移，新的工商业的繁荣促成了环太湖流域集镇的迅速发展，市和镇的数量迅速增加[②]。在现在的 252 个国家级历史文化名镇中，环太湖流域的名镇就有 33 个且分布十分密集，在 20 世纪初特别是第一次世界大战后，中国上海等沿海城市现代意义上的工商业急速发展的过程中，这个地区的集镇同样是作为上海、无锡、苏州等城市工业的原料商品化的生产基地和初加工基地继续获得发展的。甚至在改革开放之初，当农村劳动力大量过剩，单纯的农业生产发展模式制约了社会进步，"小城镇，大问题"成为当时社会发展的重要瓶颈问题之时，仍然是江浙一带特别是环太湖流域的集镇走在了社办企业和经济再转型的潮流的前列，费孝通先生则继续将这一地区作为探讨中国至少是东部地区小城镇发展道路的模式和案例的基地。

江苏的沿运河地带、沿长江地带和沿串场河地带的集镇发展虽然和环太湖不完全相同，但同样在近代和现代，利用当时的交通优势和产业资源优势努力奋斗，经历了多次的经济发展转型的探索，是紧跟在环太湖流域集镇经济发展的经济尖兵中的第二和第三梯队。

可以说，正是明晚期以后的经济转型和近现代的再次转型为江苏的集镇聚落的发展注入了生命力，这种发展变化既为各个名镇留下了熠熠发光的聚落成果，也在吐故纳新的过程中带来了部分文化遗产的损害和湮灭。

（二）业态富集、设施先进

因为转型早、历史长，江苏集镇的聚落遗存显示了当年丰富的业态和体现城镇化技术水平的丰富的市政设施。在业态方面，江苏的多数集镇摆脱了单一农业经济，多种手工业和工业发展丰富多样；并且随着大工业时代的来临，随着市场机制的选择，围绕着产品、原料和销售各环节的优化，市镇之间有了不同的业态选择。就资源而论，整个苏南产稻

[①] 樊树志：《晚明的大变局》第三章《江南市镇：多层次商品市场的繁荣》，中华书局，2015。
[②] 同①。

米，苏中产稻米、小麦和鱼类，苏北产小麦、杂粮、海盐。专业化生产以后，松江府、苏州府的东部及清末以后的南通沿海地区生产棉花，苏州府的东南部种桑养蚕，苏州府的西部近太湖东西山地区则生产茶叶、水果和渔业产品，宜兴的丁蜀则因产紫砂土而发展成为陶都，扬州以玉器制作闻名天下，而大量玉器工匠集中在大运河畔的湾头镇。围绕着丝绸棉纺业，苏南各镇和浙北各镇逐渐形成不同的产品优势。震泽和浙江的南浔镇一道成为丝业市镇，盛泽则以绫绸为业且是吴江的绫绸贸易中心，太仓的鹤王市是棉花交易市场。

在工商业不断发展的经济基础上，同时也是为了给工商业的发展提供更好的服务设施，近代江苏集镇的公共设施、公共建筑类型和市政设施都获得较大发展，显示了一种国内早发的和较为完善的城镇化的形态。首先是各类商铺，从作为中间商的牙行到各类商店沿着市镇的街道两侧分布。今日在各历史名镇还能看到的古街或石板街就是当年这类商铺所在街道的孑遗，街两侧的建筑使用门板，可以全部打开，有的还使用通长两间的过梁将中间的柱子省掉或者檐柱后退至柜台。在往日的极盛时代，这里都是摩肩接踵的，不少市镇如盛泽当年都有上千两甚至上万两白银的日交易额。其次是作坊或者是近代的各类工厂，明清时期作坊常连着商铺，这就是所谓前店后坊的院落布置模式，这在沙溪镇、大桥镇等处都能看到。近代以至现代的各类工业厂房则在许多名镇还都能看到，例如在扬州的大桥镇、瓜洲镇等处的造船厂、苏南水乡不少镇里的面粉厂和粮仓以及加工厂等。为了维持贸易中的公认的秩序和建立融洽的人际关系，会馆（即同乡会）、公所（即行业协会）以及商会等建筑类型出现了。传统中国的大宗货物运输主要靠水运，江南是水网地区，苏北苏中的运输结合排水也围绕运河水系，有各类大小河道。为了解决原材料和成品的运输，码头是江苏各镇的主要交通设施（图2-15）。物质和文化生活及防火的需要推动了茶馆、酒肆、饭店、当铺、戏台、照相馆、理发馆、学校、澡堂、妓院、火龙会（即消防队）等的出现（图2-16），在兴化的沙沟镇，还保存着一个民国年间建起来的公共厕所（图

图2-15 安丰镇一处靠河的码头

图 2-16 邳州土山镇里民国年间的公共浴室,浴室使用了钢筋混凝土的拱顶,保证不会因水蒸气的凝结而损坏屋盖

图 2-17 兴化沙沟镇里民国时期建的新式公共厕所,融入西洋风格,茅坑深,窗户多,通秽气

图 2-18 扬州湾头镇桥头的圈门

2-17)。各类寺庙以及基督教堂也纷纷落户市镇,沿着运河,大量的宗教建筑都分布在集镇中。为了防卫特别是防匪患和防盗,各镇都将进镇的各个通道的入口修成圈门(图 2-18),白天打开,夜晚关上。在 20 世纪 50 至 80 年代中,由于计划经济取代了市场经济,商品交换的规模和方式都大大萎缩,这些聚落形态逐渐凋敝,但是那个时代特有的公共设施例如供销社、礼堂、卫生所等也以旧瓶新酒的形式或者新建的形式出现在公社、乡政府所在地的集镇中(图 2-19)。至七八十年代,在各个庙宇、祠堂中社办企业的形态出现并逐渐壮大,终于破茧成蛾,离开传统的建筑。如今,所有这些昔年的辉煌随着时代的变迁、经济发展模式的变迁以及发展中心的转移特别是大城市的更大的集聚效应的影响而逐渐衰落,各镇的建筑本身也因无法适应更新的社会功能需求,多已是明日黄花(图 2-20)。可以看出江苏各市镇的聚落形态的丰富性不仅非普通村庄可比,而且也远较其他地区的市镇更为发达、完善和复杂。

(三)聚落文化遗产中的精粹

江苏历史文化名镇是中国聚落遗产中的精华,是中国古代文明在江苏这块土地上经过历代英杰萃取和凝练成的遗产,具有精粹的特征。这首先表现在环太湖流域的各个名镇中。隋唐以降这里就是中

图 2-19 阜宁喻口镇里 20 世纪五六十年代建的公社卫生院

图 2-20 窑湾码头畔曾经作为民国和解放后的粮库的仓储建筑

图 2-21 同里镇退思园水景

图 2-22 无锡寄畅园

国经济最发达的地区，大运河就是连接这一地区和各个朝代京畿地区以便保证朝廷皇亲国戚和达官贵人生活享受和工作的大动脉。至明代中叶，苏州、松江、杭州、嘉兴、湖州六府的赋税已占全国赋税总额的十分之一，苏州和松江两府分别名列全国的第一第二位[1]。这一地区气候温和，物产丰富，生活质量高，只要风调雨顺，没有战争，这里的物质生活安逸，精神生活丰富，因而回乡安居是吴地退休官员的一贯选择，加上吴地在宋以后读书人科举中状元比例在全国最高，因而有相当数量的高官和富商居住在既不是偏僻的乡村也不是城里的集镇中。大量的高档住宅、园林、名胜和寺庙等在明代以后就高密度地分布并较好地保存在环太湖流域的集镇中。财力和文化品位决定了这部分建筑遗产皆非等闲之辈。在这种建造活动中锤炼出的香山帮传统营造技艺至今仍然以精雕细刻闻名于世，是国内古建筑和园林行业中的翘楚。

十分突出的一点是，在环太湖流域的若干名镇中，豪宅与园林相依傍，如同里退思园（图 2-21）；木渎在明清时期有二十几处园林，现在仍保存的还有古松园、羡园（严家花园）等；无锡惠山镇有寄畅园（图 2-22）以及大量和庭院相伴的祠堂群等；还有更多的虽然不属于名园但同样绿意葱茏的庭院环境，例如周庄那个"船自家中过"的张厅的庭院（图 2-23），以及数量更多的诗情画意的小桥、流水、古树、斜阳

[1] 樊树志：《晚明的大变局》第三章《江南市镇：多层次商品市场的繁荣》，中华书局，2015。

图2-23 周庄张厅

图2-24 北京颐和园中模仿寄畅园的谐趣园

图2-25 蒯祥后代保存的说明他修造北京紫禁城的绘画，穿红袍者即为蒯祥

图2-26 木渎古松园中的花篮厅

的镇区环境。正是受这样一种环境的熏陶以及建造具有此意境的人工环境的需求，促成了明清两代的造园大家基本出自这一地区，计成、文震亨、张南垣等都是吴地人士，另一造园大家李渔出生于浙江兰溪，但中年后的造园等艺术创作生涯都是围绕苏南一带开展的。最优秀的造园家和他们的弟子们所造的园林在清代又通过皇家园林的写意和模仿影响了全国，留存后世（图2-24）。

另一个突出之点就是各类营造工艺高超、精美。以大木作而论，在苏南的各个名镇的清代以前的宅邸中都可以看到如今被称为香山帮的苏州地方木作技艺的作品。香山帮是以木渎镇为中心、以各市镇的需求为市场，在明清两代不断发展而形成的，香山帮的工匠蒯祥后来被征召到北京参与皇家建筑的建设，因技艺高超、成绩卓著而任工部侍郎。反映出苏州包括建筑工艺在内的各类营造技艺对皇家的生活、工作环境的建设发挥过重要影响（图2-25）。香山帮在太湖流域遗存的营造作品用料考究，有多处用楠木作为厅堂的用材，例如千灯现存的一处以金丝楠木做柱子的明代厅堂。香山帮工艺做工精到，例如别处的窗棂为省工将一根做通长，另一根断直缝相交，而江南太湖流域厅堂的窗棂皆相互做45度榫卯相扣相交，有时还有线脚；别处窗棂宽度多在1厘米以上，苏州多在1厘米以下；院门木板之外或做砖细覆盖，或做竹丝台门以竹片覆盖，钉以铁钉且要形成吉祥图案，防火之外又显得雅致；他处的厅堂前廊的廊轩多做船篷轩，而太湖流域各镇除了船篷轩外更有茶壶当、鹤颈、一支香、菱角等多种富有装饰感的细木做法（图2-26），某些楼厅在楼下或楼上大量和横梁相交处使用不落地的垂花柱作为构造性连接，给人以柱子可以不落地的惊艳之感，显示了苏南工匠的技巧。民间更有炫耀木雕装饰的，以东山镇的雕花楼为最。该楼原称"春在堂"，因雕花覆盖全楼便以雕花楼著称。它是民国金姓富商为其母亲盖的，厅内总共雕了172只凤凰。大厅包头梁上则雕有"桃园结义""三英战吕布""三顾茅庐"等48个《三国演义》的故事。檐廊的木雕花篮，分别雕有春兰、秋菊、夏荷、冬梅四季花卉，充分反映了民国新兴阶层世俗生活的情趣。木雕的精细又影响到砖雕，影响到室内各类装修，如挂落、门光罩、屏风、家具等。以砖雕而言，苏南的砖雕牌楼堪称绝唱，利用苏州等地细腻的泥砂烧成的陶土砖，雕成纤细柔美的斗拱、凤头昂和各种构件，让人产生一碰就会断掉的感觉，纤细的门饰和吉祥文字组成了精美的门楼，仿佛为苏南的精致生活定了格（图2-27）。豪宅的这种精致风尚还通过运河和运盐河以及移民等影响到苏北，在苏北安丰、时堰、河下、草堰等镇中，在相对简陋的普通民宅的环绕中还不时可以看到类似苏南的富有装饰感的木门窗装修和庭院砖作（图2-28）。

扬州的营造工艺与苏州不相上下，苏州喜用浑水，即抹灰的湿作业，颇有一些脂粉气，扬州则多清水，即直接以砖瓦砌或预先加工好的饰件筑成房屋各处装饰。扬州的玉雕和漆器如同天下闻名的淮扬菜，其做法讲究非他处可比，"玉出和田，工在扬州"，直到今天，新疆采得和田玉籽料还是依然被送到扬州加工后销售，加工的基地之一就在湾头镇，至今几乎家家户户都会加工玉石，不乏名家高手，一经雕凿，升值几倍几十倍（图2-29）。

与之相类似的还有木渎的刺绣、余东的印染、惠山的泥人、焦溪一带的核雕、窑湾的烧酒和甜油……大运河两岸以淮扬菜系为核心的精益求精的各式烹调，显示了一种生活的质量，也是一种生活的态度。

（四）与古镇的山水环境相映生辉

沿着江苏多数古镇的内部的诗意环境向外寻觅，多能看到各种湖光山色和河浜水荡之美。江苏是全国海拔最低的省份，无论苏南苏北皆遍布水网，苏北徐州地区和苏南的宁镇地区等地还有海拔不高却分外妖娆和风姿不同的丘陵美景，使得江苏的多数名镇的聚落形态和山水文化尤其是水文化呈现了极为紧密的关联。以历史文化名镇为例，27个名镇的名字中就有17个和水"沾着亲"，像长泾、宝堰、沙沟、锦溪、木渎等都是。

在苏南地区东中西水景不同，太湖和大运河以东，一片冲积平原，海拔不足10米，河网密布，河道水流平缓，各城各镇各村之间在古代都是靠小船来往，"摇呀摇，摇到外婆桥"就是这种水乡的写照，镇内小桥流水，千门万户，"长桥短桥杨柳，人看旗出酒市"，镇外水网和湖荡相间，"前浦后浦荷花，鸥送船归钓家"[①]。紧邻太湖的苏南中部有不少小山，如苏州的东西洞庭山、穹窿山、天平山、天池山、灵岩山、

---

① 引号内的楹联为甪直镇石牌楼上的楹联，见陈志强：《吴越市镇名胜对联》，远方出版社，2002。

图 2-27　苏州锦溪镇某宅中的砖雕门楼

图 2-28　盐城东台县安丰镇某宅中的花窗

图 2-29　扬州湾头镇依然保持着玉雕的技艺，这是经过工艺大师画好底稿等待雕凿的玉石

图 2-30　苏州光福镇的"清奇古怪"古柏风景

虎丘山，无锡的惠山、锡山、阳山、马镇迹山（马山）、雪浪山，宜兴的蜀山等，海拔在几十米到三百米左右，山体岩石各异，降雨充沛，流水潺潺，清幽静谧，又紧靠一碧万顷、波光浩渺的太湖，正所谓云蒸霞蔚、钟灵毓秀之地，一派洞天福地的风光。"山不在高，有仙则名"便是这里的写照。怪不得乾隆六下江南都到这一带登临。在这样的环境中各古镇构成了中国太湖风景区中不可或缺的部分——光福镇的观梅的香雪海、观古柏的清奇古怪景点（图 2-30），木渎的天平观枫景点、西山（现金庭镇）的三山岛（图 2-31）、东山的轩辕宫等都是让人流连忘返之地。苏南西部的宁镇丘陵地区则又不同，这儿平地海拔在 20 米至 40 米之间，并夹杂着大小山丘，高者三四百米。古代有大片沼泽湖荡，经过久远的地质活动和水流冲击，山脉间和山脚下形成了黄土堆积层和湖荡边缘的冲击淤积地带。这里地势较陡，水流较急，不利于灌溉，古代居民在这样的环境中开发农业最主要的方式是圩田，通过在水荡湖边修筑圩堤，旱时引水浇灌，涝时谨防洪水淹没和排涝，创造了大量的圩田，排涝和浇灌的水利工程对此一地区各镇的生存和发展关系重大，淳溪镇、漆桥镇、宝堰镇都是这类人水关系的产物，并因而具有圩田地区特有的方整的农田和渠网纵横、堤坝突出的景观特点。

在苏中和苏北，多数地区一马平川。人们往往只知道苏南是水乡，殊不知苏中苏北的淮河以南同样是水乡，运河以东的里下河流域除了黄

图 2-31　太湖风景区西山一带风光

泛区外，海拔都在10米以下。古代这里沼泽遍地，沿海岸线是海滩海涂，如今仍然到处可见当年排盐碱、排涝和输送盐场货物的棋盘似的河道。邵伯、溱潼、沙沟、窑湾、大桥、黄桥、安丰、栟茶、白蒲等名镇都因大运河、串场河水系而生存发展，其外部环境多是辽阔的运河或者还有与运河傍依的系列湖荡，或者是与大运河相连的运盐河、串场河等人工水道。作家汪曾祺有一首描写高邮湖畔的诗："我的家乡在高邮，风吹湖水浪悠悠，岸边栽着垂杨柳，林下卧着黑水牛。"这里和江南相比炊烟少了，夜色江声却多了。水牛不仅种田，还被当成镇水的神兽。过去沿着运河堤坝和重要水利枢纽都有铸铁的水牛像。因为解放前隔三岔五不是黄河泛滥就是淮河溃水，水灾频仍，里下河首当其冲，铁水牛被赋予了镇水的功能。运河一带流传着九牛二虎一只鸡的传说，说的是清代沿运河有9头镇水的铁水牛，有2只镇水的石壁虎（是百姓对镇水神兽趴蝮的俗称），还有1只铁鸡或者是石雕的鸡立在高处，如今大约还有2只铁牛（一在邵伯，一在高家坝，为重新铸过）、1只壁虎（在湾

图 2-32 "九牛二虎"中的一只壁虎石雕还遗存在扬州运河边的湾头镇

图 2-33 同里镇里的民国时期的学校建筑

头镇)遗留下来(图 2-32),那只鸡已经无人知道飞到哪里去了。如今统一调度防灾,又有电力排灌保障,水灾已经甚为罕见,苏中苏北逐渐成为江苏生态资源最有发展潜力的地区。溱潼的划船节,兴化沙沟附近的垛田,邵伯、码头等镇的堤坝、水闸、码头景观即此体现。

(五)呈现不同时空文化的紧凑汇集

江苏各名镇除了作为城市和乡村的交集体现了城市文化和乡村文化的汇合之外,还有着和他处集镇有所不同之处,这就是文化类型很多、很杂且很紧凑。因为既在明清经历了初步的经济转型,又在近代和现代经历了剧烈的社会转型,所以江苏的历史名镇较他处的集镇更浓缩了从明清到近现代的各类建筑遗存;又由于这里是西风东渐的登陆地带,还可看到中外建筑遗产紧密相邻。例如同里既保留有古典的退思园,又可以看到西洋式的典雅的女子中学遗存(图 2-33)。江南各镇几乎都可以看到民国年间的各类公共建筑,而各类公共建筑中,传统的中国木屋盖的圆檩和欧式的豪氏屋架混用,其他类似的中西合璧的做法也十分普遍。即使是在苏北,在窑湾镇,当年的教堂(现在的教堂是重建的)是高直式的,而钟楼是中西合璧的,商铺多是传统的。江苏各市镇聚落遗产中,既能看到如香山帮或者是扬州工匠的精雕细琢,还可通过楹联、匾额、诗词、书法和传说体味古代和近代士大夫文化的影响。人杰、地灵互为因果。

只要浏览一下和各古镇发生过联系的士大夫或是大学者的名字,就知道士大夫文化何以是江苏特别是江南名镇各类文化的灵魂。如无锡的礼社一个镇就出现过中国近现代的两位经济学家——孙冶方和薛暮桥(图 2-34);无锡的荡口镇就涌现过国学大师钱穆,科学院院士华衡芳,大音乐家、《歌唱祖国》的词曲作者王莘,大漫画家华君武 4 位近代大家;周庄则是南社的柳亚子和陈去病等人集会吟诗宴饮之处,连那个双桥旁边的迷楼的名字都是柳亚子起的(图 2-35)。另一个小镇唐市(现合并于沙家浜镇),清人方燧深在《唐市志序》中说"唐市虽小,有水

图 2-34 无锡礼社镇（现礼社村）的孙冶方纪念馆

图 2-35 周庄的双桥，桥旁就是被柳亚子起名的迷楼

市，有物产，有名胜，有科第，有仙释节烈。经书之深湛，域名有杨（彝）、顾（梦麟）；文章之雄伟，于本朝则有苏苞九、陶子师；书画擅长则有丘屿雪、黄尊古，诸家诸体咸备。"并提及明代的杨、顾号称唐市派，在江南文坛影响很大[1]。南北运河沟通渠道之一的孟河口的孟河镇，宋以后就出过医学大家，清代是中医的孟河学派大本营，近代从这里走出过几位著名医师。那位喊出了"天下兴亡，匹夫有责"的顾炎武则是从千灯镇走出来的（图 2-36）。就连那名不见经传的栟茶镇也是清代文字狱中的故事"清风不识字，何事乱翻书"的主人翁徐述夔的居住地。苏中苏北各镇文士虽然没有江南那样高产，却也并不逊色，安丰镇是明代泰州学派的领军人物王艮的古里，黄桥镇则是近代的物理学家和剧作家、民国中央研究院领袖之一的丁西林的故乡。至于游学、访友、旅行、做官来到这块沃土的名士更是不计其数。这里是宋以后士大夫雅集、结社、聚会且吟咏山河、评议朝野的集中地带，这里有大量的藏书楼、书院和社团，加上江山如画，果然是一时多少豪杰。邵伯镇斗野亭传说就是宋代苏轼、苏辙、秦

[1] 樊树志：《晚明大变局》第六章《文人结社与言论》，中华书局，2015。

图 2-36 顾炎武的昆山后裔撰写的记述顾炎武的文字和绘制的画像

图 2-37 邵伯镇的斗野亭,这里就是宋代苏轼、秦观几位文士聚会的地方

观、黄庭坚等人竞相吟咏之处(图2-37),明以后吸引大江南北各省人士的尹山聚会、虎丘聚会、玉山聚会、周庄聚会等是东林、复社、几社、南社留下的盛事。可见江苏的士大夫文化是江苏名镇文化的灵魂和核心。这也是一种精致文化,且引领着其他文化。

历史的印记
History Imprint
江苏历史文化名镇的特色和价值

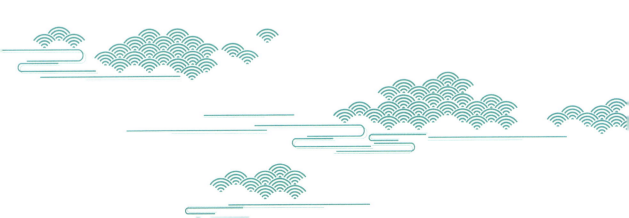

综述

水拥山抱木渎镇

五湖六泽甪直镇

泽中岛屿同里镇

廊棚三里黎里镇

铁琴铜剑古里镇

第三章

繁华都市郊野的次级聚落中心

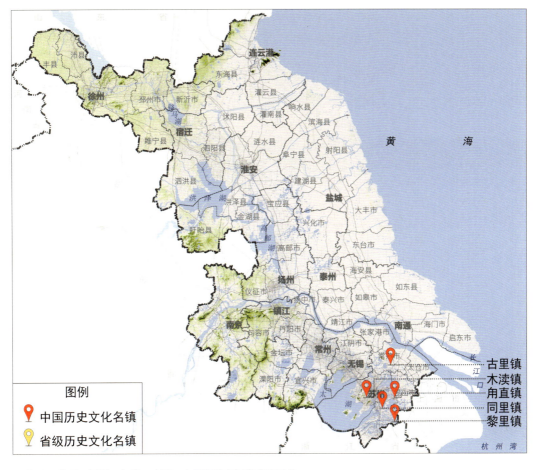

图 3-1　黎里、同里、甪直、木渎、古里五镇在江苏省的区位

一、综述

黎里、同里、甪直（甫里）、木渎、古里，位于苏州古城外围之南北。黎里位居江苏南缘，古里在苏州北侧近常熟，两者和苏州城区的直线距离基本相等；而木渎、同里和甪直均在苏州南侧，自西而东呈扇形布点，和苏州的中心距离较近且基本相等。它们和苏州一起均位于太湖东侧。除了木渎是一条河渎和苏州西向相连，其余 4 个古镇均位于苏州东侧，浸濡在河湖连绵的水乡中（图 3-1）。

它们的形成，均离不开唐宋时期太湖流域为中心的江南地区水利建设和经济开发，以及宋室南迁带来的大量人口增加引发的社会需求；而它们的成熟，则源于宋元以降不断发展的经济活力和商品流通的便捷带来的社会富裕及文化昌盛，以及所在地区政区格局的平衡与稳定。

从地理条件而言，几个古镇均处在唐宋时期太湖泄水区域。唐代以后，官府为方便漕运，增筑吴江长堤，导致泥沙阻滞，而豪民势力在上游围垦，又造成许多水面淤成农田，使得聚落拓展，田赋渐增。当时吴江县的土地开发很大程度上阻碍了上游向中下游的泄水之势，导致中游积潦，下游淤河。

北宋时期吴江县的围垦开发有增无减，至北宋后期，官府对太湖以东地区的治水由通盘整治转向局部开江，并进行圩田开发，这一治水策略在南宋到元代继续被沿用，维护了官方水利开发经营与富户农作高产利益的平衡。

与此同时，元代重视海运，宋末公田重税转为元初巨额漕粮，宋末豪民转为元初漕户，也促进了太湖以东经济的发展。明初增加太湖以东的田赋，改筑东坝，太湖向东泄水减少，15世纪太湖水向东南泄水，这一新的水系格局改变了太湖流域圩田开发的水环境基础。

总体来说，就是原来的淤塞河道被围垦造田，而水又形成积水汇聚至更低之地，到16世纪形成低乡围垦、卑下之地再积水成湖的新地貌。这种高、低乡格局到16世纪中期已经稳定，提高了土地使用率，加之水网格局已很发达，进而催化了苏州田赋和水利徭役制度的改革，促进了经济发展，也带来了运输贸易、农业生产和劳动分工的进步。

苏州繁华都市郊野的次级聚落中心，最初规模以里方计，除木渎外，黎里、同里、甪直（甫里）、古里，名称均有"里"字，盖出于此。一里见方的聚落规模可以稳定地生活，也适于乡绅管理。但随着南宋北人南迁带来的人口增加，尤其明代以降，苏州的农作物高产量特别突出，催生了市镇的贸易。自由贸易的形成、"市"的形成使原有的"里"崩溃了，代之以一种城乡之间新的经济纽带，这种新的经济纽带就是通过镇来实现的。

这几个集镇均设置在与府县有合适距离的重要交通线上，古里抵常熟县，木渎、同里、甪直抵苏州府，黎里抵吴江县或嘉兴府，均便捷通畅。集镇内部也是以能通船的河道作为主要交通线连接诸市场而成为"市河"：黎里经明代发展的市河呈"丁"字形；同里市河为"川"字形，再由支河联络成网；甪直市河"三横三竖"而谐音六直；木渎是汇水之地，呈"Y"字形，一支连接太湖而成胥河，一支自灵岩山水流为香溪河，汇合后通往苏州横塘成一支；古里水系呈"H"状，镇内主要河道为东西向，外围河道发达，直抵乡村或府县。这些市河上通府县，下接乡村，将各种商品从乡村运输到集镇，经收购转换运往城市，形成经济发展的资本和孔道。

因为河多，镇上行走便出现桥多的景象；因为河中行船上岸做买卖是最重要的事情，码头也特别多，此外河埠头揽船石极为普遍；另外在市河与镇外河流交界处还有闸口、闸门等水工设施。因此这些镇的建设中石作工程量很大。桥梁布点、码头方向、埠头兼用生活、揽船石坚固稳定，以及闸门设置简单易行等，均有学问，不求花哨，实用第一，设计也十分科学合理。黎里一共有12座古桥，其中8座是原汁原味的明清古桥。

由于水路交通是商品的主要运输方式，所以多在码头上岸的临河街道设置店铺，并由此形成服务性建筑，如批发行、收购店、客货栈、牙行、旅店等，这些设施规模多，作用广泛，专业化程度取决于它们的特定市场在整个市场结构中的水平。在集镇的一般商人可能同时兼营客店和零售商，但是居住在集镇的大地主和富农，通常开行大量采购商品，投机利润更大。

集镇内大户大宅，虽然不比城市住宅阔绰，但是私家园林十分精彩。无论是同里的退思园和耕乐堂，还是黎里的端本园，木渎的严家花园、古松园和虹饮山房，风格迥样，均山石优美、水质清冽、树木名贵，有楼阁可登临，加上地处旷远，水天一色，清新明志。乾隆下江南时对江南水景情有独钟，木渎的虹饮山房常作为其停留休憩之地。

这些集镇承担的功能和集镇品质存有差异。如果将同里和黎里比较，同里因其长期稳定地为江南士人和商人所把持，城市化的特点比较明显，虽为集镇，宛如城市生活，不少商人是行贾，而当地士绅并不直接经营贸易，像退思园的主人是免冠退守购地居住，和集市本身关联不大；而黎里因为历史上较多北人南迁，也带来儒家文化的传承之故，大户秉承诚实做人、处者以学的原则，像黎里的老字号有问心堂中药铺、万云台茶馆、紫阳观南货店等，一百多年以来，仍然发挥着服务社会的功能，较少改变。从等级而言，如果将木渎和古里比较，虽然均处在水系汇聚之地，但是历史上木渎的发展因和官方及有钱人脱不开关系而显得高贵，清代皇帝下江南也成驻足之地；而古里的发展始终没有和乡村脱开，镇上的基础设施也相对落后。而甪直的特殊是在于其对外联络方便，也因此没有发展出如同里或黎里稳定的聚落形态和特色，而主要体现出集市的特点。

总体来说，黎里、同里、甪直（甫里）、木渎、古里，在古代都处在繁华都市郊野，并和乡村联系成为次级聚落中心。尤其"至宋庆历后始相继随水架桥，及泄水之实无虑"（吴江县全境水利图说，《吴中水利全书》），才慢慢发展起来。是故，交通及水利发展是这些集镇形成和完善的重要基础。另外，它们所依托的上一级城市发展与兴衰也直接关联它们的命运。公路、铁路在近代发展，及解放后行政区划调整和中小城市发展力度和动力不平衡等因素，都直接影响到它们的发展。

20世纪50年代末，黎里开始办厂，基本为作坊式的小工厂；而同里镇乡合并，镇为管理机构所在；甪直在民国元年便改制为乡，直到1950年代初才升为镇；木渎在民国时候隶属吴县，1954年便划为苏州郊区，该镇历史上贵人多、富人多，长期发展的是传统手工艺品，一直比较富裕；比较而言，古里原本就是几个乡的集合，1949年后成为常熟县的一个区，1957年拆区建乡，古里境域属古里、白茆、淼泉3个乡，1958年变成3个人民公社，1983年公社改乡，1990年代后才成立镇，21世纪合并为古里镇，其第一产业是种植业，第二产业是针织轻纺和印染。

如今，无论是从交通线路上思量，还是从错位发展上考虑，或是从历史文化传承的角度出发，黎里、同里、甪直、木渎、古里在新时期的发展都有待进一步思考。

二、 水拥山抱木渎镇

木渎镇位于苏州古城西部，南与横泾、越溪两镇交界，西与胥口、藏书两镇相接，北与枫桥镇和苏州国家高新技术开发区相连。木渎素有"吴中第一镇"之誉，春秋时期吴地文明即在此繁衍，北宋年间木渎设镇，其后一直是苏州西南的中心市镇。木渎镇交通便利，紧邻沪宁高速公路和京杭大运河，为苏州西南部各乡镇和风景区之交通枢纽，同时木渎镇经济发达，是吴中区工业、商贸、文化、教育、旅游重镇。2005年9月木渎镇入选第二批中国历史文化名镇名单。

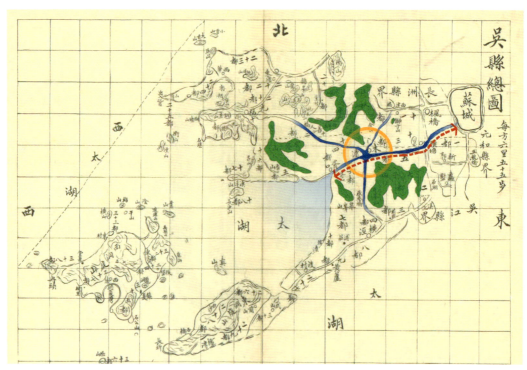

图 3-2　木渎镇区位图

资料来源：笔者绘（底图出自曹允源纂《吴县志》卷一，苏州文新公司，1933，第 23 页）

（一）镇村体系变迁

1. 山环水汇，吴都故地

苏州古城外西南是一片低山丘陵地带，连绵的山峰从太湖边一直延伸至苏州城外的虎丘。大大小小的乡镇聚落散落于山间盆地，一条条水道如同丝线一般，将它们串起，形成苏州西南市镇网络。木渎镇即是这个网络中最为耀眼的一颗明珠（图3-2）。

从地图上看，灵岩山、天平山、穹窿山和七子山等自北由西向南围合成一个盆地，木渎恰好位于这个盆地的东部缺口，面向苏州城。连绵的丘陵有利于先民择高处避水患，是聚居营城的天然防御。这片区域是春秋时期吴国离宫别苑所在，相传吴王阖闾曾在都城胥门外的姑苏山上建姑苏台，"以望太湖，中窥百姓"[①]；又传西施来吴后即居住于灵岩山上的"馆娃宫"。2010 年前后，中国社会科学院考古研究所和苏州市考古研究所对苏州西部山区及山间盆地进行了大规模的考古调查和发掘工作，探测到大量的城墙、城门、护城河、建筑基址、手工业作坊遗址、一般居址、墓葬、窖藏等遗址，历史传说和考古实证相互验证了木渎所在的苏州西南山区是苏州地区较早的吴文化发源地之一。

这片盆地的西南，是太湖的胥口，口外的太湖又别称为胥湖。胥江自胥口西南而来，贯穿木渎镇，汇集多条水道之后又迤逦向东北，直抵苏州城胥门外。传说春秋时吴国重臣伍子胥为了伐楚，从城西胥门开凿运河——即胥江——通往太湖，并沟通沿途众多水道。此举不仅建立了苏州城和太湖的水上交通，也有利于苏州城河道水源的补给和疏散。当年建姑苏台的越贡神木，相传就是经太湖从胥江运抵姑苏山下，"连沟塞渎积材三年"[②]，因此从胥口到木渎镇的这一段胥江又别称为"木渎"[③]，又因"吴中地名多取溪渎"[④]，"木渎"遂成为河岸聚落的名称。

[①]《越绝书·吴地传》："胥门外有九曲路，阖闾造，以游姑胥之台，以望太湖，中窥百姓，去县三十里。"姑胥山到底是哪座山一直有争论，但位于胥门外即苏州城西这一点无疑。

[②][民国]张郁文：《（民国十七年）木渎小志》，利苏印书社，1928。

[③] 民国《吴县志》：（太湖）其支流一派东出香山胥山间，曰胥口，自胥口桥东行九里转入东西醋坊桥曰木渎。

[④][民国]张郁文：《（民国十七年）木渎小志》，利苏印书社，1928。

2. 吴县首镇，中心商埠

北宋初年收藩镇、设镇市，镇不再是唐和五代时期那种军事性质的行政单位，而成为县和乡村之间的经济单元。木渎镇即形成于此时。成书于北宋元丰三年（1080）的《元丰九域志》中第一次出现了木渎镇的名字："望吴，二十乡，木渎一镇。"[1]根据《元丰九域志》，当时苏州为吴郡，下辖吴县、长洲、昆山、常熟、吴江五县，其中常熟县下辖福山、庆安和梅里三镇，吴县下辖仅木渎一镇，其余三县下无镇。由于常熟自古是控江近海的军事重地，常熟县的福山镇和梅里场均由军镇发展而来，庆安镇也是位于江尾海口、设有水闸的水利要塞，因此常熟三镇并不是单纯在经济驱动下发展的市镇。从《宋会要辑稿》所列的宋代商税额看（表3-1），此时木渎镇的商税额也大大低于常熟三镇。北宋年间的吴县地区虽不及北部的常熟县发达，但已是郡城周边先行发展的地区，木渎作为"吴县首镇"，拥有近千年的镇史，是江南地区历史最为久远的市镇之一。

说起木渎镇，不得不提及镇北的灵岩天平二山。灵岩山"拔奇挺秀，尤多奇石"[2]，天平山则"巍然特高，群峰拱揖"[3]，历来是苏州近郊的治游胜地。木渎因临近二山，不仅是观山的佳处，也是游山后餐饮、购物消费的场所，苏轼在其《游山》一诗中写道："……朝餐下木渎，市物俗所宜……"记录了当时游憩灵岩山后来到木渎，镇里民俗特产丰富的景象。这或许是除了地处胥江沿岸之外，木渎地区先行城镇的又一区位优势——山与河，一同成就了木渎镇。

元至明中期，木渎是"吴县六镇"之一。据正德《姑苏志》记载："商税……元则在城木渎、横金、长洲、常熟、许浦、昆山、嘉定、吴江、平望、震泽、同里，凡置务司一十二处，额定钞一万九千五百一十四锭有奇。"[4]可见元代时期的木渎已发展成为可与常熟、昆山和嘉定等县城相提并论的大镇，彼时木渎镇商品贸易额应较建镇初期有了较大增长。倭寇来犯时期，木渎镇是吴县设有敌楼的两个市镇之一（另一为以米粮转运贸易闻名的枫桥市），这也意味着当时木渎镇的市场财富已经到了较为可观的程度。

明代中期以后，随着江南地区乡村工业化程度增加，大批市镇开始

① [宋]王存：《元丰九域志》，王文楚、魏嵩山点校，中华书局，1984。
② [民国]张郁文：《（民国十七年）木渎小志》，利苏印书社，1928。
③ [宋]朱长文：《吴郡图经续记》，金菊林点校，江苏古籍出版社，1999。
④ [明]王鏊：《（正德）姑苏志·上》，书目文献出版社，1988。

表3-1 北宋熙宁十年（1077）苏州四镇商税统计表

县属	市镇	商税额（贯.文）	占全州商税总额比重（%）
常熟县	福山镇	1931.831	2.51
常熟县	庆安镇	324.871	0.42
常熟县	梅里场	2450.614	3.18
吴县	木渎镇	24.939	0.03
	合计	4732.255	6.14

资料来源：笔者根据《宋会要辑稿·食货一六》所列商税额绘

兴起。虽然棉纺织技术的成熟并没有惠及苏州西南,但传统的蚕桑业以及与之相关的丝麻纺织、刺绣等业仍然刺激着苏州西南地区的经济增长,加上明清两代历次对胥江进行疏浚、开通木渎和光福之间的光福塘等水利建设的促进作用,苏州西南地区的市场网络也逐渐形成。木渎周边的胥口、善人桥、香山、横泾、蠡墅等大小各乡镇与木渎之间都有水路相连,近则10里,最远也不超过20里,舟行的便利大大缩短了聚落之间的时空距离,半日可达的路程非常适于定期集市的开展,处于水网中心的木渎镇市逐渐成为苏州西南乡镇群的中心市场。同时,位于胥江中段的木渎距离府城约25里,差不多是府城来往光福和东、西山等地路程的一半,货物或行人多在木渎停歇或中转,扩大了对服务业的需求。但也因为其居于胥江沿岸,木渎的转运能力与居于京杭运河沿岸的市镇不能比拟,因此木渎的市场辐射力也局限于其周边区域,未能像同属于吴县的枫桥、浒墅等镇成为辐射江南甚至全国的商业市镇(图3-3)。

明代民间冶游之风愈加风行,明晚期天平山大面积种植枫树,游人如织。到了清代,灵岩天平二山的美景吸引康熙乾隆二帝多次巡幸吴西地区,其中乾隆皇帝更是六次偏幸,驻跸灵岩山行宫。从苏州城有南北两条御道前往灵岩山,木渎镇都是必经之所:南御道经盘门、横塘,过木渎镇中心通往灵岩,北御道则过木渎境北。另外木渎镇中心东部还设有御码头一座(图3-4)。帝王的光临推广了灵岩天平等山的名气,也进一步推动了木渎的服务业市场。今日已经成为苏州老字号的石家饭店、以枣泥麻饼享誉苏州的乾生元食品店等餐饮名店都开设于乾隆时期。

民国时期划市乡区域,木渎区为吴县第二区,木渎镇为木渎区公所所在地。除了传统的丝麻业,民国时期木渎镇的支柱产业有粮油酒酱业和建材加工业。1908年木渎严氏家族创办"严和美米酱行",占地逾1.4万平方米,内设米作、酒作和酱作,稻谷加工后除供应本地外,还供应上海、苏州、东山和西山等地。1919年,严氏将旗下的碾米厂改建为机械碾米厂,第二年又投建发电厂,带动全镇兴办起17家碾米厂,碾米业从手工作坊转变为以电力为动力的近代化工厂,木渎每年要运出大米11万担左右。至1930年,粮油酒酱行业的营业额约160万元,近全镇全年商品总营业额的一半[①](表3-2)。自枫桥米粮市场衰落后,木渎镇便成为苏州城西的米粮集散地。木渎的建材加工业在近代也得到了快速的发展。群山环抱的地形给木渎带来了矿石资源,在诸多的山石开采中,尤以金山、焦山的花岗岩石材为佳。位于镇北金山石矿的开采,始于晋宋,兴盛于明清,全盛于近代。"金焦二山产巨石,遍售江浙,自沪上洋商采办销路益广"[②],南京中山陵、上海外滩万国建筑群等多处近代重要建筑均使用木渎地区开采加工的金山石。

《木渎小志》里记载了这样一条信息:"横泾水东居民善弋凫雁,多载至渎市销售"[③],横泾即"横金",在明代同为"吴县六镇"之一,民国时亦是区公所所在地,可见此时木渎中心市场的辐射能力并不局限于行政的区划,其吸纳的商品种类也不局限于传统的纺织品。根据1930年出版的由吴县县政府社会调查处编印的工商资料来看,木渎区以410万元的营业额成为吴县全年营业额最高的区,远超吴县其他区,而木渎镇上的商店营业额占据木渎区营业额的绝大多数,木渎镇当之无愧地成为吴县地区的中心市镇。木渎镇上也因拥有第一家机械碾米厂、第一个发电厂而走在吴县地区乡镇转型的前列,从以初级纺织为主的传

---

① 根据吴县县政府社会调查处编印的《吴县》第10篇《工商》,1930年木渎镇中营业额为410万元,其中粮油米酱业营业额约160万元。转引自胡勇军:《江南市镇、城市与区域——以近代吴县地区为中心》,南京师范大学硕士学位论文,2012。
② [民国]张郁文:《(民国十七年)木渎小志》,利苏印书社,1928,第248页。
③ 同②。

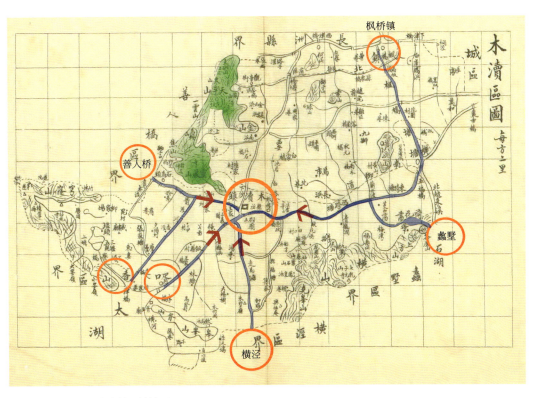

图 3-3　木渎与周边乡镇区位关系

资料来源：笔者绘（底图出自曹允源纂《吴县志》卷一，苏州文新公司，1933，第 24 页）

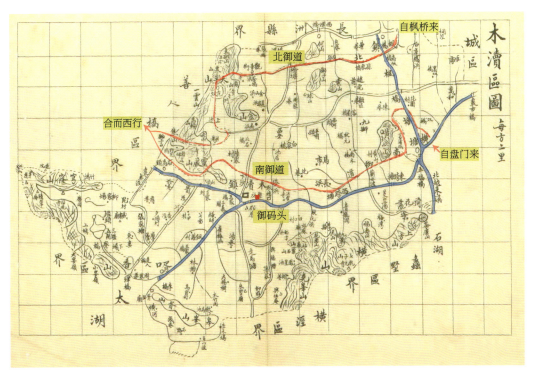

图 3-4　乾隆南巡所经木渎的御道示意图

资料来源：笔者绘（底图出自曹允源等纂《吴县志》卷一，苏州文新公司，1933，第 24 页）

表 3-2　1930 年吴县各区商店数和营业额

各区及区公所所在乡镇	商店总数（家）	全年营业额（万元）	各区及区公所所在乡镇	商店总数（家）	全年营业额（万元）
第1区：浒墅关	440	88	第2区：木渎	3017	410
第3区：光福	46	50	第4区：望亭	122	162.9
第5区：横泾	343	125	第6区：陆墓	900	140
第7区：相城	500	70	第8区：北桥	220	23
第9区：唯亭	347	57	第10区：甪直	535	260
第11区：周庄	210	37	第12区：黄埭	303	186.5
第13区：斜塘	521	17	第14区：郭巷	102	22
第15区：五潨泾	88	19	第16区：蠡墅	341	250
第17区：东山前山	435	270	第18区：香山后塘桥	34	35~36
第19区：西山镇夏	45	37			

资料来源：笔者根据吴县县政府社会调查处《吴县》第 20~30 页所列表格改绘

统家庭手工业转变为以机械加工为主的近代米粮工业，从服务业兴盛的消费型集镇向城市工业化的工商业集镇转型。近代，木渎镇人口也有较大增长，从清末的 789 人，增至民初 972 人，至 1949 年解放前夕，木渎镇上有约 6000 人[1]，增长较为明显，而同时期吴县总人口从民国初年到解放前的增长则较为有限[2]，可见民国时期木渎市镇的工商业发展对于吸引四乡或外来人口定居有很强的吸引力，也意味着并不临近铁路等运输干线的苏州西南在动荡的民国时期人口并没有大量减少，同时也还是处在城市化进程当中。

中华人民共和国成立后，位于木渎镇中心供销合作社的名称虽然随着苏州城乡区划的调整屡次更名，但一直保持着经济区中心社的身份，这意味着木渎仍然维持着区域中心市镇的经济地位。但也因为粮食的统购统销政策，木渎镇的粮油加工业在 1953 年后骤然萎缩。但建材加工业因为新中国的建设需求一直持续稳定的发展，尤其是金山石的开采和加工。1950 年以后，国营建设公司纷纷来木渎开设国营石料公司，私营宕户被并入，实行公私合营，石料的运输方式也由水运改为专门铁路运输，并承担毛主席纪念堂甬道、美国明轩石作等国内外多项石料工程。同时石灰业和砖瓦业等建材加工业也进入公私合营的模式继续发展。1968 年，以传统建材行业为起点，木渎镇陆续创办石料厂、制砖厂、水泥公司、地砖公司等镇办公司，后在镇东郊设立工业开发区，木渎的乡镇企业也乘改革开放的东风快速起步，成为吴县地区工业先行发展的区域。

进入新世纪，随着苏州城"一体两翼"的规划定位，毗邻苏州新区的木渎镇于 2005 年被规划为苏州的区域级商业中心，后又被纳入苏州中心城区的建设，成为苏州城市西南片区的商业中心和工业集中区。

[1]《木渎镇志》编纂委员会编《木渎镇志》，上海社会科学院出版社，1999。
[2] 根据《吴县志》所列的人口数据，吴县总人口从 1912 年到 1948 年间从 1 025 657 人增至 1 089 170 人，仅增加 63 513 人，每年增速约 0.17%。

图 3-5　木渎历史镇区与当前镇域范围图

资料来源：笔者绘（底图出自苏州规划设计研究院股份有限公司《木渎历史文化名镇保护规划》，2013）

2012年苏州地铁1号线通车，东段终点直达木渎镇新中心；在建的苏州地铁5号线也穿过木渎南部。木渎这一历史悠久、一路领先的江南水乡大镇已然成为苏州城市的一部分（图3-5）。

（二）空间格局分析

1. 镇区格局演变

一条胥江，沟通了太湖和苏州城，串起了苏州西南的诸水道，也孕育了苏州西南的大小市镇。香水溪即是汇入胥江的一条河流。除了"香水溪"这个名字，这条河流有好几个别名：脂粉塘、木光河、光福塘、木渎山塘水。这些名称向我们说明了这条河流的方位和它的历史；它一路从西北走来，沿着灵岩山脚汇入了胥江，2500多年前，它的岸边就有生活和故事。胥江和香水溪构成了木渎古镇的主干水道，南北向的下沙塘、走马塘、鹭飞浜等河流，与胥江或香水溪相汇，形成主次分明的水网格局。历经千百年，古镇上的一些祠庙公所、宅邸花园已失了踪迹，湮于文字，只有这些昼夜不息的河流和其上的一道道桥梁，依然留守在原地，向人们展示着木渎曾有的格局。

北宋建镇初期，木渎市镇位于胥江与香水溪汇集的丁字形河汊口附近，镇区规模较小。这个河汊口附近有两座桥梁——翠坊桥和斜桥，其中翠坊桥位于胥江上，始建于北宋庆历三年（1043），斜桥则位于香水溪上，始建于北宋皇祐四年（1052），二桥之间距离约250米。根据《元丰九域志》，木渎建镇不晚于1080年，推测北宋初年的木渎镇区应该就在两桥附近的范围。如今的翠坊桥已变成翠坊北路，斜桥也已重建，变了模样，但二桥的历史验证了木渎的千年镇史，其位置也从侧

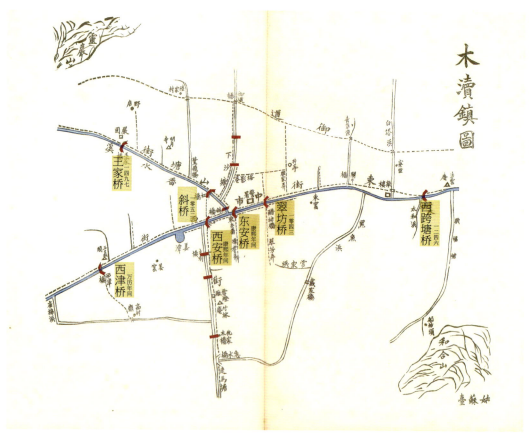

图 3-6　木渎镇区与古桥

资料来源：笔者绘（底图出自张郁文《木渎小志》，利苏印书社，1928，第 13 页）

　　面说明河流交汇处因为水路的四通八达，往往是聚落和市场的形成之处（图 3-6）。

　　北宋至南宋间，木渎镇沿胥江向东侧即苏州城的方向延伸，街市已长达约 4 里，镇区规模大大扩张，并且呈现出线性格局。始建于南宋淳祐六年（1246）的西跨塘桥，位于斜桥东约 3 里的胥江上。西跨塘桥继名兴福桥，又因明崇祯年间重修，后又称为崇祯桥，清康熙年间又改为崇政桥。桥名的不断变化，意味着桥在不停地改造重修，明代倭寇来犯时期，此桥附近还有建于明代的敌楼，可见此桥对木渎镇市有类似关隘和边界的重要作用。

　　明代，镇区转而向西扩张，东西方向长逾 5 里，在苏州甚至江南地区都是规模较大的市镇，并且镇区呈现明显的"Y"形三岔格局。明代，镇区的西边多了两座桥梁，分别是位于香水溪上的王家桥（又名永安桥）和建于胥江上的西津桥（又名永平桥）。王家桥建于明弘治十年（1497），明代诗人的"永安桥上祝长安，人自扬镳各往还"诗句说明了它曾经是镇西边界。西津桥则稍晚，建于万历年间（1573—1620）。二桥距离斜桥均约 700 米。明代镇区范围转而向西扩张，这可能和明中期冶游之风盛行以后，大量的游山人群从西侧进入木渎镇有关。

　　在这之后，地方志中记载的镇区桥梁没有突破西跨塘桥到西津桥和王家桥这一范围，这意味着木渎镇区在明万历年后基本停止了东西方向的扩张。成书于民国时期的《木渎小志》中的"木渎镇图"基本证实了

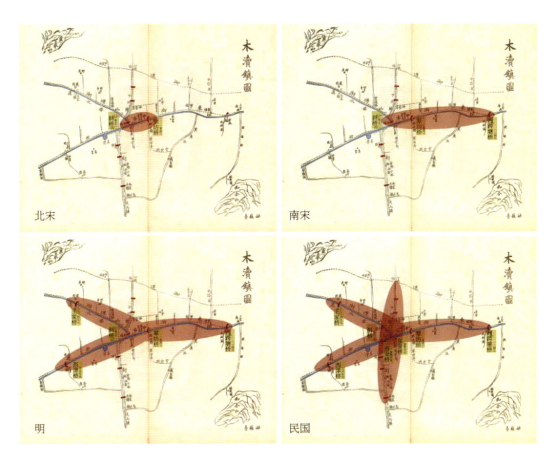

图 3-7　木渎镇区与镇市范围演变图

资料来源：笔者绘（底图出自张郁文《木渎小志》，利苏印书社，1928，第 13 页）

这一点。清康熙年间，镇中心的胥江上又架起了东安桥和西安桥，两桥相邻仅约百米。桥梁的密度增加是商业密度增加的空间体现，斜桥和东安桥之间仅相距约 10 米，木渎至今还有"一步跨二桥"之说。

民国时期，镇区呈现出从中心地带向南北方向扩张的态势：镇中心附近的走马塘和下沙塘上又各增加了两座和三座桥梁，这意味着木渎镇由中心地带发展出新的南北向的街市，镇中心的中市街、西街的东头和南北向的南街、邾巷弄、翠芳弄等弄堂一起构成了职能明确的街市网络[1]。同时，由于木渎是区公所所在地，设立的市公所、警署等公共机构，以及小学、女校等教育机构，均位于镇中心胥江两岸的中市街附近，镇中心的行政功能进一步强化。（图 3-7）

中华人民共和国成立以后，胥江的木渎段河道因年久淤塞，无法满足通航和泄洪需求，于 1959 年，从镇西西津桥到镇东首吴家浜向南绕过市镇，另开一条长 2.4 千米的新河，并于其上建船闸，大部分船只从新河绕道。古镇区的格局就此改变，使用了两千多年的胥江木渎镇中段失去了交通功能，由极盛归为冷清。改革开放后，木渎镇新商业中心也移出古镇范围，至其北面约 3 千米处。进入新世纪，木渎镇旅游业重振，昔日的古镇区游人如织，旧胥江河道和香水溪上又复行起一艘艘观光摇橹船，船娘船公的声声船歌依稀诉说着昔日的热闹与繁华（图 3-8）。

[1] 清末民国时期这些街巷都是一个个专门市场，比如邾巷弄就是专门交易苗猪的地方，邾巷弄也因此得名。

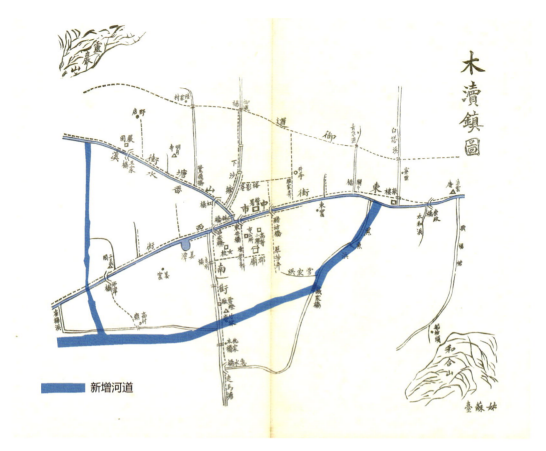

图 3-8 胥江新增河道示意图

资料来源：笔者绘（底图出自张郁文《木渎小志》，利苏印书社，1928，第 13 页）

2. 市镇空间解析

清乾隆时期，苏州籍宫廷画家徐扬创作了《盛世滋生图》（又名《姑苏繁华图》），以长卷形式，描绘了自灵岩山起，经木渎镇，一路东行入苏州城又转向山塘虎丘的市井风情，以赞乾隆盛世。其中灵岩山和木渎镇的场景约占据该图三分之一的图幅。除了灵岩山的美景和山脚的田园风光，还可以看到其时木渎街市商贾辐辏，百货骈集，俨然都市景象，不亚于苏州城墙内的繁华。我们不妨顺着《盛世滋生图》的视线，进入古镇游历一番。

从灵岩山上下来，沿着香水溪，过了王家桥（永安桥），即进入了木渎镇山塘街。现存的王家桥仍是明弘治年间遗物，单拱花岗岩，桥栏低矮，藤萝披挂，颇具古意。山塘街与香水溪平行，是木渎镇主街之一，从王家桥到西施桥之间的西段长约 400 米，宽约 3.5 米，街北侧依次是严家花园、明月寺和新建的虹饮山房，街南侧则临着香水溪，因为街道较宽，河岸码头垂直伸入街道，河岸上则种植了一排榆树，"山塘榆荫"是木渎十景之一[①]。这一段山塘街是"山近灵岩地最幽，香溪名胜足千秋"[②]的风水宝地，历代都有园林在此兴建，商铺则很少，显得安静大气。由于山塘街呈西北-东南走向，而严家花园和明月寺基本是面南背北的朝向，并不垂直于河道，于是正门和街道有了一个夹角，使得原本就颇宽的街道又退让出一些三角形的空间，愈发显得开阔，尺度颇大，俨然大镇的气派。这种空间关系的形成也说明严家花园和明月寺基址上的建设活动要早于山塘街的形成。（图 3-9～图 3-12）

① 木渎十景为：斜桥分水、虹桥晚照、西津望月、白塔归帆、下沙落雁、姜潭渔火、法云古松、山塘榆荫、灵岩晚钟、南山晴雪。
② 出自清代诗人王汝玉之诗《香溪杂咏》。

图 3-9　王家桥

资料来源：笔者摄

图 3-10　山塘榆荫

资料来源：笔者摄

图 3-11　山塘码头

资料来源：笔者摄

图 3-12　山塘街景

资料来源：笔者摄

　　过了西施桥，山塘街就不临着河了，街北侧是建于清末的古松园，园入口顺应山塘街走向，街南侧则是一二层高的沿街商铺，街道宽度也降到了 3 米。继续向前约 150 米，一座三折桥架于香水溪上，这是近年重修的虹桥。原先的虹桥是座拱桥，因为起拱高，站在虹桥上眺望夕阳中的灵岩山，曾是木渎一大胜景，而虹桥上的人也装饰了镇的风景，因而"虹桥晚照"被列为木渎十景之一。今天的虹桥也已湮没在周边的两层小楼当中，难寻昔日制高点的视角了。虹桥附近还曾是木渎的麻市交易场所，"渎镇麻市向尤极盛，四乡多织夏布，朝市每集虹桥"①。原先的虹饮山房也在虹桥附近，园名就来源于虹桥。乾隆南巡期间，虹饮山房是其随扈的下榻之处。而现今位于明月寺旁的虹饮山房，则是在明代园林小隐园的遗址上，于 2000 年前后由香山帮工匠新建的园林，园门外的御码头也为当时新建，实际并不位于此②。

　　斜桥在虹桥的东南约百米处，山塘街到了这儿就走到了尽头。碧清的山塘水穿过斜桥就汇入了浑黄的胥江，斜桥两侧形成一清一浊的特色景观，"斜桥分水"也成为"木渎十景"之一。顾名思义，斜桥是斜跨于香水溪上的，基本和胥江平行。现今的斜桥是座新桥，因为要通汽车，改成了平桥。斜桥向东是中市街和东街，向西延伸则是西街，这平行于胥江的一线三街是木渎镇的横贯线，而斜桥周边是木渎镇最早发展、最中心的地方。在《盛世滋生图》上（图 3-13），大量船只在斜桥附近聚集，等待通过斜桥，而岸边商铺鳞次栉比，多为下店上铺，酒楼茶馆则一二层皆有店面。中市街曾经是"晴天人碰人，雨天伞碰伞"的拥挤街道，如今的中市街已经拓宽至 10 米，街边建起了三层高的大型超市，

① [民国]张郁文：《（民国十七年）木渎小志》，利苏印书社，1928，第246页。
② 根据《木渎小志》记载，原御码头位于东街。

图 3-13 《盛世滋生图》中的斜桥附近

图 3-14 1950 年代的斜桥

资料来源:《木渎镇志》编纂委员会编《木渎镇志》

图 3-15 今日斜桥附近

资料来源: 笔者摄

难寻旧日的密度感。中市街对岸的下塘街、郏巷弄和南街围合的地块内集中了一批清末民初的传统民居,比如被称为"榜眼府第"的冯桂芬故居,以及王宅、徐宅、柳宅等等。这些宅第轴线与街道垂直,进深多在两到三进,主要厅堂开间多为三至五间,榜眼府第还是前宅后园的布局。除了山塘街,这一片是木渎传统建筑保留最为集中的区域。(图 3-14、图 3-15)

跨过斜桥向西走,就进入了西街。西街尺度与山塘街相仿,但是西街不临河,两侧商铺夹街。过了西安桥不远,西街南侧的胥江岸曾经有个小河湾,唤作"姜潭",是木渎昔日的鱼市所在。姜潭的形成是因为木渎的石灰业较兴盛,西安桥附近有个石灰窑叫作姜窑,常年在河边挖土方做窑基,久而久之形成了一个河湾,镇人就唤作"姜潭",而姜潭对岸正好有些小楼,抵御了北风,于是这里就成为沿胥江出入太湖渔船群的避风港。昔日夕阳西下时,渔船群在姜潭中引火做饭,站在西安桥上向西望去,点点渔火落在波光粼粼的水面上,一派富有生活气息的诗意美景,"姜潭渔火"遂被列为木渎十景之一。可惜姜潭后被填,建起了房屋。西街街梢的西津桥,又名永平桥,与香水溪上的永安桥同为木渎镇西的边界。今日所见的西津桥是清同治年间所建的单拱石桥，"西津望月"曾是木渎十景之一，如今桥头古树茂密，站在其上恐怕已无法望月，但其半圆形的桥拱与倒影倒也正是一轮可供思乡的明月。桥身所刻的对联"立马望苏台，山翠万重拱虎阜；扬鞭来震泽，风涛千古泣鸱夷"①，道尽木渎的地理与历史，之凝练之雄浑颇令今人汗颜，也更显出西津桥的厚重（图3-16）。

从西津桥调头东行，重回斜桥，继续向前可以穿过中市街，一直沿东街走到昔日的镇东首，路程足足有2.5千米。曾经由于胥江的交通运输作用，西街和东街都是人来人往的商业街，沿河的茶馆还兼做苏州往来东西山和浙江之间的航船码头。由于中华人民共和国成立后胥江的改道，以及以车代舟的交通方式转变，如今西街和东街已经全部改造拓宽为车行道，两侧建筑重建，沿河码头也都在驳岸改造的时候被去除。原先镇东首的崇政桥和敌楼，也已消失无踪迹，只剩下百年前的黑白照片可以一窥旧影了（图3-17）。今日的木渎虽只有山塘街部分保存了昔日风貌，但无论如何，这就是木渎，发展变化中的木渎，一直先行一步、首当其冲的木渎（图3-18）。

① 虎阜指虎丘，鸱夷即指伍子胥。

图3-16　今日西津桥

资料来源：笔者摄

图3-17　木渎敌楼和崇政桥旧影

资料来源：江先渭《姑苏行》https://www.douban.com/note/142115117/2016-08-28

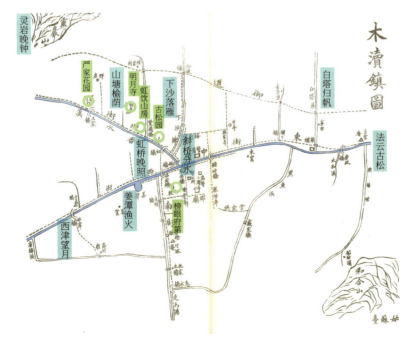

图3-18　木渎十景与空间物质遗存

资料来源：笔者绘（底图出自张郁文《木渎小志》，利苏印书社，1928，第13页）

（三）物质和非物质文化遗产

1. 香山匠作，园林古镇

从王家桥出木渎镇，沿着香水溪一直西行，大约3里后，一条小河从香水溪径直南下，直抵太湖边的香山，相传吴王曾在香山种香草，西施和吴宫妇人就从这条小河南下采香，因此河名"采香泾"，香山的东北即是香山乡，吴王离宫"南宫"曾位于此，因此又称为"南宫乡"。明代以前，这片地区就多出木作和泥作工匠，有"吴中土木之工，半居南宫乡"之说，而木渎附近的金山乡则因盛产花岗岩而多出石作工匠。明初，香山乡人蒯祥曾带领当地土木工匠主持营造北京故宫等官式建筑，金山乡人陆祥则是其中的石作工匠领班，后蒯祥和陆祥由匠而官，任工部侍郎。蒯祥因"能主大营缮"被后世工匠尊称为"蒯鲁班"。发源于苏州西南山区的苏式营造技艺因此而发扬光大，至清中期以后，"各处工肆相传师其遗法"[①]，该地区的匠作艺人则被统称为"香山帮"。

木渎是西南地区的经济中心，且本身景观区位颇佳，有着旺盛的构园需求，同时长8里的采香泾沟通了木渎镇和香山乡，往来十分便捷，因而木渎镇一直是香山帮工匠的集中活动地区。明中期以后，市集的繁荣，财富的增加，使得木渎镇上的园林日渐增多，至解放前，木渎镇上陆续建设有大小园林20余座[②]，留存至今的有严家花园、古松园和榜眼府第三座清末宅园。由于镇西的山塘街北接灵岩，南临香溪，景观条件十分优越，因此木渎园林又多居于山塘街。现存的严家花园和古松园都位于山塘街，此外山塘街还有始建于后唐年间的明月寺以及利用明代旧园小野园遗址新建的虹饮山房。除了市集，木渎的园林之胜，在江南也是颇有名气的，因此于苏州一带，木渎又被称为"园林古镇"。

位于东街的遂初园是清代中期"极园林之胜"的一座名园（图3-19）。该园于康熙年间由吉安知府吴铨所筑，遂初园的结构布局为三路七进，后为园林。大门则面临东街枕胥江，中路建筑以会客、喜庆、雅集、演唱、藏书为主。该园的面貌在《姑苏繁华图》中也有详细反映，从画中可见"楼阁亭榭，台馆轩舫，连缀相望，垣墙缭如怪石，嵌如古木，嘉花名卉，四方珍异之产，咸萃于园"[③]，其前带卷棚的轩厅内正在演出戏曲，高朋满座的热闹场景绘出了昔日的繁华。遂初园从康熙年间至光绪年间一直"皆有园林之概"，在1950年代后逐渐落败。

[①] [民国] 张郁文：《（民国十七年）木渎小志》，利苏印书社，1928，第249页。
[②] 《木渎镇志》编纂委员会编《木渎镇志》，上海社会科学院出版社，1999，第310-314页。
[③] [民国] 曹允源等：《民国二十二年）吴县志》，苏州文新公司，1933。

图3-19　《盛世滋生图》中的遂初园

严家花园位于王家桥畔，是民国时期木渎首富严良灿的宅园。其前身为"端园"，建于清道光八年，由木渎诗人钱端溪所建。在端园之前的历史则无可靠记载，但木渎镇也有端园与乾隆和沈德潜的典故传说。太平天国年间，木渎镇其他园林都毁于战火，唯有位于镇西端的端园幸存，清末民初被木渎首富严氏家族购得，延请当时香山帮的著名匠师姚承祖修缮，因仰慕曾居于此的先贤，更名为"羡园"，世人又俗称其为"严家花园"。严家花园占地约16亩，中路为五进建筑，园林环绕其东、北和西三面，通过栽植四季花木，构成春夏秋冬4个景区。主厅"怡宾厅"屋架宏敞，装饰简洁，尚有明代遗风（图3-20）。园林部分景致则富于变化，就连建筑名家童寯也称"木渎本多良工，虽处山林，斯园构筑之精，不让城市"（图3-21）。今日的严家花园作为木渎古镇入口处的一个重要景点，其景致其人文，吸引着众多游客。古松园是近代木渎富商蔡少渔的宅园，因园林里有一株逾500年的罗汉古松而名，该园厅堂楼阁精雕细作，园中假山飞瀑，复廊连绵，又是另一种精致华丽的气派（图3-22）。榜眼府第则位于斜桥附近的胥江南岸，坐南朝北，是清末文人冯桂芬的宅园，因其曾高中榜眼，乡人又称其宅为"榜眼府第"，其宅第部分西路的花篮厅是苏州传统建筑中不多见的使用垂莲吊柱的实例（图3-23）。

无论是游赏木渎现存的几座园林，还是通过诗画古文神游昔日名园，可以发现木渎园林有三大特色：第一，园林占地颇广，建筑体量也都较大，整体显得宏敞大气。木渎本身就是区域中心大镇，不像府城内和其他小镇那般地盘紧张，同时与木渎镇经济实力雄厚也有一定关系。第二，园林建筑雕刻精致繁复，由于香山帮能工巧匠的聚集，古松园的古松堂、凤凰厅，榜眼府第的花篮厅、显志堂等等，无不极尽木刻砖雕之能事。第三，由于临近灵岩天平山，占据了良好的视角，木渎的园林多设楼、设台或设复廊来制造高点，为的是"远瞩天平，近望灵岩"，这一点是位于府城内的园林所不能及的。

改革开放以来，木渎因为古镇景区与灵岩景区的整合，镇上的几座园林一直在不断地被修缮和改造，几乎每年都在发生变化。但不管怎么变，香山帮营建队伍保证了木渎宅第和园林的建筑风格，新的虹饮山房虽然是异地重建，园林内也完全不是旧时布局，但其建筑依然是地道的香山帮风格。传统技艺在今日的木渎园林中延续着生命。

图3-20 严家花园主厅梁架

资料来源：笔者摄

图3-21 严家花园园林

资料来源：笔者摄

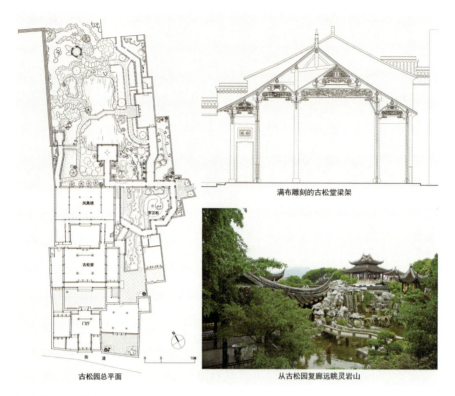

图 3-22 古松园

资料来源：古松园总平面图由王劲、张延、姚舒然、方伟、李练英、钱钰、吴修民、朱宁宁绘制，古松堂剖面图由姚舒然、方伟绘制，照片由姚舒然摄

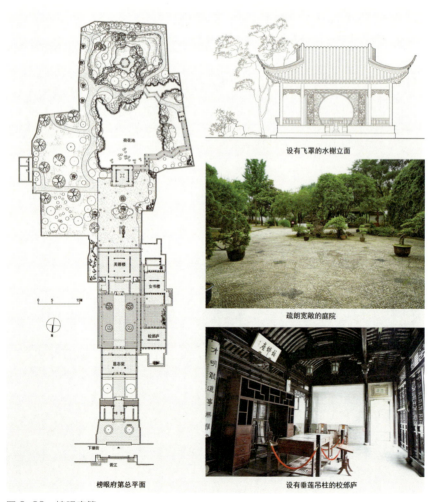

图 3-23 榜眼府第

资料来源：榜眼府第总平面图由姚舒然、方伟、李练英、钱钰、吴修民、朱宁宁、王劲绘制，水榭立面图由姚舒然、方伟绘制，照片由姚舒然摄

2. 镇人多艺，首善工巧

江南地区一直以精工细作享誉全国，而苏州又是江南最为精致讲究的地方。而在苏州，木渎人又是出名的手艺巧，从宋代到近代，从泥塑艺人到国宝级的刺绣大师，能工巧匠历代迭出。

宋代，木渎的手工业即较为发达。时木渎人袁遇昌以耍货制作出名，专塑泥婴孩、泥美人和人物故事，其塑品惟妙惟肖，栩栩如生，逼真到连婴孩脑袋囟门（婴儿头顶软的部位）都"按之胁胁"，在当时，他的一对高六七寸的泥偶耍货售价高达三四千文，却仍旧畅销大江南北，还需要预付定金，否则"经年不可得"。元明时期，木渎的四作——银作、铜作、锡作、木作享誉苏州。银作的代表为木渎银工朱碧山，善制酒器，其制作的银槎杯是享誉一时的珍品，流传至今的4只银杯成为国家一级文物（图3-24）。铜作代表王某善于制作铜锁和香毬，锡工朱端制作的锡器奇古，时称"朱象鼻"，木作自然是以香山帮工匠为主的营造技艺。除此之外，木渎的玉石雕刻、装潢、裱画、拓碑、竹藤编织等手工艺均享有盛名。或许是临近灵岩天平二山，大量的游客经过木渎，给手工艺品带来大量的销路，从而刺激了手工艺制作水平的提高。至今木渎镇上还开设有售卖本地制作的竹器藤货、木器模型等的手工制品店铺。

近代，木渎刺绣工艺享誉海内外，以沈寿为代表的木渎刺绣大师对苏绣的发展做出了重要贡献（图3-25）。沈寿（1847—1921）原名云芝，15岁就以绣艺闻名姑苏。光绪三十年（1904），沈寿夫妇因进贡慈禧贺寿绣品而获赐名，从此更名为"沈寿"。之后，沈寿一边从事刺绣艺术教育，一边尝试以西洋版画和摄影图片为绣稿，创造了"仿真绣"技艺，创作的"意大利皇后爱丽娜像"是中国传统刺绣的第一幅人物肖像刺绣作品，完成后广受赞誉，屡获大奖，并被清政府作为国礼赠送给意大利政府，深受意大利皇后本人喜爱，改善了当时的中意关系。辛亥革命爆发后，沈寿先在天津创办绣工传习所，后受张謇邀请前往南通任绣工局局长，为津、京、苏、沪等地培养了大量苏绣人才，也为苏绣的传承和发展做出了杰出的贡献，被誉为近代的"绣圣"。木渎的刺绣纺织业在沈寿名望的带动下一直持续发展，从新中国成立后的刺绣生产合作社到镇办服装厂、苏绣厂、剧装绣品厂，一直占据木渎工业产值相当的分量。今日木渎山塘街对面的演出服装租赁拍摄一条街就是鲜活的证明（图3-26、图3-27）。

图3-24　朱碧山银槎杯（现藏于美国克利夫兰博物馆）

资料来源：http://bbs.artron.net/forum.php?mod=viewthread&tid=2296718&page=1，访问日期：2016-08-28

图3-25　沈寿与其作品《耶稣像》

资料来源：http://xh.xhby.net/mp1/html/2008-12/04/content_9863034.htm

图3-26　山塘街的手工作坊商铺

资料来源：笔者摄

图3-27　山塘街对岸的礼服出租拍摄

资料来源：笔者摄

图 3-28 《南巡盛典》中的天平山高义园

资料来源：高晋《南浔盛典名胜图录》，古吴轩出版社，1999，第 76 页

图 3-29 天平山高义园秋景

资料来源：笔者摄

3. 历史悠久，人文荟萃

木渎古镇有着悠久的历史，且不说吴王、西施和范蠡的传说在木渎被久久传诵，至今镇上的老人说起西施在灵岩山的故事，仍是饶有兴趣、如数家珍。从那以后千百年间的人文积淀，更使得木渎地区成为人杰地灵的一方江南胜地。

"天下名山僧占多"，灵岩山寺自东晋司空陆玩舍宅为寺以来，其香火已经延续了 1500 多年。而文人对于名山的喜好，也不亚于僧人。灵岩天平风景优美，于此隐居，即可享寂静山林，又有近尘世之便。东汉时就有名士梁鸿隐于灵岩山间劳役，却依然与妻子孟光相敬如宾，留下"举案齐眉"的美谈。北宋年间，"先天下之忧而忧，后天下之乐而乐"的著名政治家、文学家范仲淹即为吴县人，取得功名后，因其高祖葬于天平山，皇帝将天平山赐予范式家族，因此天平山又被称作"范坟山""赐山"，范仲淹被贬回乡后于山中建"范园"，并捐田开设范氏义庄，救济范氏族人，开江南家族义庄之先河。明代，范仲淹第 17 世孙范允临（1558—1641）改建天平山庄，天平山庄成为融宅园、墓园、自然山水园为一体的大型庄园，是为晚明姑苏名园之一，今日天平山远近闻名的枫林也是当时种植的。清代中期，天平山的范仲淹祠堂获乾隆赐名为"高义园"。而范氏义庄作为非宗教性的慈善组织，一直延续至清末，成功运作了近 800 年，对江南社会产生了极大的影响。今时今日，天平山也成为范氏后人的根系所在（图 3-28、图 3-29）。

木渎镇上也不乏名人高士。沈德潜（1673—1769）是中国少见的长寿诗人，著名的诗选家，他57岁时迁居木渎山塘街，筑"灵岩山居"。在木渎居住期间，完成了《明诗别裁》的编选工作。其晚年得乾隆赏识，被乾隆尊称为"江南老名士"，平步青云，85岁官至礼部尚书，死后仍被追封为太子太师，入贤良祠受拜，极一时之哀荣，之后却也因为莫须有的悖逆之诗而被追夺祠谥，全家治罪。其戏剧化的人生荣辱也是传统社会的一个缩影，一声叹息。

沈德潜在木渎的旧居后来被清末文人冯桂芬获得。冯桂芬（1809—1874）是木渎人，早年即以学识渊博名满江南，为当时江苏巡抚林则徐所赏识。冯桂芬晚年因疾归故里，得沈德潜旧宅居住，并为住宅起名为"校邠庐"，因其曾高中"榜眼"，乡人都称其宅邸为"榜眼府第"。冯桂芬潜心学问，文理皆通，著书颇多，著名的《校邠庐抗议》针砭时弊，极力主张"人无弃才，地无遗利，君民不隔，名实必符"，具体来说即是要奖励科学技术人才、发展工农业、兴修水利、开垦土地、开发矿藏、淘汰冗员、改革税赋制度和发展民生经济，这也成为清末资产阶级维新运动的先声。除了文字言论，冯桂芬还行走乡间，请减江南各地赋税田租，开办书院和慈善堂，并在木渎开志局编写《苏州府志》，这也是最后一版苏州府志。冯桂芬广受乡人赞誉，身后入乡贤祠受民众祭拜。与100多年前沈德潜的境遇相比，冯桂芬的生平经历或许正是时代的反映。这100年的时间，正是走在全国前列的江南社会自身开始变革的时期，乡绅阶级的思想启蒙正是社会悄然变革的反映。

清末民初，木渎镇的商业得到大发展，这是在以严良灿为代表的严氏家族带领下实现的。清朝末年，东山严氏16世孙严国馨由东山迁往木渎西街定居。民国年间，严国馨四子严良灿任木渎区区董，于1908年带头在下塘道场浜旁创办严和美米酱行。后严良灿又陆续在镇上开设西和美米酱行、严裕泰粮油酒酱店、严万和粮酒酱店和严安德中药店等。1919年严氏工厂引进加工机械，成为全吴县第一家机械化工厂，严氏集团成为木渎镇上实力最雄厚的商业集团，营业额在全镇居首位。严氏还致力于改善木渎镇的基础设施：1920年严良灿投资5000多银元于南街底开办发电厂，结束木渎用煤油灯的历史，并承包全镇路灯费用；抗战前，严良灿购置"特络威"牌救火车，成立木渎救火队，这是当时苏州地区仅有的两辆救火车之一（另一辆在苏州城中）；严氏还带头筹办学校，组织成立"善济堂"和"代赊会"等慈善机构，有学田300多亩。严氏还将其宅园羡园定期开放，作为镇上民众结会、演出场所之用。严氏家族对于木渎镇乡土工业转型以及市镇建设的近代化转型起到了突出的推动作用，而地方乡绅对于地方自治所起到的领头作用，以及其自身从单纯收租的地主到创办实业的资本家的转变，正是近代江南市镇发展的一个重要特征。

（四）特色和价值

群山环抱、众水归集的地形优势，使得木渎及其周边地区成为吴地文明的早期聚集地。北宋初年，江南城市近郊草市镇的大量兴起，木渎即于彼时成为吴县首镇、苏州四镇之一，拥有近千年的市镇文化。

由于木渎邻近苏州城并居于苏州西南市镇群的中心，木渎到苏州城及周边地区的水路交通均在半日以内。木渎周边的山林风光秀美，木渎镇成为灵岩天平等山的"游客服务中心"，吸引了康乾二帝的多次南巡，推高了木渎的餐饮消费和日用品贸易等服务型经济。明中期以后木渎发展成为苏州西南的中心市镇，民国时期木渎商业在米粮加工业和建材加工业的主导下继续发展，木渎成为吴县地区的中心市镇。改革开放后，木渎镇经济在建材加工业的带动下，继续领先周边乡镇快速发展，成为苏州市的区域商业中心。

精工细作的吴地文化在木渎得以彰显，木渎是香山帮工匠的主要活动区域，现存的严家花园是香山帮匠人的代表作，其他园林和民居也体现了香山帮营造技艺。同时，木渎人民还以善工巧闻名苏州，耍货、铜作、锡作、银作、刺绣等手工业发达，能工巧匠历代迭出。

木渎镇不仅商业发达，也是文人士族聚居之地。木渎周边的灵岩天平等名山吸引文人家族于此归隐。木渎镇上也因良好的景观条件和繁华便利的商业而吸引众多文人在此定居。在近代，以严良灿为代表的严氏家族对于木渎的近代化转型起到了积极的推动作用。

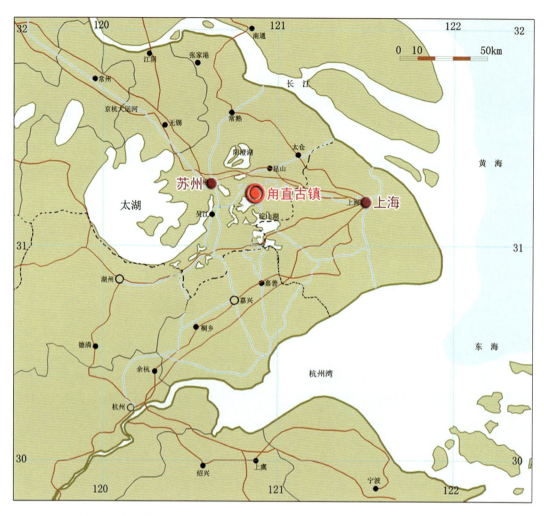

图 3-30　甪直在长三角的位置

三、五湖六泽甪直镇

甪直镇，位于苏州市东郊，北靠吴淞江，南临澄湖，西北紧邻苏州工业园区，东临昆山市（图 3-30、图 3-31）。甪直属湖荡水网平原，地势平坦，土地肥沃。甪直古称淞江甫里，自唐代诗人陆龟蒙隐居于此，并号甫里先生后便闻名遐迩。南北朝时，甫里是繁华市集，建有保圣寺保存至今。明清时期的甪直是苏州东部的重要市镇，为邻近六镇九乡之首。人丁兴旺，商贾茂盛，石桥木屋，鳞次栉比，是繁盛的水乡市镇。清乾隆二十六年（1761），苏州府在甪直镇成立分防厅署。民国以来，军阀混战，镇上的地绅富商组成百余人的商团，四栅设防，故为安全之地，不为兵匪所扰，有"世外桃源"之称。民国二十年（1931），甪直镇划为吴县第十区。1949 年 5 月，甪直镇获解放，属甪直区管辖。解放后，甪直镇一度由于交通闭塞、运输困难、工业落后，而商业、手工业和医疗卫生事业特别发达。2006 年，甪直镇与原车坊镇合并，现属苏州市吴中区管辖。2003 年，甪直镇入选第一批中国历史文化名镇。

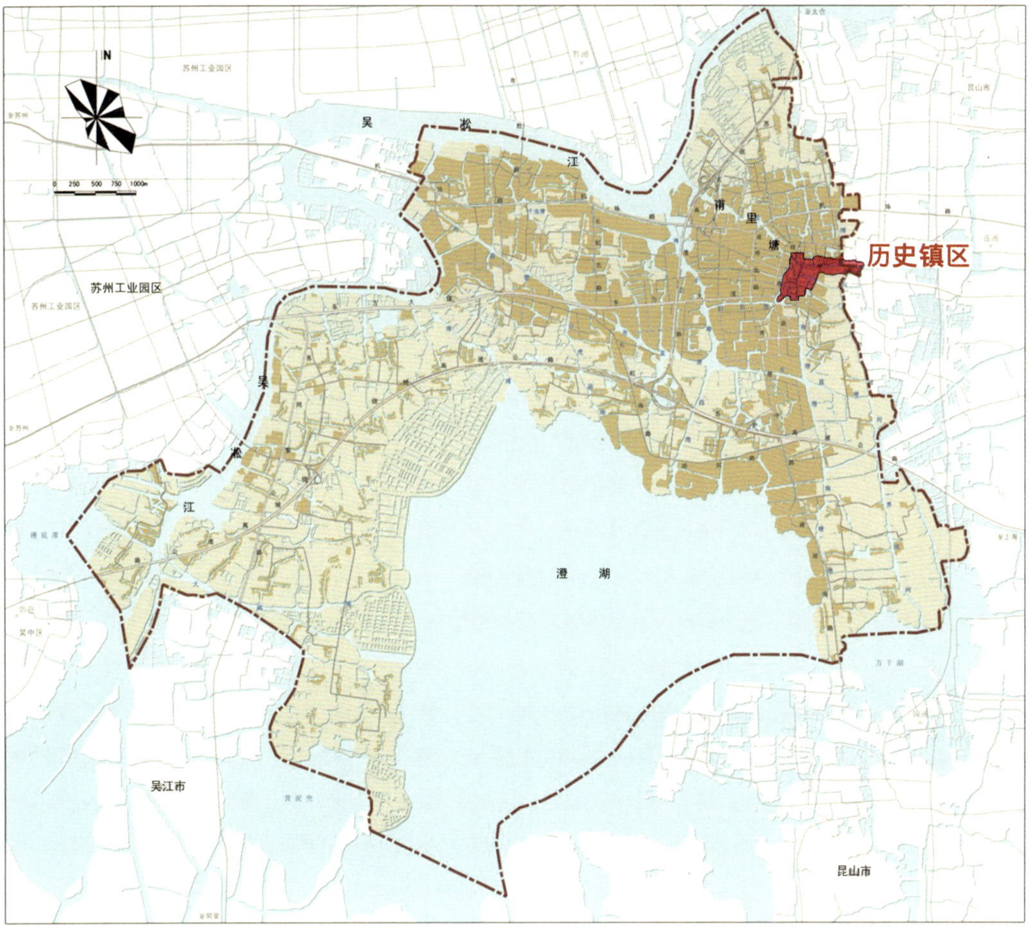

图 3-31　甪直古镇在镇域的区位图

（一）镇村体系变迁

1. 五湖之汀，六泽之冲

苏州古城外东南与上海、松江地区连通的过渡地带，湖、荡、潭、池星罗棋布，地势平坦，土地肥沃，大大小小的乡镇聚落分布于水网河道之间。其中，临近吴淞江的甪直镇就因为其人居与交通区位的优势，成为苏州与上海互通的常经之地。根据清康熙四十三年《吴郡甫里志》，甪直镇在历史上就处于两邑交界之处，"虽跨两邑（长洲县与昆县），实联一境"。今天的甪直镇仍恰好位于苏州与昆山交界之处。在以船行为主要运输方式的时代，甪直镇一直是沟通苏南地区东西人员往来的纽带，扮演着商品货物汇聚与转运的角色，"商贾之走集，货物之流转，京省诸州备有焉"（图 3-32）。

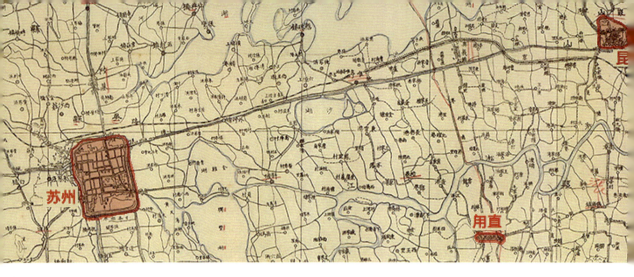

图 3-32　甪直与苏州、昆山的相对位置（1930 年吴江县地图局部）

　　甪直镇的四面有澄湖、独墅湖、金鸡湖、阳澄湖、万千湖 5 个湖泊环抱，向来以"五湖之汀"著称。"汀"乃水边的平地。在这片"川泽环绕""烟波窈窕"的多水之地，港河溇浜，重重阻隔，且纵横交错，把土地分割成 200 多块汀、渚、沚之类的小块陆地。甪直镇域内的河流可直通周边吴淞江、清水港、南塘港、界浦港、东塘港、大直港 6 条河道，素称"六泽之冲"。"南北通六处，因名六直。"甪直的古名"六直"便是由此而来。先民们在这些大小陆地上繁衍生息。在澄湖北郭巷村的考古发现说明，甪直在约 6000 年前就有崧泽文化和良渚文化时期的原始村落，由房址、窖藏、小沟、水井、灰坑等组成的生活区以及由水稻田、池塘、蓄水坑等组成的作业区，组成了一幅典型江南耕作劳动的生产生活场景。古镇被河道分割为 7 个小沚，中间靠桥梁连通；而在四乡村落、田塍阡陌，只有羊肠小道，少数河道架有木板便桥、竹夹小桥，多数河道无桥沟通。1970 年代，甪直地区仍没有一条陆路直通境外，若要离开村庄，只能驾舟而行。如今，陆路交通得到快速发展，人们出门已不再依赖船只，但"开门见河道，闭门闻水声"的生活状态仍然可在这里体会到。

　　甪直的另一个古名"甫里"，与一段传说有关。相传 2500 年前，吴王阖闾在镇西南阖闾塘建离宫，其子夫差在镇北（今枫庄）筑梧桐园。园内有井，称琵琶泉。离宫与梧桐园中间有一处一里见方的村落，故名"甫里"，最早被称为"淞江甫里村"，也就是今日甪直古镇的所在之处。明正德《姑苏志》在长洲县市镇栏目下写道："甫里镇，去县东四十里。"在清代，甫里与六直曾分开记载，以一条名为界浦的河流为界，界浦以西属苏州府吴县的部分称为"甫里"，界浦以东属昆山县的部分称为"六直"。吴县境内的甫里范围较大，"占中市暨西栅、南栅，得十之七八"。昆山境内的六直则"占东栅，得十之二三"。乾隆年间的《苏州府志》在元和县市镇栏目下写道："甪直镇，县东北四十里，旧名甫里。"清光绪《甫里志》中已不再区分甫里与六直了。（图 3-33）

　　如今，很多人认识甪直，是从这个难识的地名"甪"字开始的。从地理条件上来看，镇上三横三竖排列的 6 条河道，再加上引吴淞江水入镇的甫里河，像极了"甪"字的形象。在江南古音中，"六""甪"同音，"甪直"也被认为是"六直"的谐音演变而来。当然，镇民们说起镇名的起源时，更加相信"甪"是来自上天的庇佑。相传，古代有一种独角神兽名"甪端",巡察神州大地时驻留在这片土地。甪直人相信,神兽看中的是此地远离战祸、没有旱涝灾害,也是在神兽的保佑下,这里的人们才能年年丰衣足食。在镇南部矗立着的一尊高大的"甪端"石像,寄托着镇民对于美好生活的向往。有联赞曰:犀甪独耸额顶,身披鳞甲麒麟像;降临水乡福地,神兽吉祥甪端名。

2. 淞江甪里,府东巨镇

历代地方志中,对于唐代以前的甪直,均曰"有唐以前无闻焉"。在成为"镇"之前,这里一直是名为"淞江甫里村"的村落。称甪直为镇者,首见于明正德元年版《姑苏志》中。有关镇本身的概况,嘉靖《昆山县志》中的"庐舍相错"说法较为流行,其他情况不得而知。清康熙版《吴郡甫里志》中,有了形容甪直更多的话语:"烟火相望,不下数千家","(甪直)去治西南三十余里,见夫烟火万家,云树苍茫,市廛杂遝,拟于严邑"。全镇街市"东西五里,南北三里"。甪直镇虽在清道光时才正式设置水栅制度,明确镇区四至范围,但在康熙年间的《甪直镇图》上,我们已经能找到日后九栅中的八栅,唯独西南一隅的南通桥栅未出现。这是"明万历时为防盗,将南部河道堵死,周边农田不得灌溉,南部久不成市"而造成的。在乾隆三十年(1765)的镇图上,南通桥不但出现了,附近的人烟聚集迹象也更加明显,代表着甪直镇的局部地区微微向外有所扩张,栅区范围内的寺庙、祠馆建筑也大有增加。由此可见,最迟到康熙年间,甪直镇已经发展成为拥有"万户人家"的大镇,镇区格局基本确定。依靠位于吴淞江沿岸的交通优势和东部专业市镇与苏州府城间距中点的区位优势,其非凡的转运能力使其成为"(苏州)府东巨镇"。

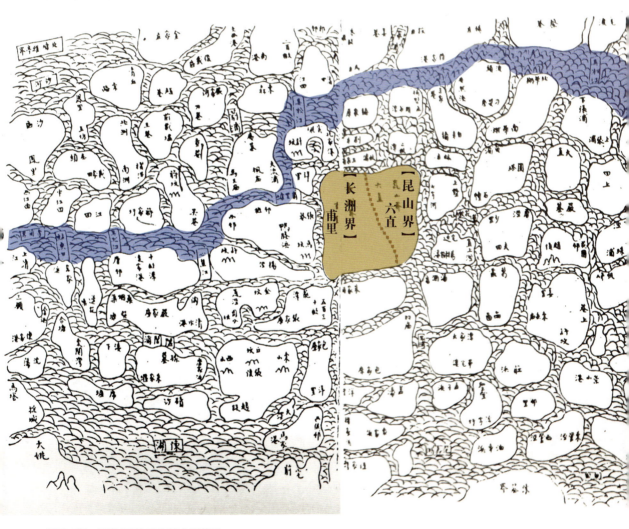

图 3-33 清代甫里与六直的分界关系

清代中叶之前，镇上并无支柱性产业，苎麻、蒲草为主原料的织业较为普遍，棉业只是甪直本地工商活动的一部分，另有米行、百货、南北货、烟糖、油酒酱等多种样的产业门类。自清代中叶起，米粮业逐渐成为甪直镇的支柱经济产业。道光年间，全镇的米店、粮行有50多家，成为吴淞江、澄湖平原区的粮食集散地。民国时期，镇上米店有40余家；抗日战争结束时，还有粮店29家。当时，大型粮行有东市的陈东昇和南市的万成恒，门店、廒仓和米厂配套齐全；中等者称为米行，有门店和仓储；小本经营者叫米笆篮，分布在古镇的大街小巷。早在道光时期，甪直正式设置水栅，作为镇的防御措施，同时也对过往船只征收税费，说明甪直镇的财富积累与航运已产生关联。

（二）空间格局分析

1. "甪"形镇区

吴淞江由甫里河引入甪直镇区，再向南汇入澄湖，在镇上形成三横三纵交织而成的网状水道。船只往来最为频繁、市集分布最为密集的区域集中在西市河、东市河、中市河、南市河和西汇河两岸，这些河道形成了一个近似"上"字形的主干河道。主河道全长约2380米，平均宽约5米，水流平缓，河道的出口处都比较宽阔。主河道外则是10条支流河浜，如望江溇、北港、凌家溇、思安浜、金安浜、马公河、眠牛泾、吉溪浜、衙门浜、界浦浜。（图3-34）

河道纵横，客货云集，船行往来甪直，客货码头在明代主要有3处：从南面阊阊塘入镇者，码头在寿昌桥；从吴淞江经甫里塘进镇者，码头在大通桥、寿仁桥一带；从六直港进镇者，码头在正阳桥附近。晚清至民国，甪直镇的航船码头有3处：去往苏州以装货为主的航船停靠在马公桥一带，往苏州载客为主的航船码头在大通桥，往昆山的航船码头则在正阳桥附近。民国时期，甪直镇的轮船码头也有3处：苏州至松江，经甪直镇东西市河，码头设在中美桥；苏州到陈墓，甪直镇的码头在安桥；昆山至周庄，甪直镇的码头在正阳桥内，华阳桥东堍。

甪直的水栅设置在人群聚居的边缘地带，有东、西、南三栅。东栅河道宽30余米，是通往昆山、上海的货运码头；南栅河道宽20余米，是南来的中型货船的集散点；西栅的河道宽约15米，是粮食、饲料储运为主的水上航道。在清道光年间，整个甪直镇有明确记录可查的水栅共有9个，分别在西美桥、洋泾桥、安桥、南通桥、寿康桥、金安浜、北港、正阳桥、通浦桥。每处水栅派乡丁驻守，栅口两边密钉桩木三四排，航道中留出水门，以便船只出入。（图3-35）

依主河道，两岸形成了曲折的主街。"一河两街"是众多江南水乡古镇的特色，然而在甪直，这个"街"字有所不同。沿河道的北侧和西侧的街都被称为"上塘街"，与之对面的街则称为"下塘街"。上下塘两侧反差很大，上塘街店铺林立、街市热闹，下塘街则主要为住家民宅、温润宁静。同一段河道的两侧兼有商业与住家的功能，形成了交通、商业与生活合一的特殊局面。街巷并不宽阔，大抵只有2~3米，以卵石、砖石及花岗条石铺成。然而街巷上人流往来，货物满目，生产生活交织，热闹祥和，随意而富有生活韵味。（图3-36、图3-37）

在镇上，舟行与步行为两种主要的交通方式，两者的交汇点便是桥梁与河埠。甪直现存41座古桥，数量众多，造型各异，有着"中国古代桥梁博物馆"的美称。

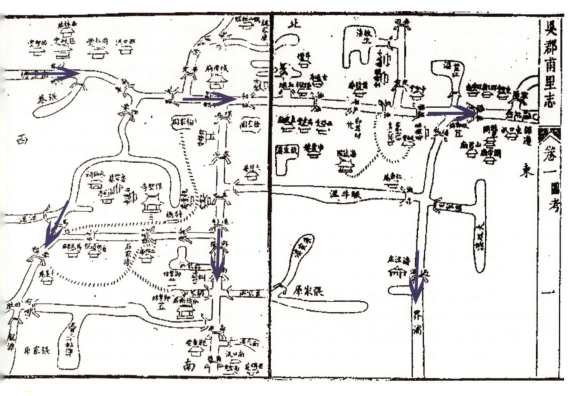

图 3-34 甪直镇水流走向

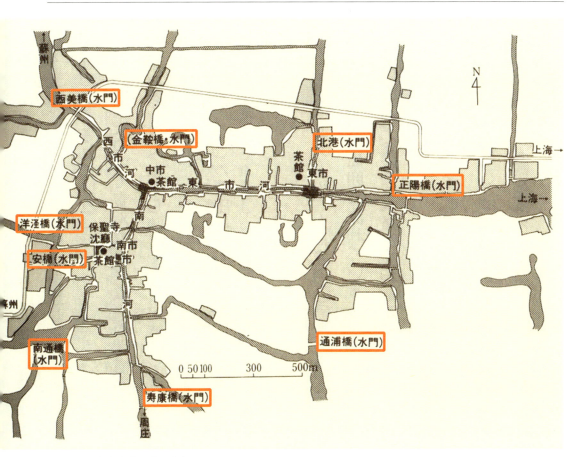

图 3-35 甪直各水栅位置分布

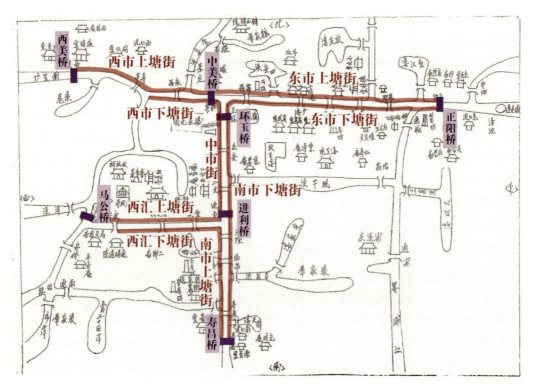

图 3-36　甪直古镇主河道名称

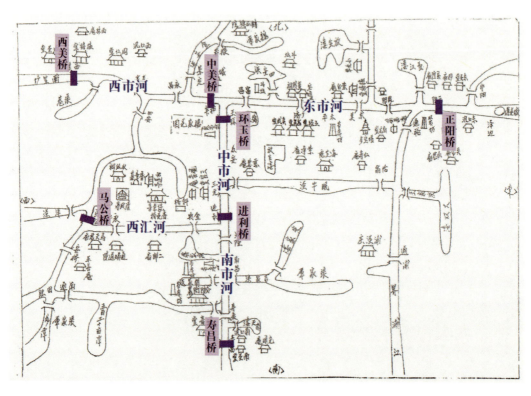

图 3-37　甪直古镇主要街道名称

出资建设桥梁，在古镇上历来被认为是善德义行。《吴郡甫里志》记载："甫里为淞水萦络之地，桥梁之兴废，民间之利病系焉。里自陈世贤倡建后，历代相继，或劝募或独建或重修，皆属义举。"古时，每座桥旁都设有店铺，不少店名也是根据桥名而取；有些桥上还有桥联，十分雅致。现存桥中，建于宋代的有1座，明代的有9座，清代的有15座。作为甪直河道三扇大门的东大桥（正阳桥）、西大桥（大通桥）、南大桥（寿昌桥），是镇上最大的3座桥，也是古镇对外交流的纽带。

镇上历史最久的桥为中美桥，又名和丰桥，始建于宋代，位于东、中、西市河分叉之处，南北走向，跨于东西市河之上，为青石构单孔拱桥。全长34.55米，中宽2.9米，矢高3.62米，跨径9.1米。中美桥与位于东南侧、始建于明崇祯元年的环玉桥首尾两端相连，组成一对紧紧相抱的"双桥"，俗称为"三步两桥"，因形如古锁钥匙，又称"钥匙桥"，为古镇经典景观。古镇上的"双桥"还有万安桥与三元桥、环壁桥与金安桥、南昌桥与永福桥、东美桥与交会桥，计有5对，足见古镇桥梁的密度。（图3-38、图3-39）

由于桥的数量多，桥与桥之间所形成的空间关系也丰富多样。除了"三步两桥"，甪直镇还有特殊的"庙挑桥""桥挑桥"与"桥挑庙"。"庙挑桥"指的是位于保圣寺西院内的垂虹桥，它分为东垂虹桥与西垂虹桥，跨于斗鸭池之上。在两小桥的中间是陆鲁望祠的清风亭，故旧有"庙挑桥"之说。"桥挑桥"则指的是桥的左右两岸各有相对的桥，例如南昌桥的东岸有永福桥，西岸有胡家浜桥，凸显了甪直桥多的特点。"桥挑庙"则更为有趣，指的是桥的两岸各有庙宇。位于古镇最东端的东大桥，全长44.51米，是古镇区中最大的一座桥。旧时，在东大桥南堍有关帝庙、山君庙，北堍有郡王庙、昆山城隍庙，于是便有了"桥挑庙"之说。位于镇东市下塘的广济桥也是一处"桥挑庙"，桥南有五路堂、真武庙，桥北有宝通庵，现虽庙庵已拆除，但桥梁仍保持原貌。

古镇区河道的两岸都筑有石驳岸，大都以花岗石错缝叠砌。在长为4260米的石驳岸中，河埠就有244处，多数砌在露天，也有少数筑在屋内，供里人日常取水、洗涤与登岸所用。有的公用，有的独家专用，也有的半公用半私用。河埠周围及石驳岸上会嵌有缆船石，在甪直也称作"船鼻子"。半尺见方，花岗岩，中凿制船绳眼，供停泊客船系缆。缆船石的表面多雕琢纹样，题材大多取自象征福寿之物，寓意吉祥，造型亦生动活泼。做工细腻精致，与粗犷的花岗岩石埠互相衬托，丰富了单调的石块表面，十分美观大方。江南水乡一带石埠凿制船钮十分常见，并非甪直仅有，然而甪直的船钮不仅数量较多，而且形态各异，独具匠心，十分受人青睐。主要形式有羽毛、如意、线板、连环、仙鹤、松屋、平升三戟、立鹤、卧鹿、寿桃、蝙蝠、夔龙、狮子滚球等等。布局有平面、凸面、竖式、横式；手法有浮雕、立雕、阴刻、阳刻。分布成组集中，多在主要河道上商贸比较繁盛的河埠头，如西汇市河沈家埠头，中市河、东市河上也有多处。甪直船鼻子中最有特点的当属西汇市河沈家埠头的"刘海戏金蟾"，高33厘米，宽16厘米，浮雕，形象极为生动淳朴，为镇上佳作。（图3-40）

图 3-38　中美桥

图 3-39　环玉桥

图 3-40　造型各异的缆船石

图 3-41　桥头、河埠处的小空地

　　水陆交汇之处的桥头、河埠是人们活动密度最高的地方，在这些水陆转接处，为便于人流快速疏散，往往会扩出一些空地，形成众多的桥头广场、河埠广场。这些空地或大或小，因地顺势，有些还与街道上的廊棚、巷道相结合，随意中透露着设计者的智慧。（图 3-41）

　　除了这些较小的空地，一些重要桥梁、河埠由于人流量大、人气旺，四乡而来的农家渔民常常在桥头、码头空地处摆摊设点，这里也成为货物集散交易的场所。位于东市河、西市河和中市河交汇处的中美桥，居于镇的中心。桥北处就是府庙，附近有旧时镇上一处主要的客商码头，镇中、四乡来往人流量大，中美桥附近成为镇中第一大市，称作"中市"，是甪直镇居民重要的物资交换、休闲娱乐、节庆祭祀的场所，是商业与文化中心。1959 年，中美桥北面的府庙大殿被改建成为能容纳 500 多人的小剧场，里人称之为"工商联"。1972 年，府庙被拆，原址上建起了公社大会堂，成为甪直镇开会、演戏、放电影的场所，1983 年又在原址修建了甪直大剧院，并扩建了门前的文化广场。现在，中美桥前的"中市"已被"文化广场"之名取代，成为甪直镇举行大型文化表演活动的场所。虽仍有行摊，但经济活动已被文化活动取代，中美桥前的广场依旧是居民平日最常聚集的场所，一直保持着镇中心的地位。

2. 甫里八景

甪直镇历史最久、与古镇渊源最深的地方是位于镇西南部、西汇河畔的保圣寺。保圣寺建于南朝梁天监二年（503），是梁武帝萧衍大兴佛教时所建造的"南朝四百八十寺"之一。后于唐大中年间重建，北宋大中祥符六年（1013）又重建。保圣寺在文献中的出现要远早于甪直镇本身。寺院创建之初，规模盛大，占地百亩，号称屋宇五千。庙内有僧侣千人，佛事兴盛，香火很旺。元代书法家赵孟頫曾为该寺题词曰："梵宫敕建梁朝，推甫里禅林第一；罗汉溯源惠之，为江南佛像无双。"

每日清晨，位于保圣寺门前的西汇街人流喧闹。破晓时分，四乡的农民会摇船聚集于西汇街上下塘，贩卖每日刚刚收获的新鲜渔货。这一热闹的早市场景被概括为"西汇晓市"，被列为"甫里八景"之一。

清乾隆二十七年（1762），元和县丞奉旨分驻六直，始建官署。署成之后，县丞彭方周"令以公事接见里中耆老士绅，访得古迹胜境，足供凭眺者列为八景"，定名为"甫里八景"。八景分别是分署清泉、西汇晓市、鸭沼清风、吴淞雪浪、海藏钟声、浮屠夕照、长虹漾月、莲阜渔灯。其中"分署清泉"一景记录了"八景"诞生之时即分署建立之日的社会事件，代表着甪直的发展开启了新的篇章。其余都是以当时甪直最具代表性的自然、人文景观为主总结的，有体现里人水乡生活状态的"西汇晓市""吴淞雪浪""莲阜渔灯"，也有以体现本地历史或引人注目的建筑物为吟咏对象的，"海藏钟声"指的就是位于镇东下塘街的梅花墅，"浮屠夕照"则是指镇东塔弄以东的文星阁多宝塔。惜梅花墅、多宝塔两景已经不存。"长虹漾月"中的"长虹"指的是镇东端的东大桥，此桥依旧是目前镇上最大、最长、最高的石拱桥。

"鸭沼清风"为"甫里八景"中的一景，其自身还包含一组"小八景"。这还要从陆龟蒙别业说起。陆龟蒙是唐末文学家，晚年隐居甫里，称为"甫里先生"，居住在保圣寺西侧。宅园中有清风亭、光明阁、杞菊畦、双竹堤、桂子轩、白莲池、斗鸭栏、垂虹桥。陆龟蒙"自笠泽徙甫里，以亭榭竹木自娱，而命为八景"。这就是甫里先生的"小八景"了。"鸭沼清风"指的就是由清风亭、白莲池、垂虹桥、斗鸭栏诸景组成的景观。后别业渐圮，宋嘉定十七年（1224）复为陆公祠，或称甫里先生祠，祠内小八景时废时兴。可以说，在"有唐以前无闻焉"的甪直，保圣寺与陆龟蒙是这里早先历史记忆的物质载体与文字见证。

（三）物质和非物质文化遗产

1. 保圣寺与春游习俗

1918年秋，顾颉刚在友人的邀请下游览甪直保圣寺，寺内大殿中的18尊罗汉雕像引起了他的注意。与其他寺院的塑壁罗汉像所不同，这18尊罗汉雕像既不是一尊尊依次排列，也不是千佛洞式一律端坐，而是每一尊罗汉都处在山水的大环境中，耸立的山岩、舒卷的云团和翻腾的浪花，好像一幅国画长卷，罗汉置身于海上仙岛、深山洞府的洞天福地中静心修养，画面生动而有层次，单体图景变化多端又十分协调，从整体布局看来，不仅严整、富于变化，又不失对称平衡。当顾颉刚1922年夏天与摄影家陈万里再次来到保圣寺时，发现大殿的正梁已断，屋顶穿天，由于遭雨水淋湿，其中一尊"题壁罗汉"已经倒坏。此后，顾颉刚不断撰文，呼吁各界人士共同来保护这一艺术瑰宝。日本美术史教授大村西崖更是专程赴甪直考察，对塑像进行拍照记录，写成了《吴郡奇迹·塑壁残影》一书。对保圣寺塑像的抢救运动得到了蔡元培、马叙伦、叶楚伧等合力提倡，发起成立了"唐塑保存会"。

图 3-42　保圣寺中的罗汉塑像

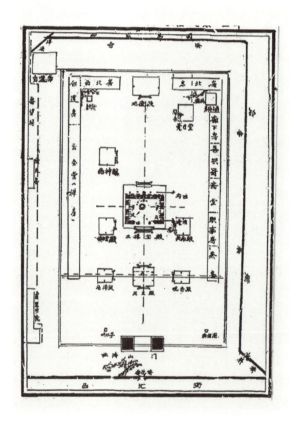

图 3-43　保圣寺平面示意图

后来,教育部组织了"保存甪直唐塑委员会",负责保护方案编制,募集资金,督办工程等;并采用吴敬恒先生提议,由建筑专家范文照设计,在原大雄宝殿旧址上建造了一座中西合璧式的古物馆。1932年11月12日,保圣寺古物馆举行了隆重开馆仪式,寓居苏州的士绅、沪宁两地的文化名人应邀出席者达上百人。蔡元培在开幕词中提道:"自甪直保圣寺唐塑罗汉像发现,吾国艺术界为之一震……经营三年之久,今日乃克告成,此实为我国艺术界考古界可庆幸之一事。"保圣寺及罗汉塑壁得以抢救保护事件,在民国文化界是前所未有,在当时也引起社会广泛关注,对于当时中国文化遗产保护工作起到了一定引导作用。(图3-42)

保圣寺庭院四周围廊,展示了19块宋代青石柱础,是原大雄宝殿的遗物。柱础的雕刻采用"剔地起突""压地隐起""减地平钑""素平"标准的宋代《营造法式》雕镌制度技艺,更有"铺地莲华""宝装莲花"等纹样,线条流畅自如,造型浑厚大气,彰显了宋代柱础石刻艺术的凝重深邃。(图3-43)

保圣寺庭院内还保存有唐、宋经幢各一座。宋经幢保存在古物馆内。唐经幢位于古物馆庭院西侧,保存基本完整。据民国《吴县志》记载:"此幢由崔涣正书并撰赞:'唐大中甲戌岁秋幽日宣佑五年重立。'"据考证,经幢建于唐大中八年(854)。幢为青石质,通高5.15米。经幢下为基石,其上为束腰式须弥座,刻莲瓣级,束腰八面,镌壶门,佛像端坐在壶门内,面型丰满,神态自若。幢身八边柱形,刻《尊胜陀罗尼经》,幢身上共十级,有华盖、联珠、莲瓣、束腰、腰檐、八角攒尖盖等,以飞天、云头绞圆盖结顶,各级饰佛教题材图案。幢身以上各级尺度逐级递减,比例适度,造型端庄秀美,具有极高的艺术价值。(图3-44)

在保圣寺天王殿东南，保存有两块巨大的幡杆夹石，为宋代遗物。夹石为武康石质，顶端刻有莲花瓣，厚 0.37 米，宽 0.64 米，高 2.81 米。两石中间夹着 10 米高的旗杆木。（图 3-45）天王殿以西的碑廊内展出有唐宋明清 46 块碑石，记录了甪直的历史文化，褒扬甫里儒士贤良、扬善颂德。其中有陆龟蒙的《耒耜经》碑，全文逐一介绍犁、耙、碌碡等农具。北宋熙宁六年（1073）时的《苏州白莲教院·使帖》碑文，是保圣寺保存的唯一中兴史料。董其昌《甫里夜泊》诗和陆继儒《题甫里先生祠》的合刻诗碑、《重建甫里先生祠堂记》碑文，赞先生高风亮节，躬耕自食的高贵品德。《吴江费树蔚墓志铭》碑文，记述当代社会学家费孝通先生族伯的生平业绩，是了解和研究吴江费姓谱系的重要史料。蔡元培撰文、马叙伦书写的《甪直保圣寺古物馆记》碑文，记述集资建造古物馆的过程。

保圣寺的存在也带动了当地民俗活动的开展，"春游保圣寺"成为当地重要的民俗活动，这个活动自保圣寺创建后即有。在每年的春节期间，保圣寺成为里人及四邻八乡居民聚拢集会的地方。大年初一，保圣寺广场及周边里弄小巷，摆满各色摊位和场子，既有甘蔗、糖果、花生、糕点、馄饨等小吃，也有卖梨膏糖，唱"小热昏"、卖拳头、木人头戏、猢狲出把戏等杂耍的；既有叫卖玩具、小工艺品的小贩，也有兜售家常用品的摊点，花色繁多，应有尽有。各路男女老少大多摇船而来，拥向保圣寺。寺内寺外，欢呼声、喝彩声、叫卖声，此起彼落。如此场面，要一直延续到正月初八。

图 3-44 保圣寺内保存的唐代经幢

图 3-45 保圣寺内宋代幡杆夹石

2. 尊文重教，民富俗朴

甪直历来有崇文重教之风，名家辈出。其中著名的有：中国近代著名思想家、"中国新闻报纸之父"王韬（1828—1897）。王韬18岁考中秀才，1849年受英国传教士麦都思邀请，到上海墨海书馆从事编译西学书籍工作达13年。1867年到1869年，王韬赴欧洲考察。1874年在香港创办了著名的《循环日报》，传播西方文化，主张变法自强。现古镇中设有"王韬纪念馆"。

甪直是著名文学家、教育家叶圣陶青年时期执教过的地方，当时的吴县县立第五高等小学就是今天的甪直小学。在这里，叶圣陶进行了一系列教育改革实践，创作了近百篇小说、散文、诗歌和杂感，著名的小说《多收了三五斗》即是以甪直镇南的万盛米行为原型而创作的。他积极传播新文化、新思想，和当地人民结下了深情厚谊，将甪直比作培育自己成长的摇篮，称之为自己的"第二个故乡"。1977年，83岁的叶老重返甪直，在保圣寺古物馆里，在陆龟蒙墓前的清风池畔，在斗鸭池畔的古银杏树下，处处勾起深情的回忆。后来他写了一首《重到甪直》的诗，生动记述了当时的感受："五十五年复此程，淞波卅六一轮轻。应真古塑重经眼，同学诸生尚记名。斗鸭池看残迹在，眠牛泾忆并肩行。再来再来沸盈耳，无限殷勤送别情。"1988年，甪直人民把他当年执教的旧址重新修建，辟为叶圣陶纪念馆。

清乾隆时期的《吴郡甫里志》中对甪直的风俗描述为：民贫俗朴，不似郡城之奢华。如今虽然生活水平提高了，但朴素的民俗传统并未丢。保留至今的水乡妇女传统服饰，则是甪直人质朴而不奢华、实用而具装饰最好的体现。生活在甪直镇一带的农村妇女，为满足稻作农耕的需要，历来梳髻髻头，扎棱角分明的包头巾，穿双色相间、大襟窄袖、掼肩接袖的布衫，着拼裆高管、色感和谐的外裤，紧裹小腿，系束裙，罩束腰，裹卷膀，着船行布底的绣花百纳鞋。节日服装同日常生活和劳动时的服装没有明显的区别，江南水乡特色明显，有"苏州少数民族服饰"之美称。为了顺应稻作劳动的需要，服饰加工制作时，创造了拼接拆卸技艺。服饰中对于"白色"的运用，使色彩深中有淡，淡里有俏，俏中有艳，艳而不俗；再加上拼接、绲边、纽襻、带饰和绣花等工艺的混合应用，是水乡妇女千百年来根据生活和生产的需要，加以美化而日臻完善的成果。它给人的印象是鲜艳悦目而不刺眼，色彩和谐而不单调，质朴庄重而不臃肿，棱角分明，线条清晰，典雅大方，飘逸洒脱，是汉民族服饰文化的杰出代表。2005年6月，该服饰被命名为"甪直水乡妇女服饰"，并成功申报为苏州市第一批非物质文化遗产代表作。2006年5月，苏州甪直水乡妇女服饰成为首批国家级非物质文化遗产代表作之一。（图3-46）

图3-46　甪直水乡妇女服饰

（四）特色和价值

五湖之汀、六泽之冲的甪直地处典型的江南水网地区，古镇滨水而筑，汇水成市，素以河多而密、桥多而奇、宅多而深著称，形成独特的水乡古镇风貌。甪直古镇四周皆水，少遭战乱，便捷的水上交通使其成为明清时期苏州东部重要的商品集散地，人口密集，店铺林立，为邻近六镇九乡之首。

古镇内市河呈"上"字形的河道体系，河道两侧商铺茶肆、河埠廊棚、深宅大院等建筑应运而生，形成了河街并行、桥梁纵横的空间格局，历来为苏州东部重镇。桥梁是甪直古镇的核心景观，现存古石桥40座，它们修建于各个时期，造型用料不同，组合方式多样，使甪直古镇享有"中国桥梁博物馆"之美誉。

甪直镇不仅在商业上有着重要作用，更是人杰地灵、风物清嘉的人文荟萃之地。唐宋以后，这里成为"士夫之薮"，晚唐名士皮日休、宋代理学家魏了翁、元代画家赵孟頫、明代诗人高启、现代教育家叶圣陶、历史学家顾颉刚等历代名人都曾到甪直寓居、游历、授业。古镇内各类文化遗产级别高、类型多，有以全国重点文物保护单位保圣寺唐塑为代表的文物古迹，有以国家级非遗保护项目水乡妇女服饰为代表的传统文化，有以古桥水道驳岸而著称的历史街区。

四、泽中岛屿同里镇

同里镇，位于太湖之东，旧称"富土"，唐初改为"铜里"，宋时将旧名拆字为"同里"。唐代尚属村市，宋代设置巡检司，始称镇。元明时同里渐移至南，因镇内3条东西向市河，成"川"字形，又名"同川"。明代弘治元年（1488），屯村属吴江县久咏乡。乾隆年间行政区域重新调整，镇域继续向东南扩张。宣统二年（1910）推行区域自治。1929年设区，1985年乡、镇合并为同里镇。2003年，屯村镇并入同里镇。1995年被列入江苏省首批历史文化名镇。2001年，同里镇的退思园被列入第五批全国重点文物保护单位名单，同年被列入世界文化遗产名录。（图3-47）

（一）镇村体系变迁

1. 唐代：泽中岛屿，闹市初成

据志书记载，唐时镇区的旧址并不在现在的位置，而是位于西北方向的二十六都九里村。唐武德年间，村民建法喜寺于九里村外学圩，盛唐时，该寺为江南著名佛教寺院之一。"九里村，在九里湖滨，唐宋时成为闹市，桥梁寺观砖街石岸，遗址尚存。"后因九里湖南岸圩头宽阔不宜生衍，而现在的镇域河流密布，圩头小，住宅可以沿河而筑，便于生活，在宋时镇区迁至现在的位置。据考证，在九里湖南岸与现镇区之间并无建筑遗址残迹，只有坟墓和田地，所以推测这场迁移不是扩张式南移，而是跳跃式南迁。（图3-48）

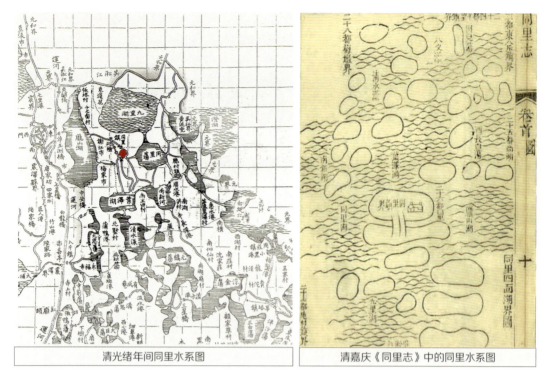

| 清光绪年间同里水系图 | 清嘉庆《同里志》中的同里水系图 |

图 3-47 同里镇地理关系图

资料来源：同里镇地方志办公室编《同里镇志》，广陵书社，2007，第 13 页

图 3-48 同里遗址方位图

资料来源：上海市同济规划设计研究院《吴江市同里历史文化名镇保护规划》，2011

2. 宋代：设置巡检司，始称镇

对比清嘉庆年间的同里镇区和今天的同里古镇地图（图3-49），可以看出两者的差别并不显著。古镇区河道格局变动很小，最大的变动是1980年代和1990年代增建了中川路和小川东路以连通外界的陆路交通。而同里古镇内部的街巷格局，则历经了宋、元、明、清四代的演变。（图3-50）

宋代，同里设置巡检司，始称镇。南宋淳祐四年（1244），状元魏汝贤修筑状元坊，以便于车辆迎来送往。南宋宝祐年间，诗人叶茵在西柳圩和西珠圩一带建水竹墅别业，自定水竹墅十景，并各咏诗一首，这是同里镇最早的园第记录。据旧志记载，思本桥也为叶茵所建。该桥至今已有700多年，是全镇保存最完善、最古老的石拱桥。宋代还建有南板桥、香花桥，今均无存。

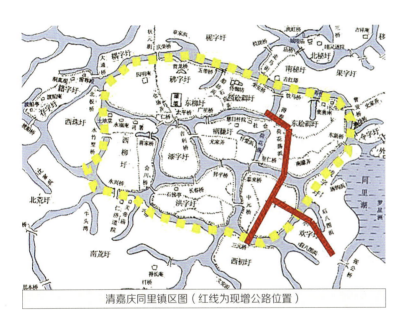

清嘉庆同里镇区图（红线为现增公路位置）

2006年同里镇区图（红线为现增公路位置）

图3-49 清嘉庆及2006年同里镇区图对比

资料来源：上图底图引自清嘉庆《同里志》，清嘉庆十七年（1812）苏州同川书院刻本；下图底图引自同里镇地方志办公室编《同里镇志》，广陵书社，2007，第10页

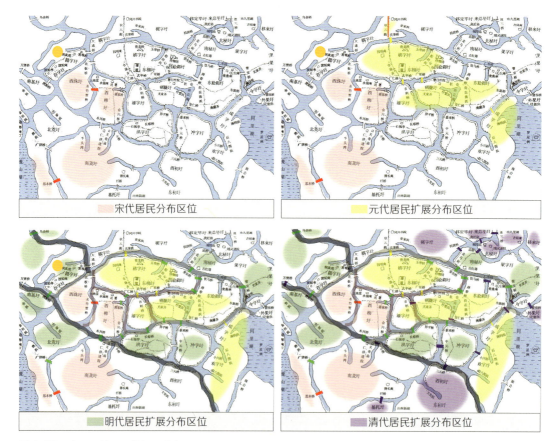

图 3-50　宋元明清同里镇居民分布图

资料来源：底图引自清嘉庆《同里志》，清嘉庆十七年（1812）苏州同川书院刻本

3. 元代：镇域东扩，建桥连圩

至元代，居民生活范围向东扩展，建造富观桥、东溪桥、永宁桥、广里桥等连通各圩。据志书记载，江南财赋司副使宁昌言在稇稼圩建别墅，称"万玉清秋轩"；元末，"江南第一富豪"沈万三的女婿陆仲和在南秫圩建走马街，设帐子廊，亭台池囿，辉耀桑梓；富户叶振宗在同里湖滨建园广数里的水花园。历经宋元两代的物质积累，至明初之时，同里已经"地方五里，居民千余家，室宇丛密，街巷逶迤，市物沸腾，可方州郡"。

4. 明代：南商北住，格局渐成

明代时，官绅阶层建造大批住宅，平民人口也随之增加，商业繁荣，基本形成住宅区在北（西柳圩，漆字圩），商业区在南（洪字圩，西柳圩南，稇稼圩南）的格局。至于北住南商格局的成因，可以从地理环境上略做分析：南部由于毗邻宽阔的主河道，便于商船运输，而北部河道较窄，适宜居民生活。至明代中前期，同里的商业已经相当繁荣，吴骥所定同里八景诗中，《南市晓烟》一首即为当时繁荣景象的描述：货船密集（白粲连帆何济济），商品繁多（懋迁百货无朝曛），更有饭馆酒楼（当炉贳酒开芳樽），一片热闹景象（接踵摩肩肯辞险），贸易规模可观（青蚨满箧常欣欣）。

5. 清代：镇域扩展，填荒成路

清代，镇区继续向周边扩展，向北扩展至南秘圩南边，穄字圩南部，向南扩展至成字圩北部和冲字圩。据吴江县志记载，同里镇居民日增，将里仁桥以东，至东新桥东侧的数亩芦荡填没成街，俗称新填地；将位于仓场弄以东的南北壕潭填没，架屋成路。镇区除磕头坟、荷花荡和北侧的周家坟这两片荒地外，几乎没有其他成片空地。在功能分布上，依然延续了明代南商北住的格局，只是面积进一步扩大：住宅分布在西柳圩、漆字圩、东柳圩、稆穄圩北部、穄字圩；商业分布于洪字圩、西柳圩南、稆穄圩南、冲字圩以及新填地。

同里因水而得富，因富而聚名，明清时期，其商业运作和产业结构日渐成熟，是一方真正的江南"富土"。（图3-51）

（二）空间格局分析

1. 埭弄井然的街巷系统

同里的建筑大多沿河而筑，功能以住宅为主，沿街多为商住混合。由此形成一条条水路街道，称"埭"。现在同里的沿河外街名多沿用"埭"，如南埭、东埭等。街巷之间小路称"弄"，以串心弄、仓场弄等为代表。整个古镇的街巷系统是居民出行的主要通道，也是连接各公共空间的主要路径。同里现存的街巷尺度基本保持了原有风貌，并且将广大民居连为整体，建筑层数多为一至两层，完整的街巷景观是同里古镇风貌的重要特色之一。

2. 与水相亲的河街空间

同里历史镇区内的河街空间形式主要有以下几类：沿河外街、沿河内街、沿河廊棚、内外街、内街外廊棚及其他类型。沿河外街指沿河布置道路、沿路再建房的形式。这是同里最主要的河街空间形式，此种形式使人的公共活动与水亲和，最能反映水乡特色，两岸房屋性质多以居

| 明代商住分布关系（红色为住宅区，黄色为商业区） | 清代商住分布关系（红色为住宅区，黄色为商业区） |

图3-51　明清时期同里商住分布关系对比图

资料来源：底图引自清嘉庆《同里志》，清嘉庆十七年（1812）苏州同川书院刻本

河道密布

桥梁连通

沿河而筑

埠与沿河商铺

图 3-52　河道与街巷关系

资料来源：笔者摄

住为主，绿化丰富，环境宜人。沿河内街指房屋依水而建、屋前开路的形式。此种形式多为人的私密活动，与水亲和。街道相对封闭，通过通往河埠的空间与河流相联系。街两侧多数房屋底层开店，做商业用途，易烘托繁华、热闹气氛。沿河廊棚指传统的沿河廊棚有少数保留（如北埠），以及部分修复（如耕乐堂），体现昔日水路交通的遗韵。内外街形式，河街关系更为复杂，内外街道相通，空间丰富，多内街用作市场，外街供居住。现存仅老明清街一处。部分内外街在外街加建廊棚，创造丰富的河街关系，即为内街外廊，加建的廊棚多用作商业及旅游用途，如升平桥头。（图3-52）

（三）物质和非物质文化遗产

1. 格局完整，明清宅园为主

同里与外界只通舟楫，鲜有兵燹之灾，日渐繁盛的商品经济和清幽恬静的安居环境，使得同里在明清时期成为官宦退隐、富贾置产、文人雅聚的理想之地，因此，同里镇上深宅大院、私家园林比比皆是。清嘉庆《同里志》记述，自宋咸淳七年（1271）至清嘉庆年间，镇上颇具规模的园第有 38 处，还有众多寺观庵庙。始建于宋代的有大庙，元代的有罗星洲，明代的有陈御史府、西宅别业、耕乐堂、承恩堂等，清代及

图 3-53　古镇在县域中的区位图

资料来源：上海市同济规划设计研究院《吴江市同里历史文化名镇保护规划》，2011

民国时期的有退思园、丽则女学、崇本堂、嘉荫堂、留耕堂等。时至今日，同里古镇区的明清建筑所占建筑比例为 61%，其中较有特色且具一定规模的深宅大院达 99 处。其中，镇区列入世界文化遗产 1 处，国家级文物保护单位 3 处（退思园、丽则女校、耕乐堂），省级文物保护单位 2 处（同里镇、陈去病故居），市级文物保护单位 16 处，市级文控单位 13 处。（图 3-53～图 3-57）

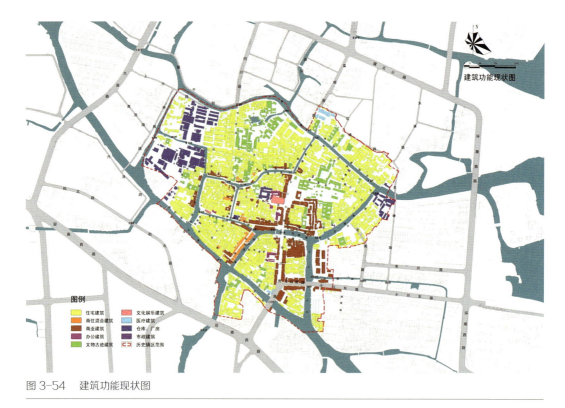

图 3-54　建筑功能现状图

资料来源：上海市同济规划设计研究院《吴江市同里历史文化名镇保护规划》，2011

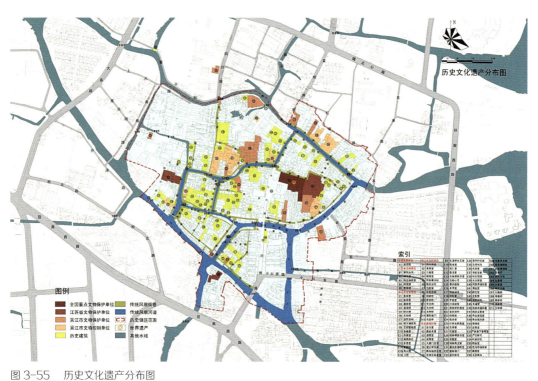

图 3-55　历史文化遗产分布图

资料来源：上海市同济规划设计研究院《吴江市同里历史文化名镇保护规划》，2011

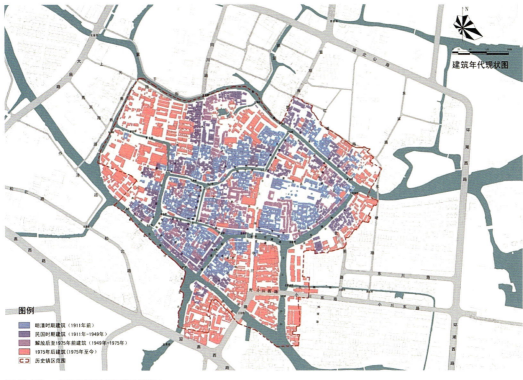

图 3-56　同里镇建筑年代现状图

资料来源：上海市同济规划设计研究院《吴江市同里历史文化名镇保护规划》，2011

图 3-57　三桥历史文化街区遗产保护图

资料来源：上海市同济规划设计研究院《吴江市同里历史文化名镇保护规划》，2011

图 3-58　退思园内景

资料来源：笔者摄

其中，最为著名的当属退思园。退思园俗称任家花园，始建于清光绪十一年（1885），光绪十三年（1887）落成，是原任安徽凤颍六泗兵备道、同里人任兰生被参劾罢官回乡后，花 10 万两白银建造的私家宅园，由画家袁龙设计。园名出自《左传》："林父之事君也，进思尽忠，退思补过，社稷之卫也。""退思补过"的本义在于补救君王之过。而任兰生建园，在其贬官归田之后，取此园名颇有韬光养晦之意，以示反思己过、报效君王之志。（3-58）

退思园的设计正如其立意，外简内深，含而不露。外表似寻常人家，占地俭省；内里却亭榭俱全，咫尺容天地，颇有"芥子纳须弥"之意蕴。它犹如一位精于世故的老人，不显山露水，隐匿起锋芒棱角，抱愚守拙。任兰生本打算在这座园子里终老天年，遗憾的是，退思园刚刚建成，他便接到朝命，赴安徽上任，第二年病逝于颍州。

退思园对园主任兰生和设计者袁龙来说，不过是他们的一件作品。作品完成之后，就有了独立的生命，非主人所能左右。退思园在建成后的 100 多年间历经波折。光绪三十二年（1906），任兰生之子在创办丽则女学时，曾将花园部分辟为校舍；新中国成立后，退思园一度被当地税务所占用，后由镇工会接管，将茶厅和正厅改造为大会堂；1958 年，退思园被同里机电站占用。"大跃进"时，园林东侧成为大炼钢铁指挥部，北侧为高炉群，园林遭到严重破坏；1966 年"文革"开始后，退思园被"造反派"占领，其间旱船倒塌，天桥和九曲回廊被拆，门窗被毁，百年古松被伐……1982—1989 年，退思园得以全面修复，呈现出它的原貌。退思园先后被列为省级文物保护单位和全国重点文物保护单位，并作为"苏州古典园林"之一而列入世界遗产名录。

退思园的波折历程一定程度上代表了同里众多建筑遗存的共同命运。总体而言，今天的同里已经得到了较好的保护和修复。对同里的保

图 3-59　1980 年以来同里的影视活动

资料来源：同里镇地方志办公室编《同里镇志》，广陵书社，2007，第 10—90 页。

护，最早可以追溯到 1982 年，当时江苏省人民政府将同里作为一个镇列为文物保护单位，这在江苏文化遗产保护史上是绝无仅有的，也正是这样的力度，才使古镇得到了整体有效的保护，后来的退思园等独立的建筑再分别申报省级和国家级文物保护单位，退思园成为世界文化遗产。有了这样丰富的历史文化资源和优美的自然环境，同里镇先后被批准成为国家级太湖风景名胜区、国家"AAAA"级景区、全国环境优美镇、中国历史文化名镇，成了江南古镇中最负盛名的几座之一。2005 年，同里镇获中央电视台评选的"中国十大魅力名镇"称号（江苏省唯一）。与一般古镇不同的是，同里镇被列为国家影视拍摄基地，从 1983 年电影《包氏父子》开始，至今已有 100 多部影视片在同里拍摄。一系列以同里为主题的影视活动不断展开，使同里的影像走入大众视野，走向国际舞台。（图 3-59）

伴随着盛名与影像的大众传播，同里镇兴起旅游热可谓顺理成章，"醇正水乡，旧时江南，千年古镇，世界同里"。同里镇正打出颇具知名度的世界旅游品牌，而"保护古镇，开发旅游，发展经济"更是确定为同里的总体发展战略。旅游经济成了新时期同里镇新的经济形态。自 1980 年以来，同里在政治、经济、文化各领域都及时把握了时代机遇，使得这座一度在 20 世纪前三分之二的时间里默默无闻的古镇重新焕发生机。

如今，当你走进同里镇，它没有喧闹声，较小的街巷尺度让人们放慢了脚步，压低了声音，和缓悠游其间；它也没有清冷感，即便是旅游淡季，各地方言也总会在石板路上荡起；但是，它似乎缺少了点烟火气，鲜少见到当地的年轻人，旧时古镇的生活场景，只能从老照片中略窥一二了。（图 3-60、图 3-61）

图 3-60　同里古桥旧影（1980 年）

资料来源：同里镇地方志办公室编《同里镇志》，广陵书社，2007，第 12-90 页。

图 3-61　同里旧影（1945 年）

资料来源：同里镇地方志办公室编《同里镇志》，广陵书社，2007，第 20-28 页。

图 3-62 同里走三桥仪式

资料来源：http://suzhou.bendibao.com/tour/2015831/55345.shtm?_t=t

图 3-63 同里宣卷演出

资料来源：http://www.wujiangtong.com/webPages/indexinfo.aspx

2. 名称演变，从富土到同里

同里西距吴江县治十余里，距苏州府城 23 千米。它被江湖河荡层层包围，内部被"川"字形市河支流纵横分隔成 7 个圩。圩与圩之间架设石板或石拱桥相连。先秦已成集市，隶属会稽郡吴县，汉唐日呈繁华。唐代以前，同里名为"富土"，唐初因其名太侈而改为"铜里"，宋代又将旧名"富土"两字上下相叠后改为"同里"。此名沿用至今。

"同里"一名的由来，方志中还记载了这样一个传说：隋末国库渐趋空虚，某年，南旱北涝，遍地歉收。隋炀帝下旨，要求富裕之地加交皇粮。催粮官来到吴江，听说有个"富土"，便发出缴纳皇粮的限令。民间一位秀才想出拆字妙法，将"富土"变为"同里"，一夜之间更改了所有招牌和路标，从而避免了一场征税灾难。

从"富土"直接变为"同里"，而未提及"铜里"，这与志书所载出入较大。村夫野老的口耳相传，故而难经推敲，从中却可窥视一二：这座名为"富土"的小镇，很可能曾一度陷入物质的泥淖。名字是命运的注脚，改名意味着与过去断裂，获得新生。痛定思痛的人们为了避免灾难再次降临，把"富土"变成"同里"，把张扬外露的物质诉求，转化为敦厚仁谦的道德教化。另外，从中也可以看出同里的富裕是自隋朝开凿大运河之时，随江南经济繁荣而催生。

3. 走三桥，同里宣卷

在同里的非物质文化遗产中，最具有代表性的是走三桥习俗和同里宣卷。（图 3-62、图 3-63）

同里的走三桥是老百姓避灾祈子求福的祈禳活动。"三桥"指的是鼎足而立、相距不足 50 米、静卧同里古镇区的 3 座古石桥：太平桥、吉利桥和长庆桥。2011 年，走三桥习俗被列入第四批吴江市级非物质文化遗产名录项目。

在国务院公布的第四批国家级非物质文化遗产代表性项目名录中，吴江区同里宣卷（吴地宝卷）与锦溪宣卷、河阳宝卷、胜浦宣卷捆绑入选。宣卷源于唐代佛教讲经，原本是一种宣讲经典的民间宗教活动，宋元时期成为一种新的说唱形式，演唱的文本叫"宝卷"。从清康熙至道光年间，宣卷发展成一种说唱艺术，许多年来一直是江南民间曲艺的重要支流。同里宣卷是吴方言区民间宣卷的一个分支，清同治、光绪年间即已盛行，以古镇同里为传播圆心，流传于吴江各乡镇，并辐射至苏州南部、上海青浦及浙江的嘉兴、嘉善一带，在北部吴方言区具有相当的影响力。

同里宣卷用吴江或同里方言进行说唱，韵散结合，有说、嚎、弹、唱、表、做等手段，人数一般3~8人不等，一人主宣，一人或两人应和，余人以乐器伴奏，表演灵活。它具有流变性、丰富性、群众性和教化性的特点，蕴含着丰富的底蕴和重大的研究价值，是传统文化的文献宝库和活化石。

（四）特色和价值

同里河道广布，桥梁连纵，经济繁荣。历史上，四通八达的水上交通，缔造了同里镇的经济结构。繁密众多的河道将邻近乡村丰富的农副产品运输到同里镇上加工成手工业商品，或通过市镇转销各地。同里在宋代建镇，明清时期已经是吴江县米业、棉布业、造船业和竹器业的中心，长江三角洲市镇经济网络的一个重要节点。

同里多名门望族，诗礼之家集聚，人文兴盛。同里自古多诗礼之家，自宋代开始，科第不绝，儒风不衰。明清之际，伴随同里经济富庶的是人文蔚起，科第兴盛，建筑的兴建也正是建构在这一基础之上。镇上宋元明清历代建有状元坊、进士坊、步蟾坊、登科坊、毓贤坊、登云坊等多座功名牌坊。

同里的经济模式兼具生产型和消费型。同里镇虽然距运河旁的松陵镇仅有6千米，距离自苏州到上海的水路要冲屯村镇仅5千米，但其四面环水，好似泽中岛屿，成为旧时地主和官僚们青睐的避难所和安乐窝；但同里不仅仅是消费型城镇，它在明清时期已经拥有自己的支柱产业，对于当地千余户普通居民而言，同里有着自己的生产和经营运作模式。

五、廊棚三里黎里镇

黎里镇位于苏州市吴江区东部，地处水网密布区域，初期发展依托便利的水运，因寺成市，因市成镇。历史上曾名梨花村，镇之西北有裉裤湖，故又名裉湖。后梁开平三年（909）黎里镇明确归属吴江县。唐代黎里是个较大的村落，南宋和元代成为集市。明成弘年间成为江南商贸巨镇，居民至少有一千户人家，人口达到5000人以上。辛亥革命后，黎里为吴江县6市之一。民国十八年（1929），黎里为吴江县第4区，同年市镇分为黎东、黎西2镇，民国三十五年（1946）又合并为黎里镇。1949年5月4日解放，设黎里区，黎里镇为区属镇，1953年改为县属镇。1958年成立黎里人民公社，镇乡全部由公社管辖。1965年，市镇从公社划出，设县属镇。1983年实行镇管村新体制，农村及市镇均由黎里镇人民政府管辖。现黎里镇由原芦墟镇与原黎里镇合并成立的汾湖镇更名而来。2014年，黎里镇入选第六批中国历史文化名镇。（图3-64、图3-65）

图 3-64　汾湖镇在吴江市的位置

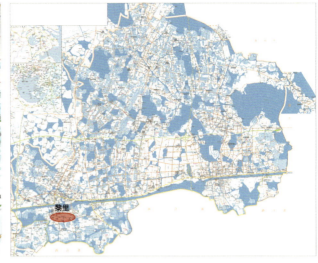
图 3-65　黎里在汾湖的位置

（一）镇村体系变迁

1. 湖荡上的水乡生活

黎里古镇位于苏州市域的最南端，南边即与浙江省嘉兴市相接。春秋末期的公元前 496 年，吴王阖闾与越王勾践为了争夺霸权，进行了有名的槜李之战（槜李，即今之嘉兴），黎里是交战地区之一。两国军队会战于今江、浙交界的一个湖荡，吴军乘艨艟大船，严阵以待。越军则驾驶小舢板船，手持盾牌、刀剑、弓弩，顺流而下，冲入吴军阵中。越军舟小灵活，行动自如，而吴军船大笨拙，转动迟缓，逐渐失利。最后，吴军败退，吴军将交战的那个河荡命名为"御侮荡"（又名"御儿溇"），有抵御外敌入侵之意。两国签订和约，划分停战线，黎里地区以御侮荡为界，北为吴国，南为越国。划荡而治，历代沿袭下来，成为今天江浙两省之界。

越军驾小舟取得胜利，在于对黎里一带河荡地形的充分利用。黎里不同于吴淞江流域的太湖、澄湖、淀山湖这样大片开阔的水域，附近众多的水系都是面积较小、深度较浅的河道与湖荡。湖荡大多呈椭圆形，一般水深在 2~3 米，在河道的串联下构成稠密的水系网络。除御儿溇外，黎里周边还有囡囡荡、陆家荡、小官荡、木瓜荡、张鸭荡、杨家荡、长畸荡、大木瓜荡、前村荡、普陀荡、凤仙荡等。

密集的水系网络将陆地切分为大大小小的圩。清嘉庆十年的《黎里志》记载，当时黎里界域由 9 个圩组成，分别是璧字圩、发字圩、后场圩、作字圩、上丝圩、小周圩、使字圩、染字圩、墨字圩；很多地名也体现着这里丰富的水体形态和水陆关系，如花园港、鹤脚扇、竹行汇、禅杖浜。"四围又有杨家荡、斗牛湖、楔袴湖、陆家荡、鸭栏泾、榄桥

图 3-66 黎里一带的湖荡地形（1930 年吴江县地图局部）

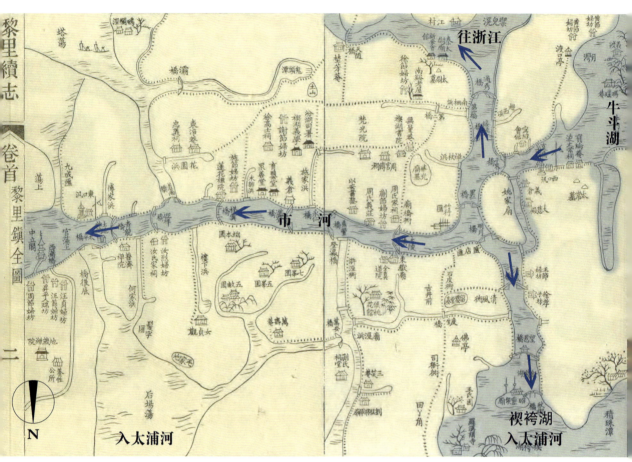

图 3-67 黎里镇水流走向

荡、后场荡、潘家漾诸胜，洪流细派，千支百港。"水道在这些湖荡间聚拢、分岔、转向，人们像就在一个个距离不远且联系紧密的岛上生产生活。（图 3-66）

黎里镇区的水，源自浙江的天目山。由西而东，经平望的莺脰湖、雪湖到达黎里的杨家荡、斗牛湖，从望平桥起进入市河黎川，流经黎里全镇各条水道。水流过子来桥，分为二支，一支向南，经南栅港注入御儿浜；一支向北，到明月桥再分二支，其中一支继续向北，经清风桥、望恩桥，进入禊湖，另一支向东，流经三里长街，过官荡汇入榄桥荡。（图 3-67）

"家家棹小舟，目不识车轮。"在这样的水乡环境中生活，最必不可少的交通工具就是船。黎里四乡的农民多使用手摇的小木船，称为田装船，船身狭长，速度较快，用于向市集运送农副产品。镇上的居民多用载重三五吨的小木船，载客或是进行镇与镇之间的物资运输、日常交往、购物游览，在 1970 年代之前，船行一直是黎里人家最为普遍的交通方式。

图 3-68　黎里市河景观

2. 一条河串起的市镇空间

与黎里人生活最为密切的一条河道从西向东穿越了整个古镇区,黎里人素称其为"黎川"或是"市河"。这两个不同称呼分别代表了黎里形成过程中的两次重要转变。

西晋永熙元年(290),里人施氏舍地,由僧人法灯在里北建立了黎里最早的寺庙——普同院,此时里中已有村落;因村南部种有梨花,又有了"梨花里"的美称。《黎里志》卷首即有诗云:"梨花十里开,水乡半垂钓。渔父惯迷津,此间曾未到。"表现的正是这段村落起源的故事。唐元和四年(809),湖州刺史范传正奉旨疏浚平望至吴县的官河,他派遣村官黎逢吉至梨花里整理河道,开辟道路。百姓感其恩德,为纪念之,遂改"梨花里"名为"黎里"。由杨家荡而来的水,经斗牛湖进入黎里,径直奔东,贯行3里,经小官荡、揽桥荡汇入太浦河,这条穿村而过的河道也谓之"黎川"。经过人工疏浚的河道为黎里的发展创造了物质前提,这在以水路为主要交通背景的江南是极大的优势。

北宋时期,黎川的两端逐渐形成两个村落。南宋建炎初年(1127),赵构南渡,北方随附官民涌入江南,许多居民迁徙到黎里定居。随着农业与手工业的发展,东西两个村落逐渐发展出了沿河的交换集市。到了元代,黎里人口继续增加,三五日一集的"市"很自然发展成为经常的"市"。从此,两村之间3里有余的河道也被称为"市河"。至明成弘年间,黎里已经有居民上百家,渐有江南大镇的雏形。清嘉庆年间,黎里自东至西长3里半,人口稠密,瓦屋鳞次栉比,市场繁荣,舟楫塞港,街道行人摩肩接踵。"市河"之名直到今天依然在使用。(图 3-68)

(二)空间格局分析

与许多江南水乡古镇成网状的水道所不同,黎里只有一条东西向贯穿的主河道。在明代中期以前,集市分布在主河道的南北两岸,大陵桥和青龙桥分别在西端与东端跨河架设,这也是古镇现存的桥中最古老的两座。从明代后期起,集市范围向西侧延伸,沿着分岔的主河道南北向拓展出约400米的横街,形成了"丁"字形的镇区。清代,集市依旧紧贴着主河道的走向,再向西拓展了约200米,整体发展为"十"字形,但没有打破其线性发展的整体走向。(图 3-69)

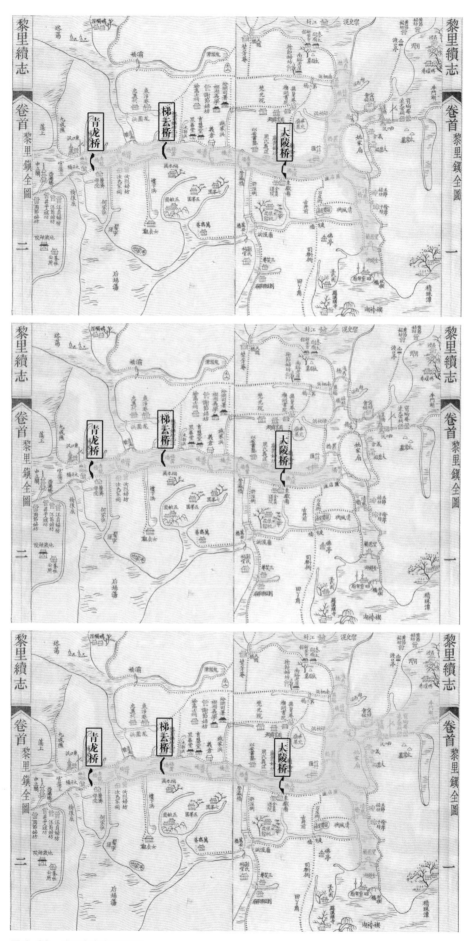

图 3-69 黎里集市发展过程

宽阔的市河是水上交通干道，南北向河道因相对较窄，渐成支流，主要解决生活用水，两侧并未形成集市。市河东西两端经过小湖荡的过渡后迅速与大水系衔接，水路的便利使得黎里成为江南经济网络中的重要环节。

沿主河道的南北两侧为主街，随河流及驳岸的走向曲折有致，全长约1.2千米，于是主街又以一些支流或者架桥处为节点分段命名：市河北岸（俗称上岸），从东至西依次是东亭街、平楼街、中心街、浒泾街，这里街巷最为热闹，有小贩沿路摆摊，有沿街菜市鱼市，有众多居民日常生活和活动；市河南岸（俗称下岸），依次有九南街、建新街，南岸街巷的居住氛围浓厚。而上岸梨花街与下岸南新街往西延分别北折和南折至横街东岸，分称北栅东岸和南栅东岸，街路南北走向。横街西岸有个街道，即西新街。沿河街巷是古镇居民日常交流的主要场所，也是整个古镇最热闹的公共空间。（图3-70）

两岸临河的位置在商业上有着巨大优势，沿街都是店铺，前店后宅，户与户之间紧密相连，使得河两侧的民居只能纵向地朝南北向延伸以求面积。这些宅院少则四进，多则七八进，最多的有九进。为方便进出，宅院院墙之间会留出备弄。住宅朝南的，备弄置于东侧；住宅朝东的，备弄安排在北侧。平日进出，不必打开扇扇大门，径走备弄。院墙高大，院落幽深，备弄逼仄狭长，形成了黎里特有的窄巷空间。有些备弄过于狭长，覆盖上屋面后便不进阳光，形成暗巷，如浒泾街的西当弄、北栅西岸老街的朱家弄。在这些弄堂两侧的墙壁上，每隔2~3米就开一个灯龛，呈"介"字形或像桃子形状，点上灯盏或蜡烛，用以照明。或是在某段外侧为院落的墙壁上凿出造型各异的孔洞，用于透光。为了安全防范，在有些窄巷中，每隔一段距离或是在转弯处，就会设置一道石库门，安装门板，限制人的通行。（图3-71）

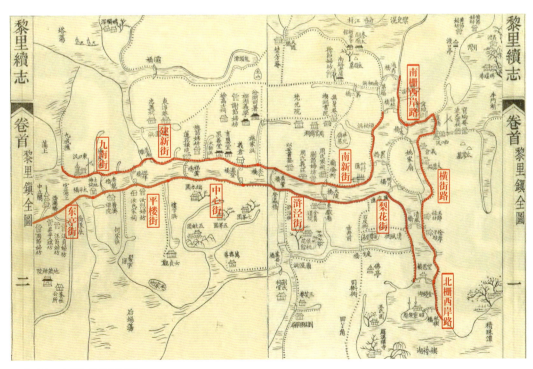

图3-70 市河两岸街道名称

不同的窄巷入口

暗巷中的照明方式

图 3-71 黎里的窄巷

　　清代前期，黎里设有9处汛地，分别是东口、西口、望恩桥、通秀桥、道南桥、发字港、作字港、浒泾桥、庙泾桥。所谓汛地，是清代的一种兵制，凡千总、把总、外委统率的绿营兵，统称为汛，驻防地区就称为汛地。清初顺治四年（1647），专门设有"黎里汛"，康熙初年归并到"芦墟汛"。此后，芦墟和黎里的汛地时分时合，时而设千总，时而设把总。黎里的总部设在城隍庙及刘王庙内，总管黎里的汛地关卡，最为重要的是东口和西口，东口在揽胜桥，巡兵8名，巡船1条，汛房8间；西口在子来桥西侧，同样巡兵8名，巡船1条，汛房4间。东西两口，由官方设置，专门派员驻守，其他7处属民间自设，由圩甲派员看管，防卫任务隶属于把总或千总，费用则由民众承担。

　　每个关卡设有木栅栏，因此，汛地在民众的口中又被称为"水栅"。望恩桥、通秀桥、道南桥的木栅栏设于拱桥桥洞之下，在栅栏中间开门一扇或两扇，以通船只。发字港所设的木栅，在今兴黎桥南堍。后长荡口进镇的船只最多，因此这里设有3道木栅，第一道在和尚圩后长荡口，第二道在庙泾浜东口，第三道设在登瀛桥北。到道光三年（1823）

光绪十年前后黎里的13道水栅位置分布

中立阁水栅旧影

图 3-72 黎里的水栅

和光绪十年（1884），黎里镇西端古木桥和镇东头的九成汇，增设了两个关卡，稍后又在中立阁、桥后底再增两个关卡。至此，黎里全镇四围安置了13道关卡，将进入镇区的水道全部实行了封闭管理。辰时开启，酉时关闭。"责令圩甲管守，每遇损坏，里人随时休整。"在非常时期或者遇到特殊情况，管理人员查验过往舟船，盘问出入人员。（图 3-72）

水口与汛地，成为古镇黎里重要的治安手段。这些关卡，直到民国年间，依然发挥着它的防御功能。

在空间认知上，水栅成为市镇与农村之间一道明显的分界线，由于这道分界线的存在，原本界线模糊的镇乡边线显得十分明确。水栅内手工作坊、店肆密布，水栅以内的为市镇居民，而四栅之外则为四乡之民。水栅逐渐成为镇民心中对镇域的认知，水栅之外即为镇外，在镇中生活的居民，某种程度上已经与"乡村"拉开了距离。这种观念，在江南一些地方，已经根深蒂固。

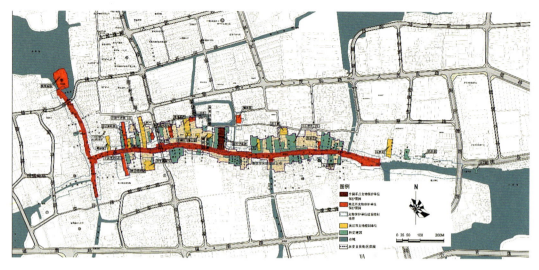

图 3-73　历史文化街区保护范围划定图

如今，以市河为骨架的两侧，北到禊湖道院，南到南栅港，西至市河，东到八角亭的 10.5 公顷（10.5 万平方米）的区域，已经被划为历史文化街区的保护范围。在这片区域内，文物保护单位、历史建筑和历史古迹集中，至今保持了原有的空间格局、街巷河道网络等历史景观特征，突出体现了精粹的江南河道风貌，集中展现了浓厚的历史底蕴和丰富的民俗体验。（图 3-73）

（三）物质和非物质文化遗产

1. 驳岸河埠，三里廊棚

在黎里，伴随着主河与主街而诞生的特色景观就有河埠、驳岸、缆船石以及廊棚。这些不仅是沿河人家最常接触到的实用性设施，而且在长时间的生活经验积累下形成了丰富多样的形态。

河埠，也称为"河桥"，沿市河两岸每隔三五米就有一座。从外部形态来分，有淌水式、双落水、单落水及悬挑式等。淌水式河埠最为宽阔，其一级级石阶与河道平行，七八级、十来级不等。双落水河埠又称"菱角河桥"，其形状像个"八"字，有正"八"字和倒"八"字之分。正"八"字中间有一个三五尺宽的平台，两边安排 7~9 级石阶；倒"八"字则像两个相对的单落水河埠对称在一起。单落水河埠称"木鱼河桥"，分为外凸式和内凹式，远远看去，就像八字的一撇或一捺，斜斜地插进水面。悬挑式河埠最为简便，只在石驳岸边上横插 5~7 块条石。也有将几种形式组合起来的构筑复杂的河埠，先安排淌水式石阶 3~4 级，再安排外八字式的双落水，这种"内淌水外双落水"式的河埠，都修建

图 3-74　黎里的河埠

在较高的河岸上；若街面很高且狭窄，为避免淌水石阶过多，就先筑成内凹式的倒"八"字，再接外凸式的正"八"字双落水。（图 3-74）

黎里驳岸的砌筑始于元代，起初只是一段段护卫河埠的段落，为使河埠坚固耐用，为防河埠两边的土堤坍塌，里人在河埠两边垒筑石堤，是驳岸的雏形。到明代，驳岸开始连缀成为系统，岸基下还打上木桩，以防石头下陷或位移。元代和明代前期，修筑驳岸使用的石材均为青石；明代中晚期起，里人改用花岗石修筑驳岸，因其主要采自苏州西郊金山，故称"金山石"。

缆船石是船只停靠系缆绳的支点。黎里的缆船石可以分为两大类：立柱式和洞穴式。立柱式大多建造在濒水岸头，一般不加修饰，少数雕有简单花纹；洞穴式始自明代，少有雕饰，大多形似象鼻，所以缆船石又称"象鼻眼"。清代，缆船石在实用的基础上逐渐增加纹饰，有横式、竖式、平雕、浮雕和透雕多种，一般镶嵌在驳岸侧面。

黎里老街河埠和石驳岸上共计镶嵌了254颗洞穴式缆船石，三分之一以上雕有纹饰。虽经漫长岁月的风吹雨打，上面各种雕刻仍是十分精致细巧，栩栩如生。图案样式丰富：有的是"犀角"，相传犀角可以分水，将之雕刻成缆船石，往来的船只就能免受水浪的冲击。有的是历来在民间作为吉祥之物的"如意"，其形状有直挺的，也有弯曲的，有平雕的，也有立雕的，有单独的，也有与"笔锭"（图案为1支毛笔加1个金锭）相合，象征着"必定如意"。表现美好祈求的缆船石雕刻还有象征长寿的"双桃"，期盼吉祥的"双橘"，追求人丁兴旺子孙满堂的"石榴"，以及"象鼻""八仙""五色旗""瓶（平）笙（升）三

图 3-75　丰富多样的缆船石

图 3-76　黎里的廊棚

戟（级）"等。缆船石纹饰图案总共有 40 余种。（图 3-75）

缆船石最实用的功能是系缆，再就是测量水位，预报水灾。一座"内淌水外双落水"式河埠要安排 4 个洞穴式缆船石：河埠平台外侧 2 个，位置较低；河埠两边驳岸上 2 个，高一些；高低相差大多在 1 尺上下。驳岸上的缆船石距离路面总在 40~80 厘米，这是基本的定式。有的缆船石会安置得特别高，为的是警报水位。水位的升降维系着里人的喜怒哀乐，所以里人称之为"忧欢石"。黎里老街中心北岸有一个高 1.3 尺、雕刻有葫芦吐蝙蝠图案的缆船石，即具有警示水涝的作用。

沿主河的上岸、下岸和镇西横街全部搭建有廊棚。这里虽不是固定的活动场所，可里人上街、商旅出行时，全靠它避风挡雨遮太阳，路人经行停歇自如。清代袁枚在《黎里行》中留下"长廊三里覆，无须垫角巾"的诗句，可谓名实相副。（图 3-76）

廊棚的建造形式多样，有披檐式、人字式、骑楼式，还有过街楼等式样。披檐式是在店铺门前加建一个斜坡，一般宽 2~4 米，沿市河一侧立有廊柱。迎祥桥南堍之东、进登桥南堍之西，以及南新街南蔡家弄口等处的廊棚即此类构式，至今保存完好。人字式为双坡形的廊棚，沿市河一侧落有柱子，坡面宽于披檐式，多在 3~5 米，棚顶构造多极考究，有的廊棚人字架构下还设置拱形椽子,故这类廊棚顶部的纵剖面,外观为人字形,内侧呈拱圈式。骑楼式廊棚建成人字式屋面,再在人字式屋面上骑建楼房,所建楼房的进深距离为廊棚的三分之一,或者一半。过街楼式主要有两种类型:一为街道两侧房屋通过两层连廊连通,底层中间为街,两侧是店面房,形成"街从宅中过"格局;一为上面的楼房一侧与沿街店面房屋自成一体,临市河的另一侧立柱支撑,立柱四周砌砖加固,楼房下的空间即为街道。

2. 黎川八景,镇民生活

"八景"是对风物景观一种约定俗成的总结,也是人文文化的一种历史体现。在黎里,历代共形成过4次"黎川八景"。从中我们不仅可以发现黎里繁荣兴盛的过程,还可看到黎里居民对自己的生活环境和历史发展有着深刻的认识与理解。

明代成化年间,"黎川八景"经当地文人加工提炼而成,分别是:吴山耸翠、黎水澄清、拙庵故居、登瀛遗迹、岳宫幡影、禊湖夜月、月湾渔舍、罗汉钟声。其中一半是对古镇山水格局的赞颂,另有两个是名贤遗迹,两个是镇中祠庙。时至今日,只有黎水澄清与禊湖夜月尚依稀可见。

明朝末年,出现了第二批"黎川八景":瀛桥联袂、禊湖流觞、毗卢晚眺、玛瑙春游、蕉泽菱舟、月湾渔舍、鸭泾帆影、鹤影歌声。这其中,登瀛桥即现在的浒泾桥,位于市河中部。登瀛桥一带很早就是黎里市集的热闹地段,桥边有茶馆、旅店,商贩叫卖不绝,游人众多,"瀛桥联袂"便是对黎里集镇热闹景象的描写,它被列为八景之首,可见黎里当时的商业活动已成盛况。

到清初,第三次确定了"黎川八景":书院春风、禊湖秋月、鸭泾帆影、罗汉钟声、中流阁势、鹤渚渔歌、烟村夕照、揽桥积雪。随着集镇的发展,黎里新建了不少有代表性的建筑,中立阁和禊湖书院便是代表性的两处。清乾嘉年间,黎里酝酿出了第四批"黎川八景",徐达源将其载入嘉庆十年(1805)出版的《黎里志》中,八景是:玛瑙春游、禊湖秋月、罗汉晓钟、中立晚眺、鸭栏帆影、鹤渚渔歌、江村夕照、揽桥残雪。志书中对这八景有了详细的图像描绘,每一景还配上一首五绝诗。(图3-77~图3-79)

"八景"名称的变化是不同时期黎里市镇面貌变化的最好说明。当时的镇民们总会将最值得骄傲的景点列入其中,除了对生存空间、自然环境的赞美,还有对重要建筑中所体现的人文历史的自豪。在历次"八景"中,禊湖与罗汉讲寺是仅有的两处始终在列的景点,足以说明它们在黎里人心中的分量:最宜人的风景与最悠久的历史。作为镇西北的一处水域,禊湖的湖中间环抱着一渚绿洲,只留一座石桥可供登临。在明代,禊湖道院建立以前,这片绿洲是镇上居民赏月、会友的绝佳之处,在水波荡漾间享受美景,禊湖甚至成了黎里镇的代称。嘉靖年间,这片绿洲上修建了城隍庙,又称昭陵侯庙、禊湖道院,在每年中秋八月十五日会有出"城隍会",十六日城隍夫人会。其排场盛大:队前仪仗锣鼓、各种执事,中间是城隍的轿舆和全副銮驾,后面则是浩浩荡荡的善男信女,出会的路线总是沿市河的上岸和下岸周游一圈。

黎里镇有一个独一无二的习俗"中秋显宝",是中秋迎神赛会中的

图 3-77 "黎川八景"的分布位置

图 3-78 禊袴湖中的禊湖道院

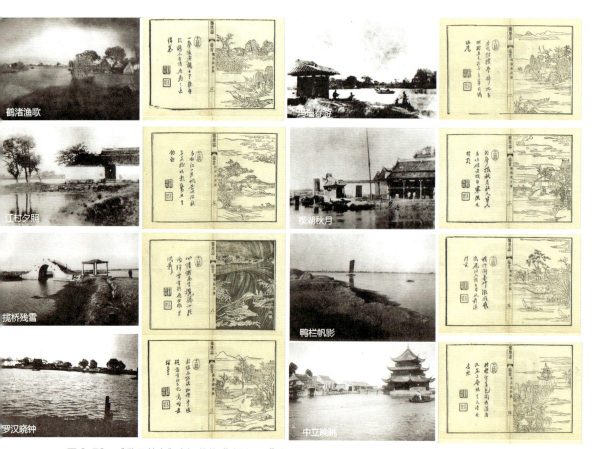

图 3-79 《黎里续志》中记载的"黎川八景"与民国旧影对照

一个重要节目。"显宝"起源于元代，明代渐成气候，清代，特别是晚清达到鼎盛。民国时期，显宝之风依然兴旺。中秋佳节的前后3天里，镇上及周边5里内的庙宇道院、店铺及富家大户会将自家珍藏的宝物供出来，让四乡百姓前来赏宝。自然美景与人文景观的结合，使得禊湖更加热闹，道院内外商贩云集，百货杂陈。禊湖成为集风景与民俗为一体的、极具活力的镇民活动中心。（图3-80）

图 3-80 "中秋显宝"活动

如果说梨花村的传说是镇民心中对自身起源历史的美好追忆，那么罗汉讲寺则是对悠久历史真实存在的实物见证。与禊湖道院距离不远的罗汉讲寺是黎里最早的寺庙，始建于西晋永熙元年（290）。毗卢阁是罗汉寺的藏经楼，也是寺中的制高点。在中立阁出现前，"毗卢晚眺"一直是俯瞰全镇面貌的绝佳视角。寺院广阔，殿宇雄伟，古树参天，曲径幽深，暮鼓晨钟。"古寺萧疏自宋年，莲坛梵呗水云边。一痕残月晨光启，早送钟声破晓烟。"罗汉讲寺的钟声已成为黎里居民熟习的声音，"罗汉晓钟"一景，由此而生。

（四）特色和价值

黎里镇水网密集，湖荡众多，体现出典型的湖荡环绕、河街共生的城镇格局特征，一条市河串起了明清宅院、廊棚、跨街楼、窄弄、古桥、河埠等丰富的历史文化资源，古镇呈现出独特的江南水乡城镇格局与风貌。

与以流动客商为主的市集不同，黎里是从临时的、定期的集市，逐渐发展为较大规模的商业市镇，镇中形成了几大固定繁衍的家族。在家族建设活动和族中名人声望的影响与带动下，黎里镇在清代中后期逐渐形成了一套以义学、宗祠、义庄为主的社会教育、慈善机构。在活跃的市镇经济带动下，这些社会机构逐渐减少了对官方资助的依赖，更多地与镇民自治相结合，管理和运作也日趋周密与完善，体现出一种社会机构影响下的市镇自治。

建于清康熙五十四年（1715）的禊湖书院是黎里的最高学府，面向全镇子弟招生。镇中名人、世家捐资助学，建立类似于今天的奖学金制度。书院将拥有的学田出产用作授课者的薪金及学生的补贴。这种产出循环的运作机制取得了很好的效果，不仅可看出黎里居民崇文尚学的风气，也可视作活跃的市镇经济带动下的、社会机构自发性的现代化发展。周宫傅祠是为清代乾隆年间工部尚书周元理所建的祠堂，在使用上并不完全限于家族祭祀：前三进是"周宫傅祠"，为御祭周元理的场所，后三进则为周氏家祠，第五、六进又作为周氏义学办学之用。第五进的"敬齐堂"楼上供奉孔子圣像。民国初年，镇上的祭孔活动都在此举行。祭祖与祭孔合二为一，周宫傅祠中的文化与社会意义为江南家祠中所少有。繁荣的经济和民间力量的发展壮大为黎里慈善事业的发展奠定了基础。在官方的倡导和推动下，清代尤其是在太平天国战争之后，慈善机构有了显著的发展。《黎里续志》中专辟一章记载了黎里的善堂，其中面向全镇的就有众善堂、留婴堂、育婴堂、月湾义渡，分别承担收留救助贞女节妇、失亲婴孩和为过往舟人提供休息之所的功能。黎里的慈善机构在良好的运作机制下，扶危救困，抗战期间依旧发挥了部分作用。

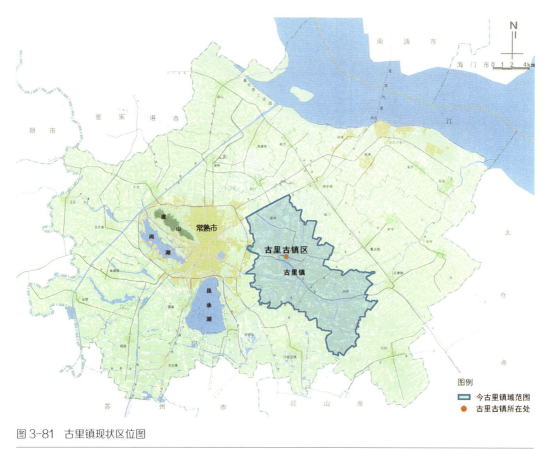

图 3-81 古里镇现状区位图

资料来源：《常熟市古里历史古镇保护规划·镇域现状图纸》

六、铁琴铜剑古里镇

古里镇位于常熟市虞山镇东郊，东接白茆镇，南邻唐市镇，北与淼泉镇、梅李镇接壤。唐宋时期古里地势低洼，人口稀少。明清时期，古里因为粮食转运贸易而发展，商业与文化发达。清乾隆年间，古里瞿氏开始建楼储书，历经搜书、藏书、护书，几代人共同完成了"铁琴铜剑楼"的创立与扬名。新中国成立后，古里设镇，铁琴铜剑楼及其藏书带来的文化意义与价值不断凸显，使"古里"有了不可忽视的名声。正因为这种文化的影响，2014 年古里镇被列入第六批中国历史文化名镇。

（一）镇村体系变迁

1. 区位环境

古里镇地处常熟市境域东部，位于长江三角洲冲积平原地区，自唐代开始，由常熟县管辖。古里古镇区位于镇域西北部，西侧与虞山镇接壤，北侧毗邻淼泉（图 3-81），周边水道密集，是较为典型的江南水网地区。

正因为此，古里古镇的汇聚与周边的河流体系密切相关。纵横交错的干流支河交织在一起，如先天的道路网架一般，为最初的古里提供了与外界联系的通道，奠定了其以船为主的主要通达方式；以水道为边，

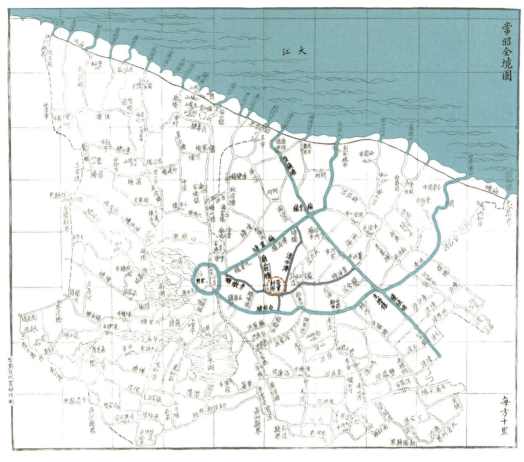

图 3-82 古里村市区位图

资料来源：田梦晓绘（底图出自郑忠祥、张瀛修《常昭合志稿·常昭全境图》）

勾勒出了古镇的界线。其中最为重要的是围绕古镇的青墩塘、清水港、避湖泾，以及相距不远的白茆塘、梅李塘、盐铁塘（图3-82）。清水港、青墩塘、避湖泾三水汇集而形成的三丫港，在地理形态上成了古里古镇人口聚集的基础。其中青墩塘由西向东流入白茆塘，界定了古镇的南境；清水港南连青墩塘，北连梅里塘，与避湖泾共同界定了古镇的东西境，继而梅里塘分盐铁塘后汇入许浦。

而白茆塘是这片区域重要的通江河道，不仅水面宽广，还连通了常熟、苏州与太湖，成为主要的航道之一。除此之外，盐铁塘、梅里塘与白茆塘一样，也担负着常熟东境的水利与运输的重要功能，对其流域的村市形成起到了不可忽视的作用，并势必辐射至古里。

2. 历史沿革

早在宋代以前，圩田众多的常熟东境就有了一定的人口汇集，而关于古里古镇的记载也最早出现在宋代的《琴川志》中，但在当时，古里被称为"菇里"。正如名字中的"菇"字，当时的菇里地势低洼，多是浅滩沼泽，且草木丛生。同时，由于人口稀少，菇里的行政级别也非常之低。据《琴川志》记载，当时常熟县下设有9"乡"50"都"，"都"下又设百余"里"，而菇里则是"里"下的"村"。

到了明代，在《陶退庵先生集》中，菇里开始改称为"罟里"。虽

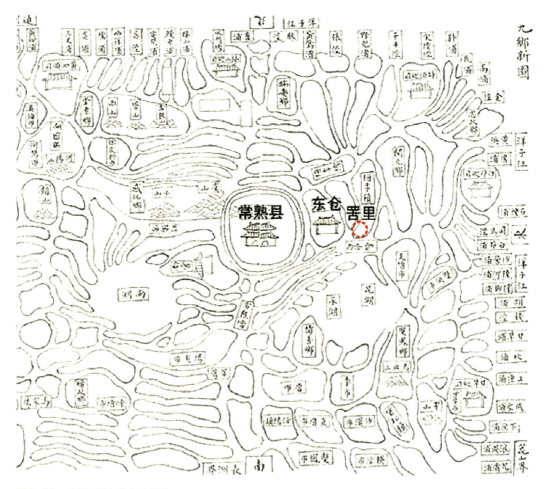

图 3-83　明代罟里与粮仓区位图

资料来源：笔者绘（底图出自《崇祯常熟县志·九乡全图》，民国五年抄本）

然罟里的建置区划仍然未变，但是，名字的改变却也反映出了古镇的发展。正如"罟"字本身所包含的"渔网"含义一样，此时的罟里，有了更多以渔业为生的人群聚集，多条河流汇集的水网条件，也让罟里周边倚靠水系，有了让渔船停靠的条件。

常熟地区自古就以稻谷类为主要农作物。《琴川志》记载："吴地宜秔稻，玉粒香甘，为天下甲，其种名不一。"嘉靖《常熟县志》载："稻之品而是有九。"道光年间《虞乡志略》载，该地区有谷物种类 49 种。说明此处的稻谷不仅种类多且质量好。

由于常熟区域水网众多，容易发生洪涝灾害，伴随着的常常是农作物颗粒无收而导致的灾荒。在宋代以前，由于江南地区本身人口并不多，本地的粮食勉强可以满足需求，但随着经济的不断发展，江南逐渐成为人口密集之地。粮食的存贮及灾荒时期的救济成为值得重视的问题。到了明代，据嘉靖《常熟县志》记载，洪武年间，在常熟县城四周建设预备仓，"以贮粮米，夏给冬收，以惠贫民，而弊生粮多不入……"崇祯《常熟县志》载，"南门总收仓在阜民门外，东门总收仓在落星港上……"而罟里，就在落星港与运粮河道的不远处（图 3-83）。由于濒临水系所担负的水利与运输功能，罟里一地逐渐成为往来渔民货船的中转歇脚之地。

随着明清手工业的发展，棉花种植及桑蚕养殖不断增多，粮食种植减少。本地产粮不能满足需求，因此开始从湖广地区运粮，江南地区成了粮食需求重地，产生了众多米粮贸易的集散场所，便利的水网使粮食可以迅速运进江南。围绕于常熟周边的主要运输河流，就包括了罟里附近的白茆塘、盐铁塘等。清代对常熟周边水网的不断疏通，到民国时期，多条曾经淤堵的河流又重新通航。而由于上海、南通等地的发展使粮食需求量不断增大，常熟米粮集散地作用更加突出。"常熟米粮由本地米商及苏帮、沪帮、浦帮、崇沙帮米商运销出境，其中有销往南通、海门、崇明、启东等地的，也有销往上海市及浦东各县的。"崇沙帮米商大多通过福山塘、许浦塘、耿泾塘、白茆塘等河道，跨过长江将米粮运回。过往的商船也使罟里加速发展，古镇上从最初的渔农经济逐渐演化成品种多样的商行。到新中国成立前，已经形成包括米行、南北货纸马、百货、酒店、药店、茶馆、布行等 20 余个行业。

米粮贸易及经济发展促进了常熟县城外的镇村发展，以常熟县城为中心，顺着水势走向，形成了许多聚落，这些聚落自身的发展又对罟里村产生影响。罟里北面紧邻梅李镇、东北是支塘镇，它们在明清两朝都较为繁华，与罟里形成呼应与竞争之态。此外，沈家市、白茆新市、李市由于毗邻重要水道等原因，也逐渐成为人口较多的聚落。罟里村所处之地，恰是从常熟县城到这些较为重要镇村的中间位置。周边村镇围绕罟里发展，使其成为一个繁华聚落带的圆心（图 3-84）。

从明朝开始，江南城镇文化发展迅速，而罟里所属的常熟则更为突出，涌现出众多的文人才俊，并形成了文化流派，常熟东侧的唐市形成了"唐市派"。藏书、读书、刻书的风气，也带动了常熟书院文化及藏书文化发展，明中期，常熟有杨氏七桧山房、孙氏博雅斋、赵氏脉望馆；明清之际，有钱谦益的绛云楼、钱曾的述古堂、毛晋的汲古阁。清乾隆年间，罟里瞿氏开始建楼储书，历经搜书、藏书、护书，几代人共同完成了"铁琴铜剑楼"的创立与扬名。也正因为这种文化的影响，罟里在清末民国为更多人所知。除了对于藏书的热衷以外，在清代，罟里还涌现出由家族与私人集资建立的书院、义庄等慈善处所，教授儿童知识，或是为氏族中的贫困人家施衣布食。罟里这种乐善好施的风气，在当时的记载中，还曾流传过"没衣穿，找刘家；没饭吃，找瞿家"的顺口溜。清道光十三年（1833），邑尊张公绥组书匾额"古里仁风"，"古里"二字开始出现。到了民国二十二年（1933），经里人瞿启甲商议，改"罟里"为古里，并延续至今。

清末，虽然"古里村"建置级别仍然很低，但是，人口及家族的发展却不断壮大。根据清末《常昭合志稿》记载，当时的古里村已经有 400 余户近乎 1600 人，这种规模持续到民国二十三年（1934）的区划改革，县下设区，区下百户以上的街市为镇，至此，有了古里镇。现在的古里镇境域包含有古里镇、苏尖乡、钱仓乡等 5 个乡。

1949 年新中国成立后，常熟周边市镇区划变化频繁，古里镇逐渐成为与周边白茆镇、淼泉镇并驾齐驱的重要市镇，并超越了在明清时期更为重要的李市。今天，铁琴铜剑楼及其藏书作为物质和非物质文化遗产而被政府重视，瞿氏藏书献书带来的文化意义与价值也不断凸显，使"古里"有了不可忽视的名声。古里镇先后合并了相邻的淼泉镇与白茆镇，镇域面积达到 96.38 平方千米（图 3-85）。

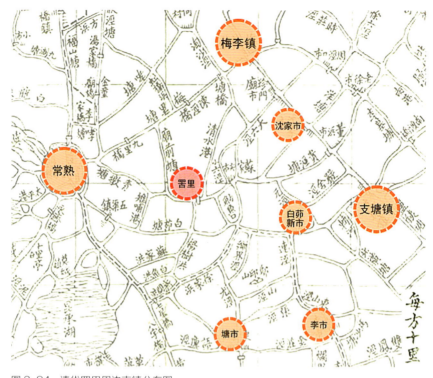

图 3-84　清代罟里周边市镇分布图

资料来源：笔者绘（底图出自《崇祯常熟县志·九乡全图》，民国五年抄本）

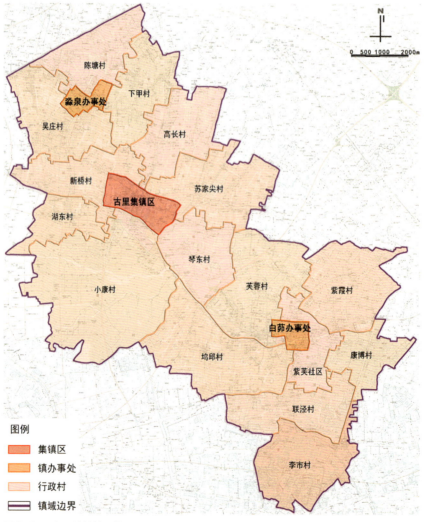

图 3-85　古里镇镇域现状图

资料来源：《常熟市古里历史古镇保护规划·镇域现状图纸》

（二）空间格局分析

古里镇的古镇区，虽然河流、道路以及建筑在近代都有所改变，但是整体的空间格局却依然被保留了下来。古镇被周边的水道包围，它形成与发展的起源也是避湖泾、清水港及三丫港的汇聚，所以，古镇布局的核心是古镇内外的水系。因水而生又让古里的空间格局与河、桥紧密地联系在一起，既具有水乡的普遍特性，又体现着独特的个性（图3-86）。

明清时期，在古里周边的水网中，东西走向的河道基本是较为宽阔的干流，大多起源于古里西侧的常熟，由古里东侧与北侧汇入海中，承担着常熟及周边区域重要的、高级别的水利、运输功能。周边南北走向的水系则为河道间的支流，连接着以常熟为中心向外辐射的各条重要河道，使它们相接成繁密的水网。同时，这些支流也是通往其他市镇最直接的途径，服务于住户居民以及歇脚暂留的客商，是各个市镇间沟通的纽带（图3-87）。

图3-86 古里水景

资料来源：姚舒然摄

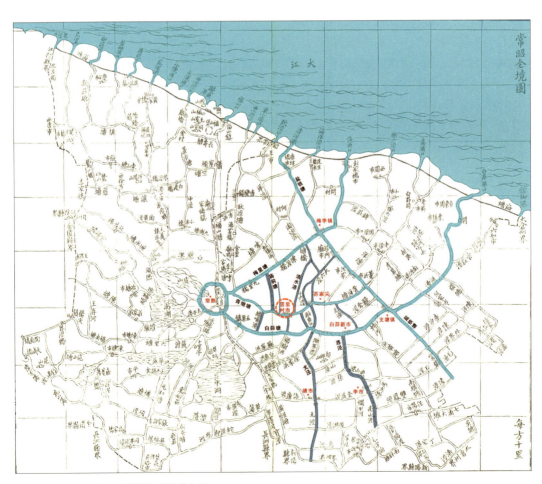

图3-87 古里村市周边水道与市镇分布图

资料来源：笔者绘（底图出自郑忠祥、张瀛修《常昭合志稿·常昭全境图》

古里南侧的青墩塘是一条东西走向的河流（图3-88）。西起常熟的大东门锁栏桥，经过三丫港后向东北折向苏家尖，并与白茆塘、长毫塘交汇，流经古里时，向北形成"凸"字形的支流，称为外河。青墩塘是古里古镇泄水灌溉以及运输的主要河流，也是通往西侧常熟，东侧白茆、支塘等市镇的重要河道。通过青墩塘南侧的小泾可以到达白茆塘与白茆新市，并继续顺着尤泾等支流前往唐市、李市等村市。而古镇东西两侧的清水港、避湖泾、庙前塘等支流向北流入梅李塘，并成为从古里前往梅李的主要水道。正是这种三面环水的空间格局，让河流在近代以前成为通往古里的交通要道。行船至东西侧的两条小泾，停靠在驳岸旁的码头边，再走上古镇的石板路，是进出古里的首要方式（图3-89）。

另一种进入古里的方法，是通过架在河道之上的小桥。光绪年间的《常昭合志稿》记载，当时的古里村有7座桥，分别是横跨在清水港上的东义桥、避湖泾上的西义桥、三丫港上的义兴桥，以及村中的香花桥、通贵桥、聚龙桥、牛车桥。可见在每条与外界相通的水系之上，都有桥的存在。在记载中，清水港与避湖泾上的东、西义桥是石桥，其他5座是木桥。这不仅体现出了东、西义桥的级别与重要性，也说明那时通过陆路前往古里村的人更多是经由这两座桥一定程度上暗示了古里村当时的入口。

通过水陆交通，来到古里之后，串联东西两侧两条河道以及两座石桥的，是一条东西走向的石板路，东段称为东大街，西段称为西大街。良好的通达性，使东西大街成为古里最主要的街道。沿街两侧除了宅院与商业店铺，还分布着总管庙、李王庙、痘司庙、瞿氏继善堂等。这种"一街串两河"的形式，是古里最基本的街巷空间格局（图3-90）。除此之外，可以通往清水港、避湖泾的东西走向街道还有大街与外河街。外河街顾名思义，毗邻着古镇南侧的外河，河道上也曾有过若干小桥。负有盛名的瞿氏铁琴铜剑楼，就沿着街与河而建。这样的选址与布局，无疑为之后瞿氏的收书运书藏书活动提供了便捷的先决条件。除了这几条东西走向的"街"之外，是穿插在街道间的巷弄。这些南北走向的小路通常都以居民的姓氏命名，被称为"某家弄"。可以推断，在这种道路格局中，水系是通往古里外部的交通，"街"是组织起商人、邑人、客人进行公共生活的场所，而"弄"则是古里居民完成乡村生活的通道（图3-91）。

这样的水系与道路格局，一直延续到了1949年新中国成立以后。虽然随着1922年锡淮公路的建设，陆路交通取代水路成为这一区域的主要交通方式，但是由于道路与古里古镇之间相隔有圩田，仍然不可以直接通过公路到达古里。建国初期，古里仍然保持着明清时期的空间格局，并且由于三面水系的环绕，村市面积并没有很大的扩张（图3-90）。村市南部是垂直于街道分布的建筑，而北部则多是墓区与祠堂。在当时，村市中不仅有从清代延续下来的庙宇、教堂以及小学等公共建筑，沿着河道以及东西大街，还涌现出了多家典当行铺，一定程度上反映了当时村中商品货币经济的活跃以及商品交换的频繁。建国后，由于青墩塘在古里段形成的外河过于曲折，

图3-88 古里南侧青墩塘现状

资料来源：姚舒然摄

图3-89 河道边的驳岸

资料来源：姚舒然摄

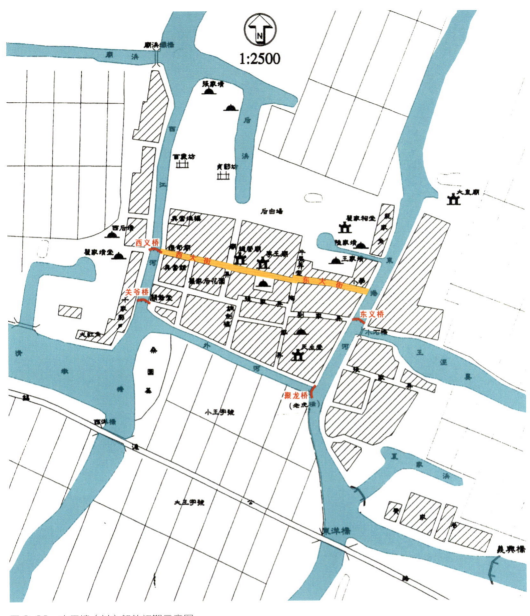

图 3-90 古里镇（村）解放初期示意图

资料来源：笔者绘（底图出自《古里镇志》编纂委员会编《古里镇志》，上海社会科学院出版社，2003）

使航道多弯不利于行船。因此，在1958年冬，公社组织劳力，"切直青墩塘，挖新河填老河"，并进一步拆除了外河上的聚龙桥，在拉直后的青墩塘上新建古里桥。这次改造，虽然改变了古里周边的水系形态，但对古里的空间格局影响不大。但是，在接下来的20余年中，古里的7座古桥被全部拆除。虽然之后在清水港与避湖泾上又重新建起了钢筋混凝土与红砖拱桥并保留至今，但已不再是曾经的石桥（图3-93）。此外，原先的祠堂、庙宇、教堂等也相继遭到了一定程度的破坏与拆除。

当代对古里空间格局改变最大的，是穿越古镇而过的铜剑街的修建。南北走向的铜剑街与古里古镇外部的公路相互连接，取代东西大街而成为古镇中最主要的道路（图3-92）。它不仅改变了古镇以东西走向的街道串联河道的街巷格局，也改变了由河道进出古里的交通方式。如今来看，虽然古镇中"一街串两河、巷弄连街道"的格局仍然可见，但环绕在古镇周边的水系已经不再是以往通往外界的交通要道，而成为水乡生活与景观的一种体现。

图 3-91　保留至今的石板路

资料来源：姚舒然摄

图 3-92　铜剑路穿镇而过——古里古镇现状图

资料来源：笔者绘（底图出自 Google Earth 卫星图像）

图 3-93　石桥拆除后修建的钢筋混凝土与红砖拱桥

资料来源：姚舒然摄

（三）物质和非物质文化遗产

1. 铁琴铜剑留存

坐落于古里古镇的西南角、毗邻青墩塘支流的铁琴铜剑楼是"清末四大藏书楼"之一（图 3-94），与山东聊城杨以增"海源阁"，归安陆心源"宋楼"，钱塘丁申、丁丙"八千卷楼"齐名，并且因为瞿氏藏书楼与杨氏海源阁藏书远在丁氏、陆氏之上，因此有"南瞿北杨"之称。

藏书楼原先是瞿氏的住宅，为书楼第一代主人瞿绍基之祖建于清乾隆年间（图 3-95）。瞿氏家族富裕，原本有四进宅院，其中一进便是最初的藏书楼。

乾隆末年，出于对常熟钱谦益绛云楼、钱曾述古堂等的仰慕，瞿绍基开始自己争购图书，"读书乐道，广购四部，旁搜金石"，到嘉庆年间，藏书就积累至几万卷。因此，开辟自家住宅用于藏书，并借"引养引恬，垂裕后昆"之意，称藏书楼为"恬裕斋"，意即要使这种安逸的书斋生活永远流传下去，使子孙后代长守此书，有书读。清同治十三年（1874），由于避光绪皇帝载湉之讳，将"恬裕斋"改为"敦裕斋"。瞿绍基过世之后，其子瞿镛子承父业，继续广搜博采藏书、金石古物，并对家中珍藏的一张铁琴与一把铜剑尤为珍爱，瞿镛不仅将其词集命名为《铁琴铜剑楼词草》，还在《望江南》一曲中写道："吾庐爱，藏弆一楼书。玉轴牙签颇自检，铁琴铜剑亦兼储。大好似仙居。"铁琴铜剑楼之称也由此而来。

图 3-94　铁琴铜剑楼图——毗邻水道的私人藏书楼

资料来源：http://js.ifeng.com/city/sz/detail_2014_06/13/2425194_0.shtml

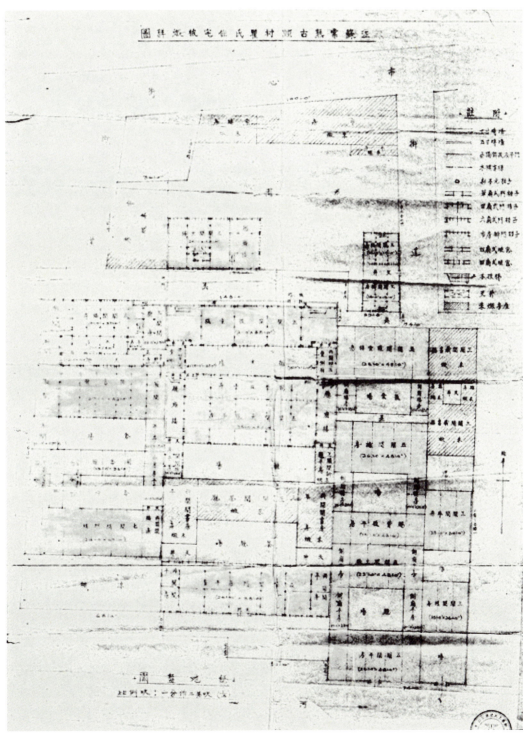

图 3-95　江苏常熟古里村瞿氏住宅详图

资料来源：顾效提供

每一个藏书楼,在始创时期对于图书的搜集、遴选都是一项不容易的过程。瞿氏家族也经历了这样一个阶段。瞿绍基与瞿镛父子不惜重金收藏了常熟周边其他藏书家在几十年间陆续散出的藏书。瞿镛还常常亲自奔走于市井集市,寻觅珍本,捆载而归。但是对于私人藏书楼而言,更艰难的是对藏书的保存与保护。历史上的许多私家藏书楼,都在自然灾害或是人为原因中损失惨重,然而,铁琴铜剑楼的藏书虽然历经磨难,却经受住了考验。

瞿镛辞世后,他的两个儿子瞿秉渊、瞿秉清继承父业。当时恰逢太平天国起义,战事频起,导致江南各地许多藏书楼遭到损坏,瞿氏两兄弟听闻战乱将临,为保藏书安全,加紧挑选了一千余种宋元刻本、秘抄、善本以及经部书籍分散藏于古里周边的几处地方。几个月后,常熟被攻占,瞿氏兄弟又多次将图书迁到更远更偏僻之处,辗转太仓鹿河、定心潭,最后横渡长江,将藏书运至海门。直到清同治二年(1863)太平军撤退,瞿氏兄弟才将书全部运回。在历时四年、转移5次的过程中,虽然藏书损失十分之三,但是珍本善本却只有8种散失。而到了民国军阀混战前夕,未雨绸缪的瞿氏第四代楼主瞿启甲,担心即将发生的战乱损害家中"万卷琳琅"而愧对先人,通过友人帮助,开始准备转移藏书。之后,瞿启甲选择上海较为静僻的爱文义路为租地,又用牛皮纸包扎书籍后捆以夹板,煞费苦心地将家中藏书于民国十二年(1923)安全运送至上海。正是这次转移,才使藏书中的精华在民国二十六年(1937)的淞沪会战中幸免,而当时仍在古里的其他书籍,则因"仓促不及提携,城乡两宅悉成灰烬"而毁。到了抗战时期,瞿氏的宅邸遭日寇轰炸毁坏,但珍品藏书却因为存于异乡得以存留。

抗日战争时期,瞿宅的第一、二进院落毁于战火,而残存的第三、四进保存至今,并于2006年被公布为江苏省级文物保护单位(图3-96、图3-97),2009年,经历了修缮与复原,作为铁琴铜剑楼纪念馆重新开放(图3-98)。

纪念馆占地面积600余平方米,建筑面积

图3-96　1970年代的铁琴铜剑楼
资料来源:http://www.souhu.com/a/71066207_349710

约1000多平方米,以"书"为主线,在前后三进院落中通过实物与图片,展现了瞿氏五代人"读书、藏书、刻书、护书、献书"的历程与事迹。

2. 白茆山歌回响

起源于古里镇白茆地区的白茆山歌不仅是吴歌的重要一脉,也同时是古里镇的文化符号。这种既有着悠扬婉转的曲调,又富含淳朴亲切语言的艺术形式历史悠久。据学者研究,约在4500年前,古里镇白茆塘地区的坞坵村附近,有一支从北方迁徙而来良渚部族定居,而白茆山歌也就是从那个时候开始萌芽并不断发展的。在明代钱谦益的《国初群雄事略》中有文记载:"……民惮其劳,时人采民言歌之。功卒告成,民大便利……"在一定程度上暗示了白茆山歌的存在。钱谦益书中还载有两首《白茆谣》,被学界认为是关于白茆山歌最早的文字记载——"好条白茆塘,只是开不全。若与开的全,好与西帅歇战船。"

有趣的是,与历代由文人编著的诗词歌赋不同,白茆山歌诞生于古里水乡的百姓之间;虽然称之为"山歌",但却并不是流传于崇山峻岭之中,而是回荡在繁华都市外的乡野。可以说,白茆山歌的流传与发展,和水网密集的自然环境紧

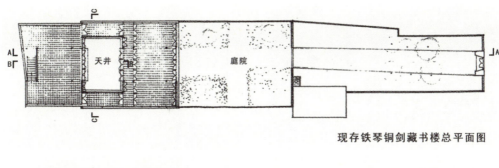

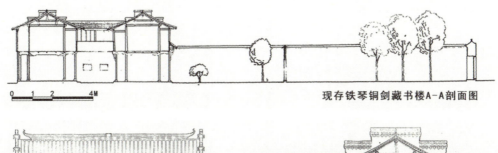

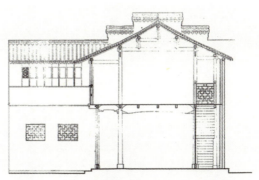

图 3-97　铁琴铜剑楼测绘图

资料来源：顾效提供

图 3-98　修缮与复原后的铁琴铜剑楼纪念馆

资料来源：姚舒然摄

图3-99 田头唱山歌的百姓

密相连，与乡民的生产生活方式息息相关。

正如前文所讲，米粮贸易曾经是促进古里发展的因素之一，水网密集的优越自然条件使水稻种植成为这一区域主要的生产方式。水乡的稻作劳动也一同成为孕育山歌的土壤——"劳动歌"成为白茆山歌中最初也是流传最为广泛的内容。诸如《莳秧歌》《舂米歌》《耥稻歌》——"耥稻要唱耥稻歌，耥板着泥像蛇游，耥得杂草浮水面，耥得稻苗长又粗。"除了农耕生产，劳动歌还涵盖了开河歌、张网歌、织布歌、采桑歌等十余种，生动地交织出当时古里水乡地区百姓劳作时的场景（图3-99）。与此同时，密布的河道与发达的水路，让车水行舟成为主要的出行方式，这也为山歌的传唱提供了便利的条件。

到了民国时期，白茆山歌开始逐渐为吴地的知识分子所重视。诸如学者顾颉刚编印的《吴歌甲集》、王翼之编印的《吴歌乙集》，以及北京大学歌谣研究会出版的《歌谣》周刊中，都收录了不少的白茆山歌。虽然随着时代的发展，自然环境与生产生活方式都在一定程度上有所改变，但唱山歌，已经成为古里镇、白茆地区人们不变的习俗。人们不仅在劳动与收获时唱山歌，也在山歌馆中分享歌曲，在山歌比赛、山歌讲座、山歌展演中传承山歌。可以说，白茆山歌不仅仅是古里这一水乡古镇历史与发展的体现，也是吴文化的经典代表。2006年，白茆山歌入选首批国家非物质文化遗产项目。

（四）特色和价值

古里在清代以来的发展与铁琴铜剑楼密不可分。正是由于铁琴铜剑楼的存在与扬名，古里摆脱了以往繁华市镇郊野的歇脚乡村地位，铁琴铜剑精神促使古里逐步成为常熟周边不可忽视的文化之乡。

清中叶以来，历经数代的铁琴铜剑楼是我国历史较长并且保存相当完好的藏书楼之一。在瞿氏的藏书中，经部的收藏实为精品，并且藏书中有许多是瞿氏几代人竭尽全力保存下来的宋元时期的珍本、孤本。这种高质量的收藏，离不开瞿氏家族几代人的藏书眼光，也离不开当时古里与周边地区以藏书为乐、以读书为趣的氛围。除了这种在藏书专业文化上的成就外，瞿氏在藏书的活动中，一改历代藏书家"深藏秘阁，宁饱书虫，靳不借阅"的通病，有一种"与人共享"的态度。这种乐善好施的做法让铁琴铜剑楼的藏书中，留下了许多校读鉴赏者的题跋识语，成为藏书的重要价值。铁琴铜剑楼为国家与常熟的文化事业做出了巨大贡献。

铁琴铜剑楼的传世离不开瞿氏五代人的共同努力，但同时也与整个常熟区域藏书、校勘、授业、书画等的文化氛围以及古里仁风的传承、邑人乐善好施的品性密不可分。正是在一种"尚文"的气氛中，藏书、读书成为风尚。也正是由于一种与人为善的仁义风气，古里邑人不论贫贱富贵都可以得到读书品书的乐趣。

时至今日，虽然古里古镇上已经少有本地人居住，东西大街两侧的民宅商铺也有大多被拆毁重建。但是，环绕于古镇三侧的水系、保存至今的继善堂与铁琴铜剑楼，以及复原新建的东湖书院，却依然演绎着"绕岸一湾溪水绿，当门十里菜花黄，垂柳又垂杨"的静谧生活，诉说着古里从草木丛生的渔农小村发展到由文化与仁风著称的水乡名镇的故事。

综述
太湖半岛东山镇
世外仙岛西山镇
湖山交会光福镇

第四章

太湖商帮的根据地

一、综述

在繁华的姑苏城外，沿着河道一直向西，船行约40里，是烟波浩渺的太湖。太湖，古称震泽，一名具区，延袤500余里，雄跨古代苏、常、湖三州境。太湖中相传有七十二山，湖岸边亦冈峦起伏。七十二山之中，东西二山位于湖中，东北湖滨有光福诸山。在水网发达交通便利的江南，相对于苏州城的位置来说，东山、西山①与光福诸镇居于水网交通的尽端，它们隐逸于城市和商业网络的繁华之外，有优美的湖光山色，是城市的后花园，又因独特的地理环境和区位特点，形成与水网发达地区迥异的乡镇聚落。（图4-1）

太湖是东山、西山和光福三镇共同的地理特征。这里气候温和，环境湿润，是江南较早开发的地区之一，旧石器时代，东西山附近的三山岛就有人群活动，这是太湖流域最早的人居历史。太湖水利建设的历史也相当悠久，水利建设带动了农业的发展，今天三镇的太湖围田在春秋末期就已经出现。

同处于湖中丘陵之上之间是三镇地理的第二大特点。东西二山为湖中最大的两座。东西山二岛主体为山，地形皆冈峦起伏。东山实为半岛，山脉"自东北向西南走向，偏居西部，绵延起伏，连续不断"②，长约10千米，宽3千米。西山山体则四向扩展，近乎圆形，东西间水平距离达6千米，南北间也达5千米，其间重岗复岭，与东山相比形势复杂。

① 西山今名金庭镇。
② 薛利华主编：《洞庭东山志》，上海人民出版社，1991。

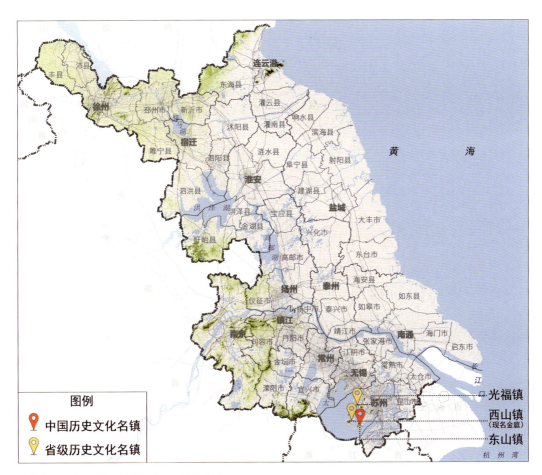

图4-1 光福、西山、东山三镇在江苏省的区位

光福位于湖滨的邓尉山下，周边丘陵起伏，群山环抱，山体比较分散，山体长度和高度较东西山低。镇北部以平原为主，西南部以山地丘陵为主。

由于僻处湖中湖畔，三镇与苏州城之间的路程都较为遥远。东山在成为半岛之前，与西山一样，和苏州及周边的水上交通都靠太湖联系。东山与陆地相连后，通往苏州的水道也路途遥远，西山则水运路程遥远，太湖有风涛之险，交通非常不便。东山在清代与陆地连接之后，改变了东太湖的状况，方便了与苏州、上海等地的交通。西山直至1994年太湖大桥通车之后，对外的交通联系才摆脱了对湖运的依赖。光福水网则相对发达，虽属吴县西部丘陵平原相间地区，但因其地处太湖边，故境内河湖港汊颇多。

在商品经济发达之前，地理环境决定了聚落的择址，为了接近水源，同时躲避洪水，太湖周边聚落择址多选择丘陵和平原交界处①，西山和光福都曾经发现过新石器时代的文化遗存。

僻处于湖光山色之中，东西山和光福以风景和隐逸传说闻名。在东西山岛上，流传着一些秦汉时代名士隐居的传说，如西山至今仍留有与汉代著名隐士商山四皓相关的地名与故事，西山林屋洞，被认为是道教"十大洞天"之一，"汉王玮玄、韩崇、刘根梁、杨超远、叶道昌，唐周隐遥、唐若山皆于此学道"②。光福亦山水幽邃、风土清佳，自古多高人逸士栖息其间，邓尉山相传因汉邓尉隐于此而得名。

由于人居历史久远，位于丘陵山脚的光福市在唐代就已形成。东西山岛人口的大量聚集是在南宋时代，大量北方移民随着宋室南迁，避难躲入东西山岛，东山镇从南宋时期开始形成。在以农耕为主的时期，临湖的丘陵地区，山地多平地少。湖中的东西山以山地为主，山下可供耕种水稻的平地非常有限。丘陵适合种植桑树、茶树、果树等，所以三镇是苏州府最早从事蚕桑业的地区，在明代中期之前，整个苏州府的蚕桑都分布在太湖东西山及太湖边的光福一带，并结合太湖丘陵地区环境发展出桑基鱼塘、果桑夹种等技术。至清初，东西山"以桑叶为命，山田种稻什之一。其余非植果实则树桑"③。

在明代中后期至清代江南市镇经历的商品经济大发展中，三镇因地缘关系，与商品经济兴盛的平原水网地区的市镇区别日渐明显，并影响到其今日的格局形态。

水运是江南主要的运输方式，在商品经济中起着重要的作用。即便

① ［日］斯波义信：《宋代江南经济史研究》第376页："江苏浙江的定居地，滥觞于南京台地东部、苏州的微高地及湖州、会稽，说明在早期水利工程、生产技术条件下，无法居住在河口低湿地的广大地域，宁可选择水利供给比较稳定的山冈坡峦地带定居。"
② ［明］蔡升撰，王鏊重修：《震泽编》卷一"五湖、七十二山、两洞庭"。
③ 叶承庆：《乡志类稿》，载《中国地方志集成·乡镇志专辑8》，江苏古籍出版社，1992，第180页。

是在公路普及之后的近代，水运交通在江南乡镇仍然是主要的运输方式。因此在水网系统中的位置对各聚落影响很大。三镇在江南水网中，都处于水网体系的尽端，因而无法高效地融入江南市镇手工业和商业分工合作的网络之中。由于土地无法负担日益增多的人口，从元代起东西山人开始外出经商，并最终形成明清时代的"洞庭商帮"，经营布帛、粮食等商品，活动范围南至广州，西至四川，北至东北，行迹几乎遍及整个中国，并在近代转型中，投身上海的金融业和实业。而湖滨的光福镇区所在地为山前冲积平原，用地稍宽松，尽管偏僻仍有水网可以依赖，在明清时代成为著名的因蚕桑和丝织业发展起来的大市镇，是最早的种桑养蚕地[1]，并有着发达的高端手工业技术，是苏绣发源地，是缂丝技术的中心地之一。

东西山的聚落环绕山体一圈分布于山麓冲积平原之上，都位于山脚与平地的交接处，金其铭先生发现了东西山聚落的这一选址特征，"东西山的聚落与地貌类型十分契合，审视地形图即可发现，环绕山体的聚落外围的连线大致就是山麓冲积平原的下限"[2]。因为用地有限，聚落深度较浅，"村坞之绕于山麓者亦北浅而南深，浅不及半里深不过二里，舟行湖中可望而知也"。东山镇是东西山最大的聚落，也是最大的工商业中心[3]；东山前山（山东侧）的渡桥、后山（山西侧）的杨湾和陆巷是次级的小集镇。西山的集镇较小且分散，在山体四周分布着一些小的集散中心，如东河、镇夏、堂里、东蔡、元山等。光福西南部丘陵之间的聚落，散处于山脚下与山坞中，东北部平原区的聚落，居于水网和道路交通便利处，光福镇处于山前冲积平原紧靠山脚处。光福有光福镇和次一级的塘村两个主要集镇。

二、太湖半岛东山镇

东山镇，位于苏州市南部，是太湖中最大的陆连岛。春秋战国时期，东山作为吴国练军屯兵之地。北宋末年，东山是北方人口南迁避难的世外桃源。明清时期，东山商人异军突起，与西山商人合成"洞庭商帮"，时与晋、徽商帮齐名。东山镇发展至今，传统格局得以延续，古镇东西街、翁巷两个历史街区及陆巷、杨湾、三山等古村落是其悠久历史与灿烂文化的见证。东山镇于1995年被列入第一批江苏省名镇，于2010年被列入第五批中国历史文化名镇。

[1] 治蚕，初仅吴县属香山、光福等处有之。通商以来丝茶为出口大宗，人人皆知其利，长洲县所辖之西北境凡与无锡、金匮接壤者，遍地种植蚕桑。见曹允源：《吴县志》卷五十二，苏州文新公司，1933。

[2] 金其铭：《太湖东西山聚落类型及其发展演化》，《经济地理》1984年第3期。

[3] 金友理：《太湖备考》卷五《湖中山》，载马宁主编：《中国水利志丛刊41》，广陵书社，2006，第343页。

（一）镇村体系变迁

东山原本是太湖中独立的岛屿，木渎与东山之间隔着广阔的湖面。由于东山的滩地向东北扩大，对面七子山以南的滩地向西南伸展，东山与木渎以南的湖面逐渐趋向狭缩，后来形成一个宽阔的缺口，称作"大缺口"。大缺口是北太湖与东太湖之间水流的重要通道，也是东山通往陆地需要跨过的障碍。清初宽度仍有二三百丈，水流通畅，后因泥淤堆积，水面逐渐缩小，至乾隆年间仅余50余丈（约167米），至清末东山岛已经逐渐与陆地相连。

根据《乡志类稿》的记载，东山山体南北长，最远22里，最近17里，东西窄，最远18里，最近15里。周回82里。[1]山体按照自然地形分为前山、后山，山体东侧为前山，山体西侧为后山。前山离陆地距离较近，朝向木渎和苏州城的方向。

东山岛有人居住的历史很早，虽未进行考古调查，但"东山距陆地为近，居民当较早。考其沿革，姬周之时属吴，春秋时属吴越二国。吴之古迹尤有存者"[2]。由于地处湖中，历代为移民躲避战乱的隐逸之所。传说隋末莫厘将军居此，东山主山得名莫厘山。唐广明二年（881），席氏先祖席温将军携三子南迁定居东山翁巷。

移民大量进入东山岛是在南宋时代。北宋末年，北方战乱，大量北方移民随着宋室南迁。[3] 平江府成为仅次于南宋都城临安的北方移民接收地，居民半数以上迁自北方。苏州平江府于建炎年间遭金兵屠城，又逢疫疾和饥荒，"横尸枕藉，道路径港为实"，"死者近五十万人，得脱者十之一二而已"。根据东山大族家谱的记载，许多氏族正是在此时定居东山，如翁、严、万、施等家族。

山民们居住的村落处于山体周边与平地交接处的山麓地带，按照村落形态及其和山体与湖岸线不同的位置关系，村落们被命名为湾、港、村、巷、里、坞等。有限的可耕种田地分布于山上与山下，山上为果园，滨湖为田种植水稻、三麦、油菜，旱地种植桑树。低洼地区挖塘养鱼或者种植水生植物，湖滨浅滩或堤岸边为芦荡。

因地理环境的限制，东西山很早就开始专业化的经济作物种植。[4]东、西山的果木种植，至迟从唐代就已经开始。早期的果木以橘树为主，唐白居易《夜泛阳坞入明月湾即事寄崔湖州》"掩映橘林千点火，泓澄潭水一盆油"、皮日休的《明月湾》"晓培橘栽去，暮作鱼梁还"，表明西山的橘树种植在唐代已具一定规模。东山翁巷村北有古橘社，据说为东山较早的柑橘水运出口的集散地，是东山较早的商埠[5]。南宋范成大有"社下钟声送客船，凌波挝鼓转苍湾"，和"来从第九天，橘社系归船；借问翠峰路，谁参雪窦禅"的诗句。[6]至明代万历年间，果木品种有梅、樱、橘、橙、杨梅、枇杷等，东西山皆然。[7]但橘仍然占据相当大的比重，到清乾隆年间，橘树减少，"因此树最难培植，节次冻死之后，不再补种也。然以花果为生者，苟宜于土，凡桃梅枣栗诸果，无不种艺"[8]。

传统农业社会的基本特征之一，是它经济生产的自给自足性。农民家庭不但生产自救所需的粮食，而且生产粮食之外几乎所有必需的生活资料和生产资料。从明代开始，经济作物种植在江南地区迅速扩展，在特定地区出现明显的专业化倾向，传统农业经营内容发生转变，随着农业经济中商品关系的发展，地区城镇化进程加速，形成十分繁盛的农村市镇网络。[9]

---

[1] 叶承庆：《乡志类稿》，载《中国地方志集成·乡镇志专辑8》，江苏古籍出版社，1992，第124页。
[2] 同①，第123页。
[3] 吴松弟：《宋代靖康乱后江南地区的北方移民》，《浙江学刊》1994年第1期。
[4] 江南的大部分市镇，经济作物的种植在明代才迅速扩展，在特定地区出现专业化的倾向。但驱动因素（经济利益、人口压力等）与东西山的专业化倾向有本质的不同。
[5] 薛利华编：《东山人文》，中国文联·大众文艺出版社，2008，第205页。
[6] 范成大《橘社》和《翠峰寺》诗，转引自薛利华主编：《洞庭东山志》，上海人民出版社，1991，第564-565页。
[7] ［明］袁宏道：《袁宏道集笺校》卷四《锦帆集之二·游记杂著》，上海古籍出版社，1981，第161页。
[8] 金友理：《太湖备考》卷六《风俗》，载马宁主编：《中国水利志丛刊41》，广陵书社，2006，第476页。
[9] 包伟民：《江南市镇及其近代命运》，知识出版社，1998，第32-36页。

由于农田面积极为有限，农产品的产出以经济作物为主，东西山应该早于江南大部分地区，以商品交换的形式换取粮食和生活必需品。这种商业贸易的传统，因为东、西山地缘的原因，并未成为本地市镇发展的促发点，而是催生了明清时代东西山商帮的形成。

因此，在水网地区的江南市镇开始专业化及手工业生产大规模发展之前（一般认为这是在明代后期，嘉靖、万历年间），东西山的乡村率先进行了用于商品交换的果品的专业化种植，并继而因人口的压力，离开土地，远赴外乡行商，从商品的买卖中获取收入，反哺乡里。明代"洞庭两山富饶之名，虚播天下"①，"正德前家户饶给，父老多不识城市，有西山富之谣"②。明嘉靖年间，东西两山甚至胜过吴县第一镇木渎，是吴县最为富饶的乡村。③

因为贸易活动并不在本地进行，商贾外出后，经年不回乡里。所以，东西山人的商业影响远播全国，但却并未如江南其他市镇一样带来本地市场的繁荣。镇上的商业并不繁盛，每商户的营业额也较低，面向东山本地人口，消费力有限。

不过大量财富的聚集，仍然有效地促进了东山的建设。民国初年，东山在外的商人"岁入百数十万"，这些资金"除完纳之外，家给人足"，剩余的资金便用来在故乡创置地产，建造房屋，以备晚年。④鸦片战争与太平天国运动之后，上海作为通商大埠迅速崛起，洞庭商人将商业资本投入上海，1890年代之后，洞庭商人在上海钱庄业中声名鹊起，之后相当多的洞庭商人成功地在上海跻身买办业、银行业等金融行业，随后又将金融资本投入产业，开办丝绸、棉纱等实业。洞庭商人在上海工商界担任要职。20世纪初洞庭东西山的商人分别在上海成立了旅沪同乡会，同乡会对上海洞庭商人的维系与东西山的建设起到了重要作用。对东山乡里的建设，涵盖治安、水利、管理、桥梁道路建设、教育、卫生医疗等各个方面。"上海洞庭东山商人的商业活动，真正把近代化的都市与偏僻的乡村联系在一起。"⑤

太湖中诸岛原本只有元代起设于西山的甪头巡检司管辖守卫。因东西山的富饶，多有盗贼骚扰，明成化十八年，巡抚都御史王恕奏准设立东山巡检司。此为东山之有建置并纳入国家管理之始。但明代东山并未发展出市镇，根据明代文献的记载，在现东山镇的位置，明代仍然是二十六都到三十都的一系列村落，如翁巷、金塔、施巷、叶巷、诸家湾、金家湖等村。⑥清康熙年间，始设太湖营，控扼全湖，驻扎在西山。雍正二年分为江南太湖营和浙江太湖营，江南太湖营设参将一员，驻扎于东山。清雍正十三年，以"洞庭两山为太湖扼要之地，山水交会，支港既广，渔舟丛集，易为宵匪潜藏"等原因，将原设置在吴江同里的太湖同知移驻东山，职务也由原先的"专司水利"，改为"就理民事"。清代同治年间，东山仍无镇的设置，所在为二十六都至二十九都，仍为诸多村落。（图4-2）

民国年间，行政区划制度调整，取消了府，县级行政区划也一直处于不断调整之中。民国初年，东山曾短暂地改为洞庭县，存在了短短数月，就因东山、西山、木渎、横泾的旅沪同乡会的一致反对而取消。民国年间，东山的相关文献中首次出现了镇的设置，且区划变化较多。在1936年的《分省地志——江苏》中记载，洞庭东山有前山镇及后山镇两个比较

① 郑若曾：《江南经略》卷二《吴县备寇水陆路考》。
② 牛若麟修，王焕如纂：《（崇祯）吴县志》卷首《西洞庭图说》，载《天一阁明代方志选刊续编15》，上海书店，1990，第128页。
③ 明代嘉靖年间的《吴邑志》在"吴县疆域图说"中谈到吴县乡村土地稀少赋税繁重时提道，"既观吴域阻山负湖，非若他邑之多平壤及长洲之多腴田也，湖渔山樵仅足衣食，欲求殷户，其在洞庭乎。夫洞庭之民，鲜务农耕，多商于远，而地饶梨橘，俗务勤俭，不同城郭，迄今亦累困重役焉，故吴惟兹两山为上乡，而木渎次之，横金又次之，余无足言矣。"见杨循吉、苏佑纂，曹自守撰图说：《吴邑志》，载《天一阁明代方志选刊续编10》，上海书店，1990，第702页。
④ 张志新：《明清时代洞庭东山繁荣原因探析》，《东南文化》1988年第2期。
⑤ 孙建国：《掘金上海滩：洞庭东山商帮发迹路径》，《档案与史学》，2004年第2期。
⑥ 崇祯《吴县志》，载《天一阁明代方志丛刊续编15》，上海书店，1990，第214页。

大的集镇。"此等镇市，皆通水道，有小轮航船往来。"① 前山镇即为今东山镇所在地，后山镇所在地为今天的陆巷村和杨湾村一带。前山镇位于东山通往木渎和苏州城的要道渡水桥的左侧，地势宽敞，出行可走水路，亦可走陆路，交通相对便利。民国三十三年（1944），东山有东街镇、西街镇、渡桥镇、杨湾镇4个乡镇②，东街镇、西街镇在现东山镇镇区的范围。总之，在1920到1930年代，东山形成了前后山的若干集镇。对照民国年间苏州的方志中镇的相关记载数量急剧增多的情况，东山诸镇设置的原因，可能更多是行政管理制度的变化，而非商业的驱动。③ 1944年，东山镇区范围（包括东街镇和西街镇）人口的比例，约占全镇人口的28%。（图4-3）

在洞庭商帮兴盛的明清至民国年间，东山地区常年外出经商的人口比例很高，外出人口几乎相当于东山人口的一半还多。根据民国三十三年（1944）的调查④，前山外出人口多的乡镇主要集中在东街镇和西街镇，其余4个外出人口多的乡镇都在农田更少的后山（图4-4）；且外出人口主要为男性；东街镇和西街镇的外出人口占东山总外出人口的40%以上。很多在外经商的人，选择将住宅与家室安置于东山镇区而非乡村，人口倾向于向便利的前山镇区转移。

1949年之后，吴县和东山的行政区划经过多次变动。2000年东山镇下辖4个居委会，30个行政村，覆盖大缺口以西的东山全岛和三山的范围，人口总数5万余人，60%居住在用地比较宽松的前山，前山人口的77.6%居住在东山镇区范围内，即东山镇区人口占全东山镇的46.6%。与民国时期的28%相比，人口进一步向镇区聚集，城市化程度提高。（图4-5）

（二）空间格局分析

1. 地形、水系与东山镇的形态

东山镇位于东山西侧，坡麓冲积扇和湖滨高地上。西侧为东山最高峰莫厘峰，东侧为与武山之间的低洼地带。从东山地貌类型图上可以看出，由于东山山体的走势和太湖的相对位置，镇区所在地段的地形特征，是沿着山脚的冲积扇呈纵向条带状分布，东西方向因受地形的限制进深较浅。（图4-6）地形的特征决定了东山镇区的基本格局。

由于太湖自古水患为大害，聚落选址都位于距离湖边一段距离的山麓地带。如前文所述东山镇形成时代较晚，在明清时代，东山镇的范围实际上是沿着条带分布的若干村落。前山东北侧的村落分布非常密集，首尾相接，形成了一条主街道串联的聚落群。重要的建筑沿街两侧分布。在主街的两端，用地较为宽松。西北端为山体之间的翠峰坞，深入山内，东南端湖滨高地向西突出，形成另一块进深较大的区域。所以镇区的两端，形成了有网状道路的成片聚落翁巷和诸公井一带。

---

① 李长傅编著：《分省地志——江苏》，中华书局，1936，第295页。
② 叶承庆：《乡志类稿·官政·户口》，载《中国地方志集成·乡镇志专辑8》，江苏古籍出版社，1992。
③ 在民国年间，镇正式成为国家行政体系的一个层级。这不同于明清时代，即镇作为商业中心地，但并未纳入国家行政层级，镇所在地人民仍然是按照乡、都、图系统受国家管理。
④ 叶承庆：《乡志类稿·官政·空户他往人口调查表》，载《中国地方志集成·乡镇志专辑8》，江苏古籍出版社，1992。

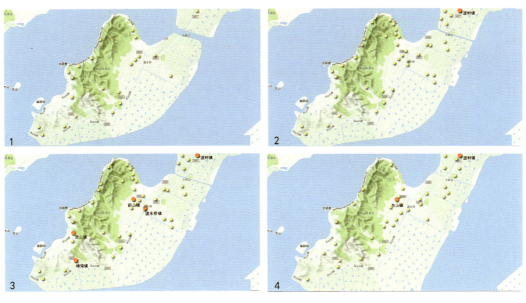

图 4-2　东山镇域聚落的历史变化（1. 明弘治；2. 清同治；3. 民国；4. 2000 年）

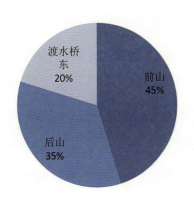

图 4-3　1944 年东山人口分布（三山人口无单独记载，并入后山席周乡，渡桥镇计入渡水桥东人口）

图 4-4　空户他往人口调查表

资料来源：叶承庆：《乡志类稿》，江苏古籍出版社，1992

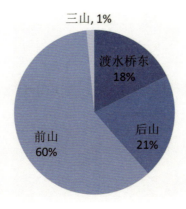

图 4-5　2000 年东山人口分布

图中标数字13的黄色区域为谷口或坡麓冲积扇。标数字15的绿色区域为湖滨高地（高出湖面大于2.5米）。标数字16的浅绿色区域为湖滨低地（高出湖面小于2.5米）。15和16间的分界线为古代湖岸线

图 4-6 东山地形地貌图（红线范围为东山镇范围）

资料来源：底图来源于中国科学院地理研究所编《中国区域景观典型图：太湖东西洞庭山》，1958

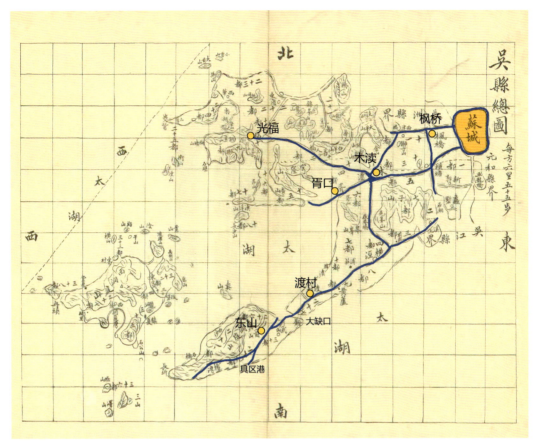

图 4-7　东山与苏州城之间历史水系图（底图出自民国《吴县志》吴县图）

　　东山镇虽处山麓，出行均赖水道；山水下泄，也经由东山镇的水系通往太湖。因此，在东山镇的形态中，水系对格局有非常大的影响。

　　在东山前山，顺山势溪涧流水汇成的港从山坞流出，跨过东山镇主街，形成长泾浜、殿泾港、叶巷港、漾桥港、施巷港、马家浜等水道。这些水道与主街垂直，是东山镇出行的码头，也是舟楫停泊之处。诸港渎的水，东流入具区港。具区港，又称渡水港，是东山和武山的分界，是贯穿东山的主水道。"南北通湖，为通行巨港，东山诸港皆横，此独纵。"① 北起席家湖嘴，南经菱田、查湾、杨湾、澄湾、屯湾，"南行转西直至长圻，左皆芦洲菱荡。隔湖于外，舟行于内，亦若港然"。② 西南至白浮门出太湖，全长 12 千米。在殿泾港与具区港的交汇处，有一座横跨具区港的具区风月桥，又称渡水桥，是陆路交通的要道③，是东山的门户。元代就已存在，民国年间桥的周边为渡水桥镇的中心。水道跨过具区港，再由新开河（又称鹦鹉河）向东，在摆渡口与大缺口交汇入渡村镇境，北与黄洋湾相接通往苏州。这是旧时东山内河航运沟通苏州之主要水道，总长 3.5 千米。清道光年间，陶澍在《太湖厅修浚鹦鹉诸河碑记》中提道，鹦鹉河黄洋湾是东山由内港达苏州的要道，东山居民去往苏州购买物品由此河最为便捷，河道淤塞后，改由外湖行船，"风涛四十里，人病其险"④，后由太湖厅主持修浚。（图 4-7）

① ［清］金友理：《太湖备考》卷五《港渎》。
② 同①。
③（具区港）"其流广而且急，隔越行旅，为必由之要津。" 杨循吉：《重建渡水桥记》，载马宁主编：《中国水利志丛刊 61·震泽编·卷八》，广陵书社，2006，第 322 页。
④ 郑绍言：《太湖备考续编》卷二《太湖厅修浚鹦鹉诸河碑记》，载马宁主编：《中国水利志丛刊 43》，广陵书社，2006，第 1284 页。
东山民国年间通往苏州和上海的外湖航线，经太湖，进胥口，过木渎，到达苏州，水程略近，但常因风涛及湖中水草之患而停办。见《洞庭东山志》编纂委员会编，薛利华主编：《洞庭东山志》，上海人民出版社，1991，第 107 页。

2. 东山镇的格局

顺应地形和水系，东山镇的主体格局以一条西南至东北的主街和若干条与之垂直的水巷组成。主街连接了翁巷、施巷、叶巷、殿前、王衙前、响水涧等，长达2千米。2千米长的街巷串联起的聚落，并非同一时期形成的。从东山镇各氏族家谱中所记载的定居史可以总结出东山镇区格局形成的历史。

东山镇区在唐代就已经开始有人聚居，翠峰坞的翠峰禅院为唐将军席温舍宅改建。镇北端翁巷的创始也与席温有关，应从唐代开始形成，翁巷北的古橘社至迟在南宋已形成码头。南宋时期，随着宋室的南渡，东山镇所在位置也迎来了南渡移民，南宋时期迁入的移民定居于今东山镇的南北两端。翁氏的祖先在南宋时迁入镇北的翁巷。东山施氏，高宗南渡时定居东洞庭山，"因名其地曰施巷"[1]，即今东山镇西南的施巷，位于东山镇的南端。据说响水涧和施巷港也为施氏迁居时整修。东山以东的武山，又称吴山，相传为春秋时期，吴洑婪隐居处。为吴巷山定居之始，至元代开始兴盛。[2] 从元代渡水桥由木桥改建石桥来推断，元代渡水桥作为联系东山、武山的重要通道和东山出太湖的码头，使用率较高，渡水桥西侧的殿泾港一带应该已经形成聚落，渡水桥一带很可能已经形成市场。殿泾港西南的叶巷村，元代至元年间后山的叶姓外出经商后，在此择地定居，将附近的山涧开港铺路，逐渐形成聚落。[3] 同样是在元末，南宋迁来东山后山的万氏，因从商迁居至前山叶巷村的西部，今东山镇东西万巷的位置。[4] 翁巷村北的金家湖金氏，也在元至正年间到橘社一带定居。[5] 明代时，整条东山街应已经前后连续，现存的明代建筑分布在从翁巷到诸公井的各段街巷。

在沿街巷的土地被占满之后，东山的人口继续向镇区集中，居民点继续向主街两侧的山坞和水边蔓延。莫厘路北端的姚家场和姚家坞，是姚姓的聚居地，"200多年前，姚家场、姚家坞这块山地还没有人居，山场的所有权是郑、万、叶、张、席等大户人家所有，这些大户人家的住宅都沿街巷建造，山区造有他们的坟山、祠堂，大多是荒野坡地。清乾隆年间，吴江姚家港姚姓来东山贩运蔬菜，在此租房居住"[6]，后定居于此。民国十一年（1922），在上海做棉纱生意的金锡之回乡花重金兴造的春在楼，选址于诸公井东侧的下游方向。

1949年之后，木东公路（1956年）和环山公路的通车（1979年），改变了全山交通对东山老街的依赖，拓展了镇区的格局。1973年，东山前山开挖泄洪河，雨季引山水入太湖，西南起自曹坞，东北至金家河入太湖，全长3.2千米，途经翁巷村南，筑3座小桥通向村内，后古街上房屋大多以桥名编号，泄洪河及其沿线的公路（湖湾路），彻底改变了翁巷村原本的格局。泄洪河从山脚下将山水直接引入太湖，也导致了原本曹坞山洪的主要通道响水涧水量的减少。清末席裕康修筑的连接翁巷平盘至殿前的主要道路土山路，被泄洪河切断，湖湾路连通后，土山路被废弃成小径。1958年，将叶巷浜头泥墩刨平填没，叶巷河头向前移出200余米。通往殿前的殿泾港河头、漾桥港河头等都被填没成为道路。再加上交通与生活方式的改变，叶巷浜场和殿泾港的浜场不复昔日面貌。（图4-8）

东山镇明清至民国时期的商业，主要分布于原东山一条街上，即今东新街、人民路、西新街、马家弄等主要街道两侧，全长2000米。民

---

[1]《明故府君施公（孔惠）墓志铭》，转引自薛利华编：《东山人文》，中国文联·大众文艺出版社，2008，第150页。
[2] 同[1]，第6页。
[3] 同[1]，第61页。
[4] 东山万氏祖先于建炎年间宋室南迁时定居东山后山张巷，至八世孙万愈迁移至前山。至二十六世孙万梅峰（1834—1913）旅居上海后，家业大振。按此计算，八世孙时约为元末明初。资料引自薛利华编：《东山人文》，中国文联·大众文艺出版社，2008，第135页。
[5] 同[1]，第205页。
[6] 同[1]，第257-258页。

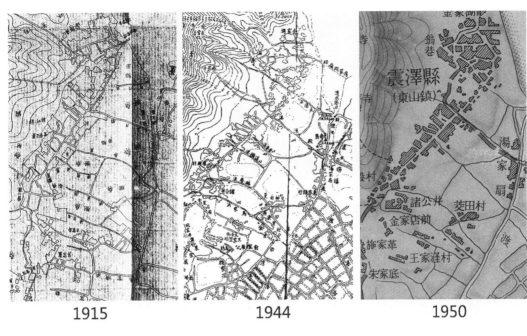

图 4-8　东山镇区空间拓展

资料来源：左《洞庭东山会馆落成报告全册》，中《洞庭东山旅沪同乡会三十周年纪念特刊》，右《中国区域景观典型图·太湖东西洞庭山》

国前后，全街形成西、中、东 3 处热闹街段。西自诸公井至施公桥，中从轿子湾到叶巷浜场，东始于西万巷、止于殿场头。根据前引文献，1942 年东山镇与渡水桥镇的店铺约 190 余家。1944 年《洞庭东山旅沪同乡会三十纪念特刊》生动记载了东山民国年间的市况。战前，东山有江苏银行、永和钱庄，源源和崇德两大典当行。① 战时金融、典当行业均歇业，"次以酱园、米业为盛。洋杂货店以计顺兴为较大。轿子湾头，茶肆林立。晨间为山农叙谈之所。下午则为渔民休憩之场。故如欲购买新鲜大鱼者，每日下午可在此处购买。茶肆内设有书场，为乡民唯一之娱乐。故于夕阳将下时，书场内每告客满。"② 茶肆集中于轿子湾一带，位于东山镇阁老厅前的一段。在北部东街张师殿后和南部施公桥一带，民国后设有两处小菜场，早晨有市集，"是晨间热闹之购菜处也"。此二处位于殿泾港和施巷港与主街交会处，交通便利，且居民集中。东山人经商以在外的洞庭商帮闻名，而在本地经商的多为外地商人，徽州商人经营粮食、槽坊、菜馆、面铺等；绍帮商人经营染坊、烛坊、烟杂等；太湖南岸一带商人经营油、酒、米店等；苏北人经营少量的小商品售卖。③

1937 年，八一三淞沪会战爆发，东山僻处湖中，属于战争的后方，城市中的避难者蜂拥而至，导致东山出现畸形繁荣。人口激增至六七万。大街上行人摩肩接踵，多借听书消遣，书场骤增 7 处，茶肆、点心店、大饼摊等更如雨后春笋，"为地方有史以来所未有"。在商业的表面繁荣下，除了本地出产的鱼虾蔬菜外，其他生活必需品物价高涨。民国年间在上海做生意的人多，东山居民的家用之款，一半以上要由上海汇来，抗战爆发后，银行钱号都已关闭，所以表面的繁荣，实为恐慌。④ 此种"繁荣"，持续了不到半年，就因山中流寇和日军的扰乱而结束，次年一月避难的人群复多离山，约走十分之七，本山居民

① 东山镇设金融机构有两大原因，一是在外经商的东山商人需要将钱汇回乡里，二是可能与民国年间东山商人很多在上海跻身金融业有关。
② 徐敬：《东山谈荟》，载洞庭东山旅沪同乡会三十周年纪念特刊委员会编：《洞庭东山旅沪同乡会三十周年纪念特刊》，1944，第 155 页。
③《洞庭东山志》，第 115 页。
④ 陈留：《故乡事变追记》，载洞庭东山旅沪同乡会三十周年纪念特刊委员会编：《洞庭东山旅沪同乡会三十周年纪念特刊》，1944，第 169-170 页。

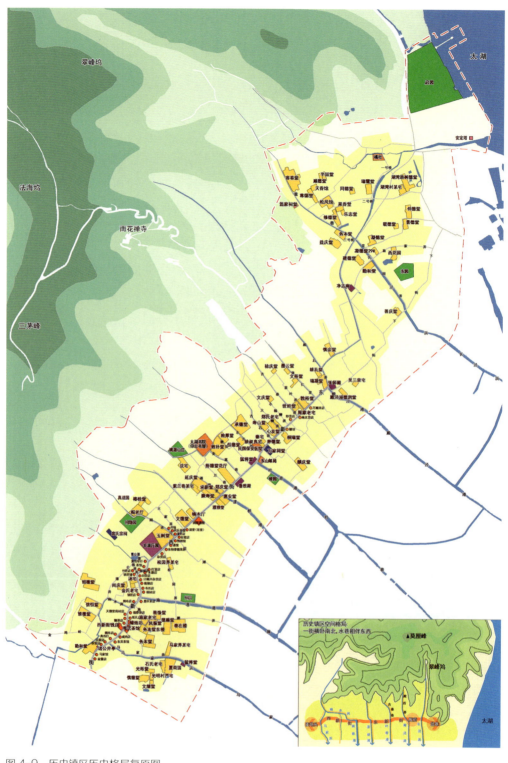

图 4-9 历史镇区历史格局复原图

资料来源:《东山历史文化名镇保护规划（2014—2030）》

也有多迁避上海、苏州的。

1969 年之后，东山街中段（叶巷至曹公潭）拓宽，新的城镇尺度和便利的交通，吸引新的商业向中街聚集，原东街和西街的商业日渐稀疏，无复往时的热闹，1970—1980 年代，垂直街道中段，向南修筑了莫厘路和银杏路，连接外侧的公路（启园路和紫金路）。东山镇的商业继续沿着这两条道路向外拓展。（图 4-9）

东山管理民事的衙署太湖厅署，即太湖水利同知署，在东山王衙前，紧靠主街一侧，今东山莫厘中学的位置（1947年，区公所为莫厘中学所用）。此地原为陈世倌购买席氏产业后所建别墅，清雍正十三年太湖厅从吴江同里镇迁移至东山。乾隆八年，同知高廷献改建，规制如府治。署前有照壁墙，东西有牌坊，内有园。民国时，太湖厅署改为区公所，继续作为全山的民事管理机构。区公所内设吴县征粮分处，警察局在区公所旁。乡公所在叶巷北襄公庙东，民国初年在废尼庵旧址上建造。

东山的军事衙署，均设在镇区周围，集中在渡水桥和镇区以南的地区。明成化十八年所设的东山巡检司署，位于渡水桥南，明末设太湖总练衙署在东山镇区以南的绿野桥，清康熙年间建太湖营把总署在渡水桥湖亭西，清雍正年间设太湖营参将署于东山镇区南侧的芰田。光绪年间设太湖营副将署在渡水桥北，习称协台衙门，民国改为水警部队。

除了衙署之外，东山镇区的多处祠庙形成一系列公共空间节点。东街张师殿是镇上的一个标志性地点，原为东岳行宫，宋开宝中里人张大郎舍地建，明正统间重修，历代又有改建。始建之时，东山街还没有形成，院内至今还保存着树龄约600余年的银杏树，殿前、殿场头、殿背后、殿新村等自然村名，以及殿泾港等都与张师殿有关。殿位于殿泾港和东街的交会口，一边是通往渡水桥的殿泾港浜场，民国年间的小菜场即设于此处，张师殿通往渡水桥的殿泾港路，称为官路，为东山人外出的主要道路，路边设有养力亭、孙公亭两处路亭。此外，镇区各村设有多处猛将堂，在诸公井、殿前（民国后，将张师殿山门改建成"刘公堂"）、渡水桥边、殿泾港边、叶巷街边等处。清后期在叶巷与漾桥之间，有鲁班殿，祀鲁班先师神主，亦称水木公所，为旧时建筑工匠聚会之所，但东山水木作也并不发达，"只能为本地造一些台子、凳子、马桶、脚桶，偶尔也可以造几间住屋"[1]。

清末至民国，镇区增设了多处近代公共建筑与设施。清末在叶巷东万巷口，设邮政局，可以办理邮汇储金事宜，民国二十年后，开设代收发电报业务。民国十九年，区公所开通长途电话。1930年借叶巷公井之便，设叶巷救火会于叶巷浜场公井西侧（今东山镇政府一带，1996年东山镇政府大门扩建，原叶巷浜场两口公井被封，改为大道）。民国十六年（1927），东山旅沪同乡会捐资，在东万巷前商团旧址创建保安医院，为东山公共卫生事业之创始。[2] 1946—1949年，在东山旅沪同乡会的帮助下，东洞庭山各校同学联谊设创办月刊《莫厘风》，在东山殿前严大德堂国药号设经销处。

吴县西部山区一向有种桑养蚕的传统，明清时期东西山很多农户以蚕桑为务，"地多植桑，凡女未及笄，即习育蚕，三四月谓之蚕月，家家闭户不相往来"[3]，为周边的丝织业市镇如南浔等提供原料。19世纪后期，丝业国际市场打开，江南传统的蚕桑业技术落后，在竞争压力下，清末至民国开始了蚕桑改良运动。在1920至1930年代，改良运动全面开展并普及到乡村。[4] 民国二十二年（1933），江苏省建设厅在东山殿泾港养力亭旁建筑房屋，办育蚕指导所，每于蚕汛中派员指导山中乡农，催种饲育方法。

镇区设公立学校始于清嘉庆二十三年，太湖同知罗琦在漾桥北修文昌宫，宫侧两廊分置斋舍，为仰云书屋，后毁于太平天国。同治十一年在文昌宫旧址改建五湖书院。清光绪二十四年，又在五湖书院附近建养

---

[1] 朱颉：《谈谈故乡》，《莫厘风》1946年7月1日创刊号。转引自中共上海市委党史资料征集委员会主编：《洞庭东山旅沪职业青年革命活动史料1944—1949》，1987。
[2] 韦白：《东山保安医院创办之经过》，载洞庭东山旅沪同乡会三十周年纪念特刊委员会编：《洞庭东山旅沪同乡会三十周年纪念特刊》，1944。
[3]《震泽编》卷三《风俗》。
[4] 包伟民：《江南市镇及其近代命运：1840—1949》，第298页。

正学堂，光绪三十一年改为五湖两等官立小学堂。民国年间，镇区陆续兴办过多所公私立小学、商业学校、国民学校、女学等，利用各处猛将堂、祠堂等开设，都未能持续长久。1947年前，东山只有官立和私立的几所小学，大多数学生小学毕业就立刻背井离乡外出经商习业，小学的教育也与别处不同，英文在课程中占特殊地位，珠算和尺牍也很重要，一切都为了将来可以做上海洋行买办或和外国人做生意经商挣钱。[①] 民国三十六（1947），莫厘中学迁移到太湖厅旧衙（即区公所）办学（因与横泾合并，东山区公所迁至渡村），东山旅沪同乡会出资修缮改建，东山才有了中学。

（三）物质和非物质文化遗产

1. 宅邸园林

东山人经商之富，从明代中后期至民国，在吴县乃至苏州都首屈一指。民国时期，李根源看到东山"房屋整齐，人家至万余户，无一茅茨，全国中实所罕见。且道路修洁，前后山通车无阻，熙来攘往，可称乐土"。东山的财富，集中地体现在聚落和住宅建筑的建设上。东山尤多豪华的建筑，且易受外来的技术影响。

东山保存了为数众多的明清时期住宅，尤其是明代住宅，在东山数量尤多。这些住宅多建于明代中期以后，已经显示出东山在这一时期的富裕与追求华丽的风俗。

镇区北端翁巷的凝德堂，建于明代晚期，原规模较大，主轴线上有门、大厅和后楼，左右有厢房和边楼。现仅存门屋、二门和大厅。从主街入凝德堂要经过一道巷门。凝德堂门屋面阔三间，明间开门，左右有东西耳房。大门进深六界，明间在步柱间装板门，两侧步柱与廊柱间的墙壁以磨细的方砖45度斜拼。门的划分方式类似将军门，门当户对，两侧横档上部做透空花格。二门是类似牌坊仪门的形式，当地人称之为"福寿墙门"，门为硬山顶，两侧砌八字墙砖细。这样的形式在东山地区较为少见。正厅为明三暗五的形式，两稍间与中三间之间以墙相隔，进深六界，为内四界加前后廊的形式，梁架为扁作抬梁，檐柱为抹角方柱，内柱为圆柱。凝德堂现存的3座建筑上留存了东山地区保存最好的明代彩画，是苏式彩画的代表，梁、檩上多为"包袱锦"彩画，图案多样，色调淡雅、素洁，有些檩和椽上绘有松木纹彩画（图4-10）。

东山西南杨湾的明善堂也为明代建筑，建于明代崇祯年间。正厅院落是明善堂最为考究的部分。院落入口的塞口墙内侧设华丽的发戗牌科墙门（图4-11），两侧院墙向内的一面均做清水砖墙，墙上设枋，上有华丽的砖雕，枋上坐牌科，架桁椽承屋面。

东山镇区西南的春在楼，俗称雕花楼，民国十一年建，民国十四年竣工，是香山帮匠人所建，雕刻极尽奢华，且采用了民国后的新建筑材料。春在楼是金锡之在上海做棉纱生意发财后回乡建造的，从外向内，依次是照壁、砖雕门楼、前楼和后楼。建筑的一侧为花园。总体来说为苏州传统住宅的平面格局与结构系统。春在楼的奢华主要体现在装饰上，砖雕、木雕、泥塑、彩绘、壁画几乎覆盖整座建筑。阳台的铁制栏杆和彩色玻璃窗则是当时上海流行的西式建筑材料。（图4-12）

---

① 朱飙：《谈谈故乡》，《莫厘风》1946年7月1日创刊号。转引自中共上海市委党史资料征集委员会主编《洞庭东山旅沪职业青年革命活动史料1944—1949》，1987。

图 4-10　凝德堂大门

图 4-11　明善堂牌科墙门

图 4-12　春在楼

明清时代，东山士绅多在宅中设园。明末清初翁巷翁笾的孙子翁彦博，以文雅著名，在翁巷建造了"湘园"（今翁巷三号桥北，东侧），归庄的《湘云阁记》中，称该园"古木交罗，名花奇石，左右错列，崇室高馆曲廊深院入焉而迷西东"，湘云阁则以湘妃竹为材料，"斑然可爱"，登阁"凭窗而望连峰矗其前，太湖萦绕之，山川云物之奇，林木之茂密，聚落烟火之繁盛，一览而尽得之"。阁中珍藏"鼎彝书画，三代秦汉之法物，宋元以下之名迹"①。席氏迎驾的东园，为明末清初购翁氏园林移建。明范景文作《东园》诗，称"少伯湖中第一山，山中另有一人间"②。东山镇西南马家底的曲溪，一名夏荷园，为严奕所筑。"设家祠，有嘉树幽岩，荷沼亭榭之胜"③。曲溪利用穿过东山镇的溪水，取曲水流觞之意，沿溪皆文石。

① 归庄：《湘云阁记》，转引自薛利华编：《东山人文》，中国文联 ☒ 大众文艺出版社，2008，第1061页。
② 薛利华主编：《洞庭东山志》，上海人民出版社，1991，第582页。
③ 叶承庆：《乡志类稿》，载《中国地方志集成 ☒ 乡镇志专辑8》，江苏古籍出版社，1992，第141页。

2. 公共建筑

因东山商人对家乡建设的重视,东山镇的公共设施建设非常完备。东山自古用水都靠水井,镇上有多处公共水井。东山西街中段十字路口处的诸公井,兼做水井,与猛将堂是东山西街重要的公共活动中心,周边店铺林立。

诸公井上覆有井亭,亭面阔一间,进深两间,前部开敞,后部封闭。前一间地坪与街道等高,两侧柱间设石凳,可供休憩,后间地坪升高两级台阶,诸公井就在台阶之上,井圈为八角形青石,圈内侧有深深的井绳磨出的痕迹。井后设门,门内供奉猛将神像。亭前部用四根方形抹角石柱,室内设轩,并用斗拱,屋面为歇山顶。(图4-13)

3. 非物质文化遗产

东山镇共有非物质文化遗产6项。其中国家级1项,省级1项,市级1项,区级3项。(表4-1)

碧螺春茶之名与康熙南巡有关,原名为"吓煞人香","碧螺春"3个字为康熙所赐。以往为皇帝御用的贡品,即便在今日碧螺春工艺已传至全国各地,洞庭东西山所产碧螺春仍为上乘之品。东西山的丘陵之地适合茶树的生长,传统上

图4-13 诸公井亭

茶树都栽种于果林间,没有成片的茶园,茶叶也因此有果木的香味。茶叶种植后,经采茶、拣茶、炒茶等工序,制成碧螺春茶。

台阁(抬阁)又称三月会,是东山独特的表演活动,源于宋代,盛于民国年间。由2~3个孩童站在特制的台阁上表演戏曲故事,通过服饰和装置的掩饰,仿佛一脚悬空在表演,惊险飘逸。

表4-1 东山非物质文化遗产列表

保护级别	保护项目	起始年代
国家级非物质文化遗产	碧螺春茶制作技艺	唐代
省级非物质文化遗产	东山台阁	宋代
市级非物质文化遗产	东山猛将会	明代
区级非物质文化遗产	东山婚俗	不详
	白切羊肉烹饪技艺	元代
	苏式砖雕技艺	清后期

资料来源:《东山历史文化名镇保护规划(2014—2030)》

图 4-14 台阁

图 4-15 猛将会

台阁下部由青壮年抬起，可以随着队伍行进。台阁表演称出台阁，在赛会前1个月开始，一般在3到4月间，持续1个月左右。赛会日后，农事渐忙，台阁活动结束。东山盛时有上百只台阁，道具各具特色，演出内容也各不相同。[1]（图4-14）

猛将是东山最兴盛的信仰之一。刘猛将是民间传说中的灭蝗将军，清嘉庆朝曾列入祀典，各地都有祭祀，历史上北方的蝗灾比较严重，因此北方村落祭祀刘猛将较多[2]，但在太湖流域，猛将信仰也非常兴盛，东山更是猛将信仰的中心区域，几乎村村都有猛将堂，猛将也成为东山人的庇护之神。传说明代时，东山欲塑猛将孩童像，塑成抬过街西端诸公井时，将神像置井圈上休息，之后却再也无法移走，所以就在井上祭祀。今诸公井亭旁，即祀猛将神。猛将会，即抬着猛将神像出巡，仪仗威严，旗伞蔽日，锣鼓喧天，非常壮观（图4-15）。从大年初一至十二，东山各村猛将轮流出巡，其间还会有"抢会"，以卜蚕花茂盛，至十三日猛将诞辰日，在猛将堂或祠堂内祭祀。

（四）特色和价值

东山镇不同于其他的江南水乡，它不处于江南发达的水网节点上，而处于水运交通的末端，特殊的半岛地理环境，让东山镇无论在历史发展的路径上还是聚落的空间特征上都不同于其他江南市镇，具有枕山面湖，秀中藏幽的整体格局。

[1]《东山镇志》编纂委员会编：《东山镇志》，东南大学出版社，2002，第686页。
[2] 陈志华、李秋香：《中国乡土建筑初探》，清华大学出版社，2012。

东山镇是宗族文化、商帮文化和太湖流域的江南文化的结合体，名门望族众多，堂号寓意丰富，历代文风炽盛。它的历史变迁和格局特点，体现了太湖岛民对资源的利用和开发方式，是太湖流域农村经济转向精耕细作、多业并举发展史的缩影。

东山镇是一个封闭的半岛，保留了非常多的民俗传统，是太湖洞庭两山一带千年传统民俗文化的积淀之地；它在明清到民国时期又曾与国家的经济、政治命运息息相关，这种关联性即便在今日，仍能在那些宅院和他们远在海外的主人身上体现出来。

三、 世外仙岛西山镇

西山镇，位于苏州市西部，太湖湖心，早在新石器时代就有人类居住。夏初，禹治水留下遗迹，部落余氏、汪芒在此居住。商末，泰伯、仲雍兄弟为避让王位来到太湖流域，建"邑"，称"勾吴"。秦统一六国设县，西山属吴县。西山镇的历史遗迹主要分布在镇区和明月湾、东村、东西蔡、植里、后埠、涵村等古村内，传统风貌及格局保存较完整。西山镇于2001年被列入第二批江苏省历史文化名镇。

（一） 镇村体系变迁

1. 区位与历史

西山又称包山、洞庭山，是太湖中最大的岛屿，西山缥缈峰是太湖七十二峰的最高峰。与东山相比，西山更为僻远，山高峰奇，更似烟波浩渺的太湖中的仙山。

西山岛在新石器时代就有人类活动。春秋战国时期，位于吴越交界地的太湖，是两国水战的主要战场，吴国在西山曾大败越国，吴王夫差在西山消夏湾为西施建造消夏别宫。从战国至汉代，缥缈于世外的西山成为隐士的栖身之地，留下来种种关于隐逸的传说，如范蠡、葛洪、周隐遥、商山四皓（甪里先生、东园公、绮里季、夏黄公）。佛教、道教兴盛于南北朝至唐宋，远离城市的西山岛，因自然环境优美，成为佛道青睐的修行之地。西山诸多佛寺道观都可追溯至这一年代，如报忠寺、包山寺、水月寺、孤园寺、法华寺、禹王庙、上真宫等都始建于南朝梁，神景宫（灵祐观）始建于唐初，唐代还建造了上方寺、天王寺、长寿寺等佛寺，西山林屋洞被宋代《云笈七签》列为道教十大洞天之第九，毛公坛列为七十二福地之第四十九，从而成为道教的圣地。

从唐代起，西山景色闻名，是文人游览的目的地。在苏州为官的白居易、皮日休等都曾游览西山，并留下诗作。宋代范成大、苏舜钦居于苏州时也游览西山。宋代的"花石纲"自西山采太湖石，西山太湖石闻名于世。

在宋代之前，西山岛僻处世外，人口稀少，在世人眼里是山水灵秀、风景优美的世外仙岛，隐逸修行的绝佳场所。

在北宋末年之前，西山的人口主要是传说中的隐士及其后人，也有少量移民，隋代郑氏由荥阳迁至西山甪里。宋苏舜钦《水月寺纪略》载北宋时期西山人口"（西山）地占三乡，户率三千，环四十里，民俗真朴"[①]。

北宋末年，随着宋室南渡，大批北方氏族南下，其中至西山隐居躲

[①] 金其铭：《太湖东西山聚落类型及其发展演化》，《经济地理》1983年第3期。

避战乱有徐、陆、沈、蔡、蒋、马、屠、劳八大宗族，西山人口大量增加，以宗族为单位，形成了一批聚落。镇下、慈里、明月湾、消夏湾都已经有人居住（《林屋民风》）。

至明代西山户数是宋代的约 3.6 倍。记载在《震泽编》中的西山聚落有 20 余个①。"里"是西山比较有特色的地名，"民俗区别谓之里"，与西山以世家宗族为村落单元的居住模式有关。明代袁宏道游览西山留下了非常美好的印象，"山村幽冶而繁，消夏湾最胜，居民百余家，负缥缈，面小太湖山，左右垂臂，案山如髻，累累立水中。山地沃，一亩千缗，族植而颗者，曰涵村梅，后堡樱，东村橘，天王寺橙，其他杨梅、枇杷、林檎、鸭脚之属，弥野皆是。"相较于明代已经"民竞刀锥，俗鲜风雅"的更为富裕的东山，西山更为淳朴。

清代西山置姑苏乡、洞庭乡和长寿乡，分辖全山之地，《林屋民风》中记载的村巷有涵村、塘里、瞳里、新安、下金等 70 余个。明代之后，西山人口已经接近饱和，清康熙五十二年，西山共 11 610 户、66 029 人，此为有数据记载的西山人口的顶峰时期。明清时期，因可耕种的土地资源的稀缺，西山人外出经商蔚然成风。西山商人多沿长江去往荆湘，以至于此二地"竟为吾乡之都会"，川蜀两广亦有西山商人。贩卖的货物，"下水"为湖北的大米，"上水"为苏州一带生产的绸缎布匹。山中的贸易则与东山类似，以生活必需品为主，"不过油盐米布而已，珍异贵重非所需也"②。（图 4-16）

① 有圻村、涵村、东村、吴村、南徐村、北徐村、陆村、辛村、金村、梅梁村、马村、王村、瑭里（堂里）、植里、瞳里、慈里、甪里、绮里、练渎、寿乡、甪头等。

② [清]王维德：《林屋民风》，载《四库全书存目丛书》编纂委员会编：《四库全书存目丛书·史239》，齐鲁书社，1996，第444页。

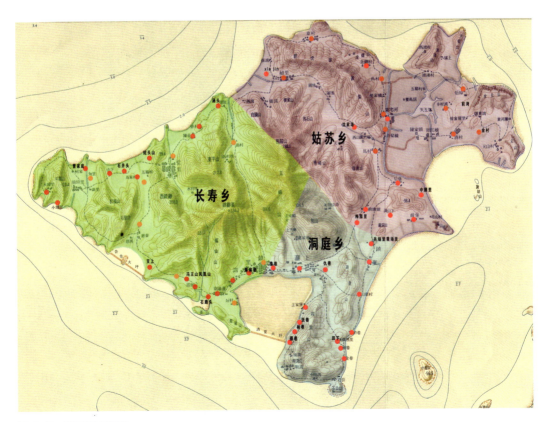

图 4-16　清代西山聚落

资料来源：底图出自中国科学院地理研究所编《中国区域景观典型图·太湖东西洞庭山》，1958

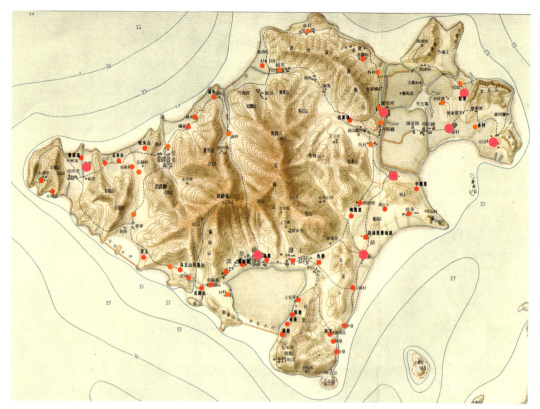

图 4-17 民国十八年西山的镇与村

资料来源：底图出自中国科学院地理研究所编《中国区域景观典型图·太湖东西洞庭山》，1958

在民国之前，西山的聚落还是以村落为主，并无镇的设置。行政建置意义上的镇，从民国开始。在民国十二年（1923）的地图上，西山岛南端人口最为集中的消夏湾旁的东蔡和西蔡一带被称为湾里镇。民国十七年（1928）实施区、乡镇制后，民国十八年西山划为吴县第19区，区公所设在镇夏，居民五户为邻，五邻为闾，每100~1000户为一乡镇，西山分镇夏、东宅河、东蔡、后堡、前湾、甪里、鼋山、鹿村8个镇，梧巷、西蔡、马村、涵村、陆家河（蔉葭河）、汇里、东村、钱坟里、植里、劳家桥、横山、秉场里、前堡、堂里、俞家渡15个乡。民国二十三年，重新调整分区，设东河、消夏2个镇；民国三十七年，设练渎镇、大夏镇。（图4-17）

1949年之后，西山范围内设3个乡，后又改称公社。1987年，西山撤乡建镇，3个乡合并为西山镇，镇治设在镇夏。1994年，连接西山和陆地的太湖大桥建成通车，西山镇治从镇夏迁至东河新区。

2. 聚落体系

西山面积约70平方千米，是石英岩、砂岩山体，饱经冲蚀，山势浑圆。西山地形较东山复杂，山体形状多变，从最高峰缥缈峰四向分歧，且有多处南北通道的谷地。谷地即坞，幽深而缓斜，覆盖着洪积物，山坞谷口则是缓坡地和湖滩平原。西山的诸多聚落就选址在这些谷地、缓坡地和湖滩平原地带。

西山聚落因山形呈四向扩展的形状，聚落分布总体来说较东山分散，聚落密度与地形关联密切。位于西山岛正南的消夏湾一带聚落最为密集，

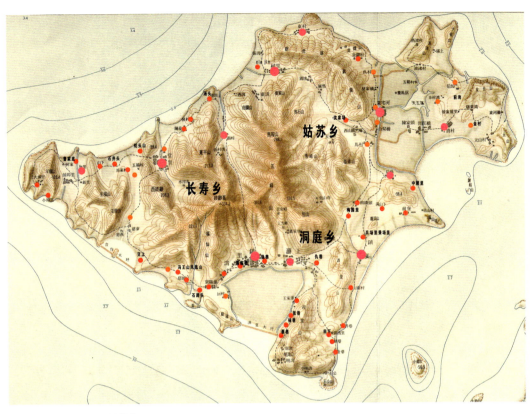

图 4-18 西山集市与村落体系

资料来源：底图来自中国科学院地理研究所编《中国区域景观典型图·太湖东西洞庭山》，1958

聚落规模较大，如东蔡、西蔡、秦家堡、徐巷等村落首尾相连，"廛市相接，万瓦鳞比"①。消夏湾位于山南的缓坡地带，用地较为宽敞，南面临湖，两侧山体伸入湖中围合出一片湖湾的水面，形成消夏湾得天独厚的地理环境。另外一片聚落较为密集的区域是东河村一带，这片地倚靠淀紫山东北，地势西高东低，分布着金铎村、吴村、劳家桥、北徐、南徐、崦边等村落。西山的西侧，聚落较为分散，有一些规模较大的村落零散分布，如堂里、植里、东村等，这几处村落位于两山之间的山谷地带，形态受地形的影响，植里和东村所在山谷较窄，村落基本沿着山谷间的主要通道，呈线状分布。（图4-18）

西山岛没有类似东山镇的大型集镇。东山的东侧陆地紧邻，在交通上有着极强的方向性，因此在这一方向上会出现东山镇这样的大集镇。李根源在《吴郡西山访古记》中提及"西山市场至小，虽以东宅河为第一，犹不及东前山十之二"。民国时期，东宅河（即东河）为西山首镇，但规模也远不能与东山的前山镇相比。几个规模较小有集市的村落，在全山呈分散分布的状态。李根源提及的集市还有"镇夏，再次汇上、东蔡、甪里、堂里、东村、后堡"。

这些集市，多是因日常生活必需品的购买需求而自发产生的，它们在西山的分布受很多因素的影响。

首先是村落密集度，在人口汇集的村落，日用品需求量大，购买频繁，因此会有集市产生，如汇上和东蔡，处于西山人口密度最大的消夏湾，再如植里、涵村、东村，本身就是比较大型的聚落，因此自然会出现市场，并成为小型的区域中心。

① 李根源：《吴郡西山访古记》卷五《苏州葑门曲石精庐藏板》，1929，第20页ab。李根源在描述消夏湾之繁盛时说："湾长九里，阔如之，形如蚌壳，南启门阙，受太湖水，廛市相接，万瓦鳞比，吾乡通邑亦罕其盛。加以土沃风醇，山水清美，恨不移家于是，署名曰五湖散人，老此烟霞也。"

其次，与交通的关联密切。民国时期，西山出湖的客船码头附近，几乎都有集市。去往东山、胥口和苏州方向的客船，在东蔡、镇夏、元山、后堡、鹿村等码头停靠，这些村落都有集市。元山位于西山岛最东侧，以采石和石灰产业为主，民国时期"苏锡各属石灰厂，上海建筑马路之碎石咸取给于此"[①]，居民多为外地采石及烧窑工人，并无大族定居，但因交通的原因，元山轮渡及航运码头一带聚集成市。在1994年太湖大桥通车后，水运不盛，元山也随即衰落。民国十九年至二十六年，无锡通往湖州的班船，曾在甪里停靠，甪里"商业繁荣，茶馆、肉铺、饭店、南北货店、药店、理发店、棺材店、裁缝店、豆腐店、鱼行等一应俱全。抗战爆发后土匪抢劫，停航店铺关闭"[②]。

再次，西山村落中集市的出现还与产业有关。东河镇的兴起，一方面与交通优势有关，另一方面是与东河附近的煤矿产业有关。西山煤矿从明末已经开始开采，在光绪三十四年（1908），崦岭煤矿正式设厂开采，抗战期间因北方煤被日寇侵占，南方煤价大涨，西山煤矿始得大规模开采，工人最多时达2000人。元山的集市，也与元山的采石业和石灰产业有关。西山第二大集镇镇下（又称镇夏），位于西山岛东南部，东临太湖，西山自古以来最著名的名胜林屋洞及灵祐宫就在镇下北侧，因此镇下的商业比较繁盛。

最后，行政区划对集市的分布与兴衰也有一定的影响。民国十八年设镇时选择的镇下、东宅河、东蔡、后堡、前湾、甪里、鼋山、鹿村几乎都是各自区域的中心，都是集市的所在地。镇下和东河，轮流作为西山的行政中心，也是西山数一数二的大集镇。民国时期，西山区公所曾设于镇下。1950年后，比较富裕的东河镇是西山区政府所在地。1982年，西山煤矿正式闭坑。1987年西山撤乡并镇时，镇治又重新设在镇夏。1994年，太湖大桥通车后，东河的交通优势凸显，10月镇治又再次迁至东河，东河镇也随之迅速扩张。

（二）空间格局分析

西山没有发展出类似东山镇那样统领全山的大市镇，集市分散在全山的各个较大型的聚落中。西山设有集市的较大聚落，留存较好的有东蔡、甪里、堂里、涵村、东村等。作为西山前两位的东河与镇下，格局与建筑保存得不如上述村落完整。因此本节以上述村落为例，分析西山大型聚落的空间格局。

西山重要聚落的选址分为两大类。一类为聚落位于两山之间；另一类为聚落傍山一侧，另外一侧为低地或者太湖。位于两山之间的大型聚落，多位于东山岛地形多变且用地狭窄的西侧，傍山一侧的大型聚落多位于西山岛的南端和东侧，皆因此二处用地稍微宽松。（图4-19）

1. 山间聚落

如果将聚落的选址再细分的话，两山之间的聚落可以大致分为两类。一类为两端都通向太湖的聚落，另一类为一端为湖、一端为山坞陆地的聚落。前一类聚落中，主街的两侧尽头为港与码头。后一类的聚落大多呈线形，有一条主街与两边山体平行，主街两侧有支巷通向山体。湖的一侧为码头，陆地的一侧往往为西山岛上村与村之间的交通要道。

[①] 李根源：《吴郡西山访古记》卷五《苏州莳门曲石精庐藏板》1929。
[②] 苏州市吴中区《西山镇志》编纂委员会编：《西山镇志》，苏州大学出版社，2001年，第28页。

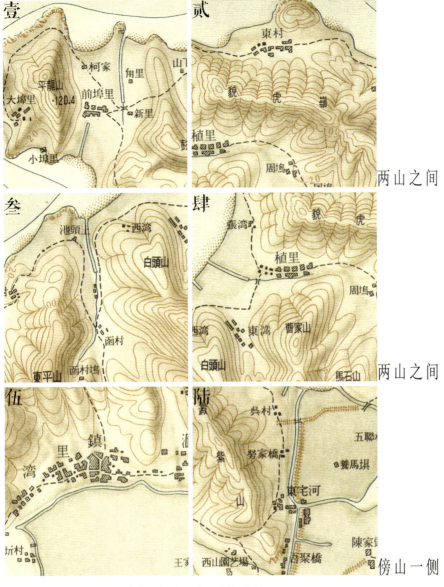

图 4-19　聚落选址分类图（底图为 1950 年西山地形图）

资料来源：底图出自中国科学院地理研究所编《中国区域景观典型图·太湖东西洞庭山》，1958

　　甪里是两山之间、两端通向太湖的聚落。甪里地处西山岛的最西端，东西为平龙山和福龙山两山相夹，南北方向都为太湖，郑泾港贯穿其中。甪里，汉甪里先生的隐居地，宋代的《吴郡志》中就记载了这一地名，并称"史记正义太湖中洞庭山西南中号禄里村，即此"。隋大业末年，后魏建威将军郑茂之子郑白麟自荥阳携家渡江迁至西山甪里，为洞庭甪里郑氏迁山始祖，郑氏也成为甪里大族。甪里的地理位置对于古代的太湖航行与守卫来说非常重要。村北有码头伸入湖中，供较大型的船只靠岸，码头一侧有始建于南朝梁大同三年（537）的禹王庙，甪里因地理位置的特点很早就是太湖航线的中转点。宋代甪里设有巡检司，守卫湖中安全。民国十九年至二十六年，锡湖班轮船在甪里停靠，西山去无锡、湖州均到甪里上船，据说当时甪里商业繁荣，茶馆、肉铺、饭店、南北货店、药店、理发店、棺材店、裁缝店、豆腐店、鱼行等一应俱全。抗战爆发后土匪抢劫，停航、店铺关闭。民国十八年曾设用里镇。甪里有"郑泾港两头通,文昌阁坐当中"的民谚,文昌阁今已不存,郑泾港依旧是村落的主要空间轴线。南北向的主要街道郑泾街沿着郑泾港,港上有永宁桥与南星桥等多处桥梁连通东西。郑泾港与街两侧有与之垂直的支巷向东西方向延伸,其中最主要的是牌楼街,牌楼街东端为郑氏宗祠,向西通往原文昌阁的位置,街上有御史牌楼和绣衣坊两座牌坊,为甪里人明代御史郑淮所建。东侧离山较近,地势较高,原甪里的建筑应集中在郑泾港以东,山麓高处还有一条村内的南北向贯通的街道,穿过郑氏祠堂门口;郑泾港以西地势较低,大型的住宅、祠堂等分布较少。(图4-20)

涵村属于两山之间一端为湖、一端为山坞陆地的聚落。涵村位于西山西北,北濒太湖,夹在笠帽山、凉帽顶之间的山坞之中。山坞继续向南延伸翻过山岭即为山南的大聚落东蔡西蔡。聚落北端为通往太湖的涵村港。涵村形成于宋代,以陆氏为大族。南宋嘉定十二年(1219),陆氏祖先自无锡移居西山,其中一支居住在涵村。涵村所在的坞,是西山岛上较大的山坞。村落规模较大,由涵村、西涵头、涵头、梅堂坞、孙坞5个自然村组成。涵村南侧为山,北侧为湖,因此地势南高北低,山坞的形状纵深而狭长,聚落东西最宽处约200米,南北深度较大,聚落深度达1200米,最深处离太湖约1700米。山水有溪水自南向北流入太湖,进入山坞的主要道路也沿着溪流顺势而上。村内的路网比较自由,沿着自然地形呈网状布局。村落东西向最宽的地方在接近村口处,从太湖中开湖滨向南延伸至村口,村内的主要商业建筑均集中于村口。涵村村口有明代留存至今的古店铺,是东西山诸聚落中唯一的明代店铺遗存。(图4-21)

2. 傍山聚落

傍山一侧的聚落,大致可以分为山南或者山东(西)两类。山南的大聚落,如东西蔡,所在地山麓北高南低,进深最大处达400米,沿湖面围绕着消夏湾东西向展开,长约1500米,地势宽广,是东西山诸聚落场地环境最好的一处,主要建筑均坐北朝南,顺山势布置。主街仍然与山体平行,支巷从主街向山上或者湖边延伸。但街两侧建筑从低到高,轴线垂直山体方向,地势逐渐升起。通往太湖的河港,沿着支巷向主街延伸。(图4-22)

山东(西)的聚落最大的为东河镇。东河位于西山东北,明代因里人徐氏在其住宅之东开河通航而得名,两端连通太湖,方便居民出行,东河为东宅河的简称。因地处崦边,又称崦里。东河老街形成于明代,聚落沿着山体与河流的方向在二者之间南北向展开。主街与东河平行,长约800米,位于河道的西侧地势较高处,主街的十字路口处为交通的节点,河道在这里有向东的分叉连通东侧的天王荡,河上架崦里桥,桥下为可经天王荡通太湖的航船码头,西侧有上山的道路可通向植里村所在地山坞。主街向南延伸连通南侧的各个村落。自1994年太湖大桥通车后,东河是距离太湖大桥最近的集镇,所以受公路交通影响最大,快速完成了街巷改造,老街风貌基本无存。(图4-23)

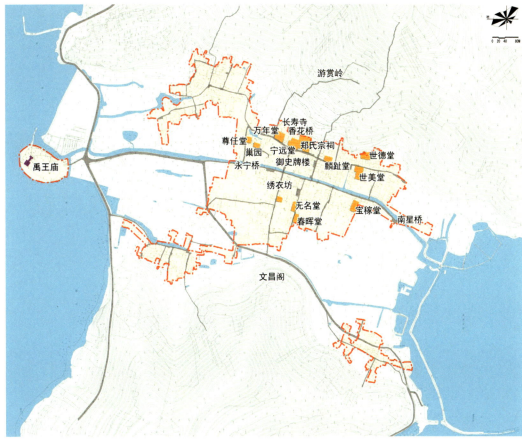

图 4-20　甪里文物古迹分布图

资料来源：《西山历史文化名镇保护规划》

图 4-21　涵村文物古迹分布图

资料来源：《西山历史文化名镇保护规划》

图 4-22　东西蔡文物古迹分布图

资料来源：《西山历史文化名镇保护规划》

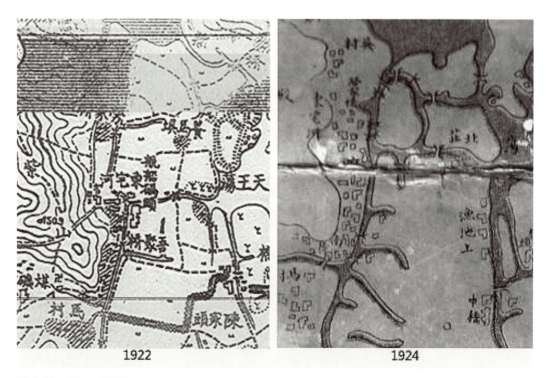

图 4-23　东河历史地图

资料来源：底图出自《湾里镇图》，1922（左）；《江苏吴县洞庭西山图》，1924（右）

（三）物质和非物质文化遗产

1. 家族宗祠

民国年间，李根源在苏州以西诸山寻访古迹墓葬，深为吴中古墓摧残之状况而忧虑，"详求其故，乃由守家人俗例及习惯之坏，始则坟山为坟主所有，坟客不过有照料耕种权。继坟主转徙他乡，或遗忘处所，或绝嗣，所有权即归坟客。葬者与坟客有何血统关系而必为之保存耶？求其不毁碑掘冢以另谋新主，不可得也。非尽坟客良心之坏，亦俗例习惯使之然耳。故除数大姓外，敢断言苏人必无十代、二十代保存无失之先茔也"。至洞庭西山后，李根源深深震撼于西山的淳朴风俗。他认为西山人虽富不及东山，房屋街舍不如东山整齐干净，但"消夏湾之世家，则又东山所无也"，宗祠、坟茔都在宗族的经营下得以维持与保护。在以血缘关系为纽带的中国传统村落，宗族是村落的实际管理者和维护者，宗族关系通过修家谱、建宗祠以及扫墓等方式代代相传并维护。

即便因经商而远徙湖南湖北，西山人与本土宗族的联系仍然非常紧密，回乡拜祭祖先坟茔和宗祠，是他们重要的活动之一。湖南省图书馆收藏了一张 1924 年的《江苏吴县洞庭西山图》，该图是侨居长沙的西山人罗馀为居于湘省的西山人所印，因为他们中很多人出生于湖南，对于自己的乡里茫无所知，所以罗馀在回西山扫墓时候，复制了政府的西山测量图带回湖南重印。西山淳朴的民俗也在强大的宗族关系下，得以保存。西山的所有传统聚落中，几乎都有宗祠，且往往占据村落空间中最重要的位置。宗祠建筑，是宗族的兴盛程度在物质空间上的体现，因此往往聚集本族最大的财力与人力来建造，在西山聚落中，宗祠是最为豪华的建筑。

明月湾各姓皆有祠堂，黄、秦、吴、邓四姓的祠堂大多建于清乾隆年间，现都有遗迹留存。宗祠的主要建筑多为一层。中轴线明确，大门一般位于中轴线上，多为面阔三间的硬山建筑，直接临主街。前为门厅，后为享堂，有些后面还有寝堂。（图4-24）

东村百分之七十以上的人口为徐姓，徐氏是村内最大的家族。徐氏宗祠位于东村的西端，背倚张家山，坐北朝南。徐氏祠堂为清乾隆十三年，由东村儒商敬修堂主人徐联习主持创建。徐氏宗祠中轴线上有前厅、享堂、寝堂。前厅为乾隆时期原物，建筑雕饰华美。建筑面阔三间，进深五（或七）界，两个船篷轩加后单步廊，祠堂大门设于两个船篷轩之间的中柱上。（图4-25）建筑使用十字科斗拱，象征祠堂主人身份等级。轩梁上立体雕刻出包袱的形式，包袱内有人物故事的浮雕，轩檩下的花机、轩梁下梁垫与蜂头都为透雕而成，工艺十分精美。前部轩檩上清代彩画清晰可见。

2. 住宅建筑

西山的传统住宅总体而言不及东山豪华，但也有着自己的特点。

西山住宅楼较为多见，特别是在用地紧张的聚落，建筑的门屋、大厅也做成楼的形式，院落通常也不大，布局非常紧凑。比较讲究的住宅建筑，门屋一般不设在中轴线上，而设于主轴线的东南侧，楼下设库门，也作为轿厅，楼上供奉祖宗牌位，因此称家堂楼，进门屋后左转，方为中轴线的院落；依次为大厅、后楼，两侧连有厢房，全部是楼的形式。有些房子在轴线的一侧还有花厅（书厅），作为主人的书房。厨房等辅助建筑，位于主院的后部，或者居于院落一角。普通的农户住宅进数少，布局也较为简单，不一定按照轴线布置，楼房亦相当常见。

图 4-24　明月湾邓家祠堂

图 4-25　东村徐氏宗祠

西山因僻处湖中，与陆地距离较远，且聚落比较分散，一旦遇警，获得支援需要一定的时间。而太湖中的匪患自明代以来不断，所以湖中的居住建筑往往更为强调防御性。很多聚落都设有巷门，遇匪时可以关闭（图4-26）。建筑外表非常封闭，即便开洞，洞口也极小。对外的木门、木窗上都会包很厚的方砖，起到防火防盗的作用。在明月湾等处，可见到多处砖墙全部为实砌的建筑，耗砖量很大，墙体的强度很好，可防止盗贼在墙体上挖洞。每一皮砖表面砍成向外倾斜的斜面，很可能是为了抵御湖中迅风疾雨的侵袭，让表面抹灰与砖墙结合得更为紧密。

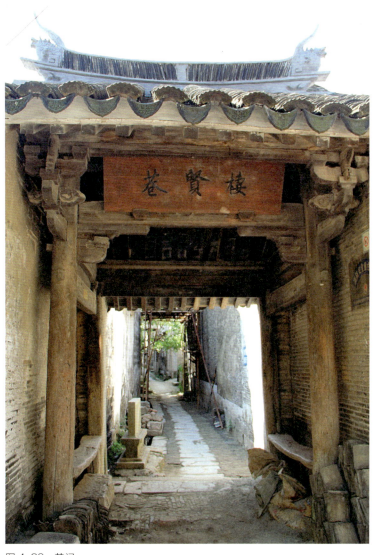

图 4-26 巷门

3. 非物质文化遗产

西山登录的非物质文化遗产 1 项,为苏州太湖洞庭山碧螺春制作技艺。西山与东山地理环境相似,受太湖小气候的影响,温暖湿润,适宜茶的生长。西山"水月禅寺中兴记"碑上,宋苏舜钦的诗中提及"小青茶熟占魁元"[1],在宋代西山就有产茶的历史。因"清汤碧绿,外形如螺,采制早春"而被赐名的碧螺春茶,在清代和民国更是享誉天下。

(四)特色和价值

与东山相比,西山更是远离人世的仙岛,山高峰奇,风光秀丽,湖对岸自明代以来的发达商业文明似乎没有给岛屿带来任何影响,散落在风景优美的山间和湖边的聚落,给现代人提示着古代先民们的理想生活模式。

明清以来,西山人外出经商蔚然成风,与东山商人形成赫赫有名的"洞庭商帮",西山也成为"洞庭商帮"的大本营。

至民国时期西山人同样在国家经济中起着重要的作用,这些历史生动地体现在西山保存至今的严整的聚落、林立的宗祠以及精致的建筑上。

[1] 苏州市吴中区《西山镇志》编纂委员会编:《西山镇志》,苏州大学出版社,2001,第 106 页。

四、湖山交会光福镇

光福镇，位于苏州城以西21.5千米，西滨太湖，南临胥口，东与藏书镇相邻，北接东渚。是著名的鱼米之乡，也是著名的旅游胜地。光福历史悠久，因其山水资源丰盈，早在5000~6000年前便有人类活动的迹象。商末，光福地界属"勾吴"国，周时先后成为吴、越、楚三诸侯辖地。秦始皇统一中国后置吴县，光福隶属吴县已有2200余年历史。光福镇于2001年被列入第二批江苏省历史文化名镇。

（一）镇村体系变迁

1. 区位与历史

光福镇位于苏州城西的丘陵与太湖之间，属于丘陵、盆地相间地区，地貌北部以平原为主，为山前冲积平原，西南部以山地丘陵为主。镇区处于群山环抱之中，东为凤凰山、查山、城隍山，西为玄墓山，东南为穹窿山，镇北为平原，与东渚相连。光福镇的传统聚落选址遵循着太湖地区丘陵地带聚落选址的基本特征，位于山麓地带。但与东、西山的相对独立不同，光福处于太湖之滨的丘陵之间，故境内河湖港汊颇多，水网发达。这些河流都属太湖的泄水河道，是千百年来自然演变和人工治理的综合产物。它们贯穿四乡纵横交错，起着引调蓄纳和吞吐的作用，形成了与京杭大运河相沟通的河网系统。

太湖之水东行下泄，光福铜坑作为次要出水口之一，通过光福水网连通运河，经娄江、吴淞江入海。由铜坑东行的太湖水，进入光福镇西北的下崦，经过虎山桥之后，主要分为两条通道：一条经北部平原绕过丘陵进入运河，自四河口由东渚市砚溪，经龙塘港通浒墅关合流；另外一条分为两支通过光福镇或东折绕黄家渎经福龙，到达上崦后，经光福塘从灵岩山和穹窿山之间的山谷通过，经由木渎与苏州城西的水网连接。（图4-27）

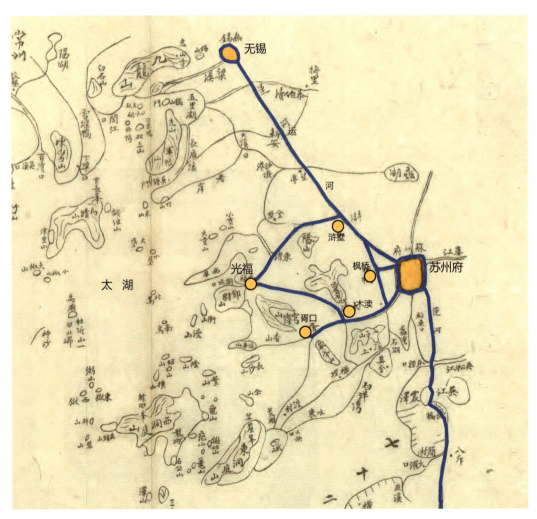

图4-27 吴县西部水系图

资料来源：底图出自民国《吴县志》

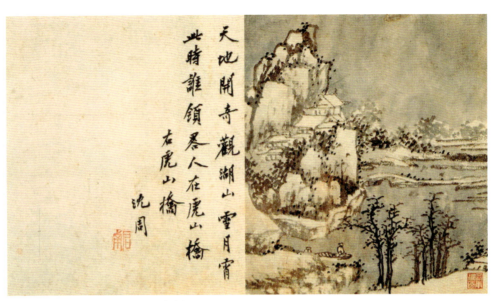

图4-28 明沈周吴门十二景之三虎山桥

资料来源：田洪、田琳《沈周绘画作品编年图录：下》，天津人民美术出版社，2012，第637页

图4-29 民国时期的明信片中的虎山桥和光福寺塔

  通过这些水系，光福与周边的大小聚落便捷地联系在一起，尤其是与苏州城及大运河的联系。从苏州城西南的胥门出发，沿着胥江到达木渎，再从木渎沿着木光河，经石码头、善人桥便可达到光福；或沿运河至浒墅关，再经由浒光运河到达光福的虎山桥。光福也是苏州城经由水路出太湖的重要通道，西北可达无锡，西南可达湖州、宜兴。

  光福独特的丘陵、水网以及太湖相间的自然环境，塑造了独一无二的景观。香雪海梅花"花时香雪三十里"；虎山桥边"两峡一溪，画峦四匝"，太湖滨"山前长堤一带，几与湖埒，堤上桃柳相间，每三月时，红绿灿烂，如万丈锦。落花染成湖水作胭脂浪，画船箫鼓，往来湖上。堤中妖童丽人，歌板相属，不减虎林、西湖"①。光福的风景经常出现在吴门画派的作品中，虎山桥在沈周所绘的吴中十二景图和苏州山水全图中均占有一席之地，文徵明也绘过虎山桥图②。清代康乾二帝南巡，都曾来到光福邓尉山，览香雪海与湖山胜境。（图4-28、图4-29）

① [明]袁宏道：《袁宏道集笺校》，第170-171页。
② 南京博物院藏"虎山桥图"，传为文徵明所作。

光福境内大部分低山丘陵由石英砂岩组成，其顶部一般发育着薄薄的砾质黄沙土，适合种植马尾松、杨梅、板栗，山腰至山脚为厚厚的黄沙土，疏松爽水，肥力较高，适合种植桂花、枇杷、柑橘、梅等，山麓坡地适合栽种桑、橘、茶和苗木。水田占耕地总面积的80%以上，大部分为高平田地，地面高程2~3米，主要分布在北部和南部，是水稻的主产区。荡田在沿太湖地区有少量分布。旱地主要分布在居民点附近及山麓坡地。

相对于东西山来说，光福耕地数量充足，按民国三年的数据计算人均耕地数量约0.953亩①（约635平方米），是东西山的两倍以上，旱地多，土质好，又有广阔水面，在种植业、养殖业方面都有着天然的优势。因滨湖临山，光福的田地多为梯田、围田，"虽山势极峻不可展足，播种之际，人则佝偻蚁缘而上，缚土而种，蹑坎而耘，自下登陟俱若梯磴故名梯田"②，以水车灌溉，土地出产的稻、麦、油菜能够自给自足。光福的农副产品与东西山相近，花果、渔业、蚕桑等为主。光福植梅始于唐朝，梅树出产的青梅及其腌渍品在光福历史悠久，光福铜坑的杨梅，宋代已是朝廷贡品，闻名天下。光福桂花的大量种植始于明末。

丘陵地带的湖山胜迹让光福与东西山一样，成为隐逸之所，成为山林佛寺的道场。光福独特的湖山景观，使其成为苏州乃至全国闻名的游览胜地，"吴中山水佳处无逾此者"③。但区位的特征，使得同为丘陵聚落的光福与太湖中的东西山在发展变迁与物质空间上有本质的不同。

2. 市镇变迁

光福因优越的自然条件，新石器时代就有人类活动的痕迹，1950年代在镇北虎山东部两峰间的斜坡上曾发现新石器时代的陶片和石器，1970年代末在镇北上崦湖西岸出土过新石器时代的石犁。光福的古代文明属于太湖流域典型的良渚文化，石犁用于稻田的连续耕作，说明当时的稻作生产已经较为发达。

光福在汉至魏晋时期，是世外桃源般的隐居之地。镇北虎山相传为春秋时吴王夫差养虎之地，西汉名士顾融隐居于此，为光福顾氏始祖，东汉大司徒邓禹隐居光福，司徒庙就是后人建来祭祀邓禹的，庙内古柏相传为其所植。玄墓山是苏州城西至太湖东岸的群山之中最为幽僻的一座，风光亦最奇，东晋时期青州刺史郁泰玄隐居于镇西的邓尉山西南，去世后葬于此山，"玄墓山"之名因此而来。

"光福"的名字最早出现是来自佛寺。南朝梁天监二年（503），黄门侍郎顾野王舍宅建光福寺，"时未有镇也，迨聚落繁盛始以寺名镇"④，光福因寺得名，集市的形成与寺庙可能也有相当大的关联。从唐代起光福已形成集市，在陆龟蒙的诗序中出现光福市的记载⑤，是江南农村最早出现的市场记载之一。市的出现，说明光福附近已形成一定规模的聚落，有一定数量的人口聚集。

北宋时期，光福所在的吴县下辖一镇二十乡。苏州城西南的木渎是当时吴县唯一的镇⑥，是周围聚落的中心，也是光福通往苏州城的必经之路。木渎的发展，对光福的兴盛也有一定影响。光福镇的上、下崦至迟在南宋时期就已经存在，范成大《吴郡志》中记载虎山桥为南宋嘉泰中重建，始建年代更早。虎山桥跨于下崦之上，因此崦的时间必然更早于桥。作为上崦行水通道的光福塘，在范成大的诗作中也

---

① 民国三年，光福耕地数量为40 000亩，人口数量为11 954户、41 971人。
② [清]徐傅：《光福志》卷一《风俗·光福岁时记》，载《中国方志丛书·华中地方·第413号》，成文出版社有限公司，1983，第63页。
③ [清]周永年：《邓尉山圣恩寺志》卷一，载杜洁祥主编：《中国佛寺史志汇刊·第一辑第42册139》，明文书局，1980，第63页。
④ [清]徐傅：《光福志》卷首《自序》，第7页。
⑤ [唐]陆龟蒙：《送小鸡山樵人序》：出吴胥门背日行四十里，得野步市，曰光福。引自傅云龙、吴可主编：《唐宋明清文集·第1辑：唐人文集》，天津古籍出版社，2000，第2378页。
⑥ [宋]王存：《元丰九域志（上）》，王文楚、魏嵩山点校，中华书局，1984，第210页。

有出现，^①由铜坑进入光福塘的湖水，必然需要有下泄的通道，因此可以推测，至迟在南宋时代，光福与木渎之间的水道就已连通。明嘉靖年间，为泄太湖水入娄江，又重新疏通光福塘与胥江，水系沟通更为顺畅，光福至木渎的水路距离约为17千米。

光福在明正德年间，与木渎、横塘、新郭、横金、社下一起跻身吴县六镇之一。流经苏州城的江南运河，隋代就已全线贯通，是江南交通的要道。借由与运河及苏州城的交通联系，光福的花果等农产品运往城市，南北的货物也可以到达光福集镇。明嘉靖年间，光福成为有千余户人家的镇，地方志中形容此时的光福镇"民廛千余，街陌交通"^②。

但光福的地理位置，限制了集市的辐射能力。首先，从交通连接的关系来看，光福需要以木渎和浒墅为苏州城的中转，路途相对来说比较遥远，光福到达二镇需要大半天左右的时间^③，清代从光福通往木渎的水路通航还常常受到水浅的限制^④；其次，因明清江南便利的水路河网，太湖的湖上航运并不十分发达，所以经由光福入太湖的交通量也相当有限；因此，可以推测其在明代后期的吴县六镇中，是次于木渎这样大镇的第二级别的市镇，商业的辐射能力只在本区范围内。直到民国年间，从1942至1943年吴县各区营业税统计数据来看，光福区下属的光福和东渚两处镇市，商户数约126家，是数量最少的市镇之一。^⑤

光福是吴县的丝织业大镇，因为适宜种桑，所以是苏州府最早的蚕桑业地区。尽管市场不甚发达，但光福的产业尤为有特色，这也是光福在明代就被列为吴县六镇之一的原因。在明中期之前，江南大规模的蚕桑业还没有全面发展起来，光福的蚕桑业虽然不及当时太湖南部的湖州、嘉兴地区，但也是苏州府蚕桑业的源头和最主要的产区。随着蚕桑业在江南的进一步发展，明代中期以后苏州府西南的吴江与湖州一起成为水网地区的蚕桑业中心，晚清后北部的无锡也成为蚕桑业中心之一。碍于地理及交通的因素，光福的蚕桑业在明代中期以后不如上述蚕桑业的区域中心。但作为吴县的蚕桑业中心，光福的相关产业也具备一定规模。光福蚕桑业以种桑、养蚕、缫丝、纺织为主。光福蚕丝称为"香山丝"，所产土丝数量为吴县之最。明代起光福就有蚕丝纺织工业，清康熙年间，丝织机遍及光福，家家户户操机织缎，光绪三十四年，光福有绸缎庄6家。民国十七年（1928），为了改良农民养蚕工艺，吴县在"本邑蚕业最繁盛"的光福开办了"养蚕指导所"。

在水运网络边缘的光福，发展出了本地的精细手工艺，明清时期光福以手工业著称。光福的手工业产品，不像棉布、丝这样产量高的商品，而属于"奢侈品"的范畴，相对于商品本身的稀缺性与价值来说，运输的成本只占据比较小的份额，因此成为光福的主要副业。明清时代，作为江南巧匠代表的香山帮的根据地位于光福境内的香山，"香山一带民习水木工作者十之六七，尤多精巧，凡大江以南有大兴作，必藉其人"，民国后期，光福工匠有1300多人；光福的妇女除了以养蚕为业之外，专习刺绣和绩麻，光福是苏绣的主要发源地与产区之一，民国时期光福地区有绣庄40余家；缂丝也是光福的传统产业之一，又称刻丝，是用生丝做经线，以各种颜色的熟丝做纬线，采用小梭，用通经断纬的方法，按照已有的图稿局部挖织，织出图案多样的画幅，这种工艺唐代就已出现，宋人刻丝"妇人一衣，终岁方成"，是非常精细且耗费时间的工艺。民国时期光福的山墩、枫浜、府巷、安山等村都有缂丝作坊；光福的舟

① [宋]范成大：《光福塘上》，载《范石湖集》，中华书局，1962，第287页。
② [明]杨循吉、苏佑纂，曹自守撰图说：《吴邑志》卷十一，载《天一阁明代方志选刊续编10》，上海书店，1990，第1006页。
③ 清同治年间，叶昌炽雇船下乡扫墓，夜泊木渎市中，天明西行，辰初抵善人桥，稍作停留后，张帆入崦，十点半到达泊光福镇东口。按此计算，从木渎至光福的航程约需6~7小时。见[清]叶昌炽：《缘督庐日记抄》卷十四，民国二十二年上海蝉隐庐石印本，第999页。
④ 康熙四十六年四月，圣驾南巡从杭州回到苏州平望，"因水浅未及临幸"。见徐傅：《光福志》天章，第34-35页。清末开通了苏州至光福的轮船，光福线起航于胥门外，过木渎到光福。水浅时，只到木渎。见《光福镇志》编纂委员会编：《光福镇志》，苏州大学出版社，2005，第206页。
⑤ 吴县赋税管理处编：《捐税科工作报告·一年来之吴县赋税》，1943，第34页。

山、塘村等村，明清时期有专门从事象牙雕、核雕、红木雕、玉雕的艺人，舟山殷根福以核雕朝珠著称，民国时期曾在上海城隍庙开设"永兴斋"雕刻作坊。

因盛产花果，光福有腌制桂花加工梅子、杨梅、桃片的传统。蜜饯加工产业，旧称"花行""青腌作"，也是主要产业之一。民国时期，光福镇西北费家河头有"大江南""悦来顺"等腌作坊5家。光福有自然资源的优势，采石、石灰烧制也是传统产业之一。光福窑上村，明初曾为金陵烧制砖瓦。

光福镇的产业集中在各乡村，镇区并没有成为这些产业的主要集散地，或因这些产业而成为专业型的市镇。在民国以前，镇区范围内几乎没有工业，商业仍然是以本地消费的集市为主。但传统手工业的发达，是光福近代以来工业发展的基础。1920年代，在近代化的过程中，整个光福镇已经形成了民族工业与工场、作坊、个体手工业和农民家庭副业的多层次产业机构，民族工业有小型机械碾米厂、发电厂，有建材类的石灰作坊，兼营砖瓦，以及木作、刺绣、糕饼、豆制品加工等作坊和工场。1950年代，光福各行各业实行公私合营和合作化，私营手工业组建合作社，如光福刺绣合作社、光福竹器社、豆制品加工场等。1960年代开始出现社、队工业。到1980年代以后，在苏南乡镇企业发展的浪潮中，光福发挥传统工业的优势，全面发展乡镇工业，形成了建材、丝绸、纺织、工艺、化工、五金、食品加工、皮革制件、机械等10多个工业大类。[1]

（二）空间格局分析

1. 聚落空间格局概述

光福镇区处于铜坑水进入陆地的要道，扼守虎山桥口。光福镇区附近至西南滨湖为山地，镇区以东至凤凰山之间为平地，东南为穹窿山，山两侧东边为通往木渎的通道，西边为通往香山的通道，镇区以北为较大片的平原。从清同治年间的地图上看，光福镇区附近的聚落在东侧与北侧水网地区比较密集，西侧滨湖的山麓地区也有较多分布。（图4-30）

光福境内地形多变，聚落也随之不同。有类似东西山聚落那样的山麓、山坞的聚落，有类似平原水网地区的聚落，也有以陆路交通为主的聚落。（图4-31）

光福是苏州东部丘陵地区除去木渎之外最大的聚落，出入太湖的地理位置非常重要。同治年间的吴县都图舆图，按照都图的编号比较准确地绘制了吴县的地图，其中清楚地表达了各聚落的位置与大小。在该图上，可清晰地看到光福镇长长的水道与街巷。光福周边的聚落有大小规模的差异。规模较大的有北部的东渚、迁里，西部临湖的窑上和南部的塘村。东渚位于光福通往浒墅的水道上，在民国年间曾经是镇；迁里在虎山北，距离光福非常近，明万历时与光福就有大石路相连[2]，民国时曾设蚕桑生产合作社，为光福茧行所在地；窑上位于山麓，面向太湖，明初就有烧砖的产业，村内有环山的大道穿过；塘村位于光福以南，塘村以南100米的塘河西通太湖，西南与采香泾连通并通往胥江，地域上属于"香山圈"的范围，建筑业繁荣。民国时期，塘村设有集市，塘村

[1]《光福镇志》编纂委员会编：《光福镇志》，苏州大学出版社，2005，第172页。
[2] 光福崦东、迁里二大石路，明万历十一年，里人李佳捐赀，以便行旅。明清多次重修。

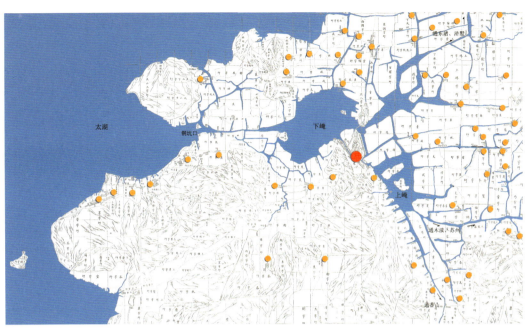

图 4-30　光福与周边聚落图

资料来源：底图出自《吴县鄙图》，同治十三年跋刊本，日本东洋文化研究所藏

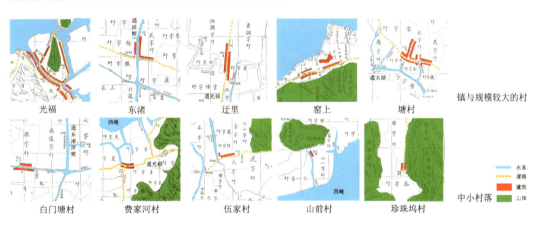

图 4-31　光福镇聚落选址图

街上有米行、茧行、油坊、粮店、肉店等各种店铺，1950 年代初曾经作为香山乡政府驻地。[①]（图 4-32）

除了镇与比较大的聚落以外，光福镇为数众多的小型聚落分散在山麓、水旁和平地等类型多样的地理环境中。无论大小聚落，在形态上都以水或路为中心展开。除了山坞深处的聚落，大部分聚落或紧临河道，或从主要河道或者湖中引河浜到村口。水在这些村落的空间形态和日常生活中都起到非常重要的作用。

2. 光福镇空间格局分析

光福镇区位于邓尉山东北的山麓地带，镇区环绕龟峰（亦名光福山，俗呼塔山）。光福镇区的空间格局与其区位、自然环境密切关联。下崦与上崦限定了历史镇区的范围，上下崦之间的河道引导了镇区的路网形态，龟峰与虎山及两山之间跨于湖上的虎山桥，形成镇区出入太湖口的

① 《光福镇志》编纂委员会编：《光福镇志》，苏州大学出版社，2005，第37页。

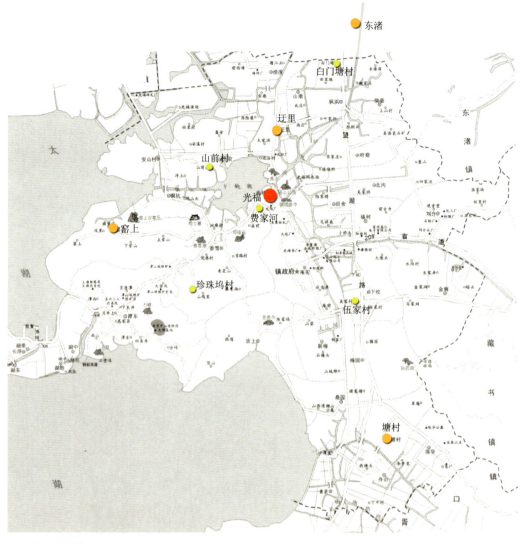

图 4-32 聚落位置索引图

独特的景观。（图 4-33）

由铜坑口进入的太湖水，在光福镇北端的低地处形成下崦湖（又称西崦湖），下崦周遭皆为山，以东有龟峰和虎山两山扼守，水流就由两山之间的通道流入陆地水网。两山之间的河道水口上即为虎山桥。元泰定年间改为三孔拱桥，明万历间，申时行重建，改为五孔拱桥，清代又改为三洞。虎山桥因区位之胜，在苏州水乡的诸多桥梁中被誉为"吴中幽胜之冠"[1]，是光福的水陆交通枢纽，也是光福镇重要的地标与空间节点。（图 4-34）

从虎山桥下流过的太湖水，一支流向东北汇入运河，一支称为虎溪，从龟峰东侧南流，汇入上崦（即东崦）。下崦的来水，还有一条小小的分支，称为福溪，从龟峰的西侧，穿越龟峰与邓尉山二山之间，经光福镇区流入上崦，这条河成为光福的市河，光福镇区的主街（东崦湖上街、东崦湖下街与南街）都与之平行，两岸建筑的朝向也与溪流方向垂直。

[1] 徐傅:《光福志》。

上崦湖是光福镇东南端的一片水面，虎溪、福溪水流过光福镇后汇入该湖。在清代同治年间的地图上，上崦湖形状不甚规则，西侧邓尉山的溪水汇入上崦，湖东侧与南侧形成多条水道，上崦的主要出水口在西南侧，经由官塘河流向木渎入胥江。上崦是苏州方向来光福的必经水道，清康乾二帝南巡时候的御码头就在上崦湖的西岸。上崦湖与光福镇连接处有早市，清同治年间，叶昌炽从苏州由水路抵达光福时，"张帆入崦，远望虎山塔已在云际，十钟半，泊光福镇东口，晓市尚未散"①，一派热闹繁忙景象。上崦湖在清末周围尚有十余里，后因围垦，逐渐淤塞，面积大大缩小。

两崦之间即为镇区的所在地。清末的《光福志》以东街、西桥、南街、北街区分4个方向的街市②。按照东西崦的方位，东街实际上是整个东崦（即上崦）湖岸的西北部，西桥是福溪河沿岸的上下街至西崦（即下崦）湖边，以及湖边通往山内的大道，沿着水系方向的东街和西桥构成了整个光福镇空间轴线的主体。在贸易活动与船行关联密切的市镇，对空间方位的认知是完全由水系的方向决定的。西桥的上下街是以福溪为中心，按照地势的高低，靠近邓尉山的街道为上街，与福溪之间尚有一间房屋进深的距离，福溪对岸的街道为下街，紧邻溪水。（图4-35）

① 叶昌炽：《缘督庐日记抄》卷十四。
② 疑西桥为西街之误，同书多次提及西街，如卷八寺观，"光福讲寺在镇西街"。

图4-33 光福镇

资料来源：《邓尉山圣恩寺志 登山入寺津路图》

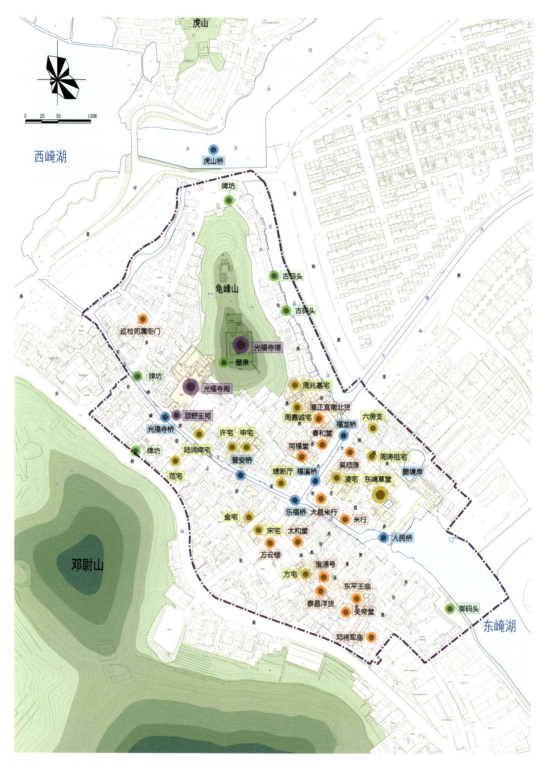

图 4-34 光福历史镇区建构筑物历史功能图

资料来源：《苏州市光福历史文化名镇保护规划（2014—2030）》

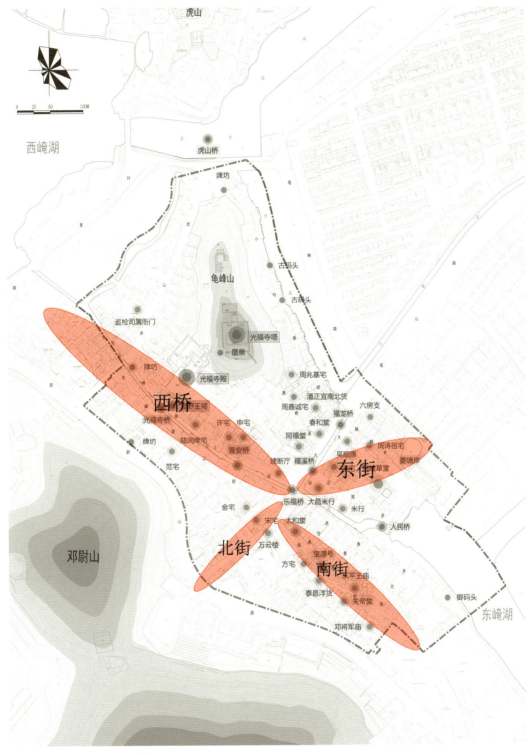

图 4-35 光福镇传统空间方位图

资料来源：《苏州市光福历史文化名镇保护规划（2014—2030）》

南街尽管在地图的方位上是西桥的上街向东南的延伸，但因与市河及上下崦的水系有一段距离，所以在光福镇人对生活空间的认知里，其与东街和西桥不是一个属性，因而在他们心中的方位概念上，也以南街命名。北街的范围较小，长度很短，从《光福志》的描述上看，应该是福溪转弯处，南街北口一带向山上延伸的道路。

光福镇的街市，主要集中在东街和西桥，沿着水系布置，福溪因而也被称为市河。光福"廛市四面环山询称山市，民则依山而居，平旦而市"[1]。集市向东延伸至菱塘岸福隆桥（即今福龙桥），西至下崦附近的通利桥（即西桥）[2]。湖渔集市在安福桥，俗呼鱼行桥，跨东市十字街，在上崦附近。作为交通的节点，上崦附近的码头和街巷是市场最为集中的地区，除了鱼行之外，还有米行、南北货店铺等。

光福镇区主要建筑沿着上下街两侧分布，在虎山桥通往镇区的两条道路两侧，也分布着一些建筑。光福寺是全镇历史最为久远的建筑，是光福镇的源头所在，寺庙对光福集镇的形成有重要意义，在光福镇空间格局中也占据了重要地位。光福寺是全镇最大的传统建筑群，建筑入口及轴线方向与福溪及上下街垂直，统领着全镇传统建筑的肌理与轴线方向；光福寺沿着山前地势展开，龟峰上的光福寺塔占据了全镇的空间制高点，成为光福镇区的标志。在明代以来关于光福的绘画、文字记载中，光福寺塔和虎山桥一起，成为光福的象征，无论是从太湖方向还是苏州方向，接近光福镇区时，首先看到的就是光福寺塔。（图4-36）

图4-36 ［清］徐枋《虎山桥图》

资料来源：郎绍君等主编《中国书画鉴赏辞典》，中国青年出版社，1994，第491页

[1] 徐傅：《光福志》，第65页。
[2] 光福旧有市西头的地名，位置在下崦之滨，"耕渔轩、遂幽轩皆在市西头下崦之滨"。见徐傅：《光福志》，第142页。
[3] 同[1]，第137页。

图 4-37　光福寺

光福镇的管理机构光福巡检司，在镇北虎山弄与下街交叉口北侧，这里临近虎山桥与下峄，是太湖进入光福镇的关口。考虑到"铜坑乃郡西之锁钥，游湖是其间道，设有盗徒剽掠，民遭其患，铜坑虎山虽设汛防不足以守备御"[①]，清乾隆十一年（1746），将木渎巡检司移至光福，改名为光福司。与湖中的聚落一样，为防湖上来的盗贼，光福镇之四隅原都设有巷门。

相比较而言，南街应该是镇区内形成时间比较晚的街道。因为它离光福寺距离较远，且与水系不直接相邻。南街一带西侧的山麓比较宽敞，因而在镇区人口增多的情况下，南街开始有居民聚集，逐渐形成了生活性的街道。南街两侧分布着许多祠庙和公益类的公共建筑，如武圣庙、东平王庙、观音阁、社仓、益仁堂、埋掩局等。

（三）物质和非物质文化遗产

光福镇 1999 年入选江苏省历史文化名镇。水系、街巷、空间格局保存得比较完整。镇内分布着省市级文保单位 14 处，镇区范围内还保存着一些传统民居。

1. 寺庙山林

光福寺塔是目前镇区范围内保存至今年代最早的建筑，是光福镇的标志，1995 年寺被列为江苏省文物保护单位。（图 4-37）光福寺，始建于梁大同年间，龟峰乃顾氏之家山，顾野王于此建寺立塔，唐会昌末年塔毁，咸通年间重建七层舍利塔，周围有"飞阁周绕，回廊连接"[①]。宋康定年间，有人在寺旁泥中获铜观音像，祷之即雨，解决了大旱的问题，庙遂更加灵验。宋元之间又屡有修葺。明嘉靖年间寺庙又毁废，乌

---

① [唐]崔鹏：光福讲寺舍利塔记》，载徐傅：《光福志》卷十一《记》，第 308-312 页。

程董份倡议修建。清代又毁于火，仅存寺门。道光十二年夏秋时又有大旱，将铜观音像迎奉入城求雨，又再次灵验，十三年淫雨求之又晴，于是得皇帝赐额，寺庙再次得以焕然一新。现光福寺塔平面为方形，不同于江南在五代和宋之后流行的八边形平面。塔高七层，底层周围有木构回廊，塔身为砖木混合结构，楼阁式可登临，每层四面开门，有砖砌平坐出挑，平坐栏杆与各层屋檐的椽子为木构。原只余砖砌体，1999年修复了各层屋檐及栏杆。塔位于龟山之顶，塔下山前为寺庙，轴线从山延伸至福溪。从上街跨越福溪上的光福寺桥，穿过下街，经天王殿、大雄宝殿，再到舍利塔，寺门左侧为光福寺创建者顾野王祠的遗址。

光福镇西南玄墓山内的天寿圣恩寺，是康乾二帝南巡时的目的地。唐天宝年间，建天寿寺。南宋宝祐年间，建圣恩寺，二寺并存为上下道场。元代天顺元年，赐额圣恩禅寺。元至正年间，万峰和尚驻锡玄墓山，重兴佛寺，奠定了寺庙的基本格局。明清时期，寺庙达到鼎盛，为临济宗"三峰派"的中心。明洪武年间，建造了观音阁、法堂、大殿、塔院、斋厨，铸巨钟，立钟楼；永乐间建藏经阁、天王殿、方丈、山门、寮库、碧沼轩等；正统八年，赐额为天寿圣恩寺。清康熙二十八年二月，康熙南巡时宿寺中四宜堂，并御书"松风水月"额。寺位于山南，"光福枕山之阴为寺后坎，虎山长虹肖龙卧，而讲寺浮图则又圣恩翔凤之尾也，其偃仰上下，竟合形家之说"[1]。明清时期，寺庙布局体现了禅宗寺庙的特征，与南京的大型禅寺比较类似。前为金刚殿，后为天王殿、大雄宝殿、毗卢宝阁、禅堂、法堂，法堂后原有方丈，在寺之最高处、山之最深处；轴线左右有钟楼、祖师堂、伽蓝堂、斋堂等。大雄宝殿内供奉释迦、弥陀、药师佛，周围环绕十八罗汉，二十天神侍立。毗卢宝阁中供奉毗卢遮那像，环列十二圆觉，楣栋列无名佛万计，所以又名万佛阁，阁的一层奉观音大士像，及经律论三藏书五千轴。

2. 宅邸园林

光福据湖山之盛，自古以来为隐士居所，镇内的宅邸园林亦有山水掩映，与热闹的市镇相比，仍像是远离市井的世外桃源，既有湖山园池之胜，又有山野乡村之趣。

清末的《光福志》记载了镇上的多处宅第园亭。如明徐衢的住宅，西为住宅，名来青堂，东凿地为池，种植芙蓉，旁为书楼，名耕学斋，池与书楼周围修竹环绕。再后有圃，种植杂树花果。登山书楼，可见崦水和溪流，邓尉、穹窿山如在几席间，远处的灵岩、天平诸山与云气相出没。又如徐宗夕所筑之苇轩，在上崦之滨，主人每日悠游其中，以图书自怡。南街上明徐孟祥的雪屋，非常特别。徐孟祥为吴地之儒，颇有学识且志行高深，追随之问学的人很多，苏州的士大夫凡来城西一带游山，必来光福拜访。徐孟祥在南街盖了座屋顶覆盖白茅草的房子，作为自己的隐居读书处，没有华丽的装饰而仅用白灰粉刷，落成之际恰逢落

[1] [清]周永年：《邓尉山圣恩寺志》卷首《邓尉登山入寺津路图说》，第46页。

图 4-38 东崦草堂

雪，因而起名为雪屋，象征主人的高洁。市西头下崦之滨，元代时徐达佐隐居于此，居耕渔轩，倪云林曾为之作耕渔轩图。

东崦草堂位于东街六房巷，南临上崦湖。原为明末徐鉴湖别墅，后废弃，清道光年间，五世孙徐傅重建。现为市级文物保护单位。（图 4-38）南为花园，北为住宅。1950 年代至 1996 年一直被作为光福政府机构驻地，改动较多。园内据记载有月满廊、欣怀亭、延翠轩、丛桂榭、读书堂、看云处等建筑，中有园池假山。

光福保存较好的明清住宅多位于南街、上街和下街、杨树街和旱桥弄等处。主要特征与苏州传统民居的特点和香山帮的匠作传统一致。规模稍大的住宅多为三至四进，有平房有楼房。各作做法考究，门楼水磨砖做法多见，多有砖雕，长窗做法多样，雕刻精细，大厅梁架扁作月梁做法也多见，山雾云等雕饰精美。清末开始出现西式住宅，如上街 3 号宋宅，为西式的两进楼房。民国时期的风火墙上，常嵌绿色琉璃花格，如小巨角 13 号和 23 号的两处周宅。因依山傍水，临河的墙体下部常用山石，就地取材，且有防潮作用。

3. 非物质文化遗产

光福的非物质文化遗产项目有 18 项，其中国家级 5 处，省级 1 处，市级 7 处，区级 5 处。（表 4-2）

表 4-2　光福非物质文化遗产列表

项目名称	级别	类别	种类	流布区域	时代
光福核雕	国家级	传统美术	雕刻	东崦湖社区、邓尉村、冲山村、府巷	明代
苏州缂丝织造技艺	国家级	传统手工技艺	织造	市区及蠡口、陆慕、黄桥、光福、东渚等地	南宋
苏州玉雕	国家级	传统美术	雕刻	迁里村、府巷村、邓尉村、东崦湖社区	唐代
苏州明式家具制作技艺	国家级	传统手工技艺	木作	苏州为中心的江南地区	明代
苏州刺绣	国家级	传统手工技艺	布艺	苏州	春秋
苏派盆景技艺	省级	传统美术	工艺	苏州市东山、光福	唐代
邓尉探梅	市级	传统民俗	民俗	苏州及其周边地区	不详
"苏作"红木雕刻技艺	市级	传统美术	雕刻	福利村、邓尉村、香雪村	明代
冲山佛雕	市级	传统手工技艺	雕刻	苏州光福冲山村	唐代
吴罗织造技艺（四经绞罗）	市级	传统手工技艺	织造	苏州吴中区	战国
苏州玉石雕刻技艺	市级	传统手工技艺	雕刻	迁里村、府巷村、邓尉村、东崦湖社区	唐代
苏州水乡木船制作技艺（七桅古船制作技艺）	市级	传统手工技艺	木作	光福太湖渔港村、相城区太平桥、常熟浒浦和吴中区横泾	不详
水乡婚俗（太湖渔民婚俗）	市级	传统民俗	婚礼	太湖沿湖地区	不详
光福玉雕	区级	传统美术	雕刻	光福镇	不详
光福圣恩寺庙会	区级	传统民俗	文化活动	光福玄墓天寿圣恩禅寺	唐代
平台山庙会	区级	传统民俗	文化活动	平台山岛	不详
太湖祭神歌	区级	传统生产习俗	歌谣	太湖沿湖地区	不详
苏州太湖开捕习俗	区级	传统民俗	民俗	太湖沿湖地区	不详

资料来源：《苏州市光福历史文化名镇保护规划（2014—2030）》

　　传统手工业为光福的一大特色，尤其是精细手工业，光福有多项国家级非物质文化遗产。如始于明代的光福核雕，主要分布区域就在光福境内；苏州玉雕始于唐，主要分布于光福镇下辖的村落。（图4-39）光福是苏州缂丝织造技艺分布的重点地区，是苏州明式家具制作技艺和苏州刺绣等国家级非物质文化遗产的分布区之一。光福自古有栽种花木的习惯，唐代起逐渐发展出苏式盆景技艺，光福与东山是盆景技艺的中心。

　　香雪海为海内外知名的赏梅花胜地，正月梅花盛开，是光福最热闹的时节。邓尉探梅习俗不仅仅在光福本地，苏州城乃至四方名流骚客"或寻胜或探梅，舟车往来络绎而至，极一春之盛"[①]。（图4-40）

① 徐傅：《光福志》，第61页。

图 4-39　核雕与玉雕

图 4-40　香雪海

　　光福寺庙道观众多，庙会非常热闹。圣恩寺、铜观音寺（光福寺）、虎山东岳行宫、三关堂均有庙会，有些延续至今。圣恩寺庙会在正月初九，寺内要晾晒经文，并展示宝钟。寺门外，商贩云集。光福寺因铜观音灵验闻名，庙会在观音生日，庙会时下街两侧商贩聚集，信众赴寺内烧香游览。

　　由于生产生活的共同特点，光福有着太湖地区所共有的生产生活习俗。如养蚕者祭祀蚕花娘娘，太湖渔民有打鱼的禁忌与习俗。光福同样也流行抬猛将的风俗，猛将从庙里抬出，穿村踏野，驱邪赶蝗。

（四）特色和价值

　　光福与东山、西山同样都是苏州城郊湖光山色之间的聚落，优美的自然风光使得它很早就成为郊游的胜地、佛寺的道场，宗教建筑点缀在群山之中，形成"山寺并立、塔山相映"的空间格局。在聚落形态上，光福镇以水网形成主要的格局体系，与其他的江南市镇更为接近。

光福是茶渔花果盛产的富饶之乡，水产丰富、苗木茂盛，与东山、西山有着同样的湖滨丘陵环境，它们的产业类型也非常相似。

然而，它又有着与东西山不同的特点。因为身处陆地，借由水网，它可以与其他市镇便利地往来，所以它很早就被纳入手工业和商业的系统，形成集市，并发展出自己的手工业，既是香山帮的根据地，也是玉雕、核雕、红木雕等的发源地。

歷史的印記

History Imprint | 江苏历史文化名镇的特色和价值

综述
芦荡双镇沙家浜
义庄善里荡口镇
里下河畔溱潼镇
双厅双桥周庄镇
横塘纵溇周铁镇

第五章

湖滨水荡里的基层经济空间单元

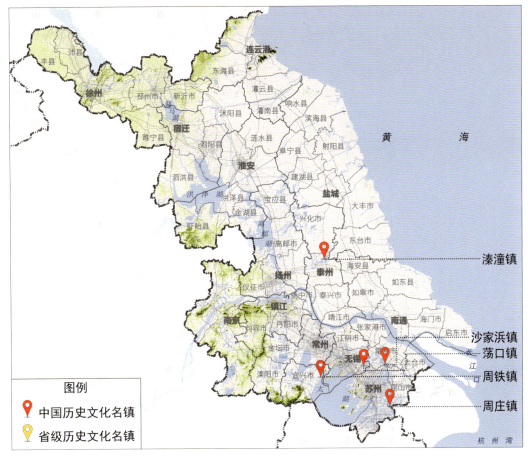

图 5-1　溱潼、沙家浜、荡口、周铁、周庄五镇在江苏省的区位

一、综述

　　荡口与周铁、周庄与沙家浜、溱潼，分属无锡、苏州、泰州，其地理单元并不相同，之所以并列一章，是因为五者都是典型的水乡古镇。其中荡口的"荡"、沙家浜的"浜"、溱潼的"潼"，名即从水，而周庄和周铁虽然名中无水，但实则周水环绕。此五镇俱伴水而建，依水而生，称其为湖浜水荡中的古镇可谓名副其实。（图5-1）

　　由于所处区域和周边水网的差异，各镇水乡景观和风貌也不尽相同。周庄被誉为"江南第一水乡"，镇为泽国，四面环水，产生了镇在水中、水在镇内的独特景观。现在的沙家浜其实包含历史上的横泾和唐市两镇，横泾顾名思义是一条横向水汊，恰位于太湖水系北入长江的泄水通道上，其调蓄水量的自然功能造就了横泾周边大面积的芦荡湿地景观。而唐市在白茆河南部，贯镇而过的尤泾河以其通达的交通孕育了唐市的繁华。荡口得名于镇东南的湖泊鹅真荡，市河从鹅真荡口北上向东折为北仓河，构成了古镇的空间骨架，荡口镇也就成了湖荡边天然的停泊港口。溱潼位于里下河地区，是苏北洼地，受洪泽湖水系影响。周铁则处于太湖西岸，是宁镇丘陵向太湖过渡的区域。

　　湖浜水荡中的古镇并不仅仅具有典型的水乡风貌，更有扎根于水乡环境而形成的生产和生活图景。江苏的水乡，尤其是太湖周边的乡村，

自唐宋以来就很重视圩田治水，乡民们与水争地，享水之利而避水之患，到了明清之时，原来的沼泽洼地已被逐渐改造成为富饶的鱼米之乡。古诗"侬有鸡头正堪采，鹅肫荡里泛青波"中所描写的"鸡头"就是独具特色的水乡物产——芡实，除此之外还有菱角、鱼、虾、蚬、蚌等水鲜产品；荡口银鱼是享誉无锡的地方名产；周庄更因其莼鲈之美引发了季鹰归思。除了水鲜特产之外，渔民劳作收获的场面也是水乡雅俗共赏的生活图景之一，雅有周庄八景中的"蚬江渔唱"，俗则有开捕节等一系列的民间祭祀活动。

丰水的环境决定了水系成为水乡古镇最重要甚至是唯一的交通渠道。水系不仅对外连通了同级市镇和上级县市，也对内组织着古镇的空间结构。在镇治以内，水道是构成水乡古镇最重要的空间格局骨架。街道和建筑依托河道聚集排布，形成河、街、建筑并行布置的空间体系。根据河道形态又可以将古镇的空间形态分为3类，即鱼骨状、丁字形和十字港形。其中鱼骨状的水系格局最为常见，即由一条主要河道和若干垂直的浜汊组成，河两侧为主要街道，如唐市的尤泾河和新市街的关系。丁字形指的是主要河道成丁字垂直相交，这在周庄表现得并不十分典型，因为镇中东西向的后港与中市河均垂直相交于南北向的主河道，从而形成双丁字形的格局。十字港形，顾名思义，其主要河道成十字形垂直相交，比如荡口的市河与北仓河。由于主街道方向往往平行于河道，故河道的方位会决定沿街建筑的朝向和布局。理论上说，由于日照的需求，选择东西向河道更利于建筑的布局，但实际情况往往难如人愿。周庄、荡口、唐市、周铁的主河道恰巧都是南北向，因此市河两侧的建筑只能做东西向布局。由于交通货运的需求，商业建筑不得不随河就势，垂直河道形成东西向的空间肌理，不再拘泥于传统的南北朝向。

除了镇内街道与建筑的组织之外，水道也往往参与限定了水乡古镇的镇治边界——四栅[①]，成为镇治与乡脚[②]人员和物资沟通的出入口。四栅不仅限定了市镇的边界，也标志着市镇的空间形态出现了分化和管理，是市镇管理自治机能的体现。桥梁作为横跨水道的构筑物更是起到了空间边界标志的作用。比如周庄的市河北端的全功桥亦被称为北栅桥，其不仅标志了北面边界，也是市河出入口的管理节点。而唐市虽然没有明确记载的四栅，但也是通过在四周水道收束处所架设的桥梁来标志镇治区域的边界。

江南的市镇数量在明代后期和清初有一个极大的增长，其背后伴随着江南地区商业经济水平的提高和区间贸易协作的发展。在此期间，江南地区构建了一个层级化和网络化的市镇体系。但这些城镇在历史上并不是作为基层的行政单元，而仅仅是作为基层的经济单元而发展起来的，故其镇域往往是模糊的，仅仅以四栅标志了主镇区的边界，而并未限定周围乡村土地的辖区。其对周边乡脚的影响只在于经济或者宗教文化的作用，是一种受距离影响的共同体形态。周庄就是一个典型的例子，其乡脚和其行政的属性长期不一致，清中期周庄曾设巡检司，但其管辖的是周庄镇治及其以北直至独墅湖的区域，镇南的村庄并不包含其中。唐市十景中的"万安晓市"，被描述为"乡民为市，黎明而集，日中而散，不过贸易食货"[③]。周边乡民汇聚为市，两三个小时内的交通距离，赶在黎明前汇集于镇治市场，半日交易后，可赶在太阳落山前归家，镇治和乡脚形成了便捷而紧密的经济联系。

[①] 所谓四栅是指镇区的边界，一般有栅门或圈门，栅由巡检司管辖，通常是水栅。
[②] 指与镇形成市场和文化共同体的周边乡村，费孝通在其名著《江村经济——中国农民的生活》中就曾用乡脚来称谓中心镇周边的存在经济和文化隶属关系的乡村环境。
[③] 乾隆《唐市志》卷上"风俗"。

基层的乡村农产品和手工业品满足了古镇和乡脚的生活及原料需求，并进一步通过古镇汇集到更高层级的专业市场和中心市场，同时更高层级市场的商品也通过古镇进入乡村末端。大量记载表明，在清后期的江南地区，桑、蚕、棉等经济作物代替了传统粮食业，不事耕作的农民在获得更多收益的同时，需要从外地舶来粮食，水乡古镇因而成为江南经济网络中的基层单元和节点。同时期，镇治内也形成初步的手工业加工体系。手工业的专门化甚至使古镇在空间分布上产生了相对应的分区。

　　市场规模的扩大带来了市镇人口的增加，施坚雅以4000人的人口规模作为划分清代中国城市与乡村的判断标准。虽然很多学者认为这一指标过高，但本章中所述的几个案例均已远超这一标准。唐市清乾隆时"居民三千余家，闾阎栉比，商贾云集"①，周庄清中时人口近5000人，"其户口、赋役之数足当西北一小县"②。同时，专业的分工使得非农业人口成为城镇的主体，周庄有1000余人在作坊、店铺充当雇工，占镇治人口的五分之一③。大量外来人口伴随商业和手工业聚集在镇治周边，进一步扩大了镇治的人口规模，外来人口甚至形成商帮，比如周庄就有海宁帮、丹阳帮等等。

　　这些湖荡水乡的古镇作为基本经济单元而发展的同时，也伴随着相应的文化发展。市镇的经济中心作用促进了大族和文人士大夫的集聚，从而也形成区域内文化的中心。耕读传家、崇文兴教的传统，首先就表现在科第兴旺上，明清时期唐市有进士10名、举人28名，而荡口华氏中进士者更是多达37人。

　　传统社会中，乡村、市镇与城市之间并没有形成彼此割裂的文化差异与鸿沟，许多小镇名人辈出、文风昌盛，这种具有活力的发展方式使得水乡古镇成为江南文化体系中的重要环节。唐市就甚为典型，名人中尤其以杨（彝）、顾（梦麟）并称，在文坛风格独树一帜，号称"唐市派"。周庄也有清末叶楚伧参与的南社活动，其与柳亚子等人在迷楼的唱和更是成为流传甚广的一段佳话。江南的基层市镇作为文化集聚和传播的中心还体现在兴教办学、藏书刻书之上。唐市有毛晋藏书刻书，荡口有华燧的铜版印刷。虽然并非政府主导的乡村建设，但影响力却毫不逊色。办于清光绪三十一年（1905）的荡口新式果育鸿模小学培养了大量人才，仅从这里就走出了钱穆、钱伟长、钱临照、顾毓琇等近代学问大家。一流的文人、一流的学者、一流的教育，有效地联系了乡村腹地和城市，构成了江南水乡古镇在近代的转型与城镇化的坚实基础。

　　水乡古镇在近代的衰落可以归纳出3个主要原因：近代交通方式的转变，近代工商业体系的冲击和计划经济的影响。新兴的铁路公路交通体系的形成，对传统的水运产生极大冲击。民国京沪铁路的建成使得沿线的村镇迅速发展，而周庄这类原有水运道路上的村镇则逐渐边缘化。近代工商业和新兴的工业体系冲击了分散的手工业加工体系，舶来生活用品的大规模输入加剧了城乡分化，江南市镇的传统网络被打破，乡镇重新回归单一的原料输出地和商品输入地，加速了传统古镇富有活力的经济生态的崩塌。而新中国成立以后，公私合营、粮食统购统销和服务业的缩减遏制了整个乡镇地区的工商业发展，已具城镇化雏形的古镇重新回到乡村的范畴。祠堂成为粮库，米行成为粮食所，南北货和百货店等则合并变成单一的供销社。传统镇治与周边乡脚间以自然交通相联系

① [清] 倪赐：《改建万安桥铭并序》。
② 嘉庆《贞丰拟乘·喻荣江序》。
③ 同②。

的经济、宗教、文化中心与腹地的关系变成了行政管理的方式。城乡二元化将古镇推向了乡村的一端,传统的城市反哺乡村的形态不复存在,文化层面的衰败自然也不可避免。

但水乡的经济基础和工商业文化的传统并没有完全消失,在重农禁商的政策解除后,曾经的深厚底蕴促进了江苏古镇的重新发展,也衍生出由古老传统向近现代化过渡、转折的多样景象。江苏,尤其是苏南地区的乡镇企业,从其破土萌芽到发展壮大,正是扎根于历史上基本经济单元这一土壤的一脉传承。譬如荡口当代彩印业的成型,虽然与明代华氏的铜版印刷没有直接的联系,但仍然无法割断两者的文化传承关系。相比于荡口,周庄则更能代表传统古镇在当下的发展趋势,即利用古镇的历史、文化和自然资源,发展旅游业。周庄之所以能够成为旅游业转型的典型案例,其发展可以说是得益于一个偶然的事件,陈逸飞的画作《双桥》产生的巨大影响使得周庄被重新认识,成为许多人心目中江南水乡的代名词。周庄的偶然也代表了古镇发展的一个必然,在江南地区丰厚的自然和人文资源积淀下,城镇化发展终会找到新的出口。

二、芦荡双镇沙家浜

提到沙家浜,人们自然想起芦苇荡。正是在常熟横泾周边的芦苇荡中发生的真实故事,激发了"文革"时期八大"样板戏"之一的现代京剧——《沙家浜》的创作(图5-2)。1981年,横泾更名为芦荡乡,这恰恰说明了横泾所在的昆承平原具有的低洼水网圩区的特征。由于《沙家浜》京剧的巨大影响,原芦荡乡(古横泾)于1992年被更名为沙家浜镇,且于2003年与唐市镇合并,成立了现在的沙家浜镇。2008年,沙家浜被列入第四批中国历史文化名镇。

沙家浜镇地处常熟东南隅,位于太湖东侧的泄洪水道旁,自唐代起便属常熟县管辖。镇域内的古横泾和唐市(古尤泾)是两个重要的传统市镇,横泾西接昆承湖,地势更为低下,水网密度高,湿地沼泽和芦苇荡是其主要的环境景观;东侧唐市(古尤泾)地势略高,尤泾河贯穿南北,向南连接昆山和吴淞江水系,向北则接白茆河而入江。(图5-3)

在形态和功能定位上,横泾接近传统聚落形态,而唐市(古尤泾)则具有更浓厚的商业属性。唐市北侧是白茆镇和白茆河,这一区域的水网隶属于白茆水系,是历史上苏州东侧重要的通江水道,也是太湖东侧扇形泄洪通道的一支。自唐以来,常熟附近就体现为高地的二十四浦与低地的昆承湖水网,昆承湖周边地势低,是太湖白茆泄水通道中重要的

图5-2 现代京剧《沙家浜》唱片封面

蓄水地，形成了横泾周边宽阔的芦苇荡湿地，也是现今江苏水质最好的区域。宋以后，常熟地区的泄洪干流有5支，称五浦，白茆河为其中最大者，由于河深水宽，因而兼具航运和水利的功用。其沟通了太湖、苏州和常熟，北出长江，更连接通泰、海门；河过白茆镇，南岔即连接尤泾河，向南便可连接昆山和吴淞江水系。

（一）镇村体系变迁

南宋宝祐二年（1254），现沙家浜镇西片已有横泾、洋澳、毕泽、金泽、三家村、草荡等村，隶属常熟县第四十三都莫邪里，名称取泾、澳、泽、荡，当是彼时水系环境的写照。

伴随昆承湖及白茆水系中大型圩田的分散

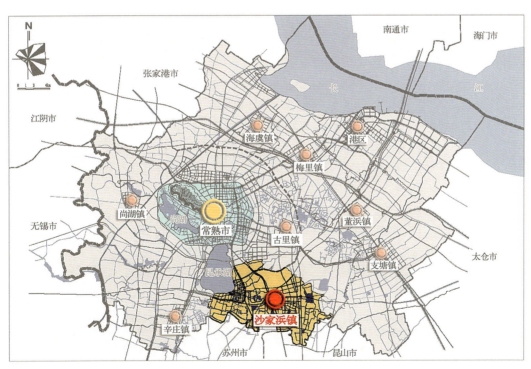

图5-3 沙家浜镇区位图

资料来源：《沙家浜保护规划》，2007

图 5-4 沙家浜镇总体规划——镇域规划图

资料来源：《沙家浜历史文化名镇保护规划》，2007

化，泾浜水系逐渐发展分化，干支流水系成型，后乡人逐渐聚居于尤泾河及语濂泾处，由于二水交汇之处较为狭窄，舟楫可渡，因此人烟汇集，搭桥建屋，渐成聚落。明正统年间，聚居尤泾河畔的乡民以唐姓居多，尤泾得到进一步开发，逐渐繁荣，自此始有唐市之名。清宣统二年（1910），推行地方自治，常、昭两县共划为 4 个市、31 个乡。东片的唐市因人口较多建置为市，俗称东唐市（西唐市 1960 年代因组建沙洲县——今张家港市——而被划出常熟，改名"塘市"），地域范围包括石牌、李市。西片则设横泾乡，地域范围包括横泾、儒浜。民国时期，常熟区划变化比较频繁，横泾与唐市亦时合时分，但大体关系未变。

唐市凭借尤泾河通达昆山、吴县的船运优势，成为当时常熟四市之一（四市为海虞市、梅里市、东唐市、沙州市，管辖范围包括石牌、李市），素有"金唐市，银石牌，铜梅里，铁古里"之说。"金唐"的美誉源于唐市的稻米和水产交易。作为常熟农副产品交易流通的重要集散地，其组织粮食交易的米行多达 30 余家，一般均开设在东西南北四市梢，常年有 30 多只米船运载大米到无锡、上海等地。唐市的水产品种之多，数量之大，均为常熟之首。镇上 4 条老街有商号百余家，行业齐全，河东街（今繁荣街）两岸，商店林立，绸布业、南货业、银楼业、酒业茶馆业等各行各业应有尽有；市镇四梢，油坊、木行、竹行亦十分繁忙，每年菜籽登场，各地来唐市榨油之船，停满岸边，盛极一时。

沙家浜周边河网密布，旧时与外界联系，主要靠水上船舶，陆地交通不便。故外地迭有兵燹，而唐市则因为其特殊的地理位置环境而得以保全，未遭战火。抗日战争时期，常熟沦陷之后，避难者云集唐市，导致了商业的畸形旺盛，直到 1960 年代后期，唐市的商业中心才逐渐西移至新区。

近代，在公路交通取代了水陆交通的低位之后，唐市作为交易中心的地位随之降低，经济中心向别处转移。沙家浜镇依托横泾地区的芦苇荡风景和革命文化，以及唐市的古镇历史建筑遗存，大力开展旅游业。（图 5-4）

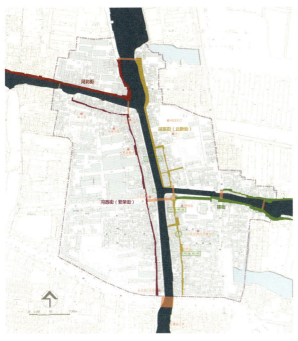

图 5-5　唐市水系与街道关系图　　　　图 5-6　繁荣街石板路

（二）空间格局分析

沙家浜镇由两处古镇区组成，目前横泾遗存较少，格局更改较大，而唐市古镇三水四街、五方七桥的空间格局则大体保留了下来。

唐市的空间布局以尤泾河为核心。镇上横跨尤泾河的桥有3道，北端的万丰桥（俗称北新桥），南端的万汇桥（俗称南新桥），中心还有一道万安桥（俗称中心桥）。北新桥以北的尤泾河称为北尤泾，北尤泾向北接小尤泾，是通往古里、常熟的主要水道；南新桥以南的尤泾河称为南尤泾，南尤泾向南接张家港，再向南流入昆山界。南北两道桥之间穿过唐市市镇的这段尤泾河则被称为市河。市河长约650米，其在万丰桥南百十米处又向西边出语濂泾，向西北流入张家港；在万安桥北边不远处则向东边出金庄泾，向东南可至杨西村入白茆界。

正是这样通达四面的水系交通，使得唐市成为四乡货品交易集散之地。唐市依托市内的3条水系衍生出了4条商业街道，分别是市河东西的河东街（后更名为繁荣街与北新街）与河西街（后更名为中心街）、语濂泾北岸的河北街以及金庄泾南岸的横街（图5-5）。河东街为商业街，因有400多米长的石板路面，又称石板街（图5-6），沿街两侧商铺林立，早晚两市非常热闹。河西街在北段沿语濂泾向西延伸约百十米，路面为弹石铺设，多为住宅，设店较少，仅在万安桥附近多设商铺。万安桥不仅是河东、河西两街交会之处，且向东不远就是金庄泾南岸的横街，故这一带是唐市贸易最热闹的地方，除各色商店之外，亦有众多摊贩云集。清代文人许朝题诗"万安桥""万安桥畔市声喧，出水鱼虾满市摊，风味九秋劳客梦，潭塘金爪蟹如盘"，正是对万安桥蟹市盛况的形象描述。

唐市的建筑大多沿街道垂直布置，南北向街道两侧的建筑均为东西朝向，密度很高。街道普遍较窄，在繁荣街与倪家弄的路口附近最窄仅有2米左右（图5-7）。沿街建筑大多两层，下层为排闼门，是典型的下店上居的店铺模式（图5-8）。据镇志记载，冬季夜晚，常有人沿街叫卖烘馒头，若听得叫卖声，则可以在楼上开窗吊下一篮，内放钱钞，卖者取钱后将烘馒头放置于篮内，买者收篮取食，买卖两便。

图 5-7　繁荣街与倪家弄路口处

图 5-8　繁荣街店铺

新中国成立前，唐市曾有染坊、绸布庄、茶馆、面馆、油庄、缸甏行、肉庄、砖瓦石灰、嫁妆铺、旅馆、烟茶、山地货、糖果、百货、点心小吃、木行、竹器、银楼、国药、渔行、酒业槽坊、豆腐坊、木匠店、酰腊等各行各业商号店百余家。除此之外还有烟铺、赌场、买春场所等，应有尽有。四乡八里的乡民纷至沓来，出售农副产品，购物休闲。从早到晚，狭窄的小街上人来人往，被称作"小上海"。其中，同利和南货业开设于清咸丰年间，是四乡里牌子最老、信誉最高的南货店。古峰园、柏厅，上午设茶馆，下午、晚上开书场，闻名于苏州评弹界。而在河西街的朱家茶馆，门面宽敞，后设麻将、挖花赌局，也曾盛极一时。

根据新中国成立前唐市镇私营商业及其他行业的统计，有记载的商铺多达 133 家，其中最多的是理发店。至今唐市古镇上还保留了许多家理发店，店内陈设简单干净，还有不少老式的理发座椅。

沿河东、河西街的商业建筑进深不过两进，其后方建筑的朝向依然以南北向居多，建筑的进深也相应加大，多三进、四进建筑。虽然除街道两侧的建筑之外，大多已被改建，但肌理依然清晰分辨（图 5-9），较大的街巷宽度和行列的布局方式表明了其居住的功能。从尤泾河西侧的新建里和朝阳弄交叉口附近的现状民居布局推断，应该是以三开间三进院落形态的民居为主。临河石驳岸上均为两层楼房，大多设有河埠头，有些河埠头上还有一方屋檐遮蔽。金庄泾在未拓宽之前，河道两岸都设有长廊与河埠头，雨天走路亦鞋面不湿。

沟通河西街与河北街的红桥，为明成化初年（1465）建，木面木塝，红栏映波，故名红桥。明天启年间，史氏重建，又名史家桥。清宣统三年（1911），桥木面崩折，旋由里人集资改为石塝木面，仍漆红桥面。1967 年对其进行了改建，将桥位向东迁移至语濂泾东口，建红砖拱桥，改名造反桥。虽材料、名称几经更改，却一直延续了红桥之"红"。

市河拓浚之后，底宽 14 米，面宽 22 米，两岸重建驳岸。在开拓市河的同时，也开拓了金庄泾。原先金庄泾在尤泾口到华阳桥一段只有 3 米宽，据当地一位年近 80 的计姓老人说，儿时金庄泾水深仅仅没胸，有的地方成人一跃可过。其河面口有一座小石板桥，水涨则不通，水浅则

图 5-9　现状屋顶平面图

难航,舟行不便,泄水困难。1976 年 2 月,将金庄泾拓宽为 18 米,河深 3 米,小石板桥改建水泥拱桥,名繁荣桥,将两旁原有的沿河长廊拆除,重建驳岸。语濂泾在 1988 年将河面由 8 米拓宽至 16 米,重驳两岸。其西端聚隆桥在 1973 年改建为水泥桥,现已不存。

这几次河道疏浚主要增强了尤泾河与金庄泾的通航和泄洪能力,但对古镇肌理造成了一定的影响。原来的老驳岸现已大多无存,除了市河南段东部建筑临水面的条石驳岸之外,现在看到的驳岸均为 1970 年代重建,建筑与河的关系也因此而有所改动(图 5-10、图 5-11)。

比如金庄泾两边的长廊均已不存,而河东、河西两街房房与河道的关系也产生了变化。尤其是中心桥以南、尤泾河西侧的建筑,目前多只有一进,且与河面之间留有一条可行走的街道,驳岸也不同于东侧的条石驳岸,而是水泥块砌筑,平直不自然。推测在拓宽河面的时候,在市河南段的处理方式,很有可能是将西岸原先为两进的建筑后方临水的一进拆毁,进而为河面留出了空间。

在其他水乡集镇中,老街的两端一般并不存在明确的界限标记,向外侧建筑密度和高度也呈现逐渐稀疏的趋势,构成市镇和乡野之间的过渡。但唐市却并非如此,万丰桥和万汇桥明确地暗示出了市镇的南北界限,而万安桥则标明了集镇的中心。在语濂泾和金庄泾,也分别用聚隆桥(1973 年改建为水泥桥)和华阳桥标志出了西边和东边的边界。据 1997 年版《唐市镇志》记载,尤泾河大部分河段都是河宽水深,只有唐市镇段底宽仅 8 米,狭窄束水。明代时,由于交通不便,里人便聚集在了河道狭窄处,在河流收束处搭建桥梁,便于通行。由此,唐市形成伊始,便通过桥梁确立了物质空间上的边界。同时,从万丰、万安、万汇三道桥梁被人们称为北新桥、中心桥、南新桥这一点上来看,桥梁亦在唐市人心中构建起了一套心理空间上的标识。

唐市的商业贸易也依托这样一套空间体系来展开,不同的商业功能对应着不同的空间位置。大宗物品交易或更多服务于市外乡人的交易主要在集镇外围,依托镇外开阔的水面展开。比如米行店面,一般开设于镇上四市梢,主要是承接外地大宗粮油的加工与集散。油坊设于河东街南市梢,主要业务是购进菜籽,榨油出售,

图 5-10 市河南段东部建筑临水面的条石驳岸　　图 5-11 新建驳岸

也提供代加工业务。木行、竹行大多设于尤泾河两岸南梢，亦有设在北新桥东堍的，主要是提供农具和生活用具，往往在河面上扎木排或竹排，前来采购的小船则直接停在木排、竹排边上选购。小宗贵重物品交易大多集中在河东街或河西街与横街之上，并以河东街更为高档。诸如绸布业就几乎全集中在河东街，其中的沈大昌绸布庄原来设在金庄泾中段，后来迁往河东街北段后，生意愈发兴隆。日常生活用品和时鲜水产则集中在万安桥（中心桥）周边。比如腌腊业则多在河东街中段，或中心桥西堍，便于市民日常购买；尤其是水产交易，不仅每日收下鱼虾后有专船运往上海销售，还有各种零售货摊在万安桥周边供人挑选。万安晓市在明末就被杨彝设为"唐市十景"之一。语濂溪一带则是外地人来唐市时，夜间泊船住宿的地方，舟横橹乱，星火人语，别有一番风味，故"语濂夜泊"亦是唐市十景之一。

在唐市，相比于老街，尤泾河才是最重要的空间主轴，而河流上的桥梁则是限定并组织空间和人们活动的重要空间节点。一些重要的公共活动也往往发生在这些空间节点上。比如在南新桥外侧，原先筑有一分水墩，墩上建楼3间，楼上供文昌神像，楼下中供武圣关帝，东祀乡贤许时省先生，西祀流寓顾炎武先生，楼名为"文武行宫"，俗称"湖心亭"。每逢文昌、武圣诞辰，全镇凡是有功名的人士，读书士子，富绅商贾，都要来拈香祈福。在万安桥东堍，原先有一座周神庙（现为福民禅院），平时庙会不绝，每逢农历正月十五还要举行灯会。另外，镇上的救火会每年农历五月二十日还会将各条水龙扛出来到南新桥、中心桥、北新桥3处"试龙"，出水喷射，检查是否完好。这不仅是一种对设备的例行检查，同时也成为当地一种带有祈福性的公共活动。

（三）物质和非物质文化遗产

1. 桥随水设，宅街一体

唐市的建立发展与桥梁密不可分，古镇上原先共有7座桥可供通行（图5-12），最重要的是东西南北中5座桥，尤泾河上3座——北曰万丰、中曰万安、南曰万汇，语濂泾和金庄泾各2座——西名聚隆，东名聚福。时至如今，只剩2座石拱桥还基本保持原貌，分别是市河北端的万丰桥和金庄泾东部的华阳桥（聚福桥）。

由于尤泾河水面较宽，并且是南北重要的航道，历史上的这3座桥都是高耸的拱桥，从现存的万丰桥来看，桥宽3.5米，中跨高近6米，跨12米，左右小拱高近4米，跨8米，通长51米。在周边小尺度的民居映衬下，分外壮观。桥为乾隆十五年（1750）创建，初名永安桥，原为木桥，乾隆五十五年（1790）时，里人易木为石，至嘉庆五年（1800）竣工，更名为万丰桥。现存的桥是道光十八年（1838）重建，灰石基础，花岗石桥身，三孔石拱桥，桥两侧的扶手为石块砌成骨架，中间以大块老砖填实，踏步上则刻有防滑纹路，工艺考究。华阳桥初名聚福桥，为乾隆五十六年（1791）建，石墩木梁。嘉庆十八年（1813），里人易木梁为石梁，勒石名华阳桥。桥为单孔石拱桥，面宽2.9米，孔径6.95米，孔高8.35米，全长22.55米，桥面石栏高0.85米，左右各有栏柱6根，做法与万丰桥一致。

唐市古镇的传统建筑是典型的江南水乡地区建筑，与古镇的尺度相协调，又因地制宜，小巧玲珑。在北新街、中心街、金桩浜、繁荣街等街道现存文物保护单位及"三普"文物点15处，包括12处清代和民国时期的传统民居，1处抗日战争时期江抗活动旧址，1处唐市邮电支局旧址，1处唐市中学旧址。（图5-13）

图 5-12　桥梁位置关系

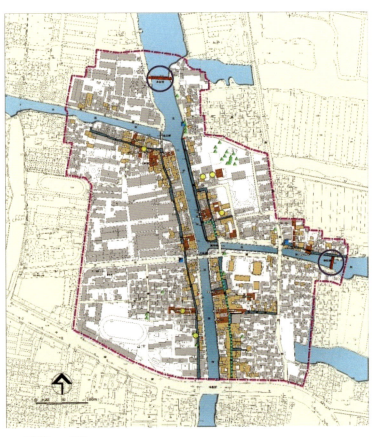

图 5-13　历史遗存现状分类图

由于建筑密度较高，唐市典型民居建筑大多三至四进，第一进往往为平房，二进后正厅通常为二层加两侧廊屋的布局形式，建筑多为大七架结构，前三后四布椽，通常采用直梁抬梁做法，圆作梁架，与常熟、苏州做法一致，但楼下厅处梁架多采用扁作月梁，梁头入柱，用雕刻繁复的梁垫，强调明间的形式感，体现了唐市的繁华富庶在建筑装饰和形式上的等级追求。

在民国后，这一传统做法也得到延续，即使立面风格已经具有典型的外来西式元素，内在的结构体系和对月梁的偏好仍然得到了保留和沿用，金桩浜邹宅即是如此。其位于华阳桥北的金桩浜3号，为硬山顶，最引人注目的是二楼满堂彩色玻璃槛窗，窗户不再采用传统的抹头格心做法，而是镶嵌彩色玻璃，其色分5种，辅以红色边梃，色彩绚丽，可称是常熟地区保存较好的具有中西合璧特色的民居（图5-14）。其内部梁架结构，二层为七架圆作抬梁梁架，前三后四的大七架做法，一层楼板梁同样采用月梁，梁侧及梁底均满堂雕花。差别在于前廊的设置，由于前廊屋面交至二层窗下，因此交接处的梁架，采用月梁上承二层檐柱的做法，充分利用空间高度，结构成熟。

唐市在近代商业兴盛，留存了大量体现这一转变时期的过渡形态建筑，如同邹宅一样，结构体系采用传统形态，但尺度开始增加，包括开间尺寸和建筑层高。更典型地体现在立面的变化上，在门窗、栏杆、挂落等元素处理中，西式元素作为时尚的符号与传统简单地揉捏在一起。金桩浜24、25号曾经是四进建筑，现只存一座硬山顶两层建筑及东侧廊楼，内部梁架为传统型制，底层明间抬梁依然采用月梁形态，山面的墀头和山墙也和传统形态一样。但在布局上，二楼开始增设外廊，改变了传统的平面（图5-15），门窗均为近代做法。二层格栅窗的构造原则延续了传统宫式窗的逻辑，但为镶嵌玻璃采光，格心棂条的密度大大降低，一方面延续了传统形式逻辑和构造方式，另一方面也避免使用大块的玻璃，可以有效地控制成本（图5-16）。出檐无挑檐檩，但檩下挂落的分隔方式已经受外来影响，每间三分，通过垂柱构造。二层檐柱及栏杆也大量使用外来元素，檐柱采用车木做法，并有意缩小截面，似乎在模仿近代西式的金属柱做法，栏杆则将

图5-14　金桩浜邹宅彩色玻璃

图 5-15　金桩浜 24、25 号二楼外廊

图 5-16　金桩浜 24、25 号窗扇

图 5-17　金桩浜 24、25 号西式元素

传统的万字纹和垂直的车木栏杆混合使用,毫不有违和谐(图 5-17)。

　　据老人回忆,金桩浜在拓宽之前,两侧均为廊房连缀,至今只有金桩浜陆宅尚留有痕迹。宅为主体二层硬山建筑,南为进深三步之单层前廊,直接临水,廊下即为沿河的公共街道。两侧亦有山墙立砌,下开门洞,类似传统河边街道上的圈门(图 5-18),廊房下仍保有传统的河埠头。廊房两侧的檐柱置于悬挑的金山石地梁上(图 5-19),中间的檐柱则向内收,从而使立面内凹,以使河埠头纳入檐下,形成因地制宜的小型船屋(图 5-20)。建筑亦为七架,由于为临街建筑,或曾为商业使用,建筑三间面阔尺寸相等。

图 5-18　金桩浜路宅圈门　　图 5-19　金桩浜路宅沿河出挑的石梁　　图 5-20　金桩浜路宅内收的河埠

图 5-21　飘香园入口　　图 5-22　飘香园曲廊半亭

2. 文风繁盛，园囿飘香

但凡是江南富庶之地，必是文人辈出之所。史载，仅明清两朝，唐市就出了 10 名进士、28 名举人，小小市镇，文风繁盛，文人聚集，其中较为著名的有严讷和杨彝。

文人名士，寻幽访古，品题风景，兼营庭园。杨彝为唐市题咏有十景，分别为万安晓市、凤基秋月、郎城水观、马惊深树、语濂夜泊、湖泾春涨、坞圻雪眺、市泽孝迹、三塘通济、强芜菡萏。杨彝还在唐市建了一处"凤基园"的宅院，文人佳会多相聚于此。明天启四年（1624），张溥、张采、周锺造访杨彝，创设了研究经学、探讨时艺的学术团体"应社"，以凤基园为社友会文之地，与顾梦麟等人相与讲论辩难，力明先儒之说，称"杨顾学""唐市学派"，弟子著录者数百人，为复社的兴起奠定了基础。

历史上，沙家浜镇有十余座园林，主要集中在唐市及其周边。园林不仅仅是一种建筑形式，也是经济繁荣、文风昌盛的象征。文献记载的园林有明代的水东丘园、柏园、尤泾河东北街的东庄、松梅老圃；尚有许多小型宅院，如明万历年间的晚香小筑，明末清初的亦园、语溪小园；清时的旷亭、语溪草堂等。

至今仍可觅得痕迹者，唯有北新街上的飘香园（图 5-21）。据清代《唐市志》《唐市征献录》《海虞诗苑》等记载：此园原系明代处士王维宁所辟，名"松梅老圃"。当时建有房舍、亭榭、回廊、假山、池塘、梅林、竹园、隧洞等。清乾隆五十年（1785）归黄廷煜所有，增建了美贤堂、餐秋亭诸景，改名"北宅园"，盛极一时。清代著名画家吴历曾作园图。咸丰辛酉年（1861），遭战火破坏后最终卖与龚雄才。龚氏因地制宜，重建住宅，修池叠石，形成如今格局。园内存有清代所叠的湖石和黄石相间的假山一座，山上建有六角形尖顶凉亭一个——"桂花亭"。山下有一石砌水池，池内种植荷花，池上架一小石桥。以临水曲廊组成围墙，廊内竖有清乾隆四十四年（1779）里人倪赐撰文、潘镐篆书的《改建万安石桥铭并序》碑石一块。在曲廊中部建有半亭一所（图 5-22），亭下有一小园门，使荷花池水与外河水相通，可行舟楫，驶入外河。

（四）特色和价值

现今的沙家浜镇是由传统的市镇横泾和唐市合并而成，镇区内是太湖东侧低地和通江水道旁历代农耕圩田聚居的典型，至今仍以芦荡水乡闻名于世。由于靠近太湖的通江水道，交通便捷，而水网密集形成的圩田又提供了大量的农耕资源，因此在近代成为常熟农副产品交易流通的重要集散地，唐市更被称为常熟四市之首。

独特的水乡芦荡环境，孕育了水乡文化，优美的芦荡湿地景观是江南地区水乡风情的代表。水网的便利促进了基于农耕组织的商业发展，而水网的阻隔也提供了战乱年代的庇护。横泾和唐氏的选址虽然在水乡湿地当中，却选择相对高敞的河道两侧，远水患而得水之利，反映了村镇选址的科学性。

唐市辈出的名人，也反映了明清以来江南水乡的耕读文化，士人乡绅的存在使得沙家浜一直是江南文化体系中的重要环节，明代杨（彝）顾（梦麟）在文坛甚至被称为"唐市派"。唐市十景和诸多的园林表明了唐市作为常熟一带文化中心的地位与价值，其更是江南乡镇重文重教、耕读传家的文化传统的典型案例。

唐市的空间格局与建筑形态，一方面保存了江南地区水街并行的市镇商业形态格局，另一方面，大量中西结合的建筑，也体现了传统乡镇空间在近代的工商转型和城镇化的趋势中的适应性和发展可能。而其中很多独特的过渡时期的建筑特征和细部，传承至今，对研究这一时期建筑形态和做法也具有很高的价值。

三、义庄善里荡口镇

荡口古镇位于无锡市域的最东侧，东南隅邻接苏州，从地图上将无锡南禅寺到苏州寒山寺连一条直线，大约就是著名的京杭运河的所在，这一段运河近乎直线，与北侧建于民国时的沪宁铁路几乎平行，现代和传统的交通方式在地图上并行。望虞河就在中点位置与运河相交，沟通太湖、运河与常熟。而望虞河向东北，穿漕湖与鹅真荡，荡口古镇就在鹅真荡的南口，与苏州无锡的位置连缀起来大约构成一个等腰三角形。荡口镇于2004年被列入第三批江苏省历史文化名镇，于2010年被列入第五批中国历史文化名镇。

（一）镇村体系变迁

1. 区位环境：三吴故地，鹅湖水口

荡口西邻鸿山彭祖墩遗址和泰伯墓，南近丘承墩吴越贵族墓群，这一地区的文明起源可以追溯到早期的新石器文化时期。地处无锡、苏州、常熟三地交界处的荡口，以水而成埠，自古就是区域性的"水码头"。镇因荡驰名，水浅而形似鹅肫，由于"肫""真"吴语谐音，故名鹅真荡。所谓"八千河荡汇巨浸""鹅湖东西广五里，南北长十里"[1]。水域面积近8000亩。鹅真荡又名鹅湖，荡北侧还连接了另一个古镇甘露，民间有"金甘露、银荡口"的称谓，2004年，荡口镇与毗邻的甘露镇合并，取名为鹅湖镇。镇中河湖众多，河网密集，除鹅湖外，还有南青荡、苏舍荡、蔡湾荡、白米荡、嘉菱荡等多个湖荡。统计下来，全镇现有耕地

[1] 钱穆：《八十忆双亲》。

2.57万亩，仅水面就有1万多亩。

据《越绝书》记载，从姑苏（今苏州）通往广陵（今扬州）的水道就从这里经过，春秋年间，越国大夫范蠡伐吴时，曾屯水军于濠湖和蠡湖（即今鹅真荡之南的漕湖）。西侧沟通鹅湖的伯渎河，据传为泰伯带领先民开挖的江南第一条运河，其向西通无锡，对荡口发展起到相当大的促进作用；作为清水通道的望虞河则穿鹅湖而过，北通长江，南接太湖与运河。到隋代，京杭大运河开通，运河从无锡南门外径直过望亭到苏州，不再从伯渎港经过，即便如此，荡口的水上交通仍很繁忙，可谓商贾云集，百业兴旺。近代后，更成为苏锡虞之间重要的粮食集散地和商业码头。镇上有小火轮多艘，还有航班、膛膛船，直通上海、苏州、常熟、无锡各地，有"无锡小上海，荡口小无锡"之说。直到近代交通从水路转变为铁路、公路，情况才有所改变。

2. 历史沿革：华氏徙居，耕读尚义

相传晋代荡口就形成了集镇，谓"丁村"，据说是东汉孝子丁兰的故里。《梅里志·山川》载有"荡口镇，相传为孝子丁兰故里，南有丁公桥，其遗迹也"。元、明、清时期先后归属延祥乡和南延（南延祥）乡。但直至明以前，荡口应当仍是村落聚居的形态，元代王仁甫编纂的《无锡县志》在《总村》部分中只有"甘露镇"而无"荡口"，仅留"丁舍"的地名，镇应当在明以后逐渐形成。

元末明初，华氏家族定居荡口，开始了宗族聚居发展的序幕，梅里志载，华惊辇（1341—1397），字公恺，号贞固，明洪武三年遵父幼武，从堠阳徙居荡口，繁衍生息。

华氏在荡口的兴起，伴随着明代芙蓉湖的圩田、治水工程的发展。芙蓉湖在宋元祐时"已治为田"，但其后数百年一直是"时湖时田"，直到明初永乐时，"筑上坝以截来源，继筑五坝则上游道阻，而湖尽为田"，大多分割成以泾浜为界的数百亩的小圩。华氏迁居时，修筑堤坝围堰，开垦荒地，华贞固在《虑得集》提及"华氏自宋南渡方著生于乡中，世以农田为业，自隆亭至堠阳，丘陇相连，虽更荒废，遗址尚存，传来久矣"。当时在鹅湖西侧经历元末战乱的废墟上，重续耕读之传，践行"务农济物"之道。经历数代筑堤垦田，开肆经业，华氏逐渐人丁繁盛，《华氏宗谱》载贞固次子华仲谆一次即"割上田数百亩置义仓赈荒"，并且"减租千石施惠佃人"，以此估算，华家此时田地至少千亩以上，并雇用大量佃农耕种。

至明中时，荡口的田亩数不断增长，成为无锡农田税负中举足轻重的一环，《无锡通史》记载，明洪武十年（1377）无锡全县有官田民田72万多亩；至明代后期，全县可耕地已达142万亩，将近翻了一番。这新增的几十万亩耕地，大半是由芙蓉湖及周边湖荡水网残留的荒沼滩涂开垦而来。王世贞在《延祥乡役田记》中称："今天下财赋，独江南最大；江南常州郡邑，独无锡最大；无锡诸区，又独南延最大……十余万亩无他姓，皆华氏田。"荡口已成为无锡地区最重要的粮食产区和农业大镇。《华氏族谱》也有类似记载，当时在无锡诸氏族中，"咸曰华氏盛，我族咸曰通四盛，通四咸曰鹅湖盛"。这一时期，集福庵、水月庵、三公祠、华氏始迁祖祠，余溪堂、振始堂，均留有记载，可谓古镇发展的鼎盛时期，也奠定了古镇延续至今的形态基础。

清以后，荡口镇从宗族聚居，人口规模不断扩大，清乾隆时人口已达3000户，依赖便利的水路交通和人口支撑，已逐步发展成为当时锡东地区的一大商埠。尤其清末时，华鸿模、华绎之父子在传统农业的基础上，利用粮食和桑蚕丝茧的收购贸易，发展仓储业、典当业，并扩展至无锡地区，同时逐步拓展至面粉业和纺织业，推动了民族工商业在传统农业基础上的发展，也带动商贾云集，店肆林立，得到"银荡口"之美誉。到抗日战争以前，由于荡口距离城市较远，成为躲避战祸的场所，人口进一步增加，集镇人口近万人，古镇上建筑鳞次栉比，桥街水道纵横，相当繁荣。

（二）空间格局分析

1. 水系纵横，因水成街

荡口古镇历史悠久，处于江南水网，风貌独具特色：镇外湖、荡、河、池星罗棋布，镇内河道纵横交错，是典型的江南水乡式集镇。镇东枕鹅真荡，南挽南青荡，北连蔡湾荡，西接苏舍荡，古镇四周，河网密布。城镇滨水而筑，汇水成市，布局以河道为骨架，伯渎河与镇内的市河、北仓河、北新河、东新河、鳗鲡浜、银鱼浜、庙浜、新开河，纵横交错，因水成街、因水成市，巧妙而自然地把水、路、桥、宅联系融合为一体。

"（泰伯渎）又东过苏舍桥，经沉苏荡口，又东过福华桥、杨巷桥，其支者南行为湾泾河，注入青荡。又东行至新桥入鹅湖。其支者于新桥之西北，行经荡口镇，绕出东沙泾水月庵之东，而入鹅湖。自福华桥以东、东沙泾以西，夫岸居民千有余家，华氏居十之七八，世称荡口华氏，为巨族也。"

《梅里志》中描述了康熙年间荡口的水系骨架，伯渎河的支流经新桥东入鹅湖，另一支向北经荡口镇，再向东绕东沙泾水月庵入鹅湖，形成一个与鹅湖沟通的 C 形水系骨架。其中最重要的就是"其支者于新桥之西北，行经荡口镇"的河道，南北向的为市河，民间称为杨树泾，如今已经被填实改造成为人民路，原来的尺度依稀可辨，两侧林立的河房店铺在改造时被拉倒，变成了河道的填充物，交通方式的更替给古镇形态带来巨大的改变。北侧东折者为北仓河，与市河形成丁字形，至今仍存，河及两岸建筑成为荡口古镇街区的核心保护区。再东为东沙泾，今名为生产河，盖因其东侧与鹅湖之间为圩田之故，河南北向与北仓河交，至今仍是古镇的东界。因此可以看到荡口镇区的水系及建筑是以市河为轴鱼骨状分布，现状人民路两侧的街巷历史上均为河街并行，但绝大部分已填没。市河两侧多为两层商业建筑，可惜绝大部分已不见，仅存的蔡鸿生洋房在人民路与和平路相交处，和平路即原和平街，现状道路为原河道位置，和平街为原河道北侧街名。原有华察后人的进士第也在街北，但近期也衰败拆毁。实地考察，可以看到明代的石灰石柱础和礤石尚存，礤石近 80 厘米见方，推算原建筑的柱径约 50 厘米，可以遥想原来建筑规模之可观。

街河的关系，居住及祠堂义庄建筑多退河而建，北仓河北侧多为大宅和义庄、祠庙，临河为街，局部由于后期加建，在沿河留有单进的小型河房。此类河房多为单层，建造简陋，商业和居住功能混杂。大宅建筑进深大，部分在内侧会增加巷弄，形成沿进深方向的两组多进院落。北仓河南侧以河房居多，沿河建筑亦多为单进，其后为街，街南建筑规模较河北侧为小，多两进。市河建筑据老人记述，大多为临河河房，功能也为商贾集市。

《荡口史话》中记载华燮琦回忆，旧日荡口街上的房屋大都傍河而建，北仓河从东往西，杨树泾自北向南，两条河道成丁字形，交汇在昔日的卖鱼桥。繁华地段是从卖鱼桥向南的杨树泾一段，河面相对开阔，船只汇集。西侧下岸街头临河搭有凉棚长廊，既可遮挡烈日曝晒，又可遮蔽雨雪。[1]

---

[1] 薛慰祖主编《荡口史话》，凤凰出版社，2008，第94-95页。

关于市河两侧支巷河道的关系，往往建筑街道相间组织，形成两河夹一街的模式，街道北侧建筑进深往往略大于南侧，这是由于南向设门的传统，街道在南侧成为重要的布局依据，这种布局方式也体现在重要的公共性质建筑上，如华氏襄义庄、华氏始迁祖祠、进士第等均南向面街背河布局。

2. 宗族聚居，水乡大镇

华氏一直是荡口最大的望族，"四百年来，高门巨阀，鳞次栉比，皆华姓也"[①]。故古镇的空间格局亦是在华氏家族建设活动的影响下形成的，体现出典型的宗族聚居的形态。其中宗族建筑构成了空间节点骨架，而商铺和民居则形成了古镇的空间形态肌理。

华氏的宗族建筑主要是宗祠和义庄，若说祠堂建筑是荡口华氏供奉先祖、绵延香火的精神中心，那么义庄则是华氏赡族扶贫、助学济困的物质保证。

华氏的祠堂建筑中，最重要的有两个，一是华氏的始迁祖祠，二是明代始建的三公祠。华氏始迁祖祠是为了纪念荡口始迁祖华贞固，在华氏十八世子孙允诚倡议之下，于清初创建，距今约有300多年。祖祠位于旺儿桥附近，靠近鹅真荡口。而三公祠则是翰林院侍读学士、邑人华察为纪念名宦苏淞巡按、监察御史孙慎，督粮苏淞、山东布政使司右参政翁大立以及无锡知县王其勤三人丈量土地、清厘田赋、造福一方百姓的功德倡建的生祠。

义庄，是中国古代特有的由某一姓氏家族创办的慈善机构，一般建在乡村、集镇，故称"义庄"。我国历史上最早的义庄，始于宋代范仲淹在苏州建立的范氏义庄，而无锡的义庄则始于荡口华氏。荡口华氏义庄最早则可追溯到明代前期华仲淳置设的"义仓"。清乾隆十年（1745）华进思"独置义田一千三百四十亩赡族"，在荡口建立清代第一个义庄，其宗旨为赡族扶贫、助学济困。继子公弼继承父志，移建义庄于所居之右，即通常所说的华氏老义庄，公弼为蘅芳、世芳之祖，故老义庄亦居于北仓河畔，临华蘅芳故居。[②] 至清末，老义庄义田规模逾7000亩。在清以后襄义庄、春义庄、永喜义庄等十多所义庄先后成立，数量之多，规模之大，善举之广，在全国亦属罕见。清末光绪初年，荡口镇巨族华芬远又捐义田2000余亩建立华芬义庄，其后华清莲、华鸿模代代相承捐建，义田规模达6000余亩，即以后通称的华氏新义庄。因华家拥有无锡城里的两大堆栈，资金周转灵活，新义庄成为江南地区实力最为雄厚的义庄。近代，荡口地区社会相对稳定，经贸业发达，文化教育昌盛，百姓居食无忧，这些与荡口众多义庄所发挥的慈善作用是密不可分的。

荡口望族多聚组而居，以华氏家族影响最大，今北仓河北岸（老义庄以西）旧时曾有罕见规模的家族聚居式建筑组群。从目前遗留的宗族建筑基址可以看出，祠堂建筑基本在东南角，靠近鹅真荡口，有某种象征中心的意义；义庄依托创办的家族聚居场所，往往与民居混杂。而商铺和大户民居等则主要集中在镇区中部，根据不同等级的水网分别进行组织。

商铺为了借河道运输之便，主要沿北仓河与市河两侧布置。建筑沿河道东西向布局，以河道为骨架组织空间和街道入口。清代北仓河是荡口的繁华地段，茶馆、酒楼、书场、食品店、旧货店等鳞次栉比。河上

---

① 《梅里志》。
② 乾隆八年，"独置义田一千三百四十亩赡族"，创建义庄。进思无子，侄儿公弼为嗣，乃蘅芳、世芳之五世祖。公弼继承父志，移建义庄于所居之右，即通常所说的华氏义庄（老义庄）。

为了方便通行而架有义盛桥、花颜（沿）桥、永安桥（人民桥）、兴隆桥（卖鸡桥）、太平桥等桥梁。河道两岸则由条石砌成驳岸，建有多种式样的河埠头，便于货物的装卸。

大户宅院则一般依附市河两旁东西向的支河而建，享有水运便利的同时，亦可远离商业的烦嚣。比如华氏的"进士第"如今所在的五星路原来便是一条市河西侧的支河。而北仓河与市河边上亦有一些民居，与商铺等建筑杂糅在一起，比如华蘅芳、华世芳故居等。而许多外姓人的住宅亦建于此，其中最著名的莫过于坐落在市河中段东侧的蔡鸿生旧宅。

3. 祠庙星罗，庙会百艺

古时候无锡的名刹一半建在鹅湖边上或附近不远处。如圆通禅寺、甘露寺、水月禅院（即水月庵）、富山禅寺等寺院，此外还有潮音庵、义盛庵、天寿庵、广济庵等庵堂。这些宗教场所除了侍道礼佛的作用之外，同时兼具了交易、休闲等便民娱人的功能，使得鹅湖成为一个极具生命力的活动中心。

在出门无船不能行的时代，"金甘露""银荡口"的美誉已流传四方。甘露每年农历四月底、五月初的烈帝庙庙会，吸引了来自周边地区数以万计的香客和观光者，形成了一个集民俗文化和经济交流于一体的传统节场。而来自四面八方的商贩，则借此人潮聚集的机会，在镇上的主要街道摆摊设点做买卖，使得庙会又成了一个商品流通的大市场。

庙会期间，数以百计的民俗表演在甘露镇登场，其中最重要的一项活动就是"巡行"，比如烈帝庙庙会中，要将陈杲仁3座塑像中的巡行像（另两座为正像和起居像）抬出巡行。陈杲仁的神像要巡遍辖区，吴县、常熟县、无锡县的许多村镇都会自行组织参加庙会活动。这种每年一度的巡行活动对于提升周边大小村镇的凝聚力起到了巨大的作用。巡行经过的各个村镇的街道则联系成一条公共活动发生的条形空间，串联起整个鹅湖周边的邻里交往。

（三）物质和非物质遗产

1. 明构苏作，遗存众多

古镇内古宅老屋黑瓦白墙，街巷狭窄摩肩接踵，处处凝结岁月沧桑，悠久的历史遗留下众多的文物古迹。成片的明清建筑群集中保存在北仓河两岸（图5-23），市河东西及其支杈滨浜中，包括省级文物保护单位11处，市级文物保护单位5处和40多处历史建筑。其中重要的历史遗存有明天启二年（1622）进士华允诚在旺儿桥附近首建"华氏始迁祖祠"（图5-24），清乾隆年间华进思、华公弼父子建造的华氏老义庄（图5-25），以及位于新当里花沿街北侧的华蘅芳、华世芳故居（图5-26），坐落于街南摇湾里的华氏襄义庄（图5-27），和平街上近期损毁的"进士第"（图5-28）等。建于民国初的桃园里"仁聚堂"，有五间七进的深宅大院，两侧有厢房、备弄，后进是一排十间二层楼房，东西中有3座楼梯直通二楼。此外，还有建于民国年间的华绎之洋楼、蔡鸿生洋房（图5-29）等。

图5-23 北仓河两岸

图5-24 华氏始迁祖祠

图 5-25 华氏老义庄

图 5-26 华蘅芳故居

图 5-27 襄义庄

图 5-28 进士第

图 5-29 蔡鸿生洋房

荡口地处古太湖文化圈，虽然行政隶属上一直属无锡，但因为地域区位接壤苏州，而在建筑型制上较无锡周边更接近苏式做法。明人王士性说："苏人以为雅之，而四方随而雅之，俗者则随而俗之。"虽然太湖周围的民居文化有着相对的一致性，但是荡口民居又因为地理、材料、气候、经济发展水平和社会文化内涵等因素的影响，展现出自身的特色和研究价值。

荡口民居兴盛于明代，至今仍有明式风格的建筑遗存，现存建筑中也或多或少保留了一部分明式的细部做法。现存华氏始迁祖祠内的东二进楠木厅，应该就是典型的明式风格，华氏始迁祖祠位于旺儿桥附近，临近新桥，系为纪念荡口始迁祖华贞固，于清康熙三十五年丙子，华渊上修建，乾隆年间重建。楠木厅为当年始祖祠正厅，全楠木建筑，虽然建筑年代为清，但风格依然体现了晚明荡口建筑的特征（图5-30）。三间七架，无前廊，梁柱均用楠木，料质粗大，梁架用圆作直梁，两侧做斜项入柱，构造简洁，雄壮有力。

图 5-30 华氏始迁祖祠楠木厅

图 5-31 东侧山墙部分柱础做法

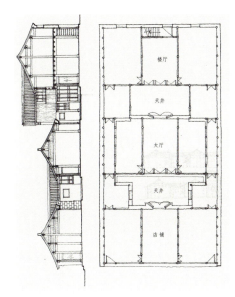

图 5-32 荡口某民居轴线关系

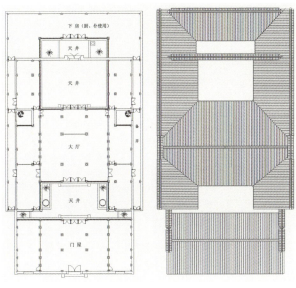

图 5-33 华秋萍故居平面格局

但东侧山墙部分柱础做法奇特，怀疑在修缮时被颠倒放置，颇为有趣（图 5-31）。另和平街上的进士第也为明代遗存，老义庄内的楠木正厅也或多或少体现了明式风貌。

荡口现存民居在建筑群的组成上大部分以中轴线严谨组合，小至一进或三合院，大至多进深宅大院，均无例外（图 5-32）。平面组合上普遍采用前堂后寝的格局，住宅各建筑空间与使用者的人际关系相对应。长幼、男女、主仆，各自的活动空间都按尊卑关系做出明确规定。例如，为了防止仆人穿堂越室，备弄在荡口被广泛采用。而墙门被用于内部分割以明前后，居中为贵的思想成为正路建筑与边路建筑布局的重要原则。多进民居中轴线上功能布局依次是门屋、轿厅（茶厅）、正厅、后房（楼），门屋外有做照壁的传统，当大宅入口临河、腹地局促时，往往结合入口做八字照墙以避邪驱恶。

大型宅第的布局，我们可以称之为重门附备弄的形式。通常为多进带厢房的布局，天井扁长，进深小，门屋独立完整，通常设八字墙或者照壁。如华秋萍故居（图5-33），门屋五间，但采用明三暗五的处理方式，对应后侧的院落和厢房布局，正厅面宽往往小于进深，最后的下房和正厅后院之间设墙门分隔。

宅第中，门屋、桥厅、楼屋通常用六架及大七架的梁架处理方式（图5-34），正厅往往采用七或八椽做法，进深最大者以草架计最多可见九架（图5-35）。如襄义庄正厅和华蘅芳故居正厅，均为扁作月梁形态。九架进深的建筑中，除襄义庄外，均用轩，但划分模式多样。华蘅芳故居，为扁作抬头轩，前廊草架用单步，但轩用两步鹤颈轩。室内划分为三部分，金柱前草架用两步，轩用三步船篷；后接五架月梁，至后金柱安屏门；屏门后不用轩，月梁两步架。而华秋萍故居，无前廊，四类空间三分，屏门前三椽卷篷接四椽人字轩，后金柱安屏门，后再用三椽卷篷，但最后加廊一间。通过轩的调整，在相同的进深下，可以形成不同的空间组合方式。

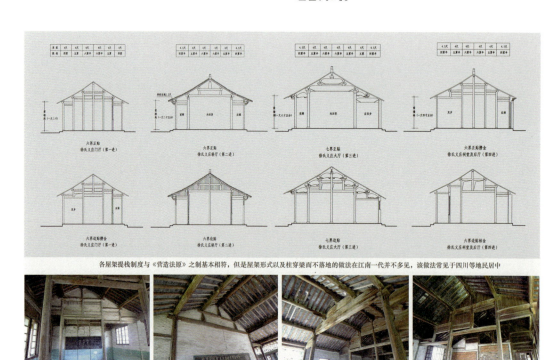

图5-34 六架及大七架的梁架处理方式

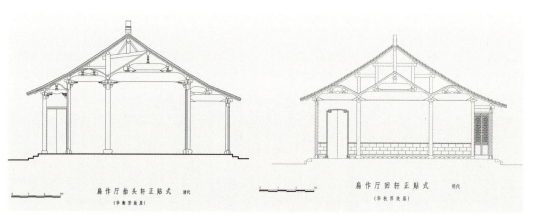

图5-35 九架椽梁架关系

普通民居，面阔通常三间，早期形态，也采用明三暗五处置。如某明式风格宅院，后楼庭院或不设厢房，两侧亦有背弄，门厅后设蟹眼天井，与正厅间设石库门分隔内外。但正厅三间并不贯通，而是往往将明次间以板壁分隔，明间为厅，次间为房，在前金柱处设单槛对子门，保留明式遗风。为提高使用空间，正房内明间通高，次间内从前不足至后檐墙设阁楼，用直棂栏杆维护。清以后，民居则多出现三间面阔，布局更为紧凑，由于依旧使用厢房，天井平面缩小至仅比明间略宽，而楼房更加常见，二进和三进多使用楼房。这种改变反映出荡口到清代人口增加，用地紧张的状况。

立面形态上，民居风格整体接近苏做，但保留了部分早期建筑的形态特征（图5-36）。通常的一层普通民居沿街立面简朴，明间中设板门，两侧为直棂短窗。其窗下墙高较高，短窗与板门连缀，占据明间面宽，两侧次间则多为实墙。立面形态简朴并不意味着简单，如徐氏义庄第一进建筑中间三间下阶石为通长整块做法，显示了当时的建造规格和要求。

三开间一层民居

立面组合形式为明代风格，直楞短窗，窗台较高

三进五开间民居入口门面

展现荡口原来商业店铺的沿街立面

三合院民居入口门斗

门斗屋脊与厢房屋脊以倒八字柔和相连独具特色

四进九开间民居入口局部

近代曾改造过，但是通长整块阶条石的使用，反映出当时主人的身份地位

图5-36 沿街立面

建筑均为两坡硬山,多用封火墙,普通民居多用单峰屏风山墙处理(图5-37)。单峰屏风墙屋脊垛头出挑大,垛头下装饰复杂,但较苏州做法粗犷,屋脊两端砖摆升起,整体造型略夸张而富于生气,成为民居建筑外观重要的装饰元素。相对应的,三花及五峰屏风墙多用在大进深的建筑中,使用频次较少。屋面提栈坡度与法原基本相符,建筑屋脊部分升起,多数用瓦做脊饰升起,也有用次间脊檩上加升头木升起的做法,但两者升起高度都不大,约为中面阔的3%,蓄势而不张扬,这也体现了荡口建筑简朴而精细的做法特征。

单峰屏风墙:屋脊和垛头均为灰塑

单峰屏风墙:屋脊砖摆有升起,垛头为砖细束腰处回纹为灰塑

单峰屏风墙:屋脊砖摆有升起,垛头为砖细,回纹处砖摆镂空

双峰屏风墙,此种不对称的做法苏南地区并不多见

望月楼观音斗

襄义庄三花屏风墙

图5-37 屏风墙

图 5-38 垛头砖雕

荡口的雕饰主要是在门楼、照壁、梁架、垛头等处（图 5-38）。雕饰仅用在重点部位，改善了单体简约、单一的形象。梁架与雕饰富有地方特色，整体而言却相对简洁。大户之家的大厅内常采用月梁形式，以扁作为贵，圆作次之。月梁起拱大，断面形似矩形，常采用缴背做法；圆作造型简洁、流畅。斗拱形式有单斗只替、单斗素材、丁头拱等数种。雕饰以木雕、砖雕为主。木雕主要施于替木、月梁梁身等处。砖雕多用于门楼、培门、照壁与垛头等处。值得一提的是，镶嵌在外墙上的磨盘随

图 5-39　老义庄楠木厅

处可见，是当地日常使用的厌胜做法。磨盘设置在朝向垂直街道和河道的墙面上，大多位于门侧或窗下，或者入口对面有遮挡物的墙面转角处。

义庄建筑是荡口的重要特征，现存义庄有华氏老义庄、襄义庄、徐氏义庄。其中老义庄建于清乾隆年间，其后陆续修建，现存房屋四进，占地面积约2500平方米，中轴线上，除东侧照壁已被拆毁外，其余保存基本完好，是华氏家族现存最大规模的义庄。自南向北依此为隔河照壁、码头、八字照壁、门厅、轿厅、正厅、后厅。门厅两侧分置碑记各一块，梁枋与斗拱上分设彩绘和雕刻；轿厅与正厅之间设东西两厢；正厅系楠木结构，三间七架；后厅亦为三间七架，前三后四布局。第三进楠木正厅以及门前隔河照壁颇具特色，具有较高的历史、艺术和科学价值（图5-39）。老义庄对研究江南地区义庄的兴起与发展以及江南经济的发展具有重要价值，现已改建为博物馆。

徐氏义庄位于新桥村老湖桥，为清进士徐焕后裔在湖桥定居后所建宅院，俗称红墙门，现存四进九间二备弄，徐氏义庄共四进，依次为门厅、前厅、大厅、后厅，每进均为面阔九间加左右备弄，逾30米，格局基本完整，原义学、仓库、正厅一应俱全，格局规整，布局有别于一般民宅。

荡口虽然自明至今都以农业为主要产业，但荡口在近代亦主动加入了无锡工商业的发展大潮。在荡口，中西合璧的建筑保存不多，但规模较大，如蔡鸿生洋房（图5-40）。其为蔡鸿生在上海经商发财后归乡所造居所，建于1931—1935年，两栋三层，水刷石墙面，彩色马赛克贴面铺地，结构精巧，装饰考究，是民国时期建筑中的上品（图5-41）。其水刷石墙面做法尤其特别，乃是用彩色碎玻璃而非小石子嵌地，然后水刷而成（图5-42）。虽然蔡鸿生为其取了中式堂名"蔡鸿德堂"，但这栋住宅却是一栋不折不扣的西式建筑。其平面布局、建造方式和功能设施已经完全近代化了，房内自来水、电灯等一应俱全。相较于传统的深宅大院，这种西式布局毕竟更符合公共建筑的要求，所以抗日胜利后这里曾作为荡口镇政府使用。

相似的还有甘露后西弄26号，典型二层民国小洋房，也曾为甘露镇政府。和平街上的孟渊里，更类似上海式石库门住宅，两层三间二厢房，建于1927年，地面铺法式彩色地砖，有落玻璃窗，镶有进口彩色玻璃，外墙为磨光清水墙。

图 5-40　蔡鸿生洋房院落

图 5-41　蔡鸿生洋房立面装饰

图 5-42　蔡鸿生洋房水刷石

2. 兴教办学，人杰地灵

自明代初年华氏家族迁居到此，华氏子孙人才辈出。仅明、清两代，华氏家族中进士者多达37人。例如明代华察，为官至侍读学士的名臣（人称"华太师"）；华燧，首创我国铜活字印刷术；华夏，刻藏"真赏斋法帖"著称于世；还有忧国忧民的华允诚、华允谊、华渚和华廷献等东林党人和复社成员。清代，则有著名音乐家、琵琶演奏家华秋萍，著名数学家、教育家华蘅芳、华世芳兄弟等。到近现代，涌现的名人不但多而且涉及的领域更加广泛。例如有在民族工商业发展而且业绩辉煌的华鸿模、华绎之祖孙，有在刺绣方面迭创锡乡名作、获得国际金奖的华璂、华玙姐妹，有在漫画创作上做出巨大贡献、影响过几代人的艺术大师华君武，还有在真空电子高科技领域屡出成果的复旦大学教授、校长华中一等等，不胜枚举。

荡口数百年桃李芬芳、英才辈出的奇观，与其升华为实际行动的孝义文化紧密相关。荡口自古以来就有恪守孝道，推己及人、博爱众生、务本济物的传统。汉有丁兰，晋有华宝，元末华幼武，明初华贞固，荡口的礼让、孝义之风，代代相传。而义庄的兴盛则是化"孝"为"义"、秉"义"办学的具体表现。荡口地区社会的稳定，经贸业的发达，文化教育的昌盛等等，这些都与荡口众多义庄所发挥的慈善作用密不可分。

从清末民国开始，义学向新式学校转变。华氏明清建筑群中就遗存有两所华氏创办的新式学校，即果育鸿模小学（图5-43）和学海中学。果育鸿模小学由晚清举人华鸿模于清光绪三十年（1904）创办，原名华氏私立果育两等学堂。1911年华鸿模病逝后，由其孙华绎之衔办，为继承发扬祖父的办学精神和传统，更名为鸿模高等小学。这虽是一所乡间小学，却延聘一流教师，购置一流设备，学生免费入学，施教区遍及江阴、常熟、吴县及无锡县城乡，钱伟长、钱临照、钱穆、顾毓琇等都在此接受过启蒙教育。钱穆还写过一篇名为《果育学校》的文章，就是描写其在此的求学经历。学海中学则是现在荡口中学的前身，由华绎之先生捐宅而建。不仅如此，华氏家族的华子唯、华倩朔，还于果育学校创办的第二年，即1905年之秋开办了荡口的第一所女学，名为鹅湖女学。该女学以华倩朔住宅前五进为校舍，学生不收取学费，教师全尽义务，校内各项杂用，皆由子唯、倩朔设法筹集。

3. 铜版印刷，产业传承

荡口除了义庄义学的教育遗产之外，还有一个很重要的遗产——印刷业。

自明代起，无锡的印刷技术就已稳占全国龙头。清光绪进士叶德辉在《书林清话》中说："明时活字印刷如此广远，而皆在无锡一邑，至今三百余年，无锡犹盛行活字印本"，华燧的"会通馆"、华坚的"兰雪堂"和安镇安国的"桂坡馆"，对明代书籍的印行出版，促进文化的发展，做过很大贡献，而荡口的铜活字印刷则又是无锡活字印刷业内之佼佼者（图5-44）。

华燧始创"会通馆"，是中国古代铜活字印刷鼻祖，专辟印书作坊，取名为"会通馆"，即融会贯通之义。明弘治三年（1490），华燧会通馆用铜活字印正本《诸臣奏议》150卷，共印50册。后又陆续印行了《容斋随笔》《文苑英华纂要》《纪纂渊海》《古今合璧事类备要》等十余种书籍，印刷技术更趋成熟。最初，其大量印书的初衷是为了校正典籍，减少谬误，"以广其传"，但却由此开创出一个全新的产业。正如《无锡通史》指出，"明代的无锡铜活字印刷，形成了群星璀璨的文化奇观。这些铜活字印本书籍，流布四方，震动海内，影响远至日本，更重要的是，这些书是明代无锡的特殊商品"。

而500年后荡口那数以百计的印刷企业，虽说与铜活字印刷并非一脉相承，但却不能不说是对荡口华氏先祖铜活字印刷传统的一种继承与发扬。

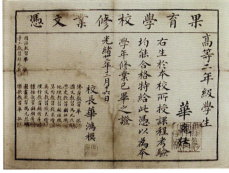

图 5-43　果育鸿模小学

图 5-44　铜活字

（四）特色和价值

荡口的位置其实就很有特点，位于苏州和无锡的中间，地处无锡、苏州、常熟三地的交界处，自然因水而成埠。荡口现存的街区范围有限，但古镇的历史格局规模很大，人口密集，民国时期人口近万，是一个水乡大镇，而纵横贯通的鱼骨加环状水系路网格局也体现了这一特征。

荡口的特点也体现在古镇选址与鹅真荡的关系上，镇域内的水面超过耕地的三分之一，镇区选址近鹅真荡却不与其直接相邻，而是通过河道沟通，近水利而远水患，体现了江南地区利用与改造湖荡湿地的策略与智慧，是明代江南地区围堰治水、开垦拓荒的缩影。以赛龙舟为代表的水乡非物质文化同样是这一特征的反映。

古镇兴于农耕理水，镇区内遗存的大量华氏祠堂和义庄，结构和聚居形态相对完整，反映了传统农耕村镇中宗族的聚居发展形态和社会空间组织方式，具有重要的历史和文化价值。尤其是义庄文化，荡口地区留存的实物遗存最为完整，是江南地区宗族乡绅社会组织的重要见证。而义庄训蒙、兴办义学的风气，在近代进一步演化为兴办新学，镇内果育鸿模小学和学海中学就是其中典型，钱伟长、钱临照、钱穆、顾毓琇等近代大家都在此接受过启蒙教育，是江南地区在近代快速发展的文教基础的重要见证。

在物质遗存方面，荡口兴起于明代，至今仍保存了大量的传统建筑。大量的明式风格的建筑遗存，是研究无锡地区早期传统建筑的重要实物，具有重要的研究价值。

四、里下河畔溱潼镇

"溱潼"，一不小心就读半边变成了"秦潼"，但恰恰对了，"秦潼"是本地人的称呼发音，也是自古以来的称谓，"秦"字旁边多出的三点水与溱潼镇的历史和地理环境密不可分。溱潼镇位于江苏省泰州市北部，里下河水网密集地区，四面环水，泰东河和姜兴河贯穿镇域，水路交通发达。溱潼于2005年被列入第二批中国历史文化名镇。

（一）镇村体系变迁

"秦潼村"之名见诸文字记载的年代在南宋。宋高宗建炎四年（1130）7月，时年28岁的岳飞因战功卓著也因江淮危急，被朝廷升任通泰镇抚使兼知泰州，留下了"军驻秦潼村"的记载。自南宋以降，"秦潼"的地名沿用了数百年之久。可以见证的有元末明初学士陈基（1314—1370）《夷白斋稿》中的诗句"水行九十里，泱漭赴秦潼"；明嘉靖年间《东台志》水云楼图中所标注的秦潼地名等；直至明末清初，黄浣生与清代的汪琦均有题为《秦潼晓发》的诗作；清初诗人吴嘉纪（1618—1684）也有"秦潼晓雾中，屋上栖野鸭"的诗句。不过，与上述几位大体同时代的另一位著名诗人黄云（1621—1702）的诗作《溱潼水村题寿圣寺示一公》却用了"溱潼"地名。仔细考之，最早带三点水的"溱潼"，出现在明万历年间太仆寺少卿泰州陈应芳绘制的《东下河水利图》上。这些资料大致反映出在明、清之际秦潼、溱潼自由杂用的现象，由是《泰县志》中记载："清代中叶讹秦为溱，读音仍是秦，相沿成习"。但此后其实仍有袭用"秦潼"的做法。直到1946年，高二适先生写下《秦潼道上闻子规》一诗，仍以"秦潼"称呼自己的家乡。但终因地处水乡，域内多水，水的偏旁与古镇形象一致，而使"溱潼"越来越成为首选地名。

顾名思义，试图解读"溱潼"镇的历史严格与空间形态的演变，如同解读"溱潼"的形音一样，水是显而易见的核心要素。

1. 区位环境——二水交接处，三市存中地

溱潼地处里下河地区①的边缘位置，镇区形似岛，四面环水，南北长，东西狭。周边属淡水沼泽湿地，湖荡相连，人工水网稠密，是重要的农业种植和养殖区。南侧与鸡雀湖和溱湖关系密切，绕湖四至有村落，至今仍保留有湖北口，湖西村、湖南村和湖东村的名称。两条重要的河道泰东河与姜兴河（姜溱河）在镇区东北交汇，成为溱潼沟通外部的主要通道。镇区大部分在海拔 2.5～4 米之间，仅比周边常年水位 1.1 米略高，似乎更宜称之为露出水面的大小洲渚，"移舟泊烟渚"大约是可以想象的传统意象。相较江南的水乡古镇，水网在此不仅仅是村镇的骨架，且与街巷房舍交错共存，互为图底，构成水陆共生的聚落环境。聚落择址在这样的水中洲渚，希冀享用水之利与水运之便，而能避水之患，以此观之，溱潼最近 40 年内最高水位高近 3.4 米，但镇区内基本未遭水患，择址可谓得宜。

这样水陆共生的聚落不仅是溱潼，也是里下河地区村镇的典型空间形态。约公元前 300 年，今扬州—泰州—如皋一线形成了长江北岸古沙嘴，逐渐在今东台市境内与在北部阜宁县生长出的沙岗合拢，形成了作为如今里下河地区雏形的浅水洼地。到了唐代，由于古淮河口伸至涟水、阜宁之间，洼地的北缘逐渐被抬高，里下河地区成为与海洋隔绝的潟湖，后继续沉积，水退陆进，沧海桑田，由滨海潟湖湿地逐步向平陆演化。宋代沿东台串场河一线的捍海堤（范公堤）的建造有效阻挡了海潮入侵，使得堤内逐渐适应人居，同时也在东侧形成高地，造成了里下河地区四周高、中间低的浅水碟形盆地。因此历代乡民择高地聚居，生息繁衍，深浚河道，堆土为田，②形成水田共生、水村交错的独特人居景观。这一地区水资源丰富，使得这一地区到明清以后成为重要的粮食产区，明嘉靖《维扬志》就曾描述此地"有屯田煮海之饶"；但历史上也深遭水患，村镇聚落的分布远不如江南稠密。

溱潼现属泰州市姜堰区，历史上也曾被东台管辖，因地处姜堰、兴化、东台三县交界，旧有"犬吠三县闻"的说法。镇区地处泰州和东台的中间，水路各 60 里，距姜堰只有 30 里。将泰州、海安、东台和兴化 4 个城市连成一个方形，可以发现溱潼恰恰处在对角线交点的位置，且溱潼周边是其中村镇最为集中的区域，并沿泰东河和姜兴河的水系分布（图 5-45）。

从唐代开始，煮海为盐就是这一区域最重要的产业，宋代时东台已是淮南盐业中十场的中心③，吕夷简、晏殊、范仲淹都在东台西溪担任过盐官。《宋史·徐的传》记载徐的庆历年间治泰州时，"复治泰州西溪河，发积盐"，推测范公堤东灶区的运盐船可以从串场河由西溪河沟通姜溱河转运至姜堰，进而从老运盐河进入泰州，东台最近发现的曼溪河、辞郎村、新稽村唐宋遗址，泰和村、摹云村、陶庄村四组与五组宋代遗址，都分布在现在的泰东河沿线。而明永乐二年（1404）贯通泰东河后，盐船可以由泰东河过溱潼直接抵达泰州城北大坝和城东鲍家坝，卸转至上河，不需再由姜堰绕行，当时泰东河上"盐船万艘，往来如织"，成为淮盐输送的要道。明成化七年（1471）监察御史杨澄奉命

① 位于淮河下游、江苏中部，西起里运河（京杭运河扬州段），东至串场河，北自废黄河故道，南抵运盐河的广大平原地区面积超过 1.3 万平方千米。因里运河简称里河，河连通淮河和长江水系，为保持水位，在东侧筑堤，堤外水系水位较低，故称下河。
② 将低凹地区露出水面的泥土，挖上来堆积到较高的地方，人为建造成一个个水中小岛，当地人称为垛田。垛田置身水中，互不相连，非船不能行，只能隔岸相望，因而也称之为隔岸田。
③ 沿新修捍海堤（世称范公堤）一线有富安、安丰、梁垛、东台、何垛、丁溪、草堰、小海、白驹、刘庄十大盐场，即著名的古东台地区淮南中十场。

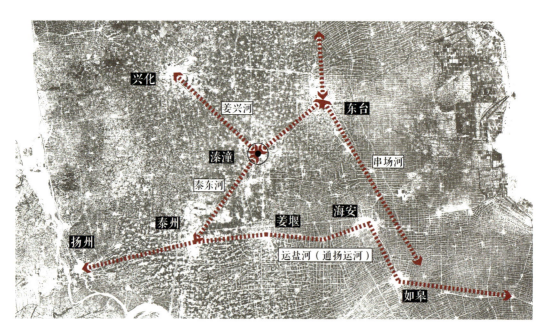

图 5-45　溱潼区位图

监两淮盐课，修筑泰东河堤，从东台西溪到泰州鱼行庄，并在鱼行庄和溱潼各造水闸、土坝一座。坝以蓄水备旱，闸以泄水防洪。[①] 可见地处泰东河和姜溱河的交汇处，溱潼堪称"水陆要津、咽喉据郡"。便捷的水路交通也将溱潼的发展和泰州的发展紧密联系在一起。

背依里下河平原的位置，加上便利的水运交通，溱潼在民国工商业发展的转型中得到发展。由于新式面粉厂和棉纺厂在苏锡常和上海的开办，粮食交易在民国初年发生了很大的变化，面粉工业和棉纺工业形成了对粮棉原料的大规模需求。同时为节约成本，荣氏家族等大企业将粮棉收购机构设向更深的基层单元。溱潼由于依托泰东河和姜溱河，获得了这一发展的机遇，到 1920 年代，成为里下河地区最重要的粮棉集散中心之一，甚至规模一度超过了姜堰。在现在的院士旧居、原来的李氏宅院中，还可以看见荣德生的住处和荣氏企业的办事处旧址。鼎盛时期粮棉交易的从业人员多达千人，日购销量多达三四万担，粮食从里下河平原汇集在此，交易、集散。[②] 经济的机遇，使得大量的非农业人口集聚古镇，古镇成为近代城乡经济结构转型中的重要节点，承上启下，担负起基层经济单元的作用（图 5-46）。这一时期也成为溱潼建设发展的高峰期，现存的历史建筑中大多数都建造于这一时期。

[①] 许其宽：《泰东河的前世今生》，载《江苏地方志》，第 21-22 页。
[②] 黄炳煜：《定格在历史时空中的溱潼古镇》，第 177 页。

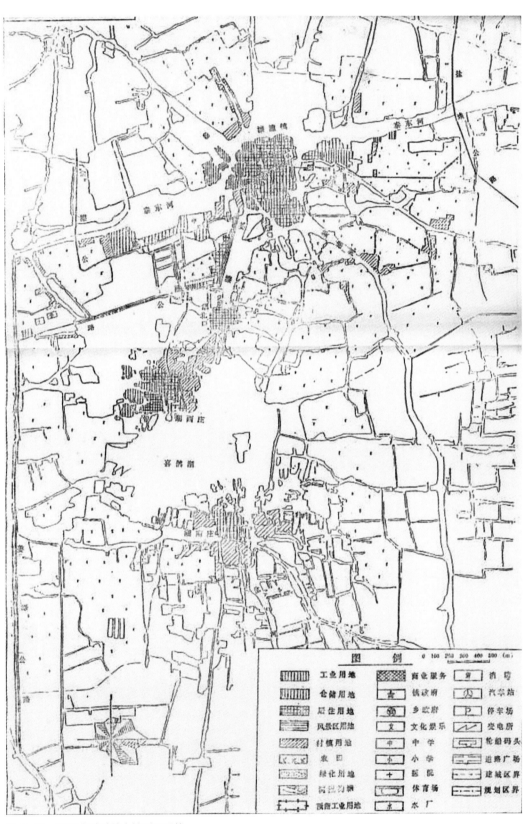

图 5-46 1991年溱潼镇土地利用现状

2. 历史沿革

溱潼，在行政区划上，其自汉初改海阳为海陵时属海陵县，南唐升元元年，海陵县升为泰州，溱潼属泰州。清乾隆三十三年（1768）析置东台县，溱潼划归东台县。民国年间，溱潼一直隶属东台县管辖。新中国成立以后此地行政区辖几次更变，但大体上隶属于泰县，即今泰州姜堰区（原泰县县治所在）管辖。

宋代里下河地区采取了以范公堤为首的一系列水利措施，为百姓提供了一个相对稳定的耕作环境，因而人口开始逐步增加。元世祖至元十四年（1277）设置泰州路，溱潼与湖北口、湖南口、湖西村和周陈庄并称"五都图"，在村落的基础上人口开始向其集中。明洪武初年，大批移民从苏州迁入，人口愈丰，已有"溱潼镇"之名。然而直至清代中叶，溱潼方才摆脱了贫穷与闭塞，真正成为人烟稠密、店铺林立的水乡市镇。清末民初，由于经济发展，甚至一度被称"溱湖市"。

另一个对溱潼后期经济发展具有重要意义的因素是其周围四通八达的水网与其东边和北边的两条主要通航河道——姜溱河与泰东河（图5-45）。姜溱河为明以前联系东台与姜堰的重要运盐河道，而明永乐二年疏浚后的泰东河，更是将现东台至泰州全线贯通，拉近了东台境内淮南中十场与泰州的距离。虽然这两条河流对盐运十分重要，但由于盐只需从产盐地运到较大集散中心，溱潼这种航线上的小型节点并不能够借此发展商业，因而溱潼在明代以及清早期并未有较大的发展。尽管如此，这两条航线的逐步完备却为后期的大规模粮食集散打好了基础。

溱潼发展的条件到清代基本已经成熟，而其之所以在清中晚期开始逐步繁荣起来，则主要受益于泰州整体的城市发展。明清时期，泰州因江南三大政兴盛而崛起，清末趋于鼎盛。咸丰年间，因躲过了太平军的战火而成为众多盐商、文人学者和僧人的避乱之地，原来设置在扬州的藩、臬、道、运司等清朝衙署也先后移驻泰州。此时的泰州还是江南地区与里下河农业区腹地联系的主要通道，城市的发展进入了最为辉煌的历史时期。

由于溱潼居于三县交界，附近姜堰、兴化、东台所属的里下河大平原，是生产小麦、棉花和水稻的粮棉之仓。加之这些地方与溱潼之间一水可达，交通极为便利，溱潼便成了大规模的棉粮集散地。清光绪末年，镇上开有粮行十余家，而烧砖瓦的窑，则逐渐迁往位于镇西南的湖西庄。随后，油米行、米厂、油厂、纱厂等纷纷在小镇上兴起。1920年代，粮食市场高峰时，夏季每天的粮食交易超过三四万担，贩粮的船有200多条。溱潼奋发崛起的粮食市场已经超过了姜堰粮食市场的交易水平。浙江宁波、上海、天津等地的面粉厂，有专人驻镇溱潼收购小麦。秋季水稻市场更加兴旺，买稻加工大米的米厂多达30多家，粮行最多时有83家，从业人员上千人。从当时的税务机构也可以印证溱潼的繁盛，宣统年间溱潼已设税卡，属东台厘局，[1] 为当时江苏463个厘金分局之一。

解放前夕，溱潼有浴室5家、饭店20多家、旅馆10多家、商店100多家、陆陈行80多家，手工业、自然行业作坊100多个，从业人员500多人。经济的繁荣，必然带来镇区新的变化，现存的大量古民居，也差不多全是这时所建造。

[1] 崔启明：《晚清江苏境内厘金机构考》，《社科纵横》2001年总第12卷第12期。

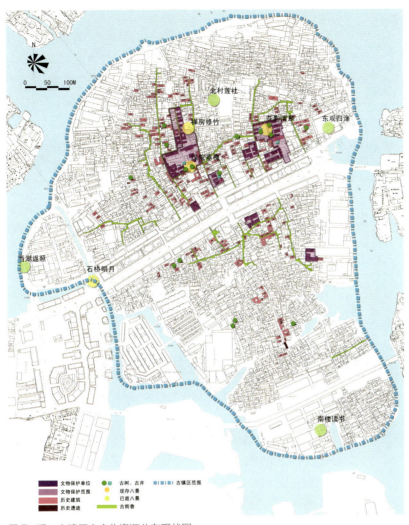

图 5-47 古镇历史文化资源分布现状图

（二）空间格局分析

古镇之魂全在一个"水"上，镇外四周环水，禽鸟成群；镇内小桥流水，街巷纵横。明代诗人陈基《夷白斋诗》说："水行九十里，决潢赴溱潼。"① 乾隆朝进士孙乔年描绘自己的家乡溱潼则是："倒影楼台镜底红，闲听窗外水涓涓"。水构成了古镇的空间骨架，描绘了古镇的轮廓，也融入古镇的日常生活。

1. 三河夹街纵横巷陌，周水环渚鳞次人家

从与水系的关系而言，里下河地区的村镇布局具有明显的地域特征。与江南古镇的通常布局不同，聚落依据大型水体或者河道形成，但往往并不沿主河道布局，镇区内部并无水系，或者仅有单一的支流水系与主河道沟通；聚落成团布局，从核心向四周延伸，与支路水系关系并不十分密切。溱潼古镇的空间形态正是如此，其特征可以概括为周水环渚，双街夹河，巷陌南北，高院连缀。（图5-47）

① [明]陈基:《夷白斋诗》。

溱潼镇区用地面积仅半平方千米，但在周边的里下河水网中已算是较大的洲渚，当地人用"九龙朝阙"描述镇区周边环绕的多条放射形水道。泰东河和姜溱河作为最主要的功能河道，限定了古镇的北侧和东两侧边界，但聚落并没有沿着两条主要河流展开，而选择了镇内横贯东西的中夹河展开。历代架桥通垛，填水连壤，将若干洲渚连缀，最终形成3条夹河分隔限定的镇区，大量的商行、店面和住宅都集中在南北夹河之间的有限区域内。夹河之外则多为别墅、寺观，如北夹河北有北禅院；南夹河前有普渡庵，南过金钩钓月河则是宋代始建的寿圣寺。镇区的中心就是中夹河，也就是现在鹿鸣大街的位置，东西长度大约500米，西侧沟通泰东河，东向沟通姜溱河，是古镇出入的主要河道，因此旧时重要的米行粮铺为便于收储和转运，多分布在夹河东西两端，而夹河两侧的商业门面也并不直接通夹河，而是分别对街开门，北侧为大街，南侧为竹河街。中夹河河北有小街"口街"临河，河南则是半架于水上的河房。大街作为古镇最重要的商业性街道，平行于中夹河，店铺云集，大街北侧则是多进的连家店，前店后宅，现存的李氏宗祠应该也开门在此街上。南侧与口街之间多为七架单进门面，但店门北开于大街上，只于口街开后门通行。[①] 河南河房南侧则是竹河街，街以作坊多著称，旧有诸姓竹厂竹行，供应着船家水运、农渔各业用竹。镇内小溱湖巷、绿树院和人民路至今仍存有旧时石板，街巷铺装石材多为金山石，应当都是从江南水路输入，代价颇费。而铺装改动但格局尚存的街巷尚有20余条。其中也有东西向的巷，如绿树院巷、西街巷等，但数量终究较少。因此巷弄划分的地块呈东西狭、南北长的形态，进深用地可为七八进院落。多数民家规模不超二进，民居院落南北并置成为常态。大量的宅院入口不得不设置在院落东西两侧的窄巷中（图5-48）。蛮子门、石库门次第，简陋者仅仅开门洞一间，高低错落，前后退让，别富情趣，可谓镇内用地广狭而造就的巷弄形态。同时大部分民居内建筑和院落地坪均整体抬高，较街巷高程抬高尺余，门前不得不设石阶或砖踏数级，砖石均有。装饰精美的门头和台阶，辅以沧桑的扁砌清水砖墙，构成溱潼特有的富有节奏的街景画。再向北，靠近镇边缘的地方，还有一些曲曲弯弯的小巷沿河而建，应当是早期用地宽松，建筑少，而后陆续增建形成，俗称十八弯的建设巷就是典型实例。

伴随着中夹河的填埋，3条街道均已被改造，夹河成为宽敞的大街，两侧河房和商铺变成多层的商住建筑，成为当代小城镇的惯常模样，类似交通的河道，依旧将古镇划分为南北两部分。但原来联系南北的3座桥梁的位置因为道路的关系，成为沿街的3个缺口，历史总是留下了些许痕迹。其中中石桥为拱桥，夜晚明月倒影，景色入画，被称为石桥明月，为溱湖八景之一，如今只有路两旁新建的牌坊作为纪念。

镇区东西狭，南北长，河南河北两街夹河构成横卧"非"字的两横，而两侧窄长幽深的南北向巷陌，长短不一，串起了延伸的鳞次宅院。最长者如河北庆雨巷，约500米，短者数十米，但均曲折迂回。纵巷与大街的巷口多设有圈门，标志街名，也起到防火防盗的功用。街巷间间距不等，通常为两到三路院落，约20~30米之间。巷弄多数极狭窄，宽不过7尺，狭者甚至不足3尺。重要的巷弄如小溱湖巷，用4尺长条麻石中铺，青砖两侧塞地；一般者多使用大青砖席纹立铺。

---

① "今将祖遗承分本镇中大街李氏祠对过，坐南朝北七架梁瓦店房三间，装修，朝北门面长榻，……门面外有瓦厰三间，与李氏祠各执一半，日后瓦厰损坏修理与李氏祠合修，……出路通行官街无阻，并南边口街通行无阻。"——民国二十一年李蔚卿卖房红契

图 5-48　典型巷弄入口　　　图 5-49　宋代山茶与宋井

2. 溱潼八景胜境星罗，茶槐双秀祠庙棋布

历史上的空间形态可以从古镇的物质遗存中甄别还原，自然也可以从文字描绘中扒疏清理。清朝乾隆年间进士孙乔年，分别以8处自然景物为题材赋七绝诗，最早描绘了溱潼八景，如同其他的八景、二十四景的传统范式，文学、景象、空间观念在其中相融合，解读的是清中期溱潼的空间图式。孙乔年描绘的八景分别为：东观归鱼、南楼读书、西湖返照、北村莲社、石桥明月、花影清皋、禅房修竹、绿院垂槐。辛亥革命前后出现的溱潼八景分别为：东观归鱼、西院庭槐、南楼读书、北村禅院、板桥秋月、柳堤春莺、花影清潭、荒窑灵树。

八景体现了明确的方位意识，形象地描绘了古镇的空间意向，以石桥明月为中，四至皆水的洲渚聚落形态，跃然纸上。西侧不论西湖返照还是柳堤春莺，描绘的都是泰东河堤旁水上风光的河景，也与明代杨澄修筑泰东河堤，堤成后栽插柳树的记载相印证；东观归鱼，描述了夹河东入姜溱河，渔歌归晚，"三两渔舟泊水涯"的渔景；北侧的北村莲社和禅房修竹，北禅院前莲塘在焉，竹影纵横，有着吟诗集社的池景追忆；南楼读书，指寿圣寺中的水云楼，"登临纵目瞰三湖，帆影迷离戏水凫"，登楼远眺，溱湖云水苍茫，树木扶疏，帆篷往来。

石桥明月代表的就是两街夹河的古镇骨架，河分南北，清嘉庆十六年的"周永康卖地基契"尚称宅"坐落夹河北西首"，而到同治年间房地买卖文书上已惯用"河南河北"来描述宅地的位置。以此而言，历史上河北繁盛过河南，是较早利用和建设的区域，河南建成略晚，记载中竹河街尺度较大街小，而南侧店铺多为作坊和手工艺铺面，现存的200余处历史建筑也绝大部分位于河北。

八景也提到了绿院垂槐或者西院庭槐，描述的绿树禅院至今尚在河北，虽然建筑翻建不久，但古老的硕形柱础和文献尚可印证，寺内有千年古槐一株，正在庙西，庙中人头攒攒，古槐也不乏香火。寺观祠庙显然也是溱潼空间形态中的重要节点，无论在空间上还是意象中。溱潼不仅在经济功能上是周边区域的中心单元，在宗教上由于这些寺庙祠观的存在，也成为周边区域内文化和信仰的中心，从而共同促进了溱潼的市镇化发展。另一个需要提的是宋代时人工培植的山茶王，其旁有浇水井一口，也被认定为宋代遗物（图5-49），如果确实，应当是镇区内较早的遗存之一，见证了古镇悠久的人居历史（虽然在历史文献中和八景中未曾提及）。绿树院和山茶院都在河北近北夹河的位置，也从另一个角度说明在较早的时间，河北已经有较多的建成量。

溱潼八景中涉及宗教空间的有5处，只字未及商铺街肆的繁盛，只有西湖返照配诗"片片去帆风力饱，秋芦似雪映丹枫"，描述了泰东河上运盐船的繁忙。细读中夹河石桥明月的配诗"拾级平登入太清，冰轮普照万家明；长空寂静钟声远，此际无余物外情"，寺庙的钟声笼罩万家灯火，清中期的溱潼依然是水乡人家的景象。此时人烟未满，但镇区聚落正在扩张，清嘉庆十六年周永康卖地红契中提到卖出的夹河北的地界中有古坟一，原来的坟地转作了宅地。填河造地在溱潼是通常的做法，乾隆时便"十里荷花今已无，芳塘遗迹尽糊涂"[①]，民国十八年财政部颁发给朱万茂粮行业主朱长卿的填河筑地执照，也证明了这种做法的普及。早期渚上农地、窑和民居混杂，但清中晚以后，窑址便都已迁出，八景中花影清皋描绘的便是蒋家窑的遗址取土形成的水潭景观。关于清后期窑址买卖的文书均涉及镇内区域。

宗教空间在古镇内的分布还可以发现一些规律，譬如都在镇区的外围，譬如前部都有河道。普济庵前有南夹河，北禅院前有北夹河，东观直接临姜溱河。寿圣寺虽然可观溱湖，但其实依然要转入庙前的小河汊才能入庙。这种空间模式其实也是镇区布局的缩影，寺庙并不只针对本镇乡民，还会覆盖更大的乡里空间。河道就提供了便捷的交通，寺庙空间也不仅仅是宗教用途，水云楼的名声来自明代吏部左侍郎储巏读书于此，更重要的是太平天国战乱时著名词人蒋鹿潭为避战火寓居于此，并以此楼命名其词集。抗战时期，寿圣寺也一直是江苏省第一临时中学的所在。可惜的是在解放后，寺庙因其宽敞被改作了地区内最大的粮仓。

八景在最近的旅游开发中被尝试恢复，部分在原址，部分择址新建，部分只留记忆。但作为古镇的空间意象缩影，从中可以窥知古镇空间的兴衰沧桑和历史印记。

（三）物质和非物质文化遗产

1. 适应环境的朴素建造

溱潼镇保留有大量的传统院落和建筑，根据调查，保存较好的有200多处历史性建筑，就规模和功能看，主要是民居建筑，寺庙等公共建筑几乎没有留存。一方面，里下河地区其实是建筑材料匮乏的区域，大量建造所用的石材和木材都需要从远处驳运，地产的原料只有土、砖，溱潼在明以前就有了制砖的传统，在清代更成为重要的砖制品输出地，制砖和用砖技术纯熟，因此形成大量用砖而珍惜木石的适应性建造方式。另一方面，由于用地紧张和对水患的担忧和预防，在空间布局上多紧凑，建造有意抬高地坪，解决排水问题。同时为适应沿海多风的气候，檐口低矮，厚墙少窗的做法也是适应环境的结果。

[①] 北村莲社配诗。

图 5-50　朱宅照壁院及仪门

图 5-51　朱宅过厅

从时代风格看，除溱潼街38号、小溱潼巷2号、东桥巷43号等几处清代中期建的房屋外，多数都建造在民国时期。在地域风格上，溱潼所在的扬泰地区，地理上属于吴头楚尾和南北交汇的所在，传统民居既有南方的清秀、典雅，又有北方的雄浑、简朴，但由于明初江南人口的迁入，建筑型制上更似苏式做法，但发展的滞后和边缘化的区位，导致更多的古制被保留和持续采用。清中业到民国时期，由于工商贸易的兴旺发达，加之交通畅达，四商杂处，带来大量资金的同时，也带来各地的匠师和工艺的融合。同时溱潼文人重教的传统，使得民居建筑中秉持着朴素、实用的建造原则，简朴素雅，不事张扬，细部处理别具匠心。

在院落布局上，大量的民居建筑布局以单进和双进的院落为主，大的宅院往往也不及江南地方多至七八进，而是在三四进的院落旁设侧院，但通常不设背弄火巷，而以窄院相隔，河北的李宅和朱宅均如此。受整体布局影响，宅入口多开于东西巷弄内，东西向入门后通过窄的照壁院或者倒座院再转北登堂入室（图5-50）。庭院或天井扁长，进深小于面阔，也是受用地狭窄影响的结果，院内铺装不用石材，而多数以席纹青砖立铺，而且为排水需求，中间起拱，坡度极大，形成起伏的院落地坪，别有特色。院内多不设厢房，或只在一侧设偏厢，设置厢房也不似苏州地区常用的明三暗五的做法，为节省用地，正房多三间，厢房往往占据次间的面宽，只在厢房和正房次间留有一条窄缝，作为采光通风用途。更多的院落只在侧厢的位置做廊，或者廊墙各具一侧，此时墙上通常会置砖雕小品一方，作为对景和照壁使用。门通常为三椽门屋，外高内低，外侧通常为砖库门做法，内侧则为廊，门扇安置在外檐柱上，形成外实内虚的构造。而出于对水患的担忧，几乎所有的建筑，包含院落地坪都高于街巷，少则尺余，多及3尺，因此院落排水不像江南地区下埋明沟，而是在院落侧面留有壶门形状的排水口即可。以此而言，实际上街区内是被街巷划分的一处处台地，街巷似河道，宅基如垛田，住宅的埋基方式和对田地耕耘的逻辑一致，反映了乡民对里下河地区多水浅水环境的适应和改造，体现了朴素的建造智慧。

在建筑体系上，一律砖木结构，硬山造，通常面宽三间，进深六椽七架，前椽下会做轩，但轩的形式没有发现早期的形态，多用船篷轩，轿厅或者前厅也有前后都用轩的做法（图5-51）。特殊的是正厅明间门扇会内收到金柱位置，形成内凹的檐下空间，往往后檐也会类似处理，这样安放屏门的后金柱就直接临院，与江南做法也有区别。内部梁架为省料，柱径均较纤细，不似北方的粗犷，只有脊檩和下金檩用连机，梁架均为圆作，但两侧入柱斜项明显，并刻意加以强调装饰，保留月梁遗风（图5-52）。梁架体系呈现典型的穿斗形态，颇有南方遗风，和《营造法原》苏做中明间抬梁、次间穿斗的做法也不尽相同，可能和早期的传播和较小的用料有着密切的关系。同时大量保留的硕状柱础和木栀的做法，是苏式建筑的古风遗存，体现了文化传播在时空维度上的叠合。同样的还体现在保留有椽椀做法，用在脊檩和檐檩、下金檩处，椽椀用两块形成V形，形象明显（图5-53）。

在形态风貌上，由于历史上处于近海地区，也如同如皋、东台一样，建筑檐口较低以防海风。屋面举折平缓，中间微凹，下边微翘，类似苏式建筑的"囊金叠步翘瓦头"。但规制严谨，明间不宽，门扇均为八扇长窗，中间六扇对开，旁两扇固定；次间则为六扇长窗或槛窗。配合较低的檐口尺度，比一般江南门扇稍窄的做法却形成协调的比例关系，体现了适应环境建造而对原型修正演变的结果。

在装饰装修上，重点主要在于屋脊、门、窗及檐部：如正房磨砖垒叠清水脊，加花瓦雕饰，中央饰以"福、禄、寿"图案，两端高翘呈如意型，或像青龙探首，使屋形如元宝，既吉利又美观，常用青灰堆塑出立体的荷花、莲、藕、螃蟹、松鼠、葡萄、福禄寿三星等图案，装饰夸张，则是泰州所处的苏中地区的典型做法。门头、门罩多用砖砌或木雕。普通人家，沿街的砖砌门头很小，同时在两端向上起翘，略具风味。讲究的，门楣上沿多有砖雕故事，门框上沿刻有精细的"福"字或草纹装饰，屋顶瓦当多用福禄寿和太平字样，装饰和祈福融合（图5-54）。建筑内部的主要装饰雕刻主要用在梁柱节点、梁下、檐下等处。

制砖的发达，导致砖的大量使用，院落和宅内的地面铺装使用较多，墙体为厚实的扁砌砖墙，很多墙厚达50厘米。台明部分，也用大的城砖立砌来代替通常的阶沿石，但往往会在明间

图5-52 朱氏正堂屋架

图5-53 朱氏正堂椽椀

的阶沿中心处镶嵌一块条石（图5-55）。这种节约用石的做法也体现在入口踏步和抱鼓石的处理上，表现了溱潼适应环境的朴素的建造逻辑，是材料、建造与传统延续的韧性博弈，是现实与理想的妥协，这恰恰就是溱潼地区文化独特性的物质载体与表征。

图5-54 朱宅仪门装饰

图5-55 李氏宗祠内院

2. 砖瓦、垛田

溱湖水产种类繁多,不止鱼虾。其中溱湖簖蟹、溱湖青虾、溱湖甲鱼、溱湖银鱼、溱湖四喜、溱湖螺贝、溱湖水禽、溱湖水蔬总称为"溱湖八鲜"。溱湖四喜又分青白鲤鳜的"大四喜"和昂(刺)鳑(鲅)罗(汉)鲹的"小四喜"。最好的鱼饼便是由"大四喜"中的上等白鱼、青鱼做成的。溱湖簖蟹更是与大闸蟹齐名,有着"南闸北簖"之称。簖,为渔具名,编竹为栅,置入水中以截断鱼之去路而捕取之者,皆称簖[1]。"打簖"这种捕捞方式反映出了溱潼周边水域均较浅,因而便于人工织竹箔拦河,这与其早期的沼泽湿地地貌也有所关联。(图5-56)

溱潼由于其所在的独特湿地环境,具有地势平坦、温度适宜、雨量充沛等特点,水热条件优良,因此该地区植被丰富,种类繁多。这种气候带系跨度大的特点也使得部分亚热带植物能够很好地生长,正是因为如此,古槐树与古山茶才能安安稳稳地在此扎根生长。

然而,虽然植物生长条件较好,但由于没有大片相连的土地,所以很难大规模种植庄稼。因此,当地人在水特别多、地特别少的浅水地区,采用了一种特殊的理水造田方法。在进入枯水季节的冬季,人们将低凹地区露出水面的泥土,挖上来堆积到较高的地方,人为建造成一个个水中小岛,当地人称为垛田。造田之余又能理水,既能抬高田地,防止洪水,又可疏浚河道,便于通航,实乃事半功倍。

疏浚河道的河泥除了培田之外,还可用作烧制砖瓦。溱潼四周由于有着大片荒滩草地和纵横交错的河流,黏土资源十分丰富,早在唐代就已发现河泥烧砖的质量很好,于是很早就开始砖瓦生产。据清嘉庆《东台县志》所称,溱潼砖瓦始于唐代。镇区内外,曾多次挖出古井,其半圆形井砖有公母榫头,《东台县志》中记载其"属唐代古砖"。宋、元、明三代,溱潼砖瓦生产日益发展,远销东南沿海和大江南北,据说,南京明城墙上都用过溱潼烧制的砖。清代,溱潼地段共分14坊,其中以窑命名的就有全家窑、范家窑、朱家窑、张家窑、薛家窑、徐家窑6坊,可见砖瓦生产之盛。

图5-56 溱湖簖蟹

资料来源:http://www.js.xinhuanet.com/2018-03/29/c_1122605413.htm

---

[1] 唐陆龟蒙《甫里集》五沪诗题注:"沪,吴人今谓之簖。"清洪亮吉卷施阁文集乙集《与孙季逑书》:"鱼田半顷,围此蟹簖。"

3. 会船都天庙会

溱潼的祭祀活动也与水有着紧密的联系。其中最著名的莫过于溱湖会船。会船这一风俗原名清明会，又称清明盛会。相传始于宋代，距今已有上千年的历史，主要流行于姜堰、东台及兴化一带水乡，另在邻近的江都及高邮地区也有零星的村庄参与。其确切起源已无从考证，目前流传最广的是岳飞抗金说[①]，即于每年清明节第二天，祭祀那些为国捐躯的抗金民族英雄。（图5-57）

会船节前后持续约一个月的时间，之所以选择溱湖作为会船场所，一来与溱潼的地理位置相关，由于溱潼地处三县交会之处，水上交通非常便利，因此周围村镇来此参与会船更加方便。二来，或许与溱湖水较浅，便于撑篙有关。会船民俗在过去除了祭祀祈福的功能之外，更多的是作为一种交流平台，起到维系村落共同体、整合人际关系方面的功能。不仅村落要共同出资置办船只服装等，还要挑选年轻后生在节前进行训练，又称"试水"。而会船节期间，会场两岸还会自发地形成露天会船集市，这又加强了村落之间的贸易与交流。

除了会船之外，当地最大的祭祀活动也与水相关，那就是在农历九月十六日拜祭水神的都天庙会。这一活动相传从明代开始，至今已有500多年的历史。"都天大帝"传为唐朝大将张巡[②]。据史书记载，张巡系唐代邓州南阳人，开元进士。安史之乱时，张巡为御史中丞，以真源令起兵雍丘，抵抗安禄山叛军，后仅率六千之众移守睢阳（今河南商丘）。正是张巡的死守抗敌，使得叛军不能越睢阳南下，江淮流域广大地区免遭战乱的蹂躏。因此，江淮一带的民众尊张巡为"都天菩萨"，司防疫、禳灾、驱魔的护井之神——都天大帝。

① 此外还有祭拜真武大帝说、朱元璋寻祖坟说、明代神童关抗倭说这3种说法。
② 张巡战死后，唐肃宗下诏为其"立庙睢阳，岁时致祭"，张巡就此为神。清乾隆十二年，张巡被封为"显佑安澜之神"，嘉庆八年又封为"显佑安澜宁漕助顺之神"，又进一步演化为水神。

图5-57 溱湖会船

资料来源：http://www.js.xinhuanet.com/2018-04/12/c_1122673025.htm

与各个村落组织而成的清明会船不同,都天庙会最重要的活动主要是由6个行业所承办的灯彩銮驾和抬阁。因此,庙会又名六家会。其中每家各有代号,即同福、普福、赐福、多福、积福、庆福,分别所属的行业是帮船、棺材店、布店、杂货店、青货行、鱼行。最早只有帮船这一家,因此又名同福老会,其他5家则是陆续加入的。

都天庙会不仅是迎神赛会的日子,也是物资交流的好时机,早在9月初,就有人赶集来此。三日迎会,十六日为正日。正日前后十几天,市场都特别繁荣。民国时期,溱潼常住人口就有一万人上下,迎会期间又有亲友来访,这些要临时在此居住3天至1周的人口可达五六千人。

(四)特色和价值

相较江南的水乡古镇,水网不仅仅是溱潼的骨架,更与街巷房舍交错共存,互为图底,构成水陆共生的聚落环境。如溱潼般在水中洲渚高地的聚落择址,希冀享用水之利与水运之便,而能避水之患,是里下河地区村镇的典型空间形态与先民的智慧所在。

溱潼地处泰东河和姜溱河的交汇处,与运盐河道相辅相成是溱潼得以发展的重要支撑,而在近代江南地区整体工商业的快速转型与发展中,溱潼成为衔接农耕为主的里下河地区和江南工商业城镇的中间点,这也成为溱潼在近代进一步繁盛的重要机遇,是里下河地区近代发展历史过程的缩影。

溱潼八景中反映了古镇布局与空间意向的方位意识,体现了古人对于聚落空间组织和景观形态的基本观念与组织方式,和现有物质遗存进行对照解读,有助于理解里下河地区传统村镇的基本构成模式。而溱潼古文书的保存从文献的角度进一步提供了对于传统乡镇的社会、经济、文化组织方式的全面了解,具有重要的史料价值。

溱潼遗存的大量民居建筑,反映了建筑材料匮乏的里下河地区的建筑特点,尤其是制砖用砖的传统,而低矮檐口、厚墙少窗的朴素建造,也反映了沿海多风气候的适应性建造方式。崇文重教的传统,使得民居建筑中秉持着朴素、实用的建造原则,简朴素雅,不事张扬,细部处理别具匠心。

溱湖会船与"都天庙会"为代表的多样神灵崇拜和祭祀活动,同样也反映了乡民与水共生的祈愿与生活方式,是里下河地区水乡生态的忠实记录,具有重要的民俗文化价值。

五、双厅双桥周庄镇

周庄地处太湖东侧,位于昆山、吴江、青浦交界处。其北侧的白蚬江,西北通三江口,东南连淀山湖通松江府(今青浦),承接太湖和京杭运河,为漕运交通要道。周庄湖荡环绕,河汊众多,在1985年昆陈周公路通车之前,周庄与外部的联系只能通过舟楫相通。在大宗货品更多依靠水运的近代社会之前,周庄的地理位置堪称极佳(图5-58)。周庄保存有大量古典宅院、桥涵码头,有"中国第一水乡"的美誉,于1995年被列入第一批江苏省历史文化名镇,2003年被列入第一批中国历史文化名镇。

图 5-58　周庄周围水系格局关系

（一）镇村体系变迁

1. 区位环境：周水环绕，庄兼两府

周庄水系其重要性的关键在于太湖入海水道的变迁。《尚书·禹贡》中就有三江入海的说法。据宋范成大《吴郡志》卷四十八引《史记正义》考证《禹贡》之"三江既入，震泽底定"时称："三江者，在苏州东南三十里，名三江口。一江西南上七十里至太湖，名曰松江，古笠泽江。一江东南上七十里入白蚬湖，名曰上江，亦曰东江。一江东北下三百余里入海，名曰下江，亦曰娄江。于其分处号曰三江口。"其中所提白蚬湖即是周庄镇北的白蚬江，早期白蚬湖只是太湖自然泄水所形成的广阔汇水区域，恰好勾连了淀山湖，形成了入海通道。直至明代，潮汐效应和高地势带来的水浅淤塞使得松江排水不畅，水灾频发，故明人治水时，试图在松江之外寻找入水口，而这条连通淀山湖的水道则于此时跃入人们视野。正是因为东江（其入海部分正是现在的黄浦江）在明代后期代替松江成为太湖泄水的主要通道，周庄水系的重要性更加得以提升，而白蚬湖也就成了白蚬江。

周庄市河北接急水港，从港过西为白蚬江，通陈湖过东为东垞港，与周边的河网体系结合密切。周庄周边存在着一个市镇网络，东侧距朱家角镇36里，东南至青浦金泽镇20里，并进而联系华亭；西南至吴江北库镇18里，距黎里36里；西至吴江庉村镇18里，距同里镇27里，连接运河与吴江；北至元和陈墓18里，到甪直36里；南至吴江莘塔镇12里，至芦墟镇20里。陶煦《贞丰里庚申见闻录》中亦载："东走沪渎，南通浙境，距吴江所辖之同里、黎里、莘塔，元和所辖之车坊、六直、陈慕诸镇，均不过二三十里。"以此而言，在传统水运作为主要交通体系的明清时期，苏州府和松江府区域内的市镇形成了一个间距20里左右的城镇网络体系，周庄显然是这个网络体系上的重要节点（图5-59）。

而周庄在行政隶属上也同样可以证明其相对重要的地位。历史上，其虽一直归苏州管辖，但明成化年间，却一度改属松江府华亭县；明中期更分治于两县；清代乾隆年间，又将甪直的巡检司署移至周庄。以此，周庄地处两府三县之界，邻接运河，更是松江华亭进入苏州的必经之路，交通便捷。正是依托往来之便，周庄自然成为太湖东侧水网地区中的商业和手工业中心。

除了镇北的白蚬江，周庄镇区四周还有南湖、西湾漾等水体，而这种周水环绕的水网景观格局主要是由太湖东侧整体水系格局所决定的。周庄所属的太湖东侧吴江至华亭之间的区域，历史上属于太湖东侧的沼泽浅水地带，这一带的水系湖荡并不完全是自然形成，而是自唐以来历代圩田治水、与水争地的结果。太湖东侧碟形洼地的存在，导致

图5-59 周庄及其附近城镇网络关系图

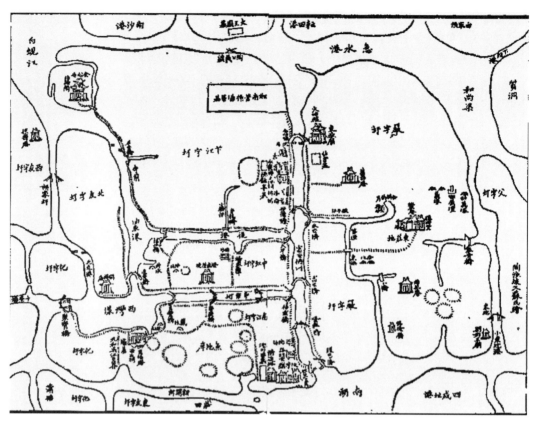

图 5-60　《周庄镇志》卷首地图

资料来源：光绪《周庄镇志》卷首，第 5~6 页

太湖水不得不通过高堤抬高水位，以使满水外溢从而解决泄洪问题。当太湖吴江南侧的京杭运河确定河塘位置之后，由于运河东侧的地势低洼，宋代开始新建大型圩田，以局部疏浚水道，抬高堤岸，形成骨干河道，通过人工泵水的方式排水入河，从而创造了大量的农耕用地。但在元明以后，随着圩田体制的崩坏，大型圩田分崩离析，形成村镇和富户的小型围堰。这种淤积而成的圩田大多有着丰水的环境。《三吴水考》云："吴江惟二十八都为水窟，东抵周庄，西抵囤村，南抵牛场泾，北抵白蚬港，闻胜国时，大姓堤湖为田者故，小水即淹云。"这么一来也就造成了运河东侧一系列的湖泊水荡和小型圩田组成的水乡景观，在古周庄镇图上也可以很清晰地看到这种水乡肌理（图 5-60）。

2. 历史沿革：贞丰古里，万三明兴

唐万岁通天元年（696），苏州置长洲县，周庄地属长洲县苏台都贞丰里，故以"贞丰里"相称。如今周庄尚有桥名"贞丰"，便是里人以地名冠之，后改都为乡，但"贞丰里"的名称却一直沿用至清末。

早期贞丰里由于地处江南泽国，交通不易，故仅为集镇的雏形，与村落相差无几。直至宋代，中原地区人多地少，统治者在土地资源紧缺的压力之下，高度重视江南地区的圩田发展。《后乐集》载：两浙一带，"所在围田遍满，昔之曰江曰湖，今皆田也。水皆田也，水稻种植遍及南方各地"。其中太湖流域的圩田技术最为成熟，使得该地区的土地利用率和农业产量均达到了历史的高峰。然而，水利田的兴修与一般田地开垦不同，通常需筑堤、设堰、修渠、破塘、车水，往往需投入大量的人力和财力。一般来说，只有政府和地主才有能力筹措工费，组织民众开发，即《后乐集》中所说，当时浙西一带的"围田者无非形势之家""豪宗大姓""乡村豪强富室"及"寺观僧道"等。故而以平江府为代表的太湖流域土地集中程度不断提高，产生了众多拥有大量田产的地主，这些地主又对其所在地方聚落的兴盛产生了非常重要的影响。据史书记载，北宋元祐年间，周迪功郎信奉佛教，捐庄田200亩（约13.3万平方米），在白蚬湖东畔建全福寺，百姓感其恩德，故将这片田地命名为"周庄"。无论周郎何人，其捐田200亩建造全福寺，都可证明当时周庄土地之集中，农业之发达，而这些都构成了周庄后来繁荣兴盛的基础条件。

周庄的繁盛也创造了沈万三的传说。虽然传说中沈万三有种种神通可聚金银，然而实际上其发迹脱离不了当时元代宽松的经贸环境、张士诚割据江南的局面以及周庄优越的地理位置。沈万三利用周庄镇北白蚬江（即东江）西接太湖、东连淀山湖，既可经京杭大运河北上，也可经娄江（从苏州娄门至太仓刘家港的河道，系元朝初年朱清疏导而成）通刘家港出海的水上交通运输优势，将周庄变成了一个粮食、丝绸及多种手工业品的集散地和交易中心。对内对外均十分便利的交通促使周庄的手工业和商业得到了迅猛的发展，而商业的繁盛又带动了人口向此地聚集。光绪《周庄镇志》有云："周庄以村落而辟为镇，实沈万三父子之功，当时镇西北皆墓地，为烟雨所萃，惟严字一圩，其东南隅曰东垞，万三住宅在焉，西北半里许即东庄，地及银子浜、仓库、园亭与住宅互相联络。"

然而，正如其他依靠一门大姓得以发展的市镇一样，往往繁华景象也会随着当家豪门的衰败而凋落。当沈万三向新朝献金却反而遭遇了朱元璋的政治经济双重打击之后，明初的周庄镇也难逃浩劫，迅速衰落，再度成为荒村。明代编纂的地方志中，周庄踪迹渺渺，然而镇中遗存的明代宅院亦规模不小，可见明中后期周庄亦相当繁荣。

明代苏州府的市镇，小部分是宋元时期保留下来的，大多数则脱胎于逐步发展起来的村庄，是根据本地以及所属区域经济层级中的位置而自然形成的，并不受以赋役征解为基础的行政体系控制。明代中后期乃是江南市镇发展的高峰期，门摊税的征收正是始于明中叶，这恐与此时市镇的勃兴不无关联。崇祯《太仓州志》称"曰镇市图，参民居也；曰乡都图，理亩浍也"，可见市镇开始被给予相对独立的空间。只是这两种区划理念各自为政，作为市场体系中基层经济单元的市镇尚未与传统基层区划融为一体。

清初，周庄由于得天独厚的地理条件而逐渐复兴，这时的周庄已俨然成为江南大镇，但仍被称为贞丰里。直到康熙元年（1662），在周庄设城营千总一员驻防，辖长洲、昆山各汛，此地才正式更名为周庄镇。随着居民更加稠密，西栅一带渐成列肆，中市街、北市街、城隍埭、后港街等均布满了各行各业的店铺，并且形成了以富安桥为中心的繁华商业区。每逢赶集或节庆，四乡农民云集于此，摩肩接踵，络绎不绝。清雍正三年（1725），周庄镇因元和县一分为二，约五分之四属元和县，五分之一属吴江县。

虽然此时以"市镇"为单位的区划观念逐渐流行，但更多的是借助巡检司等县级以下行政组织的管辖区界定其范围。巡检司的作用主要是在某种程度以内维持相关区域的治安，其多驻扎在重要市镇，但所辖范围往往超出所驻市镇。乾隆二十六年（1761），江苏巡抚陈文恭将原驻吴县甪直镇的巡检司署移驻周庄，管辖澄湖、黄天荡、独墅湖、尹山湖和白蚬湖地区，几乎有半个县的范围。然而，巡检司管辖"俱在镇北及西北隅，而镇西南与附镇东南隅者，皆非所辖"，治安区域与周庄镇传统的地域认同之间发生很大的背离。

清中叶以后，以市镇公共事业为中心的地方行政运作逐渐取得与一向凌驾其上的赋役佥派机构同样的地位。此时江南地区涌现出大量的乡镇志，开始对各自的镇域范围进行表达，所受行政区划的限制大大减小，而是以市镇对四周的辐射力为基础，同时照顾四周行政区划来限定镇域。比如光绪《周庄镇志》就采取了折中的办法："兹就近镇六七里内搜录，不以巡司所辖为限，惟都图乡里村镇桥梁则全附焉，以备稽核。"直至宣统三年（1911）实行乡自治之后，才逐渐产生今天所理解的"镇管村"机制。

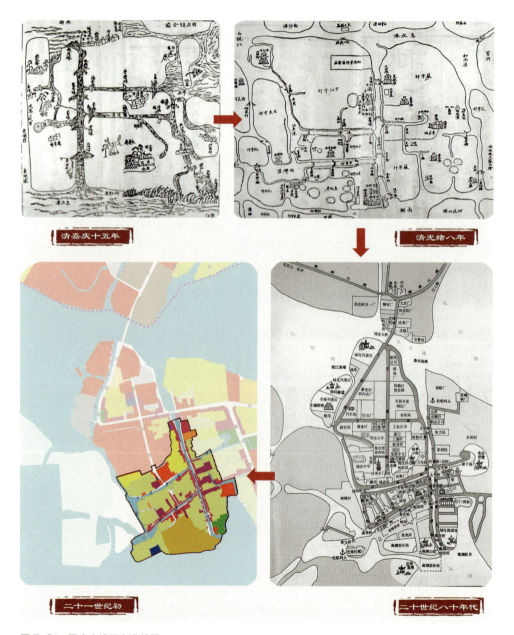

图 5-61　周庄古镇历史沿革图

资料来源：《周庄历史文化名镇保护规划》，2012

　　1949 年中华人民共和国成立后，周庄商业活动被供销社取代而逐步衰落，1980 年代初，进周庄镇仍需摆渡，交通不便，周庄愈加萧条，沦落为普普通通的农户小镇。改革开放之后，随着 1986 年昆陈周公路建成通车，周庄镇以其保存完好的明清古建筑群、古朴的石拱桥、河埠头等水乡风光吸引了大批游客。1988 年初，商周公路建成通车，周庄镇成立了周庄旅游服务公司，大力发展旅游业，完成了近代转型，从一个明清商业大镇发展成了一个综合性、多功能、以旅游业为支柱产业的新型小城镇。（图 5-61）

（二）空间格局分析

1. 河湖联络，四栅相围

周庄的旧有镇域南北长3里，东西宽2里，镇外湖荡密布，镇内河网纵横。南北向的市河贯镇而过，其在富安桥北称为北市河，在富安桥处分为两支，一支继续向南，称为南市河，另一支则折而向西，称为中市河，汇入西湾漾后又折向北，称为西市河。中市河北面的一条东西向河流被称为后港，后港西端汇入西市河，东端穿过永安桥，形成一个金钩钓月状的小河浜，据说这里是沈万三埋银之地，故称银子浜。过去的周庄东南西北分别以"四栅"相围合作为边界，古镇东栅在银子浜以东，位置暂不可考，西栅即西市河（据《贞丰拟乘》记载，对河即过去的吴江县界，早先有木桥以通往来，后乾隆时期新建通秀桥），南栅即以南湖为界，北栅则在北市河北段的全功桥（俗名"北栅桥"）处。

周庄北边的白蚬江、急水港，为松江漕粮北运要道。虽然四栅港口均有米行分布，但北栅的篯竹埭曾设社仓，作为清代和民国时期政府的储粮之地，后来还为苏州义仓代储粮食。从中也能看出镇北与外界联系更强，水运也更加便利。相比之下，南边的南湖则位居内陆，环境幽静，古为文人志士隐逸之地，可以说是北动南静的格局。周庄八景中的"急水扬帆"和"南湖秋月"就分别描述的是一北一南、一动一静的画面（图5-62）。

正因为北边为主要运输河道，加上广阔的南湖又提供了相当大的空间容量，所以周庄主要的水上运输采取了从北边进，过镇绕一周，再从北边出这样的口袋路线。这种口袋路线又可按容量不同分为多个层级，最大的一级是东垞港—南湖—西市河，较大的一级可能是南北市河—南湖—西市河。而北市河—中市河—西市河这一级路线可能因为使用率较高，更贴近市民生活的缘故，而被冠以"市河"之名，而这种U形路线的连续关系则被反映在了"北—中—西市河"这样的命名方式之上（图5-63）。

除了运输便利外，周庄的江湖河流还提供了丰富的水产资源，其中螃蟹、巴鱼、鳗鱼并称"三珍"，其中的螃蟹除销往上海之外，还远销杭州。白蚬江更是因盛产白蚬而得名，江中除白蚬外，白鱼、银鱼亦佳，故被合称为"三白"。除此之外，随季节变化的水产品还有鳜鱼、鲫鱼、鲤鱼、鲶鱼、黑鱼、鳊鱼、甲鱼、泥鳅、河蚌等，种类繁多。周庄渔民捕捞方式亦五花八门，有在湖港处张簖设帘的，也有用杠网、夹网、丝网等渔具捕捞的，苏北籍渔民擅用铁钩、攉网，山东帮渔民则以滚钩作业，还有渔民养鱼鹰协助捕鱼。捕捞到的水产小部分直接随船叫卖，大多被鲜鱼行收购，随即用活水船运至上海小东门、虹桥等鱼市销售。

渔民们大多以船为家，在白蚬江上漂泊谋生，江畔则为渔家泊船、晾网卖鱼、饮酒消遣之处。酒至酣处，便扣舷清唱，此起彼伏，渔歌互答，亦是周庄八景之一，人称"蚬江渔唱"（图5-64）。

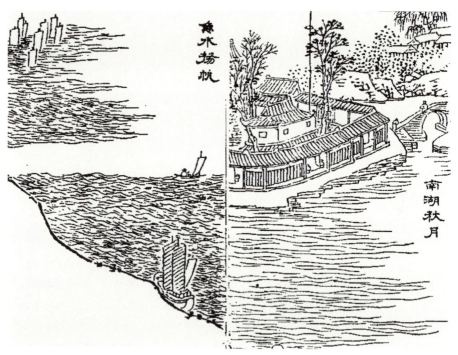

图 5-62 急水扬帆和南湖秋月

资料来源:光绪《周庄镇志》卷首,第 13、15 页

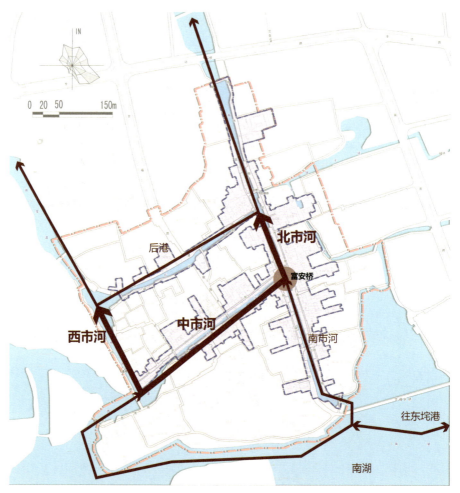

图 5-63 U 形路线示意图

图 5-64 蚬江渔唱

资料来源：光绪《周庄镇志》卷首，第 12 页

白蚬江不仅是渔民平日生活所在，亦是其祭祀神灵之处。每年秋天水稻成熟季节，也是鱼虾生长成熟期，渔民在开始捕捉之际，都会自发组织一场大型的开捕祭祀活动，以求神灵保佑渔民渔业丰收，衣食无忧，这样的活动俗称"开捕节"。其祭祀活动流程与一般祭祀活动差不多，都要请神、上香、宣读祭文、上供、行礼、敬酒、唱娱神歌、放鞭炮，但其最大的不同就在于这一整套流程均是在水面船上完成的，而不是在水边的陆地上，可见白蚬江对于周庄的重要性。蚬江开捕节作为周庄渔民一年中最为重要的祭祀庆典，往往聚集有上百艘船，庆典完毕，随着渔民们"开船喽"的欢呼声，各艘渔船同时扬帆驶入白蚬江的烟波之中，场面蔚为壮观。

周庄河湖联络的空间格局一度为其带来便利的交通和丰富的水资源，然而随着陆路交通的兴起，其纵横的河网又成了制约其发展的阻碍。在昆陈周公路和商周公路建成通车之前，周庄四面环水，只通船，不通车，交通不便，古老的城镇基本没有开展新的建设活动。但也正因为如此，却保留住了完整的老街面貌，可以说是"因祸得福"。

2. 因河成街，商居两宜

周庄镇中主要的街市沿着南北市河、中市河及后港这 3 条河港布置，形成了"双丁字形"的河街格局。除南北市河西侧、南市河东侧与中市河北侧街道两侧均有建筑之外，后港两岸、中市河南侧、北市河东侧均为河－街－建筑的布置。街道狭窄，宽 2~3 米不等，最长的中市街和南、北市街长仅百米。作为双丁字交接点的富安桥、双桥处是镇中最为繁华的地方，城镇即由这两点为中心向南、北及西面展开（图 5-65）。

总体上讲，周庄的街巷尺度较小，密度较高，面街多设店铺。而与市街相交的巷弄则分划了街旁的居住用地，各巷弄由市街向内伸展，形成进入各户民宅的交通。但南北市河东侧的住宅却属特例，比如张厅玉燕堂、大业堂、迮厅、沈厅均是面街沿东西向而建。这或许是因为南北市河与箬泾之间的用地尺度不大不小，建筑院落东西向布置则恰好面河（街）背港，而张厅中更是设了一泓池水，让箬泾河穿屋而过，形成"轿从门前进，船从家中过"的独特空间。

周庄现存民居都以厅堂作为全宅的中心，通过院落和墙门组织空间。大型府宅如张厅玉燕堂、沈厅松茂堂、叶宅的祖荫堂，进深大，堂楼可多达六至七进，两侧更有背弄和辅房。通常宅第，除河房外，多为两至三进，但同样也有主次序列。一般来说，堂屋是全宅的中心，其两侧安排厢房，天井是为采光、通风、排水等功能目的而设，同时也成为组织建筑群的空间，还可以满足家人交流活动需求。沿河的河房多为一进，开间变化亦多，三间为主，不乏两间单间者穿插其间。由于水多地狭的原因，河房大多两层，其中一层立面多为实墙，上开洞窗，楼下用于对外的事务，二楼作为起居用途，立面往往设通长槛窗，形成立面的虚实变化。河房大多设有河埠头，并且沿河立面与河埠头相结合，做法十分多样。故从河道看去，高低错落，进退有致，可谓处处是景（图 5-66）。

图 5-65　河街"双丁字"格局图

图 5-66　沿河河房立面

图 5-67　南德和米行与酱园

　　周庄的店铺规模都不大，临河面街的深仅一进，除用于餐饮的饭店或茶馆等将两层都用于营业外，大多沿河店铺以底层营业、楼层居住。街市另一侧的商铺则因为可以向内拓展，所以可以见到"前店后宅"的布置，而酒酱业作坊基本都是前店后坊，制作与售卖相结合（图5-67）。这类店铺或作坊往往有三进或以上的建筑，其空间处理的方法与普通住宅相差不多。

图 5-68　全福晓钟与指归春望

资料来源：光绪《周庄镇志》卷首，第 9—10 页

　　周庄镇上的公共活动空间除了河岸桥边各种各样的空地以外，主要是寺院、道观等宗教建筑和茶楼、酒店等休闲娱乐场所。

　　宗教建筑中最重要的当属全福寺，其位于镇区西北白蚬江畔，原名泉福寺。始建于宋元祐元年（1086），迪功郎周君舍宅为之，后不断扩建，梵宫重叠，楼阁峥嵘。拂晓时分，僧人撞钟之声数里可闻，故乡人将之列为八景之一，名为"全福晓钟"。高耸于寺中的指归阁亦是一景，名为"指归春望"，每当春光明媚之时，登阁望远，桃红柳绿，一览无余（图 5-68）。

图 5-69　贞丰桥畔的迷楼

　　休闲娱乐建筑中最出名的当属贞丰桥畔的迷楼（图 5-69）。迷楼原名德记酒店，坐落于小桥流水相伴的闹市之中，时人赞曰："酒不醉人人自醉，风景怡人亦迷人"，故得"迷楼"雅称。曾经，柳亚子与南社社友曾在此相叙，杯酒交欢、诗词相应，留下了"贞丰桥畔屋三间，一角迷楼夜未央""楼不迷人人自迷，天桃红换蘼芜绿"等名句，还将唱和诗词搜集誊清，刻印付梓，定名为《迷楼集》，为迷楼留下了相继传诵的遗韵。

(三) 物质和非物质文化遗产

1. 宅堂汇聚，精巧古雅

周庄的建筑风格与特点因其保存相对完整和水系格局的自由，形成自己的特色：在空间组织布局上使用院落天井的精到，在环境处理上因势就形的机巧，在建筑构架形式和尺度细部上的古朴，在色彩和装饰上十分雅致。

周庄现存民居都以厅堂作为全宅的中心，通过院落和墙门组织空间。平面布局不论规模大小，大多为三间带两厢的格局，正厅及前面的砖雕牌楼构成核心院落。前配门屋，后设堂楼，前堂后室，内外有别。布局的精到集中体现在院落和天井的变化上，在空间利用上，压缩次要院落尺度，从而为主要院落赢得空间，获得空间的节奏感，也使得空间组织上主次有别；在空间组织上，巧妙地组织多重天井，分隔建筑，增加空间的层次和变化；在空间形态上，合理利用檐廊，构成连续界面，遮蔽体量，沟通内外，增加空间的渗透与融合。

以张厅玉燕堂为例，全宅东西布局，位于市河和箬泾河之间，用地并不宽裕，但前后依然有六进之多，院落空间的变化和组织成为其中的关键。首先，门屋与轿厅间的窄院着意压缩空间，仅仅深两三步，为适应进深狭窄的院落做先导（图5-70-1）。轿厅檐柱立门，阶石缩至与墙平，仅仅在明间开门处阶石一块，简洁处见空间处理的精巧。压缩轿厅前院进深，是为了给主厅玉燕堂前腾出更大的院落空间。玉燕堂前院落近方形，其正面所对就是精雕细刻的"玉树沁芳"的砖雕牌楼（图5-70-2）。两侧虽被厢楼封闭，但厢楼前设廊，使得正厅玉燕堂前置轩廊与厢房的廊连通，将二层的实界面隐在通透的廊子之后。又有意压低厢楼层高，在廊子屋面上仅露槛窗高度，使得厢楼面对院落的界面仍为虚界面（图5-70-3）。牌楼与三面环廊虚实相映，颇显精巧，种种手法合力使得院落在空间上更为疏朗。仅仅是这一做法在江南地区并无甚特殊，但特殊的是在明三暗五的正厅玉燕堂与两侧厢楼交接处左右各设置了一处小天井，将正厅建筑与厢楼隔开（图5-70-4）。天井靠主院落为通高白墙，因此在院落内观之，虚的天井恰恰成为两处实的体量，间隔了厢楼与正厅。同时实墙也成为正厅三间处山墙的延续，与厢楼一侧山墙相接，很好地处理了厢楼的虚界面到正厅山墙实界面间的过渡与转折，虚实在这里进行了精巧的转换。紧接着在玉燕堂后就是苏州最典型的蟹眼天井（图5-70-5），天井虽小，但全无逼仄之感。这是因为除六扇屏外左右次间亦设白色板壁，壁上开门，将后方隔出了两步架的通长廊子，且面对蟹眼天井未设墙体，全部使用开启的长窗，更在次间长窗内侧下方布置有美人靠坐槛，使得当长窗开启时，小小的天井与室内空间相互交融，异趣横生。更为巧妙的是，在蟹眼天井的南侧墙体外的背弄内更套叠了一个狭长院落，墙上开一扇形月洞窗沟通两个院子（图5-70-6），墙角亦设有带雕刻的排水口，使得背弄院落的积水可以排至蟹眼天井角部的下水口（图5-70-7）。背弄院落内置芭蕉二三，秀竹一丛，乱石若干，从窗洞内恰可见天井内长窗半扇，盆栽两株，仿佛扇面图画（图5-70-8）。其后内堂楼间的院落都为窄院，窄近5尺（约167厘米），宽不过2丈（约6.7米），二层楼前的院落往往更为狭窄，这些院落压缩的空间全部留给了最后的花园。最后一进后堂正面轴线进行了偏移，为四开间，中间两间为长窗，两侧为实墙，室内空间也被分为了两部分（图5-70-9）。后立面做法却与正面不同，南边附加的一间为实墙开门洞，而中轴线上三间采取的是中间支摘窗、两边槛窗的做法，从花园中看去延续了建筑群中轴线上的对称立面（图5-70-10）。但仔细看却发现，靠近实墙一侧的槛窗却只做了5扇，而实墙则越过柱子延续了过来,下方设置了美人靠,将后方的箬泾河和花园拉入室内(图5-70-11)。从实墙上的门洞出去,是一道跨河桥廊,视线再次转折成南北向,箬泾河放大的水面成为主景(图5-70-12)。疏可跑马,密不插针,精心推敲的院落尺度和巧妙的空间节奏变化,使得逻辑构成非常明确的多进建筑空间变得耐人解读而韵味十足。

图5-70 张厅照片

周庄建筑的机巧主要体现在与周边环境处理上的因势就形。建筑布局不强求南北朝向，其朝向多决定于与河道的朝对关系，所以即使六进的大宅，如张宅、沈宅因为位于南北向市河东岸，也就随遇而安地采用东西朝向。叶楚伧故居，在青龙桥南，建筑北面西湾街及街北中市河，因此整座建筑坐南面北。周庄厅堂建筑前后檐的处理相较一般的南北向建筑而言具有更多的变化。叶楚伧故居根据朝向，就将最后一进设置为公共性的会客空间，因为后檐面南，所以全部用长窗加花板栏杆的处理方式，与室外院落沟通（图5-71，左）。与此相适应，内宅的功能集中在楼屋内，一层更多作为公共空间使用，同时北侧的前院往往被压缩，形成窄长的天井（图5-71，右）。

过街楼的使用也同样体现了因势就形的特点，现存典型的有中市河南的费厅和清末广丰祥布庄两例，均为前店后宅的商铺。费厅为同治年间建，始为中药铺，第一进为二层三开间河房，明间中取半间设内凹的水埠头，连通市河与街道（图5-72，左上）。二层西侧间后跨街设骑楼与第二进楼屋相连，前后四进。过街楼为廊房处理，两侧设车木栏杆（图5-72，左下）。尤其有趣的是，第二进临街楼屋五间，两侧梢间为实墙，中三间下为排闼门，上两次间为槛窗，栏杆仅为实木风雨板处理，但明间却设长窗，内侧亦做车木栏杆，楼上厅的意味明显（图5-72，右）。广丰祥布庄又称徐家屋，位于南市河西侧，建筑面水朝东，第一进为两层两间楼屋，与费厅不同，更像南方的骑楼格局。二层同样类似费厅为长窗，内装花板栏杆的楼上厅（5-73，左），一层北侧间为排闼门，廊下为主街（5-73，右）。此种二层明间设长窗、下装栏杆的做法在迮厅内二层楼厅上也可以看见，也同样为近代风格的车木栏杆，下更设玻璃画扃，装饰意味更浓（图5-74）。

周庄建筑的古朴体现在建筑构架方式、细部形态和尺度上。构架形态上，重要厅堂采用扁作月梁，从明代的玉燕堂到清同治年间的叶楚伧故居祖荫堂均是如此，月梁形态变化不大，斜项明显。只是早期玉燕堂明间扁作四椽月梁上卷草雕刻采用压地隐起的手法，图案起伏明显，造型生动（图5-75，上）；而后期的月梁雕刻上线刻成为主流，装饰图案更为繁复（图5-75，下）。厅堂明间抬梁意味明确，甚至童柱柱头也用栌斗抬梁，一直到乾隆年间的沈厅做法也相类似。在细节形态上，张厅内尚留存很多明代早期形态的建造细节。如玉燕堂中的鼓形柱础（图5-76，

图5-71 叶楚伧故居后檐和平面图上的窄长天井

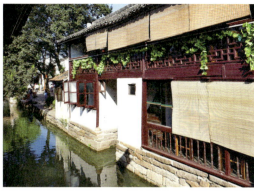

图 5-72 费厅照片

图 5-73 广丰祥布庄照片

图 5-74 迮厅

上左），中加腰线，鼓径居中，形态古雅，不同于清后鼓磴柱础上大下小的做法；后堂建筑金柱下保存的木楷鼓磴柱础（图 5-76，上右），在苏州市区已经非常少见；后堂砖墙在柱间另加櫼柱分割墙面的做法（图 5-76，下），亦有别处所不见的古风。古朴也体现在建筑尺度上。周庄的宅堂尺度不大，正厅进深多八椽，通常厅堂只有六椽，尤其是建筑高度控制得宜，建筑檐口较为低矮，以至于立面上不用亮子调节门高，长窗落地，形象简洁朴素，体现了早期风韵。另一个独特的做法是二层跑马楼外往往在一层附加单步架的披檐廊，使得建筑高度的压迫感大大降低，建筑更显疏朗。

图 5-75 玉燕堂月梁和叶楚伧故居月梁

图 5-76　张厅柱础和墙面槏柱做法

　　周庄的宅堂同样强调雅致，即使大宅的门屋也多用六架椽屋，不用江南地区等级最高的将军门式样，门扇仅仅后退一步架，安装在前金柱上。形式上也不用三间通廊门屋，往往两次间用白墙，仅明间用四扇或六扇板门，白色和黑色构成大块面的虚实对比。从明代的张厅玉燕堂到清末的叶楚伧故居，周庄大部分宅堂均如此。沈厅临街门屋为两层，但门扇同样安于前金柱，明间立面仅退后一步架，檐柱上用雕饰的月梁状大额，上承双层菱格纹和万字纹亮子，华贵中透露雅致（图5-77）。

　　雅致也体现在细节处理的讲究上。比如沈厅第一进的水墙头，其建筑类似一般门屋形态，面阔五开间加南边附一间共六开间，五间中三间墙体内凹一步架，下侧置水埠头，水埠头设有双侧踏道，轴线中间有方形雕花心石装饰。由于明间两根"檐柱"内凹了一步架，故其外侧不得不设斜撑支撑檐檩，保证出檐尺寸不变（图5-78，左）。水墙头内门扇位置则再向内一步架，设置在明间"金柱"的位置，装修上更采用花罩的方式，两侧各用一扇固

图 5-77　沈厅临街立面

图 5-79　张厅水埠头

图 5-78　沈厅水墙头

定格栅，而中间仅在上部设置一道挂落（图5-78，右），隔而不阻，很有心地将室内分隔空间的装饰做法用在半室外空间，既有效标志了入口的序列空间节奏，也体现出江南苏式建筑精巧的风格，呼应了江南河道的婉约形态。相比沈厅，张厅并未用水墙头，仅在河边正对其中轴线的位置设有正式的水埠头（图5-79），双侧踏道用条石铺砌，顶端居中放置一块浮雕的灵芝云纹装饰正心石，简单的装饰处理使得规整的水埠头灵动起来。

周庄宅堂的雅致更体现在装饰和色彩上。装饰精而不滥用，正厅与其前方的天井成为全宅最为重要的位置，厅堂的主要梁架和山面月梁、山枕云装饰丰富，局部贴金和深色的木构梁架形成对比，华丽而不繁复。厅前则设精致的砖雕门楼，强调轴线的重要性和诗礼传家的象征。在其前后虽也设有砖雕门楼，但从建筑功能上来说，后方的门楼主要是因为设置了以防火为目的的后檐墙而辟的通道，故其结构与修饰都较为简洁，主次分明。同样，天井的安排也是如此，依据建筑的关系来确定进深。色彩上，周庄的木构柱梁多用黑色，外檐的木装修则为木本色桐油，与白墙灰瓦绿水掩映对照，益发古朴雅致。

2. 河埠星罗，桥楼联袂

周庄四面环水，享水利之余，亦不免水患，故而建筑相对也有所处理。从整体地势来说，以河道及沿河道路最低，内侧建筑所在地面较高，以便排水。临河建筑往往抬高室内地坪，比如后

图 5-80　后港街沈宅和贞固堂入口

港北侧的建筑入口处均需走上三至四级踏步之后，方入室内。道路宽者，往往踏步直接临街，如后港街沈宅，临街为一整面实墙，不做门屋，仅在墙上设置简洁的石库门，前设四级踏步，和规整条石的下坎平齐（图 5-80，左）。虽然实墙高近两层，但立面退让街道，踏步两侧用砖铺地，从而让开街道的块石铺装，立面规整，秩序井然。而后港路东端的贞固堂院落前，则由于道路狭窄，入口的三级踏步便放置于建筑内凹侧，贴山墙处理，建造颇具巧思（图 5-80，右）。这样的地坪组织方式在张厅也可以看见，其门屋比轿厅有意抬高一步，有效地抬高了沿街建筑的地坪。

因为古镇以水网作为空间骨架，且水系保存完好，相较周边古镇，近水的河房和水埠头处理就成为周庄最大的特色，可以说苏州地区的典型河埠头做法在周庄都可以找到样板（图 5-81）。大者如沈厅的五间水墙门，建筑与水埠头结合，形成宅第的前导空间；小者，在河房建筑中内凹一处，设门洞，外侧条石踏步或平行或垂直，转折腾挪，辅以栏杆和挑檐，形成建筑的独特滨河入口；也有夹于两栋建筑山墙，形成小小的巷道，连接河房后侧街巷；更有和桥结合紧密，顺桥坡设置。在沿河没有河房的情况下，河埠头往往独立设置，堂皇者，如张厅门口，埠头突出，平行于河道，沿河道设双侧条石踏道；惯常者，往往在驳岸内凹一处，形成长 2~3 米的小水湾，仅能驳船一艘，埠头顺一侧而上。除此之外亦有特例，大者如蚬园桥附近的河埠头，利用水面的宽度变化，设置长约 10 多米的斜向驳岸，安置埠头，可泊船多艘；小者，则直接在河面内凹处踏道宽度，直接垂直登岸。

水乡的另一大特色就是姿态各异的桥（图 5-82）。陈逸飞画的周庄双桥一度成为江南水乡风光的象征。双桥描绘的是永安和世德两座桥，永安桥为石拱桥，跨市河，世德桥为折拱桥，横跨后港河，两桥相依，道路串联，形成别样景观。周庄历史上记载的桥留存至今的尚存 15 座，分别是市河上的全功桥、永安桥、富安桥、隆兴桥、报恩桥，后港上的太平桥、青龙桥、福洪桥，中市河上的兴隆桥、蚬园桥、普庆桥、贞丰桥，

图 5-81 周庄的水埠头

隆兴桥　　　　　　　　　报恩桥

太平桥　　　　　　　　　通秀桥

图 5-82 周庄姿态各异的桥

西湾漾上的聚宝桥，西市河上的通秀桥和银子浜上的世德桥。其中拱桥居多，因为桥拱高，便于通航，所以成为主要的桥梁形式。而折板桥因为受水道宽度影响大，只能适应较窄的河道，现存除了世德桥外，只有同样在后港河上的兴隆桥。

桥不仅仅解决了跨越河道的交通问题，更成为古镇的地标和公共中心。周庄的四栅中北栅据记载在北市河北段的全功桥处，应是以桥作为镇区北侧的边界标识，历史上往往也会在此处设置水门，起到管理和防卫的作用。南北市河和中市河交汇处的富安桥，因为位于河道交叉点，故而成为古镇最重要的公共中心。桥旁的凤凰楼，是清末桥楼合璧的建筑，虽然现在建筑结构已被改动，但楼和桥的相互关系还秉承了传统的形态（图5-83）。桥和楼合而为一，登楼先要登桥，登桥即是登楼。楼一层位于桥下，二层则与桥面连接，可轻松步入，因此历史上就作为茶馆使用，是乡人聚会、商贾市易的热闹场所。建筑形式上也一改通常的硬山做法，而采用歇山屋面，来强调建筑的公共性和标志性。同样在中市河上的贞丰桥两侧的夹桥建筑也采用歇山屋面，更在歇山的山花面别出心裁地采用了类似观音兜的山面处理方式，应当是商业对建筑形式标新立异的需求所致（图5-84）。同时，桥也提供了休憩的场所，桥两侧多设坐槛栏杆，乡人可在此小憩，在当代旅游中，拱桥的高点也成为观赏古镇河道风光的最佳视点（图5-85）。

图5-83　富安桥与凤凰楼

图5-84　贞丰桥一侧迷楼歇山屋顶山面

图5-85　蚬园桥上的坐槛栏杆

3. 商工巨镇，旅游转型

诸如周庄这样的市镇在元末乃至明清的发展过程中，经济内驱力为其最主要的发展动力。经过开发改造的大小水道为商业和市镇经济的发展提供了很好的交通条件。从其附近农村市镇的地理分布来说，农村与市镇、市镇与市镇、市镇与郡县城市之间的相对辐射范围有着密切的联系，形成了疏密不一的经济网络。这样的农村市镇既是农副产品的贸易场所，又是农副产品的集散地。

农副产品的集散中，最重要的要数粮食交易。同时，王秀丽《元代东南地区商业研究》中提道，江南的许多地方都存在农渔并举的基础经济结构，周庄也同样如此。据镇志记载，渔民多"以船为家，到处漂泊谋生"，很少在陆地置办田产。加之渔民又多是外来人口，比如苏北籍渔民和山东帮渔民等，其所食米粮皆靠交易得来，故而鱼米贸易就成为周庄小宗商品交易的重要内容。渔民往往专职捕鱼，生活日需品则通过鱼米、鱼樵等日市获得。

在农贸经济发展的基础上，这里逐渐积聚了一批有相当经济实力的商人，市镇经济与市政建设日趋稳定。除了原始的物物交换之外，酒酱业、腌腊业等食品加工业亦趋向于专业化，其经营者逐渐脱离于农耕以外，而原材料的获取均来源于贸易。周庄商业的发展与商业资本的活跃进一步促进了生产与消费的分离以及生产组织内部的分工与协作。市场经济正在日益瓦解着一家一户的农副业生产牢固结合的传统家庭经济。周庄民间虽一直盛行土布自织自用，但其纺布所需的棉纱不再由每户自行弹絮纺纱，而是由专人纺之，复束成绞，以易于市。可见其生产目的已经开始从自用转向交易，更有"雪里青"等布作为特色商品在镇外流通。到了清代，周庄日产土布千匹，销往大江南北以及东南亚，成为闻名遐迩的纺织之乡，更有"江南布码头"之盛誉。

随着联系广大农村经济腹地与市场经济的重要环节——农村市镇与乡间初级小商品市场的显著发展，乡村经济也日渐流动化，广大乡村日益广泛地被纳入商品经济的链条之中。清末民初，全镇居民已达到5000余人，镇内多各种工商业作坊，镇民以商工为业，几乎每家每户都与工商业有着密切的关系，其中最突出的产品有丝绸、刺绣、竹器、脚炉、白酒等。周庄所生产的脚炉又称为"庄炉"，是元代金华、兰溪一带避战乱来周庄的手艺人所传承，陈去病在《五石脂》一书中称，其祖先"以锤熏炉为生，数传始改业油粕制造，迄于余身。然今庄炉之名，犹着郡邑云"。"庄炉"精巧坚固，历久不坏，还于清光绪年间在南洋劝业会上获奖。除此之外，在周庄经营估衣业的"海宁帮"、理发业的"丹阳帮"等，还显示出了周庄繁华的商业对于外来务工者的吸引力。商贾列肆、货物充盈的周庄，俨然成为苏州葑门外的巨镇。

1949年，周庄解放，称周庄镇。新中国成立后，社会安定，商业渠道随政区而变化，小商品经济被供销社等取代，周庄开始回归单一的农业经济。米行、酒坊、油饼等行业相继淘汰，很多商店也因无法维持而歇业。一些店铺合并转为合作社或合作小组或被供销社合并，农副产品收购由供销社经营，按系统上调产品，并负责安排市场。商品流通的渠道从自发的经济网络转换为国营公司和供销社的供销网点，但由于当时生产力水平不高，导致商品流通受到阻碍，商业开始萎缩。

1978年改革开放以后，虽然市场重新开始活跃，但周庄由于未通公路，交通落后，与周边的贸易网络几乎脱离。直到1980年代末，周庄因与3位艺术家结缘而闻名。他们分别是吴冠中、陈逸飞和杨明义。正是他们创作的关于水乡周庄为题材油画的问世，才引起了新闻媒体和世人对于周庄的关注。

图 5-86　永安桥与世德桥

1970 年代末,周庄独具韵致的水乡风貌不仅获得了艺术家们的喜爱,也激发了他们的灵感。吴冠中不仅创作了许多以周庄为题的作品,还因赞叹当地的美景而先后发表了《周庄——魂兮不归》《周庄眼中钉》等文章。正是在《周庄眼中钉》一文中,他提出要保护古镇的风景。而陈逸飞则以水乡风景创作了十几幅油画,其中一幅以周庄"双桥"(图 5-86)为蓝本的油画被阿曼德·哈默买下,作为其 1994 年访华时赠予邓小平同志的礼物。这类传奇经媒体传播,周庄从此引起全世界的瞩目。

自此,周庄利用丰富的旅游资源和有利地理条件等优势,积极开发旅游业,开始了经济转型。2000 年周庄荣获联合国人居中心授予的"迪拜国际改善居住环境最佳范例奖"。2003 年,周庄被联合国教科文组织评为"亚太地区文化遗产保护杰出成就奖",并被列入联合国世界文化遗产名录预备清单。

周庄从明清时期的工商大镇衰落之后,由于水乡闭塞的交通而被排除在了基层经济单元网络之外。但正是闭塞的交通为周庄保留下了过去的水乡风貌,依托于此,周庄这个水乡泽国的古镇完成了旅游业转型,以新的风姿崛起在江南,成为一个讨论古镇旅游资源转型绕不过去的典型案例。

(四) 特色和价值

周庄最重要的价值其实在于周庄是一个样板,是当代重新发掘江南水乡传统文化的样板,周庄在此意义上成为江南水乡的代名词,也成为当代人乡愁的寄托,也许并不真实,但确实如同陈逸飞的《双桥》,具有打动人心的力量。

这当然是因为周庄的特点。首先是镇区格局大而完整,保存了历史上的基本形态。南北市河、中市河及后港构成的"双丁字形"的河街格局,是水乡古镇的典型形态。再者大量的民居建筑遗存体现的粉墙黛瓦、小桥流水人家意向,在环境处理上因势就形的机巧,在建筑构架形式和尺度细部上的古朴,在色彩和装饰上的雅致,也堪为江南水乡的代表。

六、横塘纵溇周铁镇

提及江南，人们总联想起"水乡"一词。的确，因为有了太湖的润泽，江南一带形成了密集的湖荡河网，村镇聚落依水而居，人们沿水而行，造就了独特的水乡文化，就连地名也常常以水名之，如木渎镇、长泾镇、孟河镇、焦溪村等等，数不胜数。哪怕是没有到过江南的人，听到这样的地名，也有了先入为主的水乡泽国印象。而在太湖西岸，有个湖滨小镇，却叫着"周铁"这样一个铿锵雄劲的名字，在江南诸地名中，倒显得有些特别。

虽然周铁镇的名字不见水，但其却是太湖西岸一个典型的水乡古镇，其于2014年被列入第六批中国历史文化名镇。两条十字交叉的河流从镇中穿过，河旁一棵有着1700多年树龄的古银杏，见证着这片土地千百年间的变化。镇的东缘紧邻浩瀚的太湖，镇西北不远是碧波清荡的滆湖，两湖之间则是一片湖荡散布、泾浜分岐的低地平原。若是从空中俯视这片地区，会发现水网如人的血脉般密集，丝丝相连而又条缕清晰，然而这样的地貌并不完全是自然的造化，太湖沿岸人民千百年来的生活史，就是一部改造自然的水利建设史。要问周铁如何从一片湖荡低地发展为鱼米之乡，继而成为太湖沿岸的重要市镇，恐怕还要从太湖沿岸的水利工程——横塘纵溇系统说起。（图5-87、图5-88）

图5-87 位于太湖和滆湖之间的周铁

图5-88 周铁地区的水网

（一）镇村体系变迁

1. 横塘纵溇，荆溪百渎

太湖流域的水系，以太湖为中心，分上源和下委两个系统。湖北面以无锡梁溪口为分界点，湖南面则以吴江县的吴溇口为分界点，两点连线的西侧为上源来水区，以东为下委出水区[①]。上源来水区地形大多是绵亘的低山丘陵，山溪水汇成河流注入太湖，是太湖的主要水源。山溪水从海拔数百米的山区到海拔仅两三米的湖滨，坡陡冲浅，源短流急，河水往往在入湖口附近奔夺而出，沿湖泛滥。在这种情况下，古代太湖沿岸居民因就地势，在沿湖地带开凿"横塘和纵溇"，其中横塘即是环绕太湖的横向塘河，纵溇又俗称为"溇港""沟渎"，是连接横塘和太湖的纵向水渠。所谓"山水入湖，侵地成沟，湖滩造田，沿沟为渎"[②]。这样一来，不仅上游来水可急流缓受；同时开挖溇港的堆土也可用来筑堤建闸，从而人工调节蓄泄。这一通过"溇港、堤防、水闸等工程的布置，以沟洫系统的形式"[③] 来围垦湖滩的水利工程即是横塘纵溇系统。从五代吴越政权加强对太湖地区的水利整治开始，太湖沿岸的横塘纵溇系统逐渐从来水区向下委区扩展，至明中叶以后环湖形成若干片区的横塘纵溇系统，有"荆溪百渎""苕溪七十四溇""吴江十八港""震泽七十二港"等。由此可见，环湖溇港的数量多达数百条，"纵溇"也是"众渎"。同时为了防止泥沙淤积，保持溇港的水利效益，也是从五代吴越时期起，太湖沿岸专门设立了撩浅组织以便随时疏通，并根据泥沙淤积规律在溇港上设立"斗门"适时起闭，总结出一套适宜的疏治经验。太湖沿岸横塘纵溇系统的形成，不仅在中国水利史上独树一帜，在世界水利史上也是独一无二的。（图5-89）

"荆溪百渎"位于太湖西岸，是宜兴地区的横塘纵溇系统，因此又称为"宜兴百渎"。荆溪是太湖两大上游河道之一，自苏、皖、浙三省交界处的界岭而来，汇集了北侧运河、长荡湖和滆湖的来水，以及南侧张渚、湖㳇等山区来水，自宜兴大浦口汇入太湖，"以荆溪不能当西来众流奔注之势，遂于震泽口疏为百渎，而开横塘以贯之"[④]。"荆溪百渎"北起无锡宜兴县界，南至长兴县界，不到50千米间，有溇港近百条；横塘则沿太湖西岸呈南北向，以荆溪大浦口为分界，分为南北横塘。北方的洮滆湖来水即可通过北横塘分下众渎，而不必再汇入荆溪，从而分担了荆溪的压力，使筑于其中的宜兴县城免除壅涨之患。"荆溪百渎"的名称首见于北宋单锷所著的《吴中水利书》，书中提及当时百渎中的部分港渎年久湮灭，仅存有49条，则其开凿时间应远早于北宋时期。而三国时期，吴国即已在太湖周边广泛屯垦以加强军事力量，因此宜兴百渎或许早在三国时即已具有雏形。在《吴中水利书》中，单锷将太湖流域的水系比作一个脉络相连的人体，其中胥溪五堰为首，荆溪为咽喉，

[①]《太湖水利史稿》编写组：《太湖水利史稿》，河海大学出版社，1993。
[②] [清] 金友理：《太湖备考》。
[③] 郑肇经：《太湖水利技术史》，农业出版社，1987。
[④] [明] 王同祖：《太湖考》。

图 5-89　太湖环湖横塘纵溇系统示意图

资料来源：郑肇经《太湖水利技术史》，农业出版社，1987

"百渎则心也，震泽则腹也"，可见百渎对于太湖水利的重要性。而从光绪《宜兴荆溪新志》中所绘的地形图来看，"横塘直南北以经之，百渎列东西以纬之"的构成更像是人体的脊柱和肋骨，形成太湖西岸的沿湖骨架。直至今日，南北横塘和部分港渎仍然在继续发挥泄洪和灌溉作用，将宜兴地区的沿湖淤滩改造为湖溇良田，发展成为太湖流域重要的养殖和种植业地区。（图5-90、图5-91）

"江南的水网地貌和平坦低洼的地形，为工业化前的社会提供了最便捷廉价的交通运输条件，并且早已形成公共交通系统。"[①] 横塘纵溇系统作为水利工程，在对农业垦殖大有益处的同时也方便了沿湖地区的水上交通，从而促进了沿湖地区村镇聚落的形成与发展。作为人工河渠，港渎的开挖和养护需要大量的劳力参与其中，传统农业的操作方式也要求人、水、田三者必须离得很近，因此土地耕种者沿港渎两岸聚村而居成为必然。从地图上看，荆溪百渎的几乎每一条港渎沿线都有村庄的聚居，村庄大多以渎名为村名，如毛渎村、郏渎村、师渎村、和渎村等等。而贯通众港渎的横塘则是沿湖地区的水上公共交通主线。承载人与货物的航船可经横塘转入其他村庄，也可由横塘抵达县城或外部地区。因此横塘和某些港渎的交叉口就适宜成为商品集散地，各乡村的农产品和初

[①] 吴滔：《清代江南市镇与农村关系的空间透视——以苏州地区为中心》，上海古籍出版社，2010。

级手工业制造品可以运到此处交易，某些无法自给自足的生活必需品则也可由外部运抵此处中转分下各村庄，这就促进了聚落间的贸易往来。当这种集市固定下来并形成一定规模，沿湖地区的市镇就此而形成。

就"荆溪百渎"地区来说，由于宜兴县城南部大部分是地形复杂的山区，北部则是与武进、阳湖和无锡等县相接的平坦洼地，因此相对于直抵山脚的南横塘，北横塘不仅长度长出近一倍，更可经由北横塘一路北上直抵运河等外部水系，交通利益更加明显。北横塘不仅成为太湖西岸和运河沿岸地区的联络线之一，也是宜兴东北地区最重要的水上通道。明万历《宜兴县志》中记载彼时宜兴县下辖18个市乡，其中有北城市、下邾镇和周铁桥市3个市镇位于北横塘沿线，下邾镇还是彼时宜兴三镇之一，可见当时北横塘沿线商品经济已经发展到一定程度。在清代，整个宜兴地区的市镇并无太大发展，但"水陆之要，岂可无市"，北横塘沿线的3个市镇仍然持续兴盛，并且在清末增至4个。在民国时期频繁的乡镇调整中，北横塘沿线自北向南形成了分水、周铁、洋溪、下邾、芰渎等大小市镇，串联而成宜兴东北的沿湖市镇带。而其中的周铁，在明晚期到民国这近400年的时间里，始终是市镇所在地，并在清中期以后，成为北横塘沿线最重要的市镇。

2. 湖滨关隘，驻防重地

"水能载舟，亦能覆舟"，太湖之水既能灌溉农田滋养土地，同样也难以防备匪盗之徒渡湖而来，可以说太湖沿岸的土地，"成于太湖，危亦太湖"。而周铁之所以能在北横塘沿线脱颖而出，成为滨湖大镇，除了横塘纵溇系统带来的水利便利，也与其优越的地形地势十分有关联。

太湖西岸平直的湖岸线，到了周铁附近时突然向西北方向折过去，形成一块突出湖中的尖角，这个尖角曾是一座与陆地不相连的小山，唤作"竹山"，又写作"竺山"，其附近的太湖湖面遂也被称为竺山湖。竹山很小，"仅一草阜"，但地势却非常险要。嘉庆《宜兴县志武备志》中称其"与夫椒山（今太湖洞庭西山）对峙"，竺山与其东北的常州陈墓湾山共同把守竺山湖，可"左眺太湖，右眺无锡阳湖诸境"。古人眼界之宏大令我们自叹不如，但以今天的眼光看，竺山可谓是"一夫当关，万夫莫开"之地：竺山湖的东边不远是地属无锡的马迹山，二山共同把守竹山湖湾，只要越过二山的关口，便可直抵百渎的最北端百渎口，沿水路直驱内陆。而竹山所在的周铁地区，自然因这宜攻宜守的地形，成为把守太湖西岸的门户了。（图5-92）

图5-90 嘉庆《新修宜荆县志》中宜兴百渎图

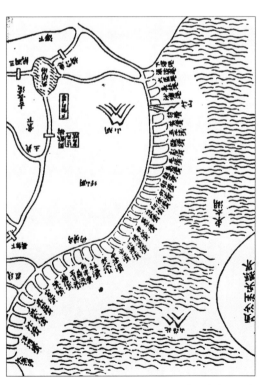

图5-91 光绪《宜荆新志》中宜兴百渎图（此图原为上南下北绘制，此处将原图倒置为"上北下南"）

图 5-92 竺山形势图（图中紫线为明代行政区划分界线）

宜兴曾名"阳羡""义兴"，秦代始设县，自汉代起县城迁设于荆溪岸边，城池不大，发展至清末不过方圆三千亩地（约合 2 平方千米），但和太湖沿岸其他县城相比，其县域周边毗连了苏徽浙三省的 10 个城市，且"溪湖浩淼，冈峦重叠，形胜甲于他邑"[①]，宜守不易攻，被称为"四塞之地"。县城北面主要是湖荡地带，东北有分水墩，西北有滆湖，县城南面则是群山，从西南到东南有铜官山、湖伏诸山和戴埠等山阻断去路，而东面"从上百渎至下百渎，俱滨太湖，波涛险塞"。仅有西面地势稍微平坦，有路可通溧阳直达南京。谁得宜兴，谁就同时控制了苏徽浙三省交界的山区和太湖。自有建置起，宜兴就设有"掌固之职"以加强防守，尽管如此，这里历来都不是太平之地。从南朝至清末约 1500 年间，宜兴地区共有 20 余次外敌入侵，其中自太湖用水军从上下百渎之间攻入宜兴的就有 6 次，为来犯次数最多的方向。

这 20 余次外敌入侵，一半是因为战争，一半是匪盗之徒的光顾。群山和太湖的掩护之便，使得宜兴历史上不仅是兵家必争之地，也是盗贼频频光顾之地。因此，在山区和滨湖地带设立军事据点守卫民众的安全，显得十分必要。南唐时宜兴地区设立君山水军十寨，开始了水上设防。南宋建炎三年至五年间（1129—1131），抗金名将岳飞多次驻防宜兴，遣兵平盗于太湖，留下众多佳话传说。明弘治年间，浙西盐匪由太湖入各县劫财伤人，呼吸相通的百渎和贯穿南北的横塘成为匪徒登陆的捷径，于是宜兴沿湖地区复又加强防守，于旧时滨湖水寨遗址复设警楼，并增加密度至 20 座，从最南端的黄渎到最北端的百渎之间，形成了一条"渎虽多但哨自密"的水上防线。而明初洪武三年

[①] 嘉庆《增修宜兴旧志》卷六《武备志》。

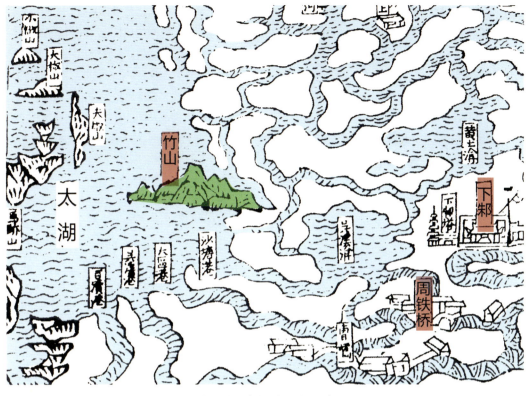

图 5-93　万历《宜兴县志》中竹山、下邾与周铁桥（此图为上南下北）

（1370）设的湖洑、张渚和下邾 3 处巡检司，与警楼防线协同作用，控制了山区和湖区两个防线的要害关津。

尽管如此，宜兴北部的盗贼作乱仍然十分猖獗。经过千百年的水利整治，县城北部湖区人工堰塘密布，水势地形逐步趋向稳定，农业耕种大面积展开，市集贸易日渐频繁，明初宜兴仅有南部山区的湖洑、张渚二镇，县城北部的湖荡地带一个市镇都没有，而到万历年间，北部湖区的市镇数量已然与南部山区相当①。财富的增加也招来了盗匪的觊觎，更遑论还有四通八达的水路了：西北可从常州由武宜运河直达县城，东北则可从无锡阳湖二县由分水堰（又名分水墩）进入北横塘，沿周铁桥（即周铁）—下邾桥—横塘桥—大浦港，入东氿达县城，元末张士诚攻入宜兴即是走的这条路。而太湖中"盗贼往来疏忽"，东北这一线又因百渎直通太湖，其中周铁桥和下邾镇"最逼湖滨盗贼，颇易窥伺"，因此这两处便成为滨湖地区的设防重点。而周铁桥东有竺山之险，东北有分水堰为隘，南边则是下邾，因此明中期以后，周铁桥因为更加优越的位置，逐渐取代下邾，成为县城北部滨湖地区的设防中心。（图 5-93）

雍正二年（1724），江南太湖营右营守备驻防百渎之北的周铁桥，开始了周铁桥在营防上规格最高的一段时期。太湖右营是区域性的军事机构，并非只管辖宜兴的湖域，而是"兼辖阳湖无锡境"，甚至部分长洲、吴县县境内的驻兵也属太湖右营管辖，可谓是管辖了半个太湖。这半个太湖的各个汛点驻兵都归太湖右营管辖。乾嘉年间，宜兴滨湖地带又仿明代旧制复设警楼，募兵数千严守湖岸，同样归太湖右营管辖。可见太湖右营规格之高，仅设在周铁的太湖右营守备署就有营房 40 余间。

① 根据《宜兴风土旧志》和万历《宜兴县志》统计。

至道光初年，设置了近500年的下郊巡检司署也迁至周铁桥。周铁桥的驻军规格达到最高。同治二年（1863），在宜兴荼毒5年的太平天国战争在周铁桥进行了一场关键战役，扭转了形势，几个月后全境肃清太平军。同治九年（1870），在周铁桥驻扎了近150年的太湖营守备署撤除，迁至百渎南端的乌溪，但周铁桥仍留有把总等职位，驻军数百名。可以说，从雍正二年一直到清末，周铁桥都是太湖沿岸的军事重镇，这近200年的驻军，也直接改变了周铁的命运，使其从一片水乡村野之中脱颖而出，发展为一个滨湖大镇。

3. 因军成镇，因商兴镇

话说明初设立的3处巡检司的所在地——湖㳇、张渚和下郊，其中的湖㳇和张渚位于宜兴南部山区，北宋初年即已成镇，是宜兴地区最早的两个市镇，至元末明初已发展为设置"酒税务，镇官兼监之"的成熟市镇，而元末明初的下郊还是北横塘和郊渎交叉口的一个村庄。可见宜兴北部相对南部而言，发展较为迟缓。这也是因为山区先天高爽，而低洼的湖区发展则依赖后天的水利整治而导致的。但水利工程一旦成熟，就意味着水运网络的形成，水乡地区也就因为交通之便而快速发展，追上甚至超过山区。至明万历年间，下郊已先行成镇，周铁桥虽然还只是一个固定集市，但也在此时的县志中被誉为"滨湖大镇"了。而周铁桥这个地名，也第一次出现在了宜兴的地方文献中。

雍正二年，太湖右营守备驻扎周铁桥，给周铁桥这个地方带来了非常明显变化。虽然没有周铁桥驻军人数的确切数字，但驻军营房逾40间，相比地广人稀的村居，这一驻军规模绝对是高密度人口了。况且该太湖右营还统辖了滨湖众多汛点，官兵往来周铁桥也形成了大量的流动人口。而有了人口，就有了需求，人口密度增加，市场规模就会扩大。地理优势带来了军事地位，军事人口带来了商品供需，市场交易则促成了市镇建设，这一系列的连锁反应，使得周铁在雍正之后迅速地取代了下郊，成为宜兴北部湖区一大市镇，乾隆时期的文献说："邑（指宜兴，因雍正四年的分县政策，宜兴此时已经被分为宜兴荆溪二县，原县城北部为宜兴县，南部为荆溪县）向少村镇，惟运河（武宜运河）之和桥镇为巨，横塘之周铁桥镇差相铚。"此时的周铁已然成为宜兴东北、北横塘沿线的第一大镇。至道光年间，索性连下郊巡检司也移驻周铁桥。下郊镇失去了军事优势，周铁桥镇从而成为该地区唯一的中心镇了。光绪年间，周铁桥镇改名为周铁镇，也出现了"相传周设铁官于此后以名其地遂名桥也"这样的附会。至清末，周铁镇所在的洞山乡直接改名周铁乡，"周铁"这一名称已然不仅仅是一个局限于乡脚的市镇概念，而是成为拥有半段北横塘、管辖下郊、洋溪、分水、芰渎等市镇和众多村庄的行政区域了。

民国时期，周铁无论是在军事上还是交通上，依然发挥着重要的枢纽作用。宜兴地区的抗日战争，从周铁开始，也在周铁结束。1937年11月29日，侵占宜兴的日军由苏州横渡太湖，从周铁的沙塘、郊渎、师渎、洋溪等口岸登陆向内地推进。最后一战也于1945年9月12日发生在周铁洋溪渡。

随着公路和轮船的通行，从周铁前往宜兴、无锡和常州都非常便利，千百年来的横塘河和沙塘、郊渎、师渎和洋溪等河流及渡口继续发挥作用，轮船一二日就可抵达杭州、上海等大城市。于是周铁镇上"商业日增，土产流出，物价上涨，奢侈风俗，和光绪初年景象不同"，集市和庙会定期开展，供销两旺。穿镇而过的横塘河两岸多是大型商贸行，河岸边的老街和小街密布着大大小小的南货、京货、广货、粮油、茶食、饭馆、茶馆等商铺，电灯公司、碾米厂、面粉加工厂等近代化企业陆续开办，以至于原本在区位上就接近无锡的周铁镇直接向民国时期的"小上海"——无锡靠拢，竟有了"无锡西门外第一镇"的美誉。

财富的增加和积累，也使得对教育的重视成为可能，周铁不仅仅在商业贸易上向无锡看齐，在兴师重教方面也紧跟无锡的步伐，注重"经世致用"的学问，因此周铁不仅是宜兴东北的商业中心，也成为文化教育中心，近现代太湖流域办学最盛的镇乡之一。创办于光绪六年（1880）的竺西书院是宜兴最早的一批书院之一，光绪二十九年（1903）竺西书院改办为竺西高等小学堂，开宜兴近代教育之先河。1912年开办女子初高等小学，1924年开办了宜兴第一所高等学校"太右师范专科学校",1933年,受陶行知"生活即教育,社会即学校"的教育思想影响,周铁镇及周边农村广泛开办新型学校,至1949年前周铁境内共有完小、初小24所,中学2所,高校2所,以及人民体育场、竺西图书馆、竺西戏院、民众茶社、铁血篮球队、铁声票友社等文化活动设施。重文兴教的传统使得周铁名人辈出,在宜兴地区有着"阳羡状元地,周铁教授乡"的口碑。

民国时期的工商业积累给解放后周铁镇的发展奠定了基础,周铁继续保持宜兴东北地区中心市镇的市场地位。解放初,周铁镇上就建立了由群众投资搭股成立的供销合作社,设在周铁镇中心的北街,是宜兴最早的3个供销社之一,1954年该供销社合并了周铁及其周边的7个乡镇的供销合作社,成为芳桥区供销合作总社,经营管理全区的生产和生活资料的统购统销。市镇作为周边农村商品交易的集散地,粮油加工往往是其最早也是最重要的产业,周铁最早的米厂杨德茂米厂建于1937年,是当时宜兴为数不多的机械化粮油加工厂,1956年为了利用该厂的设备和厂房,和桥、扶风等地的米厂相继迁往周铁,合并为公私合营的周铁米厂,后改制为国营并建立了现代化的生产车间。改革开放后周铁米厂从粮油公司脱出,再次成为自负盈亏的企业,积极拓展外地市场,成为宜兴地区米粮加工的龙头企业。解放后,周铁的建材工业也利用竺山小茅山等山体资源发展起来。竺山山洞中"出白泥,可垩壁,其坚泽胜石灰",清乾嘉年间就开始对其零星地采矿作业,民国时期为了修建铁路路基,又开始开采竺山和小茅山的石材,解放后则成立了采矿企业,对石灰和石材进行了大量开采,经过二三十年的掘取,原本"仅一草阜"的山体逐渐被夷为平地,扼守太湖边千百年的竺山也仅留下一个地名,成为历史的回忆了。

(二) 空间格局分析

横塘河上周铁桥,十字水道十字街。

成于南宋末年的《咸淳毗陵志》是今天所能见到的最早的常州府地方志,亦是全国仅存的十余种宋修府志之一,记录了辖晋陵、武进、无锡和宜兴四县的常州地区的地理、经济、政治等方面的史事,其纲目式的编纂体例也成为后世修志的范本。在这部志中,"桥梁"这一篇章尚属于地理志的范畴,形成城郭—坊市—乡都—桥梁的从属关系。可见在常州境内,这片多水的地貌特征下,桥梁不仅仅是一个具有交通作用的构筑物,还是江南聚落空间形成的一个核心。有了桥,路就可以沟通起来,人就倾向聚集于此,社区就能形成,商业就能发展。因此,桥梁对于聚落,对于市镇,都是非常重要的。

周铁桥这座桥对于周铁的意义就不用说了,虽然光绪县志上说桥以镇名,但实际上很有可能是镇以桥名。周铁桥横跨于横塘河上,始建年代不可考,桥名出处不可知,明万历《宜兴县志》上还将其写作"周帖桥"。如今我们也只知其"道光十四年重建,易木为石"。

在周铁桥南约70米的城隍庙前,有棵枝繁叶茂的古银杏树,当地人传说是孙权母亲吴国太亲手植下的,测其树龄确实有1700多年。在"地甚平旷"的水荡平原,一棵大树就是一个地标。周铁镇南边的下邾镇,也曾在横塘河边建有下邾塔,推测此树很有可能和下邾塔一样,担当着航标塔的作用,指引渔船从太湖进入横塘河。周铁桥和这棵古银杏,是周铁最中心的地方,也是周铁最古老的地方。树是方向,桥是路径;树是指引,桥是归属;这一竖一横,一立一卧,守望着周铁千百年来的平静与动乱、平凡与辉煌。(图5-94~图5-97)

图 5-94　今日周铁桥

图 5-95　横塘河和北街河交叉口　远处的桥梁即是周铁桥

图 5-96　竺西古银杏

图 5-97　秋天的古银杏

唐宋时期，宜兴百渎基本定型，此时周铁应基本沿横塘河呈南北向的线形发展，南端以南河道为界，北端以北街河（大区渎）为界，这一段最老的周铁街道唤作"小街"。南宋岳飞抗金时，军营曾驻扎在横塘河以东、北街河以北的十字河汊口，后来此处地名就唤作营桥头，通过营桥与河对岸的小街相连，也成了镇区的范围。明清时期，随着周铁镇驻军人口的增多，商业发达起来，因为镇东紧邻太湖不便发展，沿横塘河两岸发展的镇区便向西推进，形成一片新的四面环水的商业中心，素称"荷叶地"。这片荷叶地中间有十字形街道，4个方向分别称为东街、南街、西街和北街，统称为"老街"，东西总长 165 米，南北总长约 200 米，宽约 4 米，是荷叶地的商业主街。清末，北街通过跨北街河（大区渎）的民俊桥向北延伸，荷叶地北面的冯家村也被纳入镇区范围，著名的竺西书院就位于冯家村的南沿河地带，后在其旁边还建设了竺西医院。民国时期，处于宜兴、无锡和武进三县交接地带的周铁因为交通便利，商业繁荣，老街两侧是连续的下店上铺的二层民居。而西街外则因是新镇区，竺西公共体育场和民众茶社等民国时发起建造的公共建筑则均位于西街外，形成一个与小街上以城隍庙、文昌阁、娘娘庙等为中心的传统文化中心相对的民国文化中心。千百年来至民国，周铁自横塘河沿岸不断向西自然发展，形成南至南河道，东以小铁桥为界，西则以民俊桥为界，北则以平桥北面的自然河汊为界的镇区范围，市镇空间也定格成为十字形水街叠加十字形旱街的"井"字格局。

解放后，荷叶地西侧和南侧的河道被填没，镇区继续向东南、南、西以及西北方向拓展，同时为满足水运交通和镇区经济发展的需要，所有的镇区老桥都经历了拆除改造甚至异地重建。周铁桥也于 1960 年、1978 年两次被改造。小街的文昌阁、娘娘庙、火神庙和宗教堂等传统文化建筑被拆除，建造了周铁人民大会堂，1967 年大会堂翻建为占地约 1600 平方米的周铁影剧院，常年放映电影，举行大型活动，成为周铁镇的文化集会中心。镇东北不远处的竺山原来位于

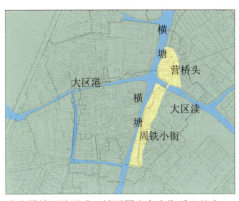
唐宋横塘百渎形成，镇区固定在小街 岳飞抗金驻扎营桥头

明清时期商业发达，镇区跨过横塘河发展形成四面环水十字街格局，素称"荷叶地"

民国跨过大区港（北街河）发展，形成冯家村，东南侧空间亦得到拓展

解放后填没民国西、南河道向四周拓展，1990年代后形成新镇区

图 5-98　镇区空间演变

太湖中，因渎口的泥沙堆积渐与陆地相连，后又因开山采石逐渐被夷平，成为滨湖水田。

时至今日，周铁镇已经是太湖西岸重要的乡镇，镇区的范围大大超过小街、营桥头和荷叶地的范围，大体呈现沿北横塘发展的态势，古镇北部是工业区，古镇西南则是生活和文教区。周铁古镇的十字河道和十字街道的"井"字形的空间格局安然无恙，传统民居的肌理也清晰可辨：宽阔的河道，一道道拱桥、平桥；青瓦白墙的传统建筑，沿河高低错落；一条条狭小的街道，沿街商铺鳞次栉比；以及烟火袅袅的城隍庙老庙、高大苍劲的银杏树，一同构成了湖荡水网中的周铁意象。（图 5-98）

（三）物质和非物质文化遗产

宗族办学，文教名邦。

周铁的地名起源虽然扑朔迷离，但周铁悠久的历史文化和辈出的名人贤士却是毋庸置疑的文化遗产。南宋时岳飞在宜兴东北抗金，其三子岳霖后定居周铁唐门，在此世代繁衍。岳飞衣冠冢及岳霖墓就位于唐门附近。该墓地俗称"金钩钓月"，盖因墓地东北方有一长一圆两水塘。墓园东西长约50余米，南北宽近百米，墓前原有石人、石马、石羊等多对。而续成于光绪二十三年（1897）的《岳氏宗谱》记录了岳霖定居周铁唐门以后的家族繁衍情况，且保存至今完好无缺，是研究岳飞及其家族的珍贵资料，也是宜兴地区不可多得的家族文献遗产。写出"流光容易把人抛，红了樱桃，绿了芭蕉"等千古名句的南宋著名词人蒋捷因不愿归顺元朝，晚年隐居在竺山并葬于此，世人尊称其为"竺山先生"，现在竺山所在的沙塘港村设有墓碑以纪念之。明弘治年间进士杭济、杭淮兄弟均出自周铁，为官归乡后分别出资组织建分水墩桥、新塘桥等桥梁，推动了当地水陆交通的发展。清道光咸丰年间周铁镇人毕臣周，深刻探索古人作画之精髓，对山水、花卉、翎毛、

图 5-99　岳飞在宜兴主要活动路径

图 5-100　岳飞衣冠冢

人物画无不一一临摹,尤重写生工笔,发展了水染技法。年轻时,他的写生画就达到了惟妙惟肖的程度,于是声誉鹊起,其作品"寸缣尺幅,人争宝之",名闻江南。(图5-99~图5-101)

在悠久而稳定的农耕时代中,源远流长的宗族世家是地方社会的中流砥柱。周铁现如今的一些文保单位如周氏节孝坊、瞿氏节孝坊等,都是家族文化的遗传见证。(图5-102)而地方家族在拥有一定经济实力后,拨祠款祠宇办学堂,形成了一股社会办学力量,对地方教育和文化的发展起到了重要的推动作用。如棠下张氏先祖为唐代张九龄元代时迁来宜兴周铁地区,繁衍700多年,一直耕读传家,民国时期创办崇本小学堂,并资助乡立公办小学和中学,奖学助学还作为张氏宗族的宗旨被写入族谱,受到了民国政府教育部的褒奖。在张氏宗祠的带领下,周铁的其他氏族宗祠也纷纷效仿,几乎每个宗祠都以祠宇为校舍开办新式学校,不仅招收族人子弟,也收纳外姓乡人,使得周铁的基础教育普及的程度大大高出周边地区,成为宜兴著名的文教之乡。张氏宗祠也因为这段突出的贡献,被列为宜兴市文物保护单位。今日的张氏宗祠已得以修缮,不久前还举办了张氏新修族谱的发谱仪式。

光绪六年(1880),周铁桥士绅毕承谟、张树荣等倡议捐建书院,陈锦祥慨捐地基,在周铁桥北街外河边兴建书院,因书院在竺山之西,

图 5-101　毕臣周画

故称竺西书院。（图5-103）书院中设蒋捷的神位，地方人士以时祭祀。书院学习氛围浓厚，聘请知名人士讲学，组织"竺西颖社"交流见解。竺西书院聚集了地方上的学者名流和文化精英。有名的晚清举人沙彦楷、谢湘舟、贾果伯、庄拱辰等都曾在竺西书院就学。书院既是他们的讲学之所，又是研习经典之地。竺西书院还对"废科举，兴学堂"、推动地方教育起到积极作用。光绪二十九年（1903），竺西书院改为竺西高等小学堂，是宜兴最早开办的两所"洋学堂"之一。同年在周铁创办乡立第一初等小学校，棠下村宗祠称"崇本堂"。1904年，张氏宗祠拨款祠宇资助开办崇本小学，这是全宜兴最小的农村小学。在1903到1915年间，周铁地区共开办学堂20余所。1933年，分水北塘下村知识青年承国英在西樵附近的裴家村创办新型学校——西桥工学团，翌年春季开学，附近16个村的100多名儿童入学，陶行知、张劲夫、陈鹤琴等人先后来视察指导。抗战胜利后，地方士绅张纪赓利用位于周铁镇小街的"宗教堂"筹办义学，收教了100多名学生，教师也是义务工作，不领薪水。近年修缮的竺西书院不仅保留了原来的规模和形制，复又开始国学班等课程，琅琅书声不绝于耳。

同时，周铁还是宜兴最早开办高等教育的乡镇。民国十三年（1924），周铁桥士绅马士焘、周为群、冯皓等在周铁桥公共图书馆创办专科师范学校，为地方中小学培养师资，因校址设在太湖西岸，故取名"太右专科师范学校"。学校学制6年，设英文、数学和美术3个专业，为扶助贫苦向上的青年入学，学费收费极低。周铁地区的另一所高校为设在分水的苏州美术专科学校。苏州美术专科学校是南京艺术学院的前身，是民国时期全国知名的美术高等院校，该校创办于1922年，原址在苏州沧浪亭，抗战爆发后，被迫迁至上海租界，太平洋战争爆发后，上海校区也濒于关门，1944年得到周铁分水乡乡长周茂生的支持，该校学生储元洵与校友刘昆岗将分水蒋湾庵古庙改为校舍，建成苏美专分水分校，并聘请原苏美专校长和校友为教师。由于分水位于无锡、宜兴和武进三县的交界处，新四军游击队经常出入，日本侵略军不敢侵犯，学习环境良好。1945年8月抗战胜利，苏美专分水分校转回苏州总校继续学习。虽然该分校仅维持了一年时间，但对当地的美术教育和高等教育产生了深远的影响。

图5-102 周铁的节孝坊（依次为瞿氏节孝坊、周氏节孝坊、孙氏节孝坊、路氏节孝坊、杨氏节孝坊）

图 5-103　竺西书院

清末到民国的办学之盛，直接催化周铁名人的诞生，民国和解放后周铁出现了一大批社会贤达和有学之士，如法学家沙彦楷、化学家曹梁厦、画家尹瘦石、畜牧专家沙凤苞、教育家周中才等等，其中名望最高的是中国现代法学家沙彦楷和画家尹瘦石。

沙彦楷，中国现代法学家、社会活动家，穆斯林知名人士。1910年毕业于京师法律学堂。民国时最高任职京师高等审判厅推事兼任庭长。1927年，沙彦楷带领旅外归乡的学生在周铁创办竺西图书馆，藏书逾4800册。1933年在西街外发起建造竺西体育场和民众茶社。1945年抗战胜利后，沙彦楷同中共中央副主席周恩来多次会晤，从此积极投身爱国民主运动，曾组建民社党革新委员会，任副主席、主席职。后加入"中国民主政团同盟"（即中国民主同盟前身），任民盟中央委员。中华人民共和国成立后，沙彦楷积极从事司法、民族和伊斯兰教工作，历任中央人民政府最高人民法院顾问、委员等职。周铁镇沙彦楷故居位于镇中大园里，建筑面朝正南，四开间两进两层楼，西面为穿弄，面阔四间13.40米，进前有水井一口。朴素实用的建筑风格正是沙彦楷为中国命运、为中国法律事业奋斗一生的写照。（图5-104）

尹瘦石是伴着抗日烽火成长起来的一位深具爱国主义思想的书画家，他毕生创作了一大批艺术精品，为新中国的文艺事业呕心沥血，做出了不可磨灭的贡献。他的艺术始终紧紧踏着时代节拍而歌，深得郭沫若、徐悲鸿等文化巨擘的赞赏，1945年在重庆为毛泽东画像，与柳亚子举办《柳诗尹画联展》。他的人物画注重以形写神，人物的性格、气质、特征流于笔下，是继徐悲鸿画马之后具有个人特色而取得较高成就的新中国画家。1992年，在周铁古镇西南的周前路上建设尹瘦石艺术馆，以纪念之。该馆是一座园林风格的展览馆，2002年后改造为瘦石文化广场，成为新世纪以来周铁群众文化活动中心。

除了宗祠牌坊和名人故居，周铁还保留了建于清代的城隍庙、造石坊、古帆轩等，以及1950—1980年代的一些建筑，如供销社仓库、老影院、建筑站、老浴室等等。它们镶嵌在十字水街和十字旱街围合的地块内。它们的存在，不仅是填充这骨架格局之内的鲜活记忆，也是周铁千百年来的生命延续。

（四）特色和价值

在太湖之西的这片土地上，古代人民辛勤而智慧地创造出"荆溪百渎"这一横塘纵溇水利系统，变湖荡湿地为溇港良田，世代孕育了悠久的农业文明。

背山面水的地理优势使周铁成为兵家必争之地，周铁一度成为太湖军事重镇，长期大量的驻军给周铁带来人口的流动和聚集，宜兴百渎的水运交通便利使得周铁成为宜兴、无锡和武进三县的物资及文化的交流地带，发展成为一个滨湖商业重镇，发达的经济下，周铁近代教育勃兴，继而成为江南著名的文教名邦，文人贤士辈出。

明清时期，周铁镇从横塘河上的一座桥边的聚落向横塘河西侧拓展，形成河边的"荷叶地"，近代周铁镇在商业发展的刺激下，从"荷叶地"的中心向外拓展，最终形成"十字水道十字街"的"井"字形格局。

周铁的故事，是太湖流域人民改造自然、促进发展的一个缩影，一个案例。正是这样一个个路广货丰的市场，一个个名人辈出的小镇，太湖流域才能从一片水泽发展成为鱼米之乡，从荆蛮之地发展成为文化底蕴深厚的好江南。

图5-104 沙彦楷故居

综述
太湖底定震泽镇
王形水系锦溪镇
千灯浦畔千灯镇
夹河为市长泾镇

第六章

江南水上贸易网络上的枢纽群

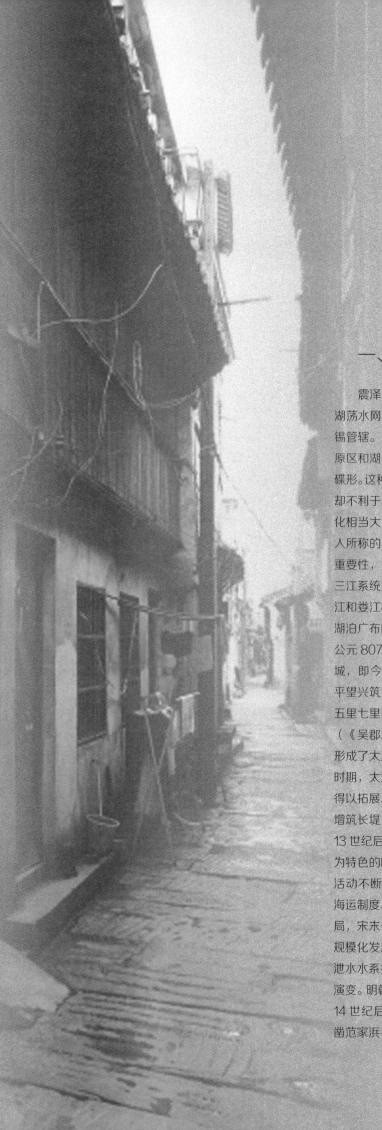

一、综述

　　震泽、锦溪、千灯与长泾均位于太湖平原之湖荡水网之中（图6-1），目前分别被苏州与无锡管辖。太湖流域西部为山地丘陵区，中部为平原区和湖区，东部为冈身区，地势呈周高中低的碟形。这种地形有利于太湖从西部山地获得来水，却不利于向东往江海排水。太湖下游去水历史变化相当大，从已无法考定的"禹贡三江"到唐宋人所称的"太湖三江"，不仅体现了江南水利的重要性，也体现了唐宋以来江南地域的开发史。三江系统大约维持到公元8世纪，三江之中的东江和娄江相继淤塞，吴淞江也日趋束狭，出现了湖泊广布的局面。为了排除积潦和便于南北航运，公元807年自苏州齐门开凿了元和塘至常熟县城，即今常熟塘。后又于810年自苏州以南至平望兴筑"吴江塘路"。至五代吴越时期，"或五里七里而为一纵浦，或七里十里而为一横塘"（《吴郡志》卷一九"水利"引郑亶言），初步形成了太湖水网系统，大量土地得到开发。北宋时期，太湖以东地区农业显著发展，交通和聚落得以拓展。11世纪对吴江塘路进行全面的改造，增筑长堤，改善了水陆交通，促进了低乡围垦。13世纪后期到14世纪，是以"海漕"和"重赋"为特色的时代，在南宋中后期，太湖以东的围垦活动不断加剧。13世纪后期，元朝建立了漕粮海运制度。海漕体制影响了太湖以东整体开发格局，宋末公田重税转为元初巨额漕粮，低乡围田规模化发展，高乡垦殖加速推进。而太湖东北的泄水水系持续发展，东南港浦因淤淀而产生水势演变。明朝建立后，由于太湖东北泄水逐渐失效，14世纪后期，明朝通过改筑东坝、掣淞入浏、凿范家浜导黄浦出海三个大工程，逐渐将太湖泄

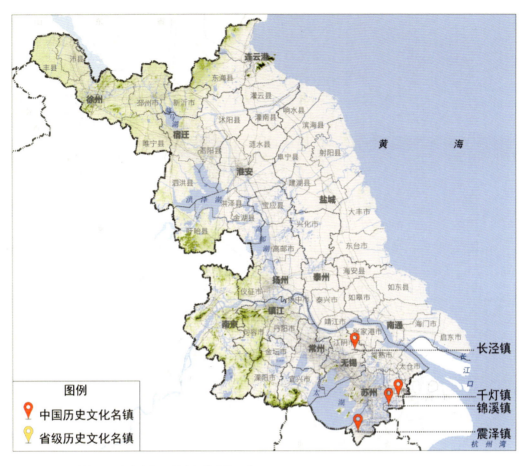

图 6-1　震泽、锦溪、千灯与长泾四镇在江苏省的区位

水主干导向东南，引起了太湖入水、泄水格局的整体改变。这种水系格局到 16 世纪以后仍保持稳定。16 世纪是太湖以东高低乡赋税制度趋于统一、水利格局基本定型、市场走向整合的时代。高乡棉花种植与棉业市场得以拓展，在农田水利形态上，高低乡呈现出棉作区和稻作区的明显差异，同时官方赋役体制的改革、"一条鞭法"的推行，推动了赋役货币化运作，增加了人民对货币的需要，农民和地主必须出卖部分农产品以交纳赋税，从而加深了高低乡市场的整合及其与全国市场的联系。

太湖地区市镇的发展，由于地理环境、自然条件的差异与封建经济发展的不平衡，数量与规模都不相同。宋元时期，社会经济发展，太湖地区的集市贸易与商业市镇相继兴起。到了明清时期，由于社会生产力的进步，商品经济的发展，特别是土地的兼并，导致农村失去土地的农民大量流入附近市镇，成为手工业者和小商贩或成为雇佣劳动者，一些临时性集市发展为较大的工商业市镇。总的来说，太湖地区市镇的发展主要受到以下因素影响：第一，太湖地区河流纵横交错，内河航运发达，海运具有潜力；陆路交通方面，有利的交通条件，对加强地区内外的贸易往来、市镇的发展起到了极重要的作用。明代海外贸易发展，太湖地区丝绸等作为我国贸易的传统产品，在获得海外市场的同时也反过来对国内商品生产和商品市场的扩大起到刺激作用。第二，历史上太湖地区把"治水"与"治田"结合起来，在长期的地区水利治理过程中，农业特别是商业性农业迅速发展，以蚕桑和棉花为代表的经济作物发展迅速，对地区农村经济面貌产生了深刻影响。第三，明代以降，农村手工业快速发展，加上赋税制度改革，促进了农民的分化，对农村人口流向市镇起到积极作用。第四，太湖地区大中城市稠密，也促进了地区市镇的发展，苏州、杭州、南京、上海等大城市和其农村腹地是不可分割的有机整体，城市经济的扩散性和对周围地区的依赖性，也成为太湖地区市镇发展的重要原因。

本章所述的四个古镇中，震泽、锦溪与千灯大致属于太湖流域中部的平原区和湖区，长泾则处于太湖东北部接近冈身的地势稍高区域。各镇的兴起与兴盛均与长江下游及太湖流域水系所形成的交通网络密不可分，并由于各自关联的乡村地区产业状况的差异、各镇与中心府州城市的联系，以及各镇所处水系交通网络的层级，而形成不同的变迁轨迹、市镇特色。其中震泽在太湖以南，处于太湖水下泄通道上，且是湖州、苏州、上海、嘉兴（即明清时期最富裕的苏、松、杭、嘉、湖五府中的四府）间的交通节点；锦溪与千灯均位于太湖流域之腹地，锦溪的形成与太湖流域淀山湖的围垦有关，千灯所在则是"太湖三江"吴淞江尾闾中的江海墩台，穿镇而过的水系是连接两镇与沿运河中心城市的交通要道；长泾则是长江与太湖之间的水道节点，且与前三镇相比地势稍高。四镇均成为水上贸易网络的枢纽，以及乡村腹地与中心城市之间粮食、其他农产品以及手工业产品的集散地。

就最终形成的市镇形态与居住形式而言，四镇均体现出水乡聚落的共性。即沿河发展的市街，市街内部鱼骨架状的街巷体系，以及沿街/河道店宅合一（前店后宅或下店上宅），一侧临街一侧临水道，水陆交通并重的格局。诸多寺院祠庙则反映出这些市镇作为其所联系的乡村地区之信仰中心的职能。

尽管四镇均可追溯至宋甚至宋以前，但各镇兴衰与变迁轨迹各不相同，各具特色。震泽在明清之间，由于丝织业的发达，成为以丝织业为主要产业的专业市镇，市镇各组成部分也围绕着丝织与蚕桑的生产与贸易流程组织起来，直至20世纪初仍是蚕桑改良的中心之一，因而震泽沿河最繁华的街市也是丝行集聚之地。震泽至今仍有一定交通优势，为产业转型创造了较好的条件。位于长江、太湖之间的长泾，在明初水利改造及大家族在此聚居之后，才逐渐在清代发展为重要集镇，为周围乡村各类传统农产品与手工业产品的输出提供贸易市场。直至民国时期，随着民族工业的出现，长泾才成为重要的棉布业与养蚕业的专业市镇，并达到鼎盛。历史文化遗产至今仍是长泾的重要资源。千灯成镇与延福寺关系密切，但其繁盛与同处太湖腹地的锦溪相似，为周边乡村地区的商品集散地，锦溪又以圩田与湖荡景观为特色，也因此在今后的发展导向中，千灯与锦溪均以生态农业与旅游业为主导方向。

就现有遗存而言，四镇均较完整地体现出水乡市镇的格局，尤其是主体河道与代表性街道的遗存，以及居住、店铺形式，及其与街巷河道的关系。其中震泽师俭堂、千灯余家当铺、长泾张厅等重要遗迹，以及多种类型的物质与非物质文化遗产，较为完整地向我们展现了作为水上贸易网络枢纽发展起来的古镇的风貌与特色。

二、太湖底定震泽镇

震泽镇位于现今苏州市吴江县西南部，东邻南麻，西连浙江省南浔镇，南接铜罗、青云，北与庙港接壤，东北毗邻梅堰，西北与八都相接。震泽的泽字是水字旁，正如盛泽、金泽一样，顾名思义乃具水乡泽国特征之地名。值得注意的是"震泽"一名之特殊，更多的是因为其与太湖别名相同。清代《百城烟水》云："震泽镇，在双杨村西四里，北滨太湖。《书》曰'震泽底定'，因名。"太湖为我国第三大淡水湖，别称具区、笠泽、震泽，烟波浩渺，三万六千顷，震泽镇借太湖之光，因以命名。不过，虽说借光，却并非无根无据、牵强附会，而是名实相副。据明朝洪武年间窦德远编纂的《松陵志序》记载："禹导水源至此，故曰震泽底定，言底于定而不震动也。距邑（吴江县城）西南九十里，有桥曰底定。"地处太湖下游的震泽，是湖水下泄通道，镇区之内东有北麻漾，北有长漾，西有徐家漾，还有密似蛛网的河塘浜港，纵横交错，贯通四方，是能代表太湖湿地特点的水乡之一。震泽镇于2001年被公布为第二批江苏省历史文化名镇，于2014年被公布为第六批中国历史文化名镇（图6-2～图6-4）。

图 6-2 震泽镇市河塘河景观（于禹迹桥上）

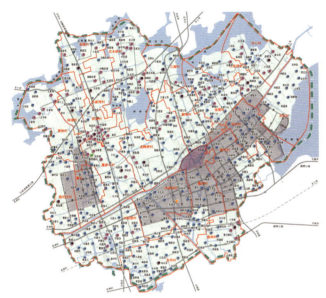

图 6-3 震泽镇乡镇关系图

图 6-4 震泽镇与吴江县与苏州市及嘉兴市的位置关系

（一）镇村体系变迁

1. 建制沿革

宋绍兴年间（1131—1162）震泽镇初建，震泽地区由于地处吴越交界之处，古称"吴头越尾"，根据清道光《震泽镇志》中的记载，唐开元二十九年（741）湖州刺史张景遵即在此地设震泽馆，震泽之名便始见于方志。清雍正四年（1726），析吴江偏西地置震泽县，震泽镇乃属震泽县。宣统元年（1909）奉令筹备自治，震泽县设七镇，震泽为自治镇，这种状况至宣统三年（1911）辛亥光复。

1912 年中华民国成立，震泽县并入吴江县。全县分 6 市 12 乡，震泽称市，复属吴江县，1929 年 8 月，全县 18 个市乡划并为 10 个区，震泽为第五区。1937 年由于日军侵华震泽沦陷，直至抗日战争胜利，国民政府接管政权，设震泽区，镇属区辖。

1949 年 5 月 3 日震泽解放并建立震泽区人民政府，随后震泽镇升为县属镇，直属吴江县。1958 年撤乡建社，成立震泽人民公社。1959 年 2 月乡镇合一，镇属公社所辖，1962 年 8 月乡镇分开，震泽镇恢复为县属镇。1985 年 10 月镇乡合并，实行镇管村体制。2003 年八都镇及所辖区域并入震泽镇，形成了如今的镇区状况。

2. 经济产业演化

元时震泽村市萧条，居民数十家，明成化中至三四百家，"嘉靖间倍之，而又过之焉。迄今（乾隆）货物并聚，居民二三千家，实邑西之蕃屏也"①。这是自明初至清乾隆三百余年社会经济迅速发展的产物。论及震泽镇的经济产业则不能不谈其蚕桑事业。

栽桑养蚕，很早就是江南农村中相当普遍的副业，早在新石器时代，地处太湖南岸的震泽地区已从事蚕桑生产。相传晚唐诗人陆龟蒙曾寓居在震泽左近，其诗作中有"桑柘含疏烟，处处倚蚕箔"及"尽趁晴明修网架，每和烟雨掉缫车"之句，足见当时震泽地区之养蚕缫丝业已经相当普遍。不过一直到唐朝，包括江南地区在内的长江流域的蚕桑事业发展水平，比起黄河流域的蚕桑事业，总是略逊一筹。但是安史之乱的发生，成为了其重心南移的转折点。蚕桑业的大发展则得益于明初朝廷推行鼓励农桑的政策，《明史·食货志》载："太祖初立国即下令，凡民田五亩至十亩者，栽桑、麻、木棉各半亩，十亩以上倍之……此农桑丝绢所由起也。"就全国范围内产生的影响而言，明英宗正统元年（1436）南畿各省改征漕粮为货币是一个转折点，这首先使各地可充分发挥地方优势，选择种植最具经济效益的作物而不一定是粮食。其时1亩桑田的收益抵得上10亩稻田。于是无家不蚕，形成举足轻重的家村副业，以至乡村间"绿荫弥望"，几乎无闲田旷土。震泽及附近的古石桥楹联上有"桑麻蔽野"和"农桑兴大利"之句，足可佐证。

从自然条件来看，由于震泽地处太湖低平原区，其气候属北亚热带季风区，四季分明，气候温和、湿润，雨量充沛，无霜期长。这一自然条件有利于蚕桑产业的发展。

从蚕丝品质来说，清乾隆《震泽县志》载："西南境所缫丝，光白而细，可为纱缎经，俗名经丝。"道光《震泽镇志》亦有记述："丝有头蚕二蚕，较他处色更光白，其细者多为缎经，谓之经丝，丝粗者曰肥丝，织绸绫用之。"太湖沿岸所产的丝泛称湖丝。明代，江浙交界处距南浔七里的七里村一带，湖水清澈，缫出的丝光泽和韧性都优于别处，因名"七里丝"。震泽的长漾、北麻漾周围所缫之丝，亦为丝中上品。凡南浔镇百里内所产之丝，都冠以"七里丝"名，清雍正后雅化为"辑里丝"，为湖丝中的佼佼者。宁、杭、苏等著名丝织中心生产的高档绸缎都以此为原料。1921年，美国费城举行第一届万国丝绸博览会，中国丝绸代表团的辑里丝商代表三人中就有一人为震泽丝商。

历来震泽地区就有"春茧半年粮"之说，春茧收入除了日用开销外，还供以秋熟作物的农本。《慈云塔影》诗句"蚕事胜耕田"，一言中的。丝织业的兴盛使手工业迅速发展，社会分工不断扩大，促进了商品经济的繁荣；也正是这种商品经济的影响和作用，才促使了农家植桑、养蚕、

---

① 乾隆《震泽县志》卷四"镇市村"。

缫丝这种原先的农家副业，逐渐取代植粮作物的农家事业，出现了蚕桑业压倒稻业的新趋势。道光《震泽县志》说："凡折色（漕粮）、地丁（地赋、丁赋之合称）之课及夏秋日用皆惟蚕丝是赖，故视蚕事綦重。"乾隆《震泽县志》亦云："丝之丰歉即小民有岁无岁之分也。"

四乡居民"以蚕为业"，农家"颇善治丝"，所缫之丝，较他处更光白，细者可为纱绸经，俗名经丝；稍粗者多用以织绫，俗名绸丝。四乡农家所产经丝、绸丝集中于镇上丝行，由丝行转售各地客商，行销全国，出口海外，其繁荣程度并不亚于邻近的湖丝集散地南浔镇。康熙《吴江县志续编》记载："震泽镇（在二十都）离县治西南六十里，莫志不载，明时仅为市，徐志云，居民百家以绵绫为业，今商贾倍增远近辐集，居民万有余家，蕃阜气象诸镇中推为第一。"

贫家多自纺织，富裕人家雇用机工。栽桑育蚕和缫丝原是蚕农的主要经济来源，而绸价倍以丝价，丝与绸在价格上的悬殊，刺激着手工织造业的发展。道光《震泽镇志》载："西绫出黄庄者名黄绫，质厚而文，后有庄绫、徐绫并以姓著。"明代中后期，依赖周围农村丰富的蚕茧资源，以震泽为中心的缫丝、纺经业已颇具规模。清光绪六年（1880），震泽出口生丝5400余担，占全国生丝出口量的十六分之一。震泽丝市为当时全国著名丝市之一，年销售金额达数百万元。徐世兴洋经行、隆昌震丝行等一批丝经行的业务辐射江浙边界的集镇和农村，它们的丝经产品由上海口岸出口日本等地。

相应的，由于这一带农民积极从事桑蚕生产、广种桑树，震泽镇成为少粮区，需要靠外地输入粮食，因此镇上的米市也十分发达。最典型的代表即为师俭堂，其由宝塔街贯穿，临河一边的建筑即为当时最大的米行。

从1920年代初直至1940年代后期，震泽一直大力支持桑蚕改良运动。据费孝通《江村经济》所载，自1920年代起，由于生丝出口不景气，当地蚕丝业逐步衰落，深深地影响了农民的生活。蚕丝业衰落的主要原因，在于用传统方法养蚕，对蚕的病毒传播没有预防措施，以致在最坏的年景里，只有30%的蚕能成活到最后阶段并结茧，而且蚕的吐丝量少。有鉴于此，1923年夏季，震泽北部开弦弓村的一个前朝秀才向震泽镇改进社建议，设立一个指导中心，以便改革养蚕方法。随着工业化缫丝业的兴起，以手工缫制的土丝土经逐渐失去国际市场，让位于由近代机器缫丝厂生产的生丝。震泽开设起机器缫丝工厂，在乡间形成了一些蚕丝加工中心，这就比其他市镇更多地聚集了现代化发展的要素。1929年震丰丝厂在全县率先使用电力缫丝，翌年生产厂丝1200担。1934年，震泽镇上有一定规模的工厂4家，从业人员230人，各类作坊78个，从业人员312人。与此同时，越来越多的蚕农开始直接出售他们的蚕茧，不再手工缫丝，桑蚕业逐渐成为一种单纯的蚕茧原料生产行为，即丝行逐渐为茧行所取代。

现如今，震泽镇更多地依托了现代光电和新能源产业。在整个吴江特色产业中，最有名的无疑是"两根丝"。"白丝"代表化纤纺织业，"黑丝"代表光电缆业。目前，吴江已集聚了亨通、通鼎和永鼎等3家上市公司在内的一大批企业。其中，通鼎就在震泽，是当地的龙头企业。

（二）空间格局分析

依据道光和民国年间震泽地图考证以及实地调研分析，震泽历史镇区界线为北到新开河北岸，东至分水墩，南至仰家鸳鸯厅，西至頔塘河，总面积约76.3公顷。震泽古镇范围为北到藕河街南侧，东至禹迹桥，南至市河南侧，西以报恩桥为界，总面积约12.98公顷。

由于城乡交通以水道为主，陆道为辅，舟楫一直是当地主要的运输工具。市镇作为农村商业中心，都设在河流要冲边上，就是因为可以借用交通运输的便利条件，市镇与河网的依

图6-5 頔塘河沿河景观

存关系也决定了其形制特征。

清末以前震泽镇区一直沿其市河即頔塘河河道线性伸展（图6-5），形成一河两街的水乡格局，构成了带形的镇区形态。頔塘河之阳（北岸）称为上塘，之阴（南岸）称为下塘，上下塘皆是街衢成市，但上塘市廛密集，较为热闹；1935年开凿新开河，镇区向北拓展，1936年新建60亩的震泽公园，逐渐形成两河夹一镇的格局。

就震泽古镇来讲，其景观形态基本为屋—街—河的"面河式"，以及街—屋—河的"背河式"。由于市河较为宽敞，水路交通便利，所以震泽主要街市设在了市河一边，如砥定街因底定桥而得名，为当时镇上最繁华的街区。清中至近代，震泽丝市兴旺，全镇丝行皆集中于此，并延伸至斜桥东，以此之故"底"字俱被"砥"字取代，其意为"中流砥柱"。据当地人回忆，之前自思范桥向东，如市梢头东栅麟角坊、西栅凤凰街、南栅南浦浜西岸、北栅祠堂桥河西岸等处的民居都筑成临水吊脚楼，又称跨街楼，楼上居家，楼下半是居室，半是街道，行人过往可遮阳避雨，又便于在河道与街市之间直接进行贸易交换与聚集，俗谓"雨天不湿脚"。

市河两侧的建筑物往往兼有经商和居住两种功能，或垂直方向伸展，下店上宅；或是向水平纵深方向伸展，前店后宅。两岸临河市房多为店铺，称为下滩，傍水面街，可目观如梭行人，招徕生意。水果、河鲜、杂货等店家临河还筑了小河桥，以便上货。街之对面，称为上滩，或富户望族之宅第，有照壁、拱门、花窗、回廊、隔墙之类，还有砖雕相缀；或殷商大贾开设的商铺，如丝行、丝经行等等，门面宽广，极有气魄，往往是前店后宅，数埭进深，出则繁嚣，入则隐逸。上下滩既有对比，又和谐地统一在一条街坊之内。

在古镇区几乎仅有宝塔街保持着内街形态，但总体来说整个镇区都是单一街区模式。这种单一街区形制所占土地比例最少，建设成本最低，极其适合地少人多、土地昂贵的江南地区。同时，单街区对排污设施、卫生、消防等城镇建设要素的要求都是最低的。与街市并行的第二或第三层街道基本是仅供居民出入、行人过路的巷弄，极少有成片开店设铺，形成街市的。

图 6-6 禹迹桥与慈云塔

中华人民共和国成立后,公路交通逐渐发展,改革开放后更取代水路,商业布局随之变化。古镇区内主要机动车道与外围镇区道路网相贯连,镇内现在主要有公园路、慈云路、参差浜、南横街、南潘浜路等,并沿街形成了现代的商铺群。贸易中心自近代以来也发生了转移,据镇中老人回忆,1950 年代供销社仍设置在南横街砥定桥附近,自此南横街逐渐成为镇中最繁华的一条街道。古镇区内次要机动车道在主要机动车道基础上更深入服务古镇区,现状古街为主,主要指太平街、砥定街、藕河街、斜桥河路。震泽古镇区富有特色的步行道——宝塔街、梅场街、花山头弄、潘家扇弄、禅杖浜、麟角坊、银行弄、四宜轩弄、城隍庙弄、王家弄、文武坊、雅园弄、周坊元弄、小稻场弄、虹桥弄等街巷——亦多服务于居民出入及镇区旅游。

联结市河及旁侧河浜两岸的纽带是桥梁,自古以来架设在市河上的桥梁往往成为闹市中心。旧时震泽镇区曾有石桥 30 余座,形制各异。最主要的跨越市河的 3 座桥梁分别为禹迹桥(图 6-6)、砥定桥、思范桥。由于市河宽阔,且舟楫往来如织,震泽的石桥多具雄伟、高大、宽广的特征。有些闹市区的石桥桥面上还可以设铺摆摊,可以说是震泽镇上独特的景观了,如镇中砥定桥桥面上银匠店和乡丝行等比邻而设。

1950 年代,上海电影制片厂拍摄的故事片《林家铺子》有一幅动人的画面:林老板全家坐一叶小舟,穿过桥洞,愈摇愈远,船艄后頔塘河河面映出的桥身和塔影也愈来愈小。这座塔即震泽镇造景的点睛之笔——慈云塔。古塔高大挺拔,俊俏雄伟,是镇区的制高点。来到震泽的旅人几乎都会与慈云塔合影,这也成为如今震泽镇最为典型的景观,正如《慈云塔影》诗云"四面湖光绕,中流塔影悬",水光潋滟,桥身塔影,恍惚迷离,变幻莫测。

(三) 物质和非物质文化遗产

1. 物质文化遗产

震泽拥有数量众多的文物古迹，包括全国重点文物保护单位 2 处，省级文物保护单位 3 处，市级文物保护单位 20 处，控制保护建筑 25 处；其古迹密集分布地带为震泽历史文化街区；众多历史遗存和环境要素中，主要类型有寺观、祠堂、民居、街巷、河道、古桥、古井、驳岸、古树等。

宝塔街，旧名东大街，在镇东浴字圩，位于荻塘河之北。街与河并行，东起禹迹桥，西至斜桥，全长 368 米。街面不宽，中段尤窄。宝塔街南侧临河，为背水商居，北向面街设铺开店，南则傍水筑私家河埠，泊船卸货，汲水洗刷，俗言"自有自便当"。街之北侧，商号行铺与富户宅地交错连块，高墙崔巍，庭院幽深，柱梁恢宏。较著名的有仁安坊的"毓秀堂"，系清光绪年间武进士徐人骥（梅峰）的宅第；"辑雅堂"，为教育家庄蓉裳及其子、名医庄畏仲的故居；"敦善堂"，为同治年间孝廉王徐庠的旧宅，内筑"垫庐"，收藏地方志书及古籍数以千计。仁里坊则有"师俭堂"，为同治年间礼部郎中徐寅阶所筑；"茂德堂"，为毕万茂丝经行及其内宅，当年少年毕康侯为震泽镇上最早的一批留美学生之一，1921 年曾作为中国丝业代表团成员参加在美国纽约举办的万国丝绸博览会。

师俭堂，位于宝塔街西段，坐北朝南，三面临水，南濒颐塘市河，西傍斜桥河，北枕藕河。可前门上桥，后门下桥，水陆称便，为典型的江南水乡大宅门，是全国重点文物保护单位。师俭堂占地 2500 余平方米，面阔五间，六进穿堂式高墙深宅，共有大小房屋 147 间，集河埠、行栈、商铺、街道、厅堂、内宅、花园、下房于一体，街中建宅，宅内含街，营造出凝重古朴的传统中式风格，亦动亦静，亦庄亦谐，兼具官、儒、商三重使用功能，为近代江南民间建筑的代表，也反映出水乡商业市镇中居住方式的经济特点与地形特征（图 6-7、图 6-8）。

震泽市河东西两头各有一座高大的古石桥，遥遥相望。东边一座为禹迹桥，西边的一座便是思范桥。禹迹桥建于康熙五十四年（1715），相传为纪念大禹治水而建，于乾隆四十四年（1779），即乾隆第五次南巡的前一年重建。桥为花岗石单孔拱桥，南北走向，桥长 43.5 米，跨径 10.45 米，矢高 5.56 米。桥坡自下而上逐渐变窄，顶宽 4.3 米，而南堍宽达 6.2 米，北堍则根据地形及人行密度设置桥台，东西向叠石级分流。拱圈为花岗石纵联分节并列砌筑，金刚墙为青石砌置。桥之顶面和拱圈龙门石分别镌刻"轮回"和"云龙"图案，桥面石阶还刻有各类吉祥图案。

慈云禅寺原名广济寺，始建于宋度宗赵禥咸淳年间（1265—1274）。明正统年间（1436—1449）僧道泽重建。天顺年间（1457—1464），御赐"慈云禅寺"额。明万历五年（1577）、清康熙七年（1668）、乾隆十八年（1753）、道光十六年（1836）多次对塔和寺进行修建或增建。咸丰十年（1860）寺毁于战乱，唯塔独存。同治、光绪之交，里人募金修此塔。民国十三年（1924），震泽"丝业公会"捐 2000 金，徐世兴行主遗孀徐毕氏，为了却其夫遗愿，捐巨款建寺，共耗银 8000 余两，重建大殿三楹。

坐落于慈云禅寺内的慈云塔为省级文物保护单位，六面五层，砖木结构，高 38.44 米，

图 6-7 师俭堂

图 6-8 师俭堂宅后藕河

由塔壁、回廊、塔心组成。自第二层起每层施平座腰檐，并辟有三面壶门，开口方位上下相错。第四、第五层有楠木刹柱透顶端，塔刹由复钵、仰莲、五重相轮、宝盖、宝珠、受花和宝瓶组成。铁链分系六角，角端挂有铜铃，铃称檐马，俗呼惊鸟，风过铃响，回荡空中。塔内有木梯可迂回拾级而上。每逢夕阳西沉，登临第五层，北望洞庭，南瞰麻漾，"震泽八景"谓之"慈云夕照"。

2. 非物质文化遗产

同大多数历史悠久的江南市镇一样，震泽也有系列成套的著名景观，震泽八景——"慈云夕照""飞阁风帆""复古桃源""虹桥晚眺""张墩怀古""普济钟声""康庄别墅""范蠡钓台"——每一景观都配有一首优雅诗词吟咏。这些景观以实际建筑物和景致为基础，更多的则是依赖于诗词文化的传播。在这一方面，震泽的重教兴文，如同其丝织产业一般令人称道。

早在宋代，震泽镇已建儒学，学风蔚然，如道光《震泽镇志》载："迨宋三贤设教于斯，而人习诗书，户闻弦诵，殆骎骎日上矣。"宋宝祐元年（1253），沈义甫于镇之西栅筹建三贤祠，"建义塾，立明教学以淑后进"。明清两代，书院、义塾、私塾普及全镇及近乡。清末民国初，震泽镇在兴办新式教育上，居于吴江县之前列，市政当局、各行各业、各界人士全力支持办学。如清光绪三十三年（1907），周积理（苕墅）等办私立淑群女子小学，创女子入学之先声，开妇女解放之先河。1923年，施肇曾、沈秩安等人创办私立震属初级中学，为县内第二所初级中学。1933年，在震属初中基础上，成立私立育英高级中学，为县内新制高级中学之始。震泽沦陷初始，该校被迫停办。1939年在上海爱文义路（今北京西路）觉园内复校，解决了吴江旅沪避难人士子女的就学问题。以后历经迁返、合并、改组、更名，于1958年定名为震泽中学，设高中班。1979年被列为江苏省重点中学，教育成果卓著，高中毕业生之高等教育考试入学率历年来独占吴江各中学之鳌头，现在每一个震泽人都会骄傲地说：震泽中学是吴江最好的中学。此外，震泽镇还有两所中学。至于小学，则遍布镇区及各村。

重教尚文的结果，使震泽市民百姓受教育较为普遍，受教育程度也较高。自古以来，震泽读书成风，学以致用，人才辈出。志载，震泽镇出过进士15名（其中2名为武进士）、举人22名（其中5名为武举人）、贡生38名。自古代至现代，震泽地区出过学有专长、对社会有突出贡献的著名学者专家，如儒林三贤（王蘋、陈长方、杨邦弼）、天文历算学家王锡阐、中国科学院院士杨嘉墀、昆剧表演艺术家蔡正仁等。

数千年的震泽镇留下了丰富的历史文化遗产，除表现在古镇区的自然条件和因水成市的古镇格局和各种景点外，还有人们赖以生存的社会结构、生活情趣和文化艺术，具体表现为蚕桑文化、饮食文化、茶馆文化、说唱文化。正如上文所述，如今震泽镇联手南浔、湖州等地，试图复兴地区蚕丝文化，从其积极开展的"蚕花节"和"吴江丝绸文化产业创意园"亦可略见一二。

（四）特色和价值

震泽镇是一个拥有2000多年历史的江南古镇，是我国著名的蚕丝之乡，我国近代著名的丝市之一，丝经产品享誉海内外。震泽的"魂"，就是蚕丝文化。这取决于镇区处于江南水上贸易枢纽地带的地理位置以及太湖流域的地质环境等因素。作为中间市场的市镇，震泽通过水网将周边乡村与自己紧密联系，可以说它是以农副产品和工业品集散为主要特点的农村经济中心，是一个商品流通的中转站。费孝通先生指出这些都是基于传统体系中的服务意识而实现；正是因为这中间乡镇的联系，才使得乡村农副产品可以大量集中于市镇之中，实现其水路枢纽上的作用，以兴盛镇区经济，而这些都影响着镇区格局与建筑风格。

随着乡镇企业的发展，震泽镇不再拘泥于传统丝织产业，而是积极探索与时代匹配的新型工业与服务业，这也就是震泽当下的"血液"；与此同时，震泽镇对旅游开发持有谨慎态度，既积极对古迹进行保护修缮与宣传，开设乡镇博物馆，又防止过度开发对历史镇区带来的破坏。震泽将努力推进现代工业体系与丰富古镇旅游、生态资源相结合的发展方向，不断向"美丽震泽"的目标迈进。

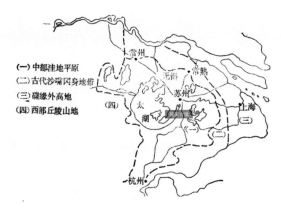

图6-9 锦溪古镇在太湖地貌分区中的位置图

三、王形水系锦溪镇

锦溪，位于江苏省昆山市西南23.5千米处，东靠淀山湖，西依澄湖，南连上海市青浦区，北接苏州，地处淀泖地区市镇聚落体系中的核心位置。镇南的硃砂港，历来是苏、浙、沪、皖各省市间的主要航道。据清乾隆《陈墓镇志》载，在镇南俞家桥一段，居民稠密，船只众多，为贸易必争之地，故此地素有昆、青、吴三县交界一隅经济中心之称。锦溪镇于2008年被公布为第五批江苏省历史文化名镇，同年被公布为第四批中国历史文化名镇。

（一）镇村体系变迁

1. 围湖耕垦、淀泖小圩

锦溪，地处太湖中部洼地平原，明代以前古代沙嘴冈身地带阻挡了海潮侵袭，明松江府海塘修建以后，此地更是远离卤害。（图6-9）稳定的水文条件，促进了"水耨"耕作方式的发展成熟。

吴越时期，太湖水利以吴淞江为纲，腹里洼地圩岸高厚，和高平地区的塘浦之间，设堰闸节制，圩田御洪除涝。宋时以漕运为纲，洼地圩田系统从大圩古制演变为小圩形式，更因上游吴江水利工程阻水，引起下游河道、塘浦淤塞，淤地围垦日胜。

锦溪，便是淀山湖围垦而成的江南古镇。汉晋时期，淀山湖位于太湖三江之一的东江故道，东江大致是由太湖经白蚬江入淀山湖，经柳湖出海。史载春秋时，范蠡围田淀泖地区，"东江渐塞"。唐代东南海塘建成以后，东江湮废[①]，淀泖地区水出吴淞入海，淀山湖周的围垦之势愈烈。及至元初，淀山湖东、沟通吴淞江的"水之尾闾门"，为"权豪势要占据为田"，造成"河港湮塞，水脉不通"。

---

① 东江在历史文献中最后一次被提名，是唐代的《史记正义》（公元736年前后）中"一江东南上七十里至白蚬湖，名曰上江，亦曰东江"，此时已无下段记载。

2. 北人南迁、帆樯林立

北宋大观元年（1107）此地始见于史籍，名锦溪，据乾隆版《陈墓镇志》载："一溪穿镇而过，夹岸桃李纷披，晨霞夕晖尽洒江面，满溪跃金，灿若锦带，所以得名'锦溪'。"

南宋建都临安时，宋孝宗的宠妃陈妃病殁水葬于此，锦溪镇更名为陈墓，长达830年之多。嘉靖《昆山县志》和万历四年（1576）《昆山县志》均记载有陈墓村，《陈墓镇志》中所收录的年代最早的一篇序文——正德十三年（1518）屈儒《陈墓纪原》中称"姑苏之东南去郡城二舍许，有陈墓村，村中以河为界，西为长洲，东为昆山"。

随着宋室南迁，国家政治中心的南移，锦溪所在地区开发加速，尤其是相传陈妃葬于此地之后，名声大振，并且凭借环境安谧宁静，众多的湖荡围拥使古镇避开了历代兵燹战乱，锦溪市镇开始形成和发展。加上此处湖荡纵横交错，水运方便，一时帆樯林立，货船穿梭，绵延不绝，成为昆山、青浦、长洲之间的商贸中心。元朝时期，志书还有海运大户顾华甫的记载，从事海外贸易。

3. 砖窑商埠、钟灵毓秀

明代中期，陈墓仍称为"村"，升为"镇"约为明末时期。至清康熙年间，锦溪商贾云集，人口稠密，在拥有众多手工作坊的同时，砖瓦和石灰制造业格外兴盛，成为区域窑业重镇，清《陈墓镇志》载："……男子作佣工，半籍窑业以糊口。"其时以家庭作坊式的土窑为主，并附带制坯、制砖，产业繁荣，砖瓦种类繁多，供应周边地区。锦溪同时也是金砖制作的重要地区之一。陈墓作为当时的大镇，在江浙一带享有盛名。

明清时期，水稻种植、渔业等传统农业继续发展，工商业也已经十分发达。市镇已开设布作、染作、木作、绣作、油作、漆作、船作等，市场相当繁华。锦溪在自身农业和商业的快速发展下，凭借其优越的交通地理之便，逐渐成为苏昆青区域集经营、转运商品等职能为一体的经济中心，作为区域综合商业重镇，辐射周围的周庄、甪直、千灯、朱家角、金泽等古镇和村落。

经济发展，带动文化发展。锦溪自古就是钟灵毓秀之地，明清时期读书风气、崇文尚儒的社会风尚日渐趋重。据《陈墓镇志》记载，明清两代锦溪曾出1名进士、11名举人、4名贡生。明代成化年间，有官居兵部侍郎的陆完；明末清初有反清斗士的陆兆鱼；清代有出任山东济南府德平县知县的陈景琇，有撰写第一部《陈墓镇志》的陈树谷、陈尚隆父子：他们均为享誉一方仁人志士。

4. 偏安一隅，百业兴旺

中华民国元年（1912），河东陈墓乡直属昆山县；长洲、元和二县并入吴县，河西陈墓乡直属吴县。

民国以来，时局动荡，陈墓镇的商业时盛时衰。抗战初期，由于锦溪处于水网密集地区，较为隐蔽，有很多中小城市的商人和居民来此避难，锦溪成为偏安一隅的避难佳地，也造就了陆辑安保护顾炎武手稿《天下郡国利病书》的佳话。

避难中部分拥有资金和货物的商人经营商业，市场一度比较兴旺，成为昆、青、吴三县交界的经济中心，当时的古镇行业齐全，业态丰富，货源充沛，市井风情浓厚。实力雄厚的有油坊、米行、南货、酒酱、绸布、铁业等行业，还有小猪行，石灰行、粪行、典当行、窑业主等约87个行当。

后来粮、棉、油等主要物资被日伪控制，市场渐趋萧条。1945年抗日战争胜利后，商业市场出现复苏景象，但好景不长，连年内战，通货膨胀，社会经济崩溃，陈墓镇商业再次衰落，不过实力依然雄厚。至解放时，镇上还有绸布、百货、南货、酒酱、烟茶、糖果、山地货等行业208户，从业人员607人，且有茶馆19家、理发店16家、浴室1家。

（二）空间格局分析

1. 湖荡泾浜、堤桥相连

锦溪古镇坐落在"五湖三荡"环抱中，由天水港、中心市河、锦溪港、王家浜、三图港、道院港、邵甸港组成若干圩塘，使得锦溪成为水路出行便利的市镇聚落。

锦溪的圩田是泾浜小圩的形式，与大圩的圩墙高厚阻水不同，小圩汀浜水缓，圩堤即离水高地，聚落多建于圩岸之上，依分割圩田的泾浜呈线性展开，内部设码头，有的则以船为居（图6-10）。

锦溪素有"三十六顶桥"之说，根据各历史

图 6-10 锦溪古镇历史圩界划分

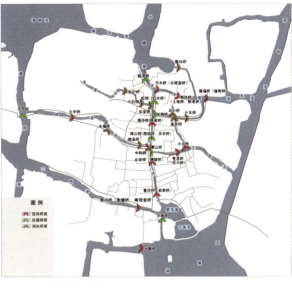
图 6-11 锦溪古镇桥梁

资料记载，历史上整个锦溪镇域曾有桥梁 40 座，镇区有桥梁 28 座，均匀分布在"丰"字形水系上，目前还存有古桥 19 座，其中 7 座桥梁已改建，但老桥基依然存在。古桥形态各异，桥上碑记、柱联、花饰镌刻精细，形成水乡特有的"桥文化"（图 6-11）。

2. 市河为轴、水街比临

圩堤上的聚居点，沿着市河延展，连接成线，拓展成片，形成今天锦溪古镇的格局。

宋以前的长时间内，锦溪（当时的陈墓）并无大发展。吴越开始的地区圩田格局已形成，沿着现市河零星分布着一些普通水乡村落，唐代陆氏三贤祠已建成。

宋元时期，乡镇沿市河圩堤延展成线，市镇规模逐渐扩大。市镇从五保湖、菱荡湾处集中发展，城镇沿市河线性布置，菱荡湾至西街桥段的上塘街、下塘街商业主街初步形成，菱荇街与南大街分别连接黄公桥至菱荇桥、通神道院和煤水滩，同时还修建了建永福桥、天水桥、西街桥、众安桥、普庆桥、里河桥、红木桥、十眼桥等桥梁。市镇周边还修建了万寿庵、通神道院、莲池禅院、资福庵 4 座宗教建筑，商业以及物资交换集中在菱荡湾口的煤水滩。

明时，古镇格局呈现出"以市河为基础，垂直于上下塘街向周边扩散，呈线状"的特点。天水港至菱荡湾上塘、下塘街连通，商业集中在西街桥至煤水滩沿线。同时修建了中和桥、锦溪桥、丽泽桥等十多座桥梁，修建了天水庵、普济庵、海忠介公祠、城隍庙、吉祥庵众多宗教、纪念建筑，镇郊还设有砖窑。

清代，锦溪商业、砖窑业发展至鼎盛。作为区域的综合商业重镇和窑业重镇，锦溪呈现出以网状河流为骨架的团状形态。市镇的商业分布在锦溪街、上塘街和下塘街，至清末民初，商业逐步向市镇中心地段靠拢，上塘街成为闹市区。下塘街自周公桥向南至普庆桥仍有商店，但为数不多，且比较分散。镇郊拥有众多砖窑。这一时期修建了虹桥、隆福桥（福寿桥）、小云桥、青龙桥，同时还大规模增加了隆福庵、法云庵、春秋五大夫庙（贤圣堂）、五路财神庙、猛将堂、元和县城隍庙、福成庵（归庵）、吉祥庵等宗教建筑。（图 6-12）

镇以水为轴，沿水成街，因水兴市，理水得景，形成"两街夹一河""沿河外街""前街后河""一街一河""有河无街"等多种多样的空间组合（图 6-13）。

锦溪古镇内主要有大小 4 条河流呈"丰"字形交叉分布。市河纵横南北，长达 6 千米的河道蜿蜒曲折。沿河石驳岸、石级河埠头、码头错落有致，和散落在驳岸上数以千计的造型各异的系船石，构成一道靓丽的以"水"串联的风景。街巷多为不规则形式的曲折巷弄，呈现"水—街—巷—弄/堂—宅"的"树枝状"结构，

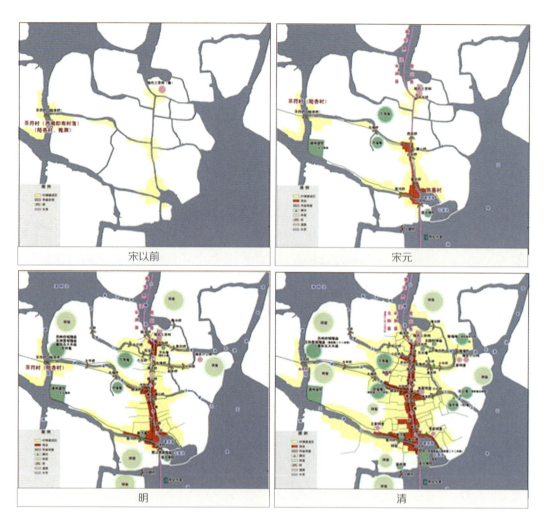

图 6-12　锦溪古镇历史格局变迁图

主要街道平行于水系，形成纵横网络，街巷垂直于街道分布，弄堂为再次一级系统。传统街巷多狭窄，空间尺度高宽比基本为 2∶1。

古镇格局完整，风貌古朴，街巷水系肌理清晰，空间尺度宜人，它的建筑形式及空间充分体现了江南独有的文化与风情。锦溪古镇主要街巷的走向、院落的排布都与街河等水系有着密切的联系，而河道上的小桥、埠头等人与自然融为一体的地方则成为锦溪古镇最为重要的公共空间，锦溪古镇的民居多为临水建筑，以水进出。

3. 古粉墙黛瓦、水乡民居

锦溪古镇内保留了大量清、民国时期的传统民居，这些民居院落都以天井为空间及功能组织的核心，多为院落式建筑，常见有"「""∏""＝""囗"几种基本院落围合形式，相互转化组合进而形成多种多样的平面空间布局。

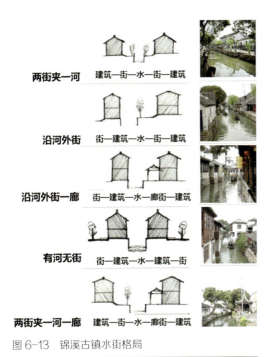

图6-13 锦溪古镇水街格局

两进、三进院落结构合理而又空间多变，正房、厢房依中轴沿纵向布局，房屋进深三至七进，左右对称，具有较强的秩序感与层次性。前后房屋中间天井，四角有下水道，天井里有井，为生活所用内向性与防卫性也更强，体现了浓郁的地方居住文化传统与特色。土地界限清楚，房屋户与户之间均有长弄。历史上大家族的四合院大多设有前后花园，一般设有荷花池。此外，锦溪古镇中还有一些小型民居，多为单个的三合院形式，或是零散分布的单幢民居。

古镇内建筑屋顶形式丰富，民居建筑以悬山、硬山为主，寺庙公建有部分歇山、庑殿、攒尖式顶等；屋檐形式多为出檐和包檐，包檐只用于房屋后檐，前檐则两种均有，屋脊一般为平脊，造型简单；高等级的多为翘脊，有哺鸡脊、纵头脊、纹头脊，造型拟物，精致美观；外墙两侧为风火墙，现存多为单山屏风墙，有少量三山屏风墙。

锦溪民居建筑色彩多以黑、白、灰为基调，灰砖、黑瓦，形成粉墙黛瓦的江南水乡风貌特色，重点部位则施以精美的雕刻。

（三）物质和非物质文化遗产

1. 物质文化遗产

（1）陈墓区公所

旧址位于锦溪镇下塘街天水街路口，建于民国初年。为一幢二层小楼，门面有西洋建筑特点。民国时设区公所，为乡镇的行政机构，后又作为基督教堂的浸信会分堂，解放初为窑业工会所在地，后为陈墓乡第四居委会，现为居民住宅。现存有前后二层楼房二座。坐南朝北，占地面积220平方米，硬山式顶，典型的民国建筑。地板、门窗多为木制（图6-14）。

（2）通神道院

通神道院原名"天庆观"，历史上在长洲县地界，位于南大街西首，与昆山县福城圩的莲池禅院一溪相隔。南宋时始建庵，"蓑衣真人"何中立寓居其内。元代时建道院，成为苏州玄妙观分院。因宋孝宗南渡时驻跸溪上，亲笔御赐书"通神庵"三字额赐予仙道何中立而更名。道院经元、明、清历代扩建，原有三清殿、正山门、中岳殿、雷神殿、关帝殿、玉皇殿、文昌阁、斗姥阁等，规模恢宏。元时增建正山门，明正统十三年（1448）重建，康熙年间重修，清乾隆三十二年（1767）毁，清嘉庆五年（1800）建造三清殿。今存东岳殿，占地面积289平方米，建筑面积215平方米，为清代所建。大殿坐北朝南，面阔14米，进深9.4米，檐高3.3米，硬山顶，檐下有雕刻彩画。房屋基础为青石，内部梁架有斗拱，梁架扁作，山雾云雕刻精美。整座大殿的水作、木作工艺精湛，具有较高的文物价值（图6-15）。

（3）文昌阁

文昌阁又名"文星阁""片云阁"，始建于

图6-14 陈墓区公所

图6-15 通神道院

图6-16 文昌阁

图6-17 丁宅

明朝，原在通神道院内，历来供奉"文曲星"。乾隆癸亥年（1743）因风灾大颓，清乾隆三十八年（1773）移建至莲池院，并立"重建文昌阁记"碑嵌于内墙。移建后的文昌阁为砖木方形结构，底层坐西朝东，黑顶黄墙，四面三层，呈浮屠状，宝瓶式刹顶，飞檐翘角，角系悬铃。阁面阔一间5.63米，进深5.63米，高15.6米，前有露台，总面积200平方米。阁前有石台，上有石栏，东南堤埂种植杨柳，西有宝阁岑楼，并缀以琴堂、莲舫、惜字会，内有两幅唐代画圣吴道子的人物画像拓片（图6-16）。

（4）丁宅

丁宅位于锦溪镇上塘街丁家弄，始建于清代中期，前厅光绪年重修，是锦溪四大姓之一丁家的住宅。原有十一进，现存轿厅、正厅、堂楼等五进，坐西朝东，建筑面积约600平方米。柱础为花岗石，主厅梁架扁作，有精雕的缠枝花卉山雾云，其上另有八吉祥图案，堂楼梁架圆作。主厅前有五层砖雕门楼，由下至上第一层为吉祥浮雕图案；第二层书有"聿修厥德"，两面雕有戏曲故事，第三层松竹动物镂雕图案。第四层斗拱，上承第五层砖顶。整座建筑水作、木作工艺精湛。1997年被列入昆山市第二批文物保护单位（图6-17），1998年修复。

（5）陈三才故居

位于锦溪镇敦和里2号，黄公桥北堍，建于清代，这里是陈三才祖辈居住房（后迁居苏州），现存堂楼3座，坐东朝西，砖木结构，建筑面积949.03平方米，占地面积252平方米，硬山式顶，花岗石柱础，木制满天星半窗，院内有砖细门楼一座，水作工艺精细。宅院内东南角有一古井。

（6）祝甸窑址

祝甸窑址位于锦溪镇祝家甸村，总用地面积约12万平方米左右，现存11座窑，有单窑、双窑、子母窑，分布密集，保存完整，是江南地区仅存的一处砖窑遗址。2006年公布为江苏省文物保护单位。

祝甸古窑址群是江苏省境内分布密度最为集中的一组古窑址群，其独特的窑顶渗水系统，从未在相关的专业书刊上有过记载，它为研究古代建筑材料的生产工艺提供了重要的实物资料，对研究江南地区的古窑发展史具有重要的价值。

祝甸古窑群始建于清代，民国时期又作扩建。这些古窑临河而筑，体量高大。窑壁上留有的"双钱""双胜"等图案，都是清代原物；而在外两层包砌的用砖上，"8协""双利""利""双砖""双205""双105"等字迹又表明这些砌砖是民国和解放初期上海双塲的做砖。古窑有大、中、小3种。古窑中，有1座是双窑（子母窑），其余都是单窑。窑炉均为砖土结构，穹窿项。9号窑是保存最完整的一座，该窑由窑棚、烧坑、窑道、火膛、窑床、排烟道、蓄水坑、渗水池等组成，自窑门至后壁全长11.5米，窑床最宽处7.45米。其内组成部分形态各不相同：火膛平面为等腰梯形，窑底呈椭圆形，烧坑是竖井式方坑形，而窑床的平面似马蹄形，后部的烟道又是矩形。窑外部的砖壁和窑门两翼各有壶门状壁龛4个，可供窑工放置茶水。（图6-18）

（7）陈妃水冢

陈妃水冢在昆山市锦溪镇南五保湖中。宋孝宗在位期间，隆兴元年（1163），金兵入侵，孝宗携眷南迁临安，途中陈妃病殁，立水冢而葬，1992年重修，1997年公布为昆山市第二批文物保护单位。

清代《姑苏志》云陈妃为宋光宗之妃，《昆县志》云陈妃为宋孝宗之妃，而《陈墓镇志》则认为："合观两志，陈墓有道院，宋南渡时驻跸焉，御书亲题三字曰'通神庵'。则孝宗实临幸斯地，为孝宗之妃无疑。"

陈妃水葬后，宋孝宗下旨在五保湖畔构建了莲池禅院，并命僧守之。锦溪因此更名为"陈墓"，有明代文徵明为证："谁见金凫水底坟，空怀香玉闭佳人。君王情爱随流去，赢得寒溪尚姓陈。"锦溪古镇沿用"陈墓"之名也将近800年。（图6-19）

图6-18 祝甸窑址

图6-19 陈妃水冢

（8）溥济桥

溥济桥俗称"陈家桥"，位于锦溪镇上塘街、市河北段，东西走向。明弘治二年（1489）里人陆溥、陆济筹款建造，明天启年间（1621—1628）重建，为明代束腰并联式拱桥，是锦溪镇拱桥中最低的石拱桥。桥长15.4米，宽2.95米，跨度5.8米，为单孔石拱桥。拱券为分节并列砌置，桥体大部分由青石砌筑，桥栏部位原为木栏杆，后期（新中国成立后）改为青砖及花岗石杂砌而成。1991年公布为昆山市文物保护单位。

此桥最大的特点是桥低而引桥长。长长的引桥伸入巷中，微小的坡度跨河而卧。整座桥显得精巧刚健，稳重大方。桥旁有从民居的廊檐延伸出的水码头，与桥体巧妙地连成一体，形成了一道独特景观（图6-20）。

溥济桥的成因，乾隆《陈墓镇志》有载："镇南朱家庄有富宦朱副使，家居时，挟画舫鼓吹往来市中夸，闾里溥济二陆先生厌之，作低桥以阻其舫。朱不知也。一日，仍挟画舫鼓吹而来。桥成，不能过，里人拍掌笑之。朱遂恚恨而去，终身不复来。"于是陆二先生即以自讳命桥。

（9）十眼桥

十眼桥位于锦溪镇下塘社区坟塘港，南北走向南跨于坟塘港，九墩十孔。始建于明代，重建于清乾隆三十八年（1773）。桥全长52米，跨径5.85米至3.22米不等。现存的十眼桥，系花岗石质地的十孔梁桥，桥墩采用条石整齐叠砌，稳固性强。南端两个桥墩、桥孔最大，其余均一致。这样设计的优点是：跨度小、孔多、狭长而平坦；大桥孔便于行舟，小桥孔利于泄水。因此桥造型别致，形似宝带，故有"小宝带桥"之美称。部分桥梁上有雕刻。十眼桥造型古朴，它与古莲池、文昌阁、长堤回廊和陈妃水冢构成完整的古莲池景区（图6-21）。

（10）天水桥

俗称北观音桥，南北走向跨于油车港上。始建于明永乐五年（1407），由郭子敬出资建造。清顺治九年（1652）里人沈姓重建。桥长17.2米、宽2.7米、净跨6米、矢高3.1米。单孔拱桥，拱圈采用纵联分节并列法砌置，桥拱为青石质地，其余由花岗石构成，桥面中间依稀可见莲花与祥云状的花纹，桥栏保存完整。桥的东西两侧分别刻有两联："百善孝为先，万恶淫为首""原天常生好人，愿人常做好事"（图6-22）。

（11）里和桥

里和桥俗称"南塘桥"，又称"南观音桥"，位于昆山市锦溪镇南部三图河上。始建于明代，清乾隆十二年（1747）重修，是锦溪古石桥中年代最悠久、跨度最大的石桥。南北走向跨南市河上，单孔石拱桥，花岗石砌筑，拱券纵联分节并列砌置。桥长22.4米，桥面宽3.1米，净跨9米，矢高4.8米。

宋代时在南塘河滩曾经出土过石观音像，人们就在桥堍建造观音堂，称为"南观音堂"，还在桥上设立过水关。桥堍原有宋代建造的井亭一座，泉水清冽，久旱不枯，是锦溪八景中"古井风亭"的所在。

南塘桥畔的景色十分优美。许多著名吴地诗人常在河上泛舟游玩，并写下了大量诗作，或寄物抒情，或托物言志。如明代著名诗人高启曾沉醉在桥畔，写下了"南塘桥下水玲玲，桥畔长堤柳色青"的美丽诗句。

1980年代初，著名画家陈逸飞在画周庄双桥前，就将里河桥的倩影画进了一幅名为《晨》的油画中（图6-23）。

2. 非物质文化遗产

（1）锦溪宣卷

丝弦宣卷起缘于元、明时期的寺庙活动以后逐步发展成为一种说唱艺术形式。"丝弦宣卷"流传于锦溪有二百多年历史，清末、民国时期最为盛行。民国时期锦溪民间艺人将"丝弦宣卷"改造成了具有地方特色的"锦溪宣卷"，并频繁演出，是锦溪古镇的特色文化，被誉为"锦苑一绝"（图6-24）。

（2）锦溪古砖瓦制作技艺

锦溪自古就生产古砖瓦。清代时锦溪"男子作佣工，半籍窑业以糊口"（清乾隆《陈墓镇志》）。解放前，陈墓镇的工业是以砖瓦、石灰窑为主。陈墓民谣有"三十六顶桥，七十二只窑"之说。

明清时期就有人制坯烧窑。民国时期，制坯已成为西南部几个村庄的主要副业，尤其是八结黄道同蝴蝶瓦较为闻名。据民国十八年（1929）11月至民国十九年6月《吴县》调查资料记载："陈墓有坯工男160人，女80人，童60人，

图 6-20 博济桥

图 6-21 十眼桥

图 6-22 天水桥

图 6-23 里和桥

计300人，年产砖坯、瓦坯20000万方（黄道砖以2块为1方）。砖坯价格每万块15元，瓦坯价格每万张18元。"（图6-25）

（3）水乡木船

锦溪水乡木船制造有着悠久的历史，宋、明以来，木船制作主要以农用船、渡船、内河渔船为主；清朝末年至近代，是木船制作的成熟、兴盛期，全镇有造船作坊十多户，1960年代镇成立手工联社，开办成茂镇造船厂，1970年代，成茂公社开办农具修造厂，将技术上乘的工匠们召集一起，以制作生产生活所需的各种类型木船。富有江南水乡特色的造船技艺成为民俗文化的一个重要组成部分。（图6-26）

在民间，造船被称作"打船"。水乡木船外形古朴典雅、美观大方，轻巧灵敏而又坚固耐用，以老龄杉木为主要原料，此杉木材质结实、有韧性，辅以铁钉、麻丝、石灰、桐油等，所造之船吃水浅、浮力大，能载重。木船制作从选料备料到断料、配料、破板、分板、拼板、投船、打麻、油船等有十多道工序，均为手工操作，工艺相当复杂，工序多，工艺难度大，木船制造技艺通过父传子、师傅传徒弟传承。水乡木船制造技艺体现了人们战胜自然的聪明才智。

（4）袜底酥

相传，南宋孝宗皇帝携陈姓爱妃南迁至锦溪时还推动了这里饮食文化的繁荣，具有各色风味的糕、团、饼相继诞生。随后的衍变中，名称别致、形态生动、工艺细致、口味独特的"袜底酥"流传了下来，并影响到水乡周边其他乡镇（周庄、千灯、同里、青浦等）也效仿制作。至清末，孙长隆至锦溪，打响了"袜底酥"的招牌。

"袜底酥"用料以面粉和猪油为主，配以糖、椒盐、花生、芝麻和香葱等辅料。其制作过程包括油面和油酥制作两部分。制作分制面皮、制油酥、制馅、制坯和烘焙5个步骤。主要用具有制面缸、制作台、擀面杖、烘烤盘、烘烤炉（现代改为电烤箱）。（图6-27）

图6-24 锦溪宣卷

图6-25 锦溪古砖瓦制作技艺：搁推

图6-26 水乡木船

图6-27 袜底酥

（四）特色和价值

锦溪围湖耕垦，现有水域体系基本保存了元明以来的历史面貌。以湖荡水网为特色的自然生态环境，以及由之衍生的岸线、滩涂、湿地等共同构成了锦溪"水乡泽国"的自然环境本底。锦溪古镇呈现出"汀浜堤桥"的城镇格局，并在此基础上形成河街空间体系，是典型的江南水乡特色传统聚落。古镇内古桥、埠头、民居、商市要素丰富，沿河两岸廊棚连绵，形成"小桥、流水、人家"的宜人环境景观，具有典型的江南市镇布局特色。

锦溪古镇在历史上作为昆青吴三县区域商贸中心，是江南水乡经济市场网络的重要经济节点，其周围分布着代表各种生产生活方式的村落，如张家库为代表的渔业村，有袁家浜为代表的农耕村，有以祝家甸为代表砖窑村等等，这些市镇和村落构成了传统江南水乡经济的市场网络，是江南地区水乡经济市场网络格局的缩影。

以始建于宋代的通神道院为代表，锦溪保存了较多的传统建筑，其因地制宜的群体布局，严谨而多变的建筑类型，别具特色的建筑空间，设计精美的建筑艺术充分体现了江南水乡传统建筑独有特色。

四、千灯浦畔千灯镇

千灯，位于太湖流域江南古镇群之中。东接古松江府（今上海市）的青浦，西南临甪直、锦溪，周庄、同里以及古嘉兴府各镇，其西北又有古常熟县沙溪、沙家浜、凤凰等镇。早在四五千年前，千灯地区已有人类活动。宋室南渡后，千灯地区人口剧增、商贾云集。明清时期，因修筑桥梁串联千灯浦两岸，商业繁荣，渐成辐射周边的大型集镇。千灯于2004年被公布为第三批江苏省历史文化名镇，于2007年被列入第三批中国历史文化名镇。

（一）镇村体系变迁

1. 沧海冈墩，桑田烽火

千灯，太湖发育之初，沙岗岸线上的早期聚落之一。大约在五六千年以前，太湖被自江阴、太仓、漕泾、王盘山、浦的沙带（贝壳堤）分隔发育为临海潟湖。这条对太湖地区形成大包围的长弧形沙带，发展为后来太湖平原最早的海岸线。此后，在沙带外侧，又先后形成几条平行的沙带（贝壳堤），成为高出附近地面的"冈身"。太湖地区最早的文明，便产生在"冈身"及其西侧的出水墩台之上。千灯镇少卿山马家浜文化—崧泽文化—良渚文化的遗址即是早期文明的见证之一。（图6-28、图6-29）

千灯，震泽底定之后，淞江尾闾中的江海墩台要地。"三江既入，震泽底定"，随着泥沙沉积，太湖水域逐渐狭浅，潟湖葑淤成为浅沼滩地。原来与大海相通的几处缺口，演变为太湖泄水出海的三大尾闾，即古代太湖三江。吴淞江是古代太湖尾闾"三江"中最大的一支，其下游吴江南北数十里原是广阔水域，"古时江湖混茫一片相联"。千灯浦位于吴淞江南岸、江海交汇之处，此时尚为"汇"——吴淞江边的感潮积水带。千灯镇为若干出水墩台，其中的墩台之一——秦柱山上，"有烽火楼基，吴时以望海寇"。史书有记，"吴录云一名秦望山，秦始皇登此望海，故名"，又云"季志云，望，祭名也，书曰：望于山川，疑始皇登此以望祭于海。"两类说法均可证，早在秦时，千灯的秦柱山已成为淞江入海口的重要墩台。（图6-30、图6-31）

2. 塘深浦阔，衣冠南渡

太湖地区水土资源的开发，促进江南农业的发展，也大大改变了太湖平原的地貌环境。海塘、圩田、塘堰、运河等多种工程形式，分门别类在山区、平原、洼地、海疆萌发、开创和发展。到汉末，初级形式的圩田已散布在太湖平野，促进着以稻作为主的"水褥"农业的发展。三国时东吴分据江南，在太湖地区广行屯垦。太湖地区"屯营栉比，廨署棋布"。五代时，高低分治，高地塘浦、低地圩田。

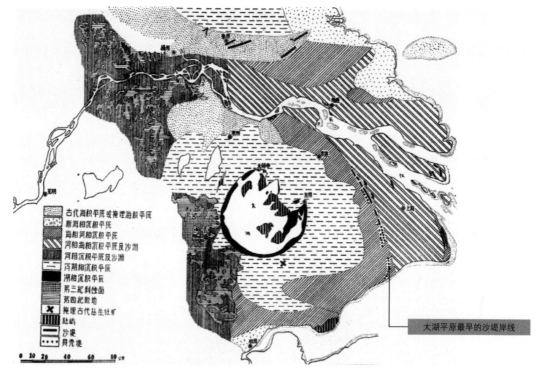

图 6-28 长江三角洲及其邻近地区地貌成因类型图

资料来源：陈吉余、虞志英、恽才兴《长江三角洲的地貌发育》，《地理学报》1959年第3期，第201-218页

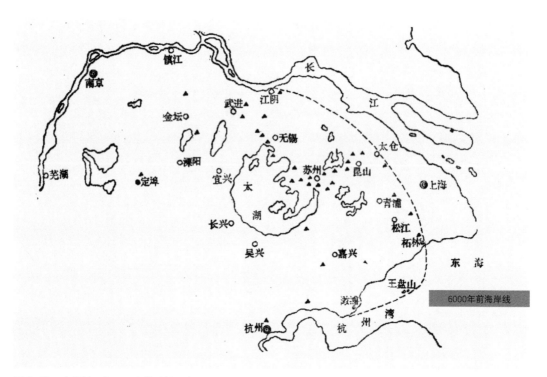

图 6-29 太湖地区新石器文化遗址分布图

图 6-30　少卿山遗址位置示意图

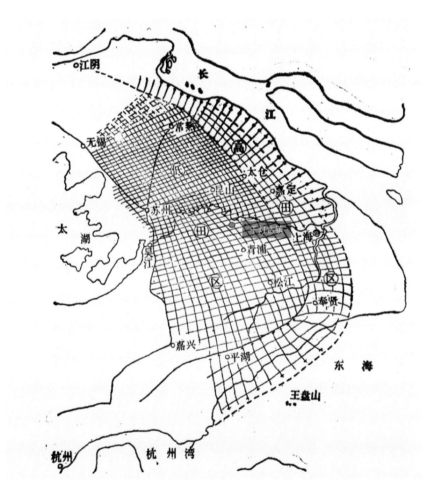

图 6-31　五代时期太湖横塘纵浦示意图

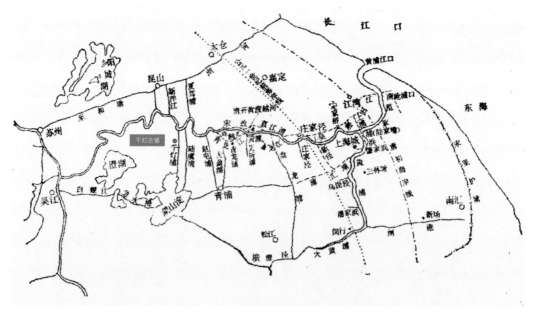

图 6-32　宋代以后吴淞江水利演变示意图

千灯镇所在，为太湖平原的高平之地。根据地势高下，分级分区规划塘浦工程，五里或七里开一纵浦，七里或十里开一横塘。由此，原属吴淞江南侧的千墩汇，也随之逐渐演变为浦，成为太湖塘浦圩田系统中的重要水利设施（图6-32）。原有墩台聚居的形态开始演变为环浦而居的形态，并且一直延续至今。明归有光《前山丘翁寿序》："吴郡太湖之别，为淀山湖，湖水溢出为千墩浦，入于吴淞江。当浦入江之处，地名千墩；环浦而居者，无虑数千家。"从墩台到环浦而居，意味着市镇可建设范围的扩大，农业的发展或又为此提供了支撑。

永嘉晋人南迁，江南地区人口规模大大增加，经济、文化、社会的发展进入新阶段，太湖耕读文化之风开始盛行。南朝，佛教兴盛。梁天监二年（503）千灯镇人王束舍宅捐建，僧从义开山建"延福禅寺"，并募建七级秦柱峰（现名秦峰塔）；五代开平二年（908）重修寺院，赐名为"延福禅寺"；后晋天福二年（937），敕赐"波若寺"；宋大中祥符元年（1008），真宗赵恒改赐"延福教寺"；为"南朝四百八十寺"之一。自此，"浦""寺"成为千灯古镇形态发展的中心要素。

3. 市镇遍布、文化勃兴

唐代，南起钱塘江口北抵吴淞江的海塘系统基本形成，太湖湖东堤岸也已全线接通，为大规模围海垦殖和浅沼洼地的利用开发创造了条件。然而，上游的阻水也造成了下游的淤塞。北宋以后，实行以漕运为纲的水利策略，凡是有碍舟楫转漕的堤岸堰闸，"一切毁之"（宋郏侨《水利书》）。自此，太湖湖东地区的塘浦圩田系统隳坏，大圩古制解体，塘浦

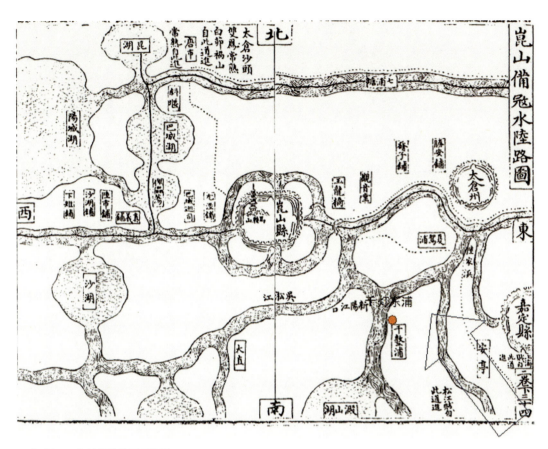

图 6-33　千灯镇军防险要示意图

日趋浅窄。

水利系统崩坏的同时，淤积而成的土地和浅窄的塘浦，却促进了太湖聚落的数量和规模进一步扩大，并增强了彼此之间的联系。宋时，千墩浦泄水作用被削弱，而通航作用凸显，为通（吴淞）江大路，通达四乡。南宋绍兴年间（1131—1162），在千墩浦畔的东弄设市，后形成集市。

明时，千墩浦进一步浅窄，原靠渡船联系的东西两岸之间开始架设桥梁，从此浦东、浦西相连一体。明永乐年间（1403—1424），百姓为赞颂夏元吉与太常寺少卿袁复开浚吴淞江兼治千墩浦等河的功绩，称千墩浦为尚书浦，淤泥堆于淊浦阳山，因号少卿山。

近江海的市镇繁华，引来了倭寇的侵扰。因而，明代起，开始设置全国性的海防和江防系统。太湖东部为抗倭重地，设防尤重。明景泰年间（1450—1456），石浦巡检司移至千墩浦口，千墩浦在石浦之西北，新阳江诸水由此汇入吴淞江。嘉靖间巡司迁至吴家桥，在千墩浦之南，郑若认为此举使后来倭寇得以长驱直入，应于此设列兵卫，并恢复巡司驻守。清初巡司衙署废，巡司寓居城内，后又迁至千墩浦。（图 6-33）

明清以降，耕读文化勃兴。江南本土文人寓居故里，对江南市镇的人文环境产生巨大影响，而江南市镇之间的便利通达，又促成了各乡文人们之间的组社讲学。千灯镇文人亦参与其中，影响最大的是发出"天下兴亡，匹夫有责"之语的顾炎武。

（二）空间格局分析

1. 东市西寺、一塔多桥

从千灯镇的空间演变来看，经历了"墩台散点"—"一水两分"—"东西一体"的三个阶段。墩台散点时期久远，难觅地面遗痕。自"一水两分"开始，西岸寺塔和东岸市集都对"东西一体"时期的市镇格局产生重要影响。尤其是在东西两岸的桥梁架设以后，东岸市集延伸至西岸，与西岸寺塔的结合，形成沅渡泾与千灯浦交叉口的香花桥（恒生桥）的凸形街道，俗称棋盘街（现南北大街相交点），交易最为繁盛。

千墩浦是千灯镇发展兴盛的命脉。水利、

图 6-34　千灯镇历史文化遗存分布图　　　　图 6-35　千灯镇历史街巷、河道、桥梁分布图

军防、屯田等各类功能的演替，都围绕千墩浦展开。由此，千灯镇也围绕此浦，在历史上形成了东市西寺、一塔多桥的空间格局。

东市是指自宋时在千墩浦东建立的市集。千墩浦不仅是吴淞江和淀山湖之间的泄水通道，更是太湖感潮区的清水潮水交汇所在，地处江、湖、海之交。千墩浦东位于江湖之间的交通要扼，在宋室南渡后人口日增、商贾云集，南宋绍兴年间（1131—1162）在千灯浦畔的东弄设市，后迁市于千灯浦与吴淞江汇合口的张家桥堍。明清时期，千墩浦上建吴家桥、陶家桥、永福桥、凝薰桥等桥梁，联系浦东西，商业市场向千灯浦西发展，形成长 1.42 千米，阔 0.41 千米的千灯镇总体格局，有河东街、南大街、沅渡泾、北大街等街道。西寺是指始建于梁天监二年（503）的延福寺。该寺位于千墩浦东的秦柱峰旁，梁天监二年（503），乡人王珏出售住宅赠建千灯浦西波若寺，后改称延福禅寺，元、明几度兵燹寺毁。作为"南朝四百八十寺"之一，香火鼎盛。

一塔指延福寺的秦峰塔，砖木结构七层方塔在地势平坦、河泽纵横的太湖平原上，是四乡重要的景观标志。《江南经略》"千墩浦险要图"中，就明确标识了此塔在千墩浦西的控扼之功。多桥是千墩浦浅窄之后，在东西两岸架起的桥梁，这些桥梁改变了一水分两岸的早期格局，将两岸联系成为一个整体。其中，向西至佛寺、向东至市集的恒生桥两侧，形成市镇的交易中心。明太祖时，曾设申明亭于此（内供十六条：凡不孝、不悌者，入亭申谕戒饬等，后亭毁，建民房）。每日清晨，小舟云集于千墩浦，街上行人熙熙攘攘，直至中午过后，才逐渐散市。（图 6-34、图 6-35）

2. 石板长街、檐头相望

千灯镇与千墩浦密切相关，但并非沿浦生成，故而其街巷空间格局并未呈现江南古镇常见的"鱼骨"形态，更呈现出"棋盘"格局。

民国初，邑人方远清发起铺架南、北石板大街，遂形成今天贯穿古镇南北的格局，是江南古镇保存最长、最好、最完整的石板街。石板街与千灯浦平行，在永福桥至种福桥之间，贯穿千灯镇老街，全长 1.5 千米。现保存石板 2070 块，石条长 1.30~1.65 米，宽 0.37~0.25 米。今存保留石板地面的街道约长 1500 米，宽 2.5~4 米。路面是行人道，石板下是下水道，沿街临河，且与每家每户河滩沟通，即使倾盆大雨，也排泄畅通，雨停水干，从不积水，并连接延福禅寺、顾炎武故居多个历史遗存，其格局、尺度和传统风貌保存至今。

石板街两侧集中了千灯镇大部分的传统民居，古街狭窄，两侧屋檐相对，成一线天，小楼相依，隔街携手授碗，成为古镇的特有风貌。长度约为800米的石板街两侧有商店约200多家，多为一层或二层建筑，采用前店后宅、下店上宅等形式，布局都较为自由和灵活。普通的住宅大多位于街巷之间，仅作为生活居住之用（图6-36）。

依据民居的格局形制和建筑规模的不同，千灯民居主要可分为商贾府邸、文人故居、普通住宅三大类型。这其中商贾府邸尤其以余家当铺为典型代表，文人故居以顾炎武故居为典型。千灯民居大多为一层或二层坡顶砖木结构，无论是平房还是楼房都采用木构架加填充墙的结构体系，内外檐装饰多为棕色木材。在这里木架构的构造方式主要有穿斗式架构和抬梁式架构两种基本形式（图6-37）。

3. 拱梁相应、人文荟萃

千墩浦上的桥不多，多成组而设，别具特色。千墩浦上的桥，均为高大石拱桥，有别于其他江南古镇的小桥流水风貌。浦两侧泾浜众多，汇入千墩浦的河口，多设有小梁桥，与浦上的大桥相映成趣。此类一拱一梁组合的双桥就有六处。（图6-38）

千灯钟灵毓秀，是人文荟萃之地。南宋有"忧国忘家、始终一节"的大学士、文学家状元卫泾；元有"昆山腔"创始人，昆曲鼻祖，戏曲家顾坚；明末清初有杰出思想家、爱国学者顾炎武，其"天下兴亡、匹夫有责"的警句世代传颂，备受推崇和敬仰。其中，顾坚、顾炎武等名人，在我国传统戏曲、儒家文化发展史上占据了重要位置。

图6-36 千灯镇石板街

图6-37 千灯镇北大街韩宅

图6-38 千灯镇永福桥和西侧无名桥

（三）物质和非物质文化遗产

1. 物质文化遗产

（1）秦峰塔

秦峰塔原属波若寺，原名"秦柱峰"。始建于梁天监二年（503），至北宋大中祥符元年（1008）重建，后历经明、清历次修缮。

秦峰塔塔身收分恰到好处，因而有"美人塔"之誉，该塔系砖木结构，高 11 丈 6 尺 1 寸（合 38.7 米），横断平面为正方形，每边长 1 丈 4 尺 6 寸 4 分（合 4.88 米），顶刹系铁铸，高 2 丈 1 尺（合 7 米），铁葫芦作顶，下焊八角环，每角立一紫铜小鸟，再下嵌四片白铜大耳形片，大耳片边有铁连接顶层四只翘角，每角檐下系铜铃。塔上镶嵌的 44 尊宋代的砖刻佛像，也是研究中国佛教文化不可多得的实物资料。

清代方豪思有诗云："千墩墩上塔层层，高入云霄碍野鹰。我欲登上观四海，秋风病骨未堪胜。"明末塔坍。清，径山僧嵩堂募捐重修，恢复原状。雍正二年（1724）七月，大风吹折秦峰塔顶，折页上铸有万历铸钱数枚犹未毁。乾隆五十四年（1789）由延福寺僧见云募修，至四层，资尽而止。同治年间，太平军与清军作战时，秦峰塔的各层搁板、扶梯、四周栏杆均付之一炬（现尚存顶层搁板）。至此，不能拾层而上。1962 年、1963 年进行"封角护塔身"保护性维修。1978 年，进行"围墙"护塔维修，1989 年，进行加固塔刹、更换避雷针等维修。1994 年，大修，恢复宋代风貌，属省级文物保护单位。（图 6-39）

（2）余家当铺

余家当铺位于昆山市千灯镇古镇社区典当里。它原名"立三堂"。据载，余先祖余爱山于明万历年间自安徽休宁县迁至昆山千灯吴家桥畔开店经商，其聚敛财富，遂为当地一富。被时人称作"玉溪余家"。余爱山第二代传人余尚德，于清代初年在千灯镇营建此建筑。

余家当铺坐西朝东，共双排五进。前为店铺后为住宅。第一进东为经营茶杂山货，第一进西作典当铺面。第二进为厅堂，第三进至第五进均为堂楼，是住宅和典当库房，共有 120 间房。其中，大小厅堂 6 间，堂楼 6 座、精雕细镂的门楼 3 座及长达 60 米的备弄 2 条、更楼 1 座。房屋的内部梁架大部分为清代的构筑形式，堂楼的二梁、挑梁均有雕刻细致的木雕构件。建筑群三面均有风火墙，后设更楼。前后楼屋之间均有过道阁连成，形成了"亚"字形的走马楼。整座建筑群气势雄伟，布局合理，集明清时期徽派、苏派建筑艺术风格于一体。

余家当铺是目前江苏省内仅存的、保存最完整的、规模最大的典当行，2006 年被列为江苏省第六批文物保护单位。（图 6-40）

（3）顾炎武墓

顾炎武墓位于昆山市千灯镇古镇社区南大街南段，顾炎武原名绛，字宁人，号亭林，是明清之际思想家。1613 年生于昆山千灯镇，晚年卜居陕西华阴，清康熙二十一年（1682）卒于山西曲沃，由嗣子顾衍生、从顾岩扶柩回昆山故里，葬于祖茔嗣父顾吉同、嗣母王贞孝之墓次位。

墓地方圆 50 亩，植苍松翠柏数十株。墓碑刻"顾先生亭林暨配王硕人合墓"。墓周围有砖砌矮墙。光绪十二年，新阳县知县万立钧重修坟墓。1914 年，广东学者孔教会主持人出资委托二十世孙顾子王等建亭林祠，由朱家角营造厂名匠王世昌设计建造。1956 年，顾炎武墓被列为"江苏省文物保护单位"，1984 年、1987 年、2000 年分别进行了修葺。（图 6-41）

（4）少卿山遗址

少卿山是东西长 40 米、南北宽 20 米的圆形墩，墩高 7 米余。1984 年抢救性发掘，发现 1 座崧泽晚期中年女性墓葬，有泥质灰陶豆、夹砂红陶罐、鼎、穿孔石斧等。1997 年进行抢救性发掘，面积 226.6 平方米，发现良渚文化的房址与村落、土台、祭祀坑。墓葬 10 座，灰坑 4 个，房址 1 座，出土玉琮、斧、镯、璜、石钺、刀、锛、凿，夹砂灰黑陶鼎、泥质灰胎黑皮陶圈足镂孔豆、球腹罐、带把豆、贯耳壶、匜、盉杯等 100 余件。

图 6-39　千灯镇延福寺秦峰塔

图 6-40　余家当铺

图 6-41　顾炎武墓

（5）千灯三桥

吴家桥、种福桥、永福桥是横跨千墩浦上的三座明清时期的石拱桥。

吴家桥原名"三善桥"，位于千灯镇吴桥村，东西走向跨于千灯浦上，始建于明代初期，明万历三十八年（1610）重修，清康熙年又进行了重修。桥为花岗石质地，单孔拱桥，拱券纵联分节并列砌置，板式栏杆，为典型的清代石拱桥。

种福桥原名"西庄桥"，俗称"南大桥"，位于千灯镇千灯浦上。始建于清康熙年间，现存的种福桥为清道光元年（1821）重建，为花岗石质地单孔拱桥，东西走向，全长 31 米、宽 4 米、净跨 10 米、矢高 5.3 米。拱券纵联分节并列砌置。南桥联："虹彩亘长空，柳市南头，夜半钟声梅隐近。龙梁凭远眺，江流东去，日斜帆影淀湖遥。"北桥联："壤地接凝薰， 迭锁重关风水固，万家生聚。云天同澄清，博施济泉川涂巩，百载津梁。"

永福桥又名启秀桥，俗称北大桥，东西跨于千灯浦上。明天启年间（1621—1627）初建，崇祯元年（1628）重建，清乾隆五十二年（1787）重建。永福桥是花岗石质地单孔拱桥。拱券采用纵联分节并列砌置，北桥联："虹彩耀文明团团生聚，万家塔影山峰左右袒；龙梁蟠巩固滚滚源游，千载淞风淀水古今流。"南桥联："一曲长虹欣看气象聿新，南浦群推儒者冠；半钩皎月静溯潮流依旧，北风时系古人思。"桥梁保存基本完好，桥基稳固，无松动、缺损、沉降现象。金刚墙完整、稳固。（图 6-42）

千灯吴家桥

千灯种福桥

千灯永福桥

图 6-42　千灯三桥

2. 非物质文化遗产

千灯自古为文化之乡，人文荟萃，积淀深厚，拥有的非物质文化遗产共有 5 大类，其中民间文学 8 个，传统舞蹈 1 个，岁时月令 1 个，民间信仰 3 个，曲艺 1 个。

（1）昆曲

昆曲早在元末明初之际（14 世纪中叶）即产生于江苏昆山一带，它与起源于浙江的海盐腔、余姚腔和江西的弋阳腔，被称为明代四大声腔，同属南戏系统。该剧种于 2001 年 5 月 18 日被联合国教科文组织命名为"人类口述遗产和非物质遗产代表作"称号。（图 6-43）

（2）千灯跳板茶

千灯跳板茶是流行于昆山市千灯镇的一个独具特色的民间舞蹈。用于婚礼场面向新人、亲戚敬献美茶的礼仪，是水乡婚礼中鲜为人见的习俗。表演内容为一青年男子，双手分别托起一茶盘，盘中装上茶杯、茶水，然后通过转、举、托、扭等一系列高难度的动作。该舞蹈曾在"民间舞蹈普查"中被详细采录，并刊登在《中国民间舞蹈集成（江苏卷）》。（图 6-44）

（四）特色和价值

千灯古镇见证了太湖平原自然环境和人工塘浦系统的完整演变过程。不论是太湖最早沙岗上的少卿山遗址，还是淀山湖—吴淞江泄水的千墩浦，都记录了从"三江底定"到"以运为纲"的沧海桑田变迁过程中，太湖高地平原抵御潮卤侵害、塘浦蓄水灌溉的农耕水利变迁过程。

千灯古镇是江南高平地带塘浦型聚落的代表之一。江南古镇，多选址于汀浜圩港之上，河道窄小、便于架桥，故多呈现沿河而居、以河为轴的布局形态。浦，大水也。便于泄洪、便于通航，却不利于两岸沟通一体，更不利于纳入日常生活场景。故而，千灯镇整体形态呈现棋盘模式，只在清中晚期，浦水浅窄以后，才有东西之合，才有滨水之形。可以说，千灯镇，是一个典型高平地带、塘浦水网中的江南古镇。

图 6-43 昆曲

图 6-44 跳板茶

千灯古镇是江南城乡文化连续体的代表之一，或可说，是中国城乡文化一体化的见证之一。自江南成为国家基本经济区，耕读就成为江南古镇的普遍风气，且因江南舟楫之利，各镇名人逸士辈出，组团结社，为地域之翘楚。这一现象可以视为牟复礼、施坚雅等学者关于中国传统"城乡连续统一体"的直接见证。"不是城市，而是乡村成分规定了中国的生活方式。它就像一张网，上面挂满了中国的城镇。这张网是用中国文明的料子织成的。"

五、夹河为市长泾镇

长泾镇位于江阴市域东南部，地处长江三角洲——太湖平原地带，经济繁荣的苏锡常腹地。长泾镇所处区域属江阴南部的太湖水网平原，地势平坦，标高在 4.90～6.10 米之间（黄海高程）。长泾镇全境属水网密集地区，河港萦纡，渠荡遍布。作为区域主要河流的张家港河与东青河（古称东泾河）分别位于今长泾镇政府所在地集镇的北部和东部，长泾河、长文河、西泾河、新泾河、汤村港等河流穿集镇而过，镇域内还有富贝河、跃进河、东塘河、沙子港等，各河道延伸辐射，联结长江—太湖水系，此外，支流水系众多，呈现出纵横交织的水网形态，具有江南水乡特色。长泾于 2009 年被公布为第六批江苏省历史文化名镇，于 2010 年被公布为第五批中国历史文化名镇。

（一）镇村体系变迁

1. 区位与历史——水网纵横，大姓迁居

作为太湖流域的城镇，长泾的发展与太湖地区的水利兴修有密不可分的关系。自古以来，太湖地区就具有独特的地理环境和水土资源，经过不断的水利兴修，成为粮蚕、水产等集中产地，同时也形成了河港纵横、堰闸设置、城镇林立的格局。太湖水系的来源大都来自西侧的丘陵地，即导源于茅山及宜溧南部的荆溪和天目山区的苕溪，排水以三江为纲。究其史迹，可谓"治水起初于商周，初兴于六朝，全盛于唐宋，明清时能勤于改善维修"。因此发展至今，已形成较为系统的河网。它们为城镇港埠的形成和发展奠定了基础；尤其是与这些河网化水系相沟通的江南运河及支河，直接起了推动和促成的作用。在春秋时期，太湖地区就形成了一个具有相当规模的城市，即今苏州。水利的兴修促进了水运交通的开发，活跃了江南各地的物资交流，重要的港口、码头往往成为漕粮的转运站、贸易物资的集散地以及商品交换的市场，并进一步发展为重要的聚落乃至城镇和港埠。如秦代太湖地区行政区划主要所属的会稽郡，治吴县（今江苏苏州）下领22县。其中丹徒、曲阿、海盐、由拳（今浙江嘉兴）、余杭、钱塘等均在运河沿线。西汉时，增置无锡、毗陵（今江苏常州）等城市。至南朝梁，置江阴郡，辖江阴、利城、暨阳三县。水利、水运和太湖流域的城镇港埠之间形成相辅相成的关系。

长泾古名东舜城，九房巷北，有古东舜城遗址。按《风土记》曰：舜曾居此，故名。另按《路史》记载，舜有庶子七人散布江南，其后人繁衍之地多以舜名，东舜城之名由此而来。今根据《泾里志》

记载，长泾镇东南的四房桥，西侧有一条南北走向的河道，称为"西泾河"。古时西泾河两岸地势高亢，十年九旱，耕民虽辛勤劳作，但因无法取水浇灌，干旱年份常常颗粒无收。至南朝萧梁时代，梁武帝萧衍派遣昭明太子寻访舜城故址，在东舜城（今长泾）实地考察，根据地势高低之不同，因势利导，分段筑堰，分层蓄水，号称梁武堰的18座水坝使得长泾得灌溉之利。

至宋代，东舜城改名东城里，因长泾地处长江太湖间的河流节点，水系发达，交通便利，逐步形成南北两个自然市集，南市在今四房桥、陈店桥一带，北市在今汤村桥一带，南北相距数里，中间为长泾里。长泾里境内有东泾河、西泾河、市河（长泾河）3条水道，又名三泾里，但由于此时水道浅窄，不通舟楫，尚无百姓来此定居。元至治时，才有人开始在这一带构筑茅舍。元至正时，江西人姜某携妻子避兵来此耕种，开荒凿渠，但苦于此处地势较高，河道浅窄时而干涸，大量田地抛荒，考虑事关重大，不是郡县所能决定，便远赴京师叩请断西泾河蓄水。一直等到明太祖建立明朝，才准其所陈，连续筑造大坝、西泾坝、七房坝3座大坝。随着3座河坝的建成，水位抬高，农业迅速发展，由于该处僻静，可以避兵，居民日渐增多。明成化时，有富民夏氏聚

图6-45　长泾镇在无锡市的位置

资料来源：笔者根据江苏省城市规划设计研究院《江阴市长泾镇河北街历史文化街区保护规划》中图纸改绘

族居于此，建桥修路，建造房屋，捐资疏浚东泾河，以通舟楫。

东泾河改名为东新后又称为东青（清）。经东清河可达无锡、常熟、苏州、上海，经张家港河可达江阴、杨舍，依托便利的水上运输条件，集镇日趋繁庶，长泾"俨成江邑东南一大市镇矣"，原南北两市渐衰。（图6-45、图6-46）

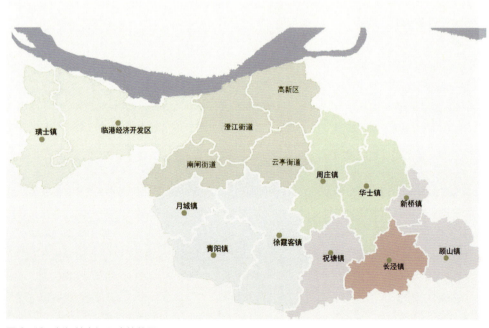

图6-46　长泾镇在江阴市的位置

资料来源：笔者根据江苏省城市规划设计研究院《江阴市长泾镇河北街历史文化街区保护规划》中图纸改绘

2. 市镇变迁——江邑大市，近代转型

宋代以降，江南地区由于商品经济的发达，市镇已经开始萌芽，明清以来，随着商品经济的发展与初期资本主义的萌芽，江南的太湖周边及长江三角洲一带兴起了许多商业市镇。从百姓观念来看，明清时期百姓经商的原因大多是因为江南地区地狭人稠，土地奇缺，靠务农已经达不到生活的最低需求，加上赋税沉重，只得靠经商寻找出路。从地理环境看，长三角——太湖平原地带港汊纵横，城乡交通以水道为主，陆路为辅。市镇作为商品集散地和商业中心，为了便于交通运输和货物集散，也是大都沿河展开或者设在河道交汇的要冲。大小市场散布在水网的节点上，水道将这些市镇连接起来构成一个商品流通的庞大网络。从该时期区域的商品作物与市场交易看，主要有棉作、蚕桑与米粮贸易。自十五世纪中叶以后，长江三角洲地区的棉作与棉纺织，以及太湖流域一带的蚕桑与丝织业，都已发展至高度的专业化生产方式。明清时期，由于商品作物的普及以及市镇经济的发达侵占了粮食生产的耕地，使得长三角和太湖流域从历史上著名的粮食产地变成了全国最严重缺粮的地区之一。因此，各区域间的米粮贸易也形成整个经济体系极重要的一环。[①] 1840年鸦片战争后，受到清政府被迫开辟通商口岸的影响，江南市镇逐步转型，一些市镇由传统的乡村经济中心向近代工商业城镇发展。

江阴与江南其他地方一样，既是鱼米之乡，又是桑棉之区。农产品种类多，农业多种经营，经济作物普遍栽植。早在南宋时期仅在沿江岸一带种植棉花，入明以后逐渐推广，土布生产逐渐由毗邻棉区的华士、周庄、杨舍扩展至祝塘、长泾、璜塘、顾山、青阳等地区。农村出现织布作坊，小土布成为江阴传统产品。明洪武十年（1377），江阴栽桑10.45万株，以后桑蚕业日趋繁荣。蚕桑曾于明代后期渐废，但经清同治年间提倡，又渐有恢复。素负盛名的江阴小土布和白粳米，也从产地运到时称"布码头""米码头"的无锡，再销往浙江乃至其他地区。由于江阴地处长江下游近入海处，沿江上溯即为南京、九江、汉口等埠头，难免不受开埠风潮的影响，但江阴工商业主的前身多是小型新式企业的投资者，资本一般不多。

长泾"宋名东城里，至明时更名东顺乡"，清初才有长泾镇建制。在长江三角洲与太湖流域的商业网络上，尚不能算十分重要的市镇。宋元之际，江阴设市镇以人口和税收为依据，主要有利城、申港、长寿和梁丰4镇。明代江阴境内的商业集镇上升到12个，集市有21个；清代进一步发展，境内较为著名的集镇有包括长泾在内的几十个。长泾此时被称为江阴东乡除华墅（今华士）外第二镇。

作为现今镇政府所在地的长泾集镇，系明代经夏氏建设才逐步发展成为集镇，其发展变迁清晰地体现着江南市镇自宋代以来的变化。长泾的集市贸易历史悠久，在宋代就有南北两市。明初经筑大坝、西泾坝、七房坝，蓄境西南之水，又开挖川荡，为长泾的农业生产发展创造了条件。此后人口日渐稠密。明成化年间，夏希民自习礼村析居于此，疏通河道，筑坝造桥，集众开市。其子良惠又进一步扩大了建设规模，自西泾河东

[①] 刘石吉：《明清时代江南市镇研究》，中国社会科学出版社，1987，第2页。

至凤凰浜，聚族而居，《泾里志》载，"希明经始于前，良惠恢扩于后，而长泾镇遂由之以始"。至万历时，袁中丞袁一骥出资改建瓦房，此后长泾规模大定，集镇日趋繁庶，"俨成江邑东南一大市镇矣"，原南北两市渐渐合并至此。长泾市集除日常交易外，每年农历三月廿日、廿一日两天为集场，每月初二、十二、廿二日，为牲畜的交易日。此时市集交易集中在粮食、茧业、土布等传统农产品和传统手工业产品上。明清年间，由于地处江阴、张家港以及无锡市区的交接地带，水运交通便捷，尤其长泾河作为市河，"西抵于江、东达诸湖"，长泾河两岸依托水运条件迅速发展，贸易繁荣，有了"小苏州"之称。民国二十五年（1936）全镇有大小商店100余家，营业鼎盛。日军侵华期间，各商店遭洗劫一空，百业萧条。抗战胜利后开始恢复，至解放前夕，商铺增至302户。

长泾的副业生产，旧时以养殖、土纺土织、栽桑育蚕、编制竹柳器等为主。明代，长泾即有大批手工棉纺织户。清代尤胜，除自用外，通过布商收购外销。清末民国年间，长泾镇民族资本主义初生，纺织和粮食等行业极盛一时。民国始有洋纱、洋布上市，宣统三年（1911），宋氏姐妹兴办裕泾布厂，以洋纱为原料，织成改良土布。民国十七年（1928）后，镇上开设过数家布庄，专营放纱加工，组织外销。清宣统年间设茧行，至民国五年（1916）已具规模。清末至抗战前，桑蚕业曾居重要地位，民国十七年（1928），长泾富绅宋楚材联合友人吴瑞甫、华孟英等人集资，在长泾南街东首，创建了"大福蚕种场"（现国营江阴市蚕种场），并到苏州"浒墅关女子蚕业学校"招收了6名育种人才，开始了"大福蚕种场"的创业史。所产杂交蚕种定名为"帆船"牌。产品远销苏、浙、沪及新疆等地。从1828年到1934年，宋楚材先生在长泾镇东首泾水河两岸建起了上万平方米的标准化蚕室、簇室、储桑室、冷库及生产辅助房。水运码头、发电设施、办公、寝室、食堂、庭院回廊也一应俱全，总占地2万余平方米，形成了一座当代化的育种之"城"，成为那个时期蚕种制造业的佼佼者。

辛亥革命以来，长泾的粮食行业十分繁荣。民国五年创立南濄协隆米厂、民国十年创立南濄信义米厂，此后又有益农米厂、南濄新有米厂、南濄公协米厂、宋芳记米厂等。每年秋冬之交，镇上粮行购销业务进入旺季。粮行老板资本小的称"摆盘蓝"，是农民售粮和居民购粮的中间商，也有粮商居间介绍的，收取约3%的佣金，即所谓"代户交易"。资本大的粮号称"座商"，囤积粮食，就地精加工，雇船运送。市河各码头时有"本帮滩船""无锡西漳船""常熟五岐船""苏州蠡墅船""大舢板""网帮船"等泊岸待载，东运至上海等地，西运至江阴，南运至无锡、苏州，北运至沙洲一带，而以输向锡、沪为大宗。抗战胜利前后，长泾粮号有"苏荣记""义茂昌""协仁寅""顺泰行""夏文记""沈廷记""张源丰""冯桂记"等37家。

民国二十五年（1936）全镇有大小商店100余家，营业鼎盛。日军侵华期间，各商店遭洗劫一空，百业萧条。抗战胜利之初有所恢复，至解放前夕，商铺增至302户。从人口规模看，长泾镇在清代当属江阴大镇。根据刘石吉在《明清时代江南市镇研究》中的分析，明清两代人口在千户以上算大镇，江阴华墅镇以清宣统年间的4590户、27 754人被提及，而此时长泾镇全境有3847户、15 387人。

图 6-47　清《泾里志》中周边水系与长泾集镇位置

资料来源：笔者根据江苏省城市规划设计研究院《江阴市长泾镇河北街历史文化街区保护规划》中图纸改绘

除了传统的纺织业、米粮业，解放后，长泾发展起冶金、机械制造业、彩印、电器仪表、家具、化工橡塑等行业。明代洪武（1368—1398）年间，为南京扩筑石头城，夏以愚制砖供用，建窑于长泾。万历（1573—1619）时，为营建集镇，建砖窑于长泾猛将堂东，此乃长泾建材业的早期发展，解放后长泾砖窑厂等兴建，长泾生产的机红砖销往宁、户、澄、锡、虞等地，长泾砖窑业远近闻名。尽管如此，从当代江阴市各镇经济发展情况来看，长泾镇虽然近年来发展势头良好，但经济总量在江阴市域仍处在较落后位置。在《江阴市城市总体规划（2011—2030）》确定的"一城四片区"，长泾镇位于澄东南片区，该片区由长泾、新桥、祝塘、顾山四个镇组成。长泾镇与澄东南片区四镇中新桥、祝塘等经济发展较好的城镇仍有一定差距。[1] 而作为江阴市唯一的中国历史文化名镇，历史文化资源是其突出优势。（图 6-47 ~ 图 6-49）

[1]《江阴市长泾镇总体规划（2014—2030）》。

图 6-48 宋代长泾在江阴的位置

资料来源：笔者根据《无锡文库·弘治江阴县志嘉靖江阴县志（第1辑）》改绘

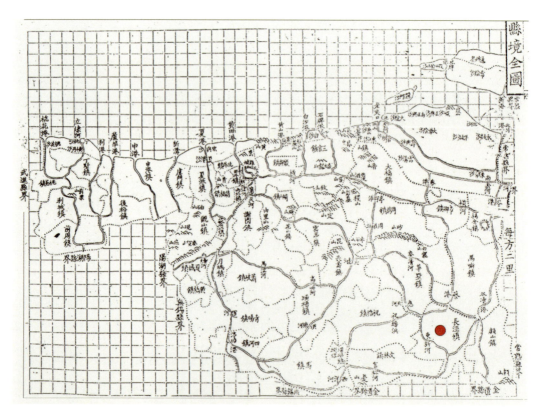

图 6-49 清代长泾在江阴的位置

资料来源：笔者根据《江阴通史》改绘

（二）空间格局分析

1. 镇区格局

根据清代《泾里志》的描述，长泾位于江阴东南，东接顾山，西届祝塘，周围四十余里，河流曲绕，土地平旷。从风水的角度，龙脉来自华士的沙山。镇北有土岗横亘，以接龙脉岗上有古松数十株，为一镇屏障。港东百余步有水坝曰渎圩。渎圩在今镇区学前街北部一带。这一带被术者喻为一镇之天仓，是基兴废，合镇旺衰系焉。往西一里左右，为千松庵万松庵，系前朝参政顾言之的墓所。集市往东约一里，有关帝行宫，乔木参天，镇压东境。此时的长泾，经过历代发展，已成为北枕砂山为靠，东瞰顾山，西连八字河口，往南通达无锡、苏州等地的交通便捷之地。长泾镇之势乃依象形，"首东尾西，镇中横穿长泾河，形成南北两街为龙身，两街南北有四弄，南街有墙东弄、南街弄；北街有曹家弄、杨树弄，弄为龙足。东巷门外跨街有二井为龙眼。"（图6-50）

长泾镇区目前的空间格局与《泾里志》所记载甚为吻合。以河道水系为主干的情况在长泾镇中表现得十分充分，典型的"夹河为市"，即市镇中心密集处大多分布于市河两岸，且成为居民商贾聚集、经济往来的水陆码头，农户后门即河道，作坊前门临码头。空间格局整体为一河二街

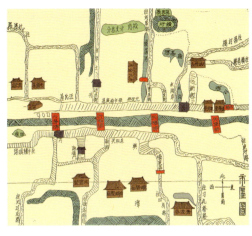

图6-50　清《泾里志》中记载的长泾镇区布局

资料来源：笔者根据《泾里志》改绘

型，即一条河流横穿镇中，两旁是市镇街店肆，镇上沿市河南北两岸大街（河南街）、（河北岸），不仅是通衢大道，而且是商业中心。目前河北街建筑与街巷的空间关系仍存，而河南街随市河的拓宽成为临河街道。（图6-51）

长泾市镇始于宋代，兴于明代。因此，现存两侧建筑大都源于明清时期，店铺往往为几进院落，如张厅、李厅、王厅、宋厅，皆为前店后坊的推槽板房屋。民居鳞次栉比，民国建筑亦镶嵌其中。长泾镇至今保存着江阴是最完整的石板老街，街巷弄堂曲径通幽，河埠拱桥交相辉映，记录着曾经的繁华。（图6-52）

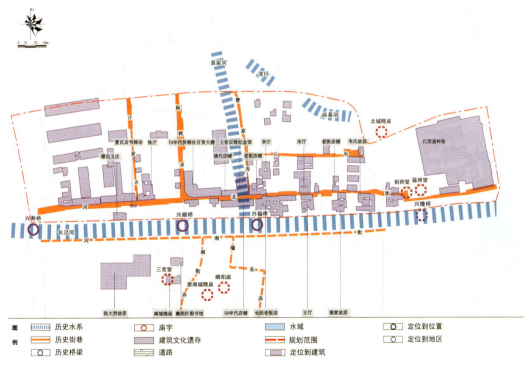

图6-51　目前的长泾镇区格局

资料来源：江苏省城市规划设计研究院《江阴市长泾镇河北街历史文化街区保护规划》，2017

河北街　　　　　　　　　　　　　　　河南街

图 6-52　长泾老街

资料来源：笔者摄

2. 空间要素

长泾镇地处长江三角洲腹地，地势平坦，河湖纵横。河道与街巷、桥津、祠庙相依相存，构成整体有致的历史风貌，至今与居民生活息息相关。

长泾镇水网密集。集镇所在地主要位于东泾河、西泾河、市河交汇的区域。根据《长泾镇志》记载，长泾河，起自镇境西北端，汇集应天河、张家港河诸水，顺流东下，过和平、叶桥、长泾、泾南四个行政村，至牛腰坝段，古称西泾；由牛腰坝经长泾市集至泾东村的赵家湾段，古称泾水，今名市河，再由赵家湾折向东南，经长东、李元和泾东三行政村境入东清河段，古称东泾河。明代始浚泾水，连接各段，使三泾贯通。

清代的街巷格局保存至今。根据《泾里志》记载，"市跨长河，分南北两街，街有四弄。北曰曹家弄、杨树弄。南曰墙东弄、南街弄。弄为龙足，街为龙身"，即今河北街、河南街、曹家弄、杨树弄、墙东弄和南街弄。

长泾镇桥梁众多，在集镇与下属村庄从古至今均有大量桥梁。历史记载，除位于集镇中，位址尚存的仍有兴顺桥、兴福桥、兴寿桥、兴隆桥等，还有四房桥、陈典桥、习礼桥等乃长泾古镇与各村落的联系命脉，这些桥梁也是长泾镇形成期居民迁徙的历史性通道以及长泾镇历史变迁的见证。其中，兴顺桥始建于明成化，富民夏希明建一市桥跨河，以通南北，名曰兴顺。兴福桥原为木桥，在兴顺东百余步，明弘治时夏良惠建，后废。此后在明清两代的万历、崇祯、康熙、雍正、乾隆年间屡有重建重修。兴寿桥原为木桥，在镇西，后又称为虹桥。兴隆桥原为木桥，在祖师堂左，后更名青龙桥。雍正辛亥三月重建，稍迁移四五十步至祖师堂前。桥身为木身，有栏杆，通称为东桥，又曰新桥，后又废，唯存二石作路，以便民往来。现四座古桥均已湮废，除兴隆桥外，其余三桥均在原址新建。

长泾镇河北街上保存有少量河埠头。水乡民居前门临街，后门沿河，民居早期建造许多私用小码头，俗称河埠头，以便日常淘米洗菜，洗涤衣物，也便于小船往返交通。河南街的河埠头已经遭到改建。

据《泾里志》载，合镇有寺庙 37 所，尽毁于清咸丰年间。集镇范围内现其迹可考的有祖师堂、猛将堂，江阴蚕种场东侧的大福祠堂，以及南城隍庙、北城隍庙、三官堂等。

(三) 物质和非物质文化遗产

1. 典型物质文化遗产

长泾镇历史文化积淀深厚，拥有省级重点文物保护单位1处、市级文物保护单位6处。其中代表性的几处名胜古迹有江阴蚕种场、上官云珠故居等。

（1）江阴蚕种场

江阴蚕种场又名"大福蚕种场"，坐落在长泾镇河北东街头。蚕种场创建于1928年，由长泾镇宋家宋楚英、宋楚材兄弟俩创始。原"大福蚕种场"有南北两场，先有南场，后有北场，该房坐北朝南，均建有标准化蚕室。1937年抗战爆发，被炸毁三分之一，余存三分之二到解放后恢复原貌。现存北场6.8亩，总建筑面积5346平方米，共有124间房，分为办公、生活、生产三部分。有标准化蚕室四幢，蚕室结构充分体现了蚕种制作的特殊工艺流程特点，技术设施富有时代性和创新性。2002年10月被评为省级文物保护单位。（图6-53）

（2）上官云珠故居

上官云珠故居，中国第一代电影表演艺术家上官云珠的出生地，坐落于长泾镇河北中街，为砖木结构楼房，坐北朝南，前后三进二间二层跨的院落，正屋十八间，建筑面积350平方米。其前店后房式样具有江南街镇房舍建筑的特色，此宅达四百余年历史，至今保存完好。2009年4月被公布为江阴市文物保护单位。（图6-55）

（3）廉珉轩

廉珉轩，中西合璧式小洋楼，楼房前后二进，三间两层附有侧厢，砖木结构，外观具有西洋建筑风格，内部木柱立架，楼梯窄狭，传承了中国江南水乡古典传统民居小楼的建筑特色。为顾家长子顾铁华故居，至今保存完好。2009年4月被公布为江阴市文物保护单位。（图6-54）

（4）张大烈故居

张大烈故居，坐落于长泾河南街南巷门33号，又名"黄石山墙"，建于1860年，占地总面积为2128.32平方米，建筑面积1176.8平方米。此宅是原长泾名门望族之一的张氏故居，著名抗日烈士张大烈亦居于此。其为"青砖小瓦马头墙，四廊挂落花格窗"的明清江南水乡特色民居的代表，由五进正厅房和二进南北偏房组成，共47间。1992年被江阴市人民政府批准成为市第五批文物保护单位。2002年挂牌为"江阴市爱国主义教育基地"。（图6-56）

（5）夏氏贞节牌坊

夏氏贞节牌坊，坐落于河北街西街，牌坊面向长泾河，坐北朝南，原立于汪家码头。建于乾隆三年，为三门四柱五楼式，宽6.7米，高4.2米。乃汪鹤皋为报答兄嫂之恩所建造以志纪念。约在1920至1930年代，台风将石牌坊的三层吹倒。"文革"期间，长泾百姓建房屋时将石牌坊砌于后墙中。1990年代民房翻建，牌坊被保留。2009年4月被公布为江阴市文物保护单位。（图6-57）

（6）梁武堰

梁武堰，位于长泾镇东南的四房桥西的西泾河上。南朝梁武帝萧衍钦派昭明太子修建，距今已有1400多年历史。遗址在长泾镇中心小学校园内，立有"梁武堰遗址"石碑。1985年10月，被评为江阴市第四批文物保护单位。

（7）董庄桥

董庄桥，位于长泾镇南瀹村董庄桥村东沙子港上，又名惠济桥。其于乾隆丙戌年（1766）冬开工，至丁亥（1767）春末建成，系石桥。2009年4月被评定为市级文物保护单位。

（8）传统民居

长泾镇还保存有一部分具有传统地方特色的传统民居，主要位于河北街沿街，多为前店后宅或下店上宅式格局，砖木结构；以及一部分兴建于近现代的建筑，能够体现长泾的社会经济变化与建筑时代特征。

河北街张厅，是长泾徽商张氏迁至长泾镇最早的居房，位于河北街西段，坐北朝南，八开间三进式，砖木结构。

图 6-53　大福蚕种场

资料来源：笔者摄

图 6-54　廉珉轩

资料来源：http://www.cnjsjy.cn/centent/2014=10/16/content_254422.htm

图 6-55　上官云珠纪念馆

资料来源：笔者摄

图 6-56　张大烈故居

资料来源：http://weibo.com/p/2304185314b9520102x10b

河北街缪氏义庄，为缪昌期第四世孙缪绳孙、缪肤敏等集资共同兴建，为困难家庭发放救济金、粮食等，位于河北街西首，坐南朝北，五开间二层式，东西侧厢，北围墙小院，砖木结构（图6-58）。

河北街李厅，位于河北街中段，坐北朝南，砖木结构，原李厅为三开间四进二层，此为前二进西侧一开间，1982年长泾镇建农业银行，将前二进东侧二开间拆除。

长泾老饭店，长泾镇供销社开设的第一家饭店，位于河北街中段，坐南朝北，八开间三进二层式，砖木结构（图6-59）。

河北街宋厅，曾为民族资本家宋杞、宋梓兄弟二人之宅，原为五进三开间，后拆分为两部分，此为临河北街前三进，坐南朝北，砖木结构。

河北街王厅，位于河北街中段，东有通道，连接向南沿河码头，坐南朝北，三开间二进式，砖木结构平房。

图6-57　夏氏贞节牌坊

资料来源：笔者摄

图6-58　缪氏义庄

资料来源：笔者摄

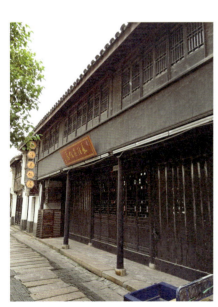

图6-59　长泾老饭店

资料来源：笔者摄

长泾粮油管理所,长泾粮食行业自辛亥革命以来,盛极一时。市河各码头有各船帮泊岸待载,以输向锡、沪为大宗。新中国成立初,国营建中公司分支机构在长泾设站,购销粮食和油料作物。同年,粮食购销业务改由国营中粮公司江阴分公司在长泾设站办理,并设长泾粮食贸易市场。1955年中粮公司撤销,成立长泾粮油管理所,上属江阴县粮食局,管辖粮食供应站及粮油贸易市场。

影剧院,长泾影剧院位于河北街,1969年建成,1982年成立长泾文化中心时翻建。有1100个座位,用地面积2000平方米,建筑面积786平方米。

2. 非物质文化遗产——人文荟萃,技艺多彩

（1）历史人物

长泾镇的历史上名人辈出,包括古代政治名人、近代文化名人、革命志士、民族资本家等。明代"东林党后六君子"之一的缪昌期,著有《从野堂存稿》8卷,《周易九鼎》16卷,《四书九鼎》14卷。由缪昌期后代缪绳孙等于清代所建所建的缪氏故居位于长泾镇河北老街西街。著名影星上官云珠出生于长泾镇,并在这里度过少年时代,今长泾镇河北街上仍保存有上官云珠故居,经长泾镇政府修缮后,已于2007年开放为上官云珠纪念馆（图6-60）。地方爱国人士张大烈及其波兰妻子司艾伦的故居位于长泾镇河南街。新四军六师将领谭震林在长泾的小庄圩,蒲市里指挥过一系列抗日活动,"江抗"司令部旧址仍存。民国年间长泾早期的民族资本家宋杞（字楚英）、宋梓（字楚材）兄弟,在当地热心公益,创办实业,振兴教育,先后经营酱园、南北货店、米厂,倡修大桥,修筑街道,兴办宋氏初级小学及宋家湾小学,创办大福蚕种场,建大明电灯厂等。

（2）传统民俗与手工艺

长泾镇有悠久的民俗生活传统。每年四时八节的传统节日和传统风俗,别具特色。正月初一子时各处寺院烧头灶香,又称"轧山门";正月"唱春"盛行,唱者足迹遍布每户人家;正月半"闹元宵",闹在舞龙灯,调狮子,打莲湘,办灯会;农历二月十二日式"百花生日",家家户户子女都要"沾红"。三月二十日是传统集场日,长街上土特产琳琅满目。庙会有城隍老爷庙会、关帝庙会、青龙庙会等。六月初六"洗浴节",六月二十日谢灶等皆别具特色。

民间文艺活动较为兴盛。插秧耘稻,山歌对唱;牧童放牛,牧歌互答;暑夜纳凉,说唱"因果"。清末便开设的"龙园"茶社,常礼聘姑苏评弹艺人,来长泾开评话或演唱弹词。长泾滩簧班子即"农忙务农、农闲从艺"的戏班子,演出时将祭祀性舞蹈"跳财神""跳加官"等融合,是流传至今的地方特色。

长泾的传统手工艺丰富多彩,其中长泾烧饼制作技艺、竹篾制品、髹漆、圆作、豆腐花制作技艺、抛石锁、补锅等,代代相传,自古至今,驰誉四方。（图6-61、图6-62）

图6-60　上官云珠

资料来源：www.duitang.com

图6-61　闹龙灯

资料来源：江阴市规划局提供

图6-62　长泾月饼

资料来源：http://travel.sina.com.cn/china/2013-08-29/1750212954.shtml

（四）特色和价值

长泾集镇因水而生、理水而兴，缘起于明太祖在西泾河连筑三坝、蓄水屯田，兴盛于夏希明疏浚泾水、沟通水网，集镇的缘起和兴盛都与水利条件的变化密切相连，集镇空间布局也是综合考虑水利、地形等因素，因势利导，结合水系进行布局的结果，体现了古代治水理水的先进思想。

镇区以长泾河为纽带、以河北街为依托，传统居住群落依河沿路延展共生，形成民宅枕河、依水成街、街河相偎的特色格局，街区"河—街—巷"空间关系完整清晰，是江南水乡特色风貌的典型代表。河北街、曹家弄、杨树弄等主要街巷以及沿街不同时期建筑遗存皆得以保存和延续，镇区基本保持了原有的历史环境风貌、整体肌理形态、街巷空间网络格局，以及传统民居院落尺度，街区空间格局自明清以来变动不大，体现了良好的历史延续性和空间发展脉络。

长泾镇区是古镇历史发展的缩影，作为长泾镇水运体系的转运中枢，成为长泾对外贸易的集散地和民族资本主义最先兴起的地区。明清时期，长泾的大致形态就已基本形成并演变保留至今，民居依托长泾河展开布局；商贸活动依托水运得以发展；粮食行业在民国时期也是鼎盛一时，每年秋冬长泾河沿岸码头各地船只泊岸待载，街区至今仍保留了部分粮食仓储功能；蚕种制造业凭借丝织行业的兴盛快速发展，从清代起直至1990年代，长泾河沿岸码头运桑船来往忙碌，民国二十五年兴建的大福蚕种场二场至今仍然保存完好。河北街在长泾镇的地位自明代之后几百年间长盛不衰，成为长泾镇经济、社会、文化发展的缩影。

在长泾镇的发展过程中，大姓氏族的建设主导对街区的空间布局影响深远，氏族的资金财力、经营方向，更直接影响了长泾的经济形态。明代，夏姓族人捐资疏浚河道、建桥修路、建造房屋，揭开了长泾镇的发展历史。"市中民居多系夏氏建置"。直至1990年代，夏氏仍占全镇人口十分之一强。民国时期，宋氏兄弟作为长泾早期的民族资本家，推动了长泾纺织行业、粮食行业，以及公益事业的发展。宋楚英经营恒和酱园、芳记及伟记南北货店、芳记米厂等企业，由此推动长泾粮行贸易的迅速发展，同时热心公益事业，倡修南滆大桥、虹桥，修筑街道，与其弟助田捐资，先后兴办宋氏初级小学及宋家湾小学。民国十七年宋楚材在长泾南街创办大福蚕种场，继而又续办二场、三场及蚕桑学校，此后，花边扣网工场、顾记袜厂、仁大袜厂、长泾袜厂相继创办，长泾纺织行业迅速发展。

综述

「奇门遁甲」窑湾镇

高堤结屋码头镇

运河要冲邵伯镇

四水三街孟河镇

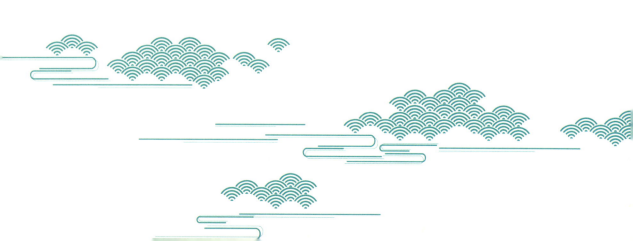

第七章 与运河荣衰与共的商旅聚落遗存

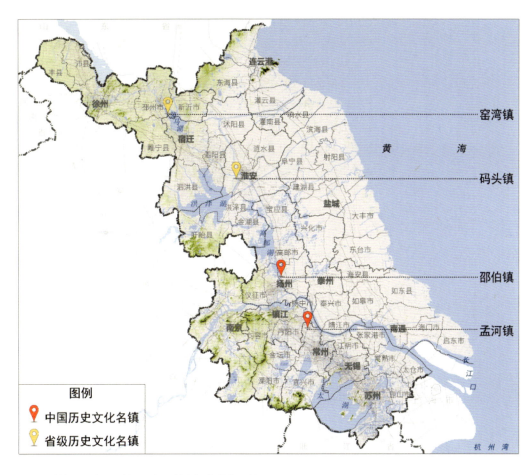

图 7-1 窑湾、码头、邵伯、孟河四镇在江苏省的区位

一、综述①

在京杭大运河蜿蜒穿行的八省市中,江苏段的大运河历史最久、河道最长、状况最复杂、保留的遗产点(段)也最多(拥有中国大运河世界文化遗产点段总数的40%),因而沿运河分布且与运河共兴衰的集镇可以说是江苏聚落遗产和历史文化名镇中极具特点的一类。本章从入选国家级和省级历史文化名镇的江苏古镇中,遴选出的运河四镇——窑湾、码头、邵伯②、孟河即是如此(图7-1)。

和那些地处偏远的古镇不同,能对古代水运大动脉沿线古镇产生重大和关键影响的往往并不是其周边的地理微环境,而是运河及其同运河相关的其他若干因素影响。比如说因黄河的迁徙和决口引发的运河改道,就使某些运河古镇其兴也忽焉亡也忽焉;而随着近代产业转型或是交通条件、路径的变化,大量运河古镇的兴衰轨迹也差异甚大。本章对运河古镇案例的分析也显示:"运河水系演化"及保障这一演化的"水利水工"设施变化无疑是推动大运河古镇演化的主线因素和共通基础,其他的关联因素则还包括产业经济演化、文化特色演化、军事要素演化等,

① 本章吸收了作者参与的江苏社会发展计划项目《绿色·低碳·智慧小城镇建设科技示范工程》(SBE2015710009-2001)、江苏省住房和城乡建设厅科技项目《江苏历史文化名镇的特色和价值》的部分成果。
② 明清时期的邵伯即有"九十九座半庵观寺庙"之说,道教、佛教、天主、伊斯兰教等大量宗教建筑在"神路"(今邵伯甘棠路)修建、集聚。参见:《邵伯镇志》编纂委员会:《邵伯镇志》,江苏人民出版社,1996,第432-433页。

它们会在不同的历史阶段产生不同的影响甚或成为主线，并最终呈现为聚落空间的变化。

从运河水系和水利水工演化看，整个明代和清代大运河水系演化除了大量的微小变动之外，最重要的是发生在苏北和鲁南的两件事：其一是从借黄行运到避黄行运，即逐渐放弃了借用夺淮后的黄河河道作为航道，而另辟人工水道作为运河主航道，此即泇运河和中运河之开凿，使原本游离于主航道的窑湾变成了主航道上的重镇，进而造就了窑湾镇"择自然水系而生—借黄行漕的大运河绕行—新开泇运河的大运河串联—大运河的南北断流—重新疏浚的大运河改道通航"的变迁轨迹，显示了运河水系演化的强烈影响；其二则是朝廷倾全力专注于年年变化的运河穿越黄河的艰险水工设施——清口工程，这又造就了码头镇不可取代的水利地位，加之码头镇淮河右岸的复线运河工程，以及乔维岳开掘沙河由磨盘口入淮而首创的非翻坝直通江淮之技术，终使码头一带成为国家战略工程体系中的水利要枢，并成就了今日运河全线古代水利工程遗存最密集、价值最高的地区。此外，孟河镇虽不在江南运河穿越长江的主要通道京口附近，但因京口航道常常淤塞，且东部的泰州过江走瓜洲实为绕行远路，故江南运河在很早就开掘出多条穿越长江的通道，孟河即是其中经常取代京口而过江的通道之一，这也带动了孟河一带的繁荣。还有因时制宜的邵伯镇，在运河稳定和成熟时期以蓄水设施（埭、蓄水闸）为主促水运畅通，而在运河湖漕和变迁时期则以堤防（减水河、减水闸、坝）为主御洪涝灾害，同样推动了邵伯的繁荣。

从产业经济方面看，大运河古镇产业经济不但在行业门类、产业结构、发展模式等方面经历了长期的分化、转换、更新和现代化转型，还在产业布局上呈现出"从运河指向到综合指向"的演化趋势——前者取决于两大基本前提：大运河的开掘连通以及漕运制度的推行，由此带来的水运条件提升和人流物资集散，使古镇沿河一带逐渐摆脱传统的农耕经济局限，而集聚起大量的商贸服务业、家庭手工业、工场手工业、织造业、运输业甚至金融业等，即实现向农商经济和手工经济的转型；后者则源于后漕运时期运河水系的功能转型和传统运河经济的衰落，或因国有企业、乡镇企业等带动而向第二产业转型和工业园区集中（邵伯镇），或因历史文化资源的展示利用而向外向型的文化休闲和旅游服务产业升级（如窑湾镇和码头镇），或结合地方优势孵育和培植新型特色产业（如码头镇的生态农业），且在布局上已不再限于传统运河因素的制约，而受到现代交通、资源禀赋、市场辐射等更多因素的综合影响。

其共同的演化脉络包括：形成期的古镇除了部分官营产业（如窑湾军镇时期的制陶工艺及其手工业）外，长期依托于传统渔业和农耕经济而生长，这同当地水网密布、湖泊众多、土质优良的自然地域条件相契合；然后以大运河的开掘连通（隋代码头镇和明代窑湾镇）和漕运制度推行（隋唐邵伯镇）为转机，古镇实现了运河沿线的行业多元化、经济规模化和生产专业化，各类集贸市场和地方经济蓬勃发展；而中华人民共和国成立以来，先是计划经济体制冲击和抑制着村镇产业经济和自由商贸市场的生长，继而是改革开放后的经济体制转型与市场开放（如"苏南模式"的有效拉动），推动沉沦已久的古镇通过企业带动、文化旅游、特色产业培育等多元方式探索城镇化背景下的经济复苏之路，总体上呈现出"农耕经济—农商经济—手工经济—工商/工业经济—后工业经济"

演化轨迹。

大运河古镇虽然在特色文化成型流变的时间、类别和影响力上因地而异，但多呈现出"从多元相生到断裂待生"的演化趋势——无论是孟河镇在齐梁文化主导下的南北朝，还是因医派文化和商埠文化而闻名的明清两代，也无论是邵伯镇在明清时期同步兴盛的宗教文化与商埠文化，还是崇文尚教、积极参与城镇建设管理的士绅文化等，均昭示着古镇文化不但类型多、积淀深、影响广，其空间载体也数量可观、类属丰富、各具特色；而近现代以来，因战争纷乱、政治运动和计划经济而出现断裂和集体沦落的诸多传统文化，也正伴随着改革开放和社会经济转型而期待着重塑和新生。总体而言，古镇特色文化的涨落虽千差万别，但多以商贸流通、人货集散和地区交流为前提，以中华文明核心价值体系和地方深厚的传统文化积淀为依托，以相关文化服务设施的规模化营建为载体，进而在时间和空间的大文化网络中占据独特的一席之地。

大运河古镇因地处河防要津和水运要道，故在古代为设防要地，近代以后治安更多依靠大环境的治理和警察系统，原有集镇的军事功能逐渐淡出，因而在军事要素上呈现出"从阶段性凸显到片段式遗存"的演化趋势——如地处淮泗之间的码头镇早在春秋时期就筑有甘罗城作为淮阴治所和军防要地，而孟河镇前身河庄从汉朝起即设有军事据点；其后各类军事城防设施的起起落落，均因历朝历代的重大战事而不时得到阶段性强化和维建，如孟河镇在宋朝因抵御金兵而建军事基地，又在明嘉靖时修建城墙防倭，抗战时更是多方争夺的据点，是"镇防一体、城河一体"的卫戍古镇代表，而码头镇内的古淮阴治所也因元代战乱几毁几迁，同样表现为极端状态下军镇卫戍职能的凸显和地方经济、城镇建设的破坏；如今时过境迁，历代累建的军事设施大部损毁，仅有部分遗留（如孟河镇东亚客栈）和少许复建的设施（如窑湾镇哨楼、"奇门遁甲"格局和孟河镇城墙）散布要地之间，成片段地印证着曾经的战争风云和军防体系。

每逢运河水系、产业经济、文化特色、军事要素等发生重大变迁，大运河古镇都会在聚落形态上做出空间响应，并呈现出"从依水而生到外延拓展"的总体趋势——通常这类古镇源起于依运河或是自然水系而生的军镇或是小型聚居点，并随着水网体系的完善、水运条件的提升和漕运的兴起，或在既定的军事设施防护范围（如城墙和护城河）内实现内生式填充（如窑湾镇和孟河镇），或是沿河道呈带状延伸（如码头镇和邵伯镇），直至被近现代以来的历次战争和政治运动所阻断而停滞，并随着改革开放后社会经济的增长和快速城镇化建设，而开启了外延式拓展和跨越式合并的演化道路。

在上述共同的趋向下，从窑湾镇的"奇门遁甲，七星北斗"到孟河镇的"城河一体、商防一体（孟城），以庙为核、以街为轴（万绥）"，再从邵伯镇的"河街并行，巷通古驿"到码头镇的"高堤结屋，因堤兴街，鱼骨纵横"，则又折射出古镇聚落形态的丰富多变和千差万别；同样在更大尺度的整体格局上，也呈现出差异化特征——从码头镇的"三河六堆，洼地蓄田"到孟河镇的"两山卫一水、一水兴两城"，还有邵伯镇的"扼江淮咽喉、守古运要冲、河渠绕古镇、古镇望棠湖"，但其核心强调的依然是聚落和山系、水网、农田、林地等自然要素及人工地形的整体关联和有机融合。

二、"奇门遁甲"窑湾镇

窑湾镇位于江苏省新沂市西南45千米,地处京杭大运河中段、骆马湖西岸,素有"东望于海,西顾彭城,南瞰淮泗,北瞻泰岱"之说。窑湾镇区三面环水,北有老沂水,西依黄金水道大运河,南靠骆马湖,天然界定了古镇的地域范围。同时窑湾镇所处的大区域亦为水网稠密地区,北有微山湖水系,南有洪泽湖水系,故在演化过程中受到自然水系变迁的影响比较显著。2009年,窑湾被列入第六批江苏省历史文化名镇。(图7-2~图7-8)

图7-2 新沂市在徐州市的区位

图7-3 窑湾镇在新沂市的区位

图7-4 窑湾镇的主街、哨楼和宅院

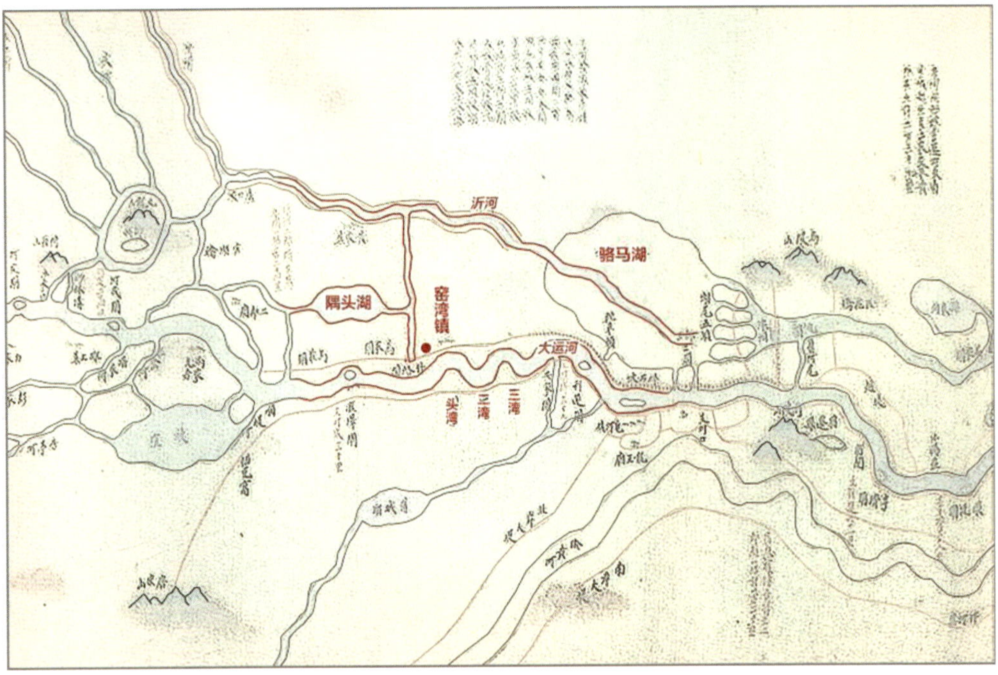

图 7-5　清代窑湾周边地图

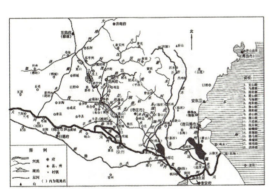

图 7-6　北魏太和后期沂沭泗水系图

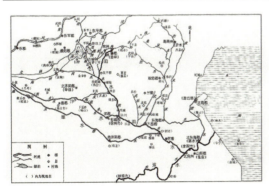

图 7-8　明万历中期沂沭泗水系图

图 7-7　清代同治年间徐州府境图

图 7-9 前运河时期徐州地区水系变迁图

（一）镇村体系变迁

1. 第一阶段：前运河期（秦—明初）

窑湾的正式建镇要追溯到隋唐时期。公元607年，隋炀帝杨广开凿京杭大运河，在此开凿了支运河以方便窑湾地区与大运河的联系，此后，窑湾可借助沂水、汴水等天然水网与大运河间接沟联。公元621年，唐王朝施行州县制，窑湾位于邳州、海州交界处，于是在沂水西岸设邳州窑湾隅头镇，沂水东岸设宿迁窑湾口合镇（今窑湾镇区所在地）。（图7-9、图7-10）

窑湾在唐朝之后多次成为两军对垒的战场。公元1122年，宋将韩世忠驻守窑湾，利用窑湾险要地形布防，与金军对阵；公元1129年，金国元帅宗翰率军大举进攻，韩世忠败退。公元1139年，岳飞率十万部众屯兵窑湾，以沂水构筑防线，利用地形抵抗金兵。元末明初，徐达、刘伯温率军在下邳一带与元军作战，刘伯温利用当年韩信屯兵时设置的军事地形设阵，歼灭元军，朱元璋也因此将窑湾东部"马乐湖"改名为"落马湖"。元末战乱结束后（公元1372年），朱元璋下旨将山西省300万人（多为在洪洞县老鸹村集结的移民）迁至饱受战乱的鲁南、苏北一带，故而现窑湾居民也多为这一批移民的后裔。

在聚落形态方面，窑湾的正式建镇和大运河的间接连通，促成了窑湾聚落的扩张和发展。隋唐运河将窑湾西南角挖去五分之一，部分居民移居运河西岸（称窑湾西小子街）。除了沂水两岸的两处集中定居点（隅头镇及口合镇）外，早期瓦窑至唐初也已逐渐演化为小型村落而散布在沂水两岸。

在产业经济方面，军镇时期窑湾所产的黑陶十分有名，这一特色产业也初步带动了窑湾的航运发展和货物集散，使窑湾由单一的军屯演化为功能更为复合的城镇。随着宋代商业活跃期的到来，窑湾也在人流物流集散的刺激下，逐渐形成颇具当地特色的商埠街市"夜猫子集"——运河初通窑湾后，由于当时码头少，船行慢，商船停靠后须在窑湾住宿一宿，以备足日常生活用品，因此地方上规定，三更后开城门、落吊桥，让乡下农民的粮食、蔬菜、鸡、鱼、肉、蛋上市，街上店铺、钱庄、布庄、油、盐、酱、醋等生活用品店同样开门，灯下营业。船商和街市居民均早起从事商贸活动，一旦天亮商船即出航，赶集的农民也回家吃早饭，街市即开始罢集。这样日复一日，年复一年，繁华热闹的商贸活动流传至今。

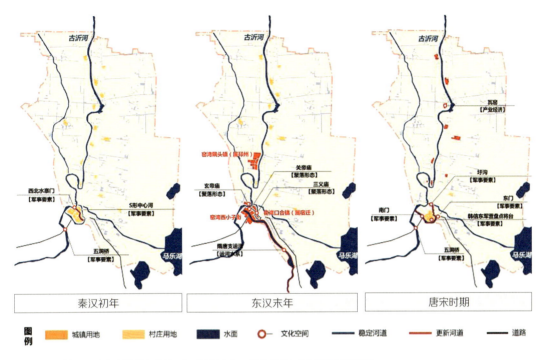

图 7-10 前运河时期窑湾镇运河水系、聚落形态、产业经济、军事要素变迁图

2. 第二阶段：鼎盛时期（明末清初—民国中期）

（1）明末清初：窑湾的第一个发展高峰期

在泇运河开通前，明代早期的京杭大运河是经由山东南部而借助黄河行漕运，过徐州直抵淮安清口而连通邗沟。但因黄河常年泛滥，河道和水运极不稳定，严重影响京城的粮食供应。明万历三十二年（1604）春，万历皇帝命李化龙开凿泇运河，"自直河至李家港二百六十余里，尽避黄河之险"，也终于实现了大运河水系的直通窑湾，使其水运优势得以根本性改善和发挥，极大地激发了当地漕运发展。

随后，清政府又在公元 1681—1688 年间，于黄河东测（约由今骆马湖以北至淮阴）开中河、皂河近 200 里，从而彻底将运河路线与黄河河道分隔开，使窑湾水运体系愈加发达，运河水网体系渐趋完善。按"黄运分立""避黄济运"的新策略而开挖的泇运河和中运河，最终使大运河在黄河故道北侧逐渐稳定下来，汇入骆马湖并经窑湾北上，加之明、清两代的疏浚整治，泇运河（中运河）取代黄河故道而成为大运河苏北段的主要通道。窑湾成为大运河苏北段最繁华的码头和商贸重站。鼎盛时期的窑湾全镇拥有商号、工厂、作坊 360 余家。窑湾的漕运和盐运业在清代达到鼎盛，窑湾镇亦发展成为南北水陆交通之要津。（图 7-11～图 7-13）

盛势之下，窑湾于公元 1686 年成立八省会馆（即山西会馆、山东会馆、河南会馆、河北会馆、福建会馆、安徽会馆、江西会馆、苏镇扬会馆）。公元 1787 年，又开发东骆马湖荒地，兴建新村庄 60 余座，使窑湾的繁荣一直持续到清末。1835 年，为抵御清末太平天国起义军，举人臧位高、臧纡青又在窑湾依古军事设施而营建镇内城防设施，包括筑城门、城墙、护城河以及在街道上按七星八卦建的过街哨楼 7 座，具有"立体监控、以点带面"的防卫功能。这一城防设

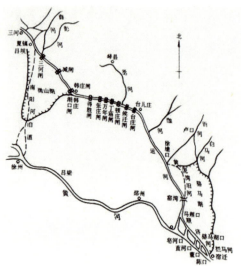

图 7-11　明代加运河

施被后人誉为"奇门遁甲""迷魂阵"。这一军事性质的城防设施也奠定了现代窑湾聚落形态之雏形并直接影响了现代窑湾镇的格局。

（2）民国中期：第二个发展高峰期

公元 1912 年，窑湾建市自治。在国家对民族工商业的支持下，在地方商会议会的主持和监督下，地方自由经济和工商贸易得以迅猛发展。1914 年第一次世界大战爆发，窑湾抓住作战国缺粮之商机，转换经营模式，同西方五国签订以粮食换取石油的合同——窑湾商人顺运河南下，从宿迁、淮安、扬州、镇江、无锡、苏州等地购粮筹粮，经由上海的窑湾专用码头向国外出售粮食、换取石油和百货，并沿运河边建设石油站。不消几年，窑湾便在苏镇扬会馆旧址建立了"中

图 7-12　漕运鼎盛期徐州地区水系变迁图

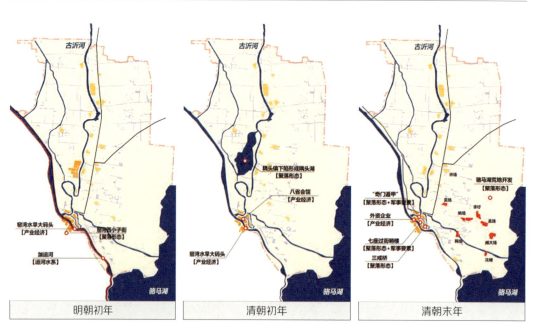

图 7-13　漕运鼎盛期窑湾镇运河水系、聚落形态、产业经济、军事要素变迁图

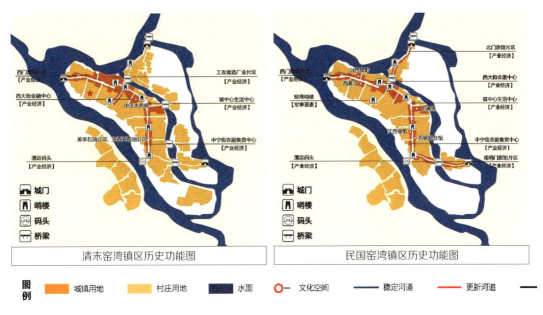

图 7-14　漕运鼎盛期窑湾镇历史功能区变迁

美合资美孚石油公司""中英亚西亚石油公司""中法大药房""中外五洋公司"等，鲁南、苏北等地的商人也都赶到窑湾购办洋货，繁盛一时。

公元 1930 年，爱国将领张华棠将军带领一个师驻扎宿邳两县（师部设于窑湾），到张将军北上抗日前的 3 年间，其办学堂、铺公路、植树，帮助农民收麦粮，同时提倡市民讲文明卫生，戒烟戒赌戒娼，并亲自监督，免受兵匪骚扰，加上资本主义经济的发展和催化，窑湾成为苏北重要的贸易中心和经济中心，也迎来了发展过程中的第二个鼎盛时期。（图 7-14）

3. 第三阶段：衰落时期（1937—1949 年）

1937 年 7 月 7 日，抗日战争全面爆发，资本主义在中国的快速发展被迫中断。1938 年台儿庄战役，窑湾 360 多家富商接南京政府通知，撤往江南。同年的 10 月 10 日，日军进入窑湾，钱庄银元、皮货、丝绸布匹、珠宝首饰被抢劫一空。直到 1945 年 8 月 15 日，日本宣布无条件投降，侵占窑湾的日军撤离。1946 年 6 月，解放战争打响，并于 1948 年起在窑湾地区展开长时间的拉锯战；1948 年 11 月 6 日，淮海战役在窑湾打响，11 月 9 日下午，国民党 63 军逃入窑湾据守，11 日下午 4 时解放军发起总攻，至 12 日 2 时半攻克国军指挥部——天主教堂，国民党 63 军全军覆没，窑湾自此解放。

持续的社会动荡与战争不但摧毁了窑湾的产业结构和经济基础，其建筑设施格局、区域经济地位也因此受到毁灭性打击。300 年来积累的社会财富和地方经济基础消耗殆尽、陷于停顿，历代累建的房屋建筑（包括军事设施）也大部损毁灭失。周边的运河水系虽整体上变迁不大，但古镇水运地位和经济影响日渐式微，窑湾彻底丧失了原先在区域商贸集市网络中的经济地位。

4. 第四阶段：探索时期（1949 年至今）

1949 年 5 月设立窑湾区，1954 年单设窑湾镇，1956 年撤区并乡后又改为窑湾乡。在行政区划调整的基础上，苏北地区开启了大规模的水网重塑和整治工作，使运河水位达到历史最高，运河宽度也相较以往有明显增加。

图 7-15　探索转型期窑湾镇历史功能区变迁

图 7-16　探索转型期窑湾镇运河水系、聚落形态、产业经济、军事要素变迁图

改革开放以来，窑湾镇的经济得以发展，文化地位也开始凸显。2011 年，窑湾镇区又启动了新一轮的开发建设，镇区居民逐渐外迁至古镇外围，窑湾镇的建设也因此跨过圩沟向北扩展。这是窑湾开始探索转型的新时期。随着新世纪大运河申遗成功，窑湾作为大运河徐州段的重要节点，开始受到地方政府的重视。古镇的整体产业定为外向型文化休闲和旅游服务，在经营业态和服务对象上已发生了巨大变化。古镇内形成了北门—西大街—中宁街一线的餐饮、零售、文化展示旅游产业街，其中包括少量金融业功能；而城镇生活服务中心则随着镇区向北的扩大，移至北门外新镇区。基于历史资源展示利用的外向型文化休闲和旅游服务产业已成为古镇的支柱产业。（图 7-15、图 7-16）

（二）空间格局分析

1. 整体格局

窑湾镇大体呈现为三角形平面形态，周边被运河、农田、林地所包围，形成了聚落同水网、农田、林地等自然要素整体关联和有机融合的格局：西临沂水，东望大湖，北枕良田，南依运河。

窑湾镇向水而生，密集的水网养育了窑湾一方百姓，也塑造出了窑湾镇整体空间格局。古镇四面环水，坐落于古沂水、大运河交界的河湾处，东北为农田所环绕，扼苏北运河之咽喉，形成了"月河—沂水—大运河"三级水网体系，整体反映出城镇选址和整体格局同水系、农田等自然要素间的密切联系和有机渗透。

其中，流经镇区西南部的大运河，是窑湾镇的水上生命线。该运河段原本较为狭窄，堤坝也很低矮，广阔的河滩原来是往来商旅的"大娱乐场"，因而建有许多提供住宿、饮食、娱乐等活动的临时建筑。后因骆马湖建水库，水位提高，原有的河滩被淹没，两岸堤坝不断加固增高，窑湾原有的高地被不断侵蚀，以至于今日镇区的标高已经要低于大运河水位。据当地老人回忆，原来的大运河堤岸在现有运河大堤位置外有百余米。

发源于沂蒙山区的沂水从窑湾西北部流过，是沂蒙山区山货水运窑湾码头的通道。历史上沂河多次泛滥和淹没镇区，使得镇区内的道路标高不断增加。为控制沂河水流和疏导洪水，清康熙十九年（1680）在沂水与大运河的交汇处修建了水利设施竹络坝，现竹络坝已不复存在。

镇区水系则包括后山河（沂水故道）与护城河两条，主要受大运河、沂水两条主水系的影响。通过对地方相关历史专家的走访、相关文献的查阅，并参照航测照片及相关水文资料推测分析，后山河早期应环绕镇区并与运、沂水沟通。这种形式与我国古代大运河沿线城镇所建的月河形制十分相似，后山河就承担着窑湾的"月河"功能。护城河并不是自然河流，而是人们为防御匪患，取土筑墙产生的土沟积水所形成，又称为圩沟。

窑湾镇属于苏北平原地区的徐连岗岭型地域，镇域范围内地形平坦，水网密集，土地肥沃，河道和水量相对稳定，适宜农业耕作。目前，窑湾镇在东北方向上被农田所包围环绕，每逢春季，田间小路两侧满是绿油油的水稻田，水渠河流穿过稻田后又汇入运河，构成了千百年来的窑湾基底。（图7-17～图7-19）

图 7-17　旧时窑湾掠影

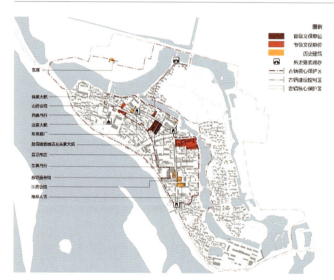

图 7-18　历史镇区格局图

图 7-19　现状镇区格局图

2. 聚落形态

窑湾镇南有大运河，西有沂河，北面、东面由护城河围护，中心河穿镇而过，多面环水的窑湾在清代不另设桥，出入以船行为主。古镇通过与水系的相互交融，形成了四面环水、易守难攻的独特"岛镇"格局，成为苏北水乡的水上城堡。

此格局奠定于清代晚期，尤其是镇区内部的格局系臧位高、臧纡青为防范太平军而营建，一系列城防设施当时用于军事防御，这一格局被后人解读为"奇门遁甲""迷魂阵"。（图7-20）

窑湾有一条由西北至南的主街（西大街—中宁街），将镇区分为南北两区，似分阴阳；长街可看作八卦太极线，两侧分出12条深巷，可看作"十二地支"；同时筑哨楼5个，被认作五行：街中心段一座中心过街哨楼（土），中心哨楼向西70米一座宿邳交界哨楼（金），中心哨楼向北过杨家巷60米一座哨楼（水），中心哨楼向南60米到回族街一座哨楼（火），中心哨楼向东80米拐弯处一座哨楼（木），镇守金、木、水、火、土五行方位；又在中宁街筑哨楼2座，可看成七星八卦布局，以控制古镇所有要道口。七座过街哨楼加上东城门楼、西城门楼、北城门楼构成窑湾十大炮楼指挥所，解说为天盘"十天干"。当时史料已无存，但不管解说是否有附会之嫌，这些设施确实共同构筑了窑湾镇的城防体系，也成就了现代窑湾形态的基本原型。

图7-20 清末窑湾奇门遁甲

3. 地块肌理

窑湾除街巷空间格局外，地块肌理也别具特色。一般来说，古镇窑湾单个地块单元可看作建筑＋节点＋街巷的相互组合。"间"为古镇最基本的建筑空间，多个"间"空间形成"厢"空间，"厢"空间围合成"院"，"院"与"院"再次组合，呈现出地块的原有肌理。（图7-21）

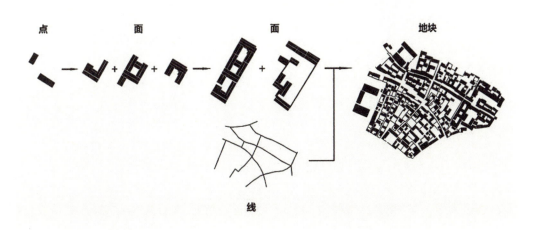

图7-21 窑湾镇区地块单元的组合方式

地块单元与镇区水系要素结合形成聚落单元。窑湾城镇空间整体上是沿大运河而展开的，镇区内例如徐家巷、信昌巷等小巷道基本垂直于大运河分布，与顺运河方向的西大街、中宁街相互交错，构成了"河、镇、街"一体的空间格局。（图7-22）

从整个镇区的聚落形态分析来看，窑湾镇拥有颇具特色的"奇门遁甲八卦形"空间格局与具有规模效应的传统街巷环境。古镇街区内现存街巷肌理基本保持完整，其中又以窑湾西大街—中宁街最具代表性。古镇以"西大街—中宁街"为轴展开，这条长街在晚清时期，沿线建有13家钱庄、八省会馆以及数不清的大小店铺，可谓商铺相连，会馆林立。

西大街西至古运河边与护城河的交汇处，东至中心哨楼，全长约580米。街道路面为长条板石铺设，石板下埋设排水道，贯通整条街的线形并非笔直流畅，而是在原窑湾玫瑰酒厂处发生转折。该转折处的界牌楼正是当年窑湾隶属于邳县与宿迁县共管的真实写照，而沿线所串联的重要建筑包括山西会馆、西典当行、玫瑰酒厂、庄家大院、徐家大院、赵信隆酱园店、吴家大院、昌记布庄等。（图7-23）

中宁街从中心哨楼到南门渡口，全长约400米，街道路面为长条板石铺设，石板下埋设有排水道，整条街的线形近于直线而没有转向。现状道路宽窄不一，宽处可达4～5米，窄处则只有2～3米。通过史料记载及现场调研，原街区两侧建筑较普遍地使用出檐坡顶的建筑形式，原始宽度接近2～3米，整体上接近于清末民初时期的建筑风格。南门渡口曾是客货登岸入城的主要通道，街巷两侧的建筑功能则以商业、金融业、服务业及各省会馆为主，典型者如东典当行、信局、江西会馆、苏镇扬会馆等。（图7-24）

（三）物质和非物质文化遗产

1. 物质文化遗产

窑湾镇域范围内的物质文化遗产包括省级文物保护单位1处、市级文物保护单位4处、文物控制单位2处、历史建筑5处，另有古树名木2棵。在所有的资源点中，占比例最大的是各类建构筑物，共计12处。窑湾建筑风格呈南北交融之势，既有南方建筑的秀丽灵巧，又有北方建筑的敦朴大度，总体表现为一种苏北与鲁南相结合的建筑风貌。

（1）宗教建筑

玄庙，窑湾玄庙原名老君庙，原建于后山河东岸，系宋时窑湾烧窑人为让太上老君炼丹炉的神火帮助煤窑而集资修建。1668年地震后，玄庙被改建为三清观。清光绪二十四年（1898），玄庙被洪水冲垮后，人们又在后山河西岸重建了玄庙。原建筑坐落于土堆之上，后由于取土的原因，改为台基式。该建筑为穿斗结构，高8.9米，宽6.8米，最大出檐1.5米，现为文物控制保护单位。玄庙的历次兴建体现了当地百姓对宗教生活的需要，同时也反映出古时运河窑湾百姓日常生活的富足与多元。（图7-25）

（2）商业建筑

西典当行，位于西大街山西会馆对面，为山西人所开设。原名宝丰楼当典，始建于康熙初年，关闭于民国七年。建筑为明清风格，占地约20亩，分前、中、后三排，前面一排房为厦檐走廊式门面，两面有耳房，中间有18间库房，后面除一排住房外还有两排跨院。现在当铺的门房部分得以保存，走廊则在"文革"时被拆除，西边跨房也有一定破损。该建筑为穿斗结构，高7.4米，宽6.0米，最大出檐0.3米，现为市级文物保护单位。

西典当行开设于窑湾漕运鼎盛之时，大型当铺的出现说明窑湾在清初已不仅仅局限于运河商埠，还据此发展出了货币交易、融资服务等金融功能，这也是窑湾之所以能成为苏北商贸重镇的基础。（图7-26）

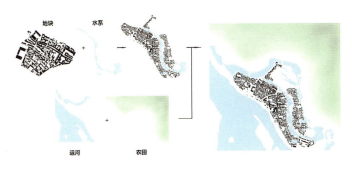

图 7-22　窑湾镇区聚落单元组合方式

图 7-23　窑湾西大街平面图、效果图与现状

图 7-24　窑湾中宁街平面图、效果图与现状

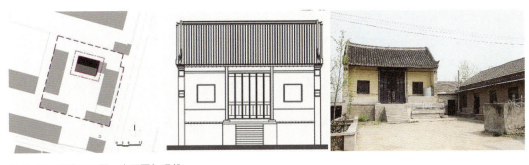

图 7-25　玄庙平面图、立面图与现状

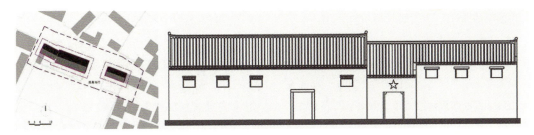

图 7-26　西典当行平面图、主体建立面图

图 7-27　东典当行平面图、主体建筑立面图

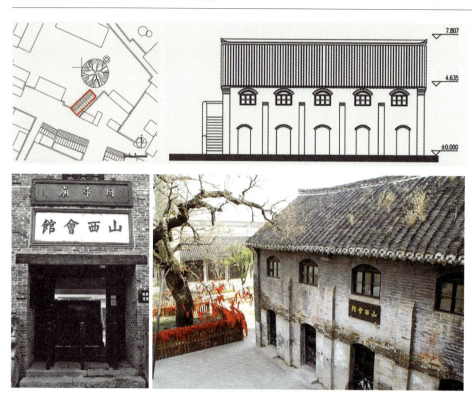

图 7-28　山西会馆平面图、主体建筑立面图与现状

东典当行，位于窑湾中宁街北端，始建于清光绪十年（1884），占地约 3 亩，原名朱信和氏元长典，是窑湾保存较为完整的一处建筑。东典当行围墙高大厚实，东围墙和院北墙高 3.5 米，厚 45 厘米，青灰色砖砌，辅以石条、扒钉，坚固异常；其东侧为后山河，围墙与水体共同组成了窑湾的优美景观之一。

东典当行面南的朝阳正房为抬梁式木构架，虽经百年沧桑，仍较好地保存了原有风貌，也体现着鼎盛时期窑湾发达的商贸金融功能。其后院的 5 座仓库独具特色，在当今的古镇建筑中占有重要的地位，现为市级文物保护单位。（图 7-27）

山西会馆，位于窑湾西大街中部和西当典行北侧。据传该建筑始建于唐朝，初为一座关帝庙，清康熙年间改建为山西会馆。会馆大殿四坡式飞檐翘角，屋面覆琉璃瓦，脊正垂塑有仙人走兽，两端中脊龙头鱼尾。院内青石铺地，东面有一棵 500 年老槐树，东西两侧各建 3 间青砖小瓦厢楼，还建有 1 座戏楼。戏楼为圆脊飞檐，灰色筒瓦，双柱重梁，斗拱藻井，油漆彩绘。戏台口朝西，台高约 3 米，台宽约 6 米，台深约 6.5 米，台后两柱间有 7 页雕花隔扇，后面紧连 5 间挑檐瓦房，瓦房可供演员化妆和住宿。台后两柱外侧为上下场门，门前各有台阶达场院。该组建筑群现仅东配殿保存完好，大殿戏楼均为重建，其中东配殿为市级文物保护单位。

山西会馆作为窑湾码头商埠文化和经济交流的代表性遗存，记录和反映了清朝初年窑湾西大街—中宁街一线会馆云集、各地商贾络绎不绝之盛况（据传时有八省会馆），这同当时窑湾因漕运而走向鼎盛的农商经济和手工经济息息相关。

会馆内戏楼也是古镇繁荣的见证者，戏楼建成后的 200 年间，常有大戏在此上演，每有演出，戏楼前的场院上拉起布棚，可容七八百人观看，门面七间楼的串廊上落座着有身份的人物或女眷，体现了窑湾全盛时期丰富的娱乐生活。（图 7-28）

（3）民居建筑

赵信隆酱园店位于窑湾镇西大街北端，始建于清光绪十年间，占地 2000 平方米。建筑为青砖小瓦，房梁、椽子多由优质楠木、杉木做成。赵信隆酱园店建筑群格局完整，建筑本体保存现状较好且仍在使用中，店内继续生产窑湾传统的甜油、酱菜，且仍然保留着特色传统工艺（成品前需要一年的发酵时间），是窑湾物质文化和非物质文化遗产的重要载体，也是窑湾手工业百年发展的见证。

而吴家大院就位于赵信隆酱园店的东侧，面阔六间，前后三进，两层建筑，内有影壁，也是窑湾现存较为完好院落之一，2006 年 5 月与赵信隆酱园店一道被列为省级文物保护单位。（图 7-29）

徐家大院，位于西大街中段，为清初地方商人徐芳轩所建。原为两进院，后 5 间为两层厦檐式阁楼，两侧为耳房，青石板铺地。现在院落部分保存完好，但所有厦檐均已拆除，耳房和门面破坏较为严重，后经整修。该建筑为穿斗结构，主体建筑为上下两层，高 8.2 米，宽 6.0 米，最大出檐 0.3 米，现为市级文物保护单位。（图 7-30）

图 7-29　赵信隆酱园店及吴家大院平面图、主体建筑立面图与现状

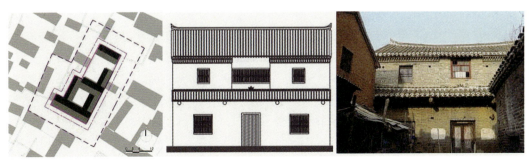

图 7-30　徐家大院平面图、主体建筑立面图与现状

（4）其他

三戒桥，1932年底，张华堂决定在城河上建造石桥三座，名为戒赌桥、戒烟桥、戒嫖桥（后改名"式德桥"），合称"三戒桥"。他还对另一座大桥"崇俭桥"进行大规模整修。三座桥梁架成，行人莫不称便；桥名各针对一种流行之恶习，使有此恶习者过桥惭然，百姓莫不称快。随后几经战乱，戒烟桥与式德桥均坍毁，现仅存戒赌桥横跨城河之上，便利来往。戒赌桥长15米，宽7米，高5米，单拱，用青砖、条石砌成，桥面铺设青板条石，旁有青石栏杆，桥南石栏上镌刻有"戒赌桥"3个大字，桥北有碑一方，文曰："赌足以伤身败德，本为牧猪奴戏，嗜之者不只误事败财，而人格且多因之堕落，宜深戒之。渤海张华堂题。"

总体说来，窑湾传统建筑为鲁南苏北地方风格：建筑形体淳朴，屋顶直坡，木构砖墙承重，墙体较厚；屋脊、檐口、山墙皆为建筑装饰重点，图案相对简朴；建筑双檩，总体细部较少，传统建筑院落以独幢房屋围合为主，注重经济实用。

2. 非物质文化遗产

窑湾古镇不仅空间形态独特，而且在悠久的历史演进过程中，产生了许多具有地方特色的非物质文化遗产，这些文化现象仍然活跃在历代人们的生活当中。如传统手工技艺方面，窑湾的甜油、绿豆烧酒制作始于清代，其制作技艺已经被列为徐州市级非物质文化遗产。在传统戏曲方面，有"花挑子"（挑花篮）；在民间艺术方面，有始于清代的木板年画、纸扎等。窑湾的传统习俗有"盂蓝会""夜猫子集"；风味小吃有桂花雪片糕、小脆子等。（图7-31）

图7-31 绿豆烧酒

（四）特色和价值

窑湾镇作为曾经的苏北战略军事要地、拥有国际市场的苏北经济贸易中心和南北文化过渡区，在江淮区域的军事防护体系、商贸集市网络、水运交通网络和文化交流中均占有重要的一席之地。基于前述基础研究和系统分析，窑湾镇典型的价值特色可归结为三方面，即"军事壁垒，运河古镇，南北汇融"。

军事壁垒：窑湾自秦汉以来，军事要素一直是其演化的主要驱动因素之一，其选址即充分考虑了区位、地形、供给等军事需要。镇区扼守要津而四面环水（清代时整座城镇只有北门一条陆路可通外界）。这一独特的地理环境和极具防御性的选址，将窑湾营造成一座易守难攻的"岛镇"，并成为支撑整个区域战略格局的军事支点和河防锁钥。"岛镇"格局作为窑湾古镇的另一大特色，反映出我国古代在军镇选址建设过程中"因地制宜、扼险据守"的思想观念，同时也是运河古镇空间与自然水系相辅相成的典型案例。

运河古镇：窑湾地处苏北大运河大湾处，因运河漕运之兴废而盛衰。是大运河的直通为窑湾带来源源不断的人流、商船和货物，直接促成古镇产业由传统的农耕经济向商业、服务业、运输业等转型；又是国内外环境形势的变化和经济发展模式的转型，使古镇从传统的运河经济升级为以商贸服务产业为主的外向型经济。随着大运河水系和窑湾的直接连通，古镇的水运条件和漕运地位从根本上得以改善，成为漕运枢纽。在漕运盐运业带动下的商业、服务业、餐饮、金融等逐渐实现了经营的规模化、专门化和多元化，窑湾成为清代运河沿线最为重要的物资流通枢纽之一。集贸市场"夜猫子集"承载和体现了窑湾水旱码头日夜无休的繁荣，其特殊的经营模式和持续活力在运河沿线其他古镇中也不多见。窑湾还是工商重镇。一方面，明代伽运河的开通从根本上改善了窑湾地区的水运条件和交通地位，人流物流的大规模集散则改变了窑湾传统的农耕经济模式，连接水旱码头的"西大街—中宁街"成长为绵延近1千米的工商产业带，助推窑湾成为大运河苏北段商贸集市网络中的繁华重镇；另一方面,国内外环境形势的变化和经济发展模式的转型,则为民国窑湾抓住以粮食换取石油的国际合同提供了巨大商机,窑湾商人积极转换经营模式、顺运河奔波运作,建立了以商贸服务业为主的外向型经济,也使窑湾成为占有国际市场的江淮工商重镇。两次重大的经济模式转型,迎来了窑湾演进史上两次质的蜕变和经济高峰,也一举奠定了古镇在整个流域和区域内的工商重镇和经贸中心地位。今天,我们透过当地最具特色的酱、甜油制造业(如赵信隆酱园店院内的酿造作坊)和"前店后坊"的典型商铺格局,依然可以体悟到往昔窑湾工商业的发展程度之高,以及经济独创性与生命力之强。

南北汇融:历史上的两次大规模移民和南北交界的特殊区位为窑湾带来了全国各地的人口和南来北往的商旅、匠人,同时也带来了各地域不同的文化习俗。五湖四海的文化习俗在窑湾生根发芽,交织互馈,又塑造了窑湾多元荟萃的文化格局与建筑风貌。匠人们将各地的建筑样式和特色做法带到了窑湾,不同的建筑风貌在此生根发芽、交汇碰撞,又同当地法式和民间智慧相结合,形成了传统窑湾既多样又统一、苏北与鲁南相结合的建筑风貌。各类具有鲜明地方特色的建筑语汇同时交织在这座大运河畔的苏北小镇身上,从一个侧面也折射出窑湾古镇跌宕起伏的精彩历程和深厚积淀。在文化格局方面,窑湾呈现出百花齐放的特点,包括码头商埠文化、民间乡会文化、饮食文化、工艺文化、音乐文化、医药文化、武术文化为内容的各类文化在此地生根发芽。文化的汇聚杂合既形塑了窑湾这座移民城镇的特点,对文化的挖掘和传承也将唤醒古镇未来发展的巨大价值和能量。

三、高堤结屋码头镇

码头镇位于江苏省淮安市区西南12公里处,东隔淮沭新河与清浦区相望,南与南陈集镇接壤,西与吴城镇紧邻,北与凌桥乡相连。京杭大运河、淮沭新河绕境而过,张福河、古运河穿越腹地。(图7-32、图7-33)

码头镇不但是江苏省的历史文化名镇,而且是具有世界影响力的文化遗产地。2013年,码头镇被江苏省人民政府公布为历史文化名镇。2014年6月22日,码头镇作为中国大运河遗产群的重要组成部分,在第38届世界遗产大会上列入世界遗产名录。大运河遗产中最为重要的水利工程节点——清口水利枢纽工程即位于码头镇。(图7-34)

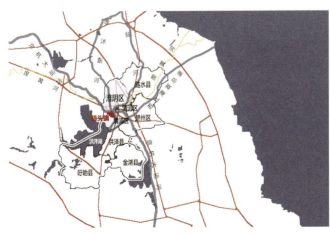

图7-32 淮阴区在淮安市的区位

资料来源:笔者绘

图7-33 码头镇在淮阴的区位

资料来源:笔者绘

图 7-34　码头镇景象（前 3 张为历史老照片）

（一）镇村体系变迁

码头镇及其镇域历史上曾作为淮阴县、广陵郡、淮洲、清河县等七县治所。在有记载的 2200 多年的码头历史上，十分之九的时段都是所在县域的政治经济中心。（图 7-35～图 7-37）

1. 第一阶段：码头镇的起源（夏朝—南北朝）——城镇滨水而立

秦灭楚后，始设淮阴县（属泗水郡），淮阴县治所就设在甘罗城（相传为秦上卿甘罗所筑，亦是码头镇属地所在），码头镇从此开始作为古淮阴城于史有载。西汉时，韩信继续在现二河以东、大运河以南 3 公里处筑城，名韩信城。及至东晋，又开始以征北、镇北将军和青充二州刺史或是徐州刺史之职镇码头，使码头镇的行政级别提升至重镇。但是，到了东晋永和八年（352），荀羡以北中郎将徐州刺史镇守码头镇时，却认为码头镇一带"地形都要，水陆交通，易以观衅，沃野有开殖之利，方舟运漕"而"无地屯兵"，因此，又在甘罗城之南一里许，营造新的城池——淮阴故城。随着码头镇域的沿河扩张，终将甘罗、淮阴二城串接一体，自此，码头镇升格为区域国防要地。

正因为淮泗之间历来为兵家必争之地，早在春秋时期就筑有断续使用至明中叶的甘罗城——南望淮阴故城遗址，东临三闸遗址，西北接惠济祠遗址，东晋时和淮阴故城一道被码头重镇扩纳之……此外，运河沿线还建有淮阴故城、泗口镇、北辰镇等重要城镇，到南北朝时共同构成了淮水下游的最大城镇群。其中，"滨水而立"的码头镇早在大运河开凿连通和漕运制度推行之前，便依凭着独特地理区位、重要军防地位和优势水运条件，而成为重要城镇。（图 7-38）

图 7-35　明末清初清河县城地图

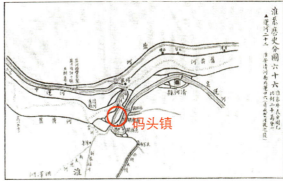

图 7-36　清咸丰年间运河水系地图

图 7-37　民国码头镇区域图

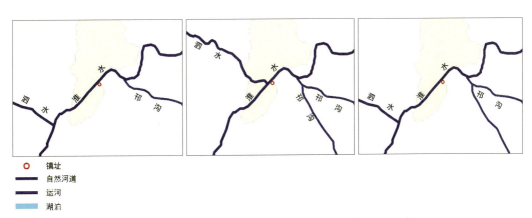

图 7-38　春秋至三国码头城镇发展及运河水系变迁图（从左至右：春秋、东汉、三国）

2. 第二阶段：码头镇的水利兴建（隋至唐宋）——城镇因运渐兴

随着大运河的开凿和间接连通，南北动脉的辐射拉动、水运条件的改善和时局环境的稳定，推动着码头的稳步发展和聚落的沿河生长；同时，因水利治患而提升的大运河航运能力和完善的区域水网，使地处黄淮泗运交汇的码头具备了成为水利要枢的初始条件。

（1）运河沟通城镇

隋朝先是开凿了以洛阳为中心的南北大运河，随后又在大业年间拓宽扒深山阳渎，以沟通京杭大运河，使淮泗之地成为沟通中西部与江南的国家水运中枢，而淮阴所在的码头镇也借淮泗之水间接连通了大运河。

隋唐大运河的开通使从淮水北上西进的主要通道，从泗水转移到了以汴水为基础的通济渠，而码头镇的地理区位也从主要运输通道转为次要通道上的枢纽。淮泗之地各大重镇的聚落格局微妙地发生了改变——位于邗沟入淮口的山阳县（淮安）因国家水运枢纽的地位而壮大为地域中心；淮阴故城则因泗水运道等级的降低，从郡治变为县治，还曾数度撤并入山阳县；淮阴县治所在的码头镇作为淮北中心的地位，虽然被近旁的楚州所取代，但是大运河作为全国南北交通和交流大动脉的辐射影响，还有汴泗淮交汇的水运要道地位，仍在一定程度上刺激和维系着古镇的持续兴盛。（图7-39）

码头镇的"因运渐兴"，主要是借淮泗之水间接沟通了大运河主线。虽然其在区域水运交通中的地位有所下降，但是依托大运河行漕运的巨大优势和切实改善的水运条件，码头仍然稳步发展，聚落沿河生长，并在社会、经济、文化等方面呈现出持续而稳定的兴盛迹象。

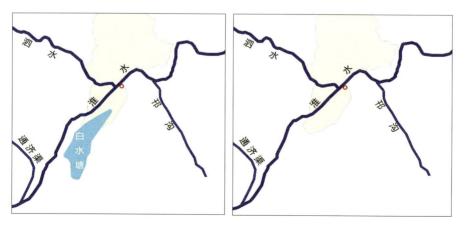

图7-39 隋唐码头城镇发展及运河水系变迁图（从左至右：隋、唐）

（2）运河水利治患

宋代实施和推进了一系列的水利治患工程：先是北宋元丰二年（1079）进行了清汴工程，开渠50里而直接引伊洛水入汴河，不再与黄河相连；继而针对淮泗交汇一带水流湍急的航行困境，加之政府希望增加漕运量，故又沿淮河右岸开凿了复线运河工程，码头镇一段则在淮水之南修洪泽新河，以起到分流的作用，从而确保淮安一带的漕运安全；随后，乔维岳在现清江浦一带开沙河由磨盘口（在今淮阴船闸上游）入淮，成为开创非翻坝直接沟通江淮的第一人，使淮阴治所所在的码头镇距楚州更近，交通也更方便。

随着水利建设所带来的运河通航条件的改善以及运输管理的加强，运河每年的漕运量由唐初的20万石，逐渐增大到400万石，最高可达700万石（约合今116.2万吨）。但是到南宋建炎二年（1128）再次遭遇重大变故：黄河南徙、夺淮入海。直至明嘉靖年间，黄河决溢频繁且时常改道，常常处于多道分流的状况而导致泥沙沿途沉积，也就此揭开了大运河借黄行运行漕的序幕。

通过一系列的水利建设和工程创新，码头镇有效实现了运河航运能力的提升和区域水系水网的完善，使地处黄淮泗运交汇的码头初步具备了成为水利要枢的条件。但同时，因受淮水与洪泽新河的复线夹持，聚落形态以内生式填充为主而非沿河外扩，经济发展与城镇建设都有所放缓。（图7-40）

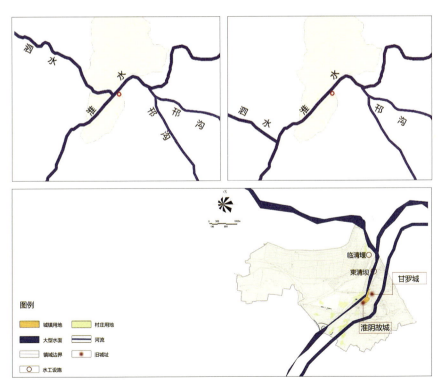

图7-40　宋朝码头城镇发展及运河水系变迁图（上图左至右：北宋、南宋）

3. 第三阶段：码头水利繁盛（元明清）——城镇跃升枢纽

整个元明清时期，运河水系和水利水工演化的影响依然重要而深远，起因是宋末黄河夺淮所引发的区域地理环境和水运条件的重大变故。长期的借黄行漕、治患防灾与水利建设，国家的一系列投入、政策扶持和技术发展成为影响这一时期码头镇演化的外在保障。

（1）因战患迁城

宋末，黄河夺淮的综合影响开始持续显现：黄河在今河南武阳决口，分南北二流，南流灌封丘南下夺泗水，至清口而夺淮入海，这不但造成了黄河的历史大改道，还被迫开启了大运河借黄行漕的长期策略，这也在客观上实现了大运河和码头镇的直接连通，从而使古镇再次升级为国家主要的水运通道枢纽。另外，宋末元初的频繁战事却导致古淮阴城的治所经历数次毁灭或是迁址，但均在码头镇内。现今，除甘罗城、淮阴故城两座先秦时期的城镇外，还勘查出小清口城旧县遗址，也印证了俚语"纸糊的淮阴城"之说。（图7-41）

（2）水利要枢地（明清）

明清时期，码头镇是运河沿线黄、淮、运交汇的水运一线枢纽，加上黄淮水灾频仍，已然成为皇帝南巡和治水的重中之重。明永乐皇帝迁都北京后，即对元代大运河进行了扩建。但明嘉靖黄河河道固定后，带来的泥沙淤积又对码头镇所在的运口产生了重要威胁，导致运口不断南迁。1578年，潘季驯提出"束水攻沙、蓄清冲黄"的治理思想，对黄、淮、运三河提出了综合治理原则："通漕于河，则治河即以治漕，会河于淮，则治淮即以治河，会河淮而同入于海，则治河、淮即以治海。"

清代在1681至1688年间，于黄河东测（约由今骆马湖以北至淮阴）开中运河、皂河近200里，使运河路线完全与黄河河道分开；康熙先后六次亲临清口巡河，曾谕开清口挑水坝（后世称御坝，现存于码头镇御坝村）和开王家营陶庄引河；雍正一朝曾设江南河道总督，驻节清江浦总河行署，以加强清口等地河道治理，雍正九年（1731）更是拨帑百万，大修高堰石工6300余丈；乾隆皇帝则在清口治理方面仿效康熙，六次南巡有四次亲至清口视察，指导治河保运。

正由于国家的持续关注、巨大投入和水利建设，码头镇在清代很快成为全国重要的漕运中心和繁华商贸重镇之一：鄂皖等省沿淮而来的船只必经淮、运二水交汇的码头镇，船只日积200～400只，停泊绵延十数里。大规模的人流商船和货物云集转换于此，也迅速带动了当地商贸经济的发展，沿运河形成了包括商业、服务业、餐饮、金融等在内的多元化和规模化的产业经济。（图7-42）

在聚落形态方面，码头镇域范围内的传统聚落多沿堤聚集呈条带状分布，沿堤而建、因堤兴街。尤其是沿黄河南北缕堤、中运河南北堤、顺黄堤、临清堤等重要堤防的两侧，均成为镇域人口的主要聚居点，也逐渐形成了当前码头镇"高堤结屋，鱼骨纵横"的形态特色。

4. 第四阶段：码头地位不再（民国至今）——城镇因运转型

民国以来的运河改道、漕运废止和交通方式转换，尤其是以铁路、公路为代表的陆路交通开始取代水运成为现代的主要交通方式，导致码头镇漕运水运优势的沉沦和里运河在该段的废弃，其结果就是失去了传统水利枢纽地位的码头镇"因运而衰"，商贸集市衰落，经济日渐萧条，境内的水利水工设施也大多损毁、废弃或是成为遗址，聚落开始在废弃的堤坝上筑屋发展，城镇面貌日渐破败。（图7-43）

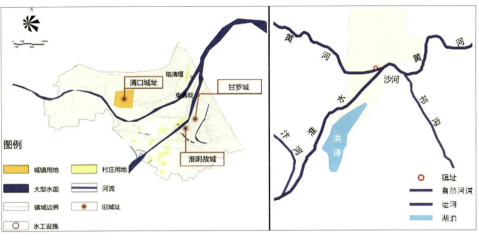

图 7-41　元朝码头城镇发展及运河水系变迁图

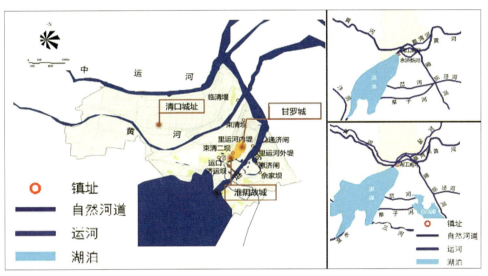

图 7-42　明清码头城镇发展及运河水系变迁图（右图从上至下：明、清）

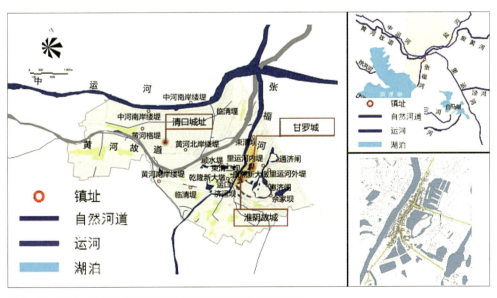

图 7-43　民国—新中国成立时的码头城镇发展及运河水系变迁图

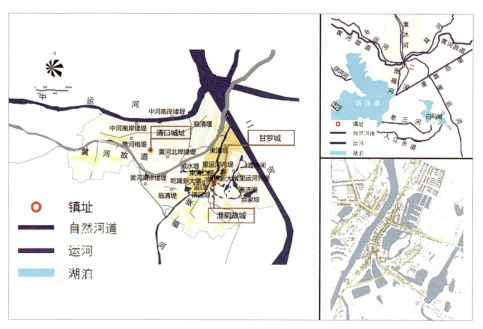

图 7-44　1949 年以来的码头城镇发展及运河水系变迁图

1959—1966 年开挖的淮沭新河（二河），让码头镇运河水系失去了和里运河的联系而不得不复农归耕，农业也因此成为当地的唯一产业和经济模式，而惠济三闸及其他沿线的水工设施则逐渐废弃，变成了运河遗址。

改革开放后经济发展模式的转型、独特的人文资源和自然禀赋，终于为沉寂已久的古镇产业转型和文化复兴提供了条件和机遇：一方面以码头高密度、高价值的历史资源和水工遗址为依托，通过扶植文化休闲和旅游服务产业来探寻复兴之路；另一方面则是以码头镇典型生态资源和优势自然条件为依托，以原有河道为基础展开农田水利建设（如灌溉渠），通过培育生态农业和现代农业来摸索特色之路；同时随着马太路的辟建，码头镇区也实现了跨河西拓的空间扩张。（图 7-44）

（二）空间格局分析

1. 整体格局——运河要枢，三河六堆，洼地蓄田

码头镇地处黄、淮、运交汇的水运要道，是国家水利要枢和漕运中心。这一独特的历史地位和地理选址，造就了古镇地形融合自然与人工于一体的环境风貌。或者说，码头镇的历史环境是由淮泗之地的自然环境（如黄、淮、运三水交织）和黄河夺淮后水利建设的人工环境（如清口枢纽水工体系）叠合构成的特色形态。

因地形地貌较为复杂，在清江浦石码头设水陆转换之枢纽，著名的"南船北马，舍舟登岸"亦在此分界完成交通转换；又因为自然环境水网密布，三面环水的"锐角湾"东以淮沭新河为界，西面和南面的古淮河（张福河）和古里运河尚存，地势起伏、堆堤纵横，共同构成了"三河六堆"特色格局。

图 7-45　历史镇区格局图　　　　图 7-46　现状镇区格局图

图 7-47　码头镇整体格局模式图

千百年来由于黄河的不断改道，加之与淮运之间的汇流冲刷，自然形成了黄河南北缕堤之间及两侧、里运河内外堤之间及两侧的洼地。这些洼地因地势较低、水患严重，并不适宜人类居住。农田主要环围于镇区四周，在布局上充分利用村落周边低洼的平坦用地而展开。良好的气候条件、平坦的地形、密集的水网以及洼地土壤自身的优势，使堤坝之间的洼地农耕方式盛行一时而形成"洼地蓄田"的历史景观，进而也构成了聚落同水、田等自然要素以及水利水工设施交互融合的整体格局，反映出城镇选址和整体格局与水系、农田、人工设施等要素间的密切联系和有机渗透。码头地形地貌不但见证了黄河入泗夺淮的自然之力对人类聚落和地理环境的冲击和改变，也同样见证了人类顺应自然之力、依赖国家力量和技术智慧改善生存环境的顽强精神，是"顺应自然、改造自然"的天人合一思想的体现。（图 7-45 ~ 图 7-47）

2. 聚落形态——高堤结屋，鱼骨纵横，水陆并行

古淮河（张福河）、古里运河和东侧淮沭新河，在总体上形成三面环水的"锐角湾"格局；堤坝虽为人工地貌，却为此地的聚落提供了"低勿近水"的庇护空间。因此以堤为基、高堤结屋、沿堤聚集、依堤成街，呈条带状分布，便成为码头一带独具地域特色的聚落形态。现今码头镇基本维持原有的鱼骨状整体格局，其中纵向的鱼脊即为平行于张福河的安澜古街；镇域内保留传统特色的聚落主要有：中运河南岸缕堤聚落、黄河北岸缕堤聚落、顺黄堤聚落、临清束水堤聚落和里运河堤聚落。

码头镇的传统聚落在有限的安全空间中"高堤结屋，鱼骨纵横"，房屋也多在有限的安全空间中沿堤而建、因堤兴街，形成了独特的"依堤为街、鱼脊状、条带形"空间形态。（图7-48）

码头镇的聚落形态以街区和地块为单元，沿安澜主街和张福河而组织和延伸，构成了古镇区的主体；同时顺应外围水系有机布局居住、商业等功能要素，构成古镇独具特色的"三面环水、滨水建城，水陆并行、小巷纵横"的传统格局。

"安澜街者，北起圩门，南讫头坝渡口，虽长不盈三里，而皆依堤结屋，故出地甚高。若自河西望之，崔嵬隐秀，俨然万宝之所聚也。又有岔街，在堤下，与安澜街平行。则十家九闭，未甚繁浩。"（《淮阴风土记·马头一览》）安澜古街北起圩门口，曾有知事刘樗寿书"古楚淮阴"石刻横匾一块，南至头坝。与安澜大街正交的小巷多位于西侧，其中大部分通向与安澜大街平行的临河后街，且有石砌台阶相接。（图7-49）

与安澜街垂直的"官巷—兴盛街"位于大街南段，西侧通往淮河古码头、东侧通向东岳庙和头闸（惠济闸），历史上为闹市繁华区。"当漕运未废，阎闾称胜。东岳庙前一带，有缎肆三家，它业可想。"其中，官巷内有砖砌门楼一座，正面刻"韩侯故里"，背刻"襟带河湖"，而兴盛街另建有一砖砌门坊，正面刻"安澜马头街"，背面刻"瑶池西望"。官巷现存门楼为公元1884年重建，兴盛街门坊则是中华民国十六年（1927）由马头市商重建。另官巷与安澜大街交汇处设官巷门楼，朝大街一面书"官巷"二字，另一面书"接引淮泗"四字。（图7-50）

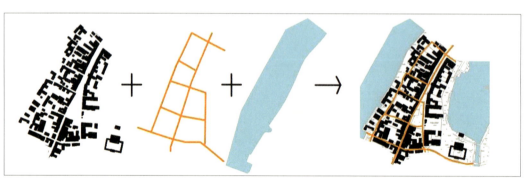

图7-48 码头镇历史街区的典型空间组合图

图7-49 码头镇安澜街的平面图及现状

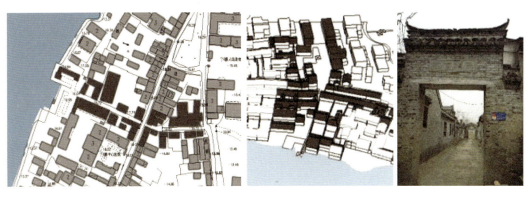

图 7-50 兴盛街—官巷平面图及现状

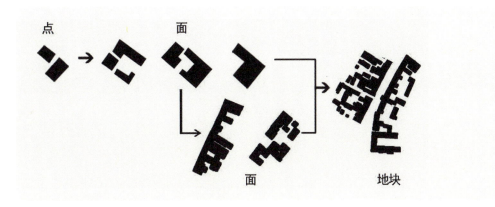

图 7-51 码头镇的院落空间组合模式图

　　码头镇范围内的传统聚落多呈沿堤聚集的条带状形态。尤其是沿黄河南北缕堤、中运河南北堤、顺黄堤、临清堤等重要堤防的两侧，现已成为码头镇域人口的主要聚居点。其在整体形态上呈现出沿堤建设的"鱼脊状＋条带形"聚落特征，在微观层面（地块单元）则表现为"院落"的横向拼接，且多顺应河道、街道曲线和走向而调整前后落房屋开间，另有部分院落直接连接河道与街市，街巷简洁、脉络清晰，拥有独特的"鱼骨纵横，前店后宅"的建筑空间格局，也是古镇典型空间的主要展示面。沿安澜古巷布局的典型住宅多为前店后宅模式，屋顶形式以双坡为主，空间组织以院落围合为主，传统材质则以木构和砖砌为主。（图 7-51）

（三）物质和非物质文化遗产

1. 物质文化遗产

　　码头镇内拥有世界文化遗产 1 项 33 处（包含了世界文化遗产清口枢纽的大部分），遗产构成以水工设施为主；拥有各级文物保护单位 9 项，其中全国重点文物保护单位 1 项、省级文物保护单位 2 项、市级文物保护单位 6 项、未定级的不可移动文物共 62 项。从类型上看，码头镇域的建（构）筑物遗存可分为古建筑、古遗址、近现代重要史迹及代表性建筑、石窟寺、石刻和古墓葬共五类，其中以古遗址和近现代重要史迹及代表性建筑为主。

　　（1）故城遗址

　　甘罗城，位于淮阴区码头镇东北。清河县志载"甘罗城周 427 丈，在淮阴故城北秦甘罗筑"。春秋时期始筑城，为土城，以后虽多次修筑，多为土城，直到宋金之际，为抗御金兵才开始在土城的基础上修筑砖城。之后，甘罗城一直遭受黄、淮水患严重威胁，延至清乾隆年间，终因水患而废弃。遗址占地 13 万平方米，地势高耸，文化层厚约 2 米。地下文物大多已出土，发现秦代陶器等。据传旧时城内有 36 处景观、81 座庙宇，现在逐步恢复的景观有近 30 处。清朝实施"蓄清涮黄"治河方略，甘罗城一带成了防汛要地。甘罗城运口逼近黄河，河水内灌，淤垫山清、高宝之河道，每年冬底，必大起民

图 7-52　漂母墓遗址（左：墓碑　中：漂母祠入口　右：漂母像石刻）

夫挑挖，以济新运。甘罗城遗址现为市级文保单位。

淮阴故城，现存遗址西临张福河，北接甘罗城遗址，东为三闸遗址，南为韩信故里遗址，地表 1.5 米下发现约 3 米厚的文化层，出土条石、石础、钱币、瓦当、陶瓷器等遗物。今码头镇的"鱼脊"街基本上紧贴西城墙，南宋黄河夺泗夺淮后，因水患威胁先在西城墙外筑堤，而后逐步连同西城墙一起加固筑成防洪堤。淮阴故城遗址现为市级文保单位。

码头镇的故城遗址向世人展示了其两千余年的城镇聚落兴衰发展史，从城河相依的城镇选址到筑堤围城的聚落形态，无不印证着码头作为运河城镇从古至今与运河水系千丝万缕的联系。

（2）古墓葬

漂母墓，位于码头镇东约 3 里处的太山村漂母祠内，俗称泰（太）山墩。墓冢为汉时期典型封土，现墓直径 50 米，高 20 米。墓北有清光绪、民国年间立的石碑两方。兴汉三杰之一的韩信出生在淮阴县码头镇，传年少落魄时，垂钓腹饥，漂母曾无偿供给他饮食而一连数十天。韩信功成名就，封为楚王后来到自己的封国，召见漂母，赐其千金，"一饭千金"典故由此而来。漂母去世时，韩信非常哀痛，令十万大军每人兜一兜土，为漂母的坟墓添土。漂母墓遗址现为省级文保单位。（图 7-52）

"漂母饭信"的故事深深地影响了一代又一代人，历代学者多有诗文对其赞颂，历朝官府也纷纷建祠树碑以示褒扬。如今，漂母墓已成为国内著名的母爱文化教育基地。

（3）名人故里

韩信故里，原址位于码头镇淮阴故城的官巷内，民国期间被毁。据说韩信出生于古淮阴县城西 8 里的"韩王庄"，少年时期曾居于淮阴故城官巷。韩信故里遗址现为市级文保单位。

枚乘故里，历史上，码头镇一带曾有多处与汉代枚乘、枚皋父子相关的历史遗迹和纪念建筑，但因水患战乱，古迹早已荡然无存。北宋《太平寰宇记》记载："枚乘宅、墓，在县南二百步。"《咸丰清河县志》亦记载："枚皋墓在淮阴故城，枚乘宅在淮阴故城南二百步，韩亭在淮阴故城南，枚亭在淮阴故城北，步亭在淮阴故城西，叐罗树碑在淮阴故城南二百步。" 1958 年，码头镇人在整治淮沭新河的河床时，掘出了镌有"枚乘故里"四字的一块碑石，可视作历史的最好见证。

码头一带历史悠久，人杰地灵，孕育了不少杰出人物，韩信、枚乘均在其列。码头境内的名人故里遗址向人们展示了历史人物的生活过往与精神思想，具有较高的历史、文化价值。

（4）传统民居

由于明清时期水患严重，导致很多建筑被毁，因此码头镇的传统民居多为民国时修建或是翻建，建筑风貌和保存使用的情况差别很大，有部分延续了居住功能却居民较少。历史镇区内仅安澜大街中部的一小段尚保留着17处传统住宅，且分布较为零散，以院落式住宅为主。其中的典型代表为老街九号民居，约建于民国时期，面阔三间，两层，面积约60平方米，硬山顶，灰砖黛瓦红木门，梁架和屋顶保持原样。现重新更换了内部楼梯，一层重新吊顶，整体保存状况较完整。

码头镇的传统民居建筑具有明显的江淮民居特色，荟萃南北建筑精华，体现了南北文化的交织与碰撞，也为江淮民居建筑研究提供了典型素材。（图7-53）

（5）水工设施——堤坝和闸

堤坝密集是码头镇一个显著特点。历史上码头一带解决黄河泥沙问题的主要思路是"筑堤束水，以水攻沙"，其中"束水攻沙"意在束窄河槽，加大流速，提高水流携沙的能力，以冲刷淤积；而解决黄河泥沙影响的另一项工程措施，就是在清口以西修建水坝，将黄河主流调向河道北侧。其中保存比较完整的堤坝设施为天妃坝，其砖石工堤位于码头镇二闸村惠济祠遗址旁边，始建于明万历七年，是里运河入黄淮交汇处为抵御激流冲击而设立的保护性堤防设施。砖石结构的天妃坝坝体、埽工、石工等遗迹均保存较为完好。（图7-54）

图7-53 安澜街的九号民居现状

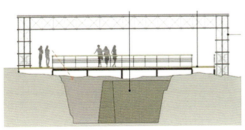

图7-54 天妃坝工程的剖面图及现状

三闸遗址，明清时期，清口一带的三闸是漕运锁钥，其遗址位于淮阴区码头镇政府迤东500米，向东北延伸至中、里运河与二河交汇处，东距漂母墓约500米，西临韩信故里遗址、淮阴故城遗址、甘罗城遗址。三闸遗址是黄、淮、运水系变迁的历史见证，也是中国漕运发展历史的见证，对研究明清时期我国社会政治、经济、文化、交通、水利、科技发展状况等有重要意义。目前码头镇的所有闸全部废弃，大部分埋于地下，成为水工遗址。明代初年，淮南运河水浅，重船车盘过坝入河十分劳苦。为解决通航困难，明代自淮安城西开清江浦河（即今淮安码头至淮安城间的里运河）60里，运河由此改道直通淮河（亦即入黄河，此处淮河已被黄河所夺）。但北来的黄河水位要高于淮河，淮河自西来的河身水位又高于里运河。为使漕船克服黄、淮、运之间的水位差距，同时调节黄淮涨消对运道的影响以保证漕运畅通，在运口逐渐南移以避黄患形成的河道上，修建了惠济闸、通济闸、福兴闸。三闸皆有越闸，每闸"上下水面之差，惠济为二尺半，通、福皆为半之，故惠为头闸，通为二闸，福为三闸。"（图7-55）

图7-55 三闸遗址石碑

正是闸、坝、堰、堤防、桥梁等水利工程和航运工程设施在码头一带的新建、改建、迁建和维护，才使其成为运河全线古代水利工程遗存最密集、保存状况最好、价值最高的地区，被水利史和文物专家誉为"水利工程史博物馆"，为研究古黄河的历史变迁、古代水利工程建造方式等提供了重要的实物资料。

2. 非物质文化遗产

码头古镇历史悠久，孕育了许多独具地方特色的非物质文化遗产，其中若干文化更是一代代传承下来，在今天仍然活跃在人们的生活当中。如传统手工艺方面，恒裕烟店、恒盛酱园、恒源茶食店等民间技艺传承至今；社会风俗方面，二月二画灰囤、四月八浴佛节、六月六吃炒面、七月七乞巧节等习俗仍然广为流传；民间饮食方面，因韩信而得名的将军马鞍等淮扬名菜、回民村特色菜都是码头镇的特色饮食，四巧园、

图7-56 码头汤羊肉

高庆余等老字号饭店等老字号也保留了下来；节庆活动方面，有惠济祠庙会天妃娘娘出巡等演艺活动和传统商业活动，元宵节风神庙乞求行船平安以及中元节东岳庙东岳大帝出游活动等多种形式。（图7-56）

（四）特色和价值

在以水运为首要交通组织方式的黄河以南地区，处于淮泗相交之地的码头镇长期承担着国家的水运交通枢纽、漕运中心和商贸重镇之重任。明清两代的国家关注、水利建设和治患投入，使码头成为国家工程体系的要枢和核心。码头镇在中国大运河发展史和我国的水工建设史中具有不可替代的地位。同时，码头镇也是大运河沿线原生态风貌保存最为完好的地区，"高堤结屋，鱼骨纵横"的聚落形态代表了沿运演化的古镇的典

型形态。其价值和特色可以归结为"千秋古镇，运河要枢"。

码头镇是大运河两大水运枢纽之一，据淮泗之交而产生，并因运河漕运之兴废而盛衰。淮水与泗水孕育了这座古镇，运河水系的变迁见证和推动了码头的兴衰演进。码头镇也是漕运中心，明清以来，漕运制度的推行给码头镇的兴衰带来了显著影响，随着水运条件的提升、漕运的日趋频繁和人流物资的大规模集散，古镇沿河一带集聚起大量家庭手工业、工场手工业、运输业、商贸服务业甚至金融业，产生了巨大商机，作为漕运中枢，马头镇也成为历代人力物力投入和政策扶持的重中之重，以确保国家命脉重要一环的稳定运转。

公元 1194 年黄河夺淮所引发的地理环境和水运条件变故，使码头镇一带成为明清以来运河治理工程最密集、水利地位最重要、技术成就最高、国家投入最大的核心区段。码头镇是封建王朝稳定政权和维持统一而投资开凿和管理的国家工程体系的中枢所在，也是在农业文明技术体系之下难以想象的人类非凡创造力的杰出例证。其中清口水利枢纽更是在水利工程建设史上享有极其重要的声誉。目前，码头镇一带是中国运河全线古代水利工程遗存最密集、保存状况最好、价值最高的地区，是中国"水利工程史博物馆"。码头镇不仅是江苏省的历史文化名镇，更是在水利水工方面具有世界影响力的文化遗产地。

码头镇的传统空间格局、水利水工设施与周边的水系田园风貌有机融合、相互渗透，整体反映出古镇历史地域传统的文化脉络、改造自然的工程技术演进历程和景观风貌的自然环境背景，是"顺应自然、改造自然"的天人合一思想的典型体现。码头镇多次经历运河水系的开通、改道和疏浚，从一河贯通到两河交汇再到现在的四河交汇，因据水运要道和河防要津而依水建成甘罗城、淮阴故城、泗口镇、北辰镇等多处城镇，并经历过淮阴故城、甘罗城、清口旧县城等三处城址的变迁，见证了码头镇"扼淮控泗之要而营建城池"和"战患洪肆之灾而变迁城址"的两段特殊历史。堤坝与水网的密集交织是今日码头镇及周边区域的特色地貌，历经数百年变迁而形成的完整工程体系，至今仍可见其总体布局，在呈现运河枢纽工程复杂性和系统性的同时，也充分体现了运河古镇对于水利水工设施的高度依存性和共生性。

码头镇历经千年积淀，承载着厚重的历史，其空间格局与建筑风貌独特，在古镇格局方面，形成了典型的水陆并行的鱼骨状格局，"高堤结屋"是码头镇地域聚落空间形成的重要特征。因处南北交汇、南船北马转换之地，码头镇的建筑风貌主要呈现南北杂糅的特征。民居建筑风格以"具有江淮民居特色"而著称，在建筑技艺上既溶入徽派古民居竭尽雕饰的手段，还汲取了扬州民居轩昂峻拔的风格。

四、运河要冲邵伯镇

邵伯镇位于扬州市东北部江都区境内，居运河要冲，京杭运河、里下河、高水河、新老盐邵河等五水交汇于此，水路通达，是古代水路交通枢纽、运河沿线重要的商业集镇。2008 年，邵伯镇入选为中国历史文化名镇；2014 年，邵伯明清运河古道、邵伯码头及铁牛入选中国大运河世界文化遗产目录。（图 7-57~图 7-59）

图 7-57　江都区在扬州市的区位

图 7-58　邵伯镇在江都区的区位

图 7-59　邵伯古镇掠影

（一）镇村体系变迁

1. 邵伯镇的起源（春秋至东晋时期）——傍水而居，因埭得名

邵伯古名步丘，初为村落。周以前曾属吴、越，后属广陵。东晋谢安建埭，得"邵伯"之名。唐宋置镇，隶江都县，清雍正后属甘泉县。民国初，邵伯设区属江都县。民国后期成为国共两党频繁争夺之所，多次调整区划，曾设区、市，先后隶樊川县、江都等县。

春秋时期，吴王夫差为争霸中原，开邗沟连接江淮水道。但由于邵伯地势西高东低，南高北低，却出现了西南苦旱而东北苦涝的生态灾害。于是在公元 385 年，东晋太傅谢安出镇广陵步丘后，为免旱涝、兴航运，于步丘之北 20 里、古邗沟水流湍急之处筑埭。此埭既能蓄水灌田，便民利漕，也是邗沟行船必经的停留之所。谢安为当地免除了洪涝灾害，又使邗沟沿岸人气兴盛，因此被当地人比作周代的召公，"召公"之"召"，古音读"邵"，故后人直接将"召公"写成"邵公"。人们把谢安比作周代的召公，因此将河埭名为"召（邵）伯埭"。生民们傍水而居，邵伯镇因邵伯埭而得名。（图 7-60～图 7-62）

图 7-60　运河历史舆图

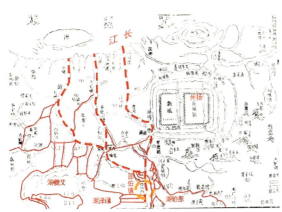

图 7-61　清代运河入江图　　　　　　　图 7-62　民国邵伯镇区域图

图 7-63　江淮运河河道变迁之东晋筑埭修渠　　　图 7-64　邵伯镇域（春秋－东晋）聚落及运河河道变迁图

　　在这一时期，邵伯埭的修筑保障了邗沟沿岸的农业民生，邗沟两岸因埭而盛；而春秋战乱时期的军事运输需求则进一步推动了邗沟航运。像东晋士大夫谢安以北征前秦闻名，在广陵所筑邵伯埭不但使古邗沟成为沟通江淮的内河，还成为北伐水师的必经漕路，更为重要的是为地方农业民生发展提供了地理条件保障，从而催生了邵伯古镇。（图 7-63、图 7-64）

图 7-65 江淮运河河道变迁之宋筑湖堤

图 7-66 邵伯镇域（隋－元）聚落及河道变迁图

2. 邵伯镇的兴起（隋至元代）——江都名邑，运河要冲

自东晋建埭后，邵伯逐渐成为人气兴旺的地区集散中心，在运河漕运和水工发展推动下，形成了沿运河集聚的城镇，产业经济繁荣和人文荟萃的邵伯开始成为江都名邑。

不断膨胀的漕运需求也对运河通航能力提出了更高的要求。从隋唐至元代，历朝政府不但积极疏通完善运河网络，而且对运河埭堰的过船效率也进行了提升。旧时船只过邵伯埭需要拉纤，船只过埭拖沓又危险。宋天圣年间，为省舟船过埭之劳，废革真州运河沿线北神、邵伯、龙舟、茱萸诸埭。邵伯埭边修筑了随时启闭、既可节流又利行舟的两室船闸。苏辙诗云："偏舟未得解，坐待两闸平。"以船闸取代埭堰既能蓄水，又能免除拉纤之苦，漕船运粮安全高效。

在船闸技术与运河漕运的互相促进下，邵伯埭沿线人口集聚、商业繁荣，北宋出现了邵伯置镇、设驿道的记载。古镇沿运河南北向发展，出现了商铺林立的条石古街。商业服务迸发促进了地区文化交流，邵伯人文荟萃：既有后周世宗驻跸法华禅寺，又有北宋黄庭坚、秦观、苏轼、苏辙和诗吟唱于斗野亭，佛教宗庙在运河两岸生根发芽，祈求渔航平安的运河神话开始流传。但到了宋代末年，邵伯车马地因地位险要而变为宋金战争场，城镇建设与南北商贸均受到破坏。（图7-65、图7-66）

3. 邵伯镇的繁盛（明清时期）——沿河外拓，治河而盛

明清时期，邵伯段运河水系曾发生两次变化。运河水系的第一次变化源自南宋黄河夺淮，直至明初，其对运河的影响一直在显露：江淮间水位渐趋相平，淮河渐淤，邵伯湖等运西湖泊不断扩大，甚至吞没运河航道。由此出现的现象是：江南漕船行至江淮运河，皆需经由运西湖泊北上运粮，运河"湖漕"历史开启。由于"邵伯水流皆平，运舟往来无虞"，邵伯闸坝逐渐失去原有功能。

运河水系第二次变化则源自潘季驯的"治黄"。明神宗万历十六年（1588），河道总督潘季驯为治理黄河，修筑黄河两岸堤防固定河槽，使得河床淤垫日甚，江淮剧变北高南低，运河流向也变为由北至南。明万历二十八年（1600），政府在邵伯又兴筑河湖分隔工程，即在邵伯湖东堤内侧另筑堤防一道，两堤之间为越河，成为邵伯明清运河（里运河）的开端。然而"治黄"后，运河两岸水患频繁，甚至对邵伯城镇空间形态造成了巨大影响。清康熙三十八年（1699），邵伯镇南更楼官堤决口沉没，形成邵伯南塘，后政府镇以铁牛，希冀保佑邵伯堤牢固，故此地又称铁牛湾。

明清时期，运河漕运为历任政府所重视，相应管理机构也应运而生。明洪武元年（1368），邵伯巡检司设立，成为地区漕运专门主管部门，漕运粮、油、盐等物资也成为推动邵伯商贸繁荣

图 7-67 江淮运河河道变迁之明开越河

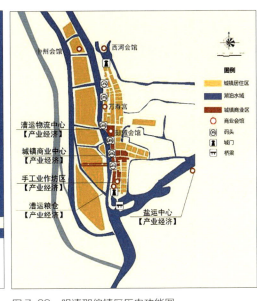

图 7-68 明清邵伯镇区历史功能图

图 7-69 江淮运河河道变迁之清归海归江坝

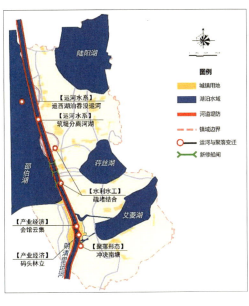

图 7-70 邵伯镇域（明清）聚落及运河河道变迁图

发展的主要经济命脉。清雍正七年（1729）又在邵伯设扬粮厅，署设邵伯镇东街（今邵伯小学），并建有粮仓。于是运河沿岸粮行鳞次栉比，装运粮食的"邵伯划子"、量斛米豆的"伯斛"闻名南北。此时的邵伯既是漕运交通枢纽和漕粮重地，又是盐的流通要道，清代更是帝王南巡的必经之路。

在这一时期，邵伯镇"依河而拓、治河而盛"，与地理环境变化有关，更与政府治理运河策略和漕运贸易发展相关。黄河夺淮和潘季驯治黄带来的两次区域地理环境变化促成了运河水流方向逆转，河湖不分而转向湖漕，淮河出路不畅下泄运河而水患频发，使古镇运河西岸街区消失；康熙、乾隆两朝采取"疏堵结合"的策略，着力整治运河河道，兴筑堤坝，分离江淮河湖，使邵伯仍为严密的漕运体系中的一环。漕运制度的成熟和商业贸易的发展，刺激邵伯出现了门类丰富的手工业和服务业，频繁的南北货运及人际往来，则使邵伯文化交流活跃，宗教、会馆等场所应运而生。（图 7-67 ~ 图 7-70）

4. 邵伯镇的转型（民国至 1975 年）——水陆并进，辗转求索

随着封建王朝的漕运制度被终止，加之里下河地区频繁的自然灾害，运河水运进入变革期。因新兴交通工具与方式的兴起，失去漕运支撑的运河古镇邵伯，开始由水路枢纽向水陆交通双枢纽转型。

清咸丰五年（1885），黄河水道北移，山东运河淤塞，继之津浦铁路通车，物资集散地转移到镇江，使京杭运河沦为区域性河道、邵伯集散市场骤然萎缩。但随着运河轮船运输业逐渐兴起，邵伯又开辟了新的物资航线。民国十二年（1923），上海两家轮船公司开辟由上海至霍家桥的航线，在邵伯设转运分局，运输江淮地区农副土产品，邵伯水运并未因封建漕运制度结束而终止，转向开拓民间航运的新市场。

漕运终止后，运河水患严重而缺少维护，运河大堤时常决口泛滥，影响运河周边聚落形态和民生经济，其中尤以民国二十年（1931）大水为甚，邵伯受灾居民达 7000 余人。为整治运河水系，民国二十三年（1934），国民政府用"庚子赔款"的减免部分，于邵伯河西大街旧址建邵伯船闸（俗称老船闸）。同年建成的还有沿清运河驿道修建的扬青公路（淮扬公路），南至扬州、北接清江（今淮阴），穿邵伯镇境 7 公里，标志着邵伯自此从水运向公路交通发展转型，呈现出区域水路双枢纽的优势。

除了区域交通转型外，清末民初的邵伯城镇建设还表现为以下三点：其一，城镇公共服务建设。邵伯先后设立了邮政局、警察局、电报局、水上巡警队、电气厂、私立小学等各类公共服务机构。其二，第二产业萌发。首先是手工业作坊转型为工厂，如粮油加工业的顺丰油米坊、和兴油米坊及道成油米厂；其次是供电厂建设，民国十五年（1926），宁波人张万长于邵伯镇玉带河东岸（今南塌村）创办张万长电气厂，开创了邵伯供电历史。其三，区域商贸集散枢纽形成。主要的粮行、南货、钉铁、油麻行业，依旧保持以船民客商为服务对象，地区集市繁荣一时，包括猪牛集市（每旬三、六、九开集）、粮食集市、蔬菜集市以及一年一度的农历三月二十八庙会集市。

直至 1949 年中华人民共和国成立后，运河与古镇再度转型。京杭运河采取了加固运堤与疏通扩建的整治措施，运河转型为货物水运通道。1958 年起，实施京杭运河扩建工程，邵伯明清运河北段航道扩建，南段重新开挖，两岸运堤加高培厚，提高运河通行和防洪能力。负责运河工程施工的地、县两级指挥机构均设在邵伯镇，大量外地劳工云集邵伯，这也刺激了邵伯的服务业复苏，邵伯大旅社、大饭店和大浴室因之而兴办。

5. 邵伯镇的复兴（1975 年至今）——运河重生，传承复兴

改革开放后，江苏油田开发和乡镇企业发展，刺激了邵伯城镇道路和公路体系的完善，但是京杭运河的客运功能却随着 1991 年过境客轮的全线停航而终止，转变为纯物资通道。于是，邵伯镇开始依托淮江公路向东、向南寻求新的拓展。

21 世纪初，邵伯在古运河畔重建梵行寺，并保护改造古镇街区。2008 年，邵伯镇被公布为中国历史文化名镇。2014 年，大运河被列入世界遗产，邵伯古运河、古堤等被列入大运河世界遗产名录。随着邵伯历史街区的保护与改造展开，运河古镇邵伯将续写她的辉煌篇章，为古老的运河增添魅力。（图 7-71）

图 7-71 1975 年至今邵伯镇区历史功能图

（二）空间格局分析

1. 古镇整体格局：五水汇古镇，古镇望棠湖

位于湖荡湿地中的邵伯镇，自宋代以来为淮扬运河段要冲，北接淮水入运的湍急水流，南启运河入江的泄洪系统。险要的自然地理区位使邵伯镇不仅承担着重要的漕运集散枢纽作用，还是苏北区域防洪的重要一环。在自然地理与航运、泄洪的共同作用下，邵伯逐渐形成了五水汇古镇、古镇望棠湖的整体格局。

五水汇古镇是指邵伯镇由五水汇合之势形成，这五水分别为京杭运河、里下河、高水河、新盐邵河、老盐邵河，它们共同构成孕育了古镇。元代贯通的京杭运河由北自南抵达邵伯古镇，自邵伯节制闸向东挑里运河以分离河湖（邵伯湖），向南至芒稻闸开挖高水河以泄洪；东西向新老盐邵河南起邵伯，北至盐城，也是自然河道和人工开挖的结果，老盐邵河连接邵伯镇北的京杭大运河，新盐邵河则是联系京杭大运河和里下河水系的终点，成为里下河地区连接盐城的水上交通运输主动脉之一。京杭运河、里下河与高水河三大水系如一幅南北长卷，共同见证了邵伯古镇的沿河生长、依河设肆的发展轨迹；位于古镇外围的新老盐邵河则构成邵伯镇镇区向东南拓展的地理环境。五水汇镇，赋予邵伯便利的水路交通，既是京杭运河航运、泄洪和转型的历史变迁见证，也是邵伯人民自古以来利用自然、改造自然的智慧结晶。

图 7-72　历史镇区格局图

图 7-73　现状镇区格局图

所谓古镇望棠湖，是指古镇四周区域为湖泊环绕，春秋时期，古邗沟自武广（今邵伯湖）、陆阳（今渌洋湖）二湖之间穿过，将区域内湖泊划分为东西二片，区域以东的艾菱、渌洋等为运东湖泊，区域以西的邵伯湖等湖泊则称运西湖泊。由于邵伯镇东渌洋、荇丝、艾菱、星荡等运东湖泊在新中国成立后已先后围垦，现留存下来的最大湖泊为运西邵伯湖。古代邵伯湖为六座湖泊连片而成，"滩隈陇阜，错落其中"，故有"三十六陂帆落尽，只留一片好风光"的美称。因邵伯又名甘棠，故里人又名邵伯湖为棠湖。明清时期，邵伯湖与运河河湖不分，是湖漕船帮必经之路，见证了邵伯漕运的辉煌历史。（图 7-72、图 7-73）

2. 镇区聚落格局：运河襟两岸，双街多巷驿码头

（1）聚落整体格局：运河襟两岸

自春秋邗沟夹武广、陆阳二湖经过此地，邵伯古镇空间即被划分为东西两岸。至明清两代，邵伯古镇区东西两岸形成了不同的聚落格局：西岸夹邵伯湖与运河，众多沟渠东西连接河湖之间，形成大小岛屿和港口；东岸沿河设肆，码头林立，形成较为完整的外向城镇聚落。随着清末西岸镇区逐渐消失于洪水中，邵伯古镇区仅遗存东岸片区。

（2）聚落街巷体系：双街多巷驿码头

以邵伯东岸片区为例，探讨邵伯古镇的街巷体系，既具有水乡地区鱼骨状结构特征，又独具运河古镇的外向特征。东岸片区以沿运驿道和条石古街两条主要道路为南北骨架，犹如一幅长卷沿运河蜿蜒展开；东西巷道很多，犹如梳篦而勾连严整，通向运河沿岸错落的码头，坊间有"十家店铺两条巷，每条巷口巷对巷"的概括。以大码头为中心的街坊则形成了古镇东岸核心，体现了邵伯依水成市、巷通古驿、码头为核的外向式格局。

（3）聚落节点空间——两楼定南北，长街划动静

以条石古街为轴线的街区是邵伯古镇保留最为完整的历史街区，以清代条石古街为例来探讨古镇节点空间，可以窥见运河古镇的节点体系和建筑风貌。

邵伯镇条石古街南北长约 1.5 千米，街宽 2 米余。以大块条石铺设路面，石板下为水道，雨天街面从不积水。清代条石古街，北起真武楼，南迄青云楼，大码头对望关帝楼，定位古街重要的商贸街坊。以条石古街为轴，古街西侧街坊多为商贸、手工业及行政防汛等公共功能，商市林立，店铺云集，巷道西通各个码头。古街东侧街坊则更偏重生活，住户众多，既有殷实人家，也有书香门第。

古镇传统建筑多为合院单元，前店后宅，五架抬梁，雕花栏杆，砖雕木刻，翘角飞檐，漏窗穿堂，似诉说着水乡风情。1949 年后，新建建筑多沿街呈一字形展开，下店上宅，不拘合院形制。1965 年"大跃进"时期，巷道条石移作他用，但大街条石路面基本保存完好，大部分条石街道和部分木构明清建筑得以保存。（图 7-74）

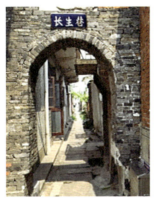

图 7-74　邵伯条石街掠影

图 7-75　南大王庙现况

图 7-76　邵伯巡检司现况

（三）物质和非物质文化遗产

1. 物质文化遗产

邵伯镇物质文化遗产类型丰富，"河、街"古镇空间格局和风貌保存完好，有历史文化街区，有世界遗产，有文物保护单位及其他不可移动文物54处，有历史环境要素6处和其他物质要素若干。

第一类是宗教建筑，以南大王庙为代表。

南大王庙位于邵伯镇运河大堤西侧，是清代邵伯运河沿线三座大王庙之一。南大王庙坐北朝南，是抬梁式木构悬山建筑，正脊有葫芦宝顶。另有北大王庙临邵伯运河北部大堤，中大王庙于今邵伯船闸位置，均毁于战火。南大王庙也在1946年8月苏中"七战七捷"的第六捷战役中历经战火洗礼。现南大王庙仅存两进，1986年大殿又进行了维修，设邵伯保卫战历史陈列室，室外建烈士墓及六棱柱形纪念碑（图7-75）。南大王庙是运河沿线独有的以河神为祭祀对象的宗教建筑，是清代邵伯运河文化的集中反映，同时也是邵伯镇经历近现代军事战役的见证，目前为扬州市级文物保护单位。

第二类是公共服务建筑，以邵伯巡检司衙署、邵伯影剧院为代表。

邵伯巡检司位于邵伯镇前东街，为三进抬梁式建筑，局部两层，门前植纪念邵伯谢公的甘棠古树。邵伯巡检司原是明清时期县署派出机构，明洪武元年设，至民国初年撤销，历时544年。集行政功能、民间传说于一身的邵伯巡检司，见证邵伯镇依运河繁盛的历史，也是地方风俗文化的载体。巡检司撤销后，署址先后改为学校、文化站，现修复为邵伯廉文化传承馆对游客开放。（图7-76）

图 7-77　邵伯影剧院现况

图 7-78　邵伯金芝堂药店现况

图 7-79　邵伯范氏住宅现况

　　邵伯影剧院位于邵伯镇南大街，建筑高 6.5 米，宽 49.9 米，占地面积 8150 平方米，可容纳观众 1000 多人，现为钢混结构。邵伯影剧院是邵伯镇人文化生活变迁的体现。民国二十九年，邵伯商会在南大街建造竹木草棚搭建的邵伯大戏院，可容纳观众 300 余人。1949 年中华人民共和国建国后，大戏院被拆除，改建为砖木结构的大会堂，1970 年代，为了适应人民群众精神文化发展需求，拆除大会堂重建邵伯影剧院（图 7-77）。邵伯影剧院建造发展的历程其实也是浓缩邵伯镇人文生活变迁的一扇窗口，是人民群众精神文化需求和物质文明发展的结果。

　　第三类是商业建筑，以金芝堂药店为代表。

　　金芝堂药店位于邵伯镇南大街，是清代修建的抬梁式二层沿街建筑。建筑共分两进，上住下店内有天井，具有徽派特色。原为商住，现为民居，保存较好，是新发现的不可移动文物。清代邵伯条石街各业俱荣，药店数量众多，金芝堂为其中兴旺者。金芝堂的主人为安徽商人汪有秀，经商诚信，多处有商号。当时店门上方立匾"上不亏天，下不欺人，一心事德，万民回春"（图 7-78）。位于扬州邵伯镇的金芝堂药店呈现出徽派建筑的特色，是清代邵伯镇运河商业繁荣、南北交流频繁的写照。

第四类是民居建筑，以齐氏住宅为代表。

齐氏住宅位于镇南大街，坐西朝东，称阴阳厅建筑。其中阴厅为明代厅堂式建筑，现存两间，明间五架抬梁，举架平缓，梁头雕刻成卷浪纹，瓜柱雕成荷叶墩，脊檩装山雾云，用丁头拱和替木，柱下圆墩型石础。阳厅时代稍晚，三开间，明间五架抬梁，雕刻风格类似阴厅，柱下覆盆式柱础。阳厅后面有堂屋三间两厢。大门朝北，门楼、砖墙雕精致。齐氏住宅系邵伯人董恂晚年笔耕不辍，编撰《甘棠小志》的读书处，为邵伯保存了珍贵的历史资料，并绘制了邵伯镇唯一的古代地图。董恂生于邵伯，饱读诗书，官至尚书，是近代中国外交史上的重要人物。齐氏住宅既是邵伯镇人杰地灵的体现，也是邵伯镇绅乡贤热心家乡建设、博爱镇民的历史写照，已列入市级文物保护单位。图7-79是邵伯范氏的住宅现状。

第五类为水工设施，其中以邵伯船闸为代表。

邵伯船闸位于镇西京杭运河沿线，是配合京杭运河扩建的水利工程。目前共分三座，一号船闸建成于1962年，闸室有效尺度为230米×20米×5米，闸门门型采用横拉门形式。二号船闸建成于1987年，闸室有效尺度为230米×23米×5米，两闸闸门均为钢质平板横拉门，闸室除设有系船钩外，二号闸还设置了12只浮式系船柱。三号船闸建于2008年。邵伯船闸由人力运埠、木制双闸、多闸并施，发展至今日壮观的船闸工程，是我国古代劳动人民开挖运河、治理航运的发展史，是邵伯镇由汪洋泽国拓展为运河重镇的成长史。邵伯船闸至今仍在大运河航运治理中发挥着重要作用。（图7-80）

第六类为构筑物，其中以大码头为代表。

大码头位于邵伯运河东岸，修筑于清代，占地面积114平方米。曾是乾隆下江南多次驻跸的御码头，即俗称"大马头"。大码头为砖石结构，书有"大马头"三字，之所以没有"石"字偏旁，就是说不能有石头挡绊，要一路顺畅。邵伯"大马头"名响四方，古有"邵伯大马头，镇江小马头"之说。清代邵伯运河边码头众多，过境船舫连樯接橹，首尾相衔。今虽难以再现当时商贾云集之盛况，但由大码头可想见邵伯运河经济、舟车往来之繁荣。（图7-81）

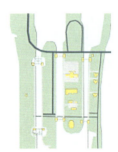

图7-80 邵伯船闸现况

图7-81 邵伯大码头照片

图 7-82　邵伯中州会馆石狮和铁牛照片

图 7-83　邵伯锣鼓小牌子

图 7-84　邵伯秧号子

第七类为历史环境要素，以中州会馆石狮及镇水铁牛为代表。

中州会馆石狮位于甘棠路邵伯中学门前。原为清代邵伯中州会馆门前之物，民国年间移至今址。现存一对，石质火成岩，头正向，配有雕刻动植物图案的须弥座。清代邵伯镇客籍商人众多，在运河沿岸修建了 6 所会馆。其中中州会馆位于运河西岸邵伯湖边，房屋前后三进，院内古典清雅，由于皇帝亲临会馆而身价倍增。运河漕运衰落后，中州会馆人走屋空。1944 年，石狮移到来鹤寺，来鹤寺后改为邵伯中学。新中国成立初，来鹤寺仅存石狮一对、银杏一株、空鼎石座和法华寺石刻。这一对历经邵伯商旅荟萃、漕运衰落、日军入侵的石狮，就是邵伯峥嵘岁月的见证，经修复现为市文物保护单位。

铁牛又名铁犀，位于邵伯镇西斗野园内，铸于清康熙四十年。公元 1699 年，邵伯镇南更楼决堤，镇南大街陷落消失。为治理运河，漕河总督在邵伯开越河一道，自仓巷口向西折南大王庙接运河，又筑南北二坝。次年在镇南铸铁牛以镇之，称铁牛湾。铁牛长 0.98 米、高 1.10 米，牛呈俯伏昂首凝视状，牛身有董恂铭文。其作为清末运河变迁和运河治理的见证者，曾为镇水之物，现为大运河世界遗产之一。（图 7-82）

2. 非物质文化遗产

邵伯镇不仅是大运河淮扬运河主线上的一颗明珠，有着悠久的运河文化，而且在时光中还延续着古老的民俗文脉与人文风情。邵伯镇有"江苏省民歌民乐之乡"的称号，其民间道教音乐《邵伯锣鼓小牌子》为国家级非物质文化遗产，江淮稻作文化的代表《邵伯秧号子》亦是省级物质文化遗产，还有《拔根芦柴花》《杨柳青》《撒趟子撩在外》等为亚洲名曲，在海内外广为传唱。此外，《露筋女的故事》也于 2009 年被列为江苏省级非物质文化遗产保护名录。（图 7-83、图 7-84）

（四）特色和价值

邵伯是江淮运河沿线的古镇，运河水路发展赋予邵伯镇独特的水路格局；位于淮扬运河入江尾闾和区域治水关隘的邵伯，水利设施历史悠久，地位险要；在运河水利助推下，邵伯产业经济繁荣，既是古代江淮漕运枢纽，也是里下河地区集散重镇，体现出外向式鱼骨状的水乡聚落特征。

"五水汇镇"既是邵伯镇的基本空间格局，也是它的重要特色。邵伯古镇位于江淮运河咽喉，江淮地势在此转折入江。运河的通航、泄洪促进了入江口河道开挖，形成京杭运河、高水河、里运河、新老盐邵河五水交汇的格局，水路交通四通八达。五水汇镇的格局是江淮运河入江口动态变迁的结果，反映了江、淮、湖等自然地理环境的变迁。在五条水系沿线修筑的埭、闸、堤、坝等各类水利设施，是邵伯镇人民利用自然与人工改造相结合的杰作。邵伯段大运河见证了运河水系从河道完善到动态治理的过程。

邵伯镇居运河要冲，东北低西南高的地势为邵伯镇水工设施的建设提供了必要条件，根据修建目的不同，水工设施可以分为蓄水利漕、减水防灾、调水济运三类：邵伯镇发展早期，邵伯湖与古运河分离并行，西南苦旱而东北苦涝，此期间修建的水利设施首要目的是为蓄水西南，东晋邵伯埭是邵伯镇最早的蓄水设施。唐代蓄水过船的斗门船闸兴建，南粮北运的船只须停歇等待水涨过船，人力挽船过闸的闸夫行业同时诞生。明代以后，邵伯湖面域扩张逐渐接近古运河甚至河湖不分，以减水排水为目的的水工设施大量发展，如堤防（邵伯湖东堤）、减水坝（邵伯小坝）、减水船闸（金湾减水闸、归江闸坝、归海闸坝）、减水河（邵伯越河）相继出现。近现代水利技术成熟完善，水利设施立足流域治理，邵伯水利设施体现出新材料、新技术和大规模特征，如邵伯船闸、节制闸等水利工程。邵伯水利水工不仅是邵伯古镇发展的线索，也是江淮运河区域治水重要节点，对保障里下河地区民生经济发挥着重要的保障作用，凝聚着人类改造自然利用自然的智慧。

从聚落形态看，邵伯古镇因河而兴，经历了一个从河街并行到外向拓展的过程。古代邵伯镇依托古运河与邵伯湖发展，从零星散布，到临河集中，再到沿运河两岸南北向拓展。古镇聚落形成了一运襟两岸、东码头西港口的整体格局，古镇东岸依托运河形成了双街多巷驿码头的依水设市、河街并行、码头错落的外向式鱼骨格局。近代陆路交通的兴起，使古镇呈现水陆双交通。随着1970年代后京杭大运河客运终止和镇区第二产业的崛起，邵伯城镇向东、南拓展，古镇滨河商业逐渐衰落。目前邵伯城镇主要以盐邵河为景观轴，以甘棠路为主要城市干道，呈现四大组团东向发展。

宋代以后，邵伯兼具漕运漕粮重地、盐运要道之地位，是帝王南巡之地，也是江淮漕运商贸枢纽。漕运为邵伯带来了丰富的物流、人流。清代邵伯依河设肆、鳞次栉比，船舶航运、批发贸易、手工业和服务业百业兴旺；民间集市、庙会丰富。频繁的南北贸易为邵伯带来不同地域文化的碰撞，南来北往的客商在邵伯修建了浙绍、句容、江西、西河、彭城、中州等多个会馆，佛、道、天主、伊斯兰教等宗庙建筑遍及乡镇，为邵伯平添多元文化内涵。

从邵伯古镇的产业经济发展的动因看，漕运时期，古镇的起源、发展和兴盛与运河水系、水利水工发展有极为重要的关系。区域地理环境的变迁、政府的投入和漕运制度的完善推动了水工设施的发展，进而影响了邵伯产业繁荣、聚落生长以及文化发展。后漕运时期，邵伯城镇发展呈现出新的动力机制。由于新型交通方式兴起，运河的交通优势不再，运河及水利设施对邵伯城镇发展的影响开始减弱；战争和社会稳定是影响邵伯近现代发展的时代背景；经济体制的转型则是推动邵伯产业转型和城镇拓展的重要动力。陆路交通兴起、运河功能转型、产业经济繁荣使城镇发展中心转移，古镇区由商业功能转型为居住功能。

五、四水三街孟河镇

孟河镇属常州市新北区，位于常州市西北部，地处宁镇山脉末梢，北枕长江和小黄山，东靠扬中市西来桥镇，南靠西夏墅镇和春江镇，西接镇江丹阳市访仙镇，既是齐梁故里、孟河医派发源地，也是第六批中国历史文化名镇。（图 7-85 ~ 图 7-87）

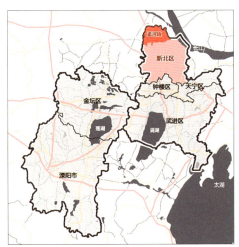

图 7-85 新北区在常州市的区位

图 7-86 孟河镇在新北区的区位

图 7-87 孟河古镇照片

(一)镇村体系变迁

现今的孟河古镇由原孟城镇(即老孟河镇)、万绥镇、小河镇组成。从当地出土的陶器和青铜器表明,早在新石器时代直至商周时期,孟河一带就有人类活动的踪迹。孟河镇即是由长江边上的小渔村孵化而成,其所依临的常州段春秋古运河及相关河道也一直沿用至今。(图7-88~图7-91)

1. 第一阶段:运河初成期(秦代至晋代)

公元前210年,秦始皇为加强对江南地区的控制,开凿了丹徒至丹阳的大小夹岗,江南运河向西延伸,由京口(镇江)过江的格局初步形成。《风土记》亦载:东汉时期,孟河地区在一小渔村开渎入江,小渔村因水路通航,廛集成市,人们称其为"河庄口",亦称"河庄"。在此设立的军事重镇,使之成为江防门户。到晋太康年间,阜通镇(即万绥镇)设武进县治,而河庄也节制于此。到公元318年,萧氏家族由北方运河进入长江,再进入河庄口古运河后,登陆武进县城并落户"东城里",于是齐梁文化随着萧氏家族的落户于此开始萌芽。

通过江南运河突破高亢地形的西延和河庄口的开渎入江工程,常州、镇江两地新开了两处连接长江的通江口,加强了孟河乃至江南地区的对外交通联系,也满足了国家的战略统控需求。运河水系在该阶段的决定性影响逐渐渗透到孟河镇的方方面面,既夯实了传统的农耕经济基础,也刺激了聚落从据江而存转变为依河而居。

伴随着运河水系和地理区位的初步改善,孟

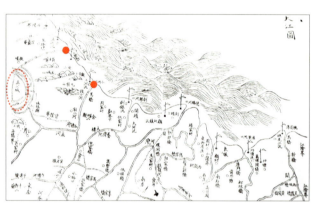

图7-88 武进全境图

图7-89 武进县地理

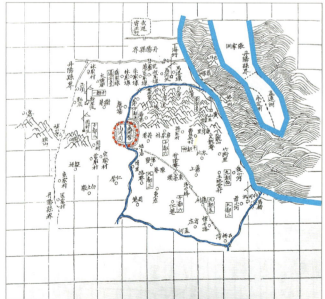

图7-90 通江乡北段地图

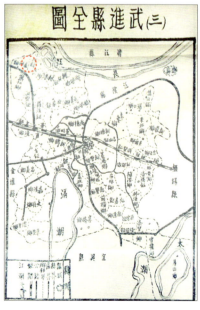

图7-91 民国武进全境图

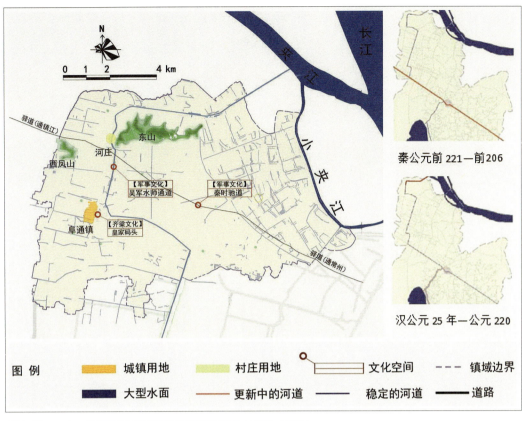

图 7-92 四水三街孟河镇域聚落及运河河道变迁图（秦朝—东晋）

河"镇防一体"的功能定位和军事地位得以初现，军事地位的提升界定了孟河卫戍格局。与此同时，齐梁文化也开始孕育。孟河镇（即河庄口）因水路开通提升了交通条件和军事地位，成为依河而生的集市和军事城镇。阜通镇（即万绥镇）部分发展为武进县治和政治经济文化中心。（图 7-92）

2. 第二阶段：运河成熟期（南朝至五代）

唐朝贞观年间（627—649），万绥建设了东岳庙，并在空间上将道教的东岳庙和萧衍的家庙智宝寺融为一体。唐元和八年（813），为漕运之需，常州刺史孟简因故渠而拓宽，引江水南往江南运河以通漕运，同时溉田四千顷，故名"孟渎"。唐书《地理志》亦载："孟简浚古孟渎，引江水通漕。"此后各代多曾修浚，"孟河"也逐渐成为人们对这一地域的权威性称谓。五代时期，南唐保大元年（943）修孟渎水闸，由孟河引江水补给运河水量。

孟渎（老孟河）的疏浚和南延实现了古镇的通江（长江）达河（江南运河），从根本上改善了地区水运条件和交通地位，使孟河跃升为区域关键性的水运交通节点。

齐梁文化的崛起、宗教文化的兴盛和商埠文化的萌芽，反映出孟河镇多元文化的此起彼伏及其在区域文化中的重要地位。齐梁文化及宗教文化的衍生源于萧氏齐梁两朝的信奉助推和宗教文化设施的规模化建设，而商埠文化的萌生则依托于孟河航运功能和漕运地位的大幅提升。孟河镇随着长江、江南运河的直接连通而在嘉、黄两山之间呈团块式伸展，"因河而通"的古镇空间承载了儒、释、道"三教圆融、互补共尊"的文化格局。（图 7-93）

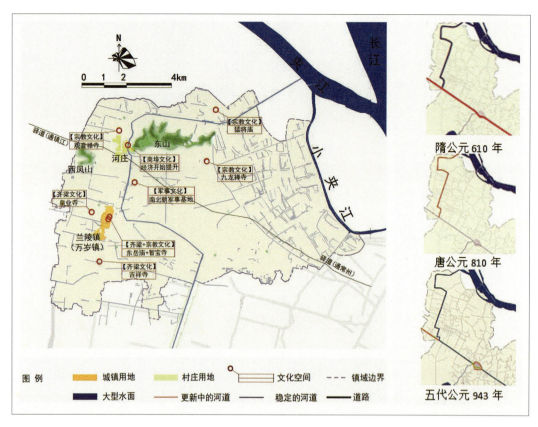

图 7-93　四水三街孟河镇域聚落及运河河道变迁图（南北朝—五代）

3. 第三阶段：运河兴盛期（宋代至清代）

公元 1042 年，当地对澡子港（今藻港河）进行疏浚，成为常州继老孟河之后第二条重要的通江达河水道，以解决运河水系淤塞问题。而老孟河作为已有的重要通道和水路，其疏浚同样为历代所关注：北宋庆历三年（1043），武进知县柏屿疏浚孟河；南宋淳熙年间，章冲组织疏浚孟河；南宋绍熙元年（1190），李嘉言在孟河、藻港河之间开通塘河（德胜河），再次沟通江南运河与长江，并设闸于江口，使江南运河的漕运量在南宋时期达到巅峰；自清顺治九年（1652）起，清朝政府也多有疏浚，闸坝桥等配套设施的修复和新建陆续跟进（如孟河老闸），先是清雍正五年（1727）开通小河港，漕运也改由海道，自此有了新、老孟河之别，其后是清同治七年（1868）的知府扎克丹、武进知县鹿伯元疏浚孟河，至光绪十三年（1887）时又发动了一次历时 7 个月的大疏浚工程，使孟河吞吐潮汐，绝无阻碍。（图 7-94、图 7-95）

孟渎的持续疏浚和延伸，对其水运地位和水利功用的提升立竿见影，不仅集贸流通惠泽于武进，更影响了常、镇二郡甚至苏州、松江地域。由此而带来的江南漕运兴起和人流物资集散，也极大刺激和推动了孟河镇沿河一带商贸服务业和手工业的集聚和辐射。在传统的农耕经济之外，不但孟城北街一带形成街区渗透型集市（如城北老街行场），南街一带也随着清末民初著名孟河医派的诞生和文化成型，催生了以"益生堂"为首的区域性药材集散市场。两者遥相呼应，彼此助推，共同促成了地方经济的鼎盛和资本主义的萌芽。

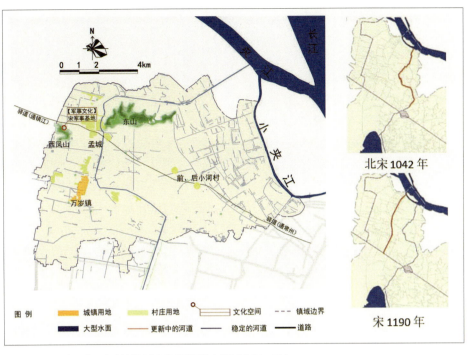

图 7-94　四水三街孟河镇域聚落及运河河道变迁图（宋—元）

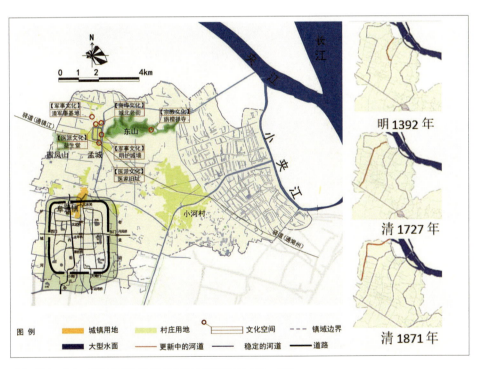

图 7-95　四水三街孟河镇域聚落及运河河道变迁图（明—清）

当然，这一阶段战祸带来的负面影响也不容忽视：宋元时期，孟河在行政区划上隶属于武进千秋乡（万绥为治所），西侧因抵御金兵而建有军事基地，使其军事重镇的地位不断加强；公元1352年，蒙古统治者对徐州至杭州一带居民进行野蛮屠戮，孟河一带的城镇建设和经济发展遭受重大破坏；明代初期为防止倭寇侵扰，又将孟渎塞升级为孟河堡，甚至于明嘉靖三十二年（1553）筑城河上，故孟河又被称为"孟河城"（简称"孟城"）。

4. 第四阶段：运河衰落期（1908年至1978年）

1908年，沪宁铁路开通；1925年，新商局开通常州至小河客运轮船；1934年，镇（江）澄（江阴）公路建成，奔牛至孟河段客运开通；1945年12月，常州至孟河段的客运也开通……虽然传统和现代交通方式并存，但以沪宁铁路的开通为转折点，铁路、公路为代表的陆路交通正在取代传统水运，成为后漕运时代的主要交通方式，这无疑是孟河镇走向衰落的外在原因之一。

战争是导致古镇破败萧条的另一外因。抗日战争中，孟河再次成为多方争夺的据点，曾经繁盛一时的商贸集市和初现端倪的工业经济均陷入萧条，孟城北街的店铺大部分关门停业，但此时依然保留了各种"行"和作坊约300余家。（图7-96）

1949年5月，万绥乡人民政府成立，运河水系的开掘、疏浚、改道等利建设活动依然在持续：1957年2月，老孟河进行了新中国成立后的第一次大规模疏浚；1960和1967年，孟河又分别进行了两次局部疏浚，并以小河水闸的竣工为结束；1974年，老孟河进行了第二次大规模疏浚，并平移约30米新建"孟城闸"，原护城河大部被填没；此外，曾发挥古镇卫戍之用的城墙也于1958—1963年间被拆除，如今人们仅能从残存的城门和遗址中探寻往昔的战争风云和军防体系。（图7-97）

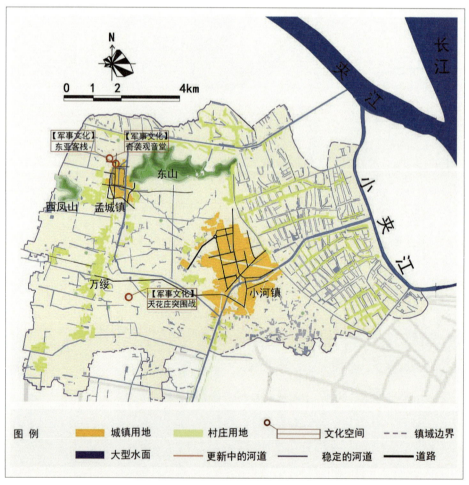

图7-96　四水三街孟河镇域聚落变迁图（1908—1949）

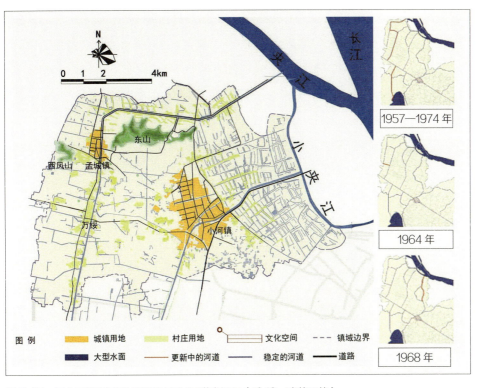

图 7-97　四水三街孟河镇域聚落及运河河道变迁图（1949—改革开放）

5. 第五阶段：运河复兴期（1978 年以后）

改革开放以来，孟河一带启动了现代交通方式主导下的陆路交通体系集中建设，加强了地区流通和村镇联系。1979 年 6 月，随着孟河新水闸的竣工放水，老孟河也更名为浦河。1999 年，万绥乡并入孟河镇。2003 年，孟河镇又和小河镇合并，但仍以历史悠久的"孟河"为现镇名。以经济模式的转型为契机，社会环境的稳定和市场开放促进了地方商品流通和市场发展，新型产业成为驱动孟河拓展的直接动因；以深厚的人文积淀和自然禀赋为依托，加强对长江生态体系的维护和利用，则为孟河探寻未来的文化复兴和生态旅游之路提供了保障。（图 7-98）

图 7-98　四水三街孟河镇域聚落及运河河道变迁图（改革开放—　）

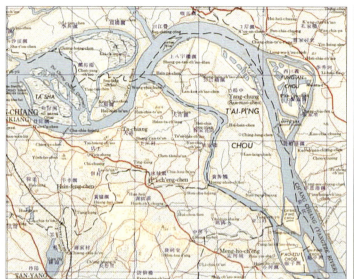

图 7-99　民国时期的孟河镇区位

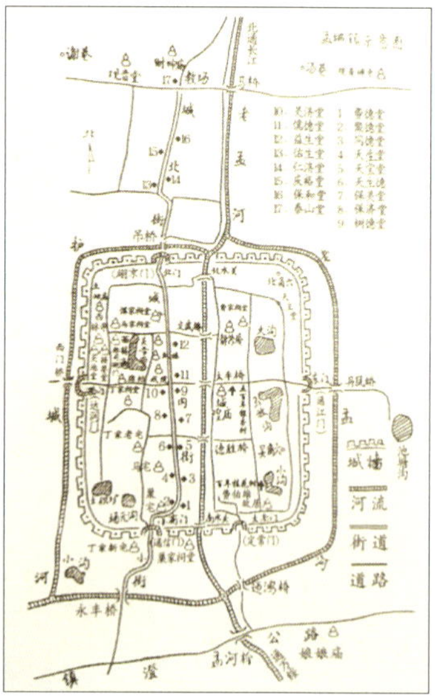

图 7-100　清光绪年间的孟河城

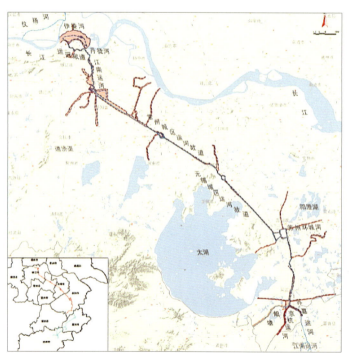

图 7-101　江南运河的空间分布

（二）空间格局分析

1. 整体格局

江苏境内的大运河是整个中国大运河最早开凿的一段。隋唐以后，运河入江口先后经历了京口、小京口、越河口以及孟渎、锡澄运河、德胜新河的变迁。因此，孟河镇曾经也是江南运河入江的重要港口之一，且现今的新孟河南北向连通长江与京杭大运河，既是太湖的清水通道，也是6级航道。（图7-99～图7-101）

就孟河镇域而言，地处宁镇山脉末梢嘉、黄二山之间的平原地带，属于典型的江南平原型地貌。东西山峦如同二龙戏珠，境内又分上滩、下滩。下滩河流成网、竹园成片，农田与住户分布在水沟的两边，每家门前总有社场，房后总有竹园，四季郁郁葱葱，是一派典型的江南水乡景色。而上滩虽缺少河网，也没有下滩那般别致、清新，却有许多池塘、一望无际的田野和开阔的平原，掩映在绿荫中错落有致的村落衬托着远处的西山，又构成了另一种意境，形成了聚落同水网、农田、林地、山体等自然要素整体关联和有机融合的整体格局。

长期演进之下的聚落往往会同山水农田等自然要素形成互隔、一体、绕城、穿城、抱城等多样形态，而孟河镇也是依托于这一典型生境，确立了"田园河镇＋多片统领"的整体格局。

远郊河镇，天工巧作。偏居远郊的孟河镇基于优越的自然生态基底，构筑了不同于其他聚落的"江防要津地，通渎古屯兵，两山卫一水、一水兴两城"的特色格局。

一水多片，相辅相生。面对整个孟河镇的散布多聚落形态，主导性的运河文化不但将三个独具特色的历史地段有机串接了起来，更是为孟城北门、南门和万绥的相辅相生、互动发展提供了无可替代的地理依托和机遇条件。

因此可以说，孟河镇域一方面作为江防要津和屯兵古渎，水路贯通，陆路纵横，另一方面又因山成城，傍水兴市，良田环绕，层林对望，典型地体现了城镇聚落形态与自然环境要素有机融合的整体格局特征（图7-102～图7-104）。

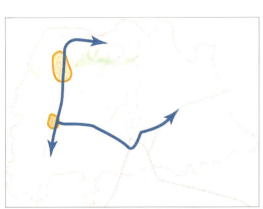

图7-102　四水三街孟河镇域的水系格局

图7-103　四水三街孟河镇域的农田格局

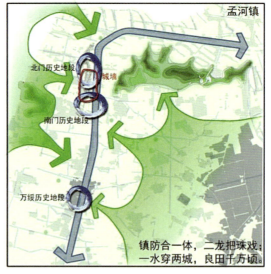

图 7-104　孟河镇域的整体格局

2. 聚落形态

孟城镇是一水穿城、依水成市，环水绕城、沿水筑防。以通江达河的优越地理区位和交通条件为依托，尊重现有自然环境条件并加以利用，构筑"城河一体、商防一体"的特殊空间形态，其集生产生活和军事防御于一身的古镇格局在江南运河占据着独特的一席之地。万绥镇则是傍水而生、偎水而居，以庙为核、以街为轴。依托运河交通之便，借地势高亢之利，形成以庙（祠）、庙前广场为中心，沿庙前街分布的"庙市制"古镇空间，是我国传统古镇空间组织模式的典型缩影和代表。

从孟河镇镇区的空间格局来看，主要表现为"自然山体/水系+地块+城墙/河/街+地标"的分层组合模式，这也是古镇格局最具特色之处。因孟河镇传统街区分散，故根据其地形不同，可以发现：孟河镇各个传统街区均沿主街或河组织，并且围以城墙、护城河，构成镇区主体，缀以寺庙等形成镇区标志；顺应山体、水系等自然要素以及居住、商业等功能要素，并对其加以利用，从而构成古镇独具特色的"一水穿城、水街并行、商防一体、双龙戏珠"的传统格局。

而从城镇街巷空间格局来看，孟城内的街道表现为院落+街巷、河+场域的组合，即"院落"平行拼接，并与街、巷体系相组合；同时因孟城传统街区分散，根据其地形不同，可以发现：孟城北门的"院落"横向拼接，多会顺应河道和街道曲线和走向而调整前后落房屋开间；与"街坊"型制的其他古镇不同，拥有独特的因水成市、枕河而居的扇形空间格局，也是古镇空间的主要展示面。孟城南门的"院落"横向拼接，主要沿街整齐排列，同时由巷连通前后街，缀以场域形成相对清晰方整的格局空间。（图 7-105～图 7-110）

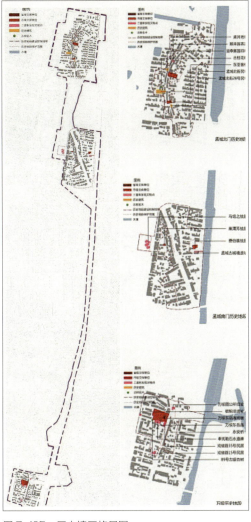

图 7-105 历史镇区格局图

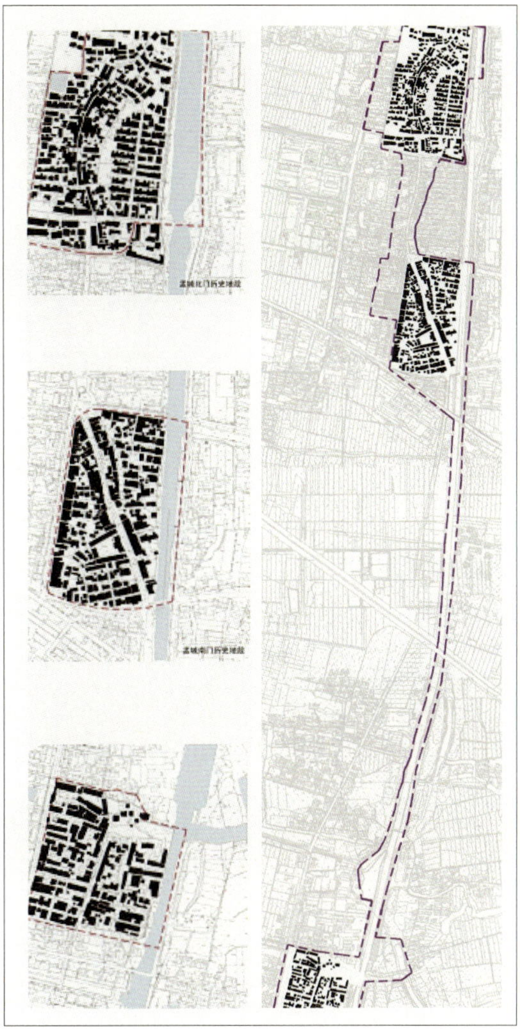

图 7-106 现状镇区格局图

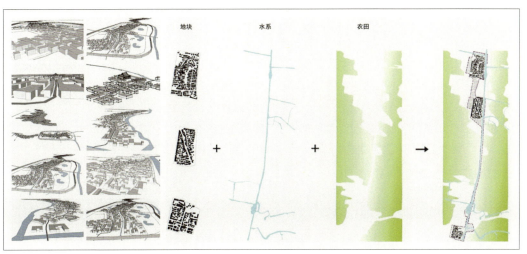

图 7-107 孟河镇区层面的组合方式

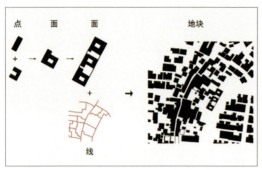
图 7-108 孟河街道层面组合方式（孟城北门）

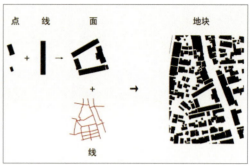
图 7-109 孟河街道层面组合方式（孟城南门）

图 7-110 孟河街道空间（孟城北老街）

其中，孟城北街自明朝嘉靖三十三年（1554）孟河建城时便开始形成，于北门外建了一段从吊桥到菜市口长约 131.7 米的街道，这也是如今老街的雏形；此后，随着水运条件提升、人流物资集散和漕运的兴盛，街道上逐步开设和集聚起各类商贸服务业店铺，到清康熙年间已延伸至北街的索门口，总长度达 382 米；乾隆年间，北索门外聚集形成了一个"行场"（即当今的贸易市场）；及至清末民初，北街又向东北方扩建 80 米至渡军桥；到 1949 年新中国成立，城北街已成长为一条长 562 米商业、手工业并存的生活性街道，且属于典型的前店后宅式布局：各家自成一个单元，前通街、后通河。因此可以说，这条街道的演化史实质上也是一部反映和浓缩了传统镇村从"农耕经济—农商经济—手工经济—工业经济"演进的产业经济史。

（三）物质和非物质文化遗产

1. 物质文化遗产

孟河镇是一个坐拥深厚历史文化底蕴和多元文化的古镇，齐梁文化、医派文化、商埠文化、宗教文化等均为后人留下了丰富的历史遗存，成为古镇乃至江南运河独特价值体现的重要载体。其现有文物保护单位 13 处、历史建筑 3 处；依据第三次全国文物普查结果显示，孟河镇新发现文物 54 处，另有古树名木 22 处。典型者有：

（1）万绥东岳庙

万绥东岳庙位于孟河镇万绥北街戏楼路 36 号。戏楼作为东岳庙的附属建筑始建于清代，处于山门内，坐东朝西，台口直对东岳大殿，属于歇山顶、砖木结构的建筑；屋脊作大梁翻筋，屋檐起翘，高出屋面，发八角合顶，中绘藻井；戏楼的整个平面呈"凸"字形，并首次在舞台的一侧设置了乐台。戏楼集中反映和满足了当地百姓的文化生活需要，因东岳庙每年都要举行两次盛大的庙会（东岳大帝诞生日和东岳大帝行身出会日），有众多的香客、百姓集聚于此；又因戏楼的木构历史久远，被评为省级文物保护单位。

万绥东岳庙东岳大殿位于孟河镇万绥北街。东岳庙为道教寺院，始建于唐贞观五年，后历经多朝修建。现存建筑物为清道光二十六年（1846）重建，大殿坐西向东，单拔歇山顶，三间面阔 12.8 米，进深 9 檩 15 米，顶高 14 米，檐高 5.85 米，飞拔翘角，气势雄伟。东岳大殿的建筑布局有三点特色，一是大门向东，以体现《周易》中的"帝处于震"；二是大殿呈正方形，似玉玺，用以镇住这个出皇帝地方的"皇气"；三是大殿的磉礅石板上有凹下的圆，用来放置药液，用以阻止害虫侵蚀木柱。该建筑也是当时当地"三教圆融、互补共尊"文化的重要载体和标志物（图 7-111、图 7-112）。

图 7-111　孟河万绥的东岳庙戏楼

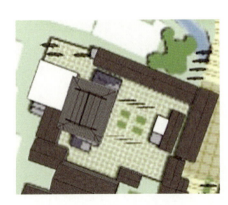

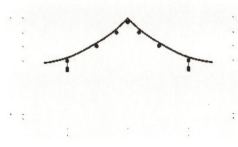

图 7-112　孟河万绥东岳庙大殿

（2）图公所

图公所位于孟河万绥新街里7号，建于清光绪年间，是清朝最为基层的行政机构，代表通江乡的十一都一图。图公所反映了清代农村的治理模式：一种民主、自治的乡村统治模式，是带有进步意义的模式。其重要职能与特色内容是：通过"图公所""吃讲茶"的形式来议政和协商各种事务，处理协调各种矛盾，展示了中国历史上探讨村镇自治和试图走向民主之路的努力；还体现了中国儒家的治乡模式："国权不下县，县下惟宗族，宗族靠自治，自治靠伦理，伦理出乡绅"，以及宗族文化对村镇的影响。（图7-113）

（3）费伯雄故居

费伯雄故居位于孟河镇大南门内7号，建于清咸丰、同治年间。原有东西两纵列，各有四进，现仅存西纵列第三进三间（原为卧室），硬山式砖木结构，面宽21.2米，高6.044米，现为孟河医派陈列馆。孟河医派是清末民初兴起的一个具世界影响的中医医派，包括费、马、巢、丁四大家。其中费家医派成形最早，掌门人费伯雄以医术和医德影响了孟河医派的几代人，其医疗思想也由此成为孟河医派的主导，而费伯雄故居正是这一医派思想的重要见证。（图7-114）

（4）白宝善民居

白宝善民居是典型的民初建筑，三开间，第二进是2层楼房，第三进现已改建，建筑面积351平方米。该房屋建筑和装潢带有现代气息，全部采用玻璃门窗。其中，第一、二进中间的厢楼沿板上全部是木构雕刻，而一进大门和后门的门楼上还有砖雕和石雕。另外，该建筑格调和一般的民国建筑相比又有所不同，显得更精细。（图7-115）

（5）东亚客栈

东亚客栈位于孟河北街16号。整栋建筑物为三开间，第二进为两层楼房，坐西朝东，有厢房和后院，且封火墙有特色（图7-116）。这栋民初建筑在抗战时期成为日伪司令部，融入了东洋的建筑风格，门楼上也雕刻了代表东洋的图案，从而使这座民国的建筑东洋化。抗战时期这里也曾发过一场激战。至今，在东亚客栈的后檐墙上还留有当时的弹孔，可见证当时战况之激烈。

（6）城墙

明代的孟河因较为发达的商品经济和集贸市场吸引了大批倭寇侵扰，并通过孟河上逆到奔牛、常州一带，于是在明嘉靖三十三年（1554）建城。该城穿城三里，外砖内土，有5个城门、2个水关和5个城堡，城墙非常坚固。据《孟河乡志》记载："清代设都司衙门于西门内驳岸，辖海军一千五百名，驻城内关帝庙一带，直到1927年废止。"孟河自建城后，其周边地区就成了战场，虽经历了多场激战，城墙却一直保持完好，直至1958年大炼钢时才拆除。整个城墙至1963年全部拆除，仅留下大南门遗址一处。（图7-117）

图 7-113　孟河万绥的图公所修缮

图 7-115　孟河孟城的白宝善民居

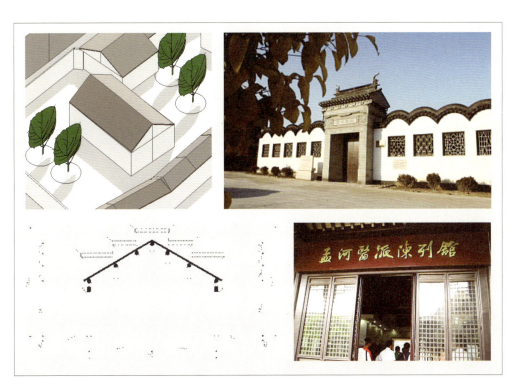

图 7-114　孟河孟城的费伯雄故居

图 7-116　孟河孟城的东亚客栈

图 7-117　孟河孟城的南门遗址

图 7-118　孟河永安桥

（7）永安桥

永安桥是鉴于清朝年代的麻石桥，架设在老孟河上，是本地的慈善家僧常和募捐而建造的。它共有 3 孔，桥面宽度 3 条麻石，桥面 2 节，共 9 块麻石，两边有麻石扶手，是典型的清朝麻石桥。（图 7-118）

2. 非物质文化遗产

孟河镇非物质文化遗产保存丰富，有近百类各式遗产名录，有75项被正式列入非遗名录。其中国家级非遗项目1个、省级2个、市级4个、区级4个，涉及地方民俗、艺术、饮食等。其中，齐梁时期就有的白兔墩猴灯是省级非物质文化遗产，孟河斧劈石盆景工艺也是省级非遗；而自齐梁流传至今的孟河北角落头"四爪太平神龙"和固村青狮均是区级非遗。（图7-119～图7-122）

图7-119　万绥猴灯

图7-120　太平青狮舞

图7-121　太平神龙舞

图7-122　八斤鳝丝面

（四）特色和价值

孟河古镇自古便拥有南通北达、兴市播文的独到地利，并由此叠合承载了交通、军事、商业、文化等多重职能，构筑了兼具"历史性"和"典型性"的运河古镇。孟河的形成最早可追溯至东汉光武初年，自此虽历经千载沧桑，却长期承担着水陆转换的重要节点功能，而孟河也因此自古便是人流来往、文化传播、货物集散和经济辐射之必经地，是江南经济和运河文明兴衰的重要见证，更是展现运河古镇独特价值的典型载体之一。为解决奔牛以西地形高亢而带来的运河通航问题，曾多次沿孟渎设立孟渎水闸、孟城老闸等水利设施，确保了该运河水系正常的航运功能发挥和枯季补水、洪季排涝的蓄泄吐纳功用。可以说，正是水利工程技术的发展与完善在孟河乃至江南运河的生存、维系和运作方面发挥了关键性作用。孟河镇作为军事锁钥和屯兵古渎，水陆皆通，自古即为镇防一体、城河一体的江南筑城卫戍之古镇。这种集生产生活和军事防御于一身的独特格局，反映了人类利用自然和改造自然的创造性才智，堪称江南运河古镇中的独特典例。

孟河镇自古就有"嘉黄毓秀，人杰地灵"之誉，多元交融的特色文化铸就了孟河镇迥异于其他古镇的复合特质和深厚底蕴，其优越的文化孕育条件与丰富的文化空间载体，也确保了孟河镇在时间—空间的文化网络中无法复制和无可替代的节点地位。孟河镇出了齐、梁皇朝2个开国皇帝和13位继承人，数百位文臣武将和37位宰相等一批文人，是常州"齐梁故里"的源头。萧衍、陶弘景所倡导的儒、释、道"三教圆融、互补共尊"作为中国历史上第二次思想大解放的产物，也在社会实践中起到了整合群众、平衡心理、教化人民、维系民族团结的重要作用。孟河镇是常州五大学派文化之一"医派文化"的发祥地。这个拥有深厚精神内核的地方文化是四大医学门派将高超的医德、精湛的医术和儒道学问、道德操守有机结合的产物。既秉承医为仁术之思想，又不拘泥于医，担当社会；以道学意境为行医诉求，于"无为、守柔、处下"间孕育"和缓为大法"的医疗思维。该文化流派在清朝中后期创造了"吴中名医甲天下，孟河名医冠吴中"的医学盛世，并且把声誉传向了世界。

孟河镇历史积淀深厚，空间格局独特而层次丰富，目前虽然在完整性和连续性上受到一定破坏，但是在孟城北门、孟城南门和万绥、小河4个地段依然保留着内含差异却富有代表性的明清风貌和空间形态，形成兼有"代表性＋差异性"的传统风貌。聚落形态方面，孟城因形就势，以通江达河的优越地理区位和交通条件为依托，尊重现有自然环境条件并加以利用，构筑"城河一体、商防一体"的特殊空间形制。万绥依托运河交通之便，借地势高亢之利，形成以庙（祠）、庙前广场为中心，沿庙前街分布的"庙市制"古镇空间，是我国传统古镇空间组织模式的典型缩影和代表。建筑风貌方面，孟城是水陆并行、河街相邻、前店后宅、随形就势；巷弄及其下水弄连接河道与街市，街巷脉络简明而清晰，共同构成"因水成市、枕河而居"的独特扇形空间格局。万绥镇是百米长街，通庙达市，下店上宅，鳞次栉比，以合院为单元，封火山墙、披檐、木裙板、三雕等为最常见的建筑和装饰元素；建筑则多沿街呈一字型展开，构成骨架清晰、格局严整的典型建筑。总之，孟河前通街、后通河的主要街巷布局，较好地维系着传统格局下的宜人街巷尺度和重要沿河沿街界面，其中既有反映繁华商埠文化的前店后宅式商业老街建筑，又有展示传统工艺匠作水平的医派家族宅院；还有体现宗祠文化的传统建筑东岳庙、图公所等，在一定程度上集成展示了四水三街的孟河镇作为明清古镇、江南水乡的空间艺术成就和建筑类型特征。

综述

江海凤城余东镇

盐场环绕拼茶镇

四水一街富安镇

宜市宜居白蒲镇

兴东福地安丰镇

第八章

运盐河上的商贸聚落遗脉

一、综述

明清两淮地区形成以扬州为顶层，泰州、淮安、通州为分枢，三十盐场（清袭明制，但盐场有所增减，共有23个）为基础的三级盐业聚落层级①，设盐课大使管理盐务。本章中的5处集镇，有4处是滨海盐场，其中，泰属盐场2处，为安丰镇和富安镇；通属盐场2处，为栟茶镇和余东镇。白蒲古镇位于通扬运河的延伸段，是通州和泰州之间的两大巨镇之一（另一个为丁堰镇），控扼通州盐运的对外交通要道。可以说，这5个集镇，基本可以代表通州分司和泰州分司的盐场特征，以及运盐枢纽上的农耕集镇特点（图8-1）。

明清时期，"两淮各场，南起通县吕四，北讫海属各场，延袤八百余里，幅员至广"②，盐场比肩而设，形成一条延绵的滨海聚落带。延绵聚落带由煎盐空间和务盐空间两条带状功能区构成，位于地理上的宜盐区域③。煎盐空间功能带为适宜摊灰淋卤、筑亭煎盐的草滩带和盐蒿滩带④。带内遍布煎盐亭灶和避潮墩台⑤，引潮沟、灶河环绕相接⑥。因煎盐之法须引纳海潮、浇淋取卤，故各煎盐亭灶皆开引潮沟入海以应潮汲卤，引潮沟勾连成网，遍布海涂。务盐空间功能带位于范公堤一线。各盐场场署、盐垣皆沿范公堤内侧布局，以抵御海侵之祸。堤旁有复堆河⑦——串场河，串联了宋代以来的滨海场署、盐垣。场署、盐垣之间相距不远。通州分司内各场场署之间距离多在10~20里之间；泰州分司内各场场署之间距离多在18里左右。按古代交通工具的通行时间计，步行约需一天，畜力车行约半天。

① 明代的盐区盐务机构分为都转运盐史司和盐课提取司、分司、盐课司三级，分别位于不同的府、州、县，进而形成与行政区划体系相似的聚落等级体制。两淮盐区中，盐运司和提举司位于扬州，分司分别位于泰州、淮安、通州，各分司又下辖约30个盐场（清末为23个）。
② 民国《最近盐场录》。
③ 江苏沿海土质由海向岸依次可划为草滩带、盐蒿滩带、沙泥混合滩带和粉沙细沙滩带，分别宜渔、宜盐、宜耕。
④ 两淮盐业采用"煎盐法"，选址首重"卤厚"和"草丰"。故亭灶多布局于草滩带和盐蒿滩带之间。
⑤ 官修潮墩最早始于明嘉靖年间，清乾隆十一年（1746），盐政吉庆兴修潮墩，两淮盐商纳捐，共计修筑148座潮墩。乾隆年间，两淮沿海地区有潮墩300多座，分布在各个盐场，并由盐场巡查维护。
⑥ 灶河，"附于本场，通各团仓者为灶运河"，"两淮所莅凡三十场，皆有运河输赋，居民亦赖焉"。灶河主要运输生产的食盐，同时满足食盐生产时的用水需求。"在团则赖以淋晒，在场则赖以装运。"各场均有其灶河，串联各个亭灶，亭灶场盐用驳船沿灶河运至场署盐囤，再通过串场河运往盐仓。
⑦ 经历朝历代疏浚，至乾隆三年全线挖通，全长180千米。据清嘉庆《东台县志》载，在元、明、清三朝的数百年中，串场河先后疏浚过12次，其中元、明时各2次，清时8次。

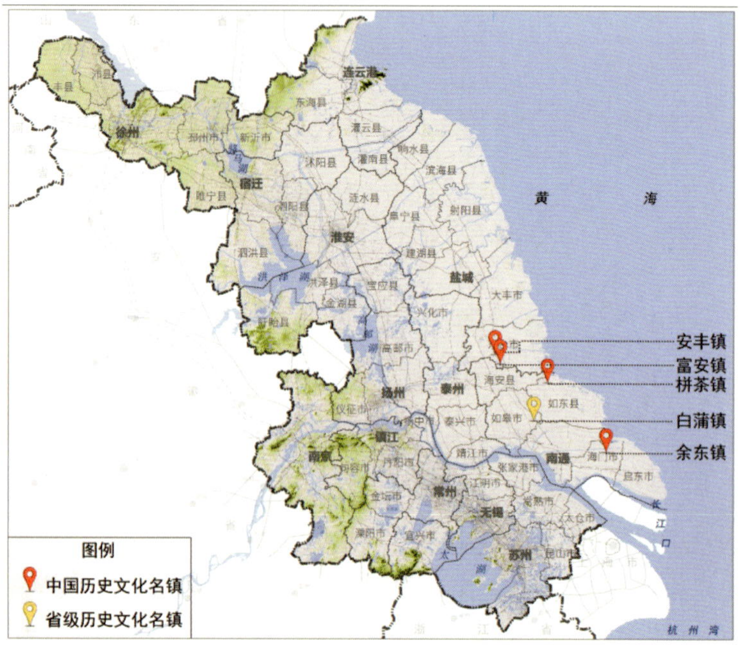

图8-1 安丰、富安、栟茶、白蒲、余东五镇在江苏省的区位

盐产区域的盐运、水利、军防三大工程网络建构了区域基础设施系统，保障了整个盐作地区的持续运行。其中盐运工程主要包括两淮水道的灶河、盐河，多成网布置，与南北功能带相交。诸场盐作区之间以及往各场署盐垣的运盐灶河汇于串场河总路，接盐河至三分司。自唐代起，盐运河道船只就已往来如梭。海边盐场，最患潮侵，里下河洼地，又患水涝。故沿海水利工程中，最为关键的是抵御海潮的捍海堰与泄洪入海的河道闸涵。范公堤是贯穿整个淮南"通、泰、楚"三州的捍海堰[1]，有"束内水，隔外潮"之功效。由引潮沟—灶河—串场河—盐河—运盐河组成的河道水网，具有"泄洪入海"的功能[2]。明清时期，灶河、串场河入海口均设有水闸，防止灶河水涸以及海水倒灌。在运盐河北岸涵洞，一是"宣泄下河以利农田"；二是"淮水小、江水大，则开岸南各坝引江水调节之"。明嘉靖时期倭患严重，明代为防御倭寇（日本海盗集团）对沿海的侵扰，在沿海盐场地区构筑以卫城、所城为骨干，堡、寨、墩、烽堠和障碍物相结合的军事工程设施。沿海卫所有5处[3]；沿海巡检司扬州13处[4]、淮安10处[5]；沿海营堡台堠更不计其数。

两淮分司及其下盐场，以盐立城，凭盐兴衰。其农耕盐产、课税赋役、词讼治安、编户牧民、文教赈恤等与同地的州县相互独立[6]。明嘉靖《两淮盐法志》："夫盐制之立也，本在养灶，用在实边，要在通商，机在塞贩。"，在盐场，"养灶"和"塞贩"为其盐务之外的要职，故尤务人口管控和社会教化。明代洪武年间，两淮盐场在籍灶丁总人口约3.5万人，至嘉靖年间，灶丁人口数量出现大幅增长，总人口达7.3万，尤以泰州分司涨幅最大。其中，富安一场，人口增幅就为4倍以上。清代两淮盐场恢复以后，灶丁人口较之明代进一步扩大。两淮盐场总灶丁数约61万，超出原额人口（约6万人）约9倍，大多盐场灶丁规模都以万计，其中，伍佑场人口约8万人，庙湾场人口逾5万人。

为防私盐贩卖，场区商灶人口均受严格管控。盐场人口，主要由灶民、盐商构成。《国语·齐语》曰："四民者，勿使杂处，杂处则其言咙，其事易"，故盐场空间基于盐籍管理呈现职分特点。灶民隶属"灶籍"，在政府的严密组织控制下展开集体生产活动。国家统一拨给灶户盘鳖、荡地、摊场等生产资料，并制定与之配套的"团煎法""火伏法""簿历法"等制度。灶户多居于亭场灶屋，环绕避潮墩，刈草煎盐。因而，就人口分布而言，沿海马路和范公堤之间的墩台亭灶带，是场区人口最为密集的地方。场商，隶属"商籍"。灶户所生产的食盐，由官府所指定盐商收购，称为"专商"。万历四十五年（1617），实施纲法，将各商所领盐引编成纲册，纲册有名者称为"纲商"，并得世袭。纲册无名者，

---

[1] 两淮的堤堰，皆称为范公堤。最初的范公堤指"泰州捍海堰"，是北宋天圣年间（1023—1032），范仲淹、胡令仪、张纶以唐代大历元年（766）修筑的常丰堰（自楚州高湾至扬州海陵县境，延袤142千米）为基础，合力修筑的堤坝。其后的延筑工程，1055年海门知县沈起沿海筑堤70里，称"沈公堤"，起吕四场至余西场；1177年泰州知州魏钦络，自桑子河以南又筑堤35里；元代詹士龙增修范堤，自吕四到庙湾。明代以后，统称"范公堤"。堰成后受益显著，"来洪水不得伤害盐业，挡潮水不得伤害庄稼"。
[2]《泰州志》记载："金湾河水势七分入芒稻河，三分入运盐河，东流经宜陵镇抵泰州城，又东流经姜堰、海安，由力乏桥下海。"
[3] 扬州卫、高邮卫、仪真卫、大河卫、淮安卫。
[4] 狼山、吴陵、张港、石港、掘港、海安、西溪、安丰、黄桥、印庄、口岸、归仁、瓜洲。
[5] 喻口、马逻、庙湾、羊寨、坝上、长乐、惠深、东海、临洪、荻水。
[6] 首先，盐场建制更近于乡而非县。一是盐场辖区较之县范围有限。行政区划中的县，是基础行政区，方圆约百里，其下设有更为基层的地域行政组织——如明代的乡、里、甲，达百里一半的场区寥寥无几，最小的方圆仅十几里（见：《各场区疆域一览表》，康熙《两淮盐法志》），其下再无乡或相似行政单位。从现有地名中的场、亭、总、甲、团、灶等来看，除了制盐组织单位——亭、团、灶外，编户单位"场""总""甲"中，"总"是"场"之下的最大组织单位，而"总"之设，与村无异。二是场之管理，实是乡村职役制的管理方式。与县令相应的盐场大使，其所辖盐场即为盐业管理的最基层，管理模式采用乡里的保甲制，灶户编宪的总催、甲首之役，相当于民户编排中的里长、甲首。但是灶丁纳课视为民户田赋，"记丁给地、记丁纳课"，官拨荡地视为官授民田，"各场灶丁，犹各县之有里甲。盐丁之力纳盐斤，犹里甲之供纳赋税。盐归于仓，犹赋纳于官也"。然而，与乡村不同，盐场大史具有行政、司法、财政、民政、军政、教育等诸项权力，而在行政管理体系中，这些权力是归于县的。其次，分司署所在，如泰州东台、通州石港、淮安安东，更近于县，而非州。一是其下统领的盐场建制近似于乡；二是其上领地域为州，如东台之海陵县隶泰州、石港隶通州，仅安东在南宋景定三年（1262）至明洪武二年（1369）间为"州"，后降为县，隶淮安府。综上所述，一方面，盐业的聚落等级清晰，且相对独立；另一方面，只有在基层的行政单位中，盐业聚落体系才相对独立和完整，在府以上，则成为城市职能之一。盐业聚落的实际层级，较其行政权限偏低。

不得加入盐商行列。清初，沿袭明末的纲盐旧制，实施引盐制度，商人向各盐运司衙门申请盐引，按引纳课。引中具明行盐数量、纳盐场址、行销口岸。无引私商，一概不得染指。场商收盐被严格限制在盐垣之内，居于场署。后期法令松弛，场商开始进入亭灶盐作区，组织灶民生产，但仍以驻守盐垣收盐为主业，为场署之常住人口之一。

两淮盐务中，盐业生产之外最为重要的就是教化之责。由政府或官员组织建设的各场教化设施主要为祠祀、文教与救济等，这些设施多位于场署，但祠祀设施在亭灶盐作区也常可见。

文教设施包括各类社学、义学与书院。明洪武八年（1375），明太祖在全国推广建立社学，"导民善俗"，弘治二年（1489），盐场地区始建社学，弘治十三年（1500）社学开始在两淮盐场普及，此后几经兴废。社学资费，来自官拨，有社田与社店为其资产。在盐场地区，义学多由盐场大使兴建。雍正十三年（1735）建立的金沙场义学是两淮盐场最早的义学，此后又有乾隆八年（1743）的何垛场义学，乾隆十年（1745）的板浦、中兴、临兴3场社学（后并于中正场义学）。义学经费主要来自学田以及商捐。书院以扬州和仪征为主，由盐务官员筹建，归盐务管辖。盐场地区的书院数量与规模均较少，可见于记载的有乾隆九年（1744）的海州大依山镇卫公书院，乾隆十年（1745）的板浦场敦善书院、栟茶场沙南书院，乾隆二十一年（1756）的草堰场正心书院，乾隆三十四年（1769）的东台西溪书院等。书院经费，多为盐商捐助，此外书院亦有农田、灰亭等资产。

救济设施主要包括盐义仓与育婴堂。盐义仓是专门为救济煎盐灶户而设置的救济设施。盐义仓的建设主要是在清代，除扬州地区外，在盐场地区有盐义仓5处。雍正十三年（1735）以前，有泰州分司泰州仓和通州仓、如皋仓3处，后又增建东台仓和石港仓。盐场地区独立育婴堂数量较多，分布各场。东台县所属7场中，有5场设有育婴堂，仅栟茶一场，就设有3处。通州石港、吕四、余西，如皋掘港、马塘、丰利等场均设有育婴堂。

盐场管理官吏很重视根据当地社会环境，对当地民间信仰进行干预。几乎每一个盐课司署里都有神祠，财神祠居多，此外还有土地祠、关帝庙等等。盐场大使也参与修建了很多民间的宫阁、庙观及祭祀当地名人的祠堂等，以彰教化。明嘉靖年间，各盐场设弘扬忠义的关帝庙最多，共24座。其中，富安、安丰、余东、角斜4场各设2处；其次为龙王庙，共14处；土地庙9处；祭祀范公堤修筑者张纶、胡令仪、范仲淹等人的祠庙11处（2处为范公祠）。此外，为宣扬教化和忠孝，还在盐场地区设有大忠祠、大儒祠、关王庙和孝妇祠，并且对盐场做出贡献的乡贤设祠祭祀，如（宋）周濂溪、程明道、程伊川、张横渠、朱晦菴五贤祠，缪思恭兄弟二贤祠等。

二、江海凤城余东镇

余东古镇，古称凤城，位于江苏省海门市区东北，距海门市区约30千米（图8-2）。余东自古"襟江负海"，地理条件优越，自唐朝开邑就是著名的盐场，是通东盐业最主要的发展地区，2008年被公布为第四批中国历史文化名镇之一。

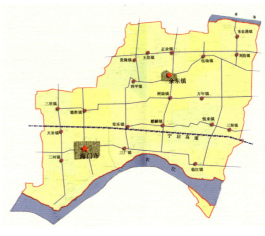

图 8-2　余东区位图

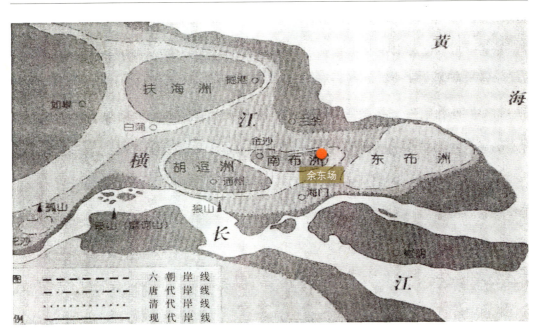

图 8-3　余东和通州成陆变迁关系示意图

（一）镇村体系变迁

1. 水脊出海、起灶煮盐

余东，位于海门市东北部，是海门境内为数不多的有城池的千年古镇。余东系江海冲积平原，成陆历史悠久。在距今1500年左右的南北朝（420—589）时期，当一片茫茫大海中出现胡逗洲、东布洲等沙洲时，余东像一些小丘露出水面，兀立在江海之间的沙丘上，后逐渐淤积成一条狭长的水脊——通吕水脊，人称"牛角梢"（图8-3）。

南北朝至唐初，胡逗洲、南布洲和东布洲（历史上称余庆这方土地为布洲）等沙洲上有"流人"以煮盐为业。

2. 余庆设吏、军寨置防

余东建镇历史最早可追溯至公元958年海门设县之前。

唐文明元年（684），尉迟恭之后裔尉迟宝庆因受薛刚反唐之牵连避难于此地，围垦筑寨，取其姓名首尾二字为余庆。盛唐开元年间（713—741），为检校盐产、征收盐税，朝廷在胡逗洲一带设置税务机构，是为古通州南部地区设官之始。大历年间（766—779），朝廷勒陆使李承实来此巡察，大力提倡围垦煮盐，此后余东（当时称余庆）一带移民增多。中唐以后，盐铁使刘晏致力于发展淮南盐业，所产盐号称为"吴盐"。

唐乾符二年（875）余东建制为寨，与狼山、石港、蔡港、西寨同为兵防五要塞。此时的余东已从一个自然集镇发展为官方规划而建的临海的军防城镇，进一步充实了护城河内的建筑密度。随着廖角嘴的陆地成型，军防要寨移向吕四场。

3. 海门军城、盐盛商兴

北宋太平兴国年间（976—983）建余庆场，元代（1206—1368）又改称余东场。余东开始形成第一道护城河。

余东的真正繁荣是明代以后。得益于运盐河之利，它逐渐成为古海门的一个重镇。由于朱元璋发配数万江南居民至余东盐场劳役，余东一时人口兴旺，古镇建设渐具规模。《两淮盐法志》载："洪武四年（1371）信国公汤和筑余东城……洪武八年（1375），凤城在余东场。"明万历年间，海门第二次坍塌时，海门县衙曾迁建在余东场南的礼安乡。

盐业的不断发展，促进了工商业的繁荣，使余东成为一个工商业集镇。余东古镇进一步向城南发展，南门外至运盐河一带繁荣起来，建成了郭利茂银楼等一批优秀的商业建筑。

嘉靖年间，通州屡遭倭患，余东和其他各盐场成为海防要地（图8-4）。

明末清初，盐业生产因战乱而遭破坏，直至清代中叶才得以恢复。其后因海势东迁，产量渐减。同治年间，余东及吕四、余西等场所产盐以色白味咸备受推崇，被列为淮盐之冠。清光绪二十九年（1903），南京制台周福应张謇之约来余东视察，创办了"通州大达内河运输公司"，并在余东盐河桥东建办了余东唯一的高等小学（即南通县立第九高等小学）。余东古城格局进一步向城南发展。其后，此地盐业生产不断发展。

4. 盐区重镇、通东红区

清末民初，张謇在通东创立同仁泰盐业公司，所产精制盐获意大利万国博览会优等奖牌，为中国盐荣获国际大奖之始。盐业的不断发展，使得余东人丁兴旺，商贾云集，促进了工商业的繁荣和其他事业的发展，于是一个初具规模的盐区小镇逐步形成，并逐渐发展成为一个工商业重镇。余东生产的真梁盐（上等精盐）、芙蓉衫和芙蓉巾是朝廷的贡品，并远销东南亚。清末民初，由于海岸东移，盐业淡出，许多余东人撤灶务农。但至解放前，余东一直作为通东地区（南通市东部一带）的政治、经济、文化中心。

1928年，刘瑞龙、俞海清、何兰阶等在余东河北小学建立了通东第一个中国共产党党支部。从此，贫苦农民在党的领导下开始了反帝、反封建、反官僚资本、反外来侵略的武装革命斗争。1948年5月，余东胜利解放，成为海门地区唯一通过武装斗争取得解放的乡镇。

图 8-4 明代余东场在廖沙嘴的位置示意图

（二）空间格局分析（图 8-5）

一千多年的历史文化沉淀，构成了余东古镇的独特风韵。余东自古有四城门、十庙、五山、五牌坊等人文景观，特别是古街、古桥、古井、古护城河、古民居的存在，使古城的基本框架依旧。

古代的街巷肌理基本保存完整，由 2146 块石板铺成的南北长街（兼下水道、藏兵洞）约 876 米长仍得以保存，街巷两侧当年的商铺旧宅多数仍在；古护城河除南运河段于 1980 年代被改为水泥马路外，其余三段保存完整，河岸的自然风貌仍在；另有古桥两座、古井十多口。

石板街两旁原为商铺，现仍零星存有商店；原有的主要宗教场所东岳庙至今香火很旺；原有的私塾，建筑尚存；原有的衙署及仓储等功能场所的遗址基本保留；核心区内以居住为主，仍存几处大门堂。

如今余东的石板街还较为完整地保留了一个因盐成邑的城镇体系。这里曾密布着数十口盐卤井灶，盐仓、盐市、盐店、秤房、盐道、盐码头等盐业建筑场地、设施，旧貌依然。现存的钱粮房遗址，就是余东因盐设邑、因盐行政的物证。

1. 廖角灶地、场仓井置

明清时期，余东场所在南江北海。明代，总体布局上依然是条带状分为三个部分：一是以范公堤为界，范公堤至海为盐灶带，布局有避潮墩、盐蒿草和团灶；二是范公堤至盐河（通余中河）为场署带，设有五仓，祠祀庙观以及盐科司所在的场署，因距海颇近，故近范公堤、有草荡，且场署北侧设避潮墩以防海侵；三是盐河（通余中河）至南侧江边，水网纵横，接余中场有墩台，与余中场至余西场的墩台连成一线，以防长江口倭寇入侵，墩台以东有寺观庙宇，多以祈求平安，另设盐仓一处（图 8-6）。

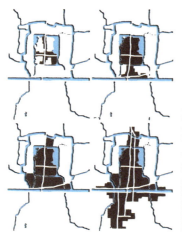
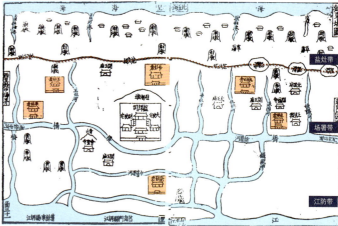

图 8-5　余东镇历史镇区空间演变图　　图 8-6　明余东场四境图

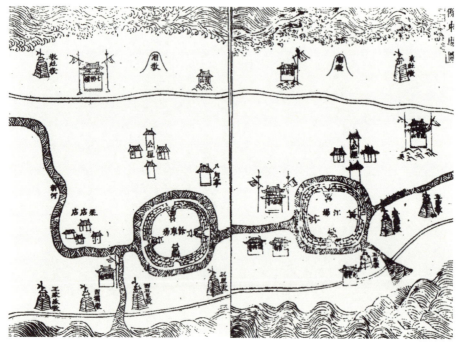

图 8-7　清余东场四境图

　　明中晚期至清，整体空间布局出现两个明显的变化。首先，场署带的空间改变，原有的一署六仓，演变为余东场、江场二场并置的格局，两场皆筑墙，盐河（通余中河）环绕成护场河。四围粮仓被靠近场署的盐垣取代。江场即今包场镇，江场的前身是便仓——官府粮仓。江场原来是海门最富饶的地区，因江水逼迫，东部土体坍塌才归余东场管辖。乾隆《通州志》载："江场即古之便仓，最富庶，自江日内逼，徙居余东，东偏先畴荡然。"明代抗倭战争中的便仓之战更使江家便仓名震江淮。另一个明显的变化，是军防带，场署南部的墩台不再局限于衔接余中场的部分，开始向西延伸，成为长江口军防抗倭的重要设施。（图8-7、图8-8）

　　由于余东地形南有青墩犹如凤首，墩上蒿草如凤冠，双井庄的一对鸳鸯井为凤眼，南城楼如凤颈，南北大街即凤身，鳞次栉比的瓦屋如凤羽，东西楼与两池如凤翅，北楼外的三条盐车路似凤尾，酷似一只栩栩如生的凤凰，故有"凤城"之称。

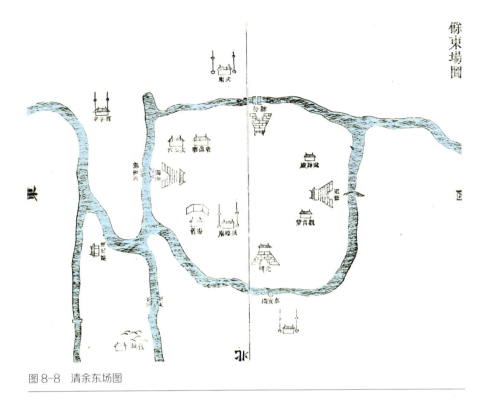

图 8-8 清余东场图

2. 灶地盐邑、余韵凤形

明代是余东古时发展的鼎盛时期，此时余东城内外已形成了许多古建筑、名胜古迹。

因为余东是苏东的盐业重镇和主要的海防重镇，而且历史上曾经是海门县衙驻地，所以在城镇的规划上十分注重其防御功能。余东人在原有的河湾基础上进行调整，形成了两道闭合的护城河，"明洪武四年信国公汤和筑土城"，进一步完善了防御体系。

古镇东、西、北三面被盐运河环绕。盐运河开凿于唐代天祐二年（905），距今已有1100多年的历史。盐运河西起利和镇，经余西、四甲、余东、包场、六甲达吕四，主河道全长 30 公里。余东是古代盐场和盐业集散地，盐运河发挥了重要盐外运作用，后来又承担了吕四到南通的重要的客运通道；它在流经余东时，作为屏障为古城抵挡了进犯的倭寇，成为护城河。

3. 路行鱼骨、水走盐粮

余东古镇内部的道路路网、水系空间构成了特有的空间形态特征。

余东古镇内的路网呈现明显的鱼骨特征。玉带环绕的护城河内，东西和南北走向的街道在盐务分司相交呈十字形，四条主街分别通向四座城门，四座城门上分别建有名为真武、魁星、三义和火神的四座城楼，城门外各有一座桥通往城外。而城内众多小巷多数与南北大街相连。到了近代，因为南大街向城南的延伸和城南护城河的消失，这种以南北大街为主的趋势更加明显，进而形成古镇鱼骨状的路网系统。

由于南北两门的地位高于东西两门，尤其是南门外的运河是余东的商贸集散地，余东古镇内部自然地发展成为南北狭长的线形空间，东西两侧河边相对较为偏僻，东西向的街道多为支路。两条大街形成了不对称的十字空间结构形式，从南至北贯穿整个古镇空间的南北商业街形成余东古镇的主体空间骨架。这条古老的街道，长近千米，宽 2.7~3.5 米，土地的私有和街道形成的自发性使得主街蜿蜒曲折，分成南门城外近代金融商业区和城内南北大街杂货区两段，盐店、布庄、银楼、茶馆鳞次栉比。东西向大大小小的支路形成辅助空间结构，连接东西两门的大街和南门外大街为古镇的次

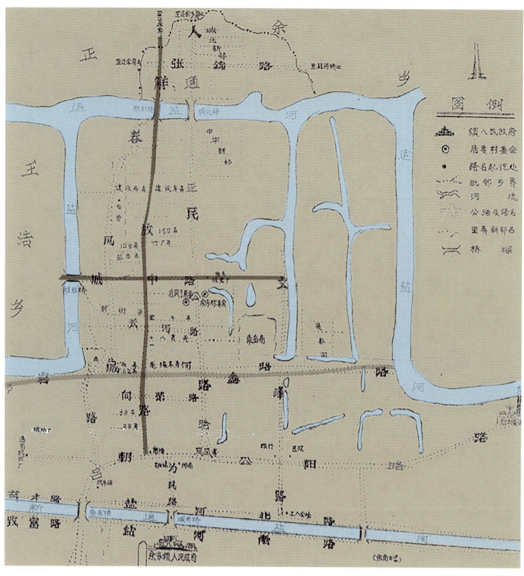

图 8-9 余东镇空间结构示意图

要商业空间,两街长 450 米左右,宽 2.5~3.2 米。由正街向护城河左右发展了多条宅间巷道,长 200~400 米不等,其商业功能较弱,多为生活空间,这些街巷和河道围合的块状街坊则是这空间骨架的填充肌肉。

余东古镇的水系空间具有典型的江北水空间特征。由于南通地区地质较差,建筑一般不像江南临水而居,往往建筑和河道之间间隔一段距离,形成河、街、建筑的模式,包括商业空间和生活空间,商业空间主要分布在南河两侧,而生活空间则分布在其余三面的河滨。商业空间是米、盐等大宗货物发展的首选,沿河的粮行盐仓是余东滨水河岸的典型建筑。沿河未曾破坏的码头、桥梁彰显着昔日商业空间的繁荣。而洗米、淘菜、涮衣的生活码头小巧而均匀地分布在小河边。(图 8-9、图 8-10)

图 8-10　余东镇老街

4. 宅邸比肩、店铺鳞次

十字街把古镇分成4个部分，其中南北古街风韵犹存。古街中间设排水沟，保留着开邑时的风貌。古街虽受城池局限，但城内古道经纬交错，平房与楼房高低参差，简陋的瓦舍和朱漆的楼阁相映成趣。而青石路、深巷小道纵横相连，店对店、铺对铺鳞次栉比，呈现楼头对窗可碰杯、街心置桌能对弈的格局。自明洪武八年（1375）凤城建造后，"无徽不商"的安徽人首先来到了古镇，接着江、浙、皖、晋等各地商贾亦纷至沓来，在此设摊摆点。正统年间城内店房已成规模，市场日趋昌盛，城中还发展了新街。到清代城南又发展了东西大街和城南街；城北除发展了城北街外也增添了一条东西大街。至民初2里长的南北大街和城南城北的两条东西大街上大大小小的店面一家挨着一家（图8-11）。

传统商业民居类占据了东西商业大街的南门以北部分和民居部分，商业店铺多沿主街设连续的铺板门，其立面被划分为三段，老街店面宽与街宽比约为1：2，连续的店铺显示商家的雄厚财力，时而穿插其间的门楼使街道更有生气，加之临街店面的重复排列和檐口轮廓线的跌宕起伏，使人在行进方向上感受到强烈的节奏感与韵律

图8-11 南北老街及其两侧遗存分布示意图

感。十字街为古镇街道核心，该处甚为繁华，茶楼、牌坊、酒家以及各种商铺齐聚商贸要处，经营类型多样。

遗址类为分布于核心区外的两座城门及其护城河上的古桥，以及东岳庙，形成镇外均匀的三点，拱卫着古镇。古桥为板桥，毛石砌筑的桥墩，斑驳陆离的栏板石和桥面上历经千年的磨痕，向人们诉说着昔日南来北往的人群在此交易的盛况，桥头的土堆高高地矗立，城门楼的铺地方砖依稀可辨。

5. 兼收南北、自成一体

古镇中还保存有一大批明清时期的民居，颇具特色。从初步的考据分析来看，余东古民居具有"过渡性"的特征，即兼受南北民居做法的影响，如山西民居的硬山做法，徽州的月梁做法，扬州的穿斗、抬梁木结构等，同时又继承了元代以后的多样建筑技术，在漫长的历史时期逐步发展形成了自己独特的地域特色，具体表现为：

（1）浅进深、宽开间

余东民居正房常以三间布局，进深则以五步架为主。步架尺寸一般偏大，开间尺寸较周围其他地方明显偏大。这种"浅进深、宽开间"的布局与余东"夏天炎热、冬天寒冷"的气候条件相适应。余东古民居一般为单层屋，很少有楼房，房屋的檐口高度多为2.6～2.8米，不同于其他地区盐商大宅院。院落的大小与建筑的高度比例大于1：1。

（2）穿斗式、抬梁式

余东古民居都为立贴式木结构，外围墙体为自承重墙，墙体与木柱半咬合。山墙梁架为穿斗式，中间梁架为抬梁式。其独到之处为：穿斗的联系多用月梁，抬梁的梁也多用月梁（略作弯形的梁），受徽式建筑的影响。

（3）蝴蝶瓦、青砖墙

余东古民居东西北三面的外墙都为青砖墙，东西墙一般不开窗，北墙一般也不开窗，有窗也很小，一般在明间北墙的西北侧上留后门，应为北方做法。由于进深较浅，南墙采光面大，白天屋内采光较好。屋面多为双坡屋面，一般为蝴蝶瓦。

（4）东西屋、南北房

余东的特色在于朝东屋、朝西屋和主房不直接联系，和朝北屋也不直接联系，因此，屋面组合没有插脊的做法，显得简朴。余东古民居单体虽然简朴，但家家都有大门堂。

（5）瘦立柱、胖月梁

余东古民居中，立柱的用料都比较小，大多为杉木。梁架中的梁比较考究，多为月梁式。余东古民居的柱础很有特点，一般为地面下为立方体石垫，地面以上垫覆盆式的木础。余东古民居中的木础一般用料同柱，给人以古朴感。

（6）燕尾博、龙头脊

余东古民居的砖砌博风也有其特色之处：形不是简单的人字形，更像燕尾形。博风一般不用磨砖贴，而是多用抹灰。余东古民居的屋脊非常独特，多为"龙抬头"，旺砖、蝴蝶瓦为原料，麻丝捆扎成形，抹纸筋石灰罩面。

（7）浅水刻、镂木雕

余东古民居木构件的装饰比较简朴。木刻一般用在两处，一是隔扇的门板上，多为四季花卉，二是梁上，刻线较浅，少有浅木雕的。余东古民居基本不用砖雕，与其他地区的大盐商豪宅的奢靡不能同日而语。

（三）物质和非物质文化遗产

1. 物质文化遗产

余东的古迹，大都毁于战火。但由2146块石条铺设的千米大街与鳞次栉比的店铺，以及留存的一些古迹，仍封存着古镇昔日的繁荣，屋梁雕饰还显露着明清遗风，更有旧屋古楼的断墙残垣还支抵着风霜雪雨；百年老屋比比皆是，青砖黛瓦虽苍老斑驳，院落门厅还显现着古朴的风韵。小小古城有过一百多座大门堂，有十几座仍屹立在古街中。

（1）东岳庙

东岳庙距今已有400多年的历史，是海门市境内唯一留存的明代古刹，历来香火旺盛。现有房屋40余间，占地600多亩，已成为通东地区规模最大的庙宇，被称作"第二狼山"。

东岳庙始建于明代后期，原系吴氏祠堂。

图 8-12 余东法光寺

图 8-13 余东武进士府

明代万历年间（1573—1620），江水逼近余东城南，邑人吴南章差人将江流漂来的一根川木雕刻成高约 2.5 米的东岳大帝，供奉于正殿，吴氏祠堂遂演变为东岳庙。

初为道教宗庙，后逐步发展成为一座儒释道三教合一的宗庙。现存天王殿为明代建筑，其建筑形制具有地域特色与明代风格。正殿为单檐歇山式建筑，平面呈正方形，4 根金柱下安素覆盆式柱础。明间为九架抬梁式，梢间为穿斗式梁架，月梁扁做，雕刻线条简洁流畅。东岳庙香火很盛，素有"小狼山"之称。后来重修了大殿、侧殿等建筑，供奉了重新塑造的佛道两教神像。

1986 年列入海门市重点文物保护单位。1990 年省佛协转送台湾佛陀基金会所赠的《大藏经》一部 100 本，现珍藏于藏经楼。1992 年经南通市政府批准，东岳庙改为法光寺（图 8-12）。中国佛教协会会长赵朴初曾为法光寺寄赠"大雄宝殿"墨宝并为法光寺山门题写匾额；2005 年全国政协常委、中国佛教协会会长一诚法师欣然为法光寺题写寺名，法光寺三字苍劲有力、风骨岸然。法光寺部分居士又发起捐赠，将一诚法师所赐墨宝制成匾额，悬挂于法光寺山门上方，古寺名刹的人文气息更加浓厚。上海玉佛寺方丈真禅法师也为山门题赠寺额。

（2）明武进士故居

姜锦球，明嘉靖年间武进士，其故居始建于明嘉靖年间，至今仍保存着两间明代居室，青砖黛瓦虽苍老斑驳，屋梁雕饰还显露着明朝遗风。解放初期大门仍悬挂有二龙伴珠的圣旨匾额。为海门市文物保护单位（图 8-13）。

武进士府为三进院落加后罩房，大门开向小巷，大门为两道，进入大门为二门，二门为砖雕半搭门楼，进入二门为第一进院落，穿过院落为穿堂，向后依次进入厅堂和正屋。整座建筑群外观朴实，内部装修精美，反映了南通内敛的地域文化特色。同时余东人多为吴语系的江南移民，深受吴文化的影响，香山的泥塑深刻地影响着余东的脊饰。取材丰富的泥塑一般用黑白二色的灰浆、纸筋，采用浮雕、透雕、立体雕形式，内容多为颂祝吉祥。

（3）范氏宅院

范氏宅院系盐商范少卿的故居。范少卿，祖籍安徽，以"手捧水烟管，不岔山海经"的理念在余东经营盐业，生意十分兴隆，收入颇丰，其故居充分体现了余东盐业盛极一时的历史，为海门市文物保护单位（图 8-14）。

图 8-14 余东范氏宅院

图 8-15 余东郭利茂银楼

（4）郭利茂银楼

郭利茂银楼始建于清嘉庆年间，由徽商郭利茂兴建。银楼为典型的徽派建筑，共有上下两层，集商用、加工为一体，是余东古镇辉煌一时的标志性建筑（图 8-15）。主营银器首饰加工业务，生意十分兴旺，遍及通东地区，远近闻名。

银楼是近代兴起的南城区的代表，建筑受海外异质文化的影响较大，而余东又由海而陆，海洋文化也深刻地影响着余东的建筑，郭利茂银楼的脊饰就是海洋文化和海外文化影响的代表，银楼为前店后宅式建筑，后宅为传统的多进院落，前店为二层楼房。海洋文化反映在建筑上的联想表现在余东人在建筑造型上尽可能地打破大海的平静，这座小镇上的建筑多种屋面形式共存，硬山、观音兜、观音兜和歇山顶的混合以及龙草脊饰等多种形式的造型十分丰富。

（5）震丰恒布庄

震丰恒布庄又称姚氏布庄，建于清末民初。第一次国内革命战争时，曾为北伐军驻地。抗战时期，曾为南通县十一区区公所、镇公所（图 8-16）。

图 8-16 震丰恒布庄

图 8-17 余东民族英烈墓

（6）民族英烈墓

民族英烈墓，是新四军烈士墓地。立有两碑，一碑上镌刻着 1940 年苏皖三纵队陶勇司令率部在余东狙击日军英勇战斗的经过；另一碑座由一块具有 500 年历史的青石镌刻而成，上刻有"民族英烈墓"，为海门市市级文物保护单位（图 8-17）。

（7）保安桥

保安桥始建于清乾隆四年（1739），是海门境内现保存最好的古石桥。桥中宽 4 米，桥堍宽 10 米，桥拱 8 米，全长 24 米，有 12 对石狮相对，在麻石堆砌的桥墩上，"乾隆"字样仍清晰可辨，为海门市文物保护单位（图 8-18）。

（8）姐妹井

两口井以老街为中轴线左右对称，为明代两姐妹同嫁余东城后同时开凿而成。两井圈面光光，口径虽小，但深不见底，常年水量充沛、水清如镜，饮用时生津甘醇，为海门市文物保护单位（图 8-19）。

2. 非物质文化遗产

余东历史悠久，积淀了丰富的历史文化，具

图 8-18 余东保安桥

体可分为盐文化、宗教文化、文人文化、民间文化、工艺文化、纺织文化等六大类。

（1）土布纺织

明清时期，余东镇就是南通地区土布纺织业的中心。余东的芙蓉布（麻布）曾经是朝廷特贡，并远销东南亚许多国家和地区。明清两代的《通州志》就记载"用苎麻织成之，出余东镇者为佳""手巾之出余东者，最驰名"（图 8-20）。

（2）海门山歌

余东是民歌之乡，明代的海门县志中就有了关于山歌的记载。清代中叶后，江南移民把吴歌

图 8-19　余东姐妹井

图 8-20　土布纺织机

传入，经海门劳动人民世代口头传唱，不断润饰创造，清末民初发展成为广泛流传于境内的海门山歌。2006 年海门山歌被公布为江苏省首批非物质文化遗产。2008 年 1 月，海门山歌被批准列入国家级非物质文化遗产（图 8-21）。

（3）通东民俗

通东民俗融合了江南、江淮地区、中原地区各地的文化元素，反映在居住、服饰、岁时、人生礼仪、民间信仰等多方面。

通东的婚嫁习俗中的"说利市""说贺房令"是极具个性的礼仪形式。余东的民间书画别具特色，每年春节，家家户户都有贴春联年画的习俗。民间文艺最具个性的是海门的民间舞蹈，比如跳财神，还有通东地区"放施食"中的舞蹈。余东庙会十分盛行，如关圣庙会、城隍会、都天会、渔船会等。

（4）文化名人

古代最著名的当数明正德十二年（1517）殿试中探花、授翰林院编修、后官至礼部右

图 8-21 海门山歌

侍郎的崔桐。他曾编修嘉靖《海门县志》，尚有诸多诗文存世。崔桐（1478—1556），明朝文学家、历史学家，字来凤，号东州，余东人，他是海门历史上的第一位名人。余东城内的故居是其晚年回乡后的居所，一对门枕石至今保存完好，现住户是崔桐第廿一世孙。城西殷忠村还有崔氏祖坟。

（5）传统技艺

凤城青描绘流传于通东一带，主要内容为生肖、脸谱、门神、紫薇中堂、菩萨等。余东手工刻纸源远流长，历来在通东一带广泛流传，具有浓郁的盐业文化气息。

（四）特色和价值

余东为通东地区的盐业重镇，是明清两淮盐业商贸链起始端的代表。曾位于出江入海口的余东镇，是南通地区唯一保存城河环绕格局的古镇，对研究南通地区历史具有重要意义。明初为兵防而建的余东城，有助于今人了解明初兵防要塞小镇的城镇格局及其发展过程。余东镇的大量民间建筑遗存反映了古代江苏沿海地区人民抵御海潮、台风等侵蚀的技术成就。

余东是通东文化的荟萃之地，现存有明、清、民国及近代各个时期的建筑，大门堂、木楹柱础、牛角屋脊等建筑形制，反映了南通地区普通民居的地域特色及其在明清至近代的演变过程。这部分建筑遗产是南通沿海地区不同时期的历史证物。

余东古镇保留了盐民文化特征。法光寺集儒释道三教于一寺，体现了东南沿海地区至今仍然存在的三教合一的宗教文化，是当代世俗文化的一部分，也是当代构建和谐社会、推动经济发展的文化资源。

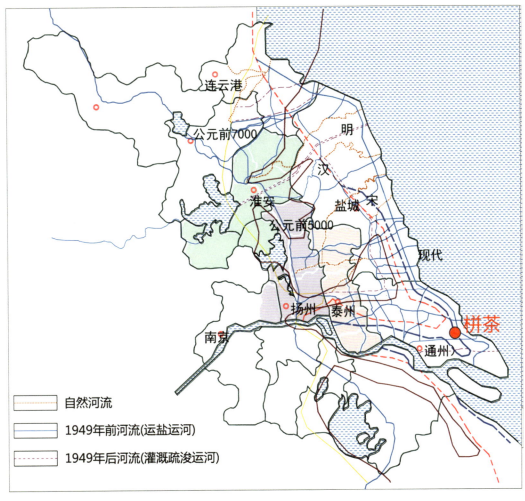

图 8-22　栟茶镇区位图

三、盐场环绕栟茶镇

栟茶成陆于西周，自古以来海洋资源得天独厚，至唐初已成为闻名朝野的煎盐场亭。栟茶由盐始兴，领盛百业，中原人、徽人、鲁人、吴人相继来到此地煮盐拓荒，带来的多元文化在此碰撞交融，形成了独特的栟茶乡风民俗，形成了兼具南北特色的古镇格局。栟茶于2013 年被公布为第七批江苏省历史文化名镇，于 2014 年被公布为第六批中国历史文化名镇。（图 8-22）

（一）镇村体系变迁

栟茶镇位于江苏省如东县，成陆于两晋，建于唐朝，东与洋口镇毗邻，西与海安县角斜镇、老坝港镇接壤，南与河口镇隔河相望，北濒黄海。

两晋至南北朝时期逐渐聚沙成陆（图 8-23、图 8-24），唐初为煎盐场亭，宋、元、明、清栟茶设场。相传唐大历以前，海中有北沙，栟茶位于北沙之南，故名南沙，明代设有南沙书院。又云，本地产茶，故称茗海，亦名茶江。距今已有 1400 年历史。

图 8-23　西晋时期栟茶镇位置示意图　　图 8-24　南北朝时期栟茶镇位置示意图

1. 垦荒制盐、因树为名

"淮南江北海西头，中有一泓扶海洲"，古栟茶运河原为古扶海洲西北海潮沟。东晋年间，扶海洲汇入大陆，该潮沟剥离海面成为古栟茶运河，也成为先民赶海的重要航道。

秦统一后，栟茶沿海开始煮盐，随着栟茶地区土地冲击发育扩展，鲁人、扬泰地区客家人逐步来此煮盐垦荒。

唐代，全国分十道，栟茶居淮南道广陵（扬州），为煎盐场亭。为推行朝廷"就场专卖制"盐政，栟茶盐场经由官府出资，将运河拓宽加深，以满足盐运需要，取名栟茶盐河，佑圣观（祖师观）开始供奉神灵。五代以后，中原人为逃避北方外族入侵的战祸也陆续迁入。唐贞观年间，随着海盐的产量上升，栟茶人口逐步增加，佑圣观（祖师观）等供奉神灵的庙宇开始兴盛。

栟茶地名源于两棵古树。相传初，"当地有栟树、茶树各一，干高逾丈，冠大如盖。渔人下海捕捞，皆以栟茶二树为标，过往来去，设摊易货，搭棚为居，凿井成市，名为栟茶"。唐宋以来一直沿用至今。

2. 盐丰农裕、远战文昌

宋咸淳五年（1269），栟茶盐商贸易空前繁荣，是沿海 10 个盐场中最大的盐场，栟茶亭改为栟茶场。两淮制置使李庭芝在苏东组织开凿盐运河，运盐河向西可直达泰州、扬州等商业繁盛之地，直达京杭大运河，再转运各地。一方面方便盐运，故栟茶素有"苏东古盐都，运河入海口"的美称。另一方面运盐河连接小型挖掘的十字形河沟渠，可以快速排盐降渍，使排灌两便利，范公堤用以抵抗海潮入侵。栟茶场产盐量在 16 万石左右。

此外，由于栟茶所在地少战事，"居民以渔盐自给，不为盗贼"，经常有外来移民迁居栟茶，这使得栟茶人丁兴旺，元代还有伊姓蒙古人后裔迁居于此，庙宇之风日盛。唐宋，多有名僧来栟茶传道，法惠庵、准提庵、龙树庵、东岳庙，朝拜人数甚多。古镇寺庙有丰富的藏经和深厚的宗教文化，其中西寺庙、城隍庙、龙王庙和关帝庙遗存较多，影响广泛。目前仅存寿圣寺水井和关帝庙见证历史的记忆。

明代因"阊门赶散"和"燕王造反"，大批苏锡常镇宁的江南人迁居此地以避战乱。三里半的东西市街云集着从江宁、句容、扬泰、皖、鲁而来的商贾和农、盐、渔劳动者，形成了栟茶地区的十大姓。至今栟茶还流传着"吃酒归吃酒，不谈故长州（苏州）"的说法。人口激增加上清代课盐司兼理民事，栟茶盐业大兴而商贾云集，农耕发展而物产丰饶。

清初，栟茶古镇发展达到鼎盛时期，盐业大兴，盐产量清代达到顶峰，乾隆三十五年（1770），年煎盐 120 日，盐产量达 10 万余桶。东市街、中市街和西市街商贾云集，粮食行、

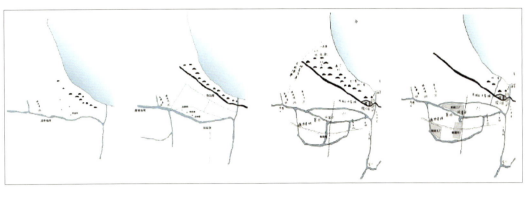

图 8-25 栟茶镇历史变迁图

木行、竹行、酒行、花行、鸡鸭行、八鲜行、鱼行、船行、理发店、钱庄、典当、客栈、杂货店、药店、布店等布满街巷。

栟茶注重教育,文化昌盛,明代就设有"南沙书院",多人科举高中,还有父子几人都是三甲。栟茶为清四大文字狱之"一柱楼"诗案发生地,此案影响之深、波及之广,由大清文献《四库全书》可见一斑。栟茶的第一所学校是启秀小学,光绪年间由蔡少岚先生创立。在启秀小学基础上又设立东西南北四区初等小学。同时,栟茶的大家族都有自己的族学,私塾遍布乡村。

3. 筑堤兴垦、卤淡农兴

光绪二十一年(1895),盐产量下降,张謇上书请求对苏东盐滩施行放垦,栟茶开始大规模实行垦殖事业;同时为进一步保证农垦,于范公堤北3~4千米处新增堤坝一处,形成"堤内有堤、堤外有堤"的海堤之乡。

明清时期栟茶工商业发展了起来,到民国时期,栟茶街面前店后坊比比皆是。民国二十三年(1934)栟茶开设店铺154家,有"小通州"之称。

1950年煎盐停止,农业成为新兴产业,栟茶粮仓陆续兴起。

栟茶镇历史变迁见图8-25所示。

4. 红色驻地、苏中脊骨

栟茶近代曾是多个革命政权机关驻地。苏北区党委曾驻于镇东郊三官殿,苏北行政委员会设于镇东郊新坝桥徐宅,苏北行政学院故址在镇东郊龙王庙及百子堂,造就和培养了大批苏中县区行政干部。1941年,陈毅、粟裕等军政领导在栟茶徐氏宗祠主持成立苏中军区。中国人民解放军海军的前身海防团驻地位于三人院西侧,现在栟茶还有苏北军区海防团团长孙二富的故居遗址。这些革命遗址在我党、我军发展历史上都有特定的地位和影响。(图8-26)

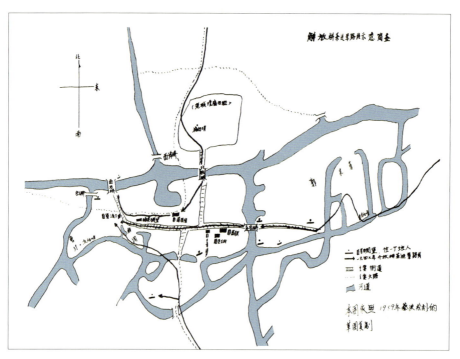

图 8-26　栟茶解放进军路线图

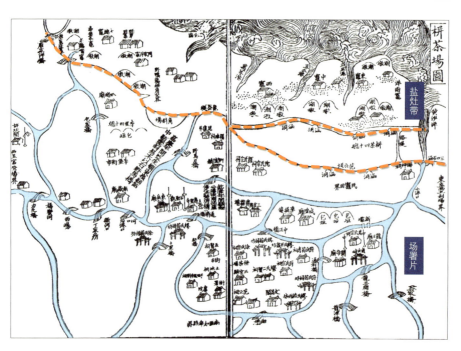

图 8-27　栟茶场四境图

（二）空间格局分析

1. 海沟故地、灶署二分

栟茶位于古潮沟之处，地势较低，黄沙港入海河口为古潮沟遗迹，也是通扬运河入海的主要通道。因而其场域的空间布局较泰属盐场有所不同。

范公堤外至黄海，不再有明确划分的光滩带，直接设潮墩、蒿草、盐灶，形成一条滨海盐灶带。因地势低洼，范公堤外还设有堤坝，堤坝下有涵洞。

场署离范公堤较泰属盐场场署远，紧邻范公堤为灶田，紧邻场署为盐垣。场署至范公堤之间，寺观庙宇遍布（图 8-27）。

图 8-28　栟茶镇空间结构示意图

2. 潮墩堆土、十字三分

栟茶古镇是依托运盐河而发展起来的，选址在运盐河的南侧。在古镇北侧，有疏浚河道的泥土在"避潮墩"基础上堆积而成的堆土山——泰山，其南侧建东岳庙，形成"背山"的总体空间格局。

栟茶古镇由河流分成三部分并通过东西大街串联成一个统一的整体。水运占据交通的主体地位，运盐河作为对外联系的交通动脉，滋润着古镇千年的经济繁荣，三城护城河和深入镇区的沟沟汊汊，为船载以入的居民提供了千年的便利，通达各户的大街小巷保障了古镇的千年生息，水陆并重的交通体系形成了独特的空间节点和标志，护城河上的6座石桥（分别为外围的通济桥、中正桥、龙王庙桥和南桥，东市街和西市街上修筑的通利桥和虹桥）和桥头的城门形成栟茶古镇空间的主要要素（图8-28）。

3. 因水成路、逶迤曲折

栟茶古镇街巷的方向充分显现了街道因河道而衍生的关系，因地制宜，逶迤曲折，富有节奏感和层次感。

栟茶古镇的主干道为双丁字交叉的三条主街，古镇的拓展以南北和东西向两条大街为主脉络，用红色麻石条石铺路，3里长的道路一气呵成，在两侧建筑山墙门楼的护卫之下甚是壮观。

水陆交通体系形成了栟茶古镇的主体骨架，并将栟茶古镇分成几个相互融合而又明确分工的区域，分别担负古镇商业金融、行政服务和居民生活功能。商业区主要集中在东西市街、中市街和南北市街，3条商业街长达3千米，显示古镇在繁荣时通江达海、商贾云集的情形。行政功能区集中在两条主街的双丁字交叉口，古镇因盐而兴，主要的行政机构为盐业分司，清代以后兼管民事。除了商业行政区之外就是居住区域了，大量的民居和各式的庙宇体现了多元文化交融的风貌。

其余小巷如鱼骨状和主要街道相连，当地传统民居则分布在街巷两侧。东西大街和中市街是古镇传统风貌保存最为完好的街道，大部分的小巷是垂直或者平行于周边的河道的，还有一部分的街巷是"因水成路"（图8-29、图8-30）。

4. 前店后宅、小宅独院

栟茶古镇的建筑在布局上分为商住型和居住型，"前店后宅"是栟茶商业街区的主要建筑形态特征，而"合院"型住宅则分布在除主要商业街区之外的街巷内。

沿主要商业街道的建筑多为前商后住型，商业街道寸土寸金，面宽有限，多垂直街道向纵深方向延伸，沿街道为商业用房和门楼，进入门楼为居住的院落，多为一进。

巷道深处的居住型建筑也多为一进。历史上曾有徐述夔一柱楼为多路多进院落，院落为两路，西路为三进院落，东路为园林，园林内有一柱楼。

清代以及民国时期的建筑，主要位于古街两侧以及中市街南北向部分。院落形态以小家庭的模式为主，较少家族大院。一般由一个主要建筑加两侧的一个或者两个耳房围绕成一个庭院，入口一般在侧边，临近街巷的建筑则可在前后两边。院落空间一般相对独立，院落兼交通、采光、通风等功能。

5. 海洋文化、多元交融

传统乡镇社会生活相对封闭，文化认同感强，再加上宗族道德的约束，强化了传统民居的共性特征，并投射在造型特征、色彩、装饰等多方面。

图 8-29 明清栟茶街巷空间示意图

建筑平面上多为一明两次的三间布局，明间多凹进形成灰空间。建筑较低矮，屋顶形式丰富，屋脊两端有雕饰或起翘，多为钥匙纹，屋身本身以三开间为主，以木结构、青砖墙、灰瓦顶为主，局部有简易的装饰，且门窗多为木门窗以及格栅门窗。

栟茶古镇老城区内的祠堂众多，包括公祠和宗祠。现保存较为完好的只有范文正公祠，而历史记载中，栟茶古镇老城区中还有孝女祠、蔡氏宗祠、徐氏祠堂、缪氏祠堂、二贤祠和于昭仪将军祠。

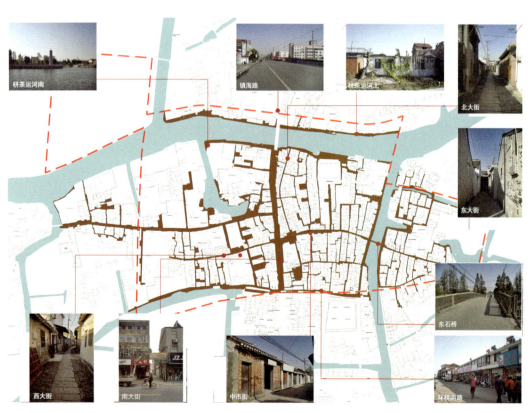

图 8-30 现状栟茶街巷空间示意图

图 8-31 范公堤栟茶段

（三）物质和非物质文化遗产

1. 物质文化遗产

（1）范公堤

栟茶镇域范围内范公堤东自小洋口、西至磨担头，乡人俗称为"北捍堰"。范公堤是江苏省黄海沿岸防风、防海潮的堤坝。范公堤是当地老百姓为了纪念北宋范仲淹主持修建的捍海堤坝而命名的。位于江苏苏中沿海、长江口北面，北起阜宁，南到启东的吕四，全长大约300公里。当时建成的范公堤，大致从盐城到东台沿线，大约百把公里，海堤堤高5米，堤底宽10米，堤面宽大约3米，勒河穿堤入海的地方弄砖头、石头围衬，而且勒堤里向种柳树、植草皮，加固堤防，施工技术非常完善。元、明、清、民国，一直到新中国，范公堤多次维修（图 8-31）。

（2）石板街

栟茶石板街位于栟茶镇。栟茶石板街原有丁字形三条街道，清光绪年间（1875—1908），栟茶缪卓哉、缪希陶建东街；蔡道生建西街；蔡少岚和栟茶场官方聘三建北街。石板街用花岗岩条石铺成，每块条石长约0.95米，宽约0.37米，厚约0.12米，中间横铺，两侧竖铺。现东大街尚存约230米，东起东码头，西至忆农桥；西大街尚存约270米，东起卫海路，西至染织厂；中市街尚存300米，东至忆农桥，西至卫海路；北大街尚存约390米，南起中市街，北至栟茶运河；总长约1190米（图 8-32）。

（3）关帝庙

栟茶关帝庙建于清代乾隆三年（1738），现存有山门、中殿和厢房，中殿供奉关圣帝君。在以茶盐商贸为格局的古镇栟茶，关帝庙在一定程度上传播了诚信的正能量，成为栟茶民众立身处世的道德楷模。曾是寿圣寺和龙王庙的所在，故其一址载三殿（图 8-33）。

图8-32 栟茶石板街

图8-33 栟茶关帝庙

图8-34 栟茶孙二富故居　　　　　图8-35 栟茶大东旅社

（4）孙二富故居

孙二富故居为民国时期抗战名将孙二富（加入新四军后改为孙仲明）的住宅，2007年被评为县级文保单位，位于栟茶镇医院巷东侧，原设有正厅和厢房，青砖黛瓦，古色古香（图8-34）。

（5）栟茶大东旅社

茶大东旅社位于栟茶镇中市街49号，为徐一朋1928年所建。徐一朋（1892—1972）为中共早期地下党员、苏北参政会参政员、栟茶中学创始人之一。该建筑为两层砖木结构，建筑的大门为欧式建筑之风格，别有情趣（图8-35）。

2. 非物质文化遗产

（1）跳马夫

跳马夫原是流传于如东一带的祭神舞，所祭之神为"都天王爷"。据传，"都天王爷"是唐肃宗对其守将张巡的追封谥号。唐至德二年（757）十月，张巡（709—757）为抵抗安禄山叛军，以身殉国。朝廷追封，百姓建庙，并于其生日进行祭祀。明清之时，供奉逐渐演化为"烧马夫香"，在如东丰利、马塘、掘港尤甚，现已被列入国家级非物质文化遗产（图8-36）。

（2）浒澪花鼓

浒澪花鼓自清雍正乾隆年间开始在浒澪一带流行，至今约有二三百年历史。这种村俗歌舞，亦称为"唱秧歌"，是一种融歌、舞、戏为一体的民间表演艺术，主要流传于江苏如东县西北部地区的浒澪、栟茶、河口等乡镇以及海安县的旧场、角斜一带，现已被列入江苏省非物质文化遗产（图3-37）。

（3）白煨竹蛏汤

栟茶"白煨竹蛏汤"被收录于《中国名菜大典》和《中国名菜谱》，正式被命名为"贵妃出浴"。栟茶竹"煨竹蛏"制作工艺复杂，主要有泡蛏、剖蛏、醒蛏、煨蛏和配料5个环节。栟茶煨竹蛏，鲜嫩爽口，汤质淳厚，色泽奶白，营养丰富。现已被列入市级非物质文化遗产（图3-38）。

图8-36 跳马夫

图8-38 白煨竹蛏汤

图8-37 浒澪花鼓

| 徐述夔 | 范仲淹 | 缪文功 |

图 8-39 历史名人

（4）节庆民俗

栟茶渔民戴绳，渔民在出海捕鱼之前需在头上扎一根麻绳或草绳，叫作戴绳。本地渔民认为以此可以防止身体发光，从而不引起鲨鱼的注意。

元宵民俗巡街，城隍老爷被抬着上街巡行。至今仍保留吃圆子的同时要喝茶，及农家茶饭、吆鸡呼猪、家院洒扫的习俗。

（5）历史名人

栟茶文化底蕴深厚，源远流长，人文荟萃。古往今来，培育出一批批俊杰之才，其中进士19人、举人22人，近代又有蔡映辰、徐一朋、缪文功、蔡观明、蔡美江、康平，现代有李金华、徐守盛、马鸿、周宝富等，尤为著名的有康熙年间的徐述夔《一柱楼诗》《小题诗》《和陶诗》《五色石传奇》《八洞天》等十多种诗文和小说（图8-39）。

（四）特色和价值

栟茶是苏东盐业集镇，是淮南中十场之一，在江南淮盐的发展中有举足轻重的地位。古镇系依海盐生产地貌，就势改造而成。人工开凿的水网与住宅形成的棋盘式格局成为苏东滨海地区的一大特色。栟茶古镇形态保存完好，石板街依然在用，镇区古代民宅基本未动。

栟茶五方杂聚，文昌武盛。历史上商贾云集，人文荟萃，由于海边制盐业的发展，栟茶才随着盐运文化逐渐成为一座逐步转向商贸业的城镇。镇区居民是中原或江南等地区迁移过来的，文化种类相对混合。明清以后，文化昌隆，公学、族学颇多，是清四大文字狱发生地之一。近代又成为苏东地区红色革命的根据地。

栟茶滨海风俗彰显，盐民生活气息浓郁。栟茶紧邻黄海，沿海滩涂资源丰富。海味名闻天下，各式菜肴不离海味；诸种海味，尤以竹蛏为首，苏东民俗"跳马夫""浒零花鼓"也在此地传承流传，渔民风俗亦可见。历史上曾有典型的滨海庙观——关帝庙、龙王庙，亦有佛寺——寿圣禅寺。

四、四水一街富安镇

富安镇，位于江苏省盐城市南部，属苏中平原，是盐城、东台的南大门，东濒黄海，西接扬泰，南临南通，北接盐阜。富安西汉时已成陆，唐代以后开始盐业生产，初名虎墩、虎阜，元代更名为富安，明代发展为"淮南中十场"之冠。民国初，实业家张謇在此兴办大赉公司、民兴公司。富安盐业废，开农耕，兴蚕桑。富安于2013年被列入第七批江苏省历史文化名镇，于2014年被列入第六批中国历史文化名镇。（图8-40、图8-41）

（一）镇村体系变迁

1. 虎墩制盐、筑堤设场

富安原为东海滨斥卤之地，随着东冈沙堤东移，西汉时即已成陆。东台历史上海灌严重，而富安由于其特殊的地形，是天然的海湾、良好的避风港；同时海生资源丰富，土壤肥沃。吴王刘濞在封国（古扬州）"招致天下亡命者，盗铸钱，东煮海水为盐"（《汉书》），开始盐业生产。因此地地势高，呈虎形，初名虎墩。虎墩遗址位于今富安西场村。

唐大历二年（767），淮南黜陟使李承筑常丰堰，筑堰时挖复堆河，土堆于虎墩使其地势进

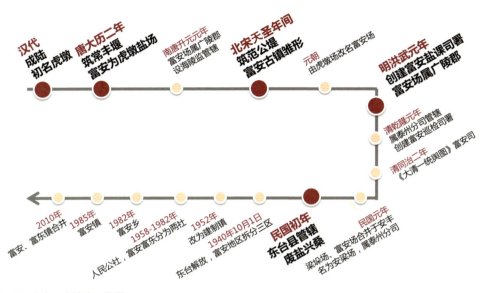

图 8-40 富安历史演变一览图

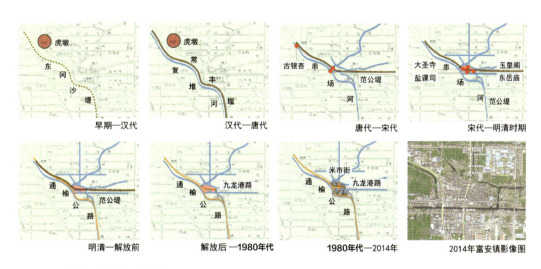

图 8-41 富安场空间格局演变图

一步抬高。"常时高邮堤坏,洪水暴至,北去诸场,悉罹其害,而富安独否,不可谓非生是地者之厚幸也。"(《两淮盐法志》)南唐升元元年(937),广陵郡(扬州)设海陵监(泰州),就设有富安场。

宋天圣二年(1024),范仲淹请修捍海堰,后人称为"范公堤"。范公堤建成后,堤东煮海为盐,淮盐胜雪,堤西桑麻遍地,稻谷飘香。原虎墩先民,不断向高地南迁,逐渐形成了今日富安镇老街区的雏形。富安古街依堤而建,形成一条三里青石板长街,即现在的虎阜路。元太祖时期(1206—1227),海陵监时设置富安场。

2. 司署治所、地冠十场

明清之际,依托四通八达的水运交通和人口的快速集聚,富安逐步走向繁荣。盐课司的设置使富安古镇进入鼎盛时期。

明洪武元年(1368),设富安盐课司署,清乾隆四十六年(1781)又设富安场巡检司署。同治二年(1863),根据《大清一统舆图》记载,富安设置富安场司(并列于海安镇司、西场司、上岗司),东台仅此一家。"泰州分司隶场十,首富安"(何坚《楚公浚富安运

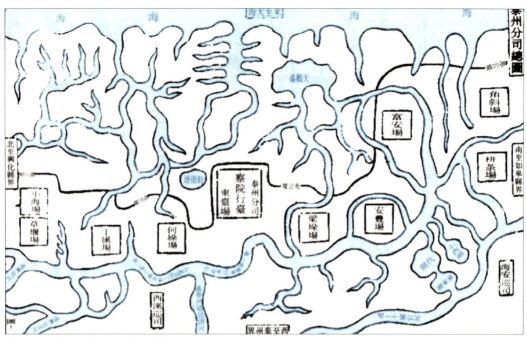

图 8-42 富安在淮南中十场位置图

河碑记》），时人谓"天开八景，地冠十场"（图 8-42）。

盐官和弓兵驻扎地方之后，转变了富安过去人口聚居的单一职能，增加了行政军事职能，同时带来了经济、文化的繁荣。盐官参与地方建设，修建关帝庙、土地祠等。古镇区发展为西至串场河，北至方塘河，东至富盐河，南至田河。现在富安古巷、古桥、古坝的命名有不少与当时的功能、格局有关，如衙门巷、文昌宫巷、玉皇阁巷、东盐坝等。

富安盐业发达，水陆交通便捷，四方商贾云集，店铺行坊林立，南北货品齐全，建筑风格也深受南北方文化交汇影响。富安历史镇区曾有庙宇庵堂 50 多处，名目繁多，有庙、庵、祠、楼、堂、馆、殿、阁、亭、观、宫等。规模最大的是大圣寺，香期敬奉者如云，香烟缭绕，盛极一时。

3. 废盐转耕、阻击战场

在清光绪三十一年（1905）修筑通榆公路（204 国道前身），中段从东台富安到阜宁射阳河南岸，全部利用范公堤为路基。

随着海岸线加快东移，广大灶区潮汐不至，土卤日淡，淮盐走向衰落。但依托纵横水系、便捷交通，富安发展为繁茂集市，四方商贾云集，南北货品齐全，店铺行坊林立。

民国初年东台办理地方自治，富安设市，属东台县管辖。民国四年（1915），实业家张謇与三哥张詧来富安垦荒植棉兴商，创办垦殖经营公司——大赉盐垦公司。大赉公司规模很大，全公司有 3502 户、18 200 人，拥有资产 112 万元，曾围垦了富安以东 14.6 万亩滩地，带领工人们开渠引水冲洗以改造土质，种植和经营棉花等，还兴办了文化、教育、卫生事业。大赉公司总部及其所属仓、场、子公司、商号等，都在民国时期的富安区境内，对繁荣当时富安的商品经济起了较大作用。民国十六年（1927）撤销市成立行政局，富安局属东台县管辖。

苏中战役后，华中第 7 纵队第 31 旅第 93 团奉命在富安利用有利地形阻击敌人。富安阻击战已被记入军史，担任作战任务的是刚刚在富安成立的华中野战军第 7 纵队第 31 旅（后来被誉为我军十大王牌师之一的 85 师前身）。指挥此战的是华中野战军司令员粟裕、第 7 纵队司令员管文蔚、第 31 旅旅长段焕竞。

解放后尤其是改革开放以来，蚕桑种植在镇区周边形成桑海绿州。富安茧丝绸逐步形成产供销、贸工农一体化的"富安经济模式"，走向产业化发展，富安也被誉为"中国茧都"。

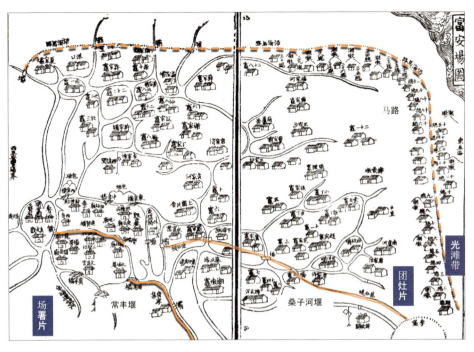

图 8-43 富安场四境图

（二）空间格局分析

1. 古地生三区

富安镇位于扬泰古沙嘴的沙堤边缘，紧临古夹江北岸。富安往西南即扶海洲、胡豆洲等从海中浮出、与大陆淤连的沙洲。可以说，富安场位于紧临滨江冲积平原的里下河平原边缘，其南有上官盐运河的通海水道，汉代吴王刘濞开凿的上官盐运河（即通扬运河自扬州湾头经海安至三十里墩的段落）通过小洋口入海，这条盐运河是江淮东部长江水系与淮河水系的分水河。

因而，富安场一方面具有泰州盐场普遍具有的"光滩带—团灶带—场署带"的带状功能片，另一方面受古夹江地势影响，在通往李堡的桑子河堰内侧，及至明代仍有煎盐团灶布置。这些团灶早期位于长江入海北岸，曾为滨江入海的产盐地，在清《东台县志》的富安场图上，仍可见潮墩灶、陈新场等地名（图 8-43）。

富安场在总体格局上依然能够看到三片功能的划分：

一是马路之外的滨海地段，一般为泰属盐场的"光滩带"，为淤新和沙荡土地。然而因为扶海洲的淤涨接陆，此处靠近栟茶场段落，可见通常位于马路内侧的避潮墩和蒿草荡。

二是常丰堰外侧的海河至马路之间的"团灶片"，可辨析三片功能块。首先是马路内侧南段沿线的避潮墩和蒿草荡，草荡按"总"划分给各灶。其次是海河近场署部分的盐垣部分，可见海河之上的东仓、中仓和西仓三桥以及垣包。两者之间的地段则为煎盐灶区。各灶沿引潮灶河布局，灶河的方向有二：一是东部滨海直接引潮而来，二是从南部上官运盐河入海的古夹江低洼地引潮而来。故可见桑子河堰两侧均布灶区。这也与土壤卤重密切相关。

三是场署所在的高亢地带。富安本就是因为虎墩地势较高而选址的盐场，常丰堰进一步抬高了场署所在的地势，因而，捍海堤直接穿镇而过，成为镇中大街。而范公堤两侧则成为场镇区域拓展延伸的主要方向。

2. 古街环四水

古镇富安总体空间结构可以概括为"古街环四水"。

富安古街据堤而建,地势最高,分向南北,高程逐次降低,这种布局有利于沿海多暴雨地区的迅速排水,不易形成涝渍。富安古街两侧建筑是前店后坊式,沿街房屋多为商铺、书场、浴室等经营场所,巷内房屋多为加工生产作坊和居住、宗教场所。至今巷名仍有义乐园巷、第一池巷、小温泉巷、薛家巷、何家巷、庙巷、大乘庵巷等。

古街居中,环绕 4 条水道,东为富盐河,西为串场河,南为田河,北为海河。其中,古街(范公堤)内(西)侧的串场河与外(东)侧的海河,是泰州各盐场均设的两条运河河道,串场河连接各场场署,海河连接场内各灶,海河口一般设仓储盐。南、北两条河道则是里下河流域的汇水入海河道(图 8-44、图 8-45)。

富安镇街似青龙,巷似鱼骨。三里青石板长街,巷道通向四方,因民居是依范公堤而筑屋,街道蜿蜒曲折,街似青龙,巷似蜈蚣,故被称为"青龙街""百脚街"。目前富安镇仍有 31 条保存较为完好的古街巷,能够根据街巷名称推测古人的生活活动与街巷的历史功能,包含虎阜路、文昌宫巷、义乐园巷、第一池巷、小温泉巷、衙门巷等。

富安古巷、古桥、古坝的命名有不少与盐有关,如东盐仓巷、西盐仓巷、盐课司巷、吕公祠巷、衙门巷、东仓桥、西仓桥、东盐坝、西盐坝、黄金坝等。

3. 老宅出江南

富安老宅受五方移民的影响,呈现明显的融合性特征。

富安民宅的规模一般不大,多为一进三合院式,或堂前加倒座,只有卢氏住宅为前庭、中厅、后堂组成的三进。均坐北朝南,外墙封闭,内置小天井。住宅的入口多数不在全宅的中轴线上,因民宅分布在镇中闹市区,其入口的朝向与街道的走向有关。有的住宅既使街道走向允许入口居中,也使入口偏于门厅一侧(图 8-46)。

民宅全部为单层三开间,硬山顶、清水墙,外观朴素,但内部梁架却甚为华丽,全部为"彻上明造",多采用明间抬梁式结构,而山面用比较简洁省料的穿斗式结构,且用材明显小于明间的抬梁式。这种用材大小不同,两种结构用于同一建筑上的做法为富安民宅的特色。也有直接将穿斗式结构用于明间梁枋的,但明间的穿斗式结构用材明显较大,且梁架做工精致,与山面简洁的穿斗式梁架显然不在一个等级。

建筑总进深五至七檩,较多采用七架前后廊,全部使用起拱的月梁,以断面扁方形为多,也有扁圆形月梁。富安民宅的月梁式样规整,加工精细,其选型与宋《营造法式》相比存有较大的差异,主要表现在梁背的起拱很高,与明代苏南民居建筑有许多相似之处。富安民宅的月梁端部做法根据月梁断面的不同而采用不同的做法,一般断面扁方形的做成斜项,断面圆形的则做成圆杀,富有装饰性。

富安民宅用直柱,柱上下基本等径,檐柱径略小于金柱径,柱础石上用木榰且木榰的纹理与柱子的纹理相反,以阻隔地下的潮气沿木柱上升。这种柱础石上加木榰的做法多流行于苏南明清建筑中,而在富安民宅中未经后人改造地面的多数住宅中都有这种做法。木榰的断面依柱径,王氏宅的八角形柱,其木榰也为八角形。木榰的形式也有多种,仍以覆盆为多。

富安明代民宅的屋面有举折,坡度平缓,出檐用飞子,檐上铺望砖或木板,以望砖为多。屋面一般用朴素的瓦条脊,两边起翘,而不加脊饰,屋面铺小青瓦,朴素的外观与雕饰华丽的内装饰显然存有较大差异(图 8-47)。

图 8-44　富安街巷空间结构图

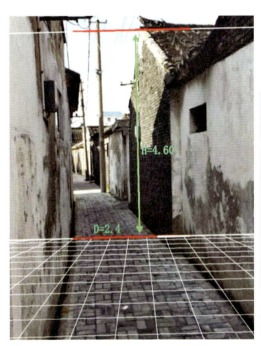

图 8-45　富安街巷空间尺度示意图

图 8-46　富安民宅院落格局示意图

图 8-47　富安民居建筑风貌

（三）物质和非物质文化遗产

1. 物质文化遗产

富安，地冠十场，留存有大量民居建筑，见证了历史的辉煌。

（1）董氏住宅

董氏住宅位于富安镇霞外阁巷 2 号。董金林祖传私宅，建于明代。现存南向堂屋一进三开间，建筑面积 95.22 平方米。进深七檩，穿斗式梁架，前后双步前后廊，扁作分心三檩，梭柱柱圆 1 米，中柱顶饰山雾云，檩有连机。梁枋用材硕大，梁侧面下边角均阴刻叶纹以四线条连接。方椽上盖望板望砖小瓦，椽密。正间格扇为六抹，格心板无纹饰。次间为支摘窗和槛窗。柱顶石上支木榰柱础。明间地面铺以斗纹式条砖。次间铺木地板，上盖天花板（图 8-48）。

（2）卢氏住宅

卢氏住宅位于富安镇卢家巷。卢基成祖传私宅，已传十七代。建于明代。现存前屋、正厅、后堂三进。前屋三开间，进深五檩，明间抬梁内四界攒金式，内四界大梁圆作，山界梁扁作，两山穿斗式，前后双步。脊檩下饰山雾云，脊童柱均饰连机，柱础无木榰，地面铺斗纹式条砖，圆椽上盖望板望砖小瓦。正厅三间，进深七檩，明间抬梁式内四界，前轩后廊，月梁、轩梁、廊川正背均雕纹饰。两山穿斗式梁架，山界梁前后双步，均圆作。脊童柱有连机，童柱梁垫镂空雕饰。金柱下腰鼓形石礅上轩木榰柱础。檐墙饰杞菊延年砖雕，圆椽上盖望板望砖小瓦，地面正铺方砖。后堂现存二开间，进深七檩，穿斗式梁架，前后双步前后廊。明间格扇为六抹（图 8-49）。

图 8-48 富安董氏住宅

图 8-49 富安卢氏住宅

（3）崔氏住宅

崔氏住宅位于富安镇丁家巷，原为当地望族崔氏居住，现为富安房管所所有。建于明代，现存堂屋一进及西厢。天井近方。穿斗式梁架，扁作，脊童柱饰斗拱连机，有雕饰。梁柱间用衬板。柱顶上支柱无木榰柱础。圆椽上盖望砖小瓦。次间有天花地板（图 8-50）。

（4）王氏（甲）住宅

王氏（甲）住宅位于富安镇米市北路东侧，原为当地名医王子政居住，现为富安房管所所有。建于明代，现存厅屋一进三开间，进深七檩，明间抬梁式梁架，内四界前轩后廊，两山穿斗式梁架，前后双步，均扁作，用磕头轩。脊檩下饰山雾云，檩有连机。梁枋用材硕大，未油漆。

梭柱施苎麻漆。前檐柱呈八角形，有宋代遗风。柱顶石上支木榰柱础。椽密，方椽上盖望板望砖小瓦。地面斜铺方砖。

（5）丁湾桥

丁湾桥位于富安镇东郊串场河上，东西向。原为木桥，1940年代毁于战火。现桥建成于1959年4月，为中华人民共和国成立后苏北地区第一座砖砌拱桥。桥长约75米，宽约8米，桥上22个方礅，桥下3门拱洞，青砖银灰砌成，典雅古朴。桥身尚存"丁湾桥东台县人民委员会"字样。（图8-51）

（6）古捍海堰遗址

古捍海堰遗址位于富安镇东郊，2003年3月，在沈海高速公路项目建设前期考古中，盐城市文物考古队发掘到青砖护坡的捍海古堰。此堰底部宽18米，堤面宽7.5米，高约1.8米，护坡砖长38厘米、宽16厘米、厚6厘米。堰堤结构有护坡（上秋下瓦）、碎砖底、夯土层、防浪墙、木排桩、跌水坑等，且宋元之际修筑过4次，说明此处浪急滩险。此遗址后被填土筑路。（图8-52）

图8-50　富安崔氏住宅

2. 非物质文化遗产

富安除了有较为丰富的物质文化遗产，同时还有丰富的非物质文化遗产。从民间信仰、民间手工技艺、民间文学、民间美术等方面进行梳理，其中包括国家级、省级、市级非物质文化遗产。

（1）发绣

东台流传着一种独特的民间工艺——发绣，用人发做线，用绸或绢做载体，绣制人物，线条凹凸分明，立体感强；绣制花卉翎毛，层次清晰，丝路和顺；绣制动物，特点明显、逼真；绣制山水楼阁，古朴典雅，衬光纹理清晰可辨；被誉为"天下一绝"，被列入国家级非遗名录（图8-53）。

图8-51　丁湾桥

图8-52　古捍海堰遗址

图8-53　发绣作品

图 8-54 鱼汤面

图 8-55 酥儿饼

（2）鱼汤面和酥儿饼

江苏东台富安的鱼汤面（图8-54），源于清乾隆三十三年（1768），距今已有200多年历史，相传是一位被赶出皇宫的御膳厨师所制。富安酥儿饼（图8-55），相传是因乾隆皇帝下江南品尝后赞不绝口，一时美名远扬。两大美食均是东台市非物质文化遗产。

（3）民间信仰

东岳庙会：每逢农历三月二十八日，在富安镇东头的东岳庙举行。每年农历正月十三至元宵节举行东岳庙会，庙会期间，扎一大型的山岳灯烧香，扎一对狮子灯祭神。

青苗会：每年六月开始至八月结束，据说过去有成群结队的蝗虫糟蹋庄稼，人民无法扑灭，就祈神保佑，以求保护三苗，为此叫作青苗会。

都天会：每年农历十一月初二，富安街上都会举行"迎都天"活动，人们抬着都天菩萨像从东都天庙迎请到都天庙，即从富安东街到西街。

（4）民间手工技艺

编折子：农闲时节，富安的老年农民就会忙着传统的手艺——编织芦柴折子，收获季节用此作粮囤用。

茧丝绸：富安蚕丝作坊制作始于清朝晚期，有丝线坊3家，到民国发展到10多家，有民谣"左搓右搓，三天不搓就揭不开锅"。全镇现有桑园5万亩，年产茧12万吨，生产高档白厂丝700多吨、真丝绸50万米，被国家定为农业（茧丝绸）文化旅游景区。

（四）特色和价值

富安是江海交汇的虎墩古盐场，依托高地、堤坝与水系建镇，周边河道交错，现存串场河、方塘河、富盐河等历史盐运河道保留了"多河通海""一河串场"的历史水系格局，保留了民国以来废灶兴垦开渠、种桑植棉的自然改造痕迹。其起源与发展是我国先人利用自然、改造自然的重要实证，是研究我国古代城镇起源发展的重要依据。体现了人与自然、与社会相互融合、相互协调的过程，是人与环境高度和谐的结果。

富安是淮南中十场之一，场镇依堤而建、以堤为轴，形成鱼骨状路网的格局特色。富安历史格局保存较为完整，各时期发展脉络清晰，现存历史文化遗存较多，保留了两淮盐场地区制盐、贩盐、课盐等经济活动的印记，呈现了较为完整的连续性，为研究两淮盐业发展历史提供重要依据。富安经济社会文化和城镇建设状况，是盐业集镇的缩影和重要代表。

富安建筑融南北建造艺术和营建技巧于一体，具有高度的地方适应性，是两淮盐场地区建筑文化的典型代表。富安古宅邸将北方建筑合院，南方徽式建筑的马头墙、清水墙、梁柱不施彩绘和沿海地区建筑防风防潮等特征融会贯通。沿虎阜路多为前店后宅的传统商业布局，以院落式布局为主，院落轴线垂直于虎阜路，真实记录了古镇的发展脉络。

富安场产盐量大，盐的品质佳，是明清时期全国重要的盐场。富安因盐兴市，以市兴镇，成为国家财税收入重镇；设立盐课司后更成为地区政治、经济和文化的重要节点。富安盐业由盛转衰，民国废灶植棉，再至中华人民共和国成立后传统产业茧丝绸突破、创新、产业化，形成"富安模式"并成功转型为"中国茧都"的过程，是两淮地区盐垦兴替与区域经济格局嬗变的优秀代表。

五、宜市宜居白蒲镇

白蒲镇位于江苏省如皋市东南，东傍如东县，南接通州区。白蒲镇始建于东晋，旧名蒲涛，又名蒲塘，因四周小溪沼泽多且多长蒲草，蒲草晒干为白色，得名"白蒲"。白蒲是明清时江淮富庶的名镇，人称"南有周庄，北有白蒲"。白蒲镇于2013年被列入第七批江苏省历史文化名镇。

（一）镇村体系变迁

1. 江海交汇、海口置县

白蒲是通州境内最早形成的、有史料记载的两大市镇之一。春秋晚期至三国初年，长江口大片浅滩沙洲已成陆。经漫长的数千年，扬泰古沙嘴东南外缘不断延伸。东晋（317—420）立临江（位于如皋县南）、如皋、宁海、蒲涛县（治所在白蒲镇），白蒲为"蒲涛"县名正式记载始于此。此时，陆地尚未成型的通州地域有两县，县治分别位于通扬运河最东端——海安和长江入海口北部陆地边缘——白蒲，两地均位于江海交汇之处。（图8-56）

2. 盐河尽端、转输要扼

隋唐时期，白蒲镇成为运盐河端头的重要转输枢纽。隋朝时，如东县东部的沙嘴进一步向海延伸，呈现锐角楔子状。白蒲镇因陆地向东推进，已远离江边。公元605—618年，蒲涛县并入海陵县，建制等级降低。然而，因运盐河的开通以及周边地区的发展，白蒲镇成为盐运转输的重要枢纽（图8-57）。

及至唐代，区域发展条件发生重要改变。一方面，扬州因国家经济重心的南移而成为全国性交通枢纽。另一方面，胡豆洲因海岸变迁成陆而成为重要海盐产地。为了便于海盐从产地运往扬州再转输销盐区域，通扬运河由海安镇向东南延伸，从如皋的如城通向丁堰镇，又从丁堰镇向南延伸至白蒲镇，将最古老的两个镇——海安镇、白蒲镇连接起来。白蒲成为运盐河尽端的重要交通枢纽。

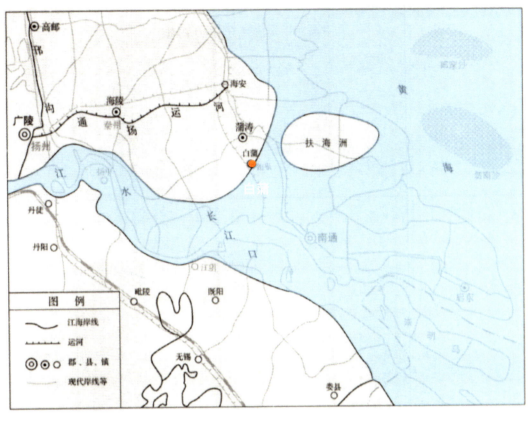

图 8-56　晋白蒲镇区位图

3. 转输节点、一镇二治

及至宋代，白蒲从通扬运河的端头枢纽，演变为通州和如皋两地转运的中枢节点。后周时期，通扬运河已南延至通州。北宋，通州地域的陆地形态已基本成型。盐业迅速发展，"北宋太宗太平兴国年间（976—983），通州置义丰监，后改称利丰监，辖西亭、永兴、石港、利和、金沙、余庆等盐场，年产盐48.9万余石"。与之相应的配套基础设施建设初成，从天圣二年（1024）到至和年间（1054—1055）修建围海堤，从苏中至通州的"范公堤"全线建成。南宋景定元年（1260）和度宗咸淳五年（1269），开凿由通州经金沙至余东场的串场河，以利盐运，此河为今通吕运河之始。自此，以通州为中心的盐运网络基本确立。

从后周显德五年（958）开始，白蒲镇南半部划归通州管辖，北半部仍属如皋管辖，此后历经宋、辽、金、元、明、清和民国，这种一镇两治的局面延续了一千多年。（图 8-58）姚鹏春著《白蒲镇志》载，白蒲"镇统于州县两界，判分较若列眉"，"南属通州，北属如皋县，正街司巷分界，官河西亭坝分界，坝在河西，河之东与坝直接有分界石碑，

---

① 《中国地方志集成·通州直隶州志》。

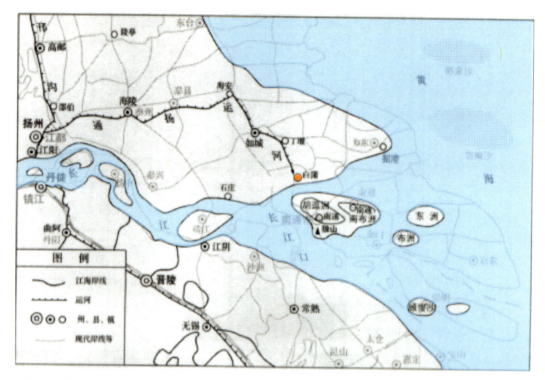

图 8-57　唐白蒲区位图

图 8-58　明清白蒲镇区位图

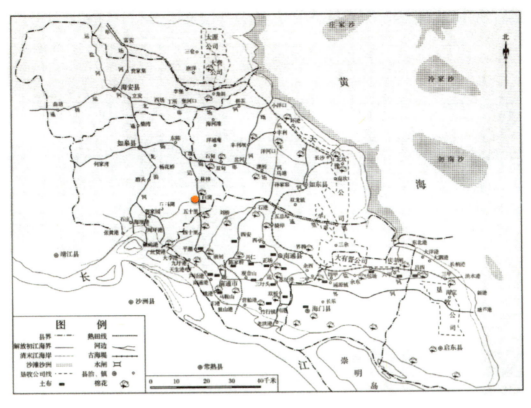

图 8-59　通州棉纺土布产业分布与白蒲镇位置关系图

碑立顾家老宅楼墙外，今断委于地"。明代及清初，通州属扬州府、如皋属扬州府之泰州，故镇南称"通界"，镇北称"泰界"。1933年《如皋县志》第一卷记述四境，"……东南至白蒲镇中板桥通州分界七十里"，其时的中板桥以南为蒲南镇，属南通县，中板桥以北为蒲北镇，属如皋县。

4. 棉垦纺布、人文荟萃

元末，南通市域受长江对岸上海县的影响开始种植棉花，并很快成为一个重要的棉产区。明代，"江南直隶州是明代重要棉区，棉田以松江、苏州、常州三府最为集中，其次，是泰州、海门、如皋"。及至清末民初，淮南盐场成为国内最大的垦殖区和重要的棉花生产基地。棉植业的发展促进了纺织业的兴盛。通州的棉花在明代嘉靖《通州志》中已被列为商品。到了明朝后期，通州棉花开始被北方商客采购运销。通州棉花北上畅销徐淮、山东等地，南下上海、苏州、无锡、常州等处。

近代南通市域棉花的生产主要集中于通扬运河南北沿线、通吕运河南北两侧、南串场河两侧及启海沿江与如东沿海。而最为密集的是南通城至吕四的通吕运河沿线。白蒲镇正是借此机遇转营棉花与土布而再次兴盛。（图8-59）

白蒲镇耕读传家，人文荟萃。至清代中叶，白蒲文风盛极一时，当时曾有"通如文风莫盛于蒲"之说。《蒲涛志》艺文篇介绍，"镇中前贤着作，寿之梨枣（书板的代称）者不下百十种，其珍藏箧笥（箱子）者，付剞劂（指雕版刻书）及今犹存遗稿者又数百种"。仅据康熙末年至道光末年不完全统计，约130年间就产生了经部著作13种、史部著作17种、子部著作22种、集部著作175种。

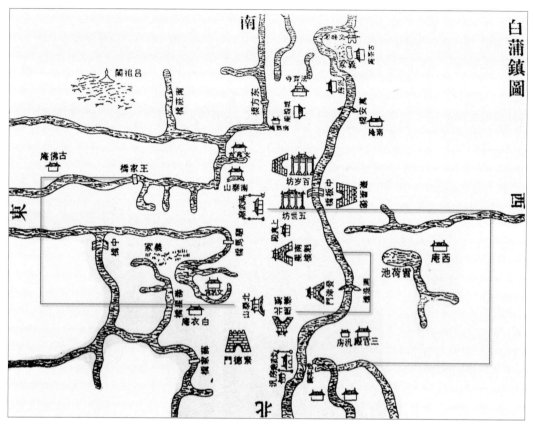

图 8-60　清白蒲镇空间格局示意图

5. 战略要地、抗战前哨

明代时期，白蒲镇就是抗倭前站。明代嘉靖三十八年（1559）的白蒲激战，武勇张自成统领青年壮士，结营于通济第一闸，倭寇不战而逃，此闸由此得名"虎牢关"。抗战期间，白蒲为日军与国民政府军交战战场，而1946年的"白蒲第一枪"则是开启解放战争的重要标志。

（二）空间格局分析

1. 一镇两治、列眉而分

白蒲镇现状空间结构不完整，从历史地图分析，白蒲在历史上因两县分治，而呈现南北相应的空间布局。（图8-60）

唐代以前，长江口聚沙积成胡逗洲，与如皋、白蒲间有古横江相隔。唐末天祐年间横江水浅，淤积成陆，胡逗洲与白蒲连成一片，原古横江成为通如间的界河。公元958年后周世宗部队攻克淮南，南唐放弃江北大片土地。于是，后周在胡逗洲设静海军，改称"通州"，隶属扬州管辖。因为白蒲是唐末沙洲与大陆接涨的原大陆部分，故白蒲镇南半部列为通州本土，而北半部镇区仍属如皋治，分属"州境"和"如境"。

白蒲镇历史上长达996年为一镇两治，历五代、宋、元、明、清、民国，直至1949年白蒲镇解放时止。解放初期归属如东县，至1954年6月才统属如皋县管辖。由于长期一镇两治，白蒲的地名、路名、建筑物名一般都有南北之分，如南大街—北大街，南空场—北空场，南石桥—北石桥，南魁星楼—北魁星楼，南花园—北花园，即使是学校，也有南校和北校之分。从清代白蒲镇图上不难看出，由中板桥向东延伸至草行桥，形成一条中轴线，将古镇大体切割成南北两个部分。一些主要建筑物围绕中轴线呈南北对称分布，如文昌宫有南北之分；镇山（注：实为土山丘）亦有二，分称南北碧霞宫，又名南泰山和北泰山；其他建筑如魁星楼、关帝庙等均分南北二处。

图 8-61　白蒲老街

2. 农耕集镇、市街宅巷

白蒲古街巷呈现典型的农耕集镇特征，由街、巷二级构成，街以交易为市，巷以深居为宅。（图 8-61）

（1）集市大街

白蒲的集市街有两类，一类是常驻商铺的商业街——市大街，另一类则是四乡交易的非常驻集市街——东大街。

市大街乃白蒲镇中心大街，分南北段，白蒲镇志称之为"正街"。西依傍通扬运河，南北走向长达 450 多米，街宽约 4 米，街道中心以 60 厘米 ×40 厘米的花岗岩麻石板铺设，石板表面刻有各种吉祥图纹，既防滑又美观，两侧铺有碗口大小乱石而形成很有规则的整体街面。大街两边各式店面，东西相向，鳞次栉比，不下百家，都是砖木结构的平房。店面房与生活、生产用房相连，俗称"连家店"或"前店后坊"，集经商、居家、生产于一体。也有较大商家建有两层小楼，上层临街开窗，可观街赏景，亦可做家居或货仓，餐馆、酒家则为设"雅座"之用。

东大街位于蒲镇东侧，又叫"东街头"，是蒲镇连接东乡、如东县西部的门户，是古镇白蒲又一重要商品交易地，现称"东行巷"。老街道东西走向，全长近 300 米，与市大街呈"丁"字形，又与蔡家园集市自然相接。因连接乡间农村，故此街经常以交易农产品与生活必需品为主。农民从乡下上街交易粮食。

（2）宅居小巷

白蒲的巷道多位深宅大院，典型的有以功名命名的秀才巷，和以家族为名的史家巷，具有典型的耕读文化特征。

秀才巷自东晋建县设镇迄今 1600 多年，蒲塘人口不断繁衍，生生不息，聚族而居。在时光的长河中，年华的流逝为古镇积淀了丰厚的文化底蕴，时至清代中叶，蒲塘人文荟萃、名流接踵，其时"通如文风莫盛于蒲"。自唐宋开科取士以来，蒲塘子弟"或历试而冠其曹，或连举而魁其榜"，科场屡试屡中，故先人将此巷命名为秀才巷。秀才巷南北走向，长 200 多米，宽 3 米，以乱石铺，平实质坚，历久不损。长巷两侧深院内多为书香门第。

史家巷南北走向，长百余米，宽约 3 米。巷道中心以花岗岩麻石板铺设，既防滑又美观。两侧尽为深院大宅。史家巷住宅大门一律东西朝向，高在 2.8 ~ 3 米左右，门墙上有多层砖雕、木雕装饰，门槛甚高。

3. 户口殷繁、文风鼎盛

白蒲古镇地处要扼，加之河网运输方便，是四乡农副产品的主要集散地，吸引了一批徽商在此兴业经商，与本地商户共存共荣，数百年间经久不衰。清代，白蒲"户口殷繁，文风鼎盛，人皆安居乐业"。民国初期全镇大的商户共99家，经商人员515人，资金总额39万元，年营业额470万元。民国初到抗战爆发前，又有77家商号开业。

崇文尚教的社会风尚，造就了文化的繁荣和人才的产生，清代中叶，蒲塘文人多出自姜、吴、顾、郑、沈、姚诸姓，这些家族多有渊深的家学传统，往往"一门之中，父教其子，兄课其弟，均童年就读，皓首穷经，春诵复弦，咿唔之声不辍于朝暮"。姚鹏春在《白蒲镇志》中描述道："蒲上性淳朴端谨，雅好文墨，多习儒术，读书之声不绝于耳。往来过客，步行者为之停足，舟行者为之停桡，无不啧啧称羡。"

明清时代，蒲上私塾很多，一直延续到民国时期。被称为"乾隆三大家"的袁枚、蒋士铨、赵瓯北，享誉国内文坛的名士郑板桥、李绂、方文舟等都与蒲上文人往来密切。"扬州八怪"之一郑板桥，"罢官后浪游大江南北，寓蒲最久。与镇中诸郑叙谱谊、定称呼，以月为年，留连不忍去"。著名诗人、诗论家袁枚，乾隆中讲学蒲上，时达一月多，寓于顾司马之北园，"一时追陪者甚众"，成为儒林佳话。当年蒲塘人家中，袁枚"所传随园三十种，几乎家有其书"。

（三）物质和非物质文化遗产

1. 物质文化遗产

（1）明清民居

白蒲明清民居建筑群位于古镇的秀才巷、市大街两侧，通扬运河西侧。据史料记载，仅明洪武十九年（1386）至清咸丰五年（1855）的400多年间，白蒲先后出进士39人、举人34人、廪生53人、议叙21人、应例67人，这些名人大部分出自此明清民居建筑群中。明末四大才子之一冒辟疆、清代书法家郑板桥、著名诗人袁枚亦先后造访古镇，并留下了传训和墨迹。该建筑群大多分布在市大街两侧，有明清民居房屋40栋、142间，建筑面积3672平方米，占地面积约6600平方米。大部分明代建筑保存现状完好，其中"顾家老宅"具有代表性（图8-62）。

白蒲镇明代建筑"顾家老宅"，始建于明初，后经历代维修。该建筑坐北朝南，分为东西两个院落。外院两进，门堂在整个院落东南，与藏书楼结合，三层四间，后为书斋，三间七檩。中为天井，青砖铺地。内院有正屋三间，为穿斗式硬山顶建筑。整个住宅风格古朴，布局自由，别具特色。建筑面积190平方米。白蒲顾氏明代以来为诗书世家，清乾隆二十年（1755），在此创办顾氏蒲涛学塾，前后延续100多年。

其余属于明代建筑的民居有十多处。

主要古民居建筑有：①建于明朝洪武年间，砖木结构的顾氏住宅；②建于明天启年间，修缮于清乾隆年间的沈氏住宅，曾是五代同堂的"五世坊"；③建于明永乐年间，砖木结构的书斋、住宅，被誉为"高大门"院型建筑；④建于明天启年间，砖木结构，经贸家居结合的典当行、钱庄、古戏台；⑤建于明成化年间，砖木结构，商贸民居结合的"葆春堂"；⑥建于洪武年间，砖木结构的民居小楼"诵经楼"；⑦建于明成化年间，砖木结构的民居"双堂屋"；⑧建于后金天聪年间，砖木结构、硬山封顶的民居"二门堂"；⑨建于清顺治年间，砖木结构、一进三堂的"双庆堂"；⑩建于明万历年间，修缮于清道光年间，后改建为美国长老会的"国、共、美三方军事停战谈判小组"旧址。

（2）法宝寺

法宝寺位于白蒲镇。始建于唐太和四年（830），初名圣教寺，为维扬八大丛林之一。原址位居白蒲南首、官河东岸，山门西向，后因不慎遭火灾，寺毁僧散。宋至和元年（1054），僧亿山募捐化缘，在原址重建。据旧《如皋县志》载，定磉时从地下"掘得白龟鲜于朝，赐名法宝寺"，亿山被尊为法宝寺的开山僧。寺中有宋代

图 8-62　白蒲顾氏老宅

图 8-63　白蒲法宝寺

石碑记载此事，该寺亦被列为"州（指扬州）属八大丛林之一"。1998年经如皋市政府批准迁至丁平路白蒲段东侧，大雄宝殿保持全楠木结构，仅有一根柱子为修补而成。2004年由如皋市人民政府列为如皋市级文物保护单位。（图8-63）

（3）唐代沉船遗址

1973年在白蒲沈桥村16组（原蒲西公社19大队3队）马港河东侧，发现了船板。出土时船身保存完整，船舱口距地面2.6米，船长17.27米，船面最宽处2.9米，船舱深1.6米，船底由独木制成，宽1.8米，全船分大小8个舱，船桅已断，仅剩1米多。舱内发现唐代标志的日用陶瓷器皿泡菜罐两只、平口陶罐一只、陶碗三只、陶盅一只、兽骨一块、麻绳一小扎，并在船板夹缝内发现两枚唐代开元通宝铜币，系唐初武德年间铸造。（图8-64）

（4）虎牢关抗倭遗址

（清·光绪通州志卷七）明时白蒲地处东海沿线，也经常遭受倭寇的骚扰掠夺。张自成为人慷慨多勇，力善斗。他带领镇上众乡亲结营于已废的通济第一闸上——此处地势较高，处于四城门之北——与倭寇多次格对，英勇杀敌，打败了敌人的屡屡来犯，所向披靡，令倭寇闻风丧胆，现存有"倭子坟"。后人为纪念抗倭胜利、纪念英雄，将通济第一闸称为"虎牢关"（图8-65）。南京图书馆藏清咸丰《通州县志》中刊载的白蒲镇地图中明显标明虎牢关名称。

（5）美国长老会

市大街113号始建于明万历四十年（1612），共5栋18间，建筑面积438平方米，占地746.5平方米，是白蒲市仅存的中西结合式建筑。原为纯中式建筑，1933年租给美国传教士，设长老会，做基督教堂，租期99年，原建筑改成中西结合式。特别增添了烤火用的壁炉和烟洞及传教士专住的宿舍。抗日战争胜利后，1946年1月13日子夜，国民党在白蒲打响解放战争第一枪，此处为国共双方代表与美国总统特使组成的军事三人小组谈判旧址。（图8-66）

图8-64　唐代沉船遗址

虎牢关

通扬河

通济第一闸闸口

图8-65　虎牢关抗倭遗址

2. 非物质文化遗产

白蒲的非物质文化遗产十分丰富，涉及所有非遗门类，约15种类别244条信息，包括民间文学、民俗节庆、书法、绘画、篆刻、音乐、童子戏、号子歌等。

（1）白蒲茶干制作技艺

江苏省如皋市白蒲镇"白蒲茶干"，本名白蒲"三香斋"茶干，始创于清朝顺治年间，至今已有350多年的历史，是久负盛名的传统风味土特产。其制作工艺包括拣豆、浸豆、磨豆、扯浆、套浆、煮浆、点卤、制坯、包坯、压榨、剥坯、煮制、包装等20多道工序。（图8-67）

（2）白蒲黄酒制作技艺

如皋白蒲黄酒是江苏南通特产，其历史悠久，具有色泽橙黄、香味浓郁、酒体醇厚、入口微甜等特点。白蒲黄酒经制曲、洗米、浸米、蒸饭、喂饭、后酵养醅、压榨、煮酒、封坛等十几道工序精心酿制而成。（图8-68）

（3）书画篆刻

白蒲书法起于宋元，盛于明清，特别是在清代，高手如林，达到一个鼎盛的境界。有文字可考的著名书画家共有20多人。

明清以来，蒲上多画家，都兼通刀笔治印。见于史册的姜仁修既是一位诗人，又精通篆刻。清代中叶的吴毓贤，工书善诗，有诗集传世，旁通篆刻，著有《类篆》48卷。解放以后篆刻爱好者上水平的数严潜九、陶路。陶路号秋月，他的《篆刻汇编》集，给人以美的享受，每方印蜕表现手法多样，印文结构变化多端，线条各显特色。

（4）传统习俗

白蒲素有烹调长江三鲜——刀鱼、鲥鱼、江豚的习俗。有食用黄花菜（金针菜）的习俗，有六月六吃焦屑、食用姜丝肉和米粉蒸肉的习俗。春天，白蒲制作青蒿团、扯冷蒸，采摘香椿头、枸杞头、榆树叶食用，用荞麦秆灰煮糁儿粥，

图8-66 美国长老会旧址

图8-67 白蒲茶干

图8-68 白蒲黄酒制作中

就蘘荷、盐生果，制作清炖狮子头，宴客必用八宝饭、饮天水茶。

白蒲农村各地不同季节都有不少庙会，比如：四月初八庙会，龙王会，圆光、消灾降福都天会，搭香台、土地会、青苗会、菩萨出巡（兴会）、地藏灯法会。其他民俗活动有跳财神、求雨、放生等。

此外还有撞幽冥钟、打孕娘子、八洞神仙敬寿酒、南泰山碧霞宫钟声、如皋西乡丧葬祭祀习俗、白蒲丧葬礼仪习俗、白蒲孝子谢席等。

（四）特色和价值

白蒲镇是通州盐业土地上的农棉集镇，具有典型的传统宗族与诗书礼教文化特征。白蒲镇为盐运重要通道通扬运河南延线上的重要传输枢纽，位于如皋、通州两县边界，一镇两治近千年，是淮南盐区运输网络中的重要节点。控扼通如的交通区位，使得白蒲自古以来就是军防要地，其地势高亢，水闸关卡成为据守屏障，有"虎牢关"之誉。

白蒲古镇历史上千年分治，形成了南北对称的布局。自后周显德五年（958）至民国时止的近千年里，白蒲一直分属通（州）如（皋）两界，清代《白蒲镇志》载"镇统于州县两界，判分较若列眉"，古镇在布局上临河而建，主要建筑以中板桥至草行桥为轴线呈南北对称布局，如南北文昌宫、南北泰山、南北碧霞宫、南北魁星楼、南北武庙等。

白蒲古镇在古代滨江临海，自唐代起从如皋番溪至白蒲西亭坝有官河（盐运河，即今通扬运河）贯通南北，白蒲镇居通如线之中点，呈扼守咽喉之势。自古以来白蒲就是苏北战略重镇，兵家必争之地。与白蒲相关的战争遗址众多，如虎牢关、度军井、三人军事停战谈判小组旧址、慰安所遗址等。

白蒲古镇地处如皋、如东、通州三地交界处，加之河网运输方便，是四乡农副产品的主要集散地，吸引了一批徽商在此兴业经商，与本地商户共存共荣，数百年间经久不衰，而成为历代盐商重埠。有歌谣赞曰："东乡鱼虾林梓瓜，西乡竹园藏乌鸦。乡乡种粮长棉花，赶猪沽酒醉回家。"

六、兴东福地安丰镇

安丰镇位于苏北平原中部，盐、通、泰三地交界处，范公堤和串场河贯穿其间。安丰成陆于汉代，因东临沧海，常遭海潮侵袭。南唐东台设置海陵监，监管南北八大盐场，安丰为小淘场。北宋时范公堤筑成，为当地人创造了安居乐业、丰衣足食的生产生活环境，故改名"安丰"。明清时期，安丰盐业极盛。安丰镇于2007年被列入第三批中国历史文化名镇，为目前苏北地区仅有的国家级历史文化名镇。（图8-69）

（一）镇村体系变迁

安丰原为海滨斥卤之地，早在西汉高祖十二年（前195）已经形成陆地，初名东淘。命名原因不可考，一说位于淘水之东，一说为海涛东向侵袭，还有东去淘金之说。南唐升元元年（937），东台设置海陵监，南宋时，在原海陵监六大盐场基础上，增加何垛和小淘两场，小淘场即安丰。宋朝，西溪盐仓监范仲淹率领民众修成全长143里、世称范公堤的捍海堰。明代安丰成为"淮南中十场"之一。明清时期，安丰四方商贾云集，店行坊馆星罗棋布。

两淮盐场中的安丰场，在盐业生产方面并无特殊之处，但其对两淮盐场的社会文化方面，具有举足轻重的作用。明代中叶早期启蒙学派——泰州学派创始人王艮，在五方杂居的盐场建立宗族，在两淮盐场产生非常重要的社会影响力。东台场、富安场、安丰场、栟茶场均设有王公祠加以祭祀，王公祠是两淮盐区非常重要的乡贤祠之一。泰州明末遗民诗人吴嘉纪，则是清初"江左遗民半海滨"的代表。

民国元年（1912）富安、安丰、梁垛三场合并于安丰，名为安梁场，归泰州分司管辖。（图8-70）

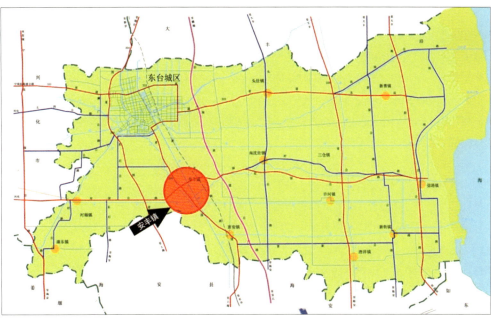

图 8-69　安丰镇区位图

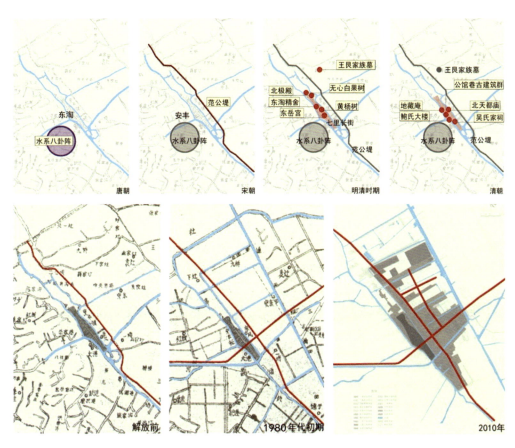

图 8-70　安丰镇历史格局演变图

（二）空间格局分析

1. 因地成三带

安丰镇"因地而立"场镇空间布局，是两淮中十场的典型特征。盐业生产对自然资源的依赖程度较高，在用蒿草煎盐为主的两淮中十场，整个场域空间的布局因循了食盐产运的需求，分成南北向的三个功能带。

第一条功能带是从马路至海的宜渔光滩带。此处为淤新和沙荡土地，主要功能为盐业生产带外围的生态缓冲区，保障海水入引潮沟河。

第二条功能带为范公堤外侧海河至马路之间的盐灶带。此处是淮盐生产的主要区域，区域内部依然从海（黄海）至堤（范公堤）分为三个带状功能区。

一是紧邻马路主要设置避潮墩，以防止海侵伤灶。二是紧邻灶河主要设置盐垣，稽核收储各灶盐收，以待转输。此类盐垣在清中晚期又分为官（公）仓和商仓两类，故又有场商在此进行盐业交易。三是两者之间的生产带，此处遍布煎盐草荡、团灶以及引海潮沟。团灶多沿潮沟（亦称灶河）成带状而设，潮沟、团灶围成的中间地带，为煎盐的草荡或盐土。（图 8-71）

第三条功能带是范公堤两侧的场署带。一般而言，各盐场场署均位于范公堤内侧，在范公堤外侧多布局寺观、庙祠等教化设施。

三条功能带中，密度最高的是盐灶带，灶民多居于此；场署带中各类设施最为完备，在场署带外直至运盐河，则是农业耕作带，宜种植棉花等耐碱植物。

2. 一堤携两河

明清时期发达的盐业带来集镇的繁荣、商业的兴旺，安丰古镇形成"一堤携两河"的整体形态。"堤"即"七里长街"，旧时范公堤所在，北起下灶星月桥，南至盐盈宁桥，遍布着"九坝十三巷七十二庙堂"的繁荣景象，是安丰整体格局的主脉。"两河"分别位于范公堤两侧的"海河"和"串场河"，海河为各灶产盐汇集入盐垣的水道，串场河是联系两淮各盐场衙署的河道。（图 8-71）

两河之间的街区道路和建筑均不是南北朝向，而是根据河流的走向平行或垂直布置。除了主要街道七里长街平行于两条河流，其余巷道间隔较为均匀地垂直于两河。老街路面皆砖石铺砌而成，街道两旁屋宇鳞叠。明清时期，远近商贾云集于此，店、行、坊、馆遍设古镇，街道两侧有东西贯通巷道 13 条，两河之上架设 16 座桥梁，交通运输十分便利。（图 8-72）

串场河位于安丰镇西部，镇区依串场河由西向东发展。随着老街的进一步发展，镇区逐渐向东推移。

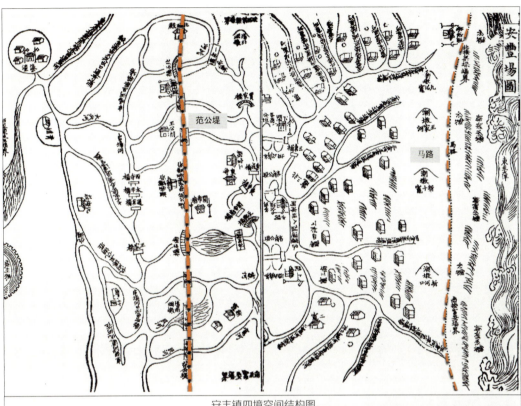

安丰镇四境空间结构图

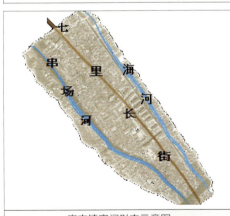

安丰镇空间形态示意图

北玉街

串场河

海河

图 8-71 安丰空间格局分析

图 8-72 安丰街巷空间

图 8-73 安丰古宅

3. 古宅居高士

传统民居是体现古镇传统历史风貌的最基本的单元。明清时期，老街上大量盐商来自扬州、安徽，故建筑风格多为苏中、苏北、皖南交融，既有徽派的典雅，又有扬州园林的轻盈，还不失苏北民居之淳朴（图8-73）。其中，位于老街王家巷内的鲍氏大楼最为典型。

明清时期繁荣的经济孕育了安丰源远流长的文化。早在500多年前，我国东南一带崇尚"家有王氏之书，人传安丰之学"。明末清初著名的爱国布衣诗人吴嘉纪也出自安丰。据《扬州府志》统计，明清时期安丰区区一小镇留下著述者就有22人，成书30多部。与此同时，起于南宋时期的安丰佛教、道教在安丰渐趋极盛，形成独特的宗教文化。老街上吴嘉纪的祠堂——吴氏家祠和东岳宫、北极殿等遗迹存载着安丰的历史。

（三）物质和非物质文化遗产

1. 物质文化遗产

安丰历经千年沧桑，在老镇区范围内保存有许多有历史价值的文物古迹。有以鲍氏大楼、周法高故居、袁承业宅等为代表的古民居建筑；以吴氏家祠、东岳宫、观音堂等为代表的庙观祠祀建筑；以王艮画像碑、王襞墓碑为代表的石刻，以及被称为"三奇"的古树名木。

（1）鲍氏大楼

鲍家大楼为建于清嘉庆年间（1796—1820）的徽派古建筑群，为清末秀才鲍蕴皋祖先鲍致远建造的"钱庄"，该建筑以其布局井然、营造精巧、雕饰质朴的特色，集中体现了古代徽州民间建筑艺术与苏北地方文化的相互渗透与融合（图8-74）。

鲍氏大楼现存共三进，四周都有高耸的风火墙，两山为圆式泰山结顶，墙体由糯米汁和石灰浆砌成，梁柱用材一律为硕大的杉木，并附着精细的雕饰，椽皆抛方，梁、栋、窗、格及隔间板均油漆。天井及走廊均用白石铺平；室内地面，外由罗砖铺成，内由木板铺成。

（2）吴氏家祠

吴氏家祠系明末清初平民诗人吴嘉纪家祠（图8-75），现有砖木结构的七架梁平房2幢6间，建筑面积120平方米；中间天井40平方米，大门口有平房2小间28平方米，大门直抵古街；后院有花园37.8平方米，有门通海河边，占地面积215.8平方米。家祠于解放后收归国有，主体建筑保存状况较好。

（3）王艮画像碑（心斋园）

王艮（1483—1541），安丰人，字汝止，号心斋，《明史》有载的平民哲学家、教育家，明代思想界的改革家，中国早期启蒙思潮的先驱者，泰州学派创始人，"安丰之学"的太师祖。其当年在"东淘精舍"开展讲学，使我国东南一带呈现"家藏王氏之书，人传安丰之学"的盛况，影响遍及全国。其五传弟子师承王艮学说，使"百姓日用即道"思想比西方民主思想早出200年，至今仍为国内外思想界研究的课题。王艮画像碑1990年被列为盐城市文物保护单位。2001年，安丰镇为纪念王艮逝世460周年，塑王艮像，建"心斋园"与"东淘精舍"，藏碑于园内。

图 8-74　鲍氏大楼

图 8-75　吴氏家祠

2. 非物质文化遗产

（1）历史名人

安丰的历史文化名人中最有影响力的当属盐民哲学家王艮和平民诗人吴嘉纪。安丰出生的明代盐民哲学家王艮，即中国明代中叶早期启蒙学派——泰州学派创始人，"安丰之学"即王艮提出的"百姓日用即道""以百姓日用之道为本"的朴素唯物主义命题，其"中正"之道和"构建和谐社会"的主张，开创了思想解放的先河。吴嘉纪诗骨气奇高、风格独特、感情真挚、语言质朴，诗风直追杜甫。此外，"扬州八怪"代表人物之一、清代著名书画家郑板桥曾寓居安丰大悲庵。

（2）民俗节庆

安丰庙会：安丰宋至清中叶，先后建有72个半庙堂。主要"庙会"活动有：农历三月十九日的太阳会（纪念明崇祯帝），三月二十八日的东岳会（纪念东岳黄飞虎），五月十三日的关帝会，七月三十日的地藏王会（纪念元张士诚），九月初九的华佗会，五月十八和九月十六的都天会（纪念唐朝张巡、明朝杨继盛），九月中旬的龙王等。其中规模最大、影响最广的要数北都天庙的"都天庙会"。

安丰青苗会：青苗会源于明末，是旧时安丰农村祈求五谷丰收、消灾降福、人畜两旺的一种民俗。过去农村一个庄子总有20多户人家，每年夏收栽插后（农历六月里）庄上总要做青苗会，本庄各户轮流主办。主办者预先和各家联系好，再去和唱会的先生落实时间和相关预备工作。

正月半炸麻串：正月半炸麻串是流传于苏北农村一带一项源远流长的民俗活动。正月半旧时为上元节，后叫元宵节。"正月半"闹元宵，最为热闹和壮观的要数炸麻串。

还有许多美丽神话传说，如北极殿与金銮殿、崇宁观神钟、索锁泥马、小郎延生、如意秀才、西瓜钓狮、神僧月江等，至今广为流传。

（3）传统技艺

溱湖刻纸：溱湖刻纸主要流传于东台溱东、安丰和姜堰溱潼一带民间，起源于纪念抗金名将岳飞的"拜香亭"活动，距今已有近600年历史（图8-76）。溱湖刻纸多色纸套刻，拼贴加描绘等，主要传承人为安丰镇文化站名誉站长宋月秋先生及其长子宋云峰先生。

东台发绣：东台东淘、西溪一带流传的一种独特民间工艺，即用人发做线绣成古今人物、风景亭台楼阁、动物等多种精美的工艺品。发绣历史悠久，早在唐朝东台民间佛教信女中，就有人剪下自己的头发绣成观世音菩萨膜拜。清代以后，发绣这一种特殊艺术已逐渐衰落，几近失传。中华人民共和国成立后，西溪、安丰一带的民间绣女，选上等头发，绣出各种佛像、佛手、佛经供寺庙供奉。后成立了工厂系统研发，先后绣制出《清明上河图》《姑苏繁华图》《金刚般若波罗蜜经》《长江三峡全景图》《八十七神仙图》等一大批发绣长卷。

梅氏骨科：梅氏骨科起源于明代嘉靖年间，至今已有约500年的历史。梅氏祖祖辈辈擅长整骨疗伤。梅氏老宅位于安丰镇老街北首，现在安丰镇跃进15组的梅德安是梅氏骨科的第19代传人。

图8-76 溱湖刻纸

（四）特色和价值

安丰是历史悠久的"盐场古镇"，成陆于汉代，古称东淘，意为东去淘金之地。东晋时隶属于海陵郡宁海县，建镇在唐开元盛世。北宋范仲淹在西溪任盐官，筑成捍海堰（后人敬称范公堤），遂更名安丰，寓民安物丰之意。明清时期安丰盐业极盛，灶丁达 48 000 人，八方商贾云集，安盐远销全国各个省区。

安丰位于江淮之间、苏北里下河地区腹部，是开放包容的"兴东福地"，是闻名遐迩的鱼米之乡。其地处大丰、盐都、兴化三县市交界处，自古以来交通便捷，具有得天独厚的地理环境和区域优势。安丰的佛道教兴盛，天主教也有传播，曾拥有"九坝十三巷七十二庙堂"的繁荣景象。《桃花扇》作者孔尚任钟爱的鹳羽扇、芙蓉衫，文人雅士称道的七纸壶等地方名品皆出自安丰。

安丰也是钟灵毓秀的"名人故里"。经过两千多年来的淮南盐文化的熏陶，安丰孕育出一大批声名卓著的历史文化名人，其中最有影响力的当属盐民哲学家王艮和平民诗人吴嘉纪。继王艮、吴嘉纪之后，安丰名人辈出，出现过诗书画名流袁氏四竹（袁老竹、袁小竹、袁啸竹、袁义竹），近代辛亥志士三将军（周甘尘、丁朝中、曾鲁），享有"北徐（悲鸿）南戈"美誉的丹青圣手戈湘岚，荣获中国文字学会授予终身成就奖的当代世界三大汉语言学家之一的周法高，科学家钱维翔，先后继任中国佛教协会副会长的应慈、苇舫、真禅法师等。据《扬州府志》等统计，明、清以来安丰有进士、举人逾百名，有著述者达 22 人，著作 30 余部。

综述

一河三湖淳溪镇

双水环绕宝堰镇

第九章 古代水利设施惠泽的遗珠

一、综述

本章讨论的两个名镇都有江苏水利设施惠泽遗珠的名号。其实要说江苏其他名镇和水利工程没有关系是不可能的,大运河沿线和苏南水乡的且不说,苏南苏北哪个名镇不在水边,不需要疏浚河道,防止旱涝灾害?但此二名镇又确实与它们有所不同,它们属于位于水系网络深端的农业耕作地区;都是实现农产品转运的重要枢纽;它们身旁各自都有一处与该镇历史命运相关却并未直接涉及其他名镇的水利设施,一处可以说是江苏最早的水利设施,一处形成较晚并延及近代;它们不在大运河上却又和大运河遥相呼应;它们又都在宁镇丘陵地带:这就是淳溪镇和宝堰镇。(图9-1)

淳溪镇现在属于划入南京市区的高淳区,位于南京市域最南端的固城湖畔;宝堰镇现在属于划入镇江市区的丹徒区南部,在通济河和胜利河这两条地区性河流汇合之处。和太湖东部的平原水乡海拔不超过10米不同,宁镇丘陵地区海拔都在20米以上,丘陵分布广泛,高度从几十米到几百米不等,因而这里河谷的坡降比陡峻,坡地存不住水,低地则沼泽遍布,一下雨就涝,不下雨则旱。远古这里的水曾经通过《禹贡》所载"三江既入,震泽底定"中"三江"中的"中江"东流进入古震泽地区,但地质活动中茅山山脉升起改变了地形地貌和水系,这里的低地形成了一片被后世称为古丹阳湖的大片水荡地区,淳溪和宝堰都在古丹阳湖北侧。在这样的地理环境中,古代农业发展就通过在湖荡和河谷地区兴建圩田来进行,圩田各处略有不同。一种就是在湖荡水边筑高坝田埂,从湖荡里划分出农田,将田中的水用人力排到湖荡后再行耕种,每逢旱季,引湖水灌溉,每逢洪涝,除了排水之外就要加固加高田埂堤坝,严防洪水漫过或冲溃堤坝。淳溪西南的相国圩就是我国最为古老的圩田,它可以追溯到春秋时期,距今已有2500多年的历史了。

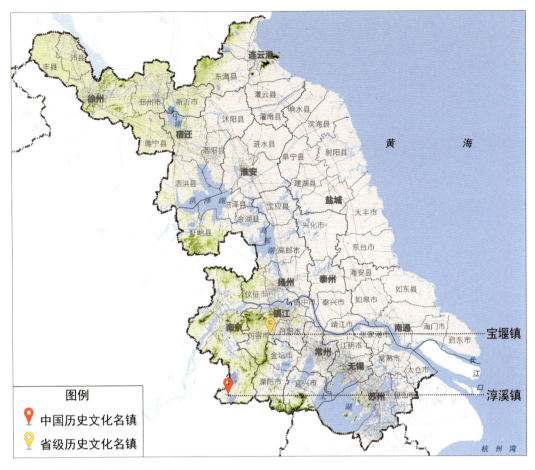

图 9-1 宝堰、淳溪二镇在江苏省的区位

资料来源：笔者绘

另一种就是在那些坡降比稍大的过水河谷地带，通过筑堰坝拦截河水使之滞留或流速减缓，并在滞水区开口，引水进入河流两旁的河谷地带，用于农业浇灌，这种圩田到宋代以后在太湖周边地区日益系统化，形成所谓塘浦圩田体系。垂直于湖岸或江岸的渠道被称为浦或港，平行于湖岸或江岸的渠道被称为塘。宝堰镇的圩田就是在宋明之际获得发展的。这里地处古代丹徒、句容、丹阳、金坛之间，通济河和香草河及更南部的现在的丹金溧漕河等汇合后，东可通运河，南下经胥河可入太湖，处于水运交通网络末梢的宝堰就成为周围远离四县的乡村重要的农副产品集散之地。宋代时宝堰北部的丁角镇已形成，至清代，因上游水源不足，船运只能到宝堰，故其终被宝堰取代。

这两处名镇又都和另一种水利设施——运河的开凿紧密相关。今日江南的河网已经包含了大量古代和近代开凿的人工水道，无论从河流的形态上还是不少河流名称上都保留着人工水道的痕迹。春秋时期江南运河的开凿已将吴地与长江相通，三国时水军可以从吴地经运河入江再入当时的建邺，但江面越宽，水浪越大，不利民间船舶运输航行，长江镇江到建邺段尤其风急浪高，风险过大，故孙权在今宝堰镇以西开凿破冈渎，据《三国志·吴主传》记，赤乌八年（245）孙权"遣校尉陈勋将屯田及作士三万人，凿句容中道，自小其（今句容小溪村）至云阳西城（今句容南塘庄），通会市，作邸阁"，从而使秦淮河水系与太湖流域水道连接。

破冈渎后来逐渐堰塞，当明初南京再次成为都城，中央政府的粮草供给问题需要解决之时，朱元璋遂将秦淮河上游向南开凿出胭脂河直达石臼湖，将秦淮河水系和淳溪镇的水阳江水系连接，并又经固城湖连接了东流入太湖的胥河，通过胥河将太湖周围的粮草用品运入南京。胥河同样坡降比大，故自西向东建有多道堰坝，船舶至此由畜力或人力拉牵翻越。朱棣迁都北京之后,南京地位下降,而胥河每逢雨季洪水直泄太湖,对太湖周边威胁巨大,故明万历年间,胥河上的东坝被提高了3丈(约10米),将洪水拦截在固城湖区,自此,东西来往船只无法直接翻越东坝。但淳溪镇仍然是苏皖和太湖流域商贸路线上的重要节点,是三地商户云集的重要商贸集散地,是中心集镇,相应的商业治理和行会制度逐渐完善。"水利—产业—城镇"的互动发展,催生了"一水傍城、圩田环绕、河街平行、鱼骨肌理、繁华老街"的特色格局。宝堰镇则是次级中心集镇,农副产品为主,对外是重要的农副产品集散地。但因其属于太湖水系的上游,水运保持上达香草河和通济河的航运,接受明清两代和民国年间太湖发达的经济辐射,宝堰镇的近代一直相当繁荣,也体现出"依河而生、堰田环绕、鱼骨路网、石板街巷、宜人小街"的特色格局。

随着大量圩田,古丹阳湖早已缩小到只剩下固城湖、石臼湖和安徽宣城地区的南湖和若干小湖塘。宁镇地区经民国和解放后的发展,特别是引入电力排灌之后,河道大量截弯取直,河床拓宽,镇区日益现代化和城市化,但是,坡降比甚大的环境基底特点并未改变,防止洪涝灾害至今仍然是这两个名镇面临的任务。

二、一河三湖淳溪镇

淳溪镇,位于高淳中部偏西的固城湖、石臼湖、丹阳湖湖积平原上,官溪河沿镇西侧临城而过,连接固城湖与石臼湖。古名濑水洲,宋时名高淳镇,建县前隶属溧水。明弘治四年(1491)置高淳县,县治设在淳溪镇。1928年,全县七乡改为七区,淳溪镇隶属第一区。1934年,七区并为五区,淳溪镇仍属第一区,并划分为淳熙、淳化、淳安三镇。1939年,汪伪县政府以通贤街和陈家巷为界,三镇并为淳东、淳西两镇。抗战胜利后,两镇合并为淳溪镇。1949年,高淳全境解放,建立县人民政府,隶属镇江专区。1983年3月,高淳县划归南京市管辖。2015年8月,撤销南京市高淳区淳溪镇,以原淳溪镇行政区域设立高淳区淳溪街道办事处。镇域内河流沟渠纵横交错,交通便捷,水路西进长江黄金水道,陆路直上宁高高速。2007年,淳溪镇入选第三批中国历史文化名镇。(图9-2、图9-3)

（一）镇村体系变迁

淳溪镇历史悠久,自然条件优越,早在新石器时代便有人类居住活动。受高淳地势东高西低的影响,洪涝旱灾害频发,水利工程在淳溪镇历史发展中占据重要地位。淳溪镇商贸业繁盛,高淳老街自产生之时便是重要的商贸集散地,被社会活动家费孝通誉为"金陵第一古街"(图9-4、图9-5)。我们以"城镇、水利、产业"关系演化为主线,从聚落形态、水利水工、产业发展三方面,将淳溪镇发展分为五个阶段[1]。

1. 第一阶段:向湖而生,台地村落

早在新石器时代,在今固城湖和石臼湖之间的区域,就有古人类繁衍生息。1997年,高淳境内的薛城遗址(图9-6)被考古发现,为距今6300多年的古村落遗址。[1]

[1] 南京市地方志编纂委员会编:《南京市志丛书·南京市城市规划志》,江苏人民出版社,2008。

图 9-2 高淳区在南京市的位置	图 9-3 淳溪街道在高淳区的位置

资料来源：笔者绘　　　　　　　　　　资料来源：笔者绘

图 9-4 高淳老街鸟瞰图	图 9-5 襟湖桥与聚星阁

资料来源：高淳县人民政府《高淳老街中国历史文化街区申报材料》，2014　　资料来源：高淳县人民政府《高淳老街中国历史文化街区申报材料》，2014

图 9-6　薛城遗址现状照片

资料来源：http://blog.sina.com.cn/s/blog_5f557f640102w6aj.html（左）；高淳县人民政府、南京市规划设计研究院有限责任公司《高淳历史文化名城保护规划》，2011（右）

长江下游南岸，除太湖外，古时还有一个著名的大湖，古称"丹阳大泽"，它汇聚了多条水系泄入长江，后经江河泥沙长年累月的冲积，出现了一处处的湖滩，再经历多代人的围垦，逐渐分割成丹阳、石臼、固城三湖，形成地域广袤而又相对独立的地理单元[①]。薛城遗址地处今石臼湖南岸，为一岛形台地，属于相对独立的地域范围，因环水利于渔猎，便形成了南京地区最早的人类聚居点（图9-7）。考古发掘中出现了鱼骨、贝壳等人类生活遗存物，反映了薛城先民依湖而居、以渔为主的经济生活形态。薛城遗址拥有"金陵第一古村落"[②]美誉，这是对淳溪悠久历史的直接诠释。

2. 第二阶段：通贯胥河，筑圩兴农

春秋时期，吴国的政治、经济对太湖地区发展产生影响，促进了吴国水利的发展。公元前506年，吴王阖闾举兵伐楚，为便利军运，令伍子胥在今高淳东坝至下坝的高岗地带开凿河道，形成一条连接太湖与长江的东西向水上通道，即胥河（图9-8）。胥河开挖后，高淳湖区之水再无岗阜阻隔，源源东流，湖泊水位降低，大量湖滩露出水面。吴王鼓励军民垦殖，高淳地区最早的圩区形成。起初在湖滩河滨进行小型分散的自然垦殖，由于常受洪水侵袭，庄稼收成不多，以后逐渐发展成围垦种植，"筑土御水，而耕其中"[③]，形成连片可以进行常年生产的湖田，即高淳地区最古老的圩区——相国圩[④]（图9-9）。人们又在圩内按地势顺西南向分别筑坝两道，将圩分隔成上坝、中坝、下坝三部分，用来节制水位，高淳围湖造田的历史拉开了序幕。三国吴赤乌年间（238—250），孙吴在今淳溪境内设典农都尉，筑太安圩[⑤]（图9-10）。

筑圩垦殖刺激了沿线居民点的形成和商贸交流。胥河一带经过百年修筑圩区历史，逐步形成具有一定规模的聚居点，居民大多沿河而居。胥河的开凿使得该地区由吴楚军事前哨成为沟通苏、皖、闽、浙、湘、鄂、赣的水运贸易通道，一批商贸交易点先后落户于沿河两岸，刺激了当地商贸产生与发展。

3. 第三阶段：六邦汇聚，商贾云集

淳溪地区最早的居民点由修筑圩区而形成，到了宋代，人口骤增，圩区规模逐步扩大。宋元时期，古丹阳湖淤塞的范围逐渐扩大[⑥]，其间北方遭受外侵，中原人南下逃生，"江南人口骤增，无田可种"。政和五年（1115），宋徽宗命将军张抗率众筑永丰圩。宋嘉祐年间至宋绍熙年间，先后建成大丰圩、肇倩圩、联合圩[⑦]（图9-11）。由于张抗筑永丰圩以固城湖北岸七家村为基地，这一带人口日渐兴旺，形成了淳溪镇最早的村落。

大型圩区的建设产生了新的通航水系，商船往来促进了沿线商贸发展。永丰圩筑后，古中江折道往北，形成官溪河，成为商船避风停息的理想之所。商贾云集促进了固城湖北岸的发展，沿湖圩民聚居形成集镇，人们利用山上开采的青灰条石沿湖岸铺成"一"字形街道，店铺林立，形成当时远近闻名的集市。起初有来自安徽和金陵的两邦，嗣后发展成泾（县）、旌（德）、太（平）、石（埭）、金陵、金斗六邦。随着外来客商的不断涌入，当地农、牧、渔、粮棉加工、纺纱织布、手工制作、

---

① 高淳县地方志编纂委员会：《高淳县志（1986-2005）》，方志出版社，2010，第875页。
② 高淳县人民政府、南京市规划设计研究院有限责任公司：《高淳历史文化名城保护规划》，2011。
③ 《高淳县水利志》编纂委员会：《高淳县水利志》，江苏古籍出版社，2002，第165页。
④ 《高淳县水利志》编纂委员会：《高淳县水利志》，江苏古籍出版社，2002，第165页。
⑤ 《高淳县水利志》编纂委员会：《高淳县水利志》，江苏古籍出版社，2002，第165页。
⑥ 北宋太平兴国年间编纂的国家地理总志《太平寰宇记》中，已有丹阳、石臼、固城三湖名称的记载，它们均属于丹阳大泽的残存湖泊。
⑦ 《高淳县水利志》编纂委员会：《高淳县水利志》，江苏古籍出版社，2002，第178-181页。

图 9-7 史前远古时期聚落及水利变迁图

资料来源：根据相关文献改绘 [高淳县地方志编纂委员会《高淳县志（1986-2005）》，方志出版社，2010；高淳县人民政府、南京市规划设计研究院有限责任公司《高淳历史文化名城保护规划》，2011；孙兴隆主编《淳溪镇志》，1988]

a. 古中江示意图

b. 胥河河道示意图

图 9-8 古代河道示意图

资料来源：中共高淳县委党史资料征集委员会、高淳县地方志编纂委员会办公室编《话说高淳》，1966

图 9-9 春秋时期聚落及水利变迁图

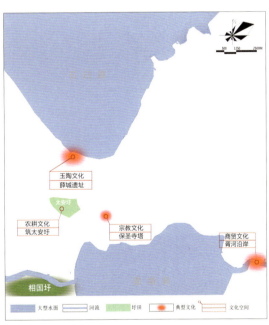

图 9-10 三国时期聚落及水利变迁图

资料来源：根据相关文献改绘 [高淳县地方志编纂委员会《高淳县志（1986-2005）》，方志出版社，2010；高淳县人民政府、南京市规划设计研究院有限责任公司《高淳历史文化名城保护规划》，2011；孙兴隆主编《淳溪镇志》，1988；《高淳县水利志》编纂委员会《高淳县水利志》，江苏古籍出版社，2002]

图 9-11 宋元聚落及水利变迁图

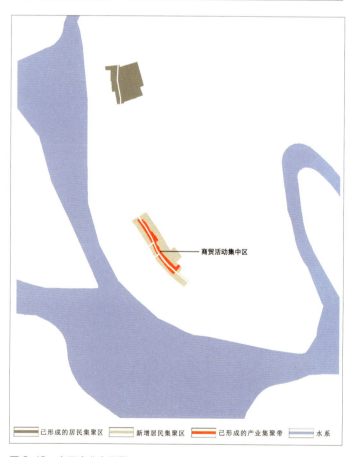

图 9-12 宋元产业变迁图

资料来源：根据相关文献改绘［高淳县地方志编纂委员会《高淳县志（1986-2005）》，方志出版社，2010；高淳县人民政府、南京市规划设计研究院有限责任公司《高淳历史文化名城保护规划》，2011；孙兴隆主编《淳溪镇志》，1988；《高淳县水利志》编纂委员会《高淳县水利志》，江苏古籍出版社，2002］

饮食服务等行业快速发展，高淳老街逐渐成为当地商业产品的集散地。外地行商到高淳日益增多，到元代时，以高淳老街为代表，淳溪商贸业已颇具规模。镇上开始设税务巡检司。此时，老街内竹、木、铁铺、漕、酱、磨坊、油坊、茶叶店、黄烟店、药店、盐店、粮行、茶馆、日杂瓷器、京广百货、水果炒货、羽毛扇店等店铺一应俱全，成为汇聚南北多元文化的商品交易市场（图9-12）。

明代，淳溪城镇建设取得突破性进展（图9-13）。洪武二十五年（1392）设巡司、税课司、茶引所。行政机构的出现使得地方治安和市场秩序得以保证，繁荣的高淳老街焕发出新的生机。弘治四年（1491）高淳建县，以老街为主体的淳溪镇成为全县政治、经济、文化中心。嘉靖五年（1526）冬，县衙国库被盗，知县刘启东在镇立防门七座：东宾阳、南迎熏、西留晖、北拱极、东北通贤、东南望洋、西南襟湖①；并依县治东北丘陵地势，筑土城；西南借官溪河为壕，城池呈钱兜状（图9-14）。同年，于正义街建城隍庙，形成"后厅三间，前庙三间，侧房三间，门房三间，缭以周垣"的完整格局。城内已形成南北向的正义街，向北穿过七家村，与留晖门相接，向南延伸成为今天的高淳老街。明万历年间，淳溪镇已是"依湖通商，一市镇耳""买（卖）纱络绎向城来，千人坐等城门开"②，商品交易额"日出斗金，日落斗银"。城门和城墙的建设，使得淳溪聚落形态发生变化，由集市而变为城镇。筑圩技术的提高及商贸发展的成熟，使高淳老街"因商立市，依市成街"，发展成为商贸胜地。

清代商贸市场更加规范化，羽毛扇、土布等手工业也开始发展。至清光绪年间，老街药店有王元昌、仁成堂、天兴祥等8家，经营各有擅长。其中羽毛扇制作为当地的传统工艺，明、清两代被列为贡品。随着制作行业迅速发展，明末清初出现了行会，并制定了严格的质量、价格监督制度。市场监督机制的不断完善，使商品质量有了保障，提升了淳溪镇商贸业的知名度，对促进地方经济有着重要意义。（图9-15～图9-18）

图9-13 明代应天府境方括图

资料来源：高淳固城湖旅游度假区《古城烟雨文化读本》，2015年第1期，第12-13页

① 孙兴隆主编《淳溪镇志》，1988。
② [清]陈淇：《卖纱行》。

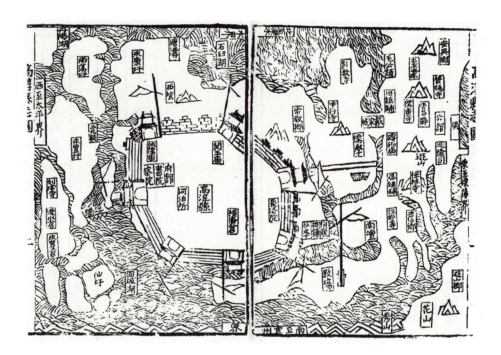

图 9-14 明代高淳古城图

资料来源：改绘自明嘉靖《高淳县志》，刻本影印本，上海古籍书店据宁波天一阁藏，1963

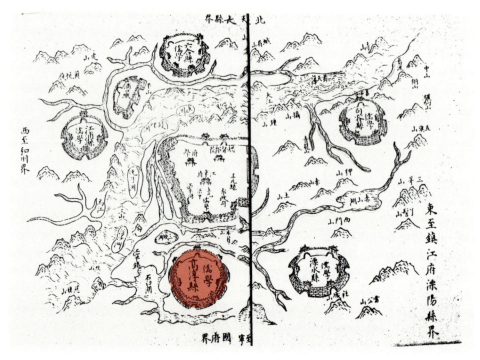

图 9-15 清代江宁府统七县图

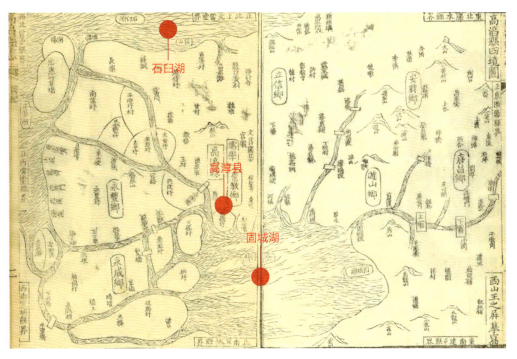

图 9-16 清代高淳与周边水系关系图

资料来源：杨福鼎《高淳县志》，雪山书院藏版，清光绪七年（1881）续修

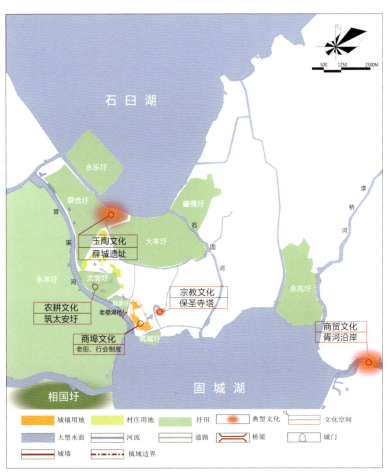

图 9-17 明清聚落及水利变迁图

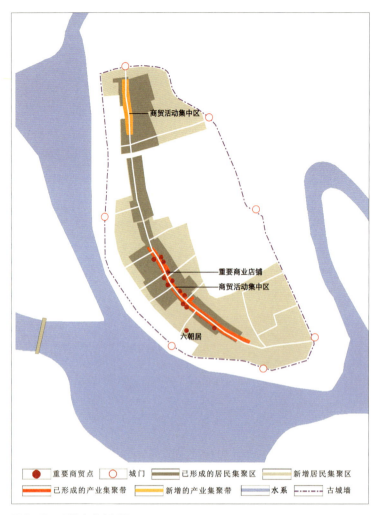

图 9-18 明清产业变迁图

资料来源：根据相关文献改绘 [高淳县地方志编纂委员会《高淳县志（1986—2005）》，方志出版社，2010；高淳县人民政府、南京市规划设计研究院有限责任公司《高淳历史文化名城保护规划》，2011；孙兴隆主编《淳溪镇志》，1988；《高淳县水利志》编纂委员会《高淳县水利志》，江苏古籍出版社，2002]

4. 第四阶段：乱世动荡，艰难维系

清末民初，战争频仍，社会动荡，城市建设缓慢，但商业依旧维持发展，淳溪老街仍旧是重要的通商隘口。出现了"淳溪镇八大行"[1]：布店、茶叶店、黄烟店、南北杂货店、漕酱磨坊、纸店、瓷铁店和药店，除此"八大行"外，还有盐店、油坊、砻坊、水果店、炒货店、粮食行等。开设于清末的东阳杂货店，自民国六年到民国十六年（1917—1927），店面并列约20间，前后二进或三进，并按其各类商品设立门市。货品的来源有河南、山东、湖北、安徽、福建、广东、贵州等数十个省市。民国六年（1917），县城范围扩大，房屋建筑延伸到环城四周的桥址，土城逐渐被侵占蚕食直至消失，望洋门不复存在，仅有自东至西的东街一条。1937年12月，侵华日军轰炸襟湖桥和淳溪镇，官溪河河床遭到严重破坏。后县府批准并公布"严禁霸占官溪河滩及两岸取土，以免妨碍水利危害"之报告，一些有识之士为保护官溪河免遭水患，采取防护措施，但收效甚微。

民国二十六年（1937），日军由水阳、东坝水陆两路侵入淳溪镇，高淳县城第一次沦陷。同年6月，陈毅率新四军一支队到达高淳，司令部驻淳溪镇吴氏宗祠，成为陈毅开辟茅山根据地抵达江苏的第一站。7月，在仓巷建立新四军驻淳办事处，在淳溪镇开辟抗日根据地。（图9-19）

清末至民国是淳溪镇发展历史上相对落寞的一段时期，自然灾害及战乱导致了整个地区的城镇建设步履维艰。由于频繁遭遇旱涝之灾，加之战乱，淳溪镇水利水工设施建设收效甚微；从聚落形态上看，原有的钱兜状城镇形态逐渐消失。

[1] 高淳县地方志编纂委员会：《高淳县志（1986—2005）》，方志出版社，2010，第15页。

图 9-19　民国时期淳溪镇及周边区域历史地图（1944 年）

资料来源：澳大利亚国家图书馆 http://nla.gov.au/nla.obj-233646073/view

5. 第五阶段：完善水利，辗转前行

1949 年中华人民共和国成立前夕，淳溪镇店铺由之前的 311 家减少到 265 家。中华人民共和国成立后，商业逐渐恢复，县人民政府扶助手工业恢复生产，各行业组织同业工会，按行业归并，在公私、劳资和产销三方面做出调整，组织物资，下乡购销，开辟了新的商业流通渠道。1954 年发洪水，沿河一带房屋绝大部分被洪水冲垮。后对圩堤进行加高、培阔，兴建排灌涵闸，展开系列排涝治渍、灌溉抗旱及渠系配套工程。在适宜河港建闸筑坝，开展联圩并圩[1]，提高抗洪能力。城镇开始注重生态建设，水利重点转向城市防洪防汛设施建设。

1958 年"大跃进"时期，老城当时尚有的 6 个城门全被拆毁，沿城区的护城河亦开始填塞筑路。1961 年建设环城路，原有城池痕迹随之消失。1970 年代，因水利形成了良好的水网条件，水产养殖成为重要的经济来源。1974—1987 年，县城筑防洪堤，南邻固城湖和官溪河，东接筑城圩，西连太安圩。在此期间，还筑城圩排涝站、陆家圩排涝站及多处出水闸涵洞工程。随着兴修水利，池塘、河沟水面不断增加，加之淳溪镇封闭的内沟水面比较广阔，天然饵料丰富，水产养殖得到发展。（图 9-20）改革开放以来，淳溪社会经济出现健康发展的新局面。1985 年集中进行道路街巷建设，基本完成原县城内的方格式道路网络，中山大街从陈家巷口至江南圣地一段老街作为古迹保留。淳溪镇的个体手工业得到恢复发展，主要经营铁丝编织、小五金、木作、缝纫、电器修理、羽毛贡扇制作等（图 9-21）。

[1]《高淳县水利志》编纂委员会：《高淳县水利志》，江苏古籍出版社，2002，第 94 页。

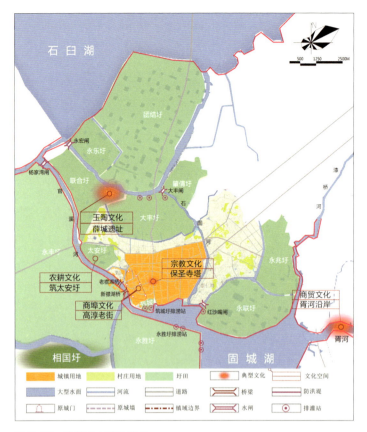

图 9-20 聚落及水利现状图

图 9-21 产业发展现状

资料来源：根据相关文献改绘 [高淳县地方志编纂委员会《高淳县志（1986-2005）》，方志出版社，2010；高淳县人民政府、南京市规划设计研究院有限责任公司《高淳历史文化名城保护规划》，2011；孙兴隆主编《淳溪镇志》，1988；《高淳县水利志》编纂委员会《高淳县水利志》，江苏古籍出版社，2002]

这一阶段，从河流水利上看，淳溪镇不再进行新的筑圩活动，而是重视水利水工设施和城市的防洪防汛建设；从聚落形态上看，逐渐形成方格网状的城市格局，滨河的老街部分保留传统住宅风貌，其他大部分为现代住宅与建筑；从商贸发展看，新的商业业态进驻老街，带来更多新的活力，淳溪镇商贸业发展进入平稳发展阶段。

6. 发展动因

通过对淳溪河道水系及水利水工、聚落形态与产业发展的互动关联分析，我们对淳溪的历史发展有了进一步认识。它的原始聚落形成期正是我国史前文明的孕育时期，人类活动是依湖而居，渔猎为生。第二阶段为农田水利发展期，人们筑圩垦殖，逐渐建立了生存根基；围湖造田和胥河疏通刺激了居民点的形成和商贸集聚，为商贸发展奠定了基础。在它发展的第三阶段，官溪河沟通太湖至长江水域，来往于安徽与古城金陵的商品交易络绎不绝，商贸水运互动互促，商贸发展达到鼎盛，修筑城防以保障安全，市场贸易秩序也得以规范化。在第四阶段，因受战争和自然灾害影响，城镇逐渐衰落，水利建设基本停滞，但商贸发展依旧得以维持，"淳溪八大行"也曾一度繁荣。这一时期高淳见证了新四军抗日根据地的诞生。第五阶段是水利建设振兴时期，政府进行了一系列排涝、抗旱及渠系配套工程，水利建设技术逐步提高，城市防灾能力增强。商业经营向对外旅游转型，商品更加多元化、现代化，并开始打开国内外市场。

（二）空间格局分析

1. 整体格局：两湖之滨，依河而立，圩田环绕

淳溪镇处于石臼湖与固城湖之间，西邻官溪河，又有芦溪河从城北而过，整体地势平坦，局部地形起伏。四周圩田环绕，形成城镇聚落形态与自然环境要素有机融合的整体格局特征。（图9-22、图9-23）

固城湖与石臼湖为淳溪镇南北所依的两大主要湖泊。官溪河沿淳溪镇西侧临城而过，连接固城湖与石臼湖，如今为固城湖的主要泄洪河道和高淳通达长江的主要航道[①]。目前农田多分布于乡村，圩区之内已少有农业生产，主要以固城湖、石臼湖为基地，发展水产养殖，包括鳖、蟹、虾等，形成多片鱼塘，打造淳溪镇的特色产业。

2. 聚落格局：一水傍城，依水成市，河街平行

历史城区范围内共有高淳老街和七家村两处历史文化街区，两者之间为现代商业街。以官溪河为骨架，搭建起古镇的街巷网络。中央大街与河滨街平行于河流展开，商业沿主要街巷呈线性排布，傅家巷、王家巷、迎薰门等次街巷垂直于河流分布，与主街相互交错，沿河形成节点空间。（图9-24、图9-25）

---

① 高淳县地方志编纂委员会：《高淳县志（1986-2005）》，方志出版社，2010，第88页。

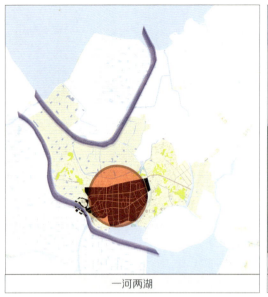
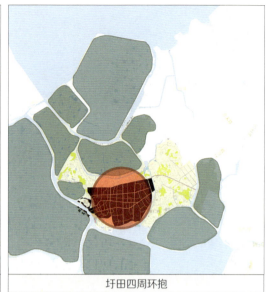

一河两湖　　　　　　　　　圩田四周环抱

图9-22　淳溪镇整体格局示意图

资料来源：笔者绘

固城湖　　　　　　石臼湖　　　　　　官溪河

图9-23　固城湖、石臼湖、官溪河实景

资料来源：高淳县人民政府、南京市规划设计研究院有限责任公司《高淳历史文化名城保护规划》，2011

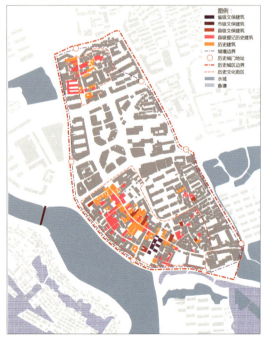

图9-24　历史城区肌理图　　　　　　　图9-25　历史城区图底关系

资料来源：笔者绘　　　　　　　　　　资料来源：笔者绘

（1）玉带环绕：亦泊亦游的官溪水畔。官溪河宛如一条玉带傍城而过，自县南而西，环宾阳、望洋、迎薰、襟湖四门。北入石臼湖，由此往北可以进长江，或者经运粮河过石臼湖走胭脂河，直达秦淮，驶向南京；往南渡过固城湖，经胥河，过宜兴，直下太湖。官溪河的东头恰好绕淳溪镇南面而过，这里是商船避风的理想场所，同时又因为傍着繁华的县城，也是上岸歇脚、做生意的好去处。官溪河两岸风景优美，沿堤绿杨葱郁，间隙透过白墙青瓦的老式民居，美好而静谧。明正德年间，"官溪夜泊"成为高淳八景之一，圆月悬挂在夜空，湖面倒映着月光和斑驳的建筑与树影，渔火连着村舍的灯火若隐若现，清幽沉静。（图9-26）

（2）街巷纵横：自成规制的鱼骨格局。由于高淳老街建设之初便是商业街，平面布局上体现了敛财的思想，平面形状为兜钱状弧形，寓示将财敛入兜中。中山大街、河滨街、当铺巷和官溪路是较为主要的街道；陈家巷、傅家巷等其他小巷与4条主干道相互交错，由于老街的长度小于官溪路，且呈明显的弧形，因此街区形成了从老街向官溪路放射的格局（图9-27）。纵横交错的道路将整个街区划分为15个小区域，在每个小区内，房屋布局大体纵向以五进延伸，横向也以五组排成，五五之间，即为宽1.4～2.2米的纵深小巷。小巷临主街处，设置过街楼，是其典型特色所在（图9-28）。

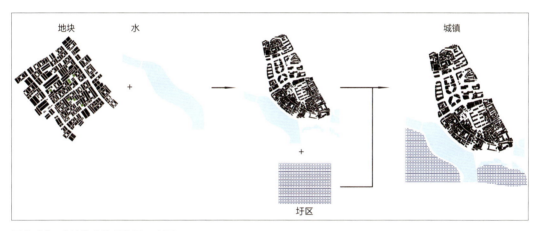

图9-26　古镇整体聚落格局示意图

资料来源：笔者绘

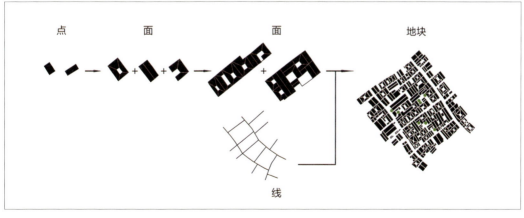

图9-27　古镇街巷、建筑组合方式示意图

资料来源：笔者绘

图 9-28 五五成组的街巷格局

资料来源：笔者绘

图 9-29 中山大街两侧建筑实景

资料来源：笔者摄

中山大街南段即"高淳老街"，长约 580 米，宽度 2.5～5 米不等，两侧建筑高度约 5 米（图 9-29）。沿街两侧主要为商业店铺，现存多为清代至民国时期的建筑，是淳溪镇历史文化最为集中、风貌格局相对完整、徽派建筑特色鲜明、文物古迹集中成片的商业街区。中山大街北段为七家村历史文化街区，此段长度约 200 米，街巷宽度 3～6 米，两侧建筑高度约 5 米（图 9-29），为生活性街道，两侧以传统民居为主。街区内至今仍保存较完整的街巷格局，民居建筑兼具徽派民居建筑与苏南民居建筑的特色。

（三）物质和非物质文化遗存

1. 物质文化遗存

淳溪的建筑风格南北交融，兼具徽派民居建筑的淡雅和苏式园林建筑的秀丽。民居多为青砖青瓦、翘脊飞爪的瓦房，抬梁式砖木结构，品字形山墙。一般民居平面三间，富裕人家一般为三间两进，天井相隔，走马楼相连。门楣多由花砖砌成，雕工精细，具有典型的徽派风格，颇具艺术价值。

（1）民居建筑

民居建筑以杨厅（图9-30）为代表。它是典型的明清时期商住楼，宽三间，纵深三间，上下两层。为高淳首富赵庄的故宅，赵庄父亲于清咸丰年间在淳溪镇经营小商。赵庄不求仕进，苦心钻研商业，融入商界，单独开设"东阳杂货店"，自民国六年到民国十六年，是"东阳杂货店"的鼎盛时期，以经营软香糖最具特色。民国十六年（1927）之后赵庄去世，其子赵宗振执操"东阳杂货店"，但因守业不精，生意逐渐萧条，在中华人民共和国成立前夕，东阳店已濒临破产，而其自家的宅院后来也出售给杨氏，遂改称为"杨厅"。

（2）宗教建筑

宗教建筑以保圣寺塔（图9-30）为代表。保圣寺塔为南宋佛塔，位于高淳县淳溪镇宝塔路。始建于三国东吴赤乌二年（239），相传为周瑜奉孙权之命，在孙母八十寿辰之日所建，一作祝寿，二为镇邪。史载，唐贞元十七年（801）建保圣寺，现存保圣寺塔建于南宋绍兴四年（1134），明清八次修缮。为四方形宝塔，别具一格，此类塔在我国仅有两座，而保圣寺塔就是其中之一。塔体四方七级，砖木结构楼阁式，造型如玉笋拔地，通高31.5米。

（3）特殊建筑

吴氏宗祠（新四军一支队司令部旧址）（图9-30），始建于清乾隆年间，位于高淳老街东端。据清《吴氏宗谱》记载，清康熙年间，淳溪老街东面的吴姓中出了一个典型的孝子，名吴学莱。学莱任劳任怨，使老街吴氏家业丰殷。继而受族人之命，于雍正元年（1723）建起规模宏大的"吴氏宗祠"。宗祠依地形而建，门朝官溪河，背靠老街。布局分为前进正门（戏楼），中进享堂，后进祭殿，间设天井，侧有厢房。吴学莱的儿子吴运镇，学识高雅，尊奉孝道。清乾隆七年（1742），朝廷得知吴家父子事迹后，由皇帝颁旨，在县城文庙立匾祀，在大甘村建造父子双孝坊①，并将其事迹编纂列入《大清一统志》。1938年，陈毅同志率新四军一支队东征抗日，在"吴氏宗祠"设司令部。因此，"吴氏宗祠"成为革命文物。1982年，吴氏宗祠被江苏省人民政府列为省级文物保护单位。

新四军办事处旧址（图9-30），原为清末民初民宅，两进两层，青砖小瓦硬山顶，木构架穿斗造。1938年，新四军派员驻淳溪镇开展工作，对外称新四军驻高淳办事处，1939年8月底撤离。旧址上下2层，上层走马楼，高3.7米，下层高2.65米，面宽5米，进深12.4米。现为革命史陈列馆，爱国主义教育基地。

---

① 1960年代，双孝坊及"圣旨"木匾连同"孝子"坟被毁，唯悬挂在吴氏宗祠内的孝子木匾幸存。

杨厅

保圣寺塔

吴氏宗祠

新四军办事处旧址

图 9-30　淳溪镇名胜古迹一览表

资料来源：image.baidu.com；笔者摄

（4）商业店铺

高淳老街宋元时期便店铺林立，清末民初更是形成了"淳溪八大行"，商业店铺鳞次栉比。多为前店后宅的形式，沿街开店，后进为传统院落式民居。其中以中山大街 100 号为代表。该店铺建于清代，原为朱家纸坊，现主要经营餐饮业。砖木结构，高 7 米，三开间，两进，有檐廊，有较大的储藏空间，二层有洽谈室。沿街门枋上有精美木雕装饰（图 9-31）。

（5）建筑细部构造

淳溪镇建筑风格独特，很多细部构件加工精巧（图 9-32）。如店内房门皆为双扇，忌用单扇，意在婚姻家庭逢双成对。二扇房门，开关必有响声，制作时，木工有专项技巧，一扇为金鸡叫，另一扇为凤凰啼，比喻吉利，既体现夫妻成双，又比喻儿孙富贵。门面两侧山墙伸出檐柱外，山墙侧的上身墙处，墙侧砖砌墀头逐级承挑至檐檩。墀头分上、中、下三部分外挑，上盘头砌成龙口含珠，中、下两部分砖雕垫花。圆线凹进凸出，变化多端，富有曲线之美。门罩雕刻简朴，艺术

图 9-31　商业店铺实景照片

资料来源：笔者摄

装修较苏式和皖式简朴，这一点体现了高淳民居不同于苏式和皖式的独有特色。

在街巷口，通常会设置过街楼，敞开式店堂以木板扉门启闭，门楣采用曲橡，构成"占天不占地"的过街楼或轩廊，出挑达 1.5 米左右。过街楼朝街一面钉木板隔墙，木板墙上分别安装镂格扉窗，不仅艺术造型美观，而且还可起避雨遮阳的作用。

砖石雕是明清以来高淳老街建筑艺术的组成部分，被广泛用于门楼、门罩、门侧、磉、花墙、屋脊及山墙侧中上方。砖雕材料采用特制水磨青细砖，质地精纯细腻。

（6）水利水工遗存

淳溪镇水利水运工程遗产[1]是淳溪发展特色的一大见证，总量丰富。淳溪镇水工遗产包括桥梁、水闸、河道等类型（图 9-33）。

老襟湖桥，始建于明嘉靖二十年（1541），位于老街西南，横跨官溪河。原为木桥，隆庆六年（1572）改建为七孔石拱桥。该桥南北向，桥长 77.7 米，净跨 56.5 米，宽 7.3 米[2]。1986 年成为南京市文物保护单位。1993 年，因桥标高不能适应水运业发展和汛期泄洪的需要，将中间三孔合并为一孔，改建成五孔人行桥。现已成为老街风景区重要组成部分。（图 9-34）

县城防洪堤，南邻固城湖和官溪河，东接筑城圩，西连太安圩，全长 1438 米。筑城圩和陆家圩两处因地势低洼，易成涝灾，1987 年和 1988 年分别建成两座排涝站。城区防洪除沿固城湖和官溪河一线圩堤外，西北部还与太安圩、大丰圩、团结圩等毗连，形成大范围的防洪圈，总长约 29.44 千米。城区北侧有大桥路和太安路，形成二线圩堤，坚固结实。通过一系列加固工程，城区的防洪抗灾能力大大增强[3]。沿官溪河北岸的防洪堤，与筑城圩建设连成一体，并用长方形青石铺墁堤顶，临湖一侧有观赏护栏，成为风景优美的湖滨风光带。（图 9-34）

红砂嘴闸，始建于 1983 年，2001 年将原老闸站上部分拆除，下部底板作为新闸站消力池海漫。水闸两侧设排涝泵站，并相应改建泵站机房，解决配变电源[4]。

[1] 本概念参照国家文物局《大运河遗产保护规划第一阶段编制要求》提出。国家文物局《大运河遗产保护规划第一阶段编制要求》规定，大运河水利工程及相关文化遗产指古代和近现代如水道、水源、水利工程设施、航运工程设施、古代运河设施和管理机构遗存、运河档案文献及与运河相关的古代祭祀文化遗存。《大运河遗产保护规划第二阶段编制要求》将大运河水利工程及相关文化遗产改称大运河遗产——水利水运工程（水工）遗产，包括在用水利水运（水工）工程、废弃水利水运（水工）工程及水利水运（水工）工程遗址。《大运河遗产保护规划第一阶段要求》指出，本要求适用于京杭大运河及隋唐大运河所在地级以上城市进行的运河遗产保护规划，我国其他古代运河所在城市的相关运河遗产保护规划也可参照使用。

[2] 高淳县地方志编纂委员会：《高淳县志（1986-2005）》，方志出版社，2010，第 154 页。

[3] 同[2]。

[4] 同[2] 237。

图 9-32　建筑细部构造典型示意

资料来源：国家历史文化名城研究中心、上海同济城市规划设计研究院《高淳老街历史街区保护与整治规划》，2002

资料来源：根据相关文献改绘［高淳县地方志编纂委员会《高淳县志（1986—2005）》，方志出版社，2010；《高淳县水利志》编纂委员会《高淳县水利志》，江苏古籍出版社，2002］

图 9-33　水利水工设施分布图

图 9-34　水利水工遗存现状照片

资料来源：http://blog.sina.com.cn/s/blog_443440f00102w017.html；南京市秦淮河河道管理处网站 http://qgc.njsl.gov.cn/www/njsl/qhglc/slyw-mb_a3911122925277.htm

| 阳腔目连戏 | 长芦杨家抬龙 | 羽毛扇工艺 |

图9-35　淳溪非物质文化遗产

2. 非物质文化遗产

淳溪镇的非物质文化遗产（简称"非遗"）非常丰富。

（1）传统舞蹈：长芦杨家抬龙、长乐龙吟车为省级非遗；区级非遗有淳溪荡旱船、永庆马灯。

（2）传统音乐：高淳民歌为省级非遗。①民歌：五月栽秧、新四军歌曲（石臼渔歌）；②田歌：采菱角、一粒下土万担粮；③习俗歌：哭嫁，龙船号子——拨开龙头摆开梢、乘风破浪冲向前；④春歌：杨柳青青江水平，高拨子等：为市区级非遗。

（3）传统戏剧曲艺：高淳阳腔目连戏为省级非遗，《送春》为南京市级非遗，高淳锡剧为区级非遗。

（4）民间文学：魏良臣的故事、甘霖的故事为区级非遗。

（5）传统技艺：高淳羽毛扇制作技艺为省级非遗；高淳木雕技艺、高淳豆腐干制作技艺、高淳炒米糖制作技艺、高淳欢团制作技艺、高淳糕点制作技艺、高淳蒜菜制作技艺、高淳布鞋制作技艺、杨家扎塑技艺、河城刺绣技艺、捏面人技艺为区级非遗。

（6）杂技与竞技：淳溪文龙船为区级非遗。

（7）传统医药：蓝氏烫伤膏制作技艺为区级非遗。

（8）民俗：薛城花台会为省级非遗，上梁仪式为市级非遗，高淳生育习俗、婚嫁习俗、丧葬习俗、除夕春节习俗、端午节习俗、立夏习俗、中秋节习俗为区级非遗。（图9-35）

这一系列的非物质文化遗产项目，都是淳溪一带劳动人民历经千百年而流传下来的，有的为高淳地区全境所有，有的仅为淳溪镇所独有。它们在人们的日常生活中产生，并且一直保留延续，与人们的生活密不可分。淳溪镇正在以淳溪老街为主要基地，以"传统手工艺"为主题，建立传统技艺展示室、成品陈列室、手工作坊、传承人培训基地，打造"非遗城镇"。

（四）特色和价值

淳溪镇是人类在抗争水患中建设起来的。千百年水利兴修史成就了纯熟的水利建设技术，使古镇在频繁的自然灾害中屹立不倒，人丁兴旺，商贸发达。淳溪镇在历史上就是太湖至长江沿线重要的商贸重镇之一，已经形成以高淳老街为核心的历史文化街区，成为展示物质文化遗产与非物质文化遗产的主要阵地。关于淳溪镇的特色和价值，可从"千年水利，商贸重镇，格局鲜明"三方面进行认识。

千年水利：淳溪镇是依靠水利设施的惠泽而免于旱涝等自然灾害的古镇代表之一。区域水网变化及水工建设为淳溪圩区形成及商贸发展奠定了有利条件。自三国至今的1700多年间经历了由农田水利向先进的水利水工的技术转型，在河道治理、防洪排涝、蓄水保水、引水堤水、防汛抗旱等方面已经具有十分成熟的技术和经验，既是全镇人民得以休养生息的保证，又是江苏省古镇中兴修水利抗争水患的典范。其价值不仅在历史中得到体现，在现今水利建设工程中也有借鉴作用。

商贸重镇：淳溪镇产业类型多元，种类繁多。其中商贸业是自古以来的传统优势产业，迄今已成为淳溪镇的主要产业类型。淳溪镇在宋代形成了商贸发展的雏形，是典型的"因商立市，依市成街"，到元代时已初具规模，明清时期借助便利的水运交通，来往于安徽与古城金陵的商船络绎不绝，商品交易种类繁多，商贸发展达到鼎盛。清代更是制定了相应的监督机制，市场贸易秩序得以规范化，老街一度成为淳溪的政治、经济与文化中心。民国时期，作为重要的通商隘口，出现了"淳溪八大行"。中华人民共和国成立后，随着新商业形态的不断入驻，老街经营业态更新频繁，形成了传统商业与现代商业交融发展的新局面。淳溪最初因湖泽众多，水患频发且不利于传统的农业种植，便形成了靠修筑圩区促进农业生产的方式，从而逐步发展形成了手工业、渔业等特色产业。

格局鲜明：淳溪镇北连石臼湖，南接固城湖，西依官溪河，人们"筑土御水，而耕其中"，逐渐形成湖河相依、圩田环绕的整体格局。城镇最初先形成老街，商业发展促进人口聚集，建设规模不断扩大，后修筑城墙形成城镇。由此可以看出，老街及商贸的发展在其城镇格局形成中的重要地位。同时，整个古镇格局呈钱兜状，体现了敛财的思想。这种以商业为重的特色在城镇形态中体现得淋漓尽致，其建筑格局形成了独特的体制，成组布置，形制规整。目前所保留的淳溪老街在江苏独树一帜。老城总体呈椭圆形，以官溪河为主要骨架，搭建起古镇的街巷网络，形成河街平行、鱼骨路网的镇区框架。"前店后宅，院落围合，五五成组，街巷纵横"的古镇肌理是其典型特色所在。建筑特色鲜明，既呈现徽派的古朴典雅，又体现苏南香山派的通透轻盈，为"皖南徽派与苏南香山派的过渡类型"。

三、双水环绕宝堰镇

宝堰镇位于镇江市丹徒区南部（图9-36），镇江、句容、丹阳、金坛四市交界处（图9-37），为半丘陵半平原地带，西南略高，东南和镇域中段较低。通济河、胜利河横切全镇为南、中、北三部分。气候温润，雨量丰沛，土地肥沃，宜于发展农业生产，是典型的丘陵水乡（图9-38）。镇域拥有从商周时代到近现代约3000年的众多物质和非物质文化遗产，古镇拥有历史街巷8条，总长度达1354.5米[①]。2013年9月，宝堰镇入选第七批江苏省历史文化名镇。

（一）镇村体系变迁

古镇区域内的磨盘山曾出土红陶、灰陶、印纹陶残片等文物，说明早在商周时代，宝堰一带就有人类活动。宝堰镇西北为丘陵山区，东南为平原圩区，南北地面高差达60余米，是历史上洪涝旱频繁地区。长期以来，宝堰人民在与自然共存和抗争中，发挥聪明才智，推动水利工程建设，孕育出了独具特色的小镇和文化。

图9-36 宝堰镇在丹徒区位置

资料来源：笔者绘

图9-37 宝堰与四县区位关系

资料来源：笔者绘

图9-38 通济河风光

资料来源：宝堰政府网站 http://dantu.gov/cn/allStation/by/by_dantu_gov_cn/index.jsp?domainName=by.dantu.gov.cn/

① 2005年，原宝堰镇（40.19平方千米）与荣炳镇（46.96平方千米）合并为现宝堰镇，镇域面积87.15平方千米。虽然在行政区划上宝堰与荣炳已合并为宝堰镇，但截至2016年6月，新宝堰镇的管理仍是由原宝堰政府和荣炳资源开发区分开管理。故下文仍基于原宝堰镇县宝堰镇宝堰片区进行分析。

1. 第一阶段：因水兴田，依河而生

公元前 210 年，秦始皇东巡，开凿徒阳运河从丹徒境内通过[①]，沿运河出现农耕，并逐渐形成小型散落居民点。据《建康实录》卷二记载："赤乌八年（245），使校尉陈勋作屯田，发屯兵三万，凿句容中道至云阳西城，以通关、会船舰，号破冈渎，通会市作邸阁，仍于方山南截淮立埭，号曰方山埭。今在县东南七十里。"孙吴政权先于赤乌二年，筑赤山塘；三年，筑建康城内运渎，自秦淮抵仓城；四年，凿青溪、开潮沟；五年，于方山南截淮立埭；八年，作屯田，发屯田兵三万开凿破冈渎，沟通秦淮河与徒阳运河。破冈渎自淤乡（今被句容市二圣桥水库淹没）向东经小溪、何庄庙、毕墟、鼍龙庙、城盖、吕坊寺、南塘庄，下接宝堰河（现称通济河）。破冈渎是古时秦淮河沟通江南运河的第一条人工梯级河道，是宝堰发展的原始基因。

东吴时期，破冈渎地区出现散布的农耕居民聚居点。晋代"永嘉之乱"后，北方大批贵族、平民为避乱而南渡，迁徙至丹徒者带来了北方的农田生产技术，他们与本地居民一起垦荒种植，从事农桑，兴修水利，筑堰围田，使宝堰的农耕与水利技术得以发展，其塘浦圩田渐具雏形。随着东吴、东晋、宋、齐、梁、陈相继建都建康城（今南京），江淮下游的农副渔产品、水运交通等迅速发展，破冈渎作为秦淮河与江南运河之间的渠化通航工程，带动起了沿线聚落成长发展。梁朝时，破冈渎一度废弃，朝廷另开"上容渎"，自句容县东南 5 里分流来联系秦淮河与江南运河。上容渎与破冈渎均途经宝堰，陈代又两废两修上容渎和破冈渎，直至隋代京杭大运河的建设，才彻底废弃了上容渎和破冈渎。但破冈渎和上容渎的开凿，沿通济河散点农耕及农田水利灌溉的出现，使宝堰镇"依河而生"，有了生命的胚胎。（图 9-39）

2. 第二阶段：兴田生堰，建设村庄

自破冈渎废弃之后，隋政权开凿了京口到余杭的江南运河[②]，漕运随之而生，江南运河成为江南重要水上通道。运河的支流香草河从宝堰东侧流过，与宝堰境内的胜利河相衔接，宝堰受到了江南运河的辐射影响。

唐朝，宝堰属延陵县洞仙乡。江淮下游生产发展，经济繁荣，南方经济逐渐超过北方，商品流通，漕运增加。公元 766 年，转运使刘晏、润洲刺史韦损主持浚治漕河[③]，一方面刺激了水运交通的发展，另一方面通过疏通河道、开塘凿渠，以利灌溉，宝堰围地垦殖逐步扩大，农耕水利稳步发展。

宋朝，宝堰兴田生堰，经济提升，文化发展。北宋年间，丹徒镇始为县镇，全县辖八乡三镇一寨，丁角为三镇之一。丁角镇依托运河支流的漕运而建设码头，形成有一定规模的聚落，宝堰聚落集中于丁角镇的护军潭附近发展。公元 1069 年，朝廷颁行《农田水利法》，邑内掀起开河道、浚沟渠、修圩岸、建堰堤、开陂塘、置涵闸的热潮，此时，宝堰的塘浦圩田基本形成，依托自然环境的堰田农耕是当时主要的生产生活方式。北宋熙宁五年（1072），原延陵洞仙乡（今丁角、宝堰等地）划归丹徒县。淳熙十二年（1185）始，丹徒设驿站大道，有镇句大道（镇江城—高资—句容）、镇丹大道（镇江城—丹徒—辛丰—丹阳），陆路

[①] 祝步远、殷跃祖、吴智广等：《丹徒县水利志》，方志出版社，2004。
[②] 张国维：《吴中水利全书：卷十》，浙江古籍出版社有限公司，2015。
[③] 祝步远、殷跃祖、吴智广等：《丹徒县水利志》，方志出版社，2004。

运输初现，商贸发展。丁角码头的建立，为宝堰漕运开展建立了基础；驿站陆路的设立，使得宝堰商品贸易开始崭露头角。唐朝始盛的佛教逐步世俗化、平民化，到南宋时，佛教在两浙路地区得到快速发展，宝堰地区建起了弥陀庵、崇慧寺等宗教文化场所。

元至顺元年（1330），宝堰属丹徒县高平乡。全国政治中心开始北移，但经济仍赖于江南"财赋之区"。元代初期，漕运采用水陆兼运，至元十九年（1282），漕粮改从海运；元代中叶，在水利专家郭守敬主持下，完成了大运河中段、北段的改造，形成京杭大运河。政府要求完善农田水利建设，宝堰因此堰塘筑围，形成大规模堰田，堰田附近随之出现农户聚居，村庄建设开始。（图9-40）

3. 第三阶段：因航立埠，筑闸兴镇

明永乐十年（1412），政府浚镇江府京口、新港、甘露三港①，京杭大运河的漕运进一步发展。依托水系巷道，运河周边城镇货物流通加大，丁角镇进一步发展壮大，于南宫建南宫庙。此时，堰田附近农村居民点也已形成村庄聚落，村名"拦水"，又因常遭洪涝灾害，村民不断筑坝拦洪，又改村名为"堰坝"。清初，洪水频发，因堰坝村筑堰坝拦洪，缓解水患，又改村名为"宝堰"，并于南宫建下兰庙。

清乾隆年间，洛阳河及通济河丁角段河道枯竭，丁角镇因河道枯竭、丧失水运条件而衰落，而通济河宝堰段依然水路畅通，在宝堰设漕运码头，宝堰镇逐渐兴盛，并于乾隆十九年（1754）建造用于漕运祈福的大王庙。同年，镇域内大规模兴建寺庙如广胜庵、双桥庵等②。在这期间，聚落沿太平桥向东展开至老通济河，呈东西向发展。清咸丰年间，宝堰镇建成一座麻石三孔桥"太平桥"，又名"三仙桥"，连接河南河北。清咸丰十一年（1861），镇江开埠通商，带动周边镇村商业发展，宝堰因其四乡交汇的地理优势与畅通的水运，骤然成为农副食品集散地，太平桥附近有大小码头4处。

清光绪十八年（1892），丹徒大旱，镇江知府倡导民间开塘2300余座，开沟渠，建闸坝百余③。宝堰开堰塘蓄水，开沟渠引水，堰塘与圩田形成堰田。

清光绪十九年（1893）年，镇江知府王仁堪设宝堰局，疏浚通济河河道共19段，开筑了一些塘坝，蓄水灌田，使"宝堰河四时可通舟楫"。乡民为答谢王知府，曾在宝堰北街建有"王公生祠"④。清宣统三年（1911），实行地方自治，丹徒县划为18市乡，宝堰属丹徒县仁让乡管辖。民国十八年（1929），丹徒县改为镇江县，设7个自治区，宝堰为第六区，下设宝堰镇等。

宝堰于乾隆年间逐渐形成商业市镇，商业以粮食、酒业和棉布业为主，并以此带动与影响全镇的其他行业。清咸丰年间，李雨春创建铭记酒行，认为酿酒可为农民带来较大利益，一方面可提高糯米收购价，另一方面酒糟可以供养猪和作为水稻速效肥。经过多年经营，酿酒成为宝堰周围村民的主要副业，其酿造技术已经成为非物质文化遗产。宝堰商业范围北至上党镇，西至句容、理水、江宁、高淳等县，商贸增加并形成集市，其中以"三月半"和"四月初六"最为出名。清末时，宝堰还建立了传统苗猪市场，当地人称之为"猪角"，每月农历逢二、逢五、逢九9天为逢集，市场原设在太平桥北。（图9-41、图9-42）

民国初期，江南地域经济的发展及货运交通需求日益加大，推动宝堰进入繁荣期。丹徒县改为镇江县，仁让乡改为第六区，宝堰镇设区公所。宝堰成为丹徒、金坛、丹阳、句容四县物资集散中心。彼时，通济河依镇而过，水路运

① 丹徒县地方志编纂委员会：《丹徒县志》，江苏科学技术出版社，1993。
② 丹徒县宝堰镇志编纂办公室《宝堰镇志》，黄山书社，1997。
③ 祝步远、殷跃祖、吴智广等《丹徒县水利志》，方志出版社，2004。
④ 同①。

输经江南运河可通丹阳、常州、无锡、苏州，再经苏州河至上海，向东南可达金坛、溧水、宜兴，过太湖可达杭州、嘉兴、湖州等地。宝堰镇以西的句容、江宁等县此时因河道不通，加之公路未建，农副产品与生活所需消费品均在宝堰进行交易。宝堰镇上，大小商店有271家，其中粮店36个、酒行14个、棉布店17个，从业人员800多人。甚至出现私人建造码头，用于货物运输。北闸口码头为公益油坊建造，民国十一年（1922），油坊关闭，码头转为公用，1949年中华人民共和国成立前夕废弃。西码头亦为私人建造，1958年废。除此之外，连接大运河、贯通集镇的通济河岸线上，还设有多处港埠码头，位于集镇中心的大码头集散物资为最。随着商业繁荣发展，人口增长，聚落进一步扩大，镇街沿中大街向南北拓开。

民国二十六年（1937），镇宝公路筑成通车，陆路交通逐渐发展。为保障宝堰主要的物资集散和粮食产地的功能，民国时期多次治水理水，以解水患频发的问题。民国二十二年（1933），宝堰镇兴建水闸，于通济河西上桥村黄贯河口和小河口建设宝堰南闸和宝堰北闸；民国二十四年（1935），丹徒、丹阳、金坛三县共同疏浚香草河，从丹阳南门至张家桥，后又分别于鲁溪村东和刘圩河上修建青龙闸与刘圩闸[①]（图9-43、图9-44）。

民国二十六年年底（1937），宝堰镇惨遭日军烧毁，商业遭到破坏，市场萧条；次年，市容逐渐恢复，有些行业虽陆续重新营业，但已失去往日繁荣景象。民国二十七（1938），陈毅率新四军一支队驻宝堰前隍村。7月7日，陈毅在宝堰主持召开镇江、句容、金坛、丹阳四县各界人士代表会议，组建"镇句金丹四县人民抗敌自卫委员会"（简称四县总会），发展群众性的抗日组织，征税征粮，动员参军，募集军需，有效地支援了新四军主力部队，为创建和发展茅山抗日根据地做出巨大贡献。

4. 第四阶段：兴河利民，期待复兴

1949年中华人民共和国成立后，政府注重农业防灾与农田水利建设，通过浚河培堤、开挖新河、架设新桥、修筑水库、开塘筑坝、开挖渠道、建造机电灌排站、建设涵洞涵闸等水利设施，基本形成能抗御一般洪涝和干旱灾害的水利体系，保证了宝堰镇经济的大力发展，宝堰镇的商业开始复兴，乡村工业起步。先后出现了供销合作社、私营祥泰和米厂、宝堰粮油管理所、食品站、物资站、供销社、百货公司等经济实体。1980年代后，乡镇工业的发展稳中有升。但是，随着陆路交通成为主要交通方式，水运衰退，宝堰因区域间陆路交通不便而使其商业不复辉煌，仅存基本生活所需业态及相关建筑空间。

从行政区划看，1956年，宝堰区的蛟峰乡和胜利乡的东塔山村划归金坛县；1958年，宝堰区的戴巷村划归句容县（1967年复归丹徒县）；1959年，宝堰人民公社划分为宝堰、荣炳、盘荣3个公社；1987年，成立宝堰镇人民政府；2005年，原宝堰镇与荣炳镇合并为现宝堰镇，镇域面积87.15平方千米，辖11个行政村、1个居委会、92个自然村[②]（图9-45至图9-48）。

---

① 丹徒县宝堰镇志编纂办公室《宝堰镇志》，黄山书社，1997。
祝步远、殷跃祖、吴智广等：《丹徒县水利志》，方志出版社，2004。
② 有鉴于统计年鉴统计口径，下文人口经济数据均基于原宝堰镇范围（现宝堰镇宝堰片区范围）统计。

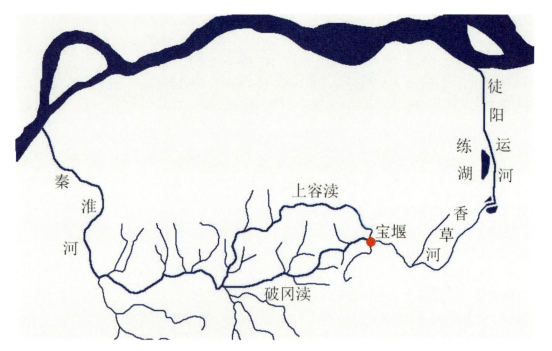

图 9-39 宝堰镇域（三国—南北朝）聚落及河道图

资料来源：根据相关文献改绘（祝步远、殷跃祖、吴智广等《丹徒县水利志》，方志出版社，2004；中国水利学会水利史研究会《太湖水利史论文集》，1986；张国维《吴中水利全书：卷八》，浙江古籍出版社有限公司，2015）

图 9-40 宝堰镇域（隋—元）聚落及河道水利图

资料来源：根据相关文献改绘（祝步远、殷跃祖、吴智广等《丹徒县水利志》，方志出版社，2004；中国水利学会水利史研究会《太湖水利史论文集》，1986；张国维《吴中水利全书：卷八》，浙江古籍出版社有限公司，2015；江苏省丹徒区宝堰镇《全国历史文化名镇——江苏宝堰申报材料》，2013；丹徒县宝堰镇志编纂办公室《宝堰镇志》，黄山书社，1997；同济大学历史文化名城研究中心、上海阮仪三城市规划设计有限公司《镇江宝堰古镇保护规划》，2007；南京东南大学城市规划设计研究院有限公司《镇江宝堰历史文化名镇保护规划》，2015）

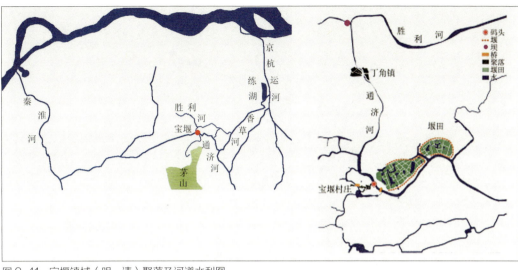

图 9-41　宝堰镇域（明—清）聚落及河道水利图

资料来源：根据相关文献改绘（祝步远、殷跃祖、吴智广等《丹徒县水利志》，方志出版社，2004；张国维《吴中水利全书：卷八》，浙江古籍出版社有限公司，2015；丹徒县宝堰镇志编纂办公室《宝堰镇志》，黄山书社，1997；同济大学历史文化名城研究中心、上海阮仪三城市规划设计有限公司《镇江宝堰古镇保护规划》，2007；南京东南大学城市规划设计研究院有限公司《镇江宝堰历史文化名镇保护规划》，2015）

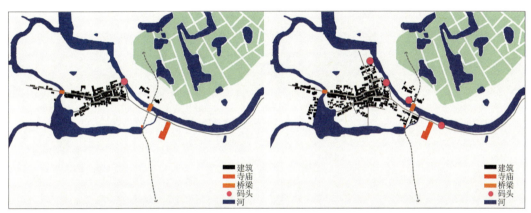

图 9-42　宝堰镇区（明—清）聚落演变图

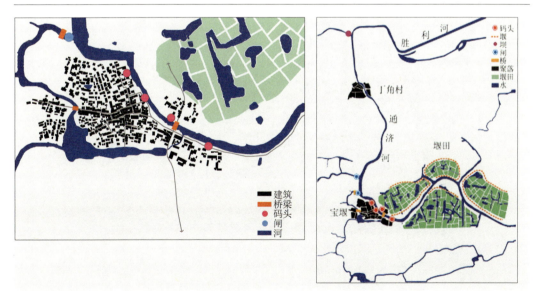

图 9-43　宝堰镇区（1912—1937）聚落演变图　　　　图 9-44　宝堰镇域（1912—1937）聚落及河道水利图

资料来源：根据相关文献改绘（丹徒县宝堰镇志编纂办公室《宝堰镇志》，黄山书社，1997；同济大学历史文化名城研究中心、上海阮仪三城市规划设计有限公司《镇江宝堰古镇保护规划》，2007；南京东南大学城市规划设计研究院有限公司《镇江宝堰历史文化名镇保护规划》，2015）

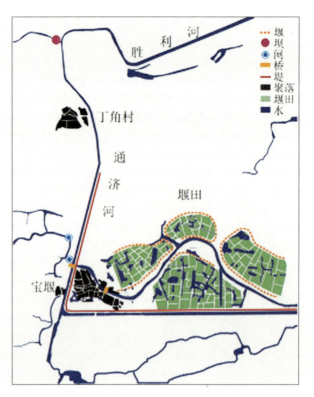

图 9-45　宝堰镇域（1950—1970）聚落及河道水利图

资料来源：根据相关文献改绘（丹徒县宝堰镇志编纂办公室《宝堰镇志》，黄山书社，1997；同济大学历史文化名城研究中心、上海阮仪三城市规划设计有限公司《镇江宝堰古镇保护规划》，2007；南京东南大学城市规划设计研究院有限公司《镇江宝堰历史文化名镇保护规划》，2015）

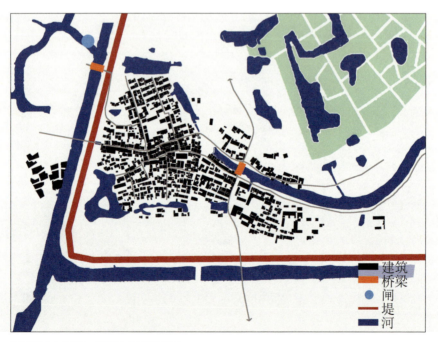

图 9-46　宝堰镇区（1950—1970）聚落演变图

资料来源：根据相关文献改绘（丹徒县宝堰镇志编纂办公室《宝堰镇志》，黄山书社，1997；同济大学历史文化名城研究中心、上海阮仪三城市规划设计有限公司《镇江宝堰古镇保护规划》，2007；南京东南大学城市规划设计研究院有限公司《镇江宝堰历史文化名镇保护规划》，2015）

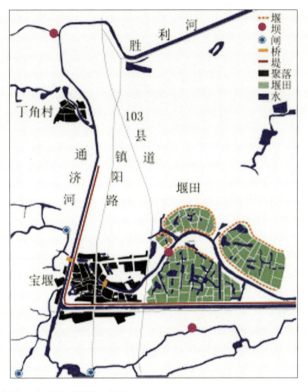

图 9-47 宝堰镇域（1980— ）聚落及河道水利图

资料来源：根据相关文献改绘（丹徒县宝堰镇志编纂办公室《宝堰镇志》，黄山书社，1997；同济大学历史文化名城研究中心、上海阮仪三城市规划设计有限公司《镇江宝堰古镇保护规划》，2007；南京东南大学城市规划设计研究院有限公司《镇江宝堰历史文化名镇保护规划》，2015）

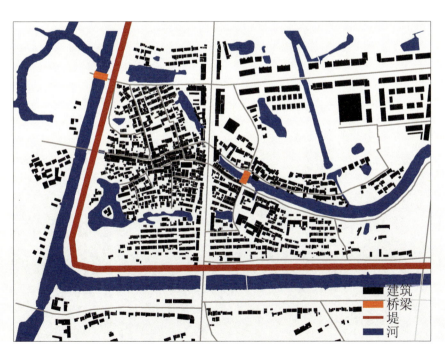

图 9-48 宝堰镇区（1980— ）聚落演变图

资料来源：根据相关文献改绘（丹徒县宝堰镇志编纂办公室《宝堰镇志》，黄山书社，1997；同济大学历史文化名城研究中心、上海阮仪三城市规划设计有限公司《镇江宝堰古镇保护规划》，2007；南京东南大学城市规划设计研究院有限公司《镇江宝堰历史文化名镇保护规划》，2015）

宝堰镇的发展与水分不开，与水利实施建设分不开。一个"堰"字说明了这个古镇是因水而形、因水工而成。这种对水的依赖，一旦水运衰退、陆路交通发展，宝堰镇便开始失去它昔日的辉煌。宝堰镇的社会经济发展遇到了新的挑战，如今已经到了需要重新梳理发展定位的新的历史时期。

5. 发展动因

河道水利、聚落形态、文化特色三条主线相辅相成，共同构成宝堰的发展脉络，其中的核心是区域经济和河道水利的互动发展，宝堰聚落的诞生起源于河道水利的发展，聚落依水而生，滨水建设，其形态受河道水利影响。

秦开凿徒阳运河、东吴开凿破冈渎，具有军事和皇家供给用途的水利工程改变了原有的自然水系生态，古人利用这一改变带来的益处进行农耕，此地才初步有人口居住。破冈渎和上容渎后逐渐废弃，江南运河的建设带动漕运发展，运河支流的丁角因设码头而兴盛，宝堰在这一时期仅为河路支流末梢的小聚落，漕运文化与堰田文化开始发展。清初，丁角因部分河道枯竭丧失水运条件而衰落，聚落迁徙至宝堰，宝堰得以兴盛。民国初期，江南区域经济发展与交流使得四县交汇的宝堰进入最繁荣的发展时期。其间应用日益先进的水利技术，在区域范围内构建水系，兴修大量农田水利设施。抗战时期，宝堰发展停滞，然而其特殊的区位条件使其成为抗战重镇。解放之后，镇政府更加重视区域水利建设，至1980年代基本根治困扰近千年的水患。宝堰镇在计划经济时期是区域乡村的主要供销节点。宝堰镇区顺应通济河道改变和陆路交通发展，逐渐向东和向南扩展。时至今日，伴随着区域交通网络的变革和产业结构的转型，宝堰的社会经济有所衰退，发展面临挑战。

（二）空间格局分析

宝堰古镇有着与田园风光融为一体的历史景观，蜿蜒穿过古镇的老通济河以及沿河两岸青砖黛瓦的传统民居风貌，极具特色的工字街街道格局，使其焕发出独特的历史文化内涵（图9-49、图9-50）。

图9-49 宝堰老街鸟瞰

资料来源：宝堰历史文化名镇申报材料定稿

图9-50 宝堰老街排屋

资料来源：笔者摄

图9-51 宝堰山水天自然基地要素图

资料来源：江苏省丹徒区宝堰镇《全国历史文化名镇——江苏宝堰申报材料》，2013

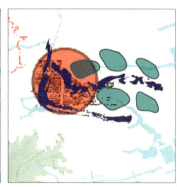

图9-52 宝堰整体环境格局模式图（左：丘陵半包 中：一镇双河 右：塘浦圩田）

资料来源：笔者绘

1. 自然环境：依河而生，山丘远绕，堰田环绕

宝堰位于茅山北麓丘陵地区，地势平坦，远处有茅山等众山丘环绕，近有丰沃堰田铺陈环绕，村庄散布，视线开阔，典型地体现了村镇聚落形态与自然环境要素有机融合的整体格局特征。古镇大抵呈梯形，通济河穿镇而过，古镇、山水、农田融为一体，风景优美（图9-51、图9-52）。

宝堰镇依水而生，镇域内河流属通济河水系，主要河流有通济河与胜利河。通济河（通溪河、宝堰河）西南走向，上承句容县水源，集仑山、高骊山等地来水，经宝堰镇东行至王家渡折向南行，在三岔河与香草河相会，主流继续南行至荣炳乡的高庄附近，入金坛县境。胜利河则是香草河的主要支流，在宝堰、上会两乡境内，上游在横林坝连通济河，共同承泄句容北山来水，在双丰涵入丹阳县境，再由黄固庄入香草河。通济河历史悠久，曾与破冈渎相接，是连接秦淮河与太湖的重要河流，承接区域运输职能。京杭大运河开通后，通济河和胜利河又因连通运河重要支流香草河而发展漕运，宝堰因此迅速发展，舟楫往来，人丁兴旺。

通济河、胜利河两岸为洮涌圩田，低洼平整，适宜耕种，内部小溪河密布，因地势关系易旱易涝，古代劳动人民浚治塘浦、修筑堤岸，形成河渠纵横、圩田横布的塘浦圩田系统，改造渍湖低湿洼地和变涂泥为沃土，其土主要为水稻土，含多类堰泥土种，形成宝堰特色堰田，以种植水稻、三麦、油菜为主，主要分布于镇区东部的通济河两侧。

图 9-53　东西大街平面图及现状照片

资料来源：笔者绘（左）；笔者摄（右）

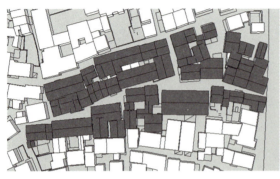

图 9-54　中大街平面图及现状照片

资料来源：笔者绘（左）；江苏省丹徒区宝堰镇《全国历史文化名镇——江苏宝堰申报材料》，2013（右）

2. 聚落格局：一镇双河、鱼骨路网、石板街巷

中华人民共和国成立后，政府疏浚河道，老通济河从宝堰老镇区内穿过，新通济河自西南环镇区而过，历史镇区于新老通济河间布局展开，街巷平行或垂直于附近河道，构成鱼骨路网构架。宝堰镇建筑与院落组合形成建筑空间，多个建筑院落有机组合，节点空间穿插其间，叠加街巷和城镇功能要素，形成独具特色的镇区肌理。

宝堰历史街巷铺设麻石花岗岩，形成独具特色的石板街群。石板路铺设始于清代，以保留原有尺度的东大街、西大街、中街构成的工字形街群最具特色。东西大街长171.1 米，宽 2.5～5 米不等，为古镇贯穿东西的重要街巷（图 9-53）。沿街商铺林立，建筑高度 3 米至 7.6 米不等，形式古朴典雅，是历史上宝堰大码头运输的重要通道。中街与东大街、西大街平行，其间为垂直街巷相连，形成工字街格局（图 9-54）。沿街为古镇内重要商业店铺，街道以花岗岩麻石板铺地，铺设精巧，其下为排水设施。

新老通济河环宝堰镇而过，镇区内布局沿河东西向延伸，沿河设平台或台阶，构成部分亲水活动节点空间。街巷布局与附近河道平行或垂直，构成鱼骨路网构架；历史商业沿镇区中部东西向展开，主干街和主干巷道以工字街为中心，两边建筑兼具商业和居住功能。街面条石铺就，坚固平滑，下有排水系统，雨住街干，平整如砥。

3. 建筑格局：店宅一体，天井庭园，青砖黛瓦

宝堰镇因水路便利，在乾隆年间逐渐形成商业市镇，民国时期更成为四县农副产品集散之地，商店民房比肩而邻，外地开店经商者也纷至沓来。宝堰传统商业建筑大多为商住或店宅一体，最为常见的是前店后宅或下店上宅形式。宝堰镇在抗战时期被日本人烧毁房屋 400 余间，现幸存历史建筑多为民国时期民居及商业建筑，多为木架结构平房，

或为二至三进，两侧为厢房，庭前有天井，商业建筑多为下店上宅阁楼式，或是前店后宅多进式。建筑顺应河道和街道走向而调整前后落房屋开间，显得有序又灵动。因宝堰易涝，故建筑底部多为石材，其余部分为清水墙或白灰墙面，二楼常有木阁楼，与其下店上宅建筑功能相对应。简易砖雕与披檐为最常见的建筑和装饰元素。总体上，宅院规模不大，等级不高，以普通小型民居为主，民居与街巷形成的空间肌理，很好地体现了当地人文特色。

（三）物质和非物质文化遗产

1. 物质文化遗产

（1）古建筑类

大王庙，据《丹徒县志》记载和民间调查统计，从南宋至民国时期，宝堰境内规模较大的寺庙有21座。1949年中华人民共和国成立后，庙宇因失修失管，或改为民房，或拆建为学校，宗教活动基本停止。大王庙是宝堰古镇历史上最大的庙宇建筑，建于清乾隆十九年，又名金龙四大王庙，是漕运文化的重要反映。据传，南宋隐士谢绪，宁死不肯仕元，死后被奉为保护行船安全的神灵，称金龙四大王。大王庙因运河而生，漕运河道上的漕丁漕夫常年驾船往来水上，开船与停船时都要进庙祭神，以求行船平安，"往来粮艘，惟神是赖"。漕运衰弱之后，大王庙于民国年间被乡绅李培田改为小学，抗战期间因战乱被烧毁。

仁和大酱坊，位于宝堰镇中大街92号，始建于清代。建筑面积80平方米，它是宝堰地区典型的下店上宅、楼阁式、临街灰砖商铺建筑。铁皮门的特色纹饰及铁制建筑构件，均保存较为完整。

史家老宅，为宝堰镇代表性民居建筑，占地面积720平方米，建筑面积580平方米。是宝堰古镇保存相对完整的古式民居院落，属徽派与苏扬建筑形式相结合的代表性建筑。老宅已有近300年历史，面南背北，前后共四进。第一进是史家五十世先祖数千公由金坛迁来宝堰后所建，始建于清朝雍正年间，距今约280年。第二、三、四进为史家五十六世先祖建于清朝末年，距今约110年。其中临街第三、四进于1938年被日寇焚毁，日寇投降后由史修成的父亲重建。目前经由史家人修缮的只有前面两进，后面的院落还一直荒废着（图9-55）。

图9-55 史家老宅现状照片

资料来源：笔者摄

图 9-56　新四军四县抗敌总会纪念馆

资料来源：笔者摄

（2）民国建筑类

地方法庭旧址，为民国时期的代表性行政建筑。民国十三年宝堰所属仁让乡改乡为市，宝堰设区公所，其行政办公建筑开始建设。旧地方法庭位于宝堰镇西大街，建筑面积 191 平方米。它是宝堰古镇唯一一处民国时期三合院式传统民居建筑，石库门式的门类具有宝堰地方特色，后改为居住建筑，现空置未使用。

民国铁锅店旧址，位于中大街 93 号，始建于清代，建筑面积 317 平方米。铁皮门上有特色纹饰，木结构花雕，为宝堰地区典型的前店后宅式商铺建筑。现为居住功能，院落和房屋保存完整。

四县抗总指挥部旧址，位于宝堰镇太平桥东侧通济河南岸。原为怡和酒馆，是民国张浩明创建的商业建筑，坐北朝南，占地 2480 平方米，建筑面积 1637 平方米，分东西两院，东院为住宅区，西院为经商区，两院之间为一条宽约 3 米多的弄堂。自北向南的建筑为后门楼、天井、中门楼、天井、南门楼，南门楼东、西拐弯与两院相通，南与厢平房的饭堂相通。门楼上是一个有三层楼高的更楼。酒馆四周有围墙与楼房檐高相平，呈正方形，更楼居中突出。建筑呈现徽派传统建筑特征，有精美砖雕和铁艺栏杆。抗日战争时期，陈毅号召成立四县抗敌总会，选在此地办公，直至 1941 年苏南第五行政督察专员公署成立，"四县抗敌总会"才完成历史使命。现为江苏省省级文物保护单位，并做"新四军四县抗敌总会纪念馆"使用（图 9-56）。

（3）水工设施类

宝堰为丘陵水乡，河流纵横，桥梁为重要交通设施。现存桥梁均建设于明清时期，均为石桥。又因水患频发，修有大量农田水利设施，有堤、涵洞、水闸等。

太平桥，又名三仙桥。位于宝堰镇老通济河上（图 9-57）。始建于清咸丰二年（1852），桥呈南北走向，整座桥由麻石建成，桥体全长 39 米，净跨 29.5 米，桥宽 5.65 米。桥型为三孔石拱桥，桥面两侧镶刻"太平桥"三字。为丹徒现存最好的一座清代石拱桥，其结构造型优美，用料考究，对丹徒古桥梁的建造历史有着重要的研究价值。现为市级文保单位。

图 9-57　太平桥

资料来源：笔者摄

小河北闸，建于民国二十二年，位于通济河西上村小河口，长5米，宽4.2米，高3.1米，一孔，木板闸门，过水量12.6 孔/秒，是宝堰水利发展的见证（图9-58）。

（4）建筑细部

宝堰镇的建筑材质除了常见的以水泥或砖混为主要材料之外，另有两种典型形式：一种是墙面以土砖、大石块和水泥的混合材料为主，墙基以石板为主，勒角较高，对防潮具有很好的作用，建筑表面无粉刷；另一种墙面以水泥或砖混、木材的混合材料为主，二层阁楼以木材为主，多见排屋使用（图9-59）。

镇区建筑门窗均有简易门楼装饰，线条流畅，简洁大方，弧线优美（图9-60）。

建筑雕刻总体上继承和延续了江南雕刻的风格，稍有差异，富有写意性，构图饱满，古朴大方，不追求过多装饰，装饰主要见于门窗周边（图9-61）。

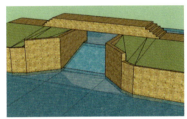 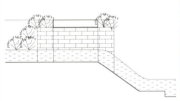 

图9-58 小河北闸三维模型、剖面图及现状照片

资料来源：笔者绘（左、中）；笔者摄（右）

图9-59 建筑细部材质示意图

资料来源：笔者摄

图9-60 建筑细部门窗示意图

资料来源：笔者摄

图 9-61　建筑细部雕刻示意图

资料来源：笔者摄

南乡田歌

双推车

米酒酿造

图 9-62　宝堰非物质文化遗产

2. 非物质文化遗产

宝堰镇现存非物质文化遗产较多，列入省级非物质文化遗产的有 4 处，市级的有 16 处，大部分为民间传说。因民间传说的传播性，非物质文化遗产除民俗与传统技艺集中于宝堰镇域与附近村庄外，其余多在镇域居民点广为流传。当地对于非物质文化遗产的保护较为重视，对于相应的传承者都登录在案并注重对外宣传，如南乡田歌、宝堰双推车、宝堰米酒等。

①传统舞蹈：宝堰双推车为省级非遗。②传统音乐：南乡田歌车水号子为省级非遗。③传统文学：凤凰山的传说为市级非遗。④民间文学：董永传说为省级非遗。白龙塘、黄狗耕田、宝堰斩龙桥的传说、财百姓的传说、奇人独骨、金牛的传说、"卧龙桥"与"崇神庙"、马千里落第、呆子买话的故事、吃遍天下无敌手的故事、三兄弟学徒的故事是市级非遗。⑤传统技艺：宝堰米酒酿造是市级非遗。⑥传统美术：挑花是省级非遗。⑦民俗：宝堰面、宝堰红烧甲鱼是市级非遗。⑧人生礼俗：宝堰李家家谱是市级非遗。（图 9-62）

（四）特色和价值

宝堰地处镇江、句容、丹阳、金坛四地交会处，周边村镇都以农业生产为主，宝堰一度为四县农副产品集散地。因其地势地貌之故，历史上水患较多，理水治水贯穿城镇发展，形成较多小型的农田水利，在江苏具有代表性。古镇虽经战乱，但其格局仍保留较为完整，古镇特色鲜明，历史文化价值明显。宝堰镇的特色和价值，可从"水工巧作，格局完备，风貌古朴"三方面进行认识。

水工巧作：宝堰地处茅山、鸡笼山、华山间的谷地汇水区，易形成水患，历史上多次治水理水。又因其地处四县交会，水运区位重要，通航立埠促进了宝堰的发展。水利工程技术的不断完善与改进，各类水利设施的建设，体现出当地居民的创造精神与集体智慧。在农田水利方面，宝堰地势西高、中平、东低，为缓坡丘陵地貌，水患频发，自古就有筑堰治水、开堰塘蓄水、凿沟渠引水的好传统，最终以"河、沟、塘、浦、田、堰"形成地区特有的堰田风貌。又因其水网密布，水产丰富，土地肥沃，利于耕种，所产大米在附近区域享有口碑，为典型的江南鱼米之乡。在漕运水利方面，宝堰水网密布，水系弯曲，为江南水系末端，航运兴盛，清末即因航立埠，陆行车马，水驾风帆，四县生产的农副产品均到宝堰汇集经销，四县农民所需要的日用工业品均由宝堰运进。因其河床狭窄弯道多，故在航运发展中对河道多次进行清障疏浚。在防灾水利方面，历代为了解决洪涝灾害，筑坝建闸，疏浚河道。1949年中华人民共和国成立之后，开凿新的胜利河和通济河，改变河道走势，修建水库与涵洞，彻底解决水患问题。众多防灾水利建设，保证了胜利河、通济河正常的航运功能、枯季补水、洪季排涝的功用，为一方百姓打下了安居兴业的基础。

格局完备：老通济河于镇区西北角一分为二，一条从镇区东北流过，一条蜿蜒穿越宝堰镇区；新通济河从古镇西南和南面绕镇而过。老镇区顺应河道水系，于通济河环绕的三角区域内建设发展。新老通济河形成了宝堰古镇的边界，也成为宝堰独特的自然景观。镇区东部的堰田也沿通济河分布。水塑镇形，记载着镇区发展的历史。宝堰的街巷布局呈现出典型的运河沿线城镇特征，垂直或平行于运河，形成鱼骨状结构。砖瓦房对峙夹道，以工字街为中心，向四周延伸，四通八达回环连贯，里、弄、营、巷衔接串联。便捷的水运促成宝堰镇商业活跃，居民安居乐业，饮食文化丰富，特色民俗活动、民俗文艺表演内容多样。

风貌古朴：宝堰镇历史积淀深厚，在老镇区工字街地段，依然保留着富有历史风情与文化底蕴的明清建筑风貌。古镇原有3座具有防御功能的瞭望更楼，它们是古镇的制高点和标志性建筑，惜现在仅存怡和酒行的一座更楼。镇区周边水系环绕，镇东有清咸丰年间建造的麻石三孔桥横跨河面，连通河南河北；原镇西有石孔平桥，条石路面延伸至上桥村外。古镇内还保留原有尺度的石板小巷，东大街、西大街、中大街构成的工字街，以及相连接的中营里、前隍弄等独具特色的传统石板街群落。大量明清时期小型民居形成宝堰特色建筑群，高勒脚防潮的砖石墙体隐约可见先民与自然水患抗争的身影；建筑门窗边的装饰雕花，继承了江南雕刻的风格，却又略有差异，线条更加流畅简洁、古朴大方一些，从一个侧面反映了当地居民质朴务实而又外向的民风。

综述
三水两街黄桥镇
三江口边大桥镇
生态渔岛沙沟镇
橄榄形岛沙溪镇
一塘四街凤凰镇

第十章 水陆通衢之地的集市

一、综述

本书第三至第九章将地域和功能特色较为鲜明的江苏历史文化名镇划分为几个类型并分章表述,其他尚有黄桥、大桥、沙沟、凤凰、沙溪几个名镇难以归入上述类型,因此按其最基本的地理交通属性将其称为"水陆通衢之地的集市"。(图10-1)

本章5个名镇中,江都大桥镇、泰兴黄桥镇二者位于苏中、长江北岸,兴化沙沟镇位于苏北、大纵湖之中,太仓沙溪、张家港凤凰位于苏南、长江南岸至太湖之间,在地理上基本覆盖江苏全省,其共同特点如下:

位于水陆通衢,尤其都是水运体系的重要节点。黄桥位于北部古运盐河和串场河水系南下入江的主要通道龙游河、龙开河和东西向老龙河的交汇点上,是里下河地区进入长江、联系江南常州孟河的捷径所经,是从里下河地区通往江南的重要门户;大桥位于运河重要泄洪和航运支线芒稻河入江口,一度是淮扬运河入江、联系孟河的主要口岸,也是扼守白塔河入江水道和扬州、泰兴间陆路的水陆通衢,因白塔河通漕而兴,此后一直是扬州东南的行政、经济和文化中心;沙沟位于大纵湖入官河、盐河、塘河的节点上,是东部沿海盐场向西进入运河之都淮安的咽喉之地,也是里下河腹地的水上转运中心之一;沙溪是联系太湖、运河及长江口七浦塘的重要节点,是沟通崇明与苏州一带的主航道必经之处;凤凰控扼太湖泄水入江的奚浦和黄泗浦两大水道,是联系太湖、长江和入海的重要航道。

图 10-1　沙沟、大桥、黄桥、凤凰、沙溪五镇在江苏省的区位

　　商业发达，并曾经设置过税务、巡检等管理机构。黄桥北宋起因交通带来商业发展而设镇，明代设巡检司；大桥在南宋设大桥山寨（乡兵据点），明代设闸官、巡检司及预备仓；沙沟明代设税关，清代设巡检司；沙溪元代设河泊所；凤凰清代设巡检司。官方管理机构的设置既是其地处水陆通衢、人口商业发展的结果，也进一步促进了其人口集聚和商业繁荣，二者互为因果，相辅相成。

　　历史格局与水系关系密切。上述古镇因水而兴，其空间格局发展往往也和水系航运密切相关，其主要表现为两种形式，一种是镇区空间拓展以水口码头为中心，沿水系水网两岸延伸，如大桥、沙溪、凤凰。大桥镇以白塔河和扬泰陆路为镇区发展的十字主轴，沿河道南北延伸，同时沿陆路东西向展开。沙溪是典型的"一河两街"线性格局。另一种是水系环绕，镇区中央开辟市河，沿市河两侧拓展至环镇水系的岛状格局，如黄桥、沙沟、凤凰。黄桥镇历史上有4条区域性河道汇聚和环绕，贯穿全镇的为直来河和运粮河，是黄桥南北水陆交通的中轴线。沙沟镇四周有"两湖五档口"环绕，东西向的石梁河横贯古镇，与3条南北向支河将古镇区分为5片，形成了"湖中有镇、镇中有河"的格局。凤凰古镇以穿镇而过的奚浦塘为依托，形成平行河道的街巷，并围绕外围主要河道，形成"中"字形格局。

图 10-2 黄桥镇卫星影像图

　　文化上具有水陆通衢之地的多元特性。由于历史上曾处于水陆交通节点上，这些古镇的文化往往都具有丰富多元的特点，体现出周边地区的影响与交流结果。沙溪古镇成陆于沧海变滩涂的过程中，早期受到海洋文化的影响，到唐宋以来宗教文化占重要地位，后又受吴文化、海派文化影响，好学之风盛行。沙沟镇历史上不仅是五县通衢，同时又具有"岛镇"的文化特色，渔业生产方式、商业贸易文化、垛田农耕文化兼具。大桥镇传统工艺精湛，文士儒商辈出，明显受到周边重要城市扬州的影响。黄桥古镇因处于水陆交通枢纽，不仅具有江苏古镇普遍具有的耕读传家的优良传统，还成为兵家必争之地，体现浓厚的红色文化。

　　这些古镇远离城市和现代公路干线，在水运中断后一度发展停滞。在水运为主的古代和近代时期，上述古镇虽远离城市，但因水运便捷而成为辐射周边乡村的商贸中心，是城市之间的次级中心。现代水运中断，这些古镇因不位于联系主要城市之间的公路网，尤其是现代高速公路干线上，其交通相对闭塞，导致了经济发展滞缓和社会文化衰落，但在客观上也因此而避免了快速发展可能带来的建设性破坏，使其历史格局和传统建筑得以保存至今。（图 10-2）

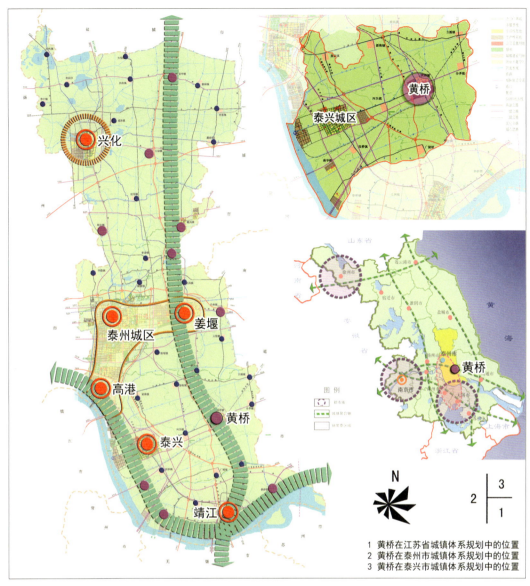

图 10-3 黄桥镇区位图

资料来源：《泰兴市黄桥镇总体规划（2010—2030）》

二、三水两街黄桥镇

黄桥镇地处长江北岸苏中平原，是泰州市下辖的泰兴市东部地区经济、文化、商贸和交通中心，也是泰兴、如皋、海安、姜堰、靖江五市（区）的地理中心。由于其位于里下河地区水网通向长江最便捷航道的枢纽位置，在以内河航运交通为主的古代和近代时期，素有"北分淮倭，南接江潮"之称，是苏北里下河地区通往江南的最近通道和重要门户，北宋即已建镇，明清以后成为苏中地区规模最大、商业最发达的几个集镇之一，2005年入选第二批中国历史文化名镇。（图 10-3）

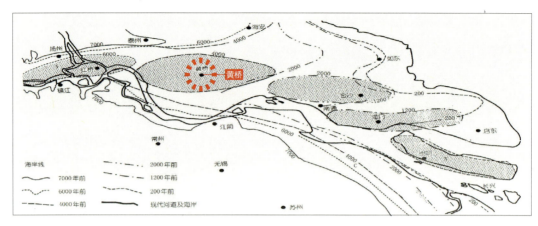

图 10-4　黄桥与长江河口段岸线变迁关系图

资料来源：底图出自曹光杰等《全新世以来长江河口段河道的演变》，《人民长江》2006 年第 2 期

（一）镇村体系变迁

1. 汉代成陆，滨江带海古河岸

黄桥及其周边镇村体系的历史变迁与长江入海口及江北海岸线的变迁密切相关。长江大约形成于 2 亿年前，在 12 000 年以前，地球结束了更新世的冰期，气候全面变暖，海平面逐渐上升，至公元前 7000～前 6000 年达到最高（即最大海侵），海水直达镇江扬州附近，形成一个喇叭形大海湾，江北岸线在扬州、江都、泰州蜀岗阶地的前缘，苏南岸线在江阴、常熟、太仓一线，海湾水深达 20～30 米，之后现代长江三角洲开始发育，长江带来的大量泥沙在强潮控制下堆积、充填为河口湾砂体，三角洲进积，河口随之束狭延伸，随着长江口东进南偏，呈雁列状自西向东排列的早期河口沙岛也就不断并岸成陆，致使长江三角洲不断发育，逐渐形成了现今的长江河口段河道（图 10-4）。最大海侵以来，长江三角洲共经历了 6 个发育阶段，相应形成了 6 期亚三角洲沉积体系，自老至新分别称为红桥期、黄桥期、金沙期、海门期、崇明期和长兴期。其中的黄桥期即是以黄桥镇为中心的三角洲沉积沙洲体系，约形成于 4000 年前，经不断淤涨，至 2000 多年前已完全成陆。因此，黄桥镇处于长江古河谷的"老岸地区"，为高沙平原，约于西汉时代成陆[①]，地势较高的可以远离水患，适于人类定居。直至今日，黄桥镇海拔高度 5 米，仍然是泰兴地区的最高点。

西汉时期的长江岸线在今日江都大桥—泰兴口岸—如皋北一线，海岸线在今日盐城—东台如皋一线，泰兴、如皋尚未成陆。黄桥南靠江口，东近海滨，先后属西汉吴王刘濞封地吴国和东汉临淮郡海陵县。刘濞充分利用封地滨海的优势，"招致天下亡命者铸钱，煮海水为盐，以故无赋，国用富饶"[②]，并开凿了西起邗沟茱萸湾（今扬州湾头）、东通海陵（今泰州）及蟠溪（今如皋十里铺）一带盐场的盐运河（即旧通扬运河前身），并设海陵仓。经济和人口增长，必然可能带动沿线以盐业生产和转运为主业的聚落村庄的产生。据当地古老传说，黄桥在汉代开始形成聚落，因海陵仓而得名"永丰里"。此说虽无史籍和考古证据，但从黄桥此时已成陆，且滨江带海，距离海陵仓不足百里的地理区位看，或非无稽之谈（图 10-5）。

[①] 曹光杰、王建、屈贵贤：《全新世以来长江河口段河道的演变》，《人民长江》2006 年第 2 期。
[②]《史记·吴王濞列传》。

2. 唐末成聚，孝子家乡永丰里

黄桥有史可据的历史可以推断至唐末。《宋史·列传第二百一十五孝义》记载："顾忻，泰州泰兴人。十岁丧父，以母病，荤辛不入口者十载。鸡初鸣，具冠带率妻子诣母之室，问其所欲，如此五十年，未尝离母左右。母老，目不能睹物，忻日夜号泣祈天，刺血写佛经数卷。母目忽明，烛下能缝纫，九十余无疾而终。"光绪《泰兴县志》卷二十记载："顾昕，一名忻，先世吴郡人，陈黄门侍郎野王，其十世祖也，大父文龙，以画名，父慈，字彦晖，唐东川节度使。王建（笔者注：五代前蜀开国皇帝）陷郡，不屈，死。昕甫十龄（笔者注：当为虚岁），母钱挈之还吴，家泰之永丰里。"根据《宋史》记载顾慈被杀于唐末昭宗乾宁四年（897）推算，顾昕生于唐末光启四年（888），主要生活在五代至宋初，死后葬于黄桥西寺桥外原宅（今黄桥二中大门右侧），其孝行后经明成祖朱棣《御制孝子顾昕诗并序》予以褒扬，在泰兴周边地区广为传颂。其墓地经明清两代地方官多次修缮并增建碑亭，后被毁，碑亭于2000年由黄桥镇人民政府收集残件并重建于今黄桥公园内。顾昕成为最早载入史册的泰兴人，其相关史料也证明了黄桥在唐末就已经成为名为"永丰里"的聚落，并有北方移民因避祸等原因迁来定居。

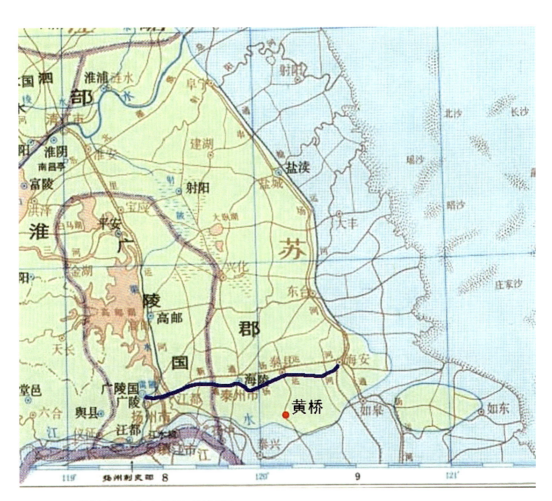

图 10-5　汉代盐运河、长江与黄桥区位关系图

资料来源：底图出自《中国历史地图集》

在顾昕所处的唐代，长江江口进一步束狭、东延，岸线在孤山（今靖江孤山镇）以北一线，时称"永丰里"的黄桥已经逐渐远离江岸，隶属于海陵县最南端的济南镇下辖五乡之一[①]；今日靖江县境尚为因孤山而淤涨的江中沙洲——"马驮沙"；今日南通市区仍为海中沙洲"胡逗洲"。根据日本圆仁和尚《入唐求法巡礼行记》记载，他于唐文宗开成三年（838）随遣唐使藤原常嗣一行入唐求法登岸时，当时的江口沿线有掘港庭（今如皋市区掘港镇）、白潮镇（今如皋白蒲镇）、淮南镇（今通州平潮镇），并明确记载有"扬州海陵县白潮镇桑田乡东梁丰村""白潮镇守捉军中季赏宅""淮南镇盐官判官元行存""海陵镇大使刘勉"等地名、人名[②]，可见当时海陵县境内聚落数量已经较为稠密，沿海有盐业生产和边防军镇机构[③]管理。根据唐代"县—乡—里"基层组织中500家为乡、100家为里、25家为村[④]来推测，黄桥当时规模当在100户以上。根据张国刚先生的观点，乡、里属于基层准行政机构，而同时期的村、坊则类似民间自治组织，可见此时的黄桥已有行政管理体系，而非一般意义上的自然居民点。

由于唐代长江岸线收窄，海陵县土地面积、人口数量及聚落数量大增，加之盐业发达，至南唐升元元年（937），升海陵县为泰州，取"通泰"之意，以为东都扬州的屏障，州治仍为海陵县。升元三年（939），析海陵县治南界五乡设泰兴县，黄桥在县之太平乡境内[⑤]。

3. 北宋建镇，里下河通江枢纽

宋真宗朝，黄桥已成大集，经济繁荣，宗教文化发达。咸平二年（999）建有文昌宫、祖师、关帝、东岳、城隍等庙宇。仁宗天圣四年（1026）建福慧寺（东寺庙）。庆历元年（1041）建定慧寺（西寺庙）。神宗熙宁年间，永丰里升为永丰镇，为黄桥建镇之始。

黄桥建镇固然受到泰兴建县的推动，但更深层的原因是北宋天禧年间（1017—1021）范仲淹在泰州西溪（今东台）盐仓监任上修筑范公堤和串场河，保证当时已有的各盐场场治、农田免受海潮冲决之患，同时形成了淮河与老通扬运河间南北向的水（河）、陆（堤）运输通道，串联各场场治，促进了沿线地区（即今日里下河地区）盐业生产、聚落发展和人口增长，同时也提高了黄桥的交通地位。黄桥北接里下河水网，南入长江，并正对江南运河常州孟河口，位于里下河地区通往江南的最近通道的枢纽位置。尽管官盐运输路线并不经过黄桥，但大量人员和其他物资可以经过黄桥快速往来江南和长江沿线，另有少量私盐亦经此路偷运，水运交通的重要性促进了黄桥建镇，并成为此后黄桥繁荣发展的主要动因。成书于元丰三年（1080）的《元丰九域志》中已经正式出现永丰镇一名，为泰兴县四乡二镇之一，另一镇为当时县治所在的柴墟镇（今口岸）[⑥]。即北宋时黄桥已经成为泰兴县东部的次中心，这一地位一直保持至今。

[①]《太平寰宇记》。
[②] 圆仁《入唐求法巡礼行记》。
[③]《新唐书·兵志》："唐初，兵之戍边者，大曰军，小曰守捉、曰城、曰镇，而总之者曰道。"
[④] 张国刚：《唐代乡村基层组织及其演变》，《北京大学学报（哲学社会科学版）》2009年第5期。
[⑤] 清光绪《泰兴县志》。
[⑥]《元丰九域志》。

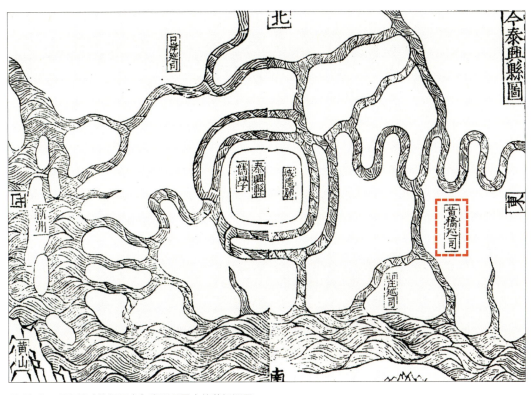

图 10-6　明嘉靖《维扬图志》泰兴县图中的黄桥巡司

南宋建炎四年（1130），岳飞任通泰镇抚使兼知泰州，部将牛皋驻扎黄桥，现有牛皋洗马池、藏兵洞（武器库）、牛皋旗杆等遗址、遗物，晚清举人朱铭盘有诗赞曰："衰草茫茫古战场，将军洗马留池塘。曾随金牌十二召，不把雄心负岳王。"①在此期间，黄桥也成为宋室南渡中北人南迁的定居点之一，人口得到进一步增长，黄桥望族何氏即于此时避居黄桥，以耕读为业。

4. 明清鼎盛，泰兴经济副中心

明洪武初，改永丰镇为黄桥镇，设巡检司②。泰兴县令吕秉直建黄桥巡检司衙门于黄桥西街，专任捕盗、防务、缉私盐、课税等务（图10-6）。整个明清时期，黄桥因其便捷的水路交通，具备发展商业贸易的有利地理条件，不仅是泰兴产业经济、商业贸易和政治文化副中心，也是里下河地区农副产品和人员往来江南的集散地，经济繁荣、文风昌盛，有"泰兴一城抵不上黄桥一镇"说法。

明代泰兴县划分为4个乡：东北部为太平乡，西北部为顺德乡，东南部为保全乡，西南部为依仁乡。乡以下设都，都以下为里，按明制，110户为一里，黄桥是县东北太平乡管理中心。清雍正十三年（1735），"裁革里甲，乡都之名不甚显著，群以巡检所治之区域别之"，泰兴县

① 黄桥历史文化研究会编：《古风黄桥》（未刊稿）。
② 《明史·地理志》。

分为捕辖、黄辖、口辖、印辖。其中黄辖地域：东接如皋县，北连泰州，西临口辖，南至印辖。辖内自然村逾150个，巡检司署驻黄桥。①（图10-7，图10-8）

黄桥也是军事驻防要地。明嘉靖年间，凤阳巡抚李遂为防止倭寇经黄桥逼瓜洲、仪征，侵犯南部，阻断粮道，命卫指挥王复乾镇守泰兴、黄桥。嘉靖三十八年（1559）倭兵突奔如皋，驻黄桥千户王良领兵与寇半途遭遇，王良父子及把总赵世勋、韩胤等阵亡，里人"卜镇西二十八亩地命工构堂塑像"②以祀之。清乾隆二年"右哨把总自凌家港调驻黄桥"后，黄桥成为驻军汛地（中国清代兵制，凡千总、把总、外委所统率的绿营兵均称"汛"，其驻防巡逻的地区称"汛地"，士兵一般在十数名到上百名之间）。

明清至民国时期，黄桥成为苏北农产品销往江南的集散地，"四方人士、商贩归往，云集蚁附"，俨然江北"一大区会"，商业经济繁荣，尤以猪、油、酒三大产业最为发达。生猪贸易催生了猪肉腌腊业，其中黄桥火腿与金华火腿齐名，称为"北腿"，1924年销售火腿十余万只，远销广东、香港、菲律宾、新加坡等地。粮食转运催生了发达的榨油业，1899年广东人何逢生在黄桥开设花生油厂，1922年李永兴油坊首用机器榨油，1924年机器油坊多达13家，日耗大豆200余石，年耗花生20万石，花生油销往江南各地及广东、香港等处。酿酒业自宋时即为地方政府税收主要来源，清代黄桥所产酒多销往沪、杭等地。1922年经民国政府农商部批准注册，黄桥镇成立与县城同级的商会，计有钱庄5家，典当2家，猪行近20家，油坊20余家，酒行10余家，粮行90余家，菜馆20余家，浴室4家，旅社、客栈近百家，烧饼店60余家，其他行业难以胜计③。

明清至民国，黄桥城镇建设和公共事业也迅速发展，逐渐形成今日黄桥古镇格局。明初镇内建有"预备仓"、"社仓"、社学、义学及祠庙等公共设施，后又陆续建设张王、蝗神、大圣、药师、龙王、观音等庵庙，养济院、育婴院、粥局、义庄、水龙局、太平缸等慈善场所，拱辰、直来、黄桥等桥梁。光绪二十九年（1903），丁氏绿野堂募资在纯阳宫创办"私立崇实小学"（今黄桥小学前身），为黄桥创新式学堂之始。黄桥名士丁西林、韩士元、章力挥均曾在该校就读。光绪三十一年（1905）黄桥设邮政代办所。1922年，黄家磷、丁哲愚等合资创办耀黄电灯公司。1924年，韩士元、何季甫、何季生、严则昭、丁廷楣、丁廷标创办"私立黄桥初级中学"。1932年，韩磬山、丁希朋创办利民长途汽车股份有限公司，购美国造24座客车4辆、7座汽车8辆，行驶于口黄、城黄、季黄线上，车站设于西门桥外顾孝子墓西④。（图10-9，图10-10）

① 清光绪《泰兴县志》。
② 何栗：《忠义祠碑记略》。
③ 黄桥历史文化研究会编：《古风黄桥》（未刊稿）。
④ 同③。

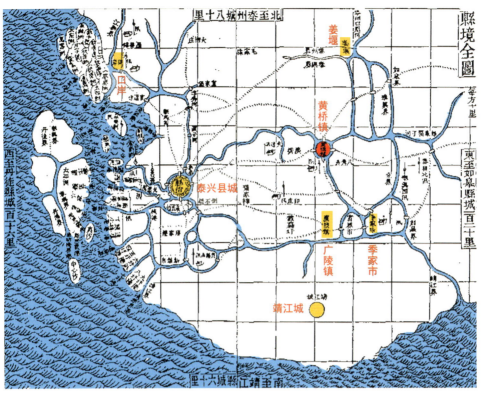

图 10-7　清光绪《泰兴县志》县境全图中的黄桥镇

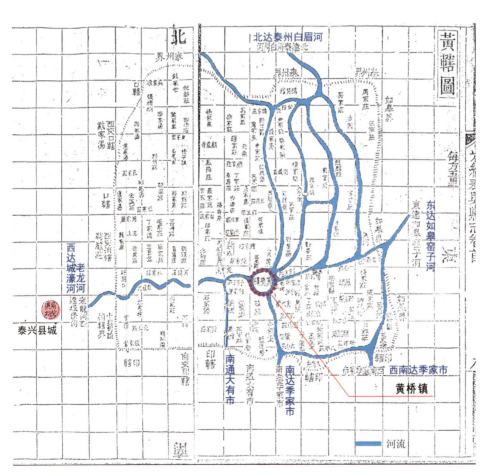

图 10-8　清光绪《泰兴县志》黄辖图

 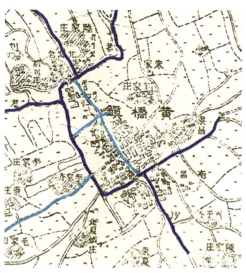

图 10-9　1940 年美国军用地图中的黄桥镇与长江及泰兴、如皋关系　　图 10-10　1916 年测绘江苏一比五万地形图中的黄桥镇格局图

5. 抗战扬名，苏北革命老区

民国至今，黄桥行政建制变化频仍，但一直保持着泰兴东部中心的地位。民国元年，黄辖撤销，设黄桥市，为泰兴 11 市之一。民国十八年，撤市设区，辖整洁、廉耻、简朴、礼义、古溪 5 个镇，溪北、分界、长生、诸葛等 24 个乡。1940 年陈毅在黄桥建立了"通如靖泰临时行政委员会"。1949 年黄桥解放，泰县和黄桥市两级政府同驻黄桥，后泰县并入泰州，黄桥改市为区。1956 年改为县属镇，一直延续至今。

抗战时期，黄桥一度成为苏中革命老区的行政、统战和军事指挥中心。1940 年春国民党顽固派大举进攻华中新四军，7 月初新四军江南指挥部为执行中共中央独立自主开辟苏北、发展华中敌后抗战的战略任务，率所属主力北渡长江挺进苏北，突破口选定在具有重要战略地位的黄桥，因其向东南可控制靖、泰、通、启地区与苏南新四军策应，向北可与盐阜地区的八路军联系，向西可与皖西、肥西等地的新四军第四、五支队联系，且经济富庶、群众基础较好。1940 年 7 月，新四军攻克由何克谦保安第四旅占据的黄桥，8 月陈毅在黄桥丁家花园建立"泰兴县抗日民主政府"和"通如靖泰临时行政委员会"，粟裕在原黄桥中学工字楼设新四军苏北指挥部旧址。1940 年 10 月，击败韩德勤 3 万来犯之敌，取得了我军战争史上著名的以少胜多的奇迹——"黄桥决战"的胜利。1941 年 1 月，新四军撤出黄桥。黄桥战役奠定了苏北抗日根据地的基础，打开了苏北抗日新局面。（图 10-11）黄桥作为中共宣传抗日主张开展统战工作和军事指挥的中心，因黄桥战役而名扬海内外，留下了大量的红色遗产。其中，通如靖泰临时行政委员会（丁家花园）、新四军苏北指挥部（工字楼）、第三纵队司令部（严复兴楼）、支前委员会（何氏宗祠）4 处旧址现已成为全国重点文物保护单位，《黄桥烧饼歌》、电影《黄桥决战》闻名全国。

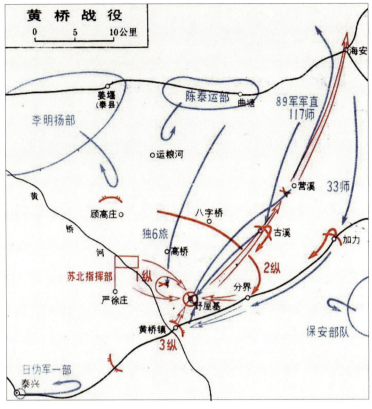

图 10-11 黄桥战役形势图

资料来源：新四军黄桥战役纪念馆提供

（二）空间格局分析

1. 镇区格局——三水环绕，一河中穿

黄桥为苏北水乡，镇内外水系众多。黄桥镇区外围，历史上由 4 条区域性河道汇聚和环绕。西北为龙开河，今称东姜黄河，南起黄桥北关拱辰桥，向西北到白米入老通扬河，从而向东联系海安和串场河，向西经姜堰、泰州入扬州大运河；正北为黄桥河，今称西姜黄河，南起拱宸桥，北至姜堰汇入老通扬运河，为引淮灌溉及排水入江的主要河道；西北为老龙河，今为如泰运河泰兴至黄桥段，向西联系泰兴县城；龙游河北接老龙河，由镇西北向南折东环绕镇区，经镇南文明桥向东接如皋，今称如泰运河黄桥至如皋段；季黄河由镇南文明桥向南，经季家市，至靖江入江，扼其北端，是里下河地区主要入江航道之一，又起引江补水作用。这些航道再加上陆路，使黄桥俨然形成四县通衢的格局，"东抵雉皋（如皋），西入城市（泰兴），南骥沙（靖江），北海陵（泰州）"[1]，四通八达。直至今日，这些河道虽有局部裁弯取直，但整体格局尚存，并依然保持着区域航道的功能。（图 10-12、图 10-13）

黄桥镇区内部亦有多条支河和池塘，其中最重要的为北起拱宸桥、南至文明桥，贯穿全镇的直来河和运粮河，二者以直来桥为界，首尾相接，沿线自南至北按次有南坝桥、大石桥、珠巷桥、米巷桥、红桥、永丰桥、直来桥、东岳桥、大关桥、小关桥 10 座联系两岸。直来河向北联系串场河，引淮水直入镇区，故名直来河。运粮河相传为明代初年黄桥望族何氏为家族运粮和出行，在自然小河道基础上浚深改造，北接直来河，

[1] 光绪《泰兴县志》。

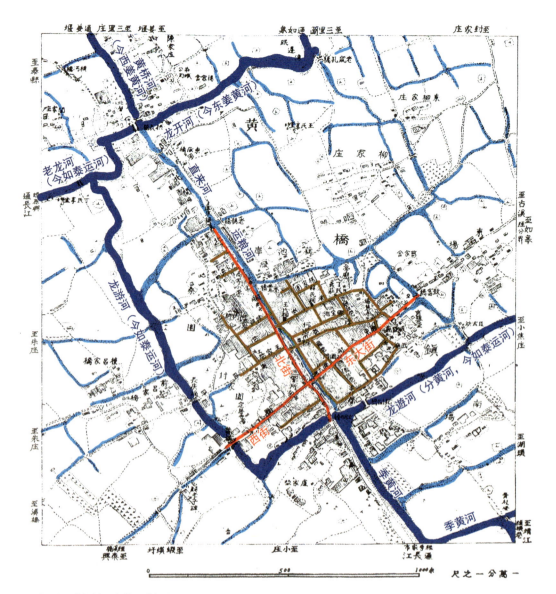

图 10-12 黄桥镇历史格局分析图
注：深蓝色表示区域水系，浅蓝色表示镇内水系，红色表示主街，黄色表示支巷。

资料来源：底图出自 1921 年一比一万黄桥镇地形图

南达文明桥接季黄河入江，得名运粮河[①]。事实上，运粮河是南来北往船只进入镇区中心的主要通道，也是明清黄桥粮、油、酒贸易的主要运道，是实至名归的运粮航道，两侧广布街巷，河西伴行有黄桥南北向干道——北街，堪称黄桥繁华市河和南北水陆交通中轴线。今日，直来河旧貌依然，运粮河于 1947 年填没为马路，后经多次拓宽形成今日的十桥中路（因运粮河上曾有 10 座桥梁得名），仍为黄桥最繁华的交通和商业中轴线。（图 10-14）

2. 街巷格局——十字大街，棋盘巷弄

黄桥古镇区历史街巷基本采用方格网布局，分为街、巷、弄三级。主街呈一纵一横的十字形结构，在大石桥交会，构成全镇最主要的交通和商业干道。南北纵向主街由北街和布巷组成，与纵贯南北的运粮河相伴，是与里下河、如泰和江南等地商贸往来的中心。大石桥以北至直来

① 黄桥历史文化研究会编：《古风黄桥》（未刊稿）。

图 10-13　1970 年代拍摄的黄桥镇卫星照片（图中红框范围与 1921 年一比一万黄桥镇地图图幅相同）

图 10-14　1980 年代初期的大石桥街口（左）和西门桥（右）

资料来源：http://www.hqol.cn/thread-507584-1-1.html

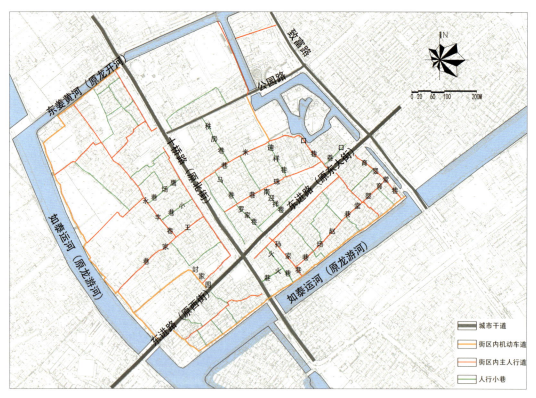

图 10-15　黄桥镇水系和街巷格局现状图

桥为北街，两侧商业最为繁华，其中永丰桥向北一段河宽水深，里下河地区经姜黄河（旧称官河）至黄桥的粮船可直开到永丰桥，故而在直来桥至永丰桥不足一市里的街上，开设了 28 家粮食行，故人们又称这里为"北行"。大石桥以南至文明桥（又称南坝桥，为江、淮水系分水坝）为布巷，长度很短，虽称为巷，但布业繁盛。北街、布巷自 1947 年填没运粮河开始，经过多次拓宽，成为今日十桥中路，仍是黄桥南北交通和商业中轴线。（图 10-15）

东西巷主街以大石桥为界，分为东大街和西街。东大街东至镇东致富路，东西两端分别设东圈门和双圈门（紧靠东圈门的是苏北地区最大的寺庙——福慧禅寺），总长约 250 米，宽约 3~4 米，青皮石、麻石铺装，两旁商店鳞次栉比，是黄桥本地居民商业中心，大商户尤为集中，有丁泰和、庆泰和、鑫泰和等布店，东宝成、西宝成烟店，裕泰和、震太和茶叶店，王永盛酱园店，仁源生、朱仁源、同德生、老太和等药店，其他杂货店、洋货店、水面店、肉松店、书店、广货店、邮电局、典当行和理发店等多达 50 多家。西街西经钟毓圈门至黄桥桥。黄桥桥俗称西门桥，可能是黄桥镇得名之处，名胜古迹较多，北宋仁宗庆历元年（1041）所建定慧寺、南宋抗金英雄牛皋旗杆、明初巡检司衙门以及清朝水龙局、八蜡庙、节孝坊等均位于西街附近，其商业不如东大街和北街繁华，但行业却是最多的，较大店铺有王永盛酱园、万源昌杂货、丁鸿瑞酒行、刘同盛煤铁、成大德药店，其他如绱鞋铺、成衣铺、纸马店、水酵饼、炸麻团、黄馒糕、糕团店、烧蜡店、索粉跳面店、荒饭馆、老虎灶、犁头店、铁铺、蜡烛坊、酱作坊、客栈、理发和其他与人们生活相关的店几乎都有，以市井小商业服务业为特色。东西大街经过解放后多次拓宽改造，现为东进中路，仍是黄桥东西向交通和商业中轴线。

与十字主街相协调，黄桥的巷道基本呈东西或南北走向，宽度 3 米左右，形成不规则的棋盘格局。主要的横巷有珠巷、米巷、王家巷、小巷、鹰场巷和赵场巷，主要的纵巷有罗家巷、南迎祥巷、口巷、迪祥巷、马巷、永丰巷、火巷、孙家巷、育婴堂巷和秩房巷。黄桥的街巷大多数以居住为主，但也有不少巷子内开设商店，并以其经营的商品而命名，其中最著名的是米巷和珠巷，二者都与运粮河相通，交通较为便捷。珠巷原名猪巷，是专卖仔猪的小猪行集中之地，清末

图 10-16　风貌保存最为完好的米巷（左）和珠巷（右）

民国后各色店铺渐多，遂改为雅称"珠巷"。米巷则为粮行、米店集中地，巷中世居的黄桥望族丁氏即以粮米业为主。

黄桥街巷格局还有一个特点，主要街巷两端均用"圈门"封闭。黄桥镇历史上没有城墙，但在主要街巷两头各砌上一道门，晨启夜闭以防盗，兼收防火分区之效。圈门两侧与民房相接，门洞大多为拱形，像城门洞一样，两扇厚厚的木门可锁可闩，门上建有砖木结构屋面。据年长者回忆，黄桥有 28 个圈门，如东大街的永丰门、西大街的凤翥门、布巷的利津门、米巷的永康门等等，南迎祥巷、罗家巷、迪祥巷、马巷都有圈门。珠巷东首的圈门面向大海，取名为"镇海门"，西首的面对长江，叫"澄江门"。弄是民居之间的便道，往往细长曲折，与巷垂直相交，宽 1.5 米左右。

时至今日，黄桥古镇区格局保存基本完整，主街虽经过拓宽改造，但绝大多数历史巷道遗存至今，除圈门无存、建筑更替外，基本保持着原有的走向、尺度和风貌，其中尤以米巷、珠巷风貌保存最为完好（图 10-16）。

（三）物质和非物质文化遗产

1. 物质文化遗产：类型众多、内涵丰富、风格古朴

目前，黄桥古镇保持着较为完整的空间格局和历史巷道体系，以东、西两片历史文化街区为代表。镇区内文物古迹众多，有 1 处全国重点文物保护单位——黄桥战斗旧址，1 处江苏省重点文物保护单位——明清古民居群，15 处市级文物保护单位——何御史府、中将府、福慧寺、宋顾孝子亭、黄桥战役革命烈士纪念塔、丁西林故居、粟裕墓、牛皋洗马池和"致富""文明"桥，保留完好的明清建筑合计 2000 余间，另有福慧寺宋代柱础、明代铜钟、明清碑刻、古井等其他物质遗存，数量众多，类型多样，内涵丰富。（图 10-17）

全国重点文物保护单位——黄桥战斗旧址，包含 4 个不同类型、不同时期的文物点，综合体现了黄桥的红色文化、家族文化、商贸文化和文教传统。其中，通如靖泰临时行政委员会旧址为清代建筑群，原是黄桥望族丁氏住宅和花园，也是我国著名地质学家丁文江的故居，不仅见证了陈毅、管文蔚的行政管理、战斗指挥和统战工作，具有革命史意义，也具有建筑技术艺术、家族文化和丁文江生平的研究价值；新四军苏北指挥部旧址为原黄桥中学工字楼，是黄桥乡贤于 1924 年创立私立黄桥初级中学时建造的仿德式主教楼，不仅具有见证黄桥战役全过程的革命史意义，也具有独特的近代建筑技术艺术和教育发展史上的价值；新四军第三纵队司令部旧址原为清代严复兴油坊的会客小楼，不仅见证了黄桥战役的指挥艺术，也见证了黄桥工商业发展及其建筑技艺；黄桥决战支前委员会旧址原为明代何斐御史府第，清代扩建为黄桥何氏宗祠，是黄桥人民支持新四军的见证地，是著名的《黄桥烧饼歌》的诞生地，也是研究何氏宗族文化和黄桥移民史的实物见证，更因其雄壮精美的明代大厅而具有极高的建筑历史研究价值。（图 10-18）

黄桥目前留存的古建筑有少量明代民居，

图 10-17 黄桥镇区内历史文化街区和文物保护单位遗存分布图

资料来源：《黄桥历史文化名镇保护规划》

图 10-18 黄桥战斗旧址 4 处文物点：丁家花园鸟瞰（左上）、何氏宗祠明代大厅（右上）、黄桥中学工字楼（左下）、严复兴油坊会客厅（右下）

① 李新建：《苏北传统建筑技艺》，东南大学出版社，2014。

大量的清代和民国建筑。黄桥传统建筑虽和苏北大多数地区一样以青砖灰瓦的硬山建筑为主，但根据笔者研究，其在建筑风格和技艺上与南通西部、泰兴东部、盐城南部同属通泰片，在梁架体系、屋面提栈、柱础样式和装饰细部等方面与苏北建筑工艺分区中维扬、两淮、徐海等其他3个片区有明显区别，更加接近苏南做法①。

图 10-19　黄桥何氏宗祠门屋扁作穿斗式梁架

图 10-20　扬州国庆路民居圆作穿斗梁

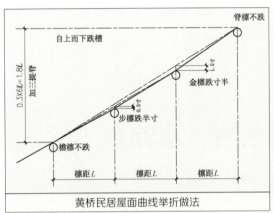
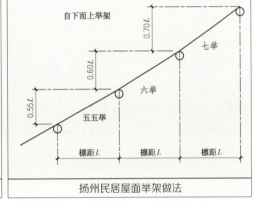

图 10-21　黄桥民居和扬州民居梁架及屋面做法对比图

梁架体系上，黄桥等通泰片传统建筑以正交穿斗梁架为主，仅有少量明代民居采用正交抬梁梁架，与扬州和苏南较为接近，不同于以正交抬梁梁架和圆作梁为主的淮安地区、以三角梁架为主的徐海地区；且在梁断面上较多类似宋《营造法式》的扁作直梁和月梁，这又与以圆作直梁为主的扬州不同（图10-19、图10-20）。在屋面提栈做法上，黄桥等通泰和盐城南部地区，以举折做法为主，与宋《营造法式》和清苏州地区《营造法原》做法类似，先按通进深确定屋面总高，然后再进行折减而形成屋面凹曲线（黄桥周边地区称为"旺"，有旺财之意），且有"跌金不跌步"之说，即步柱跌得远比金柱少，所以从室内看起来脊步坡度有突然变陡的感觉，其屋面坡度曲线与扬州淮安等地类似清官式举架做法不同（图10-21）。

黄桥传统建筑具有风格古朴的特点，不仅体现在前述的梁架和屋面曲线做法上，还体现在普遍使用木楯柱础上。木楯柱础是见于宋《营造法式》的古老做法，在中国绝大多数地区的明清建筑中已绝迹，但在苏州、南通、泰州、盐城、南通一带出现，通泰地区数量较多，其中又以黄桥的实物遗存最多，且一直沿用至今（图10-22）。

此外，黄桥传统建筑的大撑脚屋脊做法也有一定特色。苏北各地屋脊的脊头均有不同程度的翘起，越是脊身曲度大的地区，脊头反而相对越简单平直。徐州、南通、淮安地区脊身曲度最大，而不用专门的凸起的脊头构件（兽头除外），脊头并不做大幅度的起翘和刻意的装饰。包括黄桥在内的扬州、泰州、靖江、东台等地脊身平直，但一般均使用哺鸡、万卷书等专门的脊头瓦件，脊头出挑甚少且普遍以灰塑装饰。其中，黄桥和靖江、姜堰、东台等地的大撑脚、燕尾等起翘的脊头，高耸峻峭，几近直立，再辅以花篮、寿字、喜字等瓦花或望砖拼花，是十分醒目的装饰重点。（图10-23）

图10-22 黄桥丁西林故居木榅柱础

图10-23 黄桥传统民居屋脊大撑脚脊头举例

2. 非物质文化遗产：旌孝重教、行商兴业、爱国拥军

黄桥现有列入各级保护名录的非物质文化遗产项目3项，黄桥烧饼制作技艺被列入江苏省非遗项目，黄桥卤菜制作技艺被列入泰州市非遗项目，蟾蜍制作医药技艺被列入泰兴市非遗项目，除此还有在本地具有一定影响的传说故事、名人轶事、老字号、传统技艺、民俗等广义的非物质文化遗产。鉴于内容庞杂，且大部分民俗和传统技艺等非遗和周边城镇具有很多共性，不再一一罗列，本节仅从黄桥地方文化内涵最突出的方面，将上述非物质文化遗产归结为旌孝重教的礼教文化遗产、行商兴业的传统工商业遗产、爱党拥军的红色革命遗产三方面进行概述。

黄桥具有旌孝重教的传统，民风淳朴，历代名人辈出，大量的相关非物质文化遗产，体现了中国儒家礼教思想的影响力和生命力。以孝行列入《宋史》的顾忻是黄桥见于正史的第一人，也是中国古代著名孝子之一，明成祖朱棣作诗褒扬，黄桥人民为其立碑旌表，虽碑已不存，但其孝行故事至今仍在黄桥及周边地区广为传颂，内化为敦孝悌、睦宗族、尊国家、兴学校的良好社会风气。黄桥自明代起即建有社学和义学，名人辈出，仅何氏一门在明弘治至万历的90年间，就出了4名进士、10名举人、83名秀才，其中南京太仆寺少卿何棐（1464—1541）、广平知府何棠（1452—1522）均青史留名，至今黄桥仍有明代何氏宗祠、何御史府、纪念何棠的明代知府桥（现致富桥）、近年考古发现的何氏家族墓群，以及祭祖大典、家谱家训等相关文化遗存。黄桥走出的名人们在朝则忠心国事，归乡则造福桑梓，著书立传，创办学校，捐建桥梁、寺庙和慈善机构。以丁、何、朱、韩"黄桥四大家"为代表的黄桥乡贤尤为重视教育，成立于光绪二十九年（1903）的私立崇实初等小学是黄桥镇中心小学的前身，由丁氏家族募资创办。民国中央研究院总干事、中国地质学之父丁文江是丁氏家族名人代表，其故居即为通如靖泰临时行政委员会旧址。今日江苏省四星高中黄桥中学的前身是创办于1923年的黄桥初中，是邻近四县的第二所中学，由四家族联合捐资建立，校长为毕业于国立北京工专的韩士元（后为苏州工专和中央大学教授），联合创办人包括其老师严则韶、何卓甫（秀才）、何

图10-24　顾孝子墓碑亭（左）和韩秋岩故居（右）

图10-25　裕泰和茶叶店旧址（左）和随处可见的黄桥烧饼店（右）

季生（苏州师范毕业，小学教师）以及何卓甫的学生丁廷标（后为民国社会活动家、中国青年党党员）、丁廷楣（民国著名实业家），新建仿德式的教学楼由上海同济建筑公司免费设计（黄桥丁燮坤为该公司创办人之一），此即后来的新四军苏北指挥部旧址。除上述名人外，黄桥还涌现了辛亥革命元勋朱履先，著名剧作家、物理学家、社会活动家丁西林，中国科学院院士、生物学家王德宝等一批名人，他们的故居保存完好[1]。（图10-24）

黄桥水陆通衢，以猪、油、酒为特色的传统工商业带动了市井繁荣，产生了一大批传统工商业遗产，其中包括因黄桥战役而闻名全国的黄桥烧饼制作工艺（江苏省级非遗），以美味鲜老字号为代表的黄桥卤菜制作技艺（泰州市非遗），以及传统药材蟾蜍制作工艺（泰兴市非遗）。其他未列入各级非遗目录的还有裕泰和茶叶店、至今仍在营业的老泰和药店等工商业老字号，以及涨烧饼、花鱼浇、春拌等传统饮食，黄桥土布等传统产品制作技艺。（图10-25）

黄桥因水陆交通枢纽而成为兵家必争之地，自古这里就有爱国拥军的传统，是南宋岳飞牛皋抗金、明朝王良抗倭的古战场，也是辛亥革命中攻克南京的朱履先中将的家乡，也是第二次国内革命战争时期红十四军的诞生地；至抗战时期黄桥决战中更是达到高潮，留下了浓墨重彩的红色革命遗产。黄桥决战期间，黄桥士农工商各界均积极参加，全力支持陈毅、粟裕、管文蔚领导的新四军。一方面提供新四军办公指挥用房，通如靖泰临时联合行政委员会设于丁氏住宅和花园，新四军苏北指挥部

[1] 黄桥历史文化研究会编：《古风黄桥》（未刊稿）。

图 10-26　红色遗产：黄桥决战电影海报（左）、粟裕部分骨灰安葬处（中）、黄桥战役纪念碑（右）

设于黄桥中学工字楼，新四军三纵指挥部设于严复兴油坊；另一方面何氏宗祠成立支前委员会，男子参军，女子抬担架、做被服，家家户户日夜赶做当地特产"黄桥烧饼"，车推担挑从四面八方送往前线；这对取得黄桥战役的胜利起到了重要的作用。当时在前线的著名抗战作曲家章枚据此创作的《黄桥烧饼歌》以及 1985 年拍摄的电影《黄桥决战》均流传大江南北，成为著名的抗战歌曲和红色电影之一。如今，黄桥战斗旧址已成为全国重点文物保护单位，还有陈毅亲自题词的黄桥战役烈士纪念碑，以及埋葬抗战将士遗体和粟裕部分骨灰的烈士陵园，是全国爱国主义教育示范基地和全国百家红色旅游经典景区之一。（图 10-26）

（四）特色和价值

黄桥镇相传始于汉"永丰里"，因地处泰兴等五县地理中心，水陆交通和军事地位突出，北宋正式设立永丰镇，明清时期发展成为泰兴东部巨镇，至今已有一千多年的历史，并仍保存着以全国重点文物保护单位黄桥战斗旧址为代表的 20 处文物保护单位，以及各类历史建筑和古民居，是中国古代水陆通衢之地集镇发展的一个典型例证。

黄桥具有耕读传家、旌孝重教的优良传统，宋代孝子顾忻因孝道而感天动地并载入国史，明代何氏"一门四进士，七十二举人"文风昌盛，清代至现代何萱、朱履先、丁文江、丁西林、王德宝等人才辈出。同时黄桥也是闻名全国的革命老区，是中国工农红军第十四军的革命策源地之一，也是黄桥决战时期的军事和统战工作中心，具有中华优秀传统文化和爱国主义教育价值。

黄桥镇为长江老岸，素有"北分淮偯，南接江潮"的水上枢纽之称，是苏北里下河地区通往江南的最近通道。其选址远水患而近水利，镇址千年不变，发展繁盛不衰，是古代城镇选址的科学例证。古镇具有三面环水、一河中穿的水系格局，街巷格局以十字大街、棋盘巷弄为特色，有别于绝大多数古镇仅有一条主街的鱼骨形街巷格局，反映了其水运四通八达、经济人口繁盛的历史地位，具有一定的古代城镇形态研究价值。

黄桥镇区内历史街巷体系基本完整，大多数街巷保持着平缓舒展的天际线、古朴丰富的沿街立面，以及前店后作坊的居住形态，整体保持着较为完整的传统风貌。目前留存有两片历史文化街区，文物古迹和传统建筑面广量大，其中尚有少量的明代民居，以及大量的清代和民国建筑，在建筑风格和技艺上属通泰片典型代表，接近苏南做法，且尚存宋明建筑古制，具有一定的建筑历史和技术研究价值。

图 10-27 大桥镇卫星影像图

三、三江口边大桥镇

大桥镇地处扬州市江都区东南部,东至泰州高港区,南至扬中市、扬州广陵区、长江、夹江线,西至江都区仙女镇,北至江都区宜陵镇、吴桥镇。大桥镇自南宋起就建有"大桥山寨"(见后文),是扼守白塔河入江水道和扬州泰兴间陆路的水陆通衢,明代因白塔河通漕而勃兴,此后一直是扬州东南地区的行政、经济和文化中心,2014 年入选第六批中国历史文化名镇。(图 10-27、图 10-28)

图 10-28 大桥镇区位图

资料来源：《大桥历史文化名镇保护规划》

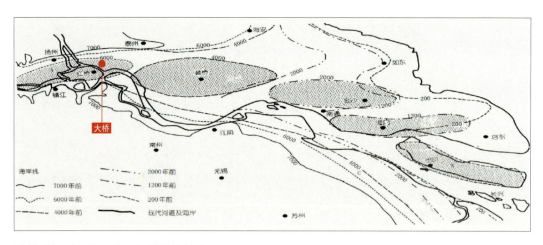

图 10-29 大桥镇与长江河口段岸线变迁关系图

资料来源：底图出自曹光杰等《全新世以来长江河口段河道的演变》，《人民长江》2006 年第 2 期

（一）镇村体系变迁

1. 明代以前：滨江老岸，水陆交汇宋山寨

大桥镇位于长江古河谷的"老岸地区"，在前文所述的长江三角洲发育6个阶段中，属于最古老的红桥期，在6000年前即已形成沙洲，至4000年前与陆地相连，是长江北岸最古老的高沙平原地区。今大桥镇平均海拔6米，境内基本平坦，有江都"屋脊"之称。（图10-29）

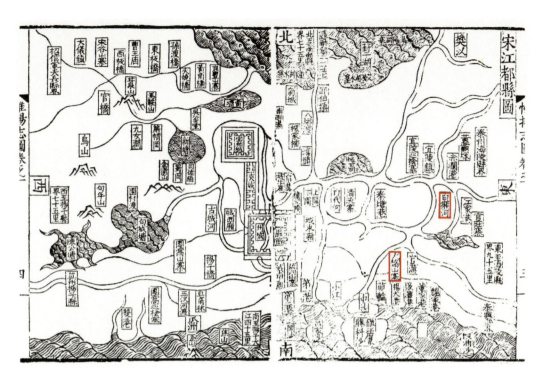

图 10-30　明嘉靖《维扬志》中"宋江都县图"上的大桥山寨

由于所在地势较高，大桥镇可能很早就有人类活动，唐代亦有开元寺的记载，但见于史籍的聚落形成最早只能追溯到南宋时期。明嘉靖《维扬志》记载大桥山寨是南宋江都乡兵山水寨之一，并在其"宋江都县图"中明确标注为"大桥山寨"[1]（图10-30）。山水寨是南宋时期江淮地区抗金义军最基层的组织形式，以农民和渔民为骨干，并有部分士兵参加，依靠有利的地形条件筑寨抗敌。山寨一名说明宋代大桥镇地势较高，已经形成一定规模的聚落。

在该图中，南宋江都县城（今扬州）以东出现的地名只有宜陵镇、大桥山寨、官庄寨，可见此时大桥已经成为扬州东乡地区的重镇。大桥山寨扼守白獭河向南的入江通道，白獭河与官沟交汇的水口，以及一条东西向连接泰兴境内和扬州城的陆路。

白獭河在南宋宝庆三年（1227）成书的《舆地纪胜》中有明确记载，称其"在江都县（即扬州）东六十里，名龙儿港，《图经》云：尝有怪物自海陵（即泰州）穿入此港，过古盐河（汉吴王刘濞所开，约略为今老通扬运河）南岸，变为白獭，故名"。一般认为白獭河即白塔河的前身，相传因在白獭河出运盐河口（今白塔村一带）建塔镇妖，而逐渐改名为白塔河。从图中位置看，白獭河的走势与白塔河一致且已经通江。明成化十三年（1477）王㒜《扬州府重修白塔河记》亦载："（白塔河）盖古运河支流，以南属于江，北达于淮者也。皇明宣德壬子，平江伯陈公瑄酾浚旧道……"[2]由此可知，宋代白獭河已经通江，且作为古运河支流可能已通漕运。后代地方史料普遍认为明代陈瑄使开白塔河通江并通漕的说法并不确切。

图10-30中官沟疑即为《舆地纪胜》中的龙儿港东段[3]。据清末江都浦头籍诗人张燮恩《斯斋诗话（稿本）》考据，龙儿港北起古盐河，

① 嘉靖《维扬志》。
② 《明文衡》卷三十七。
③ 《舆地纪胜》。

曲折向东南至浦头后再分两支，一支向南至杨湾口入江，一直向东到泰兴口岸入江[①]，与图中官河自大桥北分白獭河向东沿江入泰兴界的走向完全一致。因今泰兴口岸镇南宋时名为柴墟，是泰兴县治所在，岳飞还曾一度迁海陵州治于此，龙儿河东段是口岸入白獭河、古盐河以达长江和大运河的主要水道，因而称为官沟。

嘉靖《维扬志》"宋江都县图"中扬州以东只表示了一条陆路，东起泰兴县界（口岸），在大桥山寨过白獭河后分为两支，一支继续沿江向西至三岔河入大运河，一支向西北达扬州，推测为当时口岸（泰兴县治）进入扬州城及大运河入江口的主要陆路，其走势和明清、民国乃至今日口岸—大桥—仙女庙—扬州的陆上干道基本一致。

因此，南宋时期大桥已经奠定了其水陆交会点的重要区位。水路北达宜陵接古盐河入运河，南入长江或东南至泰兴口岸入江；陆路东连泰兴，西接扬州和大运河。

2. 明代：筑闸通漕，建镇设仓巡检司

宋代大桥就已形成的水陆交汇的区位优势，至明永乐年间白塔河通漕后达到顶峰，并正式建镇。明永乐七年（1409），平江伯陈瑄在原白獭河基础上开浚白塔河，从大桥正北的宜陵分运盐河（老通扬运河）水，向南经大桥出长江，以备运河、淮河泄江之用。永乐十三年（1415）罢除元代一直沿用的海运，漕运全部经由运河转运，原有的瓜洲入江口不堪重负，漕船日益改由白塔河入江。白塔河与常州孟渎隔江相对，漕船可径直过江进入江南运河，比起瓜洲入江的险远江路和盘坝劳费而言更为便捷，但因处于高沙地区不久便因淤浅而废[②]。宣德七年（1432），陈瑄再次奉旨疏浚白塔河，并"建新开、大桥、潘家、江口四闸，以备蓄泄，以利江南漕运"[③]，大桥闸所在的大桥镇从一般的水陆通衢城镇，上升为漕运节点城镇。

此后，位于高沙地带的白塔河经历不断的淤塞、疏浚、修闸、筑坝，断续维持着漕运入江通道的功能，扼守白塔河口的大桥镇得到了迅猛发展。

正德末年（1521），由于镇江上下里河开浚，瓜洲运口可直达江南运河，白塔河彻底结束漕运功能，但仍是商舶民船往来的重要孔道之一。因此，大桥并未因漕运中止而衰落，仍然保持着水陆通衢的区位优势和发展势头。嘉靖年间（1522—1566）的《维扬志》首次出现"大桥镇市"的名称，与扬子桥、瓜洲、湾头、邵伯、大仪、宜陵并列为扬州七大镇市之一，"镇市"一名反映此时大桥已有固定的较为繁华的商业。在嘉靖《维扬志》"今江都县图"中白塔河是沟通运盐河（今老通扬运河）和长江的唯一主河道，并有一条东西向陆路自扬州东门向东，在大桥过白塔河，再向东进入泰兴县界，可见大桥交通地位之重要（图 10-31）。

至万历二十九年（1601），大桥已设有巡检司（万历《扬州府志》"归仁镇巡检司"条下注明"在大桥镇"），与邵伯镇、瓜洲镇、万寿镇、上官桥镇并列为扬州 5 个巡检司之一，根据白塔河虽不通漕运但仍可行船通江、贩运私盐的事实，不难推测在巡检司"捕盗、防务、缉私盐、课税"职能中缉私盐当为其第一要务。同时，扬州 6 个预备仓之一也设于大桥镇[④]。巡检司和预备仓的设立，表明大桥已经成为扬州东乡地区的行政和经济中心。

[①] 张燮恩：《斯斋诗话（稿本）》。
[②] 《扬州水道记》。
[③] 《明史·宣宗实录》。
[④] 明万历《扬州府志》。

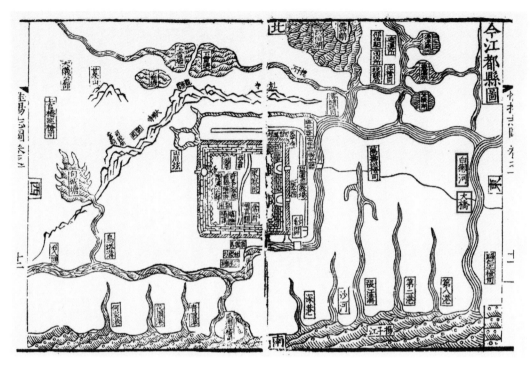

图 10-31　明嘉靖《维扬志》中"今江都县图"中的白獭河和大桥镇

3. 清代至民国：理水筑桥，街市繁盛"小扬州"

清初的大桥镇"居人日众、遂为大镇"[1]，镇区规模扩大，并开凿了玉带河。据《大桥镇志》记载，玉带河南端在南坝口接白塔河，经包家桥、青龙桥向北，在三墩桥接白塔河，形如玉带绕镇而过，故称玉带河[2]。玉带河的开凿，固然有"玉带缠腰"的风水寓意，更是受人口增长和水陆交通综合影响的产物。由于大桥是泰兴至扬州陆路交通的必经之地，镇区没有像大多数水乡古镇那样沿河发展，而是同时向东、西延伸，玉带河解决了距离白塔河较远的东部居民的饮水问题，同时也将龙儿河等东部和东南部支河与白塔河连通，缩短了东部泰兴等地船只经白塔河出入长江的航程。玉带河的开凿，使大桥获得了"带水"的别称，限定了镇区边界，贯通周边四通八达的支河水网，同时也对街巷格局产生了决定性的影响（详见后文）。（图10-32、图10-33）

康熙年间建成的永济桥是影响大桥经济发展和空间演变的重大事件。大桥之名虽在南宋就已出现，但文献中并未明言是否建有桥梁。据《维扬大桥镇朱氏族谱》之"东柱江公列传"记载，"始带水往来者皆以船渡"，地人朱江"独肩其费造桥以济行人"，于康熙年间在白塔河上建石拱桥一座，以此桥和"带水"相连，遂亦名带桥（"大"和"带"古音相同）。带桥原为单拱石桥，桥心设单檐歇山桥亭一座，东西桥面铺石阶供行人踏级，石阶中央嵌垂直条石，条石中凿凹槽供小车推行。桥亭四根石柱上镌刻有两副楹联，其中东面楹联是"南北赏江湖，潮落潮生终不息；东西达城市，人来人往为何忙"，十分明确地指出了大桥南北沟通长江和运盐河，东西联系扬州和泰兴的水陆通衢地位[3]。

[1] 清乾隆《江都县志》
[2] 江都县大桥镇志编纂领导小组：《大桥镇志》，中国商业出版社，1995。
[3] 同[2]。

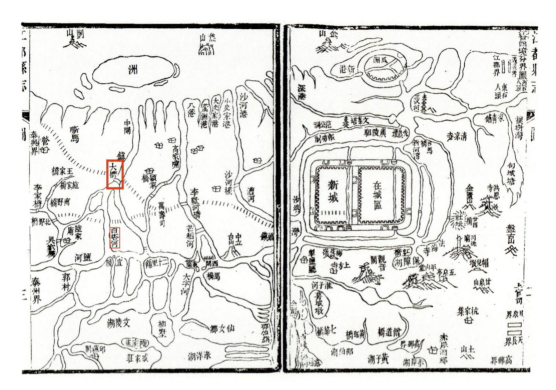

图 10-32 清乾隆《江都县志》中的大桥镇

玉带河和永济桥大大便利了泰兴至扬州之间的东西向水陆交通，促进了商业经济发展，也奠定了大桥今日历史镇区的空间格局。南北向商业沿白塔河两侧展开，尤以东侧更盛，南北长达1千米，店铺林立，有"大码头"之称。东西向的主街跨越带桥，桥东为中大街和东大街（今合称繁荣街）以及与之T字形相交的掦扒街（因农具掦扒形状为T字形而得名），桥西为仁寿街（因仁寿巡检司而得名，今称通扬路），此外东西向的北后街、南后街和南北向的鱼市口也有较为繁华的商业，街面长达3里，有大小店、铺、行、馆、楼、坊等200多家。

清末民国时期，大桥的商业大致可以分为两类，一类是所有古镇都必备的以满足镇区及周边乡村生活所需的各类传统商业、服务业、手工业，其中以"三祥一茂"（祥盛布店、天祥香店、天福祥、福茂南货店）最为著名。另一类是因其水陆通衢地位而带来的特色产业，包括名闻遐迩的丝线业、布业、"五洋"业和粮食业。

丝线业兴盛始于光绪年间，部分镇江丹徒居民移居大桥，他们引入镇江发达的江绸丝线技术，开设丝线作坊，最多时达40多家，并成立"线业公所"。大桥丝线远销苏北各县，东台的广顺号、兴化的亿生源号等每次购线多达上百扒（每扒丝线约20两）。

布业、木排业、五洋业兴盛于民国时期。布业多从江南江阴（江布）、上海、镇江（绸缎）、通州（大布）、嘉兴硖石（漂布）、嘉定曹王寺（大机布）等地进货，销往三泰及里下河地区。木排主要由江西木商经营，从长江顺流而下，在河口、大桥一带销售，在大桥镇建有"江西会馆"。抗战期间，由于日军盘踞在镇江、上海、扬州一带城市，里下河等地客商去苏南购物十分不便，于是大桥镇成为苏南各类商品销往苏北的主要集散地之一，一度有"小扬州"之称，商业极盛一时，其中尤以"五洋"业（香烟、蜡烛、火柴、煤油、粗细纱）最为兴隆[1]。

① 江都县大桥镇志编纂领导小组：《大桥镇志》，中国商业出版社，1995。

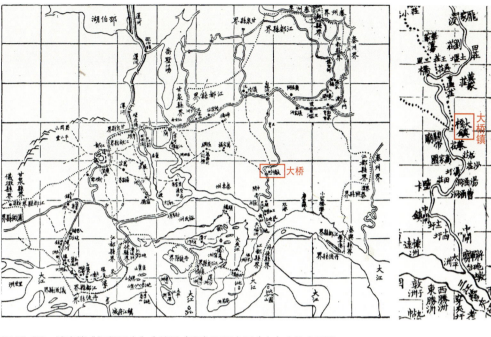

图 10-33　清光绪《江都县志》全境图（左）和四乡图（右）中的大桥镇

粮食业（陆陈业）是大桥首要商业门类，自明清至民国一直长盛不衰，民国鼎盛时期有 50 多家粮行，周布全镇并分为东西南北四行，南行出入长江入江南，北行出入运盐河入里下河地区，东行出入龙儿河达泰兴，西行出入扬州。

民国初年，大桥镇重修带桥桥亭并改名"永济桥"。稍后，为防御兵匪盗贼骚扰，由镇内商号富户动议出资，于镇区各街巷路口布设 13 道半圈门，最终形成历史镇区的空间格局。1936 年，途经镇北的江平公路建成通车，但随即因抗战而长期失修，交通几乎中断，对镇区空间格局没有显著的影响。据解放初期统计，镇区建成面积为 0.26 平方公里[①]。（图 10-34）

解放后，陆路交通逐渐取代水运交通成为主要交通方式，大桥的水运区位优势逐渐丧失，商业逐渐衰败，除寺庙和富户大宅被改作政府办公、学校和小型工厂外，镇区内部发展基本停滞，但由于江平公路的恢复通车，镇北部陆续新建汽车站及部分工厂。1966 年疏浚取直白塔河大桥段，拆迁沿岸两侧部分建筑，拆除石拱永济桥并原址改建为 5 米宽钢筋混凝土拱桥，同时拆除镇北江平公路桥并改建为节制闸桥。

改革开放以后，大桥镇主要街巷陆续整修，东西主街宽度从 3 米拓宽为 4～5 米，南北主街人民路拓宽为 6 米，先后新辟通泰路、东园路、镇北路、镇扬路、朝阳街，并沿新辟道路建设居住新村，整个沿江平公路向北、向东扩展。2000 年以来，因江平公路拓宽为 S336 省道（沿江高等级公路）和 S233 省道（射阳至江都）的新建，镇区进一步向东、南、北三面拓展，但历史镇区格局基本保存完好。（图 10-35）

① 江都县大桥镇志编纂领导小组：《大桥镇志》，中国商业出版社，1995。

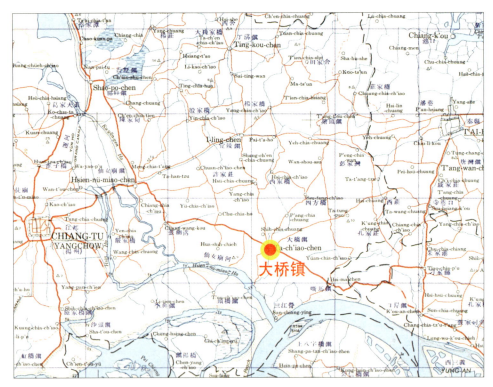

图 10-34　1940 年美国军用地图中的大桥镇与长江及扬州、泰县和口岸关系图

资料来源：澳大利亚国家图书馆 http://nla.gov.au/nla.obj-233209202/view#

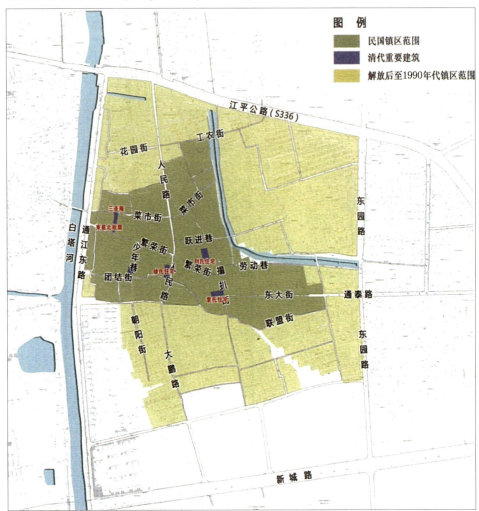

图 10-35　大桥镇空间格局历史演变分析图

资料来源：《大桥历史文化名镇保护规划》

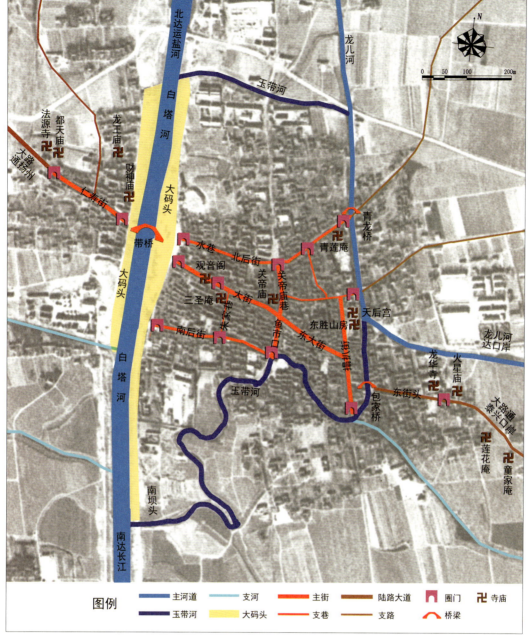

图 10-36 大桥镇历史格局推测复原图

资料来源：底图出自 1970 年美国军事卫星航拍照片

（二）空间格局分析

1. 水陆要道奠定十字主轴

作为水陆通衢之地，南北向的白塔河和东西向的扬泰陆路在大桥交汇，成为决定大桥历史镇区空间发展的十字主轴。

白塔河至迟在宋代就已南通长江，北接运盐河，是里下河地区联系江南最边界的运道之一。白塔河两岸为船舶停靠装卸之所，南北长达 1 千米，在清末民国时称为"大码头"，但因其并非主要的商业活动场所而不称为"街"。

扬泰陆路自宋代就是联系扬州和泰兴口岸的主要陆路，清末民国时期白塔河西称为仁寿街，河西包括大街、东大街，是主要的商业店铺聚集地。

因此，大桥历史镇区并非单纯沿南北河道延伸，而是同时沿陆路向东西向发展，形成团状而非线状的整体形态。（图 10-36）

2. 玉带河桥牵引街巷格局

清初开挖的玉带河沟通了白塔河和龙儿河等东部和东南部支河，缩短了东部泰兴等地船只经白塔河出入长江的航程，整体上使古镇发展重心固定在白塔河东岸。受东西向陆路交通的影响，带水桥和玉带河水湾及桥梁的位置成为牵动古镇街巷走向和格局的主要因素。

根据历史文献和村民访谈，大致可以推测玉带河河道走势及包家桥、青龙桥的位置。南北向主要街道为白塔河东岸的大码头，由大街、东大街（今合称繁荣街）构成的东西主街，走势西北端指向带桥，东南端指向龙儿河和东南支河之间的玉带河湾中点，与南北向的掇扒街呈"T"字相交，在经掇扒街与北面龙儿河口的包家桥和南面支河口的码头相连。

除了上述主街外，民国以前大桥称为"街"的还有南后街和北后街，北后街联系青龙桥和带桥，南后街联系玉带河东南水口和大码头，均为东西走向。位于大街和东大街交会处、南北联系北后街和南后街的南北短街称为鱼市口，是清末民国时期的商业中心，也是除掇扒街外唯一的南北向街道。

3. 圈门寺庙守护古镇内外

清末民初时期，许多商贸集镇为防止兵匪盗贼骚扰，均建有圈门。集镇的圈门犹如城市的城门，凡通往街外的道路均设圈门，入夜，四处圈门关闭后，镇内与镇外的交通隔绝。因此圈门位置的确定，有助于判断古镇历史镇区范围。

根据本地故老回忆，大桥镇共有13道半圈门，但具体位置并不明确。《大桥镇志》记载了其中的9座半，包括东边东街头的龙华寺圈门、东大街的曲巷圈门，西边河西卞朗西住宅门口前的圈门，南边鱼市口圈门、花土地庙圈门、徐氏宗祠圈门，北边北后街刘厚住宅后门口圈门、关帝庙北段圈门，中间中大街观音阁下圈门，另有东街谢家巷内圈门为谢家私宅所设，称为半道圈门。其余3座圈门名称和位置付诸阙如。

与圈门数量相巧合的是，大桥镇在清末民初也正好有13个半寺庙，主要位于东西大道、圈门口或水口处，现均已不存。其中，法源寺和都天庙同建于明朝，相互紧邻，位于镇西圈门外。火星庙建于明末，童家庵建于清初，莲花庵建于清，三者均位于镇东圈门外。龙华寺建于清初，位于东圈门内。青莲庵建于清，位于青龙桥头。财神庙和龙王庙均建于清，位于白塔河西。关帝庙始建于宋，位于中大街和东大街交会处。三圣庵建于明带，位于中大街和朱家巷口。天后宫位于掇扒街北首水口，传为江西木帮建于清代中叶，俗称大庙。东胜山房建于清，位于天后宫之南，因其规模较小而俗称小庙。观音阁建于清雍正年间，位于圈门之上横穿街心，仅有一阁楼供观音神龛，似庙非庙，故称为半个庙[①]。

（三）物质和非物质文化遗产

1. 物质文化遗存：石板古街多老店，青砖宅第连成片

目前，大桥古镇有着河镇相依的整体格局和基本完好的历史街巷体系，镇内有1处江苏省文物保护单位——徐氏宅，8处扬州市文物保护单位——史宅厅房、刘氏住宅、童氏住宅，团结街楠木厅、袁氏住宅、刘氏住宅、束星北故居、宝源钱庄等，21处未核定为文保单位的不可移动文物，以及大量的传统建筑和多处古井、古树。（图10-37）

① http://blog.sina.com.cn/s/blog_435df9760102x9b0.html

图10-37 大桥镇历史遗存分布图

大桥镇西的白塔河和镇东的龙儿河虽经拓宽和局部裁弯取直，但其位置和走势至今未变，依然保持着和大桥镇区之间镇河相依的整体空间关系。镇区内历史街巷格局保持完好，除南北向人民路（关帝庙巷—鱼市口—董家巷）经过大规模拓宽改造外，其他繁荣街（中大街—东大街）、揸扒街、菜市街（水巷—北后街—关帝庙场—青龙桥）、团结街（南后街—花土地庙）、联盟街（南后街）、跃进巷（顾家场）、少年巷（朱家巷）等均保持原有的走向和尺度。

繁荣街和揸扒街是古镇发展的东西主轴和商业主街，历史风貌保存最为完好，明清时期的青石板铺装全线贯通，至今保持着古镇区商业主街的地位，市面繁华，人流如织，传统商业、手工业和服务业店铺林立，并遗存有多处百年老字号商业建筑，如宝源钱庄、陈记布店、顾瑞杂货店、晋康钱庄、瑞泰茶叶店、义成茶食店、宗顺祥炒货店、丝线店旧址等（图10-38）。其中宝源钱庄由大桥杨氏创立于清初，解放后曾作为大桥法庭使用，坐北朝南，三间七进，第二进为两层砖木楼，第三进为精致的七架梁加雕花前轩，规模较大，保存较好，是大桥镇往日商业繁华的重要见证（图10-39）。

大桥镇现存的传统民居面广量大，以清末民初遗存为主。沿街民居多为前店后宅的模式，普通民居多为两进或三进，规模大的宅第往往"一府跨两街"，多达五进至七进，前临商业主街，后通生活街巷，备弄贯穿前后。大桥民居具有典型的扬州地区传统建筑工艺特征，外观为青砖小瓦硬山墙，结构为圆作穿斗七架梁。

现状保存最为完整的传统民居以大桥徐氏宅和刘氏宅为代表。徐氏宅为硬山屋面民居的代表，由大桥望族之一的徐氏建于清光绪年间，坐北朝南，前后四进，主路三间加一路背弄，前两进为对厅，后两进为居室，采用传统硬山屋面，建筑做工讲究、木雕精美，室内传统陈设保存完好。（图10-40）

图 10-38　中大街（右上）与揖扒街（右下）与二者交叉口（左）现状

图 10-39　宝源钱庄外观（左）和室内梁架（右）

图 10-40　徐氏宅范围及建筑细部

资料来源：建筑细部照片引自 http://blog.sina.com.cn/s/blog_4d8649620102w0ep.html

刘氏宅为扬州大宅马头墙做法的代表，由大桥民族工商企业家刘厚之建于民国，坐北朝南，主体为两路四进共计60余间房屋，第一至第三进为经商用房，第四进供居住，与经商部分以磨砖门楼分隔。东侧设火巷，南北巷砌有一排仓库。最后为花园。最后一进为七开间杂用房，设门通后街。整个建筑料精工细，规模不凡，且采用了扬州大宅常用的"超五层"马头山墙做法，以及泰州地区常见的"太平山"山墙做法、巷道墙角下部抹角的"元宝墙"做法，具有较高的艺术和史料价值。（图10-41）

2. 非物质文化遗存：士绅辈出重德行，工艺精湛标雅致

大桥明清两代先后有18名进士、举人，秀才、廪贡生数百人，民国至解放后又培养了以"中国雷达之父"束星北为代表的一批高级知识分子。明清大桥文士中以顾图河（1653—1706）和史申义（1661—1712）最为知名，二人同为清康熙朝进士（顾图河为榜眼），曾同任翰林院编修，同以年少成名、诗才出众被合称为"维扬二妙"，也同以厚德高义为后世传颂。顾图河"性醇谨，举动朴雅，绝不纤靡佻巧便给"，官至湖广提督学政，不仅参编《清一统志》《方舆考略》等史书，著述《雄雉斋诗集》《湖庄杂录》等诗文集，而且关心国计民生，热心乡梓事务，手著《治理淮河方略》，并是传说中大桥镇都天庙会的发起人。据传，庙会的来源是顾图河考中榜眼后，为使家乡父老一睹皇帝御驾出巡之盛况，故兴都天会，仿效皇帝出巡排场，使群众一饱眼福。史申义"清慎过人"，官至礼部给事中，在出任云南乡试正考官期间，收到其母诫子书信，作《试院论文》诗以"昨奉高堂书万里，莫辜场屋白头人"自勉，秉公主考，回京时"归装萧然，扁舟径去"，此后撰成记述这段经历的诗文集《使滇集》，受到后世阮元的盛赞。同是康熙朝进士的汤彭年，曾在家乡大桥镇筑园"怡山堂"，常邀诸伶友朋游赏，扬州石涛、孔尚任、查士标等名流都曾受邀前来，查士标因之为大桥关帝庙题匾，留下了大桥历史上的一段人文佳话①。

大桥镇商业兴盛，自然不乏富商大贾，他们在经商逐利的同时，也热心公益和慈善。清康熙初年大桥富户朱江独资建造带桥，美名传颂至今（图10-42）。清道光十一年（1831），江宁、镇江、淮安、扬州四府发生百年未遇的特大洪灾，在官府束手无策之时，大桥乡绅以徐亮、谢元礼为首，自发地组织行动，设局劝捐、分发麦饼、采购粮食等，"赈四次，全活万人"，并得到周边各地的纷纷仿效，其义举受到朝廷表彰并载入《江都县志》，堪称中国乡镇义赈的典型案例。民国时期大桥镇富商刘厚之，利用与南通张謇合作经商的盈利，购买学田并创办大桥养田义学，供穷苦人家的孩童免费就读②。

① http://blog.sina.com.cn/s/blog_435df9760102x9b0.html
② 同①

图 10-41　刘氏宅屋顶平面及山墙做法

资料来源：http://blog.sina.com.cn/s/blog_4d8649620102w0ep.html

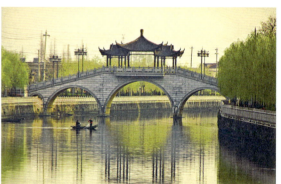

图 10-42　民国白塔河及永济桥（左）和今日扩宽后的白塔河及易址重建的永济桥（右）

资料来源：http://blog.sina.com.cn/s/blog_42aad16e0102uw6e.html

目前，大桥镇拥有各级非物质文化遗产 10 项，其中国家级和江苏省级各 2 项。由于在经济和文化上长期受扬州辐射，大桥镇的非物质文化遗产具有鲜明的精、雅特色，尤以国家级非物质文化遗产——扬州水笔制作技艺和江都传统金银饰品工艺，省级非物质文化遗产江都漆画为代表（图 10-43）。扬州水笔与安徽宣笔、浙江湖笔、北京李福寿毛笔并列为中国毛笔四大流派，以兼毫和麻胎作衬为工艺特色，大桥的石庆鹏老人继承并弘扬了扬州东乡一带悠久的制笔传统，成为扬州水笔传统制作技艺的第九代传人。江都传统金银饰品工艺源远流长，综合传承了我国古代金银器制作的钳锅熔炼技法、錾花技艺和扬州铜镜的轧光工艺。江都漆画是传统绘画艺术和古老髹漆技艺完美结合而生成的一种民间美术，"漆筐漆后描金或浅刻，多用木杯施以瓦灰细工……漆制屏联摹刻名人书画，嵌以螺钿，漆工亦精良"[1]，具有"润、雅、彩、美"的艺术特征，在省内外具有一定的影响。

[1] 民国《江都县续志·物产考》。

图 10-43　大桥非遗三雅：水笔（左上）、金银细工（右上）、江都漆画（下）

资料来源：http://www.sohu.com/a/206590411_383552（左上）；
　　　　　http://money.hexun.com/2010-01-29/122536137_4.html（右上）；
　　　　　blog.sina.com.cn/njqh1865（下）

（四）特色和价值

大桥自南宋起就是南北扼守白塔河入江水道的军事要塞，东西连通扬州、泰州的陆路通衢。明代因白塔河通漕设巡检司、预备仓，奠定其扬州东南地区的行政、经济中心地位，明后期以后虽丧失漕运功能，仍作为里下河和通泰地区出入长江的商贸重镇而持续繁荣，对古代军事、漕运、交通和城镇发展等方面具有一定的历史研究价值。

大桥历史格局有别于大多数江苏水乡古镇的线性沿河平行发展，而是同时沿南北向白塔河和东西向扬泰陆路构成的十字轴拓展，整体呈现团块形态。内部街巷受带水桥和玉带河桥梁位置的牵动，形成以带水桥为原点呈放射状的不规则东西走向，形成了独特的街巷网络体系，这对于理解江苏古镇空间格局的丰富性及其成因具有案例研究价值。

大桥历史上商业繁盛，民居密集，店铺林立，寺庙圈门点缀其间，素有"小扬州"之称。目前镇区内仍然遗存有不少深宅大院和百年老店，在建筑规模和建造工艺上明显受到扬州的影响。在非物质文化遗产方面，大桥籍文士儒商代不乏人，诗文懿行流传至今，传统工艺精湛雅致，是研究扬州地域文化对周边村镇影响的佳例。

四、生态渔岛沙沟镇

沙沟镇位于江苏省中部兴化市西北，地处兴化、盐城、高邮、宝应、高邮五县市交界处，素有五县通衢之称。春秋时期，沙沟是古射阳湖中临近春秋邗沟东道的一座小岛。明初因"洪武赶散"而人口渐增，至万历时沙沟正式建镇，是盐城"两关一寨"之一的海防要塞，淮南盐场至淮扬运河之间的湖漕管理和贸易重镇，也是里下河腹地水上转运中心之一。解放后，沙沟由盐城划归兴化管辖，2010年被公布为第五批中国历史文化名镇。（图10-44、图10-45）

（一）镇村体系变迁

1. 明代以前：博支湖岛，邗沟所经

明代以前的沙沟不见于历史文献记载。据沙沟镇故老相传，沙沟战国时为蔡家柳垛，公元前206年称"射阳村"，西汉武帝元狩四年（前119）设镇，因湖荡滩涂连片而称为"沙溪"，因地处偏僻，成为战乱时期世家大族避祸的世外桃源[1]。但这些说法于史无凭，难以采信。

从历史地理考察，沙沟镇位于远古浅海湾演变而来的古射阳湖区，宋以前由射阳湖、得胜湖、博支湖、夹耶湖等大小湖沼荡滩连片，浩渺三百里。南宋黄河夺淮后，由于黄河泥沙淤积，加之海潮倒灌、人类开垦等因素，古射阳湖日益淤垫成为沼泽、荡地，湖面收缩为众多小湖泊镶嵌其间[2]。今日环绕沙沟镇的湖荡即为古射阳湖的遗存。

[1] 政协泰州市学习文史委员会等：《沙沟》，江苏人民出版社，2014。
[2] 凌申：《历史时期射阳湖演变模式研究》，《中国历史地理论丛》，2005年第7期。

图 10-44 沙沟镇卫星影像图

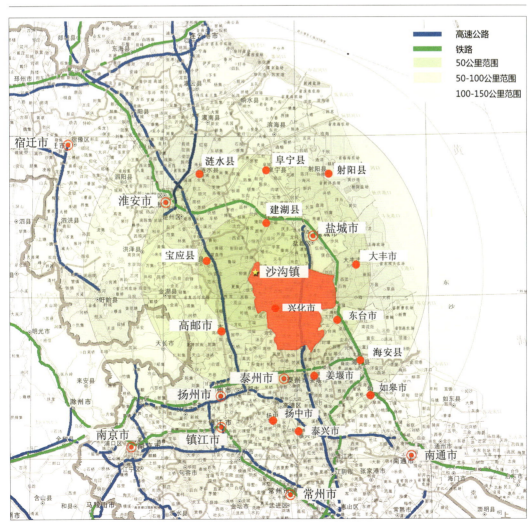

图 10-45 沙沟镇区位分析图

资料来源：底图出自《沙沟历史文化名镇保护规划》

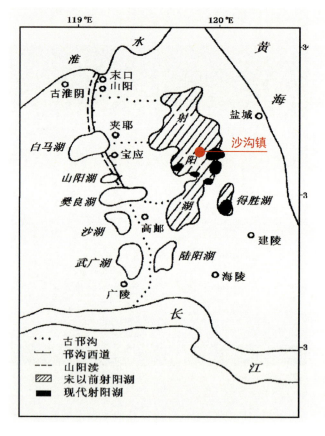

图 10-46　沙沟与古射阳湖和邗沟关系图

资料来源：凌申《历史时期射阳湖演变模式研究》，《中国历史地理论丛》，2005 年第 7 期

另据民国《续修盐城县志稿》考证，"博支、郭真、郭正当是一湖，即沙沟附近之湖荡"①。《三续高邮州志》也认为"沙沟湖即郭真湖，盖湖值四县交界之处，在宝应者为博支湖，在高邮兴化者为郭真湖，在盐城者为沙沟湖，其实一也"②。据此可以推断，明代以前的沙沟应是位于古博支湖中的一个小岛。结合《水经注》载邗沟"东北出博芝、射阳二湖"③，可以推测今日的沙沟镇临近春秋吴王夫差所开的古邗沟航道，可能很早就成为湖中航船停靠的中途岛（图 10-46）。

2. 明代：建镇设市、海防要塞

明代万历十一年（1583）刊印的《盐城县志》是盐城首部地方志，也是迄今发现最早记载沙沟历史的史料。在该志"镇阜"条下，沙沟和冈门、伍佑、新兴、清沟、喻口、新河、安丰、大冈、上冈并列为盐城十镇。在"兵防"条下有"沙沟备倭官军一百一十员名"。"关寨"条下有清沟关、喻口关和沙沟海口寨，并在沙沟海口寨下注明"即今沙沟营，每岁分兵防守"。"廛市"条下列数了盐城 12 个廛市，其中有"沙沟镇市"④。（图 10-47）

该志"桥梁"条下记载"仁和桥在西沙沟镇，邑民陈淑善修"，而本地传说仁和桥建于唐贞观年间。"坊表"条记载盐城有两座进士坊，其中之一"在沙沟镇，为进士万云鹏立"，后文记载万云鹏为正德甲戌年（1514）进士，官至福建右布政使，"风节矫矫，不避权贵"。"社

① 民国《续修盐城县志稿》。
②《三续高邮州志》。
③ 郦道元《水经注》。
④ 万历《盐城县志》。

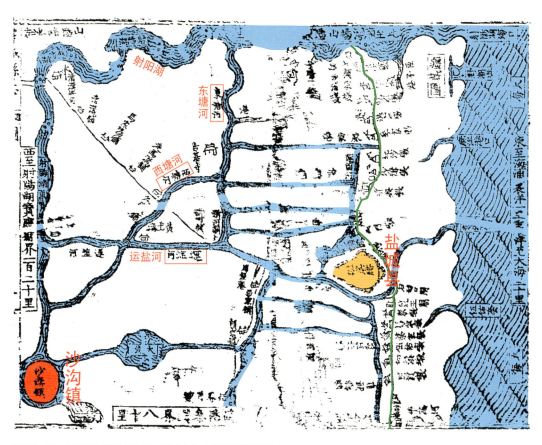

图 10-47　明万历《盐城县志·疆域志》中的沙沟镇位置

学"记载万历九年（1581），该志作者、盐城知县杨瑞云在沙沟建社学。"庙宇"条记载"王祥庙在沙沟镇，按王祥琅琊临沂人……今有庙在沙沟，不可考，其或感其孝而祠之欤？然每岁冰结经月，而此数小洲不冰，亦为仙迹云"。

根据上述记载，结合沙沟古老传说，沙沟可能早在唐代就已形成聚落，明初"洪武赶散"，以"金史余杨""姜赵刘王"为代表的外地移民陆续经由苏州阊门迁至此地，沙沟人口剧增，百业兴起，初具集镇雏形[1]。万历时沙沟已经正式建镇，有发达的商业和较大规模的人口，是盐城"两关一寨"之一的海防要寨，扼守淮扬地区入海孔道。

至明末天启三年（1623），沙沟已设有巡检司[2]，说明其地位得到进一步提高。

3. 清代：湖漕要津巡检司、商民辏集金沙沟

清代的沙沟是盐城沿海地区和淮扬运河沿线漕运的必经之地，"由大纵湖入官河，盐河、塘河来船只均由此过"[3]，以此成为"商民辏集之所"[4]。在行政建制上，沙沟不仅是和上冈、大冈、沙沟、冈门、新河、安丰、清沟、喻口、新兴并列的盐城九镇之一，而且和上冈并列为盐城仅有的两个巡检司，和小关、刘庄、新阳并列为盐城四汛之一[5]，在漕运、治安、稽私、防卫上均具有重要地位。（图10-48）

[1] 政协泰州市学习文史委员会等：《沙沟》，江苏人民出版社，2014。
[2] [明] 施沛、祁伯裕等：《南京都察院志》，天启三年刻本。
[3] 嘉庆《淮关统志》。
[4] 《读史方舆纪要》。
[5] 《清史稿》。

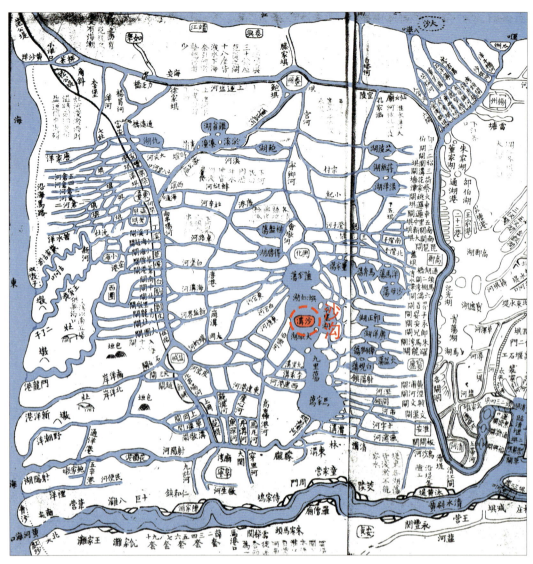

图 10-48　清道光年间冯道立所著《淮扬水利图说》中的沙沟镇

　　同时，沙沟也是战争时期躲避兵祸的好去处。光绪《盐城县志》记载："沙沟汛地，多湖荡，南通兴化，北达阜宁，西界山阳、高宝，烟水渺茫，苇莆茂密"[1]。由于四面环水，出入依靠船只，大规模的军队难以抵达。正如清末沙沟诗人刘沁区在《溪上二首》诗中所说："风土山乡异，烟尘水国稀。向来戎马剧，从未扰荆扉。"[2]沙沟自明代建镇以来直到抗战前夕，一直没有发生大的战乱。因此，在明末战争、清末太平天国时期，都有大批淮安、扬州、南京、江南等外地商民移居沙沟[3]。

　　沙沟地处五县交界，湖荡环绕，在和平时期是里下河湖荡水上贸易的枢纽，战争时期是避兵偏安的水上乐土，经济、人口在明清两代得到持续、稳定的发展，至清末光绪《盐城县志》中已收录"金沙沟，银时堡，大团湾的银子动担挑"的民谚。在经济门类上，沙沟是仅次于盐城的大宗商品集散地，商业贸易居于各镇之首，周边乡镇的帮船都到沙沟批货购物，最远的商客来自阜宁的益林和湖垛镇（今建湖县）。清咸丰十年（1860），漕运总督王梦龄在淮海两属增设十三处抽厘

[1] 光绪《盐城县志》。
[2] 刘沁区《西渚诗集》。
[3] 政协泰州市学习文史委员会等：《沙沟》，江苏人民出版社，2014。

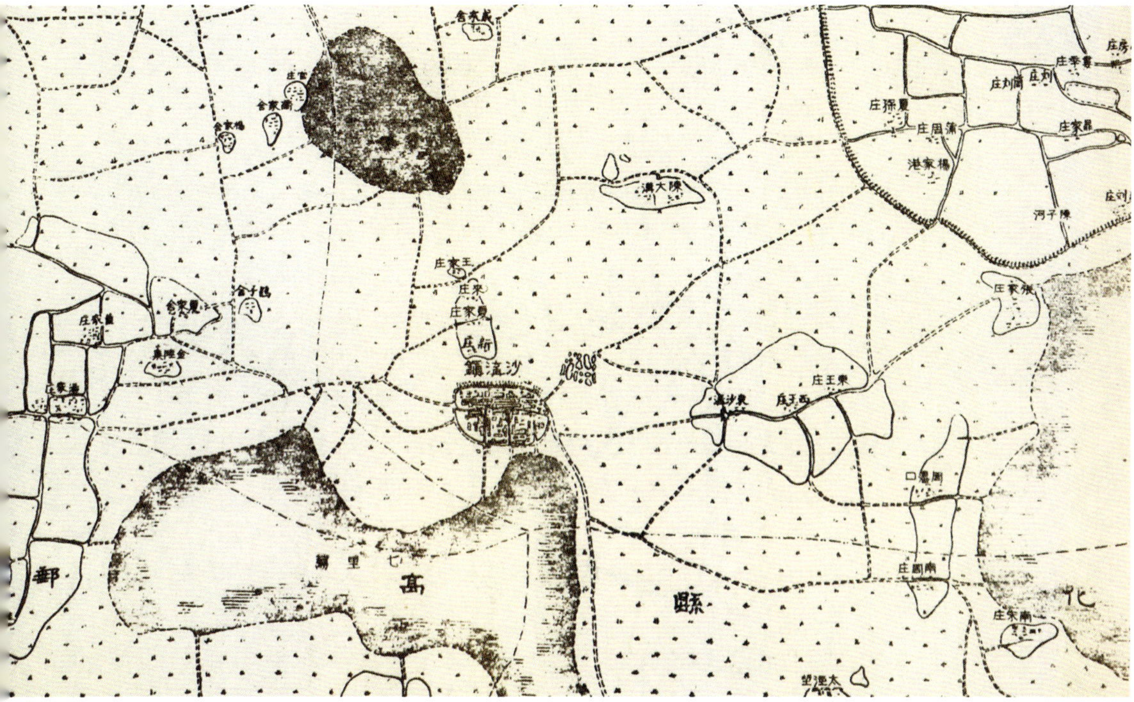

图 10-49　1916 年测绘江苏一比五万地形图中的沙沟镇及周边地区

局收取漕捐（类似商业税），其中盐城两处，一处在城内，一处就在沙沟①，可见此时沙沟商业之繁盛和地位之重要。

4. 民国时期：近代化繁华商镇，沙沟市红色政权

1912 年沙沟成立镇自治会及警察分局，1914 年建制改为沙沟市（相当于镇，仍归盐城县管辖），为盐城第九区区公所驻地。第九区下辖 7 个乡镇 1 829 甲，共计 18 290 户，其中沙沟市因人口较多被划分为沙南和沙北两镇（每镇 1 万人左右）②。（图 10-49）

此时的沙沟市"周境百二十里，陆地居其三，湖荡居其七。……西南与高邮、宝应、兴化三县接界，而兴盐界河萦带东西，西塘河贯穿南北，为往来交通之枢纽，故商业发展，远冠邻境"③。这一时期的沙沟镇有 36 家南货店，6 家绸缎庄，2 家蛋厂，18 家米行，酱园 16 家，铁行 5 家，木行 3 家，并有盐城四大典当行之一的泰全典铺。许多规模大的商号如"义生昌"绸布庄有专人在上海等地坐庄采购，每日有货船往返于江南江北。"姜万泰"渔行远销上海十六铺码头，

① 光绪《盐城县志》。
② 民国《盐城县志》。
③ 同②。

最旺时一天收鱼货2000多斤。"姜广兴"铁行下辖百余张红炉，所打的铁钉畅销大江南北，订制的一6尺（2米）长铁钉远销山东青岛海船厂。沙沟还是盐城最大的禽蛋加工基地，"王记"蛋厂雇工近百人，除白天上工外，经常晚上点汽油灯加班，所产蛋白及湿蛋黄远销英、美等国家[1]。此外沙沟的焦鳖（蒸甲鱼）和附近垛田所产的淀蓝、白菜闻名遐迩，是记载于民国《续修盐城县志》的盐城特产。

抗战前与商业发展相伴随的是市政管理的近代化。在社会管理方面，1910年沙沟设立盐城商会沙沟分会，1918年经农商部批准成为独立于盐城的沙沟商会，同年设盐城红十字会办事处，1933年设盐城第三警察分局，1934年设立农业银行农产品代理运销分处。在基础设施方面，1908年大达公司开通湖泰班（湖垛—沙沟—兴化—泰州）、益泰班（益林—杨集—大孙庄—常盈—射阳—沙沟—兴化—泰州）、益邵班（益林—射阳—沙沟—兴化—邵伯）等3条轮船运输，同期设邮政三等局（仅次于盐城二等局的5个三等局之一），1929年拟开通盐城—沙沟—高邮界首公路（后因湖荡施工难度太大而搁浅），1934年开通城乡电话[2]。

抗战爆发后，沙沟成为国共两党抗战的重要基地之一。1939年国民党江苏省政府撤至兴化，国民党军第八十九军军部曾驻扎沙沟大士庵，其间沙沟遭到日军多次轰炸，房屋建筑破坏严重。1942年沙沟镇区被日伪军侵占，镇区周围则为共产党领导下的抗日游击区。1945年2月沙沟初次解放，中共苏中区党委和苏中行政公署成立沙沟特别市，将崔垛、时堡、中堡镇和附近村庄划归沙沟管辖。同年8月，夏征农同志率领苏中公学1000多名学员由水路到达沙沟，校部设在镇东三元宫内，粟裕师长亲临沙沟东操场检阅了部队和苏中公学学员，11月苏中公学奉命撤离沙沟迁往大丰台北。苏中公学的入驻为沙沟赢得了苏北"乌克兰"的美誉，也留下了珍贵的红色遗产。（图10-50、图10-51）

1945年沙沟曾建有中共沙沟县，1946年沙沟县并入宝应县。1947年国民党军队占领沙沟，将沙沟、时堡合并为时沙区，划属高邮县。1948年12月7日沙沟二次解放，1949年5月19日正式划归兴化管辖[3]。

---

[1] 政协泰州市学习文史委员会等：《沙沟》，江苏人民出版社，2014。
[2] 民国《续修盐城县志》。
[3] 同①。

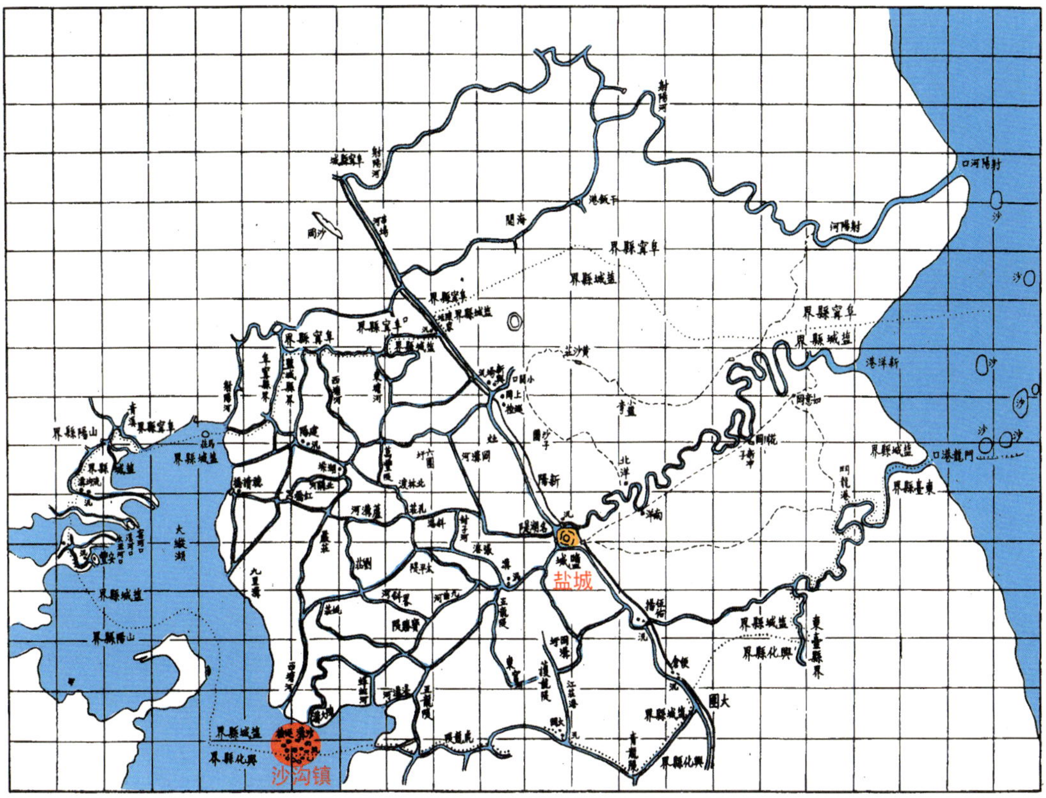

图 10-50 1936 年《江苏六十一县志》"盐城县图"中的沙沟

资料来源：殷惟和：《江苏六十一县志》，商务印书馆，1936

图 10-51 1940 年美国军用地图中的沙沟镇和大纵湖周边地区（图中黑色粗虚线为县界）

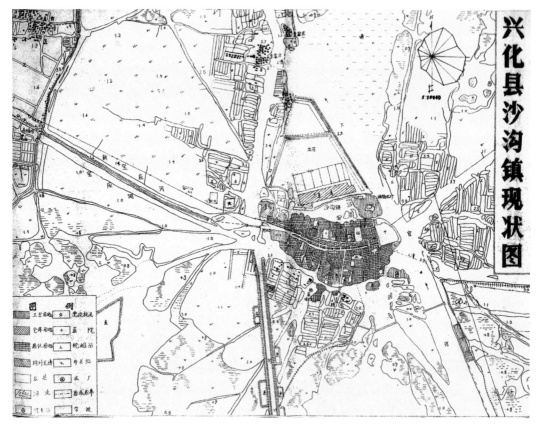

图 10-52 1989 年沙沟镇地形图

5. 解放以后：乡镇党政机关驻地，保护古镇发展新区

中华人民共和国成立后，水运贸易逐渐退出历史舞台，集镇商业、手工业也因纳入计划经济而活力衰退，沙沟的行政建制也多次变化，但一直是沙沟区（中沙区）、沙沟镇（乡、公社）党政机关驻地。

1950—1990 年代期间，沙沟镇的镇区一直保持着清末民国时的规模和四面环水的形态。但由于水运逐渐为陆路运输所取代，在镇西和镇中南部各架设一座进入镇区的小桥，镇内的石梁溪等河道逐渐被填为道路，古代桥梁迅速消失。为满足镇区居民日常生活的需求，后大街北侧、东侧的庙宇、民居，分别建设成医院、影剧院、学校等公共服务设施。在此过程中，街巷格局并没有大的变化。（图 10-52）

1990 年代之后，随着人口增长和社会经济发展，历史镇区的用地已接近耗尽，沙沟镇的建设开始向西、南方向发展，大力发展新区。得益于新区的建设与发展，历史镇区格局和大片传统建筑得到较为完好的保存。

（二）空间格局分析

1. 湖中有镇、镇中有河的整体格局

沙沟历史镇区是位于古射阳湖中的一座小岛，四周由大纵湖、郭正湖、南荡、花粉荡、官庄荡、王庄荡、团头荡等"两湖五荡"环绕，宛如浮在湖中的一尾大鱼、一艘航船、一片荷叶，形成了湖中有镇的外部空间格局。（图 10-53）

图 10-53　1970 年美国军事卫星地图中的沙沟镇和大纵湖周边地区

　　由于沙沟位于五县交接、诸水汇聚之地,是盐城周边各盐场所产漕盐进入大运河的必经通道,也是兴化、高邮、宝应、建湖、盐城各地间水路往来的重要枢纽,东西向的盐河、兴盐界河,南北向的官河、东西塘河在沙沟附近交织成网。为便于来往船舶停靠,沙沟镇内有横贯东西的内河——石梁河,以及自石梁河向南联系七里荡(今镇南河)的3条南北支河,将整个镇区划分为5个片区(本地人称为五团),形成镇中有河的内部空间格局。

2. 水陆双轴、双脊鱼骨形街巷格局

　　历史上沙沟镇内有两条贯穿东西、相互平行的中轴线,一条是石梁溪构成的水轴,另一条是前大街、后大街构成的陆轴。(图 10-54)

　　石梁溪得名于前述明代沙沟籍福建右布政使万云鹏的号,东西横贯古镇中央。石梁河水东接下官河,西入西塘河,是各地船舶进入镇区的主要通道,码头临河,店铺林立,相当于其他历史城镇中的市河。此外,石梁河上原有文英桥等7座桥梁,每年春季上游高邮、兴化等地河水汇入石梁河,桥下流水淙淙,桥上人流熙熙,两岸杨柳依依,是盐城古八景之一"石桥春涨"的所在。

图 10-54 民国时期沙沟历史格局分析图

资料来源：《沙沟历史文化名镇保护规划》

前大街和南大街是老字号商铺云集的两处，清末民国时约有各类店铺近200家，有"朱同记""元记""阜成"南货店，有"天一堂""仁德生""同德生""长生堂"等中药店，"协昌""恒昌""义隆昌""协和""勤大"布庄，"恒泰""天成"土烟店，"聚泰""鸿泰""兆丰""祥发"商行，以及钱庄、当铺、银楼、邮局、中西诊所、书店、戏院、染坊、酒坊、糖坊、茶馆、浴室、客栈、脚班等各种服务行业。其中尤以镇区正中的鱼市口一带最为繁华[1]。

以石梁溪和前后大街为中轴，南北两侧各有十余条以生活性为主的支巷通向湖岸，整体构成类似"非"字的双脊鱼骨形街巷体系。

3. 街密庙多、屋密楼高的"岛镇"肌理

自明代直到1990年代，沙沟一直在四面环水的"岛镇"内发展。与一般古镇不断向外拓展用地的模式不同，沙沟受限于有限的岛上用地，只能通过不断提高建筑密度和高度的方式来满足人口增长和经济发展的需要，形成独特的街密庙多、屋密楼高的"岛镇"肌理。

沙沟镇有3条大街，最早形成的是与石梁溪并行的前大街，清中期后在其北侧30米开辟了一条与之平行的后大街，1950年代后又将战时淤塞的石梁溪填平辟为新大街。3条商业主街均贯穿东西，相互平行且彼此相距仅10～40米，其密度之高堪称罕见。

沙沟镇寺庙数量之多、类型之丰值得关注。沙沟在鼎盛时期有大小庙宇30多座，集中分布在石梁溪东西两端和南河口。寺庙的类型除了各地古镇常见的东岳庙、关帝庙、都天庙、财神庙以及其他佛教寺庵外，还因长期有巡检司驻守而建有城隍庙，尤其特别的是文庙、武庙，在镇东南还有文昌阁，这在同类古镇中是极其少见的。

[1] 政协泰州市学习文史委员会等：《沙沟》，江苏人民出版社，2014。

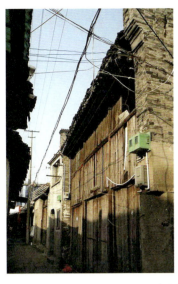

图 10-55　沙沟前大街沿街楼屋（左）和后大街民居群楼屋

资料来源：http://blog.sina.com.cn/s/blog_55aea7a70100nisf.html

有限的用地使得沙沟古镇内建筑密度很高，肌理规整有序，且楼屋较多。绝大多数苏北古镇传统店铺和民居均以一层为主，但沙沟镇的传统店铺和民居却有不少两层建筑，其数量之多在苏北古镇中可谓独一无二（图 10-55）。

（三）物质和非物质文化遗产

1. 物质文化遗产：格局完整、类型齐备、功能稀缺

沙沟古镇格局保存十分完整。历史镇区仍为湖荡环绕的岛镇，外围的下官河、李中河、后河、镇南河都基本保持原有走向，沟通南荡、花粉荡、郭正湖等水域。镇区内除因填河而新增新大街、南大街、中心街等街巷外，以前大街、后大街、姜氏巷道和益民巷为代表的 48 条历史街巷均保持了原位置、走向和尺度（图 10-56）。

前大街自明代至民国一直是依托石梁溪而繁荣的古镇商业主轴，民国后石梁溪被填为新大街并逐渐发展成镇区新的商业主街，前大街逐渐转变为一般居住区，但至今保留有部分传统手工作坊，其中尤以历史商业中心鱼市口的石板街保存最为完好，现为兴化市文物保护单位。后大街起源于明代，是镇中大户宅院密集的生活主街，现仍延续着居住功能，存有潘氏教馆、姜雨仁祖宅、汪家大楼、程家大楼等文物控制单位。益民巷建于清嘉庆年间，原名儒学巷，是当时沙沟本地文士居住和活动的中心，其建筑群完好保存至今并被列为兴化市文物保护单位。姜氏巷道自姜氏先祖元朝进士姜佰七定居于此，是姜氏前后二十七代的聚居之地，目前包括姜家巷、姜家一巷、姜家二巷、姜家三巷 4 条巷道，巷内建筑均建于民国以前，居民中 95% 为姜氏后代，历史建筑和原住民家族同时延续至今，实属难能可贵[1]。（图 10-57）

[1] 政协泰州市学习文史委员会等：《沙沟》，江苏人民出版社，2014。

图 10-56　现状历史街巷格局图

资料来源：《沙沟历史文化名镇保护规划》

图 10-57　鱼市口石板街（左）和姜氏巷道（右）

资料来源：左：http://blog.sina.com.cn/s/blog_55aea7a70100nisf.html；
　　　　　右：blog.sina.com/liyuxiangblog

　　在建筑遗存方面，沙沟历史镇区内共有市级文物保护单位 9 处、文物控制单位 13 处、历史建筑 33 处，还有 4 棵百年古树、2 口古井等历史环境要素及 800 余间民国以前的传统建筑，传统风貌的完整程度很好。（图 10-58）

　　沙沟建筑遗存的风格和建造工艺属于以扬州为中心的维扬片区特色，传统民居采用青砖灰瓦硬山墙和直梁穿斗木构架，但不用风火墙，构架以五架为主，较扬州民居更为简朴。相较于其他历史文化名镇，沙沟现有建筑遗存类型极为丰富且齐备，除了姜雨仁祖宅、汪家大楼、张氏古民居、姜氏古民居、陶氏民居、益民巷古民居群、后大街民居群、赵家巷民居群、韦庵巷民居群、张氏宗祠等传统民居、祠堂外，还有虹桥、石梁古码头等水运设施，华新酱园、信孚银楼等老字号，大士禅林等宗教建筑，沙沟市政府旧址、苏中公学旧址等红色遗产，此外还有郑板桥曾经坐馆授课的板桥私塾、潘氏家族塾馆两处古代私塾

图 10-58 沙沟镇建筑遗存分布图

资料来源：《沙沟历史文化名镇保护规划》

图 10-59 沙沟明清厕所外观和室内

建筑，更有江苏其他古镇难得一见的改良型厕所和望火楼等特殊类型的建筑遗存。

兴化市文物保护单位——明清厕所，始建于明末清初，位于后大街，原是沙沟陈氏富商私人兴建的公益性厕所，民国年间重修时融入了西方建筑风格，"文革"中遭到局部破坏。今日所见为2008年再次重修后的样貌，虽存在过度修复的瑕疵，但依稀保持了民国年间的外观和内部陈设，是目前江苏省各级文物保护单位中唯一的公共厕所，在类型上具有稀缺性（图10-59）。

望火楼建于1926年，原为镇中制高点和标志性建筑，平面为边长2.2米的正方形，高达13.2米，顶层设平台以供瞭望，保证镇区的防火安全，是江苏古镇中罕见的防火瞭望塔（图10-60）。

图 10-60 沙沟望火楼及镇区鸟瞰

资料来源：http://blog.sina.com.cn/s/blog_55aea7a70100nisf.html

2. 非物质文化遗产：庙会灯会，铁匠银匠，渔业水产

沙沟的非物质文化遗产以庙会灯会、铁匠银匠和渔业水产为主要特色，现有省级非物质文化遗产——"段式板凳龙"一项、泰州市级非物质文化遗产——沙沟大鱼圆制作工艺一项，兴化市级非物质文化遗产——藕夹子制作工艺一项。

庙会、灯会是中国乡镇重要的传统祭祀和节庆活动，往往和庙市、集场、节场相伴，同时成为周边地区定期的商品交流活动。旧时沙沟庙会非常盛行，几乎每月都会有名目不同的庙会，其中有因祠庙祭祀而兴的"财神会""东岳会""都天会""城隍会""关帝会""观音会""龙王会"，因传统民俗节日而行的正月十五"灯会"、七月十五"盂兰会"等，还有行业或民间组织的祈福会，如熟食业的"泥主会"、青货业的"八鲜会"、草农"打妈妈会"、渔民的"七公会"、枪民的"晋王会"、居民的"清香会"、拜把兄弟的"结义会"及祈求消灾降福的"太平会""火星会""问天会"等等。目前，除正月十五"灯会"在近年得到恢复外，其他庙会均已成为历史记忆，但庙会中主要的表演活动"段式板凳龙"和"游灯"得以延续，成为民俗节庆时重要的文化活动。"游灯"和各地彩灯基本类似，主体为"花船"，花船下方由布幔覆盖，上方由各式花灯点缀，演员下半身隐于布幔内，上半身着彩妆并操控戏曲人物彩灯进行表演，融戏剧、木偶戏和灯彩于一体，形成了灯中有戏、戏内有灯，人在灯中行、灯随人走动的独特表演形式。"段式板凳龙"起源于东岳庙会中信众跪拜所用的"香凳"，因其首尾相接类似龙形，逐渐发展成用各式彩纸、彩绸将板凳装饰成龙首、龙身、龙尾，演员各持一段板凳龙进行舞龙表演，也是别具特色的民俗节庆活动。（图10-61）

沙沟历史上为商民辐辏、三百六十行一应俱全的商贸重镇，至今仍有50多种具有地方特色、仍在经营的老行当，其中尤以铁匠、银匠最为著名。沙沟的铁行在清末民国就已远远闻名，虽然今日铁制农具、炊具、铁钉等已经逐渐为现代工业产品所代替，但沙沟因湖区渔业生产的需要，至今仍然有数家以打造铁质渔叉渔具为主的铁匠铺。沙沟的打银业也一度较为兴盛，由于今日金银制品主要从城市商场购买，镇上的传统银匠店相继歇业，唯有黄寿朋老人以其精湛的手艺和竹管吹火的绝技，得以营业至今，成为周边居民为婴儿出生、新娘出嫁打制金银饰品的首选，曾被泰州报社报道并推荐登上了湖南卫视"天天向上"节目。（图10-62）

图 10-61 沙沟板凳龙（左）和游灯（右）

资料来源：http://blog.sina.com.cn/s/blog_55aea7a70100nisf.html

图 10-62 打渔具的铁匠（左）和老银匠（右）

资料来源：左：http://blog.sina.com.cn/s/blog_55aea7a70100nisf.html；
右：https://www.meipian.cn/19ui3j4?from=timeline

  作为大纵湖上的岛镇，沙沟具有独特的渔业生产方式、垛田农耕文化景观和水产饮食文化。渔业是沙沟居民的传统主业，历史上曾有16个主要捕捞帮别，至今仍是全国最大的淡水产品产地之一，并建有国内首家淡水渔业博物馆，展示传统渔具制作、捕捞生产、渔船制造技艺和渔家生活习俗。垛田是以沙沟大纵湖为中心的里下河地区的传统农耕方式，为了应对低洼地势和常年水患，先民从湖底挖泥，堆土成为高出水面的条块状的"垛田"，乘船在垛田间河沟内进行耕作，体现了先民利用自然、改造自然的生态智慧，形成了独特的农业生产方式和文化景观，成为今日热门旅游观光景区（图10-63）。与之相适应，沙沟形成了以水产品为主导的特色饮食文化，除了市级非物质文化遗产沙沟大鱼圆，还有沙沟藕夹子、沙沟水粉鸡、沙沟酥皮春卷等特色菜肴，更有极具水乡特色的全鱼宴。

图 10-63　沙沟镇周边的渔业和垛田

资料来源：http://blog.sina.com.cn/s/blog_8ba10b1b0102wdte.html

（四）特色与价值

沙沟地处里下河腹地的大纵湖，是兴化、盐城、高邮、宝应、建湖五县市交界处，素有五县通衢之称，临近春秋时期的邗沟东道，明代以后成为盐城"两关一塞"之一，是淮南盐场至大运河之间湖漕管理和贸易重镇，太平盛世是商民辐辏的区域经济中心，乱世是避祸自保的湖中桃源，在中国漕运、盐运和区域城镇发展史上具有一定的研究价值。

沙沟历史上四面环湖，镇中有河。现状历史镇区仍湖荡环绕，镇区内河道填成的街巷延续了原有河道的位置和线形，其他48条历史街巷均保持了原位置、走向和尺度，依然保持着"岛镇"外部环境和内部水陆双轴、双脊鱼骨形的街巷格局，对研究江苏古镇空间形态具有独特的类型学意义。

沙沟镇近35公顷（35万平方米）的历史镇区范围内，拥有民国及以前形成的街巷48条，1980年以前的建筑占32%，与传统风貌相协调的建筑比例高达60%。镇区内文物保护单位、文物控制单位和历史建筑数量众多，涵盖古代桥梁、码头、民居、商铺、祠堂、私塾、革命旧址、望火楼、厕所等各种类型，其规模之庞大、风貌之完好、遗存之丰富、类型之齐备，在江苏古镇中位居前列，是全面研究江苏古镇人居环境的优秀案例。

沙沟镇历史上兼具渔业生产、商业贸易和垛田农业，遗存有独特的渔业生产方式、垛田农耕文化景观、水产饮食文化以及庙会灯会节庆活动等非物质文化遗产，既丰富多元，又独具特色。

五、橄榄形岛沙溪镇

沙溪，又名印溪、团溪，唐代已形成村落，佛教寺庙兴起；元代自涂松西迁，形成市集；明代商运通达，成为商贸重镇；清代伴随着近代工业起步，新式教育推行，沙溪展现出一派新气象；民国年间，仍为遐迩闻名的一个大镇，俗称"东乡十八镇，沙溪第一镇"。走过1300多年的历史，今天的沙溪依旧是小桥流水、枕河人家，街巷深处古韵犹存。沙溪曾先后荣获"国家卫生镇""江苏省文明镇""环境与经济协

图 10-64 太仓市在苏州市的区位

资料来源：笔者绘

图 10-65 沙溪镇在太仓市的区位

资料来源：笔者绘

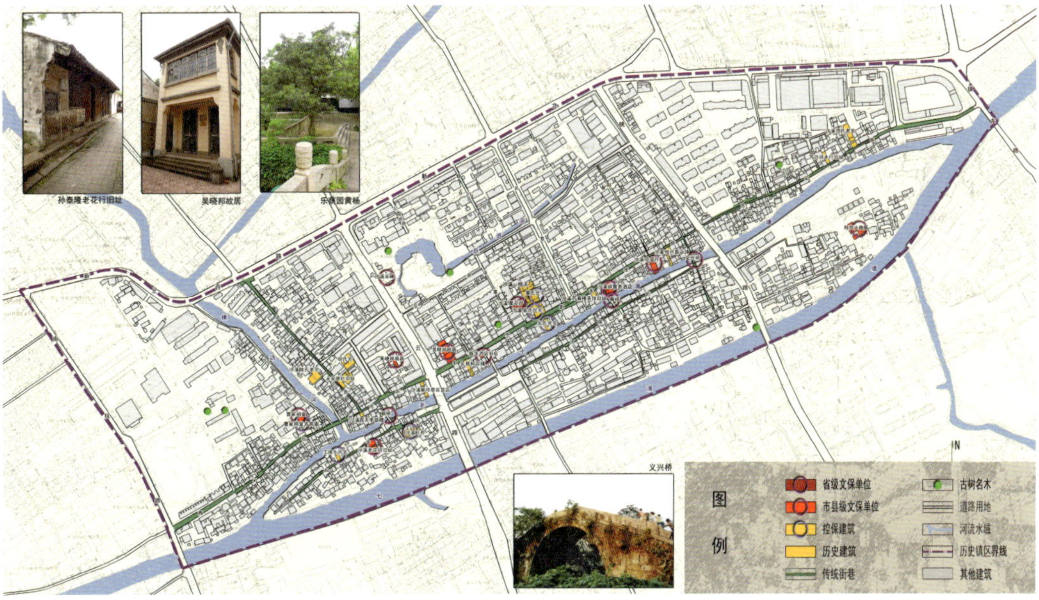

图 10-66 沙溪古镇历史镇区遗存格局

资料来源：《沙溪历史文化名镇保护规划》

调发展示范镇""全国民间艺术（舞蹈）之乡""江苏省国土绿化先进单位""苏州市十大魅力旅游乡镇"等荣誉称号。2005 年 9 月，沙溪镇获评"中国历史文化名镇"。如今，这座古老的水乡古镇正以崭新的姿态，散发出江南小镇纯朴而独具个性的魅力。（图 10-64 ~ 图 10-66）

（一）镇村体系变迁

1. 镇村体系历史沿革

沙溪镇的发展过程具有江南水网地区城镇发展的普遍特点。一开始是沿七浦塘建设简单居民点，然后随着商业的发展，规模不断扩大。（图 10-67~ 图 10-69）由于迁居文化背景不同，经过数百年的融合，沿河带状居民点逐步成熟，形成了集浙江宁绍文化和徽州文化于一体的沙溪临水建筑群，后又经历了一段时期的衰败和缩减，呈现出沿七浦塘布局的空间特征，最终慢慢形成了现在的"橄榄岛"形态格局。

本节以"城镇—河流"关系的演化剖析为主线，同时根据影响程度强弱，在不同演化阶段辅以文化和产业两条线索。从河流水系、聚落形态、文化特色以及产业经营四方面展开关联式研究，根据相关历史资料的梳理，将沙溪古镇的演化阶段分为原始聚落产生期（唐以前）、雏形初现期（唐—元）、河塘鼎盛期（元末—清）、外延式拓展期（民国以后）。

图 10-67 七浦塘在江苏水利全图中的位置

资料来源：《江苏水利全书图说》（清 1821—1850）之《江苏水利全图》

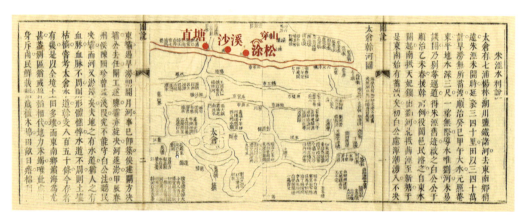

图 10-68 涂松、沙溪、直塘的相对位置

资料来源：《太仓州新刘河志正集》（清 1644—1911）之《太仓干河图》

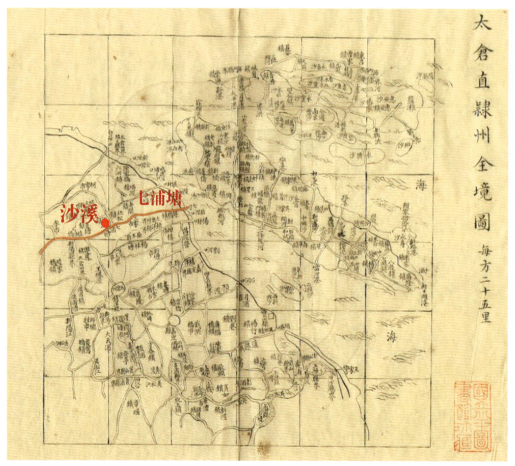

图 10-69 沙溪和七浦塘在太仓州的位置

资料来源：光绪《太仓直隶州志》（清 1875—1908）之《太仓直隶州全境图》

（1）第一期：原始聚落产生期（唐代以前）

大约在五六千年之前，长江的入海口还在今扬州、镇江一带，长江夹带着上游的大量泥沙奔流东泻，泥沙在海潮的顶托下逐渐沉积下来，长江口外南北两侧的浅海各形成了一条沙嘴，处于南侧的沙嘴由今镇江向东偏南方向逐渐伸展，经江阴、张家港的杨舍，至常熟的福山转向东南，沿太仓的直塘、南郊、上海外冈、马桥、漕泾与钱塘江北侧的沙嘴相连，形成了由泥沙和贝壳残骸组成的一条高出地面的锯齿状海岸遗迹，这就是古代俗称的"冈身"。在这条海岸线形成的同时，大自然也把以太湖为中心的古浅海湾封闭成了潟湖，渐渐地潟湖与大海由相通变为隔离，又逐渐淡化为湖泊，太仓最早的一片绿地就是在这时诞生的。因此，今盐铁塘西侧冈身以西的太仓西部地区早在5000年前已成陆，直塘就位于此，至今还保留有"重冈泾""重冈桥"的遗称和遗迹。随着时间推移，流沙堆积，海岸线继续东移，到距今3000年左右的商周时代，海岸线已东延至北起常熟梅李、徐市，沙溪涂松、归庄、岳王、陆渡，上海的娄塘、嘉定、马陆、南翔一线，形成了另一条海岸遗迹——沙堤（冈身）。

沧海桑田，经过数千年的海陆变迁，沙溪镇地由一片浅海，逐步堆积形成陆地。据《太仓州志》记载，今为平陆、距长江20里的归庄镇穿山，原本是一个海岛，岛上有小山，高17丈，宽350步。山有一大洞，高广50余丈，通南北，"舟帆从穴中过"，一名"降帆岩"。明正统年间，近山居民景升氏，凿地得桅，梢径尺二许（约0.4米）。可见，镇东的穿山原系海中的小岛，在海陆变迁中逐步成陆。至此沙溪也由一片浅海，随着泥沙堆积变成了陆地。

在第一期中，沙溪在聚落形态上尚处于沧海桑田的变化过程，随着上游长江的泥沙东泄堆积和海岸线的东移，古镇地逐渐由泥沙堆积形成陆地。在河流水系上，唐以前尚未开挖七浦塘，沙溪古镇地依旧是滨海滩涂。（图10-70、图10-71）

（2）第二期：雏形初现期（唐代至元代）

唐时，沙溪还是一个滨临长江的小渔村，人口稀少，地处现沙溪镇东边的涂松市。涂松市是沙溪镇发祥地，《沙头里志》记载："法华庵，在涂松。唐高宗龙朔元年（661）僧泰和建，庵前银杏二株，最古。"据此，可知涂松的历史已有1300多年了。那里的人们自耕自种，打渔补给，经常受沿海入侵的倭寇骚扰，人们便开始西迁至涂松市西2里处的今沙溪镇地段。（图10-72）

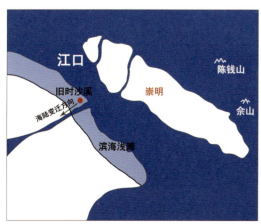

图10-70 沙溪海陆变迁示意：阶段一，滨海渔村

资料来源：笔者绘

图10-71 沙溪海陆变迁示意：阶段二，向内陆迁移

资料来源：笔者绘

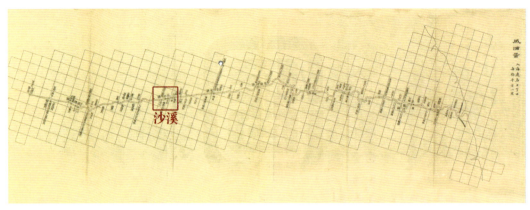

图 10-72 七浦图

资料来源：《太仓州志》（民国七年）之《七浦图》

五代时期，开浚了七丫（今七浦），流经沙溪镇地，沟通了崇明与苏州之间的水陆交通往来。至宋代，因娄江、杨林塘淤塞，为解上游阳澄湖之涝，苏州知府范仲淹于宋景祐二年（1035）在苏州开五浦，并疏浚了七浦，同时在太仓水利专家郏亶的倡导下，根据太湖流域地理状况，提出建设圩田工程，使太仓、沙溪地区"累年颇稔"。

宋元时期是沙溪镇棉纺织业兴起的时期。棉花（又称木棉）种植技术在这一阶段传入沙溪，沙溪因沙壤适宜植棉而成为主要棉区。元大德年间，黄道婆自七丫登陆后，将先进技术和工具传入太仓、沙溪一带，从此，家庭棉纺织业在这里盛行。

元代，张士诚在镇东涂松市设河舶所，并派兵驻防。军事驻防的形成，为人民生活安定带来了保障，在涂松市西2里处逐渐形成集镇，古称沙头（即沙之头也），至此沙溪的中心由涂松迁至现今的位置。由于人口集聚、驻兵的增强与水陆交通的便利，当地的集市贸易开始兴旺，酒肆大量兴起，宗教发展迅速。（图10-73）

这一时期的沙溪古镇在聚落形态上由于七浦塘的开挖实现了滨海渔村到集镇的转变，元代，为避免战争侵扰，在镇东的涂松市设河舶所，并派兵驻防。因战乱，居民西迁，沿七浦塘建造房屋，逐渐形成街市集镇。在河流水系上，七浦塘经历了开挖与频繁的疏浚过程，它解决了古镇的排涝与农业灌溉问题，在水利工程上占据了至关重要的地位。在文化特色上，沙溪古镇开始出现市肆文化与宗教文化并存的格局。

（3）第三期：河塘鼎盛期（元末至清代）

元代之后，沙溪镇"民安耕作，且多富室"，一直到明末清初，清军入关引起民众极大公愤，各乡为反对异族入侵纷纷举起义旗反抗，声势最大的是沙溪地区一个劫富济贫的农民组织"乌龙会"。太平天国时期，沙溪虽有太平监军韩吉廷，但因主战场不在沙溪而未遭战乱，只是战败后的一批太平军士在沙溪隐居下来，既而形成了现在的太平街。

明初，据费信《星槎胜览》记载，太仓"土布""印花土布"随郑和船队载往西域。明弘治年，闽粤商人都通过水上贸易来岳王购买棉花，并经沙溪镇上的牙行周转。《沙头里志》记载："牙行获利者，恒累赀数万。"至清代，已发展为自有资本近购远销的土布商行。清晚期，还出现了对外发包加工，定期

图 10-73 唐至元沙溪聚落变迁

资料来源：笔者绘

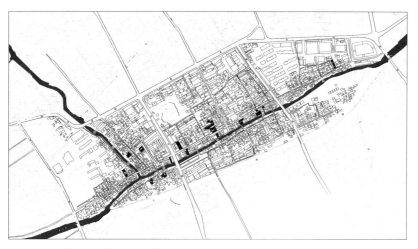

图 10-74　沙溪镇区（明清时期）聚落和水系演变：点状分布

资料来源：笔者绘

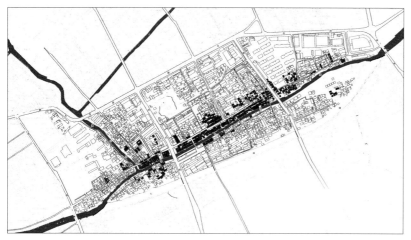

图 10-75　沙溪镇区（民国时期）聚落和水系演变：沿河展开

资料来源：笔者绘

收货支付工费的纱行，产生了资本主义的萌芽。

明末，由于娄江、杨林塘淤塞，舟楫难通，七浦河便成为太仓主要泄水和航运通道，也成为居民生活用水、交通往来、商贸交易的依靠。为取得优势地位，居民纷纷沿河造房起屋，逐渐形成街市，七浦河日渐成为贯穿全镇的命脉。无论是苏州和崇明之间的往来，还是南粤来岳王采购棉花，均由沙溪中转，沙溪逐渐成为太仓中部地区交通和物资交流的中心。

市镇的日趋繁荣也带动了名人的集聚。明弘治年间，监察御史苏赞、山西道御史曹逵、刑部郎中叶遇春等一大批达官贵人相继在这里建府造第，街景亦日益繁华。后来，随着工商业的发展，大批商人应运而生，需要一个文化交流、商品经济活动的地点，这时，沿七浦河而建的临水建筑脱颖而出，各样石桥横跨七浦河，一批大宅院、民居拔地而起。

该阶段是沙溪镇鼎盛发展的阶段。在聚落形态上，居民沿河起屋，街市格局形成，商贸重镇的地位初现。在河流水系上，娄江与杨林塘的淤塞使七浦塘成为区域交通、商贸的主要航道，便利的水利交通条件使沙溪一度成为区域物资交流的中转站，并且在清晚期出现了资本主义萌芽。在文化特色上，繁荣的市镇景象也加速了文人、商人的集聚，反映在空间上，出现了诸多府第宅院和民居建筑。（图 10-74）

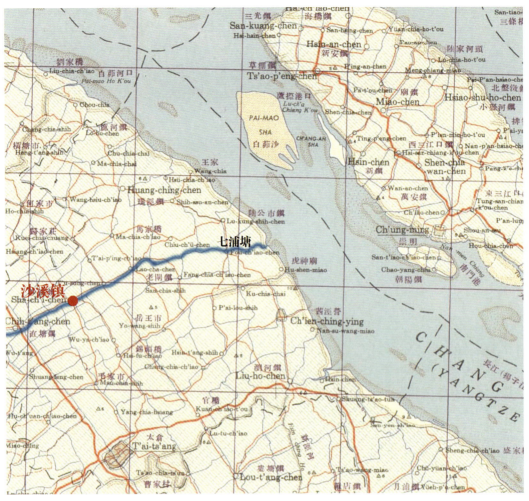

图 10-76　民国（1945 年）沙溪镇区位图

资料来源：http://nla.gov.au/nla.obj-233646406/view

（4）第四期：外延拓展期（民国以后）

民国时期，沙溪镇规模与经营能力为太仓县境东北各乡之首。商贾云集，镇上已经集中了太仓一些大商号，如万和祥（南北批零兼营）、孙德顺（花米行）、元发永（中成药）等，成为工商业巨镇。镇上的居民，几乎家家开店、户户经商，商店作坊林立，仅棉花行就多达 20 多家。沙溪鼎盛祥的猪油米花塘、椒盐桃片，阿桃二的松子糖等糕饼小吃名闻遐迩，风靡一时。（图 10-75、图 10-76、表 10-1）

除此之外，这一时期的民族工业也呈现出良好的发展态势，通过兴办实业，沙溪实现了从传统手工业向现代工业的转型，走上了现代工业化之路。其中最具代表性的当属太仓乡绅蒋伯言于 1905 投资创办的拥有纱锭 13 000 枚的济泰纱厂，这是江苏省境内最早的一批民族工业企业和最早的一批纺织工业企业之一，同时也是江苏省纺织行业三大新兴民族纱厂之一。

1949 年 5 月，建立沙溪区印溪镇人民政府，镇属区管辖。1954 年 11 月，废除印溪镇名，恢复为沙溪镇。1959 年 5 月，撤销沙溪镇建制，并入沙溪人民公社管理委员会。1993 年，太仓撤县建市，6 月 11 日，沙溪乡并入沙溪镇。2000 年，直塘镇并入沙溪镇。2003 年 8 月，归庄、岳王二镇并入沙溪镇。

表 10-1　沙溪镇老字号名称及位置

所属业态	店铺名称	位置
传统金融	宝和久记银楼、太全银行、正福银楼	中市街
	天华银楼、天丰银楼	东市街
传统服务业	支全记理发店、华商旅馆、沙溪书店、西美月轩理发店、萃源馆菜馆旅店、	西市街
	陆洪顺旅店、美月轩理发、张聚兴印刷、光华照相店	中市街
	范长隆协记米行、祥盛染坊	东市街
传统零售	刀祥锡箔店、范源盛香烛店、协隆祥南杂货店、孙德顺米行、新盛义纸店、陈鑫记米行、天章百货、人和蜡烛店、春林元茶叶店	西市街
	质记百货、永盛香烛店、花天兴百货、永昌蜡烛店、顺昌百货、晨光蜡烛店、恒顺蜡烛店、大中华百货、协昌祥百货、瑞芬茶叶、永康蜡烛店、老大五金店、曹源顺南北货、元昌和布店、赵万兴鞋店、陈添利南货、同昌祥布店、周昌和布店、锦泰祥百货、元发中花店、永泰祥席子店	中市街
	永大蜡烛店、锦记纸店、王成大小百货、顺源布店、陆元顺鲜肉店、顾太昌生面包、裕兴昌酱油店、单祥盛南货店	东市街
传统医药	国春堂药店	西市街
	王大吉中药店、林记西药店、天丰西药	中市街
	长生堂药店	东市街
民间工艺	王大吉染坊、顺永染坊、周记布店	西市街
	裁缝店、钉鞋店、铜锡器店、仇复兴铁店	中市街
	卓祥盛染坊	东市街
传统饮食	得月楼茶馆、叶记茶馆、一壶春酒店、西天丰银楼、正记菜馆、颜洪川点心店、钟恒茂酒店、永兴祥糕饼、三和楼茶馆、鼎盛祥糕饼店、万兴酱园、万隆昌菜馆、第一楼茶馆、江正大菜馆	西市街
	凤和楼菜馆、邵洪顺酒店、天禄糕饼、钱聚兴面馆、姚永昌酒店、吴泰昌茶叶店、仁记茶叶店、万春楼茶馆	中市街
	戴隆盛茶叶店、东唐茶馆、东凤和楼面馆、老大房茶食糕店、曹仁安酒店、顺凤园茶馆、信大茶叶店、苏协顺酒店	东市街

　　该阶段的沙溪古镇，在聚落形态上呈外延拓展趋势，居民点范围不断扩大，古镇"橄榄岛"形态形成。在河流水系上，新七浦塘开挖，形成了新老七浦并存的水系格局，七浦塘在明清时期成为区域主航道，带动了沙溪镇聚落点的迅速增多与繁荣。在商贸经济上，频繁的贸易往来及人才交流，造就了沙溪工商业的繁荣景象，带动了传统工业向现代工业化的转型，使沙溪走上了现代工业化之路，发展成为工商业巨镇。（图 10-77、图 10-78）

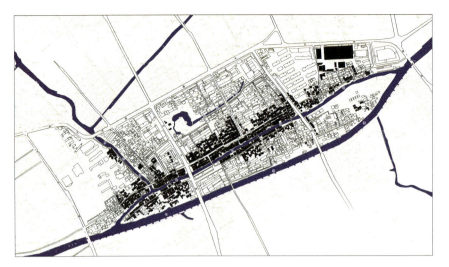

图 10-77 沙溪镇区（1950—1980 年代）聚落变迁及水系演变，沿河展开

资料来源：笔者绘

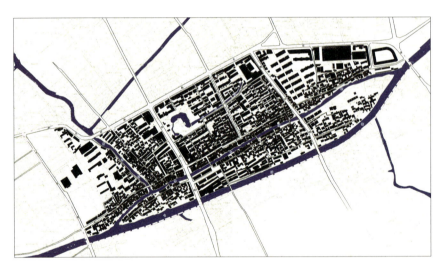

图 10-78 沙溪镇区（1980 年代以后）聚落变迁及水系演变，块状填充

资料来源：笔者绘

2. 村镇体系变迁特征

（1）历史阶段特征总结

沙溪古镇的历史演化特征如表 10-2 所示。

表 10-2 沙溪古镇的历史演化特征总结

时期	河塘水系	聚落形态	文化特色	总体互动特征
聚落产生期	七浦塘未开挖，滨海	流沙堆积，冲积平原，原始聚落点状分布	海洋文化孕育阶段	海洋文化孕育出原始聚落雏形
雏形初现期	七浦塘开挖，干流成形	从点状散布到沿河流带形展开	市肆文化、宗教文化	七浦塘的开通带动了水运的发展及聚落的形成
河塘鼎盛期	水网因河道开凿和疏浚而趋于完善	内生式填充形成集镇	商贸文化	水运贸易与聚落互动渐强
外延填充期	新塘开挖，新旧共融	规模扩大，为工商业巨镇	商贸文化	互动强烈，相互反馈

① 河流水系：从形态演变到功能转型

七浦塘是沙溪的母亲河，它的开通，使沙溪成为往来船只的歇脚点和避风港，关系沙溪一镇的命脉，为沙溪的发展带来了先机。早期的老七浦起到了通航与贸易的纽带作用，随着历史演化几经疏浚，发展到目前新老七浦并存的格局，目前七浦塘主要承担古镇的旅游功能。

② 聚落形态：从点状分散到沿河展开

数千年的海陆变迁使沙溪从流沙堆积的滩涂地形成小渔村，七浦河的开通，沟通了崇明与苏州之间的水陆交通往来，逐渐形成集市。元代，在镇东涂松市设河舶所，并派兵驻防，形成军事阵地。随着战乱进行，居民西迁，沿七浦塘纷纷建造房屋，逐渐形成街市，聚落形态随着历史沿革呈现出由点状布局到线性展开，再到块状填充的形态。

③ 文化特色：从多元丰厚到推陈出新

沙溪最早形成于沧海桑田变滩涂的过程，是海洋文化最早孕育了这片土地。自唐以来，宗教就在这片土地上迅速发展，佛教、道教、天主教尤为突出，宗教文化占据主要地位。明清时期，由于受海派文化的影响，沙溪是引进西方文化较早的江南名镇之一，明清时就有一批文人出洋留学。近代名人有新舞蹈发起者吴晓邦、天体物理家龚树模、现代儿童文学作家龚树葵、太阳能专家恭堡，以及"活学活用毛泽东思想"的典型顾阿桃等。总体来说，沙溪古镇文化经历了早期海洋文化的孕育，中期宗教文化的贯通以及后期海派文化的渗入，呈现出多元化与开放化的局面。

④ 产业经济：传统手工业兴起到现代工业起步

沙溪地处鱼米之乡，勤劳的沙溪人用他们的智慧不断改变自己的生活和命运，悠久的纺织历史为沙溪的棉纺织发展奠定了基础，而手工业品真正实现在商品意义上走向全国的就是棉纺织品。手工棉纺织业初始在宋元，兴盛于明清，清末民初为机器纺织所替代，鸦片战争爆发后，机制洋纱洋布开始充塞中国市场，农家自纺土纱渐渐为洋纱替代，沙溪农民开始出售棉花，改用洋纱织布。甲午战争后，清政府为阻止外商货品的制造和倾销，1896年在苏州设商务局，倡导国人兴办实业，创设纱厂，光绪三十一年（1905），太仓乡绅蒋伯言投资白银50万两，创办拥有纱锭13 000枚的济泰纱厂，标志着沙溪近现代工业的起步。

（2）演化动因机制

在漫长的历史变迁中，太湖流域孕育了数量众多、各具特色的古镇，沙溪亦是其一，沙溪古镇集中体现了江南水乡的文化特色、社会风情和生活习惯，蕴含着丰富而独特的历史文化信息。

沙溪古镇的形成和发展，是一部水与人的变迁史，七浦塘的兴衰变迁直接影响了沙溪古镇的民居风格、城镇格局、生活方式、文化形态以及经济发展，同时这几个因素又互相关联，共同影响了沙溪古镇的发展。

其中影响七浦塘的兴衰变迁的因素主要有防洪灌溉、河道疏浚以及区域通航的需要。聚落形态的变迁也直接受到七浦塘影响。市场经济方面，外部市场的冲击是导致沙溪由早期传统手工业向现代工业转变的主要因素。具体表现如下：

① 雏形初现期（唐—元）

唐以前，沙溪镇尚处于沧海变桑田的海陆变迁过程，沙溪镇在唐时为滨海小渔村。唐到元这一阶段是沙溪镇雏形初具期。为了解决区域防洪灌溉和通航，于五代时开挖了七浦塘，宋代，由于娄江和杨林塘的堵塞，以及为解决阳澄湖之涝，苏州知府范仲淹疏浚了七浦塘，七浦塘的疏浚给沙溪带来了连年丰收。

受七浦塘开挖的影响，以及沿海倭寇的侵扰，沙溪镇人民逐渐向内陆迁移，于距涂松2里处定居，形成了当下的聚落形态，人们沿河起屋，逐渐形成集镇。

在文化特色上，宗教文化凸显，其中军事战争是主要影响因素，在这一阶段宗教建筑骤增。

产业经济层面，在宋元时期，棉花（又称木棉）种植传入沙溪，沙溪因沙壤适宜植棉而成为主要产棉区，棉纺织业逐渐兴起，导致了传统手工业的出现。

② 鼎盛发展期（元末—清）

元末至清是沙溪镇鼎盛发展期。这一阶段的水系演化主要影响因素是防洪及区域通航的需要，最终使七浦河成为太仓主要泄水和航运通道以及居民生活用水、交通往来、商贸交易的依靠。

聚落形态的演化主要受七浦塘的影响，为取得优势地位，人们纷纷沿河造房起屋，逐渐形成街市的聚落格局，并且朝着商业重镇的趋势演化。

商贸经济方面，苏州和崇明之间的往来以及南粤来岳王采购棉花，均由沙溪进行中转，交通的便利使沙溪逐渐成为太仓中部地区交通和物资交流中心，成就了沙溪商贸重镇的地位，鸦片战争后由于洋纱的倾销，传统手工业受到冲击，沙溪农民开始改用洋纱织布，导致了封建生产关系向资本主义经济关系的转变，传统的以耕织结合为基础的自然经济面临解体和转型，同时市镇的进一步繁荣也吸引了众多名人集聚于此，文化层次逐渐多元。

③ 外延拓展期（民国以后）

民国以后属沙溪镇外延拓展阶段。由于老七浦塘堵塞，这一阶段开挖了新七浦塘，形成了新老七浦塘并存的格局。人口因素是导致聚落块状填充的原因，聚落面积逐渐增大，发展成为工商重镇。

人口的集聚加速了市镇的繁荣，在商贸经济方面，沙溪镇发展迅猛，商贾云集、商号林立，同时由于受到资本主义世界经济因素的冲击，完成了传统手工业向现代工业的转型，也迫使国人走上了兴办实业的道路，促使了近代企业的崛起。

（二）空间格局分析

沙溪古镇空间格局可分为3个层次，即整体格局、聚落格局和建筑格局。（图10-79）

图10-79 沙溪古镇现状空间格局

资料来源：笔者摄于沙溪镇

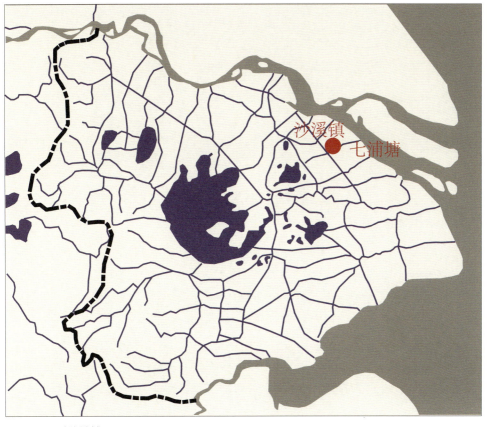

图 10-80 太湖流域

资料来源：笔者绘

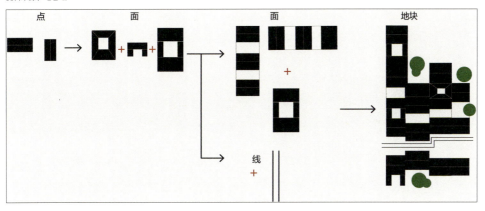

图 10-81 沙溪古镇地块单元组合方式

资料来源：笔者绘

1. 整体格局

水网密集，一水贯镇。沙溪古镇地处太湖流域，区域水网纵横交错，山少水多，具有典型的江南水乡古镇特色。丰富密集的水网与肥沃的农田是孕育沙溪古镇整体风貌的重要因素。贯穿全镇的七浦塘属太湖流域河流的一支，属区域主要河道（图 10-80）。水系是城镇形态的骨骼，街巷交通是水系交通的补充，沙溪因水成街成镇，七浦塘作为古镇主轴，决定了城镇的整体格局是沿七浦塘带形展开，结合周围肥沃的农田，形成古镇完整的风貌格局。

2. 聚落格局

沙溪古镇的聚落格局可分为宏观与微观两个层次，宏观层面可分为古镇地块单元的组合与村落单元的形成两方面。地块单元上，面要素"间"为沙溪古镇最基本的建筑空间，"间"旋转 90 度形成"厢"空间，"间""厢"围合成"院"，"院"纵向套接形成"院落"，院落与院落再次组合，形成节点空间，最后叠加街巷要素，最后组织形成沙溪典型格局的地块单元（图 10-81）。

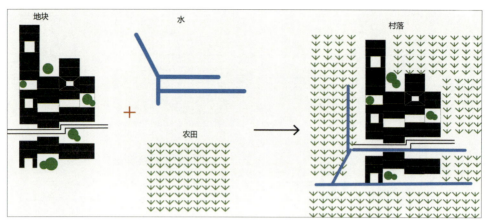

图 10-82　沙溪古镇村落单元组合方式

资料来源：笔者绘

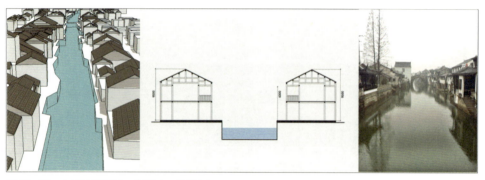

图 10-83　七浦塘透视图、立面图、现状格局

资料来源：笔者绘、笔者摄

地块单元加入水体要素沿水两侧空间格局发生变化：滨水街巷口会形成节点空间；沿河两侧建筑立面开敞形成商业空间。水体的引入再加之周边的农田要素共同构成了沙溪古镇独具特色的"一水穿镇、河街并行、农田环绕"的传统格局（图10-82）。

聚落格局的微观层次可从沙溪古镇"一河二街"的空间层次看出，这也是沙溪古镇的典型写照，其中的"一河二街"属沙溪典型的线性空间要素。"一河"即贯沙溪之命脉的七浦塘，"二街"即东西向、绵延长达3里的古街。沿街走去，长窗挑梁，时时可遇名宅旧居，处处可见青砖黛瓦。古街纵深绵长，这在如今的苏南古镇中并不多见。

① 七浦塘

七浦塘是沙溪产生和发展的命脉，古镇因水而生，因水而兴。宋景祐二年（1035）苏州知府范仲淹为排除西部阳澄湖低洼地区积水和解决农田灌排需要，兴修了茜泾、下涨、浒浦、白茆、七浦五大浦。明代中叶后七浦塘成为沟通崇明与苏州一带的主航道，镇地居民的主要生活用水、交通往来与商贸交易无不依靠七浦塘，两岸居民沿河造房起屋，逐步形成街市，沙溪由此逐步发展兴盛。七浦塘成为贯穿整个沙溪镇的命脉，也孕育了颇具特色的沙溪文明。（图10-83）

② 沙溪古街弄

沙溪古街弄是古镇沙溪的一大特色。古街两侧民居鳞次栉比，基本上保持着原汁原味的格调和风格，如河南街、东西向三里古街、太平街等等。而各条小弄穿插于其间，仿佛人体内动、静脉以外的毛细血管，缺了它们，古镇就活不起来。

沙溪的古弄，大致有3类，并且各有其典范之作。一是备弄，过去大户人家在主房旁边设立备弄，平时用于佣人进出，如发生意外情况便充作安全通道。现在以万和祥故址保存的备弄为典型，虽已拆除部分，仍保留宽近2米、长约30米一段，蔚为壮观。二是界弄，旧时，相邻人家起屋造房为避纠纷，于是留出一点空间形成弄堂，久而久之也成通道。目前，沙溪名声最响的界弄为邱家弄，它已有260余年的历史，具备"深、古、幽、窄、隐"等特点，被誉为"沙溪一线天"。三是水桥弄，一般古镇，通常在街道的一边是民

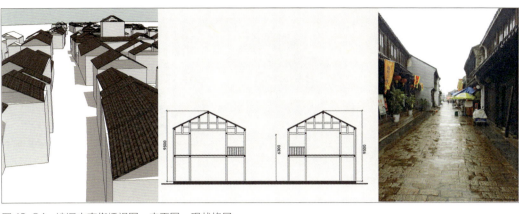

图 10-84　沙溪中市街透视图、立面图、现状格局

资料来源：笔者绘、笔者摄

图 10-85　孙泰隆老花行平面图、透视图、现状格局

资料来源：笔者绘、笔者摄

宅，另一边则是河流，居民用水十分方便，而沙溪则不然，它的主街两旁均是民宅，而河流则在街南侧的民宅之后，为解决街北居民的取水用水问题，街南居民造房时每隔一段距离便留下一条通道，直达水面，这就是水桥弄，这样的水桥弄在沙溪古镇上有几十条，有的是备弄和水桥弄的功能兼而有之。各式各样的古弄，各呈异彩，装点出古镇不凡的风貌。（图 10-84）

3. 建筑格局

沙溪承载着太仓的悠久历史，其独特的文化生活既有娄东文化的代表性，又有一定的文化辐射力，在历代人们的努力与坚持下保留下很多历史时期的物质遗存。物质文化遗产包含了文物古迹共 68 处，涵盖了从省级、市县级的各个级别。沙溪古镇共有 4 200 余间古旧房屋，计 44 751 平方米，集中在老街两侧与七浦岸畔，涵盖了明代、清代和民国各个历史时期的建筑式样和特征，且大多未因人为因素遭受重创，基本上保留了原汁原味的风格。

古镇建筑格局呈"前店后宅、线性展开、挑河而建"的特色。古宅密集，基本沿老街两侧或七浦塘沿岸展开，枕河而居。建筑以砖木结构、粉墙黛瓦为主要特色，邻水建筑错落有致、挑河而建，绵延数千米。将房屋挑在河面上建造，一方面减少了涨潮时潮水对房屋的直接冲击力，另一方面也扩大了居民家里的生活空间，形成了河棚形式的生活风貌。

（三）物质和非物质文化遗产

1. 物质文化遗产

（1）孙泰隆老花行

孙泰隆老花行位于太平街 50 号，为沙溪清代棉花行。现存一路两进，面阔四间，前四后三，上下两层，硬山顶，前檐出挑。底楼落地长窗，楼层半窗，穿斗梁，高近 4 米。铺地与原貌有所改变，为现代水泥地面。（图 10-85）

（2）曹家祠堂

曹家祠堂位于西门街 53 号。现仅存一进三楹，为清代建筑，4 扇长窗上雕刻的象征春夏秋冬四季的 4 匹马十分生动，天井内有一口古井

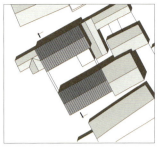

图 10-86　曹家祠堂平面图、透视图、现状格局

资料来源：笔者绘、笔者摄

图 10-87　普济寺（左）、长寿寺（右）

资料来源：沙溪文史馆展厅

及残存的一段围墙。沙溪旧有"先有曹家坟，后有沙溪镇"之说，可见曹家对于沙溪历史发展的影响。明代，云南副使曹逵（字履中，号沙溪）一族虽显赫，但不以权重仗势，不以家富欺民，坦荡正义、体恤黎民、得益乡里，深受百姓爱戴，在不经意间，其名号"沙溪"及其二弟"印溪"、三弟"团溪"共同演变成了一个地方的名称及别称。（图 10-86）

（3）宗教建筑

沙溪自唐以来，宗教就在这片土地上迅速发展，佛教、道教、天主教尤为突出。由于数量众多，在此只选取一二以供品鉴。

法华庵：据《沙头里志》记载："法华庵，在涂松，唐高宗龙朔元年（661），僧泰和建。"据此可知，那个名叫泰和的和尚应该是沙溪这一带最早的佛教信徒，起码也是最早的一批佛教信徒之一，而这一座名唤法华庵的庙宇自然也就是沙溪地区最早的佛教寺庙了，它距今已有 1300 余年的历史，可惜它早已毁去，留下的只是几行文字记载。原本矗立在庵前两棵高大的银杏树，也已被伐去。

直塘普济寺：庙址在直塘普济街东侧，南倚七浦，东傍 204 国道。该寺初建于唐长安三年（703）之前，后屡经兵燹之灾，时毁时修并且几易其名。数百年以来，风雨飘摇，至 1990 年代初期，该寺已基本上被废毁，只剩下残寺败屋数间充作他用以及破损的山门等物。直到 1995 年落实宗教政策，并延聘彭城（即今江苏省徐州市）的圣柱师太主持重建，现已建成五大殿，钟楼鼓楼也已配套。整个寺院宏伟壮阔、美轮美奂，成为目前沙溪一地最为壮观的佛教场所。（图 10-87）

延真道院：道教在沙溪的流传也很悠久，原陈抟桥的传说经久不衰也是缘于此故。不仅如此，沙溪古代同时并存的道教场所也有多处，其中名声最响的当数延真道院。延真道院，初建于宋淳熙年间，院址设在沙溪镇古街东3里处的涂松。后该道院不幸毁于火灾，成一片废墟。道士王士伦遂将道院移建于镇西北1里处的横沥之左，故当地百姓俗称其为"北道院"。经过长期营造，北道院无论规模还是设施在当地都冠绝于一时。《沙头里志》中载：北道院"中为大殿，像设玄天上帝，祔以两庑，夹处诸史列职，前有零星之门，后为退藏之所，园池外周，林木环护，迥乎尘鞅之隔绝，而粉糅之声，无从入也"。园池上有香花桥，池内遍植芰荷，花放之日，香溢遍野，沙溪古八景之"北院荷香"即此。旧为镇地百姓乘凉消暑之胜地。解放以后，北道院曾易为国家粮库，"文革"期间被拆除，今为沙溪镇苗圃所在。

张泾若瑟堂：在沙溪镇直塘之张泾，始建于1845年。清末，西方的天主教开始进入沙溪一带。抗日战争时期，曾被全部毁坏，后经修复，在"文革"期间又遭损毁，1989年5月在原址上重建，现已成为沙溪一带天主教徒主要的活动场所。

（4）古桥

桥梁是沙溪镇物质文化遗产的亮点。其中以横贯于沙溪镇老七浦上的3座古朴、巍然的石拱桥最为吸引人。

西边的一座叫"新桥"，初建于明代崇祯七年（1634）。新桥又名利济桥。《沙头里志》记载，利济桥由原来的木桥改建成石拱桥，清代重建为单孔石拱桥。桥洞东西两面的石柱上均刻有桥联，其中西向石柱上的上联是："何处传春想黄石赤松□□，有谁题柱乘高车驷马而来"，上联因为桥堍西侧人家翻建房屋，修筑石驳岸，给遮住了一部分，以至于缺失了最后两个字。

中间的一座称"庵桥"。桥为当地百姓筹建，始名"聚福"桥。只因桥北堍原有一座灵宝长寿禅寺，故桥又以庵名传世，始初之名后人很少提及。庵桥始建于宋代，初建为木桥，清康熙四十四年（1705）重建易石，清光绪十年（1884）重修，为单孔石拱桥，现基本保持清代古桥的风貌。桥长15.3米，宽2米，与新桥基本一样的长度和宽度，横跨七浦塘东市街中段，桥身三分之一嵌入北岸民居之中。

东面的"义兴桥"又名"曾家桥"。初建于明嘉靖三年（1524），清康熙年间重建，为单孔石拱桥。桥长8米，宽3米，拱高3米，跨径4米，横跨七浦塘东市街南端。现今此桥南堍拱圈略有下沉，外体石板凹凸不齐。桥身千斤石为旋涡纹，四角饰如意纹，纹路清晰，雕刻精美。（图10-88）

（5）水埠

水埠是沙溪古镇人家日常生活不可或缺的汲水、洗涤、运输的场所，是人与河联系的纽带，俗称"水桥头"。水埠设于驳岸上，由于防洪的要求，驳岸常高于水面，为了便利贴近水面，必须入水建造踏阶，一般石砌的踏阶一直通到水中。"家家踏度入水，河埠捣衣声脆"的空间意境，成为沙溪古镇特色之一。（图10-89）

（6）河棚

河棚是沙溪古镇建筑风貌的又一大特色。沙溪古镇民居依水而建，因七浦河直通长江，长江水涨潮会对房屋形成冲击力，所以沙溪民居将房屋挑在河面上建造，一方面减少了涨潮时潮水对房屋的直接冲击力，另一方面也扩大了居民家里的生活空间。河棚的主要特点是精细小巧、挑河而建。沿河地形的差别，造成了河棚形式的多样性，有吊脚楼式的，有石头砌的，像楼阁，似水榭，轻盈灵秀，形成了独特的沙溪河棚建筑艺术风格。（图10-90）

图 10-88　新桥、庵桥、义兴桥

资料来源：笔者摄于沙溪镇

图 10-89　沙溪古镇水埠空间

资料来源：笔者摄于沙溪镇

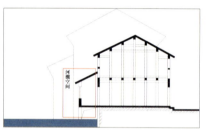

图 10-90　沙溪古镇河棚空间

资料来源：笔者摄于沙溪镇

2. 非物质文化遗产

太仓自古为文化之乡，人文荟萃，积淀深厚，形成了独特风格的娄东文化，为今天留下优秀的文化财富。沙溪作为太仓境内历史悠久的古镇之一，目前非物质文化遗产共有5大类，包括民间文学33个，及民间舞蹈，传统手工技艺，民间音乐与民间戏曲。其中滚灯、利泰高跷、昆曲、鼎盛祥猪油米花糖被收入太仓市公布的非物质文化遗产名录中。（表10-3、表10-4）

表10-3　沙溪镇被收入太仓市（及以上）的非物质文化遗产一览表

种类	项目名称	级别	分布
民间舞蹈	滚灯	江苏省级	沙溪、直塘、双凤
	利泰高跷	太仓市级	沙溪、直塘等
民间戏曲	昆曲	苏州市级	城厢、南郊、沙溪等
消费习俗	鼎盛祥猪油米花糖	太仓市级	沙溪

表 10-4　沙溪镇非物质文化遗产代表作名录一览表

种类	项目名称	分布	物质空间载体
民间文学	秦始皇鞭石成穿山	沙溪归庄	穿山
	马蹄湾的传说	沙溪	沙溪镇北横沥河西岸
	文徵明题咏沙溪八景	沙溪	沙溪八景（长寿钟声、七浦听潮、松墩鹤唳、竹林环翠、北院荷香、虹桥夕照、通津渔火、天泉望月）
	陈抟一觉八百年	沙溪	西门街与西市街交接处的陈抟桥
	百年老字号万和祥的来历	沙溪	
	不畏强暴的王道士	沙溪	
	传说中的聚福桥	沙溪	庵桥（聚福桥）
	光饼	沙溪	
	鬼买馆	沙溪	
	见龙桥上可见龙	沙溪	
	郎星纬因诗而丧命	沙溪	
	浪子回头悔已迟	沙溪	
	利济桥传说	沙溪	新桥（利济桥）
	陆京士故居的传说	沙溪	陆京士故居
	猛将堂的传说	沙溪	猛将堂遗址
	米龙	沙溪	
	七浦何以成戚浦	沙溪	七浦塘
	七月十五放花灯	沙溪	
	钦赐翰林坐牢狱	沙溪	
	曹东楼的家训	沙溪	
	沙溪地名的来历	沙溪	
	沙溪石子路的产生	沙溪	
	筛篮桥	沙溪	
	松墩美女	沙溪	松墩鹤唳
	太平街和太平桥	沙溪	太平街和太平桥
	挑灯草星和挑石头星	沙溪	
	伪县长迫令黄兆铭改名	沙溪	
	贤圣堂	沙溪	贤圣堂遗址
	杨郎中舍命救百姓	沙溪	
	"松墩鹤唳"与岳王	沙溪	松墩鹤唳
	悲喜五龙桥	沙溪	五龙桥
	神龟	沙溪	
	吕蒙正与高真堂和义犬冢	沙溪	高真堂、义犬冢遗址
传统音乐	江南丝竹	苏州各地	
传统手工技艺	太仓土布纺织	太仓各地	
	沙溪糟油制作技艺	沙溪	

（四）特色和价值

沙溪最早形成于沧海桑田变滩涂的过程，是海洋文化最早孕育了这片土地，唐宋时期形成完整村落。自唐代以来，宗教就在这片土地上迅速发展，佛教、道教、天主教尤为突出，宗教文化占据主要地位。七浦塘孕育了沙溪的千年文明。受吴文化影响，沙溪好学之风盛行，文人雅士有画家凌必正、史学家桑悦、古琴家徐上瀛等。同时受海派文化影响，沙溪是引进西方文化较早的地区，明清时就有人出洋留学。

沙溪镇是太仓境内商贸重地。明代中叶后，七浦塘成为沟通崇明与苏州一带的主要航道，有"南达娄江、北枕虞山、西凭盐铁、东控大海"之誉。官民船舶来往穿梭，商贾云集，商业繁华，成为太仓县境"第一闹市"。沙溪的棉纺织业始于宋元，兴盛于明清，清末民初为机器纺织所替代，鸦片战争爆发后，机制洋纱洋布充塞中国市场，农家自纺土纱渐渐为洋纱替代，沙溪农民开始出售棉花，改用洋纱织布。到了民国年间，沙溪已经集中了太仓一些最大的商号，而镇上的居民，几乎家家开店、户户经商，工商业发展规模与经营能力成为"东乡十八镇"中的"第一镇"。

沙溪古镇空间格局特色为"一水穿镇，沿街成市，河街平行，鱼骨展开"。一水即东西向穿镇而过的七浦塘，发挥了"贯一镇之命脉"的作用。三里长街与七浦塘线性平行，串联起整个古镇的格局，主要商业活动在老街展开，次街巷垂直于老街布置，与主街相互交错。随着新七浦塘的开挖，古镇呈现出新老七浦塘包夹下的"橄榄岛"形状的格局，岛尖和岛尾恰是两河汇流处。"橄榄岛"空间格局是沙溪古镇典型的空间特色，在空间形态上具有一定的研究价值。

沿七浦河两岸，民居枕河而建，临水成街，错落有致，绵延1.5千米。主要街巷与河道平行，辅助巷道垂直于主要街道和河流，形成"川"字形。古镇上明、清建筑和民国建筑居多，河棚、水桥又是七浦塘畔独特风景。将房屋挑在河面上建造，一方面减少了涨潮时潮水对房屋的直接冲击力，另一方面也扩大了居民家里的生活空间，河棚形式的生活风貌，是沙溪独特的河棚建筑艺术风格的具体表现。"古巷同户宽，古街三里长，古桥为单孔，古宅均挑梁，户户有雕花，家家有长窗，桥在前门进，船在门前荡"正是古镇沙溪空间格局和历史风貌的独特写照。

六、一塘四街凤凰镇

凤凰镇位于长江下游南岸，是全国文明城市——张家港市的南大门，得名于境内的凤凰山。东与塘桥镇接壤，南与常熟虞山镇交界，西与江阴顾山镇为邻，北接杨舍镇。镇地理位置优越，沿江高速公路、苏虞张一级公路和204国道穿越镇境，设有沿江高速公路凤凰道口。现今凤凰镇[1]是由港口镇、西张镇、凤凰镇三镇合并。境内山明水秀，民风淳厚，商业繁荣，人居环境优越。而恬庄古街[2]现位于凤凰镇港口街道恬庄村。古街旧称"田庄""恬养庄（庄）"，人文商业发达，明清时期集镇内街道河塘纵横、古迹众多，人文荟萃、民风淳朴，在江南水乡小镇中独具特色。2009年10月凤凰镇成为江苏省历史文化名镇。2010年12月凤凰镇被列入第五批中国历史文化名镇[3]。（图10-91～图10-93）

[1] 1957年以前统称为凤凰地区；1957年9月撤区并乡，原凤凰地区分属恬庄、凤凰、西张乡。1992年12月，港口（恬庄乡更名）、凤凰、西张乡撤乡建镇。2003年8月，港口镇、凤凰镇、西张镇三镇合并成新的凤凰镇。

[2] 恬庄古街旧称"田庄""恬养庄（庄）"。由于当时主要功能是为钱氏收租纳粮，故初名"田庄"。而百姓屡遭兵荒马乱、倭寇劫掠，尤为渴求安定生活，遂将"田"字取谐音改称"恬"，且在中间加"养"字，故名为"恬养庄（庄）"。

[3] 苏州市规划设计有限公司编：《江苏省凤凰历史文化名镇保护规划》，2010。

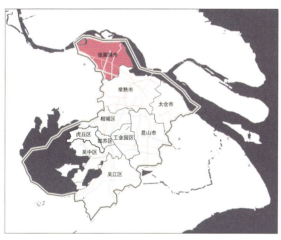

图10-91 张家港在苏州市的区位

图10-92 凤凰在张家港市的区位

图10-93 昔日恬庄

资料来源：周明公摄于2002—2003年

（一）镇村体系变迁

恬庄的镇村体系变迁如图 10-94 ~ 图 9-100 所示。

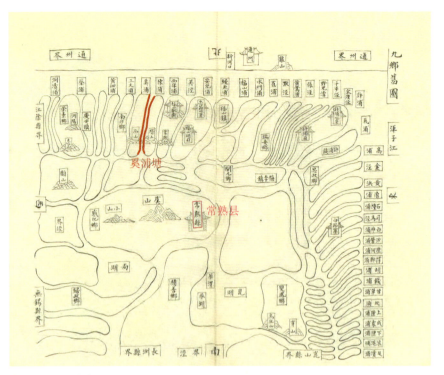

图 10-94　九乡全图

资料来源：根据《常熟县志》卷之一《疆域图·九乡全图》绘制

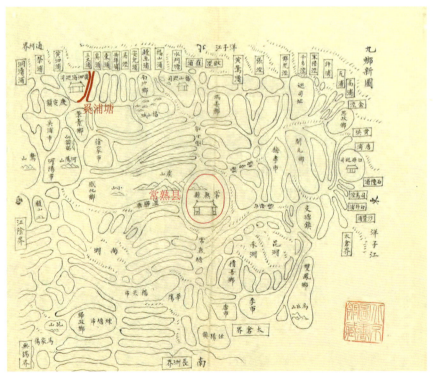

图 10-95　九乡新图

资料来源：根据《常熟县志》卷之一《疆域图·九乡新图》绘制

图 10-96 明初恬庄在常熟的位置

资料来源：根据《江苏省张家港市凤凰镇保护规划 2010》汇报文件、《常熟市志》《张家港市志》绘制

图 10-97 明末清初恬庄在常熟的位置

资料来源：根据《江苏省张家港市凤凰镇保护规划 2010》汇报文件、《常熟市志》《张家港市志》《沙洲县志》绘制

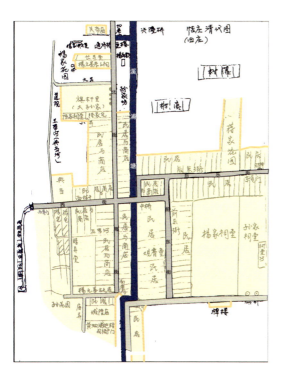

图 10-98 清恬庄格局

资料来源：根据《江苏省张家港市凤凰镇保护规划 2010》汇报文件绘制

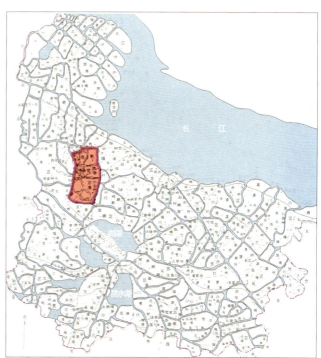

图 10-99 清中后期恬庄在常熟的位置

资料来源：根据《江苏省张家港市凤凰镇保护规划 2010》汇报文件、《常熟市志》《张家港市志》《沙洲县志》绘制

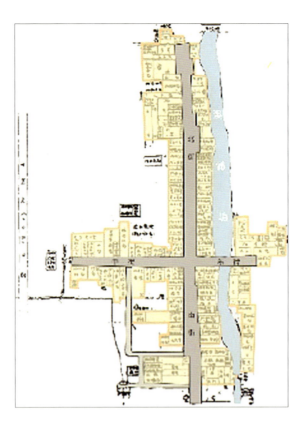

图10-100 民国恬庄格局

资料来源：根据《江苏省张家港市凤凰镇保护规划2010》汇报文件绘制

1. 河韵悠长、三次迁徙、乡绅居乡（图10-101～图10-106）

在河阳山东麓，以现今保留的唤英台为中心，有一座古镇曰"河阳市"或称"吴下"，为春秋"勾吴""吴下""吴中"之三吴之一，唤英台为其祭祀天地之古台及练兵守疆之处。河阳市在秦汉之时谓鼎盛期，汉末三国群英会战，祸乱始起，到唐宋时期河阳市聚落逐渐东移至三让浦，此时河阳古镇兴盛至极。但在宋末元初河阳古镇突遭兵燹，数千间房屋毁于战火。幸存的河阳镇居民，见河阳山东麓约2千米外有一条小溪——奚浦塘弯弯曲曲流过，举族迁徙定居。于是有恬庄古镇雏形。①

明代正统、天顺年间，鹿苑奚浦出了钱氏二兄弟。其先世数代为官，又兼圩田江鲜之利而成虞西巨室，钱氏虽为富绅，却热心地方公益事业。兄弟钱宽，字理容，弟名钱洪，字理平，在百姓中有着良好口碑。尤其是弟弟钱理平，是国子监生，据《重修常昭合志》记载，钱理平生于明代永乐六年（1408），由于他善于经营，且有祖传产业，所以拥有良田千顷，可谓富甲一方。尽管很富有，但是他深居简出，开支有度，始终保持俭朴的生活方式，"勿以资饶而暴殄天物"。钱理平秉性聪慧，为人稳沉，平日深居简出，唯以课业自督；治家严谨，作息有序，开支有度。不仅如此，他在兴修水利、赈济贫苦方面做了大量好事。②

① 杨希溁：《恬庄小识》。
② 同①。

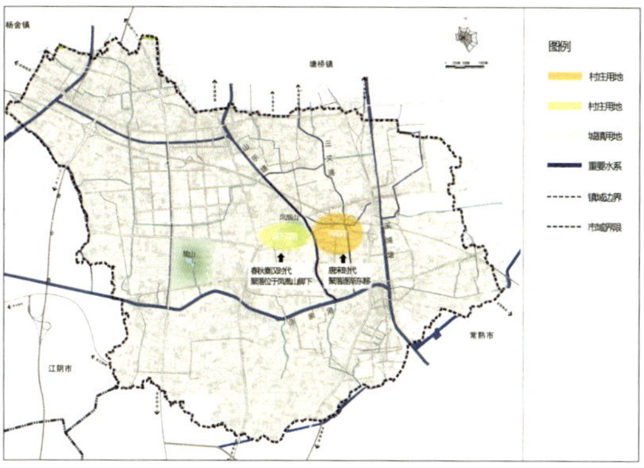

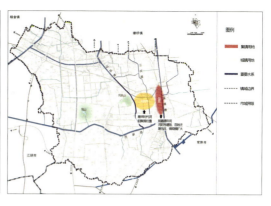

图 10-101　唐宋前河阳市迁徙过程图

资料来源：根据《江苏省张家港市凤凰镇保护规划 2010》《恬庄小识》绘制

图 10-102　唐宋至元初河阳市迁徙过程图

资料来源：根据《江苏省张家港市凤凰镇保护规划 2010》《恬庄小识》绘制

图 10-103　恬庄镇区（明代）在常熟县位置

资料来源：根据《苏州府志》《常熟市志》《江苏省张家港市凤凰镇保护规划 2010》绘制

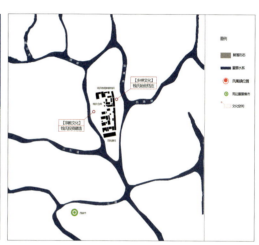

图 10-104　恬庄古街（明初）聚落形态

资料来源：根据《苏州府志》《常熟市志》《江苏省张家港市凤凰镇保护规划 2010》绘制

奚浦两岸的广大农村地带，由于地势低洼，河道壅塞，如果连续几天下大雨，就会发生洪涝灾害；假若连续十天半个月不下雨，又会造成土地干裂，严重影响农业收成。奚浦钱氏的大批租田就在这一带，为改变屡受旱涝灾害的状况，钱理平打算联合其他士绅一起，疏浚河道，调节排灌，通达运输。但是疏浚河道一事非同小可，需要大量人力、物力、财力，过去都由官府主办，其他士绅们担心仅靠地方民力，工程耗资巨大，于是纷纷婉拒。钱理平的态度却十分坚决，见其他士绅不愿插手，便决心独资承担这项水利工程。他出资纹银千两，招募民工 1000 多人。在施工过程中，钱理平高瞻远瞩，整体谋划，制定了一个一举两得的方案：将疏浚河道挑出的泥土统一堆放到湖田里、着水坝、蟹浦里之间的低洼地上，构筑成一方面积很大的台地，从而形成了恬庄镇的基础地盘。然后，钱理平在这一台地上建造了一批房屋，形成小小的街道。他把处于街道中心位置的房屋作为钱氏收田租的专用仓房，其余房屋则免租提供给百姓居住，以吸引人居，增加人气。这样一来，迁到镇上的群众越来越多，逐步形成了小集市。当时这一小集市主要是为

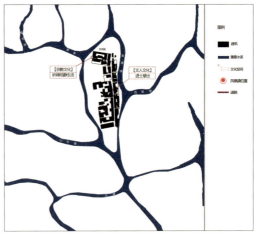

图 10-105　恬庄镇区（明代）在常熟县位置

资料来源：根据《苏州府志》《常熟市志》《张家港市志》《江苏省张家港市凤凰镇保护规划 2010》绘制

图 10-106　恬庄古街（明中）聚落形态

资料来源：根据《苏州府志》《常熟市志》《张家港市志》《江苏省张家港市凤凰镇保护规划 2010》绘制

奚浦钱氏收取田租之用，故初名"田庄"。① 除兴修水利之外，钱理平在赈济贫苦方面做出巨大贡献。明代宗景泰五年（1454），奚浦所在南沙乡出现瘟疫，第二年又继续流行，贫苦百姓患病后无钱买药，病死后无棺可葬。钱理平慷慨解囊，第一年就赈济贫苦农民 500 多人，帮助解决缺粮少衣的困难；还为 300 多名患病乡邻施舍药物，为 100 多名死者施舍棺木。此后，钱氏为祈求神灵保佑，在集市附近又修建了集福庵、长寿庵两座庙宇，成为田庄最早的敬神供佛场所。随着迁居田庄人口的增多，镇区规模逐步扩大，明代晚期和清代又陆续建造了关帝庙、城隍庙、三元宫、雷部殿等 9 所寺庙道院，还有文昌阁、社坛、祠堂等。天顺年间，朝廷下令江南民间输送马匹到北方边境，以加强防务。然而，贫困家庭拿不出买马的钱，有钱人家害怕到塞外送马经受不了严寒。钱理平在听取民意之后，设法筹集到一批资金，派专人到北方就地购买马匹，交给边关，解决了这一难题。钱洪一介平民百姓，无国家半文俸禄却把大量钱财贡献给社会，做了官们做不到或做不好的事，故被尊称为"义官"。②

明代洪武元年（1368），田庄开始兴盛，黄泗浦巡检司设于田庄，田庄的社会地位越发重要。同时在田庄加设关驿 3 处，河阳桥、加禁桥、禁关桥、海船停于此 3 处，候查驻放行。③ 随着黄泗浦巡检司的设立，田庄吸引了越来越多的人迁居。明嘉靖年间（明中期），河阳市遭倭寇抢掠，居民第二次纷纷逃到田庄定居，集镇规模扩大。④ 随着迁居田庄的人口增多，镇区规模逐步扩大，明代晚期又陆续建造了关帝庙、城隍庙、三元宫、雷部殿等 9 所寺庙道院，还有文昌阁、社坛、祠堂等。

随着经济发展、社会稳定，田庄的进士辈出。明嘉靖五年（1526），杨仪登进士；明嘉靖十三年（1534），钱泮登进士；明嘉靖三十五年（1556），陈瓒登进士；明万历二年（1574），萧应宫登进士；明万历四十四年（1616），孙朝肃登进士；明崇祯四年（1631），孙朝让登进士；明崇祯十年（1637），蒋棻登进士。

① 张家港市凤凰镇政府：《申遗文件》。
② 同①。
③ 王锦、杨继熊：《常昭合志》。
④ 杨希濼：《恬庄小识》。

图 10-107　古河埠

资料来源：张家港文保优秀工程奖申报材料

2. 文教昌盛、名门望族、水运商埠

清代康熙九年（1670），浙江湖州石林镇的杨德贤（恬庄杨氏始迁之祖）迁居到田庄，在勤俭兴业、经营发家的同时，积极倡导和践行乐善好施、仁义孝悌之风。杨德贤迁居恬庄后投身镇区建设事业，包括建屋舍、宗祠、桥梁，疏浚河道等公共事务。随后杨氏子孙积极投身恬庄建设事业，代表人物有杨岱。他曾设义学，让贫寒子弟免费就读；原玉带河在恬庄南街中段，是串通三丈浦与奚浦之间的调节河道，他为了南扩恬庄街区、在玉带河南段河面上跨建房屋，成了地下水道；又疏浚镇区四周河道，使田庄成为城堡式市镇，提高了安全程度；还开设店面，修建寺庙庵堂，招商揽客，使田庄成为当时的虞西大镇。①

田庄的发展除了当地乡绅的贡献外，也得益于水运交通的发展。田庄处于虞西粮棉产区的过渡地带，四周盛产水稻、棉花、渔业和其他农副产品。随着河道疏浚，水运交通在对外贸易中开始发挥作用，奚浦塘田庄段设有多处船埠码头，商贸繁荣。田庄成了苏州地区、大江南北主要农副产品集散地。②（图10-107）

"田庄"更名为"恬庄"则是源于该时。自从杨氏定居田庄，努力倡导恬淡处世、求学上进、尊老爱幼、扶贫济困的民俗民风，而老百姓也因明清鼎革之际屡遭兵荒马乱，时人屡遭倭寇劫掠，尤为渴求安定生活，遂将"田"字取谐音改称"恬"，意为安静、心神安逸，且在中间加"养"字，意为休养生息，故名为"恬养庄（庄）"。③

与此同时，恬庄的文人文化进一步发展，先后出过四位状元，杨家连续六代共16人登科中举，再加镇上蒋、邹、孙、陈等族人先后跻身仕途。清顺治四年（1647），钱朝鼎登进士；清顺治九年（1652），孙鲁登进士；清康熙二十三年（1684），蒋伊登进士；清康熙二十四年（1685）蒋陈锡登进士；清康熙四十二年（1703），蒋廷锡登进士；清康熙四十八年（1709），蒋涟登进士；清康熙五十一年（1712），蒋洄登进士。原先的"小聚落"很快兴旺发达起来，以至于名闻遐迩，

① 杨希濚：《恬庄小识》。
② 张家港市凤凰镇政府：申遗文件。
③ 同①。

图 10-108　恬庄镇区（清代）在常熟县位置

资料来源：根据《苏州府志》《常熟市志》《张家港市志》《江苏省张家港市凤凰镇保护规划 2010》绘制

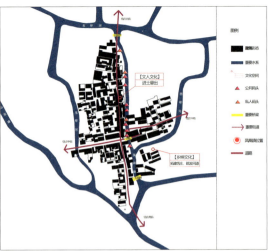

图 10-109　恬庄古街（清初）聚落形态

资料来源：根据《苏州府志》《常熟市志》《张家港市志》《江苏省张家港市凤凰镇保护规划 2010》绘制

举世瞩目。（图 10-108、图 10-109）

随着聚落商贸的发展兴盛，恬庄出现有名望的大家族——蒋氏。常熟望族有"归言屈蒋有名声，翁庞杨季是豪门"之说，其蒋姓即港口（恬庄乡更名为港口乡）蒋氏。蒋氏先世有蒋荣者，于明代洪武中期携安、懋两子，自苏郡徙常熟，安家于县治西北湖下，该地北濒长江，由黄泗浦、三丈浦、奚浦诸水与让塘汇合于此，舟楫通达、水产丰饶，蒋氏以耕渔发家后，立祠于村西虞家宕，祀迁虞始祖以下诸先人；建义庄于今恬庄北街，首要是资助子弟攻读圣贤经典，以致琅琅之声不绝，故有"湖下书声"，为河阳外八景之一。其三世蒋瑛，为乡里巨贾，富而好施、崇文尚义，俨然成虞西大族。随后自蒋廷锡、蒋溥等宰辅、督抚辈出，成为常熟大族。①

3. 物阜民丰、一塘四街、特色集镇

恬庄的鼎盛时期是在清代乾隆中叶。据《虞山杨氏宗祠碑记》载：杨氏传到杨元峰时家道日隆，在他手中开始扩建恬庄镇。在鼎盛时期全镇居民 300 户，多姓杨。有街 2 道，共东西南北 4 条主要街道，巷门 6 座。奚浦塘穿镇而过，将全镇分为东西两半。河上建有石桥 3 座，南端称五福桥，北端为兴隆桥，两桥均为站级式板凳石条桥；中间为拱形石桥，称中桥，造型优美。镇上有大小店铺 80 余家，有典当铺、银楼、布庄、染坊等大商号；有义塾、义庄、善局、更楼、码头仓库等公益设施，机构齐全；有寺、庙、堂、庵 10 座。恬庄街道也成为虞西地区比较完善的商业街，其特点有三：一是街道较多，主街 5 条，其中 4 条设有店铺；二是有 4 条半街面均为花岗石大石板铺设，在苏州地区的众多古镇中只此一家；三是南街中间下有玉带河，与街面成十字走向，连接奚浦塘与三丈浦，曾经有"银恬庄"之誉。②（图 10-110、图 10-111）

① 杨希溁：《恬庄小识》。
② 杨希溁：《恬庄小识》；张家港市凤凰镇政府：申遗文件。

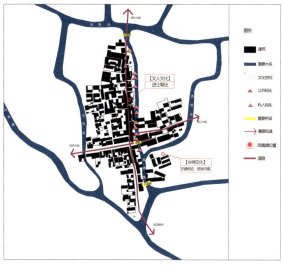

图 10-110　恬庄镇区（清末民国）在常熟县位置图

资料来源：根据《苏州府志》《常熟市志》《张家港市志》《沙洲县志》《江苏省张家港市凤凰镇保护规划 2010》绘制

图 10-111　恬庄古街（清末）聚落形态

资料来源：根据《苏州府志》《常熟市志》《张家港市志》《沙洲县志》《江苏省张家港市凤凰镇保护规划 2010》绘制

到了晚清时期，恬庄已初步形成具有江南地方特色的集镇。全镇有东、南、西、北 4 条主要街道以及多条里弄；有巷门 6 座，北巷门上还有一座更楼，可鸟瞰全镇。古奚浦塘穿镇而过，人家枕河而桥，造型优美，桥洞与水中倒影相合犹如满月。由此，恬庄成为江南著名小镇，在常熟境内名列四大镇行列。当时的四大镇其中之一就是恬庄。[①]

在商贸发展的鼎盛时期，文人文化也发展至顶峰，该时期进士辈出，恬庄成为当时有名的"进士之乡"。清雍正五年（1727），丁斌登进士；清雍正八年（1730），蒋溥登进士；清乾隆十六年（1751），蒋梅登进士；清乾隆五十年（1785），张敦培登进士；清嘉庆十四年（1809），王永湘登进士；清嘉庆十六年（1811），杨希铨登进士；清道光二十三年（1843），杨沂孙中举人；清咸丰二年（1852），杨泗孙中榜眼；清同治十年（1871），蒋士麒登进士；清光绪六年（1880），杨崇伊登进士。

4. 时迁市变、时局动荡、奋勇抗敌

民国年间，恬庄有街 4 条，分东、南、西、北街，呈"十"字形，总长 1200 余米。主街用花岗石铺设路面，筑有下水道。在主街上有巷门 6 座，北巷门上有更楼 1 座，门墙上书有"恬养庄（庄）"，街区沿河有石条驳岸数百米。[②]

民国二十三年（1934）凤凰境内分划西市、西义、鹜山、孙塘、让塘 5 个乡，实行保甲制度。该年古村落以奚浦塘为界划分行政区，浦东属梅李区耿泾镇，浦西属塘桥区恬庄乡。民国二十六年（1937），贯穿凤凰的"十苏王"公路筑成通车，斯时贸易之盛甲诸镇，时人称"一日三市"。（图 10-112）

1937 年 11 月，日军入侵，江阴、常熟两县相继沦陷。次年，江阴、常熟两县政府转移流动办公，同时都成立伪政权机构。该时期城镇商贸发展停滞不前。[③]

① "苏州地方志·志书博览专栏·市（县）区志·沙洲县志"，http://www.dfzb.suzhou.gov.cn；
龚立本：《常熟县志》，1916。
② 张家港市凤凰镇政府：申遗文件。
③ 张镜寰：《重修常昭合志》，民国三十八年（1949）。

图 10-112　恬庄镇区（1945）区域位置图

资料来源：根据澳大利亚图书馆 1945 年中国江苏苏南地区的地图绘制

到了民国三十年（1941）2月，中国共产党（民国年间，沙洲人民在中国共产党的领导下，进行抗日斗争，沙洲被列为全国秋收起义的一个点）设沙洲县，同时设虞西县。境内的杨舍、泗港、鹿苑、塘桥、妙桥、港口、凤凰、西张等地属虞西县。10月初，因日伪"清乡"，抗日民主政府机构撤销，人员北撤。民国三十三年（1944）10月，中国共产党苏中区党委决定复置沙洲县。县境在今双山、中兴、大新、德积、锦丰、店岸、东界港一带。民国三十四年（1945）10月，执行国共两党《双十协定》，撤销沙洲县，复归国民政府。民国三十年到三十四年的5年内，凤凰的行政区划不断调整，处于动荡年代。

1949年4月22日，沙洲全境解放。沿袭民国建制，东部属常熟县，西部属江阴县，凤凰划归常熟县。

5. 辗转前行、沧桑巨变、古韵尚存

解放初，恬庄建成区面积 0.04 平方公里，常住人口 550 余人。1950年2月，废除保甲制，建立乡、村政权。原西周乡划分为凤凰、鸷山、杨桥、大团4个小乡。凤凰乡、鸷山乡属常熟县塘桥区管辖。杨桥乡、大团乡属常熟县大义区管辖。至此，乡镇的发展才找到复苏的机会。

1958年"大跃进"时期，永庆寺遭彻底破坏，寺废僧散，千年古刹不复存在。永庆寺位于凤凰山麓，为"南朝四百八十寺"之一，它曾与杭州灵隐寺、镇江金山寺齐名。始建于梁大同二年（536）。直至1993年，永庆寺重建。[1]

1962年1月，沙洲县成立，恬庄、凤凰、西张人民公社划归沙洲县管辖。1970年代中后期，原来集中在老街的镇政府机构都搬离老街。1980年代供销社一统天下的局面取代了老街原先的商贸格局后，老

[1] 张家港市地方志编纂委员会：《张家港市志（1986—2005）（上册）》，方志出版社，2013。

图 10-113　恬庄镇区（民国）在常熟县位置图

资料来源：根据《苏州府志》《常熟市志》《张家港市志》《沙洲县志》《江苏省张家港市凤凰镇保护规划 2010》绘制

图 10-114　恬庄古街（民国）聚落形态

资料来源：《江苏省张家港市凤凰镇保护规划 2010》汇报文件

街逐渐失去往日的热闹。1976 年冬，疏浚开拓奚浦塘，恬庄老街大半被拆，仅存北街一部分。恬庄北街为石板街，长 250 米，宽 2 米，石板下有排水设施，街两旁的建筑大多保留清代、民国时期的原有风貌。1983 年 7 月，政社分设，改建凤凰乡。至 1985 年，镇上设有供销站、集体商店、银行、汽车站、变电所、加油站等，公共建筑面积 8000 平方米。镇区有县属工厂 1 家，村办工厂 5 家。1985 年工业总产值 1053.36 万元。

1986 年撤沙洲县建张家港市，凤凰属张家港市。1987 年 5 月，经省政府批准，凤凰地区可对外开放（1981 年沙洲县被列为对外开放地区）。1992 年 12 月港口、凤凰、西张乡撤乡建镇。2003 年 8 月港口镇、凤凰镇、西张镇三镇合并组成新的凤凰镇。[1] 2000 年后，乡镇的经济停滞不前，而凤凰古镇的发展开始转型的探索，由苏南模式的乡镇工业道路的探索，转向第三产业的发展摸索。凤凰镇依托悠久的历史文化资源优势，形成东有千年古街、西有河阳山歌馆、外围有湖光山色，内涵丰富的现代文明与江南水乡文化气息高度协调的旅游服务产业。在产业转型中备受瞩目的是恬庄古街和河阳山歌。

恬庄古街在当地特有的水乡自然地理环境中，形成"一塘四街、河街平行"的古镇历史空间格局和江南水乡风貌。古街核心区内，完好保存了大量明清时代及民国时期的古建筑，古建筑群以大宅、民居为主，具有较好的原真性。（图 10-113、图 10-114）这些传统建筑群体做工考据，风格多变，砖雕门楼，精美细腻，是江南水乡传统建筑文化的积淀。其中杨氏孝坊和"旗杆里"于 1998 年被列为市文物保护单位，并正在得到修复。

[1] 张家港市地方志编纂委员会：《张家港市志（1986—2005）（上册）》，方志出版社，2013。

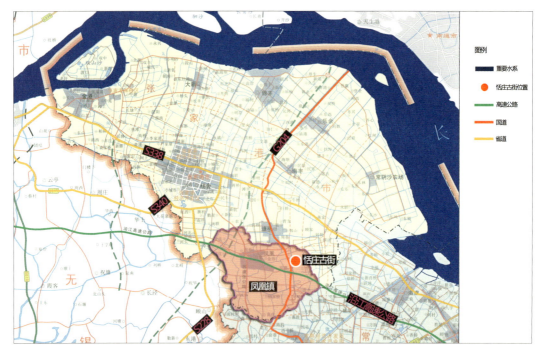

图 10-115　凤凰镇区（现今）在张家港市位置图
资料来源：根据《张家港市志》《江苏省张家港市凤凰镇保护规划 2010》绘制

河阳山歌是千百年来河阳地区劳动人民自己创造的原生态歌谣，具有 6000 年的历史。2006 年河阳山歌作为吴歌的重要组成部分，被列为首批国家级非物质文化遗产。2008 年凤凰被评为中国民间文化艺术（山歌）之乡。位于凤凰山西北侧的河阳山歌馆，占地面积 1.3 万平方米，馆内小桥流水、亭台楼阁，一派古典风韵。山歌馆以河阳山歌传承的时间和空间为主线，通过现代科技手段展现区域内人类活动的历史遗存、历史名人、名风名俗与非物质文化遗产以及古戏台的山歌演绎，游人可充分领略河阳山歌的风采和天籁之音的魅力。

6. 发展动因

古镇一水穿城、河街平行的聚落雏形与优美的自然环境密切相关。古镇四季分明、山清水秀、土沃水甘，是人类理想的生存之地，吸引家园遭战争毁坏的居民集聚。乡绅对河道的疏浚，进一步推动了农业发展和聚落初步建设。

助推古镇兴盛的动因是农业经济的稳定发展和水运交通区域需求。乡绅完善了城镇公共服务设施，水运交通把恬庄古街与周边城镇联系起来，以水运交通为主要载体的恬庄古街成为江南水乡商贾往来和物资交流及社交的场所，两者共同助推了古镇水系和聚落形态的完善。水运交通的发展，也促使经济形态中商业的兴盛。

导致古镇转型的动因是水运交通优势丧失和计划经济向市场经济的转型。由于交通工具的进化与改变，陆上交通替代了水运交通，奚浦水运交通的优势丧失，这导致了恬庄古街商业的没落。解放后，水运交通优势丧失和计划经济的实施，使恬庄逐渐出现工业经济。改革开放后，计划经济向市场经济的转型，又推动了恬庄由二产向三产的转型。（图 10-115～图 10-119）

图 10-116　古镇肌理图

图 10-117　文物古迹分布

图 10-118　文保风貌

资料来源：古镇保护者周明公

图 10-119　古镇街景

(二)空间格局分析

1. 前凤后鹜、田园环绕、水网密布、音韵流水

古时河阳人在此繁衍生息,古镇前面是凤凰山,后面是鹜山,形成前凤后鹜的空间格局,有鹜鸟孔武有力和凤凰吉祥如意的自然风土寓意。凤凰镇虽历经千年,至今仍保持着前凤后鹜、水网密布、良田环绕的大空间格局。如今的凤凰自然风光旖旎,山明水秀,民风淳厚,是典型的鱼米之乡。(图10-120)

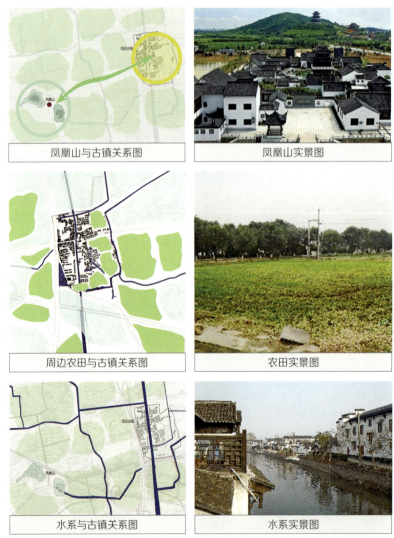

图10-120　总体空间格局

凤凰山山体由西而东走向，犹如丹凤展翅，故称"凤凰山"。主峰海拔86米，上有秀峰崖，高约2米，长有4米余，略向西北倾斜，与地面成60度角。此崖阳面平整，阴面凹陷，呈蚌壳状。凤凰山山峦多姿，风光佳丽，名胜古迹众多，曾有内外八景之说。"内八景"有三潭、四井、古桧、空杨、秀峰、醴泉、丞相墓、状元读书台；"外八景"有湖下书声、坊基酒肆、港口渔歌、柴场牧唱、桑岸啼鸣、莲塘游鱼、松林落照、精舍飘幡。几经沧桑变迁，"内外八景"中绝大部分景点早已湮灭，唯秀峰、醴泉、状元读书台尚存。恬庄古街位于凤凰山脚下，周围绿化环绕，与恬庄古镇间形成绿色游线。

古镇成群绿植掩映，连片农田环绕。明镜般的水田和弯曲田埂一起，构成一幅美妙而朴素的画面，一望无垠，直伸展至地平线。农田种植的农作物是水稻，经济作物有水蜜桃和茶叶。

凤凰古镇水网密集，纵横沟通，塘浦通江达海，潭泊星罗棋布。历史遗留下来的溪浦塘、三丈浦、西洋塘、让塘、山东塘等8条历史主干水系是构成凤凰历史文化的主要空间要素，是数千年间赋予古镇演变可能的基本资源。

2. 一水穿城、临水成阁，河街平行、水镇街景

水、街、城要素构成恬庄古街"一水穿城、一塘四街、河街平行"的聚落格局。以穿镇而过的奚浦塘为依托，形成平行式的自然街巷，沿河有石驳岸、石级河埠。以水而聚、依水而建，逐步形成了一竖和一"囗"字形的两条主要河道，构成了一个"中"字形的河流格局。两条主要街道成"十"字，分别平行和和垂直于奚浦塘，恬庄北街和南街与奚浦塘平行，形成河街平行格局。古镇内房屋依河而筑，错落有致的传统建筑簇拥在水巷两岸，临水而筑的建筑体现了"前店后坊、前店后宅、下店上宅"的建筑形态，呈现了"小桥、流水、人家"，集生产、交往、生活为一体的居住景观。毗连的过墙巷门、临河水阁、河渠廊坊、驳岸石栏、墙门巷道等构成了独具特色的水镇街景，为江南水乡所罕见。

奚浦塘南北穿镇而过，全长3.5千米，北引长江，南通望虞。玉带河在南街底下而过，又穿西街民宅，西接下街坊至三让浦河阳桥，连接山东塘至河阳山，过交界桥达黄泗浦。玉带河北接典当河，经孙家花园又回奚浦塘，下街坊塘在城隍庙旁接孙家沌至马家桥，形成"囗"字形环绕古镇区，起到净化水质，便利古镇居民交通、生产、生活的作用。两条主河流构成了"中"字形的河道骨架。[1]（图10-121）

在许多乡村小镇中，街只设一道。而恬庄有4道，形成十字街，它们分别是东街、南街、西街、北街。有巷门6座，北巷门上有更楼1座，

---

[1] 杨希滏：《恬庄小识》。

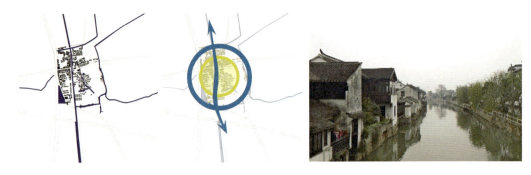

图 10-121　水系与古镇关系图

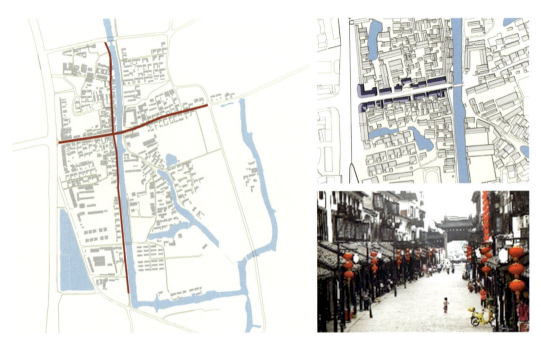

图 10-122　一塘四街格局和恬庄中街

门墙上有砖雕字"恬养庄（庄）"三字，更楼可以俯视全镇，旧时供晚上值更治安之用。东街与前东街用乱石铺筑，其余 3 道街用花岗岩条石铺筑，下有排水道。沿河为吊脚楼构筑。[①] 以极具商业气息的恬庄中街为例，长 290 米，宽 4 米，两侧建筑界面整治统一，商铺鳞次栉比，现在承担主要的商业服务职能。（图 10-122）

临水而筑的建筑，前门是街，后门是奚浦塘，是恬庄典型的水路相邻、和街平行的格局特色。恬庄老街现仅存原北街一部分，临水成街的恬庄北街，砖木结构、粉墙黛瓦的民居枕河而建；或是临水伫立，或是跨路而筑，或是傍桥而依。这种错落有致、鳞次栉比的自然景观，呈现"天人合一"的创造性布局。北街长 280 米，宽 1.5 米，石板铺砌以生活服务功能为主的街道，石板下有排水设施，街两旁建筑大多保留清代、民国时期的原有风貌。（图 10-123）

① 杨希漈：《恬庄小识》。

图 10-123　临水的恬庄北街

（三）物质和非物质文化遗产

1. 物质文化遗产

恬庄古街的建筑依水造屋，建筑前店后宅、因地制宜、自成风格。古镇内房屋依河而筑，错落有致的传统建筑簇拥在水巷两岸，毗连的过墙巷门、临河水阁、河渠廊坊、驳岸石栏、墙门巷道等构成了独具特色的水镇街景。古镇成片历史建筑群，以明清风格为主，建筑类型较为丰富，硬山式砖木结构、青石鼓墩、砖雕门楼、古色古香的木构件、外墙两侧的风火墙、沿街临水的建筑都极具地域特色。古建筑群以大宅、民居为主，面积占到古镇区民宅的 61%，具有较好的原真性。有榜眼府、杨氏孝坊、杨氏南宅 3 处国家级文保单位，建设了河阳山歌馆传承国家级非物质文化遗产"河阳山歌"，有张宅、蒋宅、陈宅 3 处市级控保建筑，还有 28 处历史建筑。同时古镇内保留了大量的古桥，极具研究价值。

（1）榜眼府

清乾隆初期名士杨岱所建，至咸丰年间，杨岱曾孙杨泗孙考中榜眼，授翰林院编修，故该宅院称榜眼府。该建筑绵延百年，数次修建改建，有清代前期仿明建筑的风格，也有清代中后期的建筑风格，建筑形制规格很高，是清代典型的官邸建筑。目前这是恬庄古街最大最古老的建筑，1998 年被列入市级文物保护单位，2006 年被列入省级文保单位，2013 年列入全国重点文保单位。[1] 该宅为五间五进和一个后花园，现留存四进。原进深 49.3 米，前宽 15.3 米，后宽 16.2 米。第一进五间，房前有 4 个旗杆石柱础；第二、三进为 4 间；第三进为大厅，通宽 16 米，进深 11.2 米，高 7 米，柱础为清式鼓墩，抬梁结构，重檐方檐，正桁上镀金重彩花绘。第一、二、三进为平房；第四、五进为楼房，通宽 16.2 米，进深 7.2 米，高 7.9 米。大厅和楼房间有北厢房和转楼连接。旁边是后花园，占地 1000 多平方米，有花篮厅、鸳鸯厅等厅房，亭台楼阁，交相辉映，形成了典型的江南水乡的建筑风格。（图 10-124）

[1] 张家港市局：《张家港文保优秀工程奖申报材料》。

图 10-124 榜眼府

资料来源:张家港自然资源和规划局提供

(2) 杨氏孝坊

杨氏孝坊又名"杨孝子祠",曾是杨氏家族祭祀祖宗的地方。杨岱为当时名扬天下的孝子,乾隆年间,处士杨岱以"天地生财,本以供人之用,用得其当,则吾心尽也"的信念,进一步开拓恬庄,办义塾、义庄,修镇内外诸桥,以大石条铺设4条半街道。漫长的封建社会,是以忠孝为道德基础的,为表彰杨岱忠孝,清嘉庆十三年(1808)礼部尚书、吏部尚书、户部尚书三部合议,嘉庆皇帝御批,清政府拨国库银两建杨氏孝坊。因此杨氏孝坊是封建道德教育基地。1998年杨氏孝坊被列为张家港市文物保护单位,2011年12月被列为江苏省文物保护单位,2013年列入全国重点文保单位。[1] 该建筑为硬山式砖木结构,坐西朝东,五间两进厢房,是典型的清代建筑,占地面积1170平方米,建筑面积962平方米。第一进屋檐三层斗拱重叠,气势非凡,正厅宽17.9米,进深6.4米,高6.32米,6柱,前后包檐设十字形斗六升凤头昂及云头挑梓桁,正贴脊柱落地的扁作厅堂,具有典型的清式建筑风格。屋内墙上嵌有"旌表孝行杨君家传"等石刻7块,两进间有天廊相连,屋檐有三层斗拱重叠。正厅嵌有状元姚文田书的《旌表杨君孝行记》刻石1块、《杨氏读书田记》刻石3块及布政司执帖一块。室内有石牌楼一座,上有嘉庆"圣旨"两字的镂空石刻一块,至今保存完好。(图10-125)

(3) 杨氏南宅

杨氏南宅又称杨元丰故居,位于恬庄南街,朝东,为清代名士杨元丰迁居恬庄的居室,是典型的清代仿明建筑。它以独立的院落、精巧的雕刻,展示了古代书香门第的典型居室。前部分保存完好,为公产,后部分已由其后代翻建。该宅院2013年列入国家级文保单位。[2]

该建筑共分四进:门厅、仪厅、大厅和后厅。杨氏南宅为二层小楼,有侧厢,设内外天井,占地面积700平方米,建筑面积200平方米,硬山式砖木结构,主房宽8米,进深5.5米,两侧厢宽分别是1.86米和1.68米,进深4米。院墙门外北侧墙内嵌一石碑,上镌"仁寿堂杨"4字。修复后的杨氏南宅,建筑面积约为200多平方米,以独立的院落、

[1] 张家港市局:张家港文保优秀工程奖申报材料。
[2] 张家港市凤凰镇政府:申遗文件。

图 10-125　杨氏孝坊

资料来源：张家港文保优秀工程奖申报材料

精巧的雕刻，展示了南方小家碧玉典型居室之小巧玲珑。杨氏南宅的建筑式样在张家港市已不多见，这为研究当时当地建筑、历史及人文等提供了重要信息。（图 10-126）

（4）蒋宅

始建于明末清初，硬山式建筑。在恬庄西为元代遗构，原为"父子大学士"蒋廷锡、蒋博之故居，习称"蒋宅"。后迁居常熟，改为蒋家祠堂。整体建筑风格之朴素无华，与恬庄其他大户人家之宏大华贵形成鲜明的对比，也恰恰因此构成了值得后人珍视的建筑文化遗产。现为市级控保建筑。[①] 蒋宅五进，坐北朝南，以青砖及片石砌称一道长约60米的围墙。现存的蒋宅坐北朝南，原占地面积约 2000 平方米，建筑面积约 800 平方米。由东西两个相连的跨院组成，每个跨院为相对独立的三进四合院，而东院建筑尺度略大于西院。青石围墙和后花园保存基本完好，园内古木参天，有桂花树、虎皮榆树、古槐树等，树龄均在百年以上。（图 10-127）

（5）古桥

恬庄古桥众多，古奚浦横穿恬庄老街段共有 3 座桥横跨其上，从北往南，依次是兴隆桥、恬庄桥和五福桥；以恬庄桥为中桥，古奚浦的东、南、西、北向各有恬庄前东街、后东街、恬庄老南街、恬庄西街和恬庄北街 5 条街，组成恬庄老街。

镇中有恬养庄桥，又名中桥，是恬庄市中心，跨奚浦塘，单孔花岗岩全拱形穿洞环形石桥，桥洞为一巨大的圆周，坚固无比，载重极大，受压四周均等，桥洞与水中倒影如同满月。两边设有石栏杆，桥脚有石碑一方，记载建桥之始末。桥上有一巷门，门一关两相不能往来。门楣上有恬养庄三字。此门传为清乾隆时代杨元丰建，1970 年代末，拆除改为水泥桥。从西边桥堍拾级而上，穿过有"中桥"大字的中巷门，便达桥顶。站在桥头，眺望两岸，尽是枕河人家。巷门与桥结合在一处，亦是国内绝无仅有。[②]（图 10-128）

---

① 中国·文化凤凰编委会：《中国·文化凤凰》，天津大学出版社，2014；
张家港市局：张家港文保优秀工程奖申报材料；
张家港市凤凰镇政府：申遗文件。

② 张家港市凤凰镇政府：申遗文件。

图10-126 杨氏南宅　　　　　　　　　图10-127 蒋宅院落

资料来源：张家港文保优秀工程奖申报材料

恬庄镇北有兴隆桥，在恬庄北街、关帝庙后的奚浦塘上，桥为单孔石板桥，建于清代，为乾隆时杨元丰重修（图10-129）。南端有五福桥，恬庄南街梢，城隍庙与黄泗浦巡检史衙门处，过桥即是杨家与孙家祠堂。此桥建于清初，为单孔石板桥。[①]

恬庄西南出南巷门，沿城隍庙之围墙边有孙家桥。其河为下街坊河，直达河阳；其桥是三孔平板石桥，为孙承恩中状元后，拆其木桥而改建，以行人舟楫，故名。该桥也是恬庄至港口到常熟的陆路必经之桥。

通济桥跨玉带河接北街，为乾隆时杨元丰所建。单孔石板桥，造型奇特。此桥上又建更楼，人桥在楼下穿过，更楼居高临下，可观四方动静，设更夫二人轮流值更，此桥也是农夫休息乘凉的好地方。

2. 非物质文化遗产

（1）乡绅义官，一邑之望，进士之乡，文人荟萃

恬庄古街的创建与发展得益于当地富绅的齐心助力。乡绅勤俭兴业、兴修水利、赈济贫苦并积极投身于城镇建设事业，致使原先的"小聚落"很快兴旺发达起来。除了乡绅文化以外，千年的历史积淀与吴文化的熏陶养育了一大批名人志士，在古镇这块热土上有32名进士、4名状元，是远近闻名的"进士之乡"。

乡绅对古镇聚落和经济发展的助推作用，具有重要的研究价值。同时古镇大批历史文化名人、悠久的历史文化，延续的石刻、石碑和墓志铭，成为古镇文化重要的积淀，为凤凰特有的水乡文化积淀奠定了深厚的基础，同时又是凤凰镇历史价值的硬名片。

（2）山歌摇篮，亘古传承，绚烂史篇，国之瑰宝

国家级首批非物质文化遗产之一——河阳山歌，是吴歌的代表，它的产生源于凤凰先民的原始劳动，先民对自然现象、灾害的敬畏而进行宗教和祭祀仪式时的祝愿和祈祷、人的情感的宣泄这三大因素。河阳山歌有存世量最多的原始山歌手抄本；千年山歌代有传人，山歌的活体传承，伴随着沉睡千年的古老文字，两者紧随依偎，相互印证。2009年，河阳山歌馆建成，为河阳山歌的进一步推介提供了广阔的平台。（图10-130）

河阳山歌是凤凰地区民众的独特创造，是源远流长的吴歌绚丽多姿

[①] 张家港市凤凰镇政府：申遗文件。

图 10-128　中桥实景图

图 10-129　兴隆桥实景图

图 10-130　河阳山歌馆

又别具芳香的一枝，越来越多的民间艺术家、海内外学者正参与到河阳山歌的研究中。

（四）特色和价值

自古以来，凤凰镇先民充分利用自然条件，形成独具江南水乡特色的水镇街景。在历史发展的长河中，一方面是乡野富绅为城镇建设做出巨大贡献；另一方面是水运交通的发展，江南水乡商贾往来，带动了地区的经济发展，孕育出具有独特格局风貌和深厚文化内涵的江南水乡古镇，呈现了"水运街市、前凤后鹜、依水造屋"的价值特色。

水运街市：随着当地乡绅对城镇建设贡献，以河道为主要载体的凤凰商业逐步发展，水运交通的兴起，凤凰逐渐成为江南水乡商贾往来和物资交流及社交的场所。鼎盛时期，有大小店铺80余家，有典当铺、银楼、布庄、染坊等大商号；义塾、义庄、善局、更楼、码头仓库等公益设施、机构齐全；恬庄成为虞西地区比较完善的商业街。同时凤凰境内盛产水稻、棉花、渔业和其他农副产品，17世纪凤凰古镇成了苏州地区、大江南北主要农副产品集散地。

前凤后鹜：凤凰镇前面是凤凰山，后面是鹜山，在镇域范围内形成了独特的前凤后鹜历史景观意向附会图腾，同时形成天然的屏障。凤凰四乡土沃水甘，农业经济发达，四周民田环绕。同时境内河道纵横、水系发达，居民在其独特的水乡地理环境中创造了以"水"为中心的生活环境，流淌在古镇的千年奚浦塘与玉带河则是环绕古镇的大动脉，形成了"中"字形的水系网络，水、路、桥、街融为一体，至今仍保持着原有的水系格局为镇民所沿用。

依水造屋：古镇民居枕河而建的格局保存较好，保留了较多传统建筑，砖木结构、粉墙黛瓦，或是临水伫立，或是跨路而筑，或是傍桥而依，形成错落有致、鳞次栉比的景观。建筑格局体现了"上宅下店、前店后宅、深宅大院"的特色，呈现出集生产、交往、生活为一体的建筑景观。

结语　江苏历史文化名镇的价值

截至 2018 年 12 月，住房和城乡建设部会同国家文物局共公布了 6 批 252 个全国历史文化名镇，其中江苏有 27 个，占 10.7%，名列各省第一位。这反映了江苏聚落遗产的一个总的特点，即明清时期江苏由于副业和手工业的不断发展，在市镇一级的层次上，聚落建设走在了整个中国的前列，这是在唐宋以来精耕细作农业发展基础上的又一次飞跃，也说明了与村庄一级的聚落遗产相比，市镇这个层次的聚落遗产较好地经受了近代社会大转型的考验，依然在社会发展中发挥着重要的作用，从而显示出特有的价值。

综合本书各章所阐释的内容，江苏历史文化名镇积淀着中国古代和近代优秀的文化、艺术、科学和工艺领域的文明成果，证明了江苏的文化始终是中华文化主流的重要组成。江苏历史文化名镇的价值集中体现在以下四个方面：

一、是中国古代和近代社会经济发展变革历程的见证

现代社会信息技术发达，人类通过文字、图像等材料去认识过去、传承知识。这使人们常常误以为非本体虚拟的中介性资料就足以传播和确认历史。但事实并非如此，当关于民族、地区根本利益的重大历史争议发生时，人们才意识到只有真实的历史文化载体才能帮助人们厘清混乱，辨认真伪，例如南京大屠杀真伪的争论。同时，今日世界所接受的知识规范、历史规范，都是以史迹及其相关历史文献的相互佐证为依托，是实证主义的。中国商代的文明在殷墟考古和甲骨文的研究成果出现后才获得世界范围的承认。因而文物古迹对于佐证历史的作用是极为重要的，这就是文化遗产的见证作用。江苏作为中国的重要组成部分，其历史同样是异常丰富和充满着争论的，尤其是近代以来的数百年社会变迁，不断考问着先进人士对过去的是非和未来发展道路的思考，考问着他们对中华文明是否已经落伍、是否有生命力的思考。历史文化名镇的聚落遗产是江苏各类文化遗产中十分丰富复杂的一类，它们不仅有相当数量的古代遗存，还有着大量的近代这一段复杂历史的遗存，因而特别能见证中华文明在经历巨大历史转折时的生命力和可持续性。

自然，江苏的历史文化名镇同样见证了古代江苏文明发育的过程，例如凤凰、淳溪等镇的遗迹见证了江苏在南朝和更早的开发史，甪直、锦溪、光福等镇见证了唐宋时期该地区文化的发达和经济的繁荣，而码头、窑湾、邵伯、孟河等镇则见证了明清两代围绕着大运河治理的世界顶级水利科技难题是如何由中国人解决的。

二、是感动江苏人民和游子们回馈乡梓的美好乡愁记忆

历史的记忆是历史在各个民族和地区人民心灵中的集体刻痕，人类区别于动物的基本差异就是能通过文化积淀、通过各种对记忆的传递和教授，将久远的各类文化知识传承给后人。后代的发展永远是站在前代巨人的肩膀上，而不会也不该是从零起步，这样人类及其社会才能保持持续的进化和进步。作为生命体的个人也是这样，从幼年到中年不断学习记忆，建立了个人生命的连续性；到了老年，记忆力衰退，部分老人连身边的亲人也忘却，这使得他们失去了和周围世界的多种联系，也失去了生命体的自明性。江苏的乡愁记忆则是江苏人的生命个体和群体建立起来与真实物质世界的文化联系和情感联系，它们始终是激励江苏子弟回望乡关，报效家国，献身崇高的火种。江苏如果失去这种历史记忆，就会造成生命群体的文化失忆，江苏也将在文化上失去自己的自明性以及建立于其上的种种能力。江苏历史文化名镇作为重要文化遗产的物态形象和文化特征，使得它们总是久久地留在各代江苏人和羁留江苏的过客心田中。例如周庄的双桥吸引了画家陈逸飞，而他的双桥油画又经国际人物互相赠送，成为众多国人和外国客人的强烈记忆。类似的记忆还有光福的古柏、惠山的二泉映月、骆马湖的波涛，以及码头镇草房里当年皇帝也喜欢的芦根的香甜。个体和群体的记忆有地域时空和事件等的限制，某些记忆未必对其他人有效，然而对于诸如相关地域的后人来说则是弥足珍贵的。如同母爱，永久性地生存在自己儿女的心中，这是聚落遗产所具有的乡土性。

人类并非喜欢记忆历史的每一部分，九斤老太总是今不如昔的絮叨没几个人受得了，有些历史即使惊天动地却如鲁迅所说，也是为了忘却而去纪念，记忆总要抹去一些，不然负担过于沉重。抹去哪些留下哪些，人类有时并不总能如愿，江苏市镇一级的聚落遗产丰富精彩者何止如今这 33 个镇。曾几何时，扣除战争、洪水灾害的破坏，只说近代，仅仅一百多年的进程中就有大量历史遗存被破坏。直至 1990 年代，我们不少人还认为清代以前建筑可以保留，民国和解放后的不必保留。随着历史车轮的飞转和 20 世纪渐渐远去，我们才发现记忆中和生命相伴随的不少印记已经消失，包括上世纪五六十年代全民性的节衣缩食，以及七八十年代离土不离乡奋斗开拓的历史见证仍可能被抹去。如今当"看得见山，望得见水，记得住乡愁"的号召深入人心之时，江苏这 33 座历史文化名镇除了显示保存记忆的可贵之外，也告诉我们保存记忆选择的经验和教训同样值得回味。

三、是激励后人努力奋斗、开拓进取的历史样本

按照英国历史学家汤因比的分析，在历史的重大考验面前，并不是所有人都能够应对的，开拓、创新型思维总是由少数精英人才兴起、尝试、探索、牺牲然后有的初步成功，而后才逐渐被其他人效仿，因而榜样的力量是无穷的。离我们时代越近，历史文化语言背景和遭遇的困境越相似，榜样就越容易被我们效仿和学习。江苏文化遗产包括聚落遗产及其积淀的历史文化所具有的丰富性、复杂性和多时代性，特别是近现代这一时间段的历史资源丰富性使得江苏历史文化名镇聚落

遗产具有珍贵的样本价值。

中国各地都不乏坚忍不拔、奋斗成功的励志人士，永远值得后代学习。而江苏更是不同领域的精英人才荟萃集聚。无锡礼社的现代中国经济双雄孙冶方和薛暮桥都主张社会主义的市场经济或市场作用，显示了对历史变迁的适应性。从清末就投身实业的无锡荣氏家族从梁溪走向全国，在20世纪风云突变的30、40和50年代，荣氏依然清浊分明，走过了历史的一道道门坎；以政治领域而言，面对两千年未有的大变局，中国有李鸿章、左宗棠、张之洞等人的应对，也有江苏盛宣怀的选择，他们各自都做出了自己的贡献。在清末和五四时期，中国有孙中山、李大钊、毛泽东等人的主张和拥趸，江苏投身革命者也不计其数。江苏还有如张謇那样的思考者、实践家，从清流派的碰壁中和维新派的开放中学习，又划清自己和权术与武力的界限，支持共和又反对极端，兴办实业却又重视道德，在南通唐闸的近代工业遗产和南通的各类近代遗产中都可看到他"近德、利用、厚生"的思想，看到他构建人间大同的良好愿望和探索。在无锡荡口、荣巷、羊尖和靖江生祠等处都可以看到将古代的伦理道德和工业社会的生产关系融合起来的尝试。在同里、长泾、锦溪我们看到了在从封建社会向工业社会转型的起步阶段，舞蹈家、电影明星和新诗人、新作家等是如何较早地从江苏涌现。

四、是新时代延续传统、开拓未来、转型发展的文化资源

今天，文化遗产是重要的旅游资源已经成为共识，但此处提到的资源价值首先不是指文化遗产的经济价值，而是总体上的社会价值和文化价值，是前述几种价值对社会发展的积极影响和文化传承中春风化雨般的教育作用。

21世纪被称为知识经济时代，这个时代的特点是人类生产力及科学技术的高度发展，进入后工业阶段，但又面临着环境、能源、生态、文化冲突等种种危机。在社会的快速变化中，学习首先不是学习方法而是学习思想、学习能力，建设和发展中的经济投入固然十分重要，但应对危机最主要的方法，不是简单的投资，有时未经思考地模仿旁人的发展，最多只是同质化的重复，应对危机需要的是创新思维和知识原创，是综合实力特别是地区软实力的竞争和激励作用。中华文明在历史上特别是对近代社会转型的应对，值得后代思考和学习。正是从这一点考虑，江苏文化遗产的认知和保护不是指向过去而是指向未来，包括名镇聚落遗产在内的文化遗产因其为未来的发展提供启示而显示出珍贵的价值。

后　记

自《江苏历史文化名镇的特色与价值》科研项目立项以来，匆匆已是三年。三年来在省住房和城乡建设厅的有力领导与项目组各位成员的协同努力下，由科研项目转化为对江苏 33 个历史文化名镇特色与价值进行呈现的著作，目前终于脱稿付梓。这是继《江苏村落遗产特色与价值研究》之后我省有关聚落遗产研究的又一重要成果，是江苏作为文化大省在遗产保护方面着力前行的系列探索。

江苏襟江枕海，地域虽不广袤却跨越大河大江，水域发达且呈现多个经济地理文化单元，在中华文明的发展史上地位特殊。这片土地上，不仅汉代和六朝已落墨甚多，而且在唐宋及明清时期持续发展，其经济与文化的勃兴将华夏历史书写得有声有色，其中江苏的集镇聚落作为积淀和推手功莫大焉，承担的功能特色除传统的农业、手工业外，还有盐、邮、军、商等。它们凭借江河湖海的水网沟通交流，极大程度地影响了江苏的城乡面貌，也成为未来传承文脉、弘扬风土特色的良鉴。

《江苏历史文化名镇的特色与价值》的编纂成员虽已在此领域耕耘多年，但编纂本书所开展的资料搜集、实地走访、组织分工、编写校对、审阅定稿等工作，实纷繁错冗，殊非易与。参与编写的各位同仁未稍懈怠，在此感谢他们的辛勤付出。而本书所涉及之图片，由于编纂工作持续日久，已尽力注明出处，如有阙失，欢迎补遗并先行鸣谢。

此书出版也正值中国城镇建设发展的转型阶段，在厘清脉络、呈现重要史料之外，也期待为当下名镇保护工作以至城乡建设工作提供借鉴与启发。对于衔接城市和村落发展的重要经济和空间节点的城镇，江苏的历史探索和当代实践，值得特别关注。

陈薇
2019 年 11 月

参考文献

[1] 张国维. 吴中水利全书 [M]// 马宁，吴平，张智. 中国水利志丛刊. 扬州：广陵书社，2006.
[2] 陈学文. 中国封建晚期的商品经济 [M]. 长沙：湖南人民出版社，1989.
[3] 复旦大学中国历史地理研究所. 历史地理研究 1[M]. 上海：复旦大学出版社，1986.
[4] 张郁文. (民国十七年)木渎小志 [M]. 台北：利苏印书社，1928.
[5] 《木渎镇志》编纂委员会. 木渎镇志 [M]. 上海：上海社会科学院出版社，1999.
[6] 曹允源，等. (民国二十二年)吴县志 [M]. 苏州：苏州文新公司，1933.
[7] 高晋. 南巡盛典名胜图录 [M]. 苏州：古吴轩出版社，1999.
[8] 王存. 元丰九域志 [M]. 王文楚，魏嵩山，点校. 北京：中华书局，1984.
[9] 胡勇军. 江南市镇、城市与区域：以近代吴县地区为中心 [D]. 南京：南京师范大学，2012.
[10] 李伯重. 工业发展与城市变化：明中叶至清中叶的苏州 [J]. 清史研究，2002（1）.
[11] 陈维中. 吴郡甫里志（抄本）[M]// 中国地方志集成：乡镇志专辑. 上海：上海书店，1992.
[12] 彭方周. 吴郡甫里志（乾隆三十年刊本）[M]// 中国地方志集成：乡镇志专辑. 上海：上海书店，1992.
[13] 佚名. 甫里志（抄本）[M]// 中国地方志集成：乡镇志专辑. 上海：上海书店，1992.
[14] 《甪直镇志》编纂委员会. 甪直镇志 [M]. 上海：文汇出版社，2013.
[15] 同里镇地方志办公室. 同里镇志 [M]. 扬州：广陵书社，2007.
[16] 吴仁安. 明清以来江南水乡古镇同里的社会经济与文化风尚探微 [J]. 学术月刊，1996（5）.
[17] 冯丹. 同里古镇传统聚落空间模式研究 [D]. 北京：北方工业大学，2013.
[18] 洪璞. 明代以来江南农业的生态适应性：以吴江县为例 [J]. 中国农史，2001（2）：23-32.
[19] 金钟博. 明末清初江南市镇的构造及其特性：以苏州府吴江县为例 [C]. 长春：第七届明史国际学术讨论会，1999.
[20] 吴滔. 明清江南基层区划的传统与市镇变迁：以苏州地区为中心的考察 [J]. 历史研究，2006（5）：51-71.
[21] 金钰棠. 明朝嘉靖年间吴江县市镇显著发展原因探析 [J]. 辽宁行政学院学报，2012（1）：164-168.
[22] 王卓娃. 同里历史文化名镇保护实践研究：2000—2005 年古镇保护区建设项目及实施工作评析 [D]. 上海：同济大学，2006.
[23] 李昕. 转型期江南古镇保护制度变迁研究 [D]. 上海：同济大学，2006.
[24] 《黎里镇志》编纂委员会. 黎里镇志 [M]. 上海：上海社会科学院出版社，2014.
[25] 李海珉. 古镇黎里（修订本）[M]. 北京：中共中央党校出版社，2014.
[26] 《古里镇志》编纂委员会. 古里镇志 [M]. 上海：上海社会科学院出版社，2003.
[27] 夏美君. 姑苏吴歌的明珠：白茆山歌探微 [J]. 大舞台，2010（12）：111.
[28] 张净. 白茆山歌研究 [D]. 苏州：苏州大学，2015.
[29] 顾诒禄. 中国地方志集成•江苏府县志辑：第 14 册 [M]. 许治修，沈德潜，修. 南京：江苏古籍出版社，1991.
[30] 王秀丽. 元代东南地区商业研究 [D]. 广州：暨南大学，2002.
[31] 昆山市周庄镇镇志编纂委员会. 周庄镇志 [M]. 上海：上海三联书店，1992.
[32] 周庄历史文化名镇保护规划 [Z]，2012.
[33] 谢湜. 高乡与低乡：11-16 世纪江南区域历史地理研究 [M]. 北京：生活•读书•新知三联书店，2015.
[34] 叶依能. 明清时期太湖地区市镇发展之研究 [J]. 农业考古，1988（1）：72-85.
[35] 魏嵩山. 太湖水系的历史变迁 [J]. 复旦学报（社会科学版），1979（2）：58-64.
[36] 新沂地名委员会. 江苏省新沂县地名录 [M]. 徐州：新沂县印刷厂，1982：11.
[37] 新沂地方志编纂委员会. 新沂县志 [M]. 徐州：江苏科学技术出版社，1992.
[38] 徐州市水利局. 徐州水利志 [M]. 徐州：中国矿业大学出版社，2004.
[39] 陆振球. 古镇窑湾 [M]. 徐州：中国矿业大学出版社，2008.
[40] 京杭运河江苏省交通厅史志编纂委员会. 京杭运河志（苏北段）[M]. 上海：上海社会科学院出版社，1998.
[41] 陈麟辉，张春美. 清代大运河淤塞原因略论 [J]. 历史教学问题，1993：19-23，29.

[42] 吴世熊，朱忻. 同治徐州府志 [Z]，1874.
[43] 李德溥. 同治宿迁县志 [Z]，1874.
[44] 东南大学规划设计研究院. 大运河（徐州段）遗产保护规划 [Z]，2010.
[45] 东南大学规划设计研究院. 江苏窑湾历史文化名镇保护规划（2010-2030）[Z]，2011.
[46] 刘学军，葛莱. 千年古县淮阴 [M]. 南京：南京大学出版社，2011.
[47] 南京市规划设计研究院. 淮安码头历史文化名镇保护规划（2015-2030）[Z]，2016.
[48] 中国文化遗产研究院大运河淮安段遗产本体调查方法研究课题组. 大运河清口枢纽工程遗产调查与研究 [M]. 北京：文物出版社，2012.
[49] 乔娜. 清口枢纽水工遗产保护研究 [D]. 西安：西安建筑科技大学，2012.
[50] 季祥猛，范成泰，朱兴华，等. 古清口的兴盛与变迁 [J]. 中国水利，2008（8）：60-63.
[51] 王存，等. 元丰九域志 [M]. 北京：中华书局，1984.
[52] 乐史. 太平寰宇记 [M]. 北京：中华书局，1985.
[53] 董恂. 甘棠小志 [M]. 南京：江苏古籍出版社，1992.
[54] 《邵伯镇志》编纂委员会. 邵伯镇志 [M]. 南京：江苏人民出版社，1996.
[55] 崔华，张万寿. 康熙扬州府志 [M]. 济南：齐鲁书社，1996.
[56] 房玄龄，等. 晋书 [M]. 北京：中华书局，1997.
[57] 郦道元. 水经注 [M]. 陈桥驿，注. 杭州：浙江古籍出版社，2003.
[58] 沈括. 梦溪笔谈 [M]. 上海：上海书店出版社，2009.
[59] 王世华. 江苏省第二批国家级非物质文化遗产要览 [M]. 南京：南京师范大学出版社，2010.
[60] 黄德钧. 话说邵伯 [M]. 上海：上海三联书店，2011.
[61] 刘文淇. 扬州水道记 [M]. 扬州：广陵书社，2011.
[62] 赵志昌. 扬州文化研究论丛第十二辑 [M]. 扬州：广陵书社，2013.
[63] 刘宝楠. 宝应图经 [M]. 扬州：广陵书社，2013.
[64] 常州图书馆. 常州古地图集. 南京：凤凰出版社，2015.
[65] 武进县万绥乡编史修志领导小组. 万绥乡志 [Z]，1985.
[66] 武进县小河乡编史修志领导小组. 小河乡志 [Z]，1985.
[67] 孟城乡志编写领导小组. 武进孟城乡志 [Z]，1985.
[68] 何国才. 武进水利志 [Z]. 武进县水利局编史修志领导小组，1985.
[69] 姚汉源. 京杭运河史 [M]. 北京：中国水利水电出版社，1998.
[70] 李培圭. 清代京杭运河全图 [M]. 北京：中国地图出版社，2004.
[71] 常州城市建设志编纂委员会. 常州城市建设志 [M]. 北京：中国建筑工业出版社，1993.
[72] 常州交通志编纂委员会. 常州交通志 [M]. 上海：上海人民出版社，1992.
[73] 武进县志编纂委员会. 武进县志 [M]. 上海：上海人民出版社，1987.
[74] 程协润. 孟河医派文化 [M]. 北京：中国文联出版社，2011.
[75] 郭重威. 中国历史文化名镇申报材料：孟河（内部材料）[Z]，2009.
[76] 滕珊珊，吴晓，王承慧. 文化空间视野下的运河古镇历史演化解析：以常州市孟河镇为例 [J]. 现代城市研究，2012（10）：27-38.
[77] 明嘉靖高淳县志刻本影印本 [M]. 上海：上海古籍书店，1963.
[78] 高淳县《淳溪镇志》编写组. 淳溪镇志 [Z]，1988.
[79] 中共高淳县委党史资料征集委员会，高淳县地方志编纂委员会办公室. 话说高淳 [Z]，1996.
[80] 高淳县水利志编纂委员会. 高淳县水利志 [M]. 南京：江苏古籍出版社，2002.
[81] 国家历史文化名城研究中心，上海同济城市规划设计研究院. 高淳老街历史街区保护与整治规划 [Z]，2002.
[82] 南京市地方志编纂委员会. 南京城市规划志 [M]. 南京：江苏人民出版社，2008.
[83] 高淳县地方志编纂委员会. 高淳县志（1986—2005）[M]. 北京：方志出版社，2010.
[84] 高淳县人民政府，南京市规划设计研究院有限责任公司. 高淳历史文化名城保护规划 [Z]，2011.

[85] 高淳县人民政府. 高淳老街中国历史文化街区申报材料[Z], 2014.
[86] 高淳固城湖旅游度假区. 固城烟雨文化读本[Z], 2015.
[87] 李昉. 太平御览：卷七十三[M]. 石家庄：河北教育出版社, 1994.
[88] 顾祖禹. 读史方舆纪要：卷二五[M]. 贺次君, 施和金, 点校. 北京：中华书局, 2005.
[89] 薛飞. 中国地方志集成江苏府县志辑29[M]. 南京：江苏古籍出版社, 1991.
[90] 市村导人. 宋代江南における农耕技术史の方法の检讨[Z]. 佛教大学大学院纪要, 2011.
[91] 郑肇经. 太湖水利技术史[M]. 北京：中国农业出版社, 1987.
[92] 中国水利学会水利史研究会. 太湖水利史论文集[G]. 中国水利学会水利史研究会, 1986.
[93] 王恢. 中国历史地理[M]. 台北：学生书局, 1986.
[94] 张国维. 吴中水利全书：卷八[M]. 杭州：浙江古籍出版社, 2015.
[95] 张国维. 吴中水利全书：卷十[M]. 杭州：浙江古籍出版社, 2015.
[96] 冯煦. 重修金坛县志[M]. 上海：上海商务印书馆, 1926.
[97] 祝步远, 殷跃祖, 吴智广, 等. 丹徒县水利志[M]. 北京：方志出版社, 2004.
[98] 江苏省丹徒区宝堰镇. 全国历史文化名镇：江苏宝堰申报材料[Z], 2013.
[99] 吕耀斗, 等. 江苏府县志辑29 光绪丹徒县志[M]. 何绍章, 冯寿镜, 修. 南京：江苏古籍出版社, 1991.
[100] 丹徒县地方志编纂委员会. 丹徒志[M]. 南京：江苏科学技术出版社, 1993.
[101] 丹徒县宝堰镇志编纂办公室. 宝堰镇志[M]. 合肥：黄山书社, 1997.
[102] 同济大学历史文化名城研究中心, 上海阮仪三城市规划设计有限公司. 镇江宝堰古镇保护规划（2007）[Z], 2007.
[103] 南京东南大学城市规划设计研究院有限公司. 镇江宝堰历史文化名镇保护规划（2015）[Z], 2005.
[104] 太仓县县志编纂委员会. 太仓县志[M]. 南京：江苏人民出版社, 1991.
[105] 江苏省城市规划设计研究院, 江苏省交通规划研究中心. 沙溪历史文化名镇保护规划[Z], 2011.
[106] 江苏省住房和城乡建设厅. 江苏历史文化名城名镇名村保护图集[M]. 北京：中国建筑工业出版社, 2014.
[107] 陈忠平. 明清时期江南市镇手工业的发展[J]. 南京师大学报（社会科学版）, 1987（4）：87-93.
[108] 太仓市史志办公室编. 太仓年鉴[M]. 北京：方志出版社, 2015.
[109] 曹焯. 中国地方志集成·第八辑：沙头里志[M]. 南京：江苏古籍出版社, 1992.
[110] 陈秉钧. 沙溪民间故事传说[M]. 北京：大众文艺出版社, 2006.
[111] 张家港市地方志编纂委员会. 张家港市志（上册）[M]. 北京：方志出版社, 2013.
[112] 中国·文化凤凰编委会. 中国·文化凤凰[M]. 天津：天津大学出版社, 2014.
[113] 张家港市凤凰镇政府. 中国世界文化遗产预备清单申报文本[Z], 2012.

图书在版编目（CIP）数据

历史的印记：江苏历史文化名镇的特色和价值/周岚等编著. -- 南京：东南大学出版社，2020.3

ISBN 978-7-5641-8721-7

Ⅰ. ①历… Ⅱ. ①周… Ⅲ. ①乡镇-文化史-江苏 Ⅳ. ①K295.35

中国版本图书馆CIP数据核字（2019）第291093号

历史的印记：江苏历史文化名镇的特色和价值

编　　著	周岚　朱光亚　张鑑　陈薇　等
出版发行	东南大学出版社
地　　址	南京市四牌楼2号（邮编：210096）
出 版 人	江建中
责任编辑	张　莺
装帧设计	王少陵　余武莉
责任印制	周荣虎
网　　址	http://www.seupress.com
经　　销	全国各地新华书店
印　　刷	上海雅昌艺术印刷有限公司
开　　本	889mm×1194mm　1/16
印　　张	37.25
字　　数	912千
版　　次	2020年3月第1版
印　　次	2020年3月第1次印刷
书　　号	ISBN 978-7-5641-8721-7
定　　价	328.00元

本社图书若有印装质量问题，请直接与营销部联系，电话：025-8371830